中外历史文化比较

钩沉

第一卷 上册

杨光 编著

中国旅游出版社

责任编辑：胡一鸣　杨沛武
责任印制：冯冬青
封面设计：光合时代

图书在版编目（CIP）数据

中外历史文化比较钩沉. 第一卷. 1 / 杨光编著. -- 北京 : 中国旅游出版社, 2022.10
ISBN 978-7-5032-7029-1

Ⅰ. ①中… Ⅱ. ①杨… Ⅲ. ①文化史－对比研究－中国、国外 Ⅳ. ①K203②K103

中国版本图书馆CIP数据核字(2022)第176136号

书　　名：中外历史文化比较钩沉（第一卷　上册）

作　　者：杨光　编著
出版发行：中国旅游出版社
（北京静安东里 6 号　邮编：100028）
http://www.cttp.net.cn　E-mail:cttp@mct.gov.cn
营销中心电话：010-57377108，010-57377109
读者服务部电话：010-57377151
排　　版：北京旅教文化传播有限公司
经　　销：全国各地新华书店
印　　刷：北京盛华达印刷科技有限公司
版　　次：2022 年 10 月第 1 版　2022 年 10 月第 1 次印刷
开　　本：787 毫米 ×1092 毫米　1/16
印　　张：26.25
字　　数：327 千
定　　价：198.00 元（全二册）
I S B N　978-7-5032-7029-1

目　录

引 言

《中外历史文化比较钩沉》一书是基于比较的手法，以中国各朝代为时间段来描述在同一时期、同一时代，世界各洲主要国家的历史文化发展的概况。通过比较来发现世界各民族，各国家的历史文化的发展脉络和轨迹。

以往的历史书籍是中国史专讲中国历史，世界史专讲世界历史，它们之间是分开的，割裂的，缺少横向比较。使熟知中国历史的人，不能及时了解同期世界其他民族、其他国家历史文明的发展状况。使有些读书人读史后，或盲目自大，或妄自菲薄，不能正确看待自己民族文明的历史坐标。

《中外历史文化比较钩沉》一书的特点是，在一本书中，你同时了解了世界主要国家的历史文化发展过程。使你对今天的世界风云，文化碰撞，找到一些因素、依据和解答。做到“手握一卷，而晓世界”。

《中外历史文化比较钩沉》一书不是教科书，它有史实、有传说、有记载、有学者的众说纷纭、但没有作者的评判。阅读后，你可能知道了什么，了解了什么，感悟了什么，叹息了什么，但结论是什么？要靠读者自己的思索和判断。

作者不是专业历史学者。正是基于此，作者试图用不同以往的写作手法，给读者展示不同以往的历史角度。尽可能使世界历史文化显得圆润一些，丰满一些，亲近一些；努力让读者对世界历史文化不感到那么遥远，那么陌生，那么枯燥；让读者与历史握手，让读者与历史拥抱，让读者与历史热烈交流。

作者让爱好变成一个愿望，并努力让愿望变成一件事。

做好这件事，让这件事有意义，并得到读者的认可，是作者又一个愿望——

让愿望成真！

作者在努力！

杨光

2022 年 8 月 22 日

第一章　晨曦

一、人类的歌谣

人类起源的神话传说

人类的起源，可以说是最令人神往的问题，不论是人类学家、考古学家、历史学家、生物学家，还是哲学家、艺术家、宗教学家，都曾对人类的起源做过各种角度的研究和描绘，然而，最美丽动人的应该是各民族的神话传说。

人是怎么产生的？人类祖先很早就开始思索这样的问题。各民族流传下来的有关人类起源的神话传说，就是人类祖先通过对大自然的观察和了解，得出的理想结论。关于人类起源的神话传说，各民族都相当丰富，其中有些说法还极为相似。一是人是由一个或几个天神创造的；二是人诞生的时候，天地处于苍茫混沌之中，伴随人类的出现，大地鲜活起来。在这些神话里，有些和进化论还有不谋而合之处。

在埃及神话里，人是由神呼唤而出的。在世界开化之前，全能的神“努”耐不住寂寞，开始创造天地的一切：他呼唤“苏比”，世间就有了风；呼唤“泰富那”，天上就下起了雨；呼唤“哈比”，尼罗河就流过埃及。他一次次呼唤，万物一件件出现，最后，他呼出了“男人和女人”，使埃及有了劳作的人类。努也化作伟岸的男人，成为第一位法老王，管理他创造出来的大地和人类，开创出强大的埃及。

南美洲的印第安人也认为，大地一开始只有漫漫的洪水，没有生灵。神特珀和古库马茨游荡在洪水中。他们首先让天上出现了光芒的太阳，又让洪水退下，造出了大地和山脉。他们让山脉中产生茂密的森林、清澈的河水以及守护山林的各种动物。特珀和古库马茨又用泥土和木头塑造出人，可是这些人没有血，没有肉，没有情感。于是，特珀和古库马茨便招来众神，用黄谷和白谷磨成面做成人类的肉体和血液，于是人类就有了血与肉。

认为人类来自植物的有日耳曼神话。天神欧丁有一天约好其他诸神在海边漫步看潮，偶见沙洲上长有两棵树，一棵长得雄伟，另一棵长得绰约，于是把两棵树砍下，分别雕刻成男人和女人，欧丁赋予木人生命，其他的神分别赋予智慧、语言、血液、肤色等，两个木人成为日耳曼人的祖先。

在澳洲神话中也有说人是蜥蜴变的；美洲神话则说人是山犬、海狸、猿猴等变的；希腊神话也有说某族人是天鹅变的，某族人是牛变的。这种“动物变人”的神话中，可以发现很接近进化论的说法，尤其是认为人是猿猴变的，就与进化论相吻合。

在中国的西藏地区，也流传着一则动人的神话故事。在很久以前，西藏山南地区雅砻河谷的一座高山上，住着一只猕猴。这只猕猴和一个女魔结为夫妻，生了 6 只小猕猴，老猕猴便把小猕猴送到果实丰盈的树林中去生活。过了 3 年，老猴再去看时，原有的 6 只猕猴已经繁衍成 500 多只的猴群了。由于果实不足，猴子们饥肠辘辘互相争斗。看见老猴来了，群猴们便围上来呼号:“果子没有了，我们吃什么呀？”状况很凄惨。见到这种光景，老猴便领它们来到一处长满野生谷类的山坡，指给群猴道:“你们以后就吃这个吧！”从此，众猴便吃野谷，身上的毛慢慢变短，尾巴也渐渐消失，还会说话耕作，逐渐演变成人类。

在所有神话中，“泥土造人”的说法最多，也最为流传。在希腊神话中，普罗米修斯和弟弟厄庇墨透斯合力塑造人，并赋予人和其他所有动物以本领。普罗米修斯用土和水揉成了泥，照着神的模样捏出了人，他让人直立行走。智慧女神雅典娜赋予人以智慧和灵性，厄庇墨透斯在匆忙中将勇敢、力量、敏捷、伶俐等天赋分别赐予各种动物，以至于竟没有剩下什么像样的天赋能给予人类。于是普罗米修斯跑到天上，在太阳神马车里点燃了一只火把，将火种送给人类。历届奥运会传递火炬据说就是从这个典故中来的。

在所有神话里，最引人入胜的泥土造人故事，要数《圣经》里的上帝造人说和中国的女娲（wā）造人说。

圣经里的上帝造人故事记载在《旧约全书》的创世纪中。上帝花了 5 天的时间创造了世间万物，到了第 6 天就用地上的泥土按自己的模样造了一个男人，取名亚当。作为男人亚当形单影只，生活很是乏味。上帝察觉似有不足，便在亚当沉睡的时候，取下他的一根肋骨造就一个女人送到亚当身边。

后来，亚当和夏娃偷吃了智慧树上的禁果，被上帝逐出伊甸园赶到尘世间。

中国的祖先告诉我们，在上古的时候，有一个叫盘古的英雄从混沌中开辟了天地，临死用其身躯，化作山川河流，日月星辰，草木动物，但就是忘了造人。女娲神知道后，便取了一些黄土，和了一堆泥巴，捏出一个个小泥人成为活蹦乱跳的生灵。女娲想用人去充实大地，感到用手捏人太慢。于是，她摘下一根藤条，沾上泥浆向四周挥舞，泥点溅落的地方，立刻出现了走向平原、河谷、山林的人群。女娲还把男人和女人婚配起来，让他们生儿育女延绵不绝。

如果说人类起源神话中蕴含着各个民族的祖先对人类本身的某种认识，那么，泥土造人神话，要表达的是人与土地不可分离的亲近。它们宣扬着一个真理：土地，即是人类生命托付之地，是人类生息、繁衍的依赖。无论是个体的一生，还是群体的起源，人从内到外都与土地息息相关。而在动、植物生人的起源神话中，则表现了这个民族对这种动、植物的崇拜意识，往往这种动、植物与本民族的生息与发展有着密切的关联。

我们可以看到，世界各民族的创世纪神话中有许多的相似相近之处。这种“相似相近”，说明人类各民族的早期进化发展过程和对世界的认识是基本相同的。

二、悠扬的牧笛

从古猿进化到人

考古发现证实，人是从古猿进化而来的。人类学家把完全形成人的发展过程分为早期猿人、晚期猿人、早期智人、晚期智人四个阶段。

早期猿人阶段，大约生存在300万年到150万年前。已具备人类基本特点，能直立行走，制造简单的砾石工具。晚期猿人阶段又称直立人，大约生活在距今170万年到30万年前。其身体像人，脑量较大，可以制造较为进步的旧石器，并开始使用火，如生活在中国北京周口店的北京猿人。早期智人也就是古人阶段，距今约30万年到5万年前。此时已逐渐脱离猿的特征，而和现代人很接近，如德国的尼安德特人、中国广东的马坝人等。晚期智人也就是新人阶段，大约在5万年前后。这时人类的进化出现了明显的加速，在形态上已非常像现代人。在文化上，已有雕刻与绘画的艺术，并出现了装饰物，如1933年发现的周口店龙骨山山顶洞人。此时原始宗教已经产生，并进入了母系社会。在晚期智人阶段，现代人开始分化和形成，并分布到世界各地。

晚期猿人也就是直立人化石在亚、非、欧三洲均有发现。在亚洲有中国的陕西蓝田人、北京周口店的北京人、印度尼西亚的莫佐克托人、爪哇直立人；非洲有坦桑尼亚的舍利人、阿尔及利亚和摩洛哥的阿特拉人；欧洲德国的海德堡人。其中，北京人的考古发现最为丰富，又最具代表性。在北京周口店陆续发现的北京猿人的化石和石器，确立了直立人在人类进化史上的地位。直立人还带有不少类似猿的形状，所以俗称猿人，但他们已在人类的进化历史上经历了漫长的时间，与古猿和现代猿有着本质的区别。

人类对于自身发展历史的认知过程是从晚期智人开始的，然后认识了早期智人，再后来认识了直立人，最终才确定了能人直至南方古猿作为人类祖先的地位。这个认识过程开始于19世纪中叶，随着达尔文进化论逐渐被承认与接受，人类学家就开始了寻找人类祖先的艰苦工作。

晚期智人也称新人，其化石最早于1868年在法国克罗马努的一个山洞中发现，所以常称新人为克罗马努人。新人的体质特征已很接近现代人，会制造磨光的石器和骨器，已学会钻木取火。美国的南加利福尼亚人、加拿大的塔勃尔人、澳大利亚的蒙戈湖人，中国广西的柳江人、中国内蒙古的河套人、北京周口店的山顶洞人等均属于新人类。在山顶洞人的洞穴里发现一枚长82毫米的骨针，表明他们已能用兽皮缝制衣服；还有穿孔的兽牙和贝壳等装饰品，说明他们已经具有相应的手工生产技术和审美意识。洞里还找到一块大鲩鱼的上眼骨，推知该鱼长达 80 厘米，说明他们已有相当高的捕鱼技术。当时的社会，男女已有明确分工，男人打猎捕鱼，女人采集和管理族群的内部事务。由于还实行群婚制，所以只知其母，不知其父，妇女是氏族的中心。

人类人种

随着晚期智人的出现，因长期受自然环境和历史条件的影响，不同地区的人体在肤色、发型、眼型、鼻型、身材等方面开始有了差别。人类学家依据这些差别，将人类基本分为三大人种（也有四大人种和五大人种之说）：黑种人，也称尼格罗人种；白种人，也称欧罗巴人种；黄种人，也称蒙古人种。

黑种人起源于热带赤道地区，该地区受到太阳的直射时间长，气温高，紫外线强烈。长期居住在此地的人群，经长期自然选择，逐渐形成一系列适应性特征：皮肤黑色素含量高，易于吸收阳光中的紫外线，保护皮肤免遭损害；体表汗腺密度特别大，便于在极度炎热时能迅速恢复正常体温；鼻低宽，鼻孔通道短，嘴唇厚、嘴裂大、体毛少，便于散热；头发卷曲，使卷发周围产生空隙，空隙充满空气，空气传热性差，因此，卷发有隔热作用。据学者分析，尼格罗人种分为东、西两支。西支起源于撒哈拉以南非洲；东支称为澳大利亚人种，最初形成于亚洲南部，后分化为澳大利亚本土，巴布亚和美拉尼西亚分支，南亚、东南亚的维达和尼格利陀分支。

白种人起源于较为寒冷的地区，当地人体内黑色素含量低，皮肤呈浅色，身体较粗壮高大；鼻子高窄，鼻孔通道较长，以预热吸进的冷空气；体表多毛发，以防寒冷等。据学者分析，欧罗巴人种最初起源于北非、西亚和南欧，在向北推进过程中形成了南、北两个支系。北支在北欧光照较弱、气候寒冷的环境下，肤色较浅、眼睛为灰色或浅蓝色、头发为淡黄或金黄色；而在北非、西亚和南欧的南支则肤色较深，眼睛和头发多半为黑色；在南北两支之间是中欧支系，肤色、发色、眼色介于两者之间，大体上呈褐色。

黄种人（蒙古人种）起源于温带地区，其肤色和身体特征具有黑白两色人种的过渡性。据学者分析，黄种人的发祥地可能是在蒙古高原。典型特征是：眼裂很小，有内眦褶。蒙古人种不断向外迁徙，经白令海峡进入美洲的，形成为印第安人支系；进入北极圈的，形成因纽特人支系；留在亚洲北部的是北亚支系；往南迁到长江以南、直到东南亚地区的是南亚支系（肤色较深、脸庞较小、嘴唇较厚、鼻翼较宽，部分混有尼格罗人种的特征）；分布在长江以北地区的是东亚支系，体质特征介于南亚支系和北亚支系之间。

四大人种说是在以上三大人种中增加了棕色人种。而五大人种说在增加了棕色人种后又增添了红色人种。

近千百年来，以上几大人种的相互混居，又长期地稳定在一定的地域内，产生了新的人种。如美国黑人其祖先来自非洲，他们与欧洲区的美国白人长期混合，现在美国黑人体内已有 20% 以上白种人遗传因子，所以，在体质上已明显地区别于非洲黑人，构成新的人种。

在巴西，则是印第安人、西班牙人、葡萄牙人、日本人、中国人等的混合，经过相当长的时期，也形成了新的人种——混血人种。

石器时代

“石器时代”被考古学家用来表示人类生产、文化发展的一个漫长时期。在这个时代，人类开始制作和使用各种坚固的石制工具。石器时代被细分为旧石器时代、中石器时代和新石器时代。

旧石器时代是石器时代的早期阶段。一般认为这段时期在 250 万年到 1 万年前。大体上分别相当于人类体质进化的晚期猿人阶段、早期智人阶段、晚期智人阶段。

在大约 2 万年前，地球自然气候变暖，人类采集和渔猎经济有了较大的发展，新的生产技术陆续出现，石器打制得更加精巧。这就是旧石器时代向新石器时代的过渡阶段，也称为中石器时代。这个时期最重要的成就就是弓箭的发明，它有力地促进了人类狩猎活动的发展。在德国北部汉堡附近的斯坦尔莫，发现了约为公元前 8500 年人类最早使用弓箭的证据。在欧洲南部以法国、西班牙的阿齐尔文化为代表，人们开始使用带双尖的石叶，带倒刺的鱼叉。北部以马格尔莫斯文化为代表，其分布范围是从波罗的海向西跨西北欧到英国，制造的细石器以斜钝边尖状器最为常见，单列排刺的骨制鱼叉是典型的渔猎工具。在非洲、北美洲都出现过以细小石器和弓箭为特征的中石器文化。如南非的威尔顿文化和斯密斯菲尔德文化；中非的奇托利文化，北美北极地区的“细石叶传统”文化。中国的中石器文化，以黄河流域的遗存比较突出。中石器时代在世界各地出现和持续时间不一，其文化特征在不同地区表现的程度也有所不同。

新石器时代在考古学上是石器时代的最后一个阶段。以磨制石器为主，大约从 1 万年前开始，结束时间从 5000 多年前至 2000 多年前不等。这时期重要的发明是陶器和房屋建筑技术。并且出现了原始的农业和畜牧业，开始将植物的果实加以播种，并把野生动物驯服以供食用。由于人类不再只依赖大自然提供的食物，因此，食物的来源变得多样化。同时农业与畜牧业的出现也使人类由逐水草而居变为定居，这是人类历史上发生的第一次重大转折，这一转折在历史上被称为“农业革命”。

根据考古资料证明，原始的农业和畜牧业起源于古代世界文明的三大区域，即西亚、北非南欧文明区；东亚中国和南亚印度文明区；中美洲和安第斯文明区。各地区最早的粮食作物由于原来野生品种的不同，在美洲是以玉米、马铃薯（即土豆）为主；在东亚和南亚则主要是小米和大米；在西亚、北非、南欧却是小麦和大麦。现代的许多主要栽培作物，如甘蔗、豆类、甘兰、向日葵等，在新石器时代已为不同地区的居民种植。

早在中石器时代或更早些时候，人们已开始驯养与人类经济活动和生活关系较密切的某些小动物。伊拉克的帕勒高拉洞穴遗址内发现公元前1万年家养狗的骨骼。土耳其的恰约尼、英国的斯塔卡遗址都存在人类早期驯化狗的证据。根据伊拉克的萨威·克米·沙尼达遗址及附近沙尼达洞穴遗址的考古发现，早在公元前 9000 年到前 8500 年，这一地区的居民已开始驯养绵羊和山羊，但这时驯养的绵羊在骨骼形态上与野生羊无多大区别，把野生动物驯化为家畜是一个漫长的过程。真正的畜牧业是从新石器时代开始的，它在狩猎的基础上，随着农业和定居地出现而产生。公元前7000年前后，西亚居民已开始饲养绵羊和山羊。与此同时，西亚和欧洲的希腊等地还开始饲养猪，土耳其的恰约尼遗址是最早饲养猪的地点。西亚和希腊也是最早饲养牛的地区，在土耳其和希腊都发现早期家养牛的骨骼。距今7000年，中国河姆渡的居民已饲养猪、狗等家畜。人类饲养马要晚得多，乌克兰草原是最早养马的地区，时代约为公元前4000年。南美印第安人驯化了骆马和羊驼。

发掘于中国河南省舞阳县距今9000年前至7700年前贾湖新石器时代人类文化遗址，曾有几个世界之最。一是世界上最早的管乐器——骨笛。贾湖遗址共发掘出30余支骨笛，是世界上迄今发现最早、保存最完整的管乐器。贾湖骨笛有二孔、五孔、六孔、七孔和八孔笛，其制作规范，形制固定。经中央民族乐团音乐家对其中一支七孔笛测试，其已具备七声音阶，并能完整吹奏现代乐曲。二是在遗址内发现了与文字起源有关的甲骨契刻符号。该符号共发现17例，分别刻在甲、骨、石、陶器上。其中龟甲上刻符9例，骨器上刻符5例，陶器上刻符3例，其特点均是契刻而成。专家研究，刻符结构为“横”“点”“竖”“撇”“捺”“竖钩”“横折”等笔画，书写特点是先横后竖，先左后右，先上后下，先里后外，与汉字书写习惯基本一致。有些契刻符号的形状与其4000年后的商代甲骨文有许多相似之处，如形似眼目的“目”。香港中文大学的研究者指出“贾湖刻符对汉字来源的关键性问题，提供了崭新的资料”，或为人类所知最早的文字雏形。三便是世界上最古老的酒。中美科技人员通过对出土陶器上的附着物进行研究表明，9000年前中国贾湖人已经掌握了酒的酿造方法，所用原料包括大米、蜂蜜、葡萄和山楂等。比国外发现的最早的酒要早1000多年，成为世界上目前发现最早的与酒有关的实物资料。在贾湖遗址出土的大量动物骨骼中，经鉴定已有部分动物被圈养，主要是猪和狗。还有少量的黄牛和水牛的骨骼。

人类两次社会分工

随着农业和畜牧业的出现，人类开始由攫取经济走向生产经济。有的地方，由于自然条件的不同，出现了不同的经济类型，有的从狩猎和采集发展为游牧部落，有的则发展为农业部落。人类开始了第一次社会大分工。

那么，人类是怎样走进“农业革命”的呢？

氏族是人类促成“农业革命”的基本形态，是以共同血缘关系结合而成的一种部族团体。氏族成员出自一个共同的祖先。在氏族社会的早期和中期为母系氏族，由一个女性祖先和她的子女以及她的女性子孙的后代所组成，子孙属于母亲氏族，世系按女性传递。后来，随着社会生产的发展，男子在社会生产中渐渐占据主导地位，并掌握了社会财富。世系逐步变为由男性传递，氏族便由一个男性祖先和他的子女以及他的男性子孙的后代所构成，子孙皆归父亲氏族，从而母系氏族便被父系氏族所替代。中石器时代和新石器时代是母系氏族社会的鼎盛时代。

氏族是人类各民族普遍经历过的社会发展阶段。约相当于旧石器中、晚期。其时，生产力和经济活动都有了一定的提高，婚姻也产生了一定的规例，继排斥长辈和晚辈之间的通婚关系之后，又进一步排斥了兄弟姐妹间的婚配。

氏族常以某些动物、植物作为本氏族共同的图腾标记，有了原始宗教。氏族经过分裂进而发展成胞族。氏族是当时社会组织的基层经济单位，实行生产资料公有，集体劳动，平均分配，共享劳动成果。公共事务由民主选举的氏族长管理，重大事情由氏族成员会议讨论决定，氏族成员都处于自由、平等的地位。随着社会生产的发展，氏族也逐渐扩大、发展，并形成部落即氏族联盟，部落是由两个以上血缘相近的氏族或胞族组成的社会组织。

到原始社会末期，由于青铜器和铁器的出现，以及陶器制作的专业化，促使手工业和农业的分离，这是人类社会第二次大分工。正是这次社会大分工，引起了人类一系列的重大变化，人类社会进入了金属器和石器并用的时期。这个时期人类生产力大为提高，农业和畜牧业在生产和社会分工的基础上得到进一步发展。随着婚姻制度由对偶婚（男女之间不受约束而稍有固定的成对同居形式）向以男子为中心的一夫一妻制过渡，母系氏族便逐渐被父系氏族所代替。在父系氏族时代后期，氏族公社内部以男子为中心分裂成为若干个大家庭，各大家庭内部又分裂为若干个一夫一妻的小家庭。由此，生产由集体劳动变为以家庭为单位来进行，劳动产品也归各个家庭所拥有，这样以小家庭为单位的私有制产生了。

生产的个体化、剩余产品的增多和交换的发展，使氏族内部成员之间出现贫富分化，氏族长和部落首领也越来越多地侵夺别人的财产，成为贵族。而各部落、氏族之间由于生存地域环境不同，生产发展的不同，贫富分化也更加明显和迅速。随之，部落之间、氏族之间为争夺肥沃的土地、生产资源和财产的冲突不断加剧。随着冲突争斗的增加，产生了大量的俘虏，当氏族贵族们感到劳动力缺乏的时候，俘虏便不再被杀掉，而是被强迫从事生产劳动形成奴隶，从而加速了氏族制度的瓦解，为民族的形成、国家的产生奠定了条件。

图腾

由于部落间为争夺土地、资源、财产的战争频繁发生，为了抵御或掠夺其他部落，血缘相近或宗教相近的部落之间逐渐走向联合，形成部落联盟。部落联盟的出现，加强了各部落之间的经济、文化联系，同时，图腾崇拜文化开始出现。“图腾”一词据说源于印第安语，意为“它的亲族”“它的标记”。原始人把某种在经济上和生存上与自己有密切关系的动物或植物当作自己的祖先或保护神，为了表示对它的崇拜，氏族也往往以它命名或以此为标志。图腾与氏族的亲缘关系常常通过氏族起源神话和称呼体现出来，通过标志表示出来。图腾标志在原始社会中起着很重要的作用，它是最早的社会组织标志和象征。具有团结激励氏族成员、维系氏族组织和氏族相互识别的职能。图腾崇拜文化是人类文化、文明的重要起源。

人们常说，中华民族是“龙”的传人。中国著名诗人闻一多先生在《神话与诗》一书中提出，龙的形象最初是蛇，由于强大的蛇氏族逐渐兼并了其他氏族，于是就以蛇图腾为基础，融合了被兼并的其他氏族的图腾的某些部分，如马头、鹿角、狗爪、鱼的鳞和须等，进而合成了龙的形象。与龙的传人不同，生活于次大陆上的古代印度人很可能是独角兽或公牛的传人。在现存最早的哈拉巴文化遗址中，曾出土了近两千枚印章，这些印章或代表权力，或代表所有权。印章上的图形有独角兽、公牛和山羊等，这些动物形象在原始社会往往是氏族部落的图腾象征。在图形印章中，刻有独角兽的最多，约占 60%，其次是刻有公牛的印章，这两类印章分布较广。据此，可以推测独角兽氏族和公牛氏族的人在哈拉巴文明的统治阶级中占有较重要的地位。古埃及人曾将鹰、牛、蛇、山羊、狮子、鳄鱼等动物为图腾。古希腊布劳朗人崇拜熊，他们每四年举行一次熊的节日，届时年轻姑娘们身穿黄色长袍，并模仿雌熊的行为。这些都是原始的动物图腾崇拜留下的遗迹。植物类图腾虽然不像动物类图腾那么多，但仍具有一定的普遍性。我国云南碧江地区傈僳族人的图腾差不多一半是植物，如紫柚木、竹子、麻、荞麦等。南美洲阿查瓜部落的韦列纳斯人以小树桩为图腾。希腊神话中达佛涅化为月桂树的故事和英格兰人以樱草、苹果树、玫瑰、桦树、榉树为姓的习俗都是植物图腾崇拜的遗迹。

图腾标志最典型的是图腾柱和图腾旗。在印第安人的村落中，多立有图腾柱。在中国东南沿海考古中，也发现有鸟图腾柱。据说龙旗在中国，从商代就开始出现了，一直延续到清代。由于中国中原地区以农耕为主，风调雨顺是人们的渴望，所以被赋以掌管雨水、江河的龙就受到人们的特别崇敬，极大地影响着中国古代的政治和文化。古代突厥人是以狼为图腾的，史书上多次记载他们打着狼图案的旗帜。图腾崇拜文化是形成民族文化的源泉和基础。

民族

“民族”是指人类在一定的历史发展阶段形成的有共同的语言文字、共同的生活地域、共同的信仰习俗以及共同的文化特点的群体。“民族”一词使用非常广泛，但不同场合，其所表达的含义也有所不同。一种是广义的，泛指人们在历史上形成的、处于不同历史阶段的各种群体，如古代民族、现代民族、土著民族等。或用以指一个国家或一个地区的各民族，如中华民族、阿拉伯民族、德意志民族、法兰西民族、大和民族，等等。另一种是指各个具体的民族，如汉族、蒙古族、毛利族、高棉族等。民族是人类社会发展阶段的历史必然，在民族形态形成的过程中，国家形态也就逐步形成了。

有机构统计，全世界共有民族 2000 多个。超过 1 亿人口的民族有 7 个；1000 万 ~1 亿人口的民族有 60 个；100 万 ~1000 万人口的民族有 202 个；10 万 ~100 万人口的民族有 92 个；不足 10 万人口的民族有 1522 个。中国的蒙古族、回族、藏族、维吾尔族、苗族、彝族、壮族、布依族、朝鲜族、满族、侗族、瑶族、白族、哈尼族、哈萨克族等民族，在中国被称为“少数民族”，但在世界民族之林中，仍算得上是大民族，都拥有百万人口以上。其中壮族人口最多，达 1200 余万，居中国各民族第 2 位，在世界排列第 60 位。中国有民族 56 个，俄罗斯有 126 个民族，印度尼西亚有 150 个民族，尼日利亚共有 250 个民族。在亚洲，拥有 50 个以上民族的国家还有印度和菲律宾。亚洲的民族总数在 1000 个以上，约占世界的 50%。

三、三千年以前

文与城

史学界一般认为，一个地区古文明的形成有 3 个标志：文字的出现、金属工具的使用和城池（国家）的建立。

◆距今 5000 多年前，中国辽阔的大地上，在黄河流域和长江流域，中华民族的祖先经过长期的历史发展，已形成了华夏族、苗族以及被华夏族称为蛮、夷、戎、狄等其他民族的部落群。华夏族在先秦古籍里称为“华”或“夏”，相传是炎帝和黄帝之后，实际上华夏族正是以炎帝和黄帝为代表的两个有血缘关系的氏族经过融合发展而形成的。

在中国历史上黄帝炎帝之前没有称“帝”的，在夏、商、周三代之前没有称“王”的，“帝”和“王”实际上代表着中国两个不同的历史时期。炎、黄两帝的“帝”应该是中国原始社会部落联盟时期的部落首领的称谓。可以通过流传下来的远古传说，推测远古部落分布的一般情况。

居住在中国东方的人被统称为夷族，太皞（hào）是其中一族的著名首领。太皞姓风，神话里说他人头龙身，可能是以龙为图腾的一族，也有伏羲（xī）氏与太皞是同一人之说。居住在中国北方、西方的人统被称为狄族和戎族，其中犬戎族自称祖先为二白犬当是以犬为图腾的氏族。居住在南方的人被统称为蛮族，其中九黎族是最早进入中部地区的。九黎族是九个部落的联盟，蚩尤是九黎部落的首领。传说中蚩尤为兽身人言，耳生毛头有角，应该是以猛兽为图腾的氏族。

炎帝族居住在中部地区，炎帝亦称神农氏姓姜，神话里说他牛头人身，大概是以牛为图腾的氏族。姜姓是西戎羌族的一支，自西方游牧进入中部。黄帝族原先居住在西北地区，过着往来不定迁徙无常的游牧生活。黄帝姬姓号轩辕氏，又号有熊氏。据中国西汉史学家司马迁所著《史记》载，后来炎帝族与黄帝族在各族的发展中形成冲突，在今河北中部地区发生了大规模的战争，即“阪泉之战”。战争结果，炎帝族战败归附于黄帝族。阪泉之战对开启中华文明史意义重大，为形成后来的华夏族奠定了基础。

强悍的九黎族在进入中部地区的时候击败了炎帝族，炎帝族被驱赶到今河北省涿鹿地区。后炎帝族联合黄帝族打了中国历史上又一次大规模、长时间的战争“涿鹿之战”。结果九黎族大败，首领蚩尤被杀，该族被迫退回中国南部。奠定了炎黄华夏的汉族主要生活在中原一带的基本格局。

这一时期中国大陆的众多的氏族部落，先后转化为父系氏族社会，相当于新石器时代的后期阶段。丰富的考古发现说明，他们在发展耜耕农业的基础上，保持着渔猎和采集，并完善了家畜饲养业，六畜中的猪、狗、牛、羊、马、鸡已经齐全。从出土的人拉石犁、各式石锄蚌锄、竹千篰（bù）说明，当时的田间管理有了加强并初步掌握了水利灌溉和施肥的技术。农作物的品种也不断丰富，粟（小米）、稻谷已有大量的种植，在钱山漾遗址（距今约4400年）还出土了芝麻和蚕豆。配合农业的发展，这一时期的手工业也有惊人的进步。除了耀人的制陶、竹编技术外，在众多仰韶文化遗址（公元前5000—前3000年）、龙山文化遗址（公元前2350—前1950年）中还发现了铜片、铜刀、铜凿等金属工具。在良渚（zhǔ）文化遗址（公元前3300—前2200年）里，我们发现不少苎（zhù）麻织物和丝织物。丝织物有绢片、丝带和丝线，经专家鉴定，原料是家蚕丝。说明，早在5000年前，中国江南地区养蚕缫（sāo）丝事业已相当普遍。在仰韶文化遗址和良渚文化遗址的陶器上都发现有笔画整齐规则的图形符号，当是中国古代文字形成的一个重要发展阶段。

2006年6月中国考古学家在浙江省杭州市西北发现一座良渚文化古城遗址，遗址南北长1800~1900米，东西宽1500~1700米，总面积290多万平方米。古城布局略呈圆角长方形，城墙底部普遍铺垫石块作为基础，在石头基础以上用较纯净的黄色黏土堆筑而成，城墙底部宽40~60米，现存较好地段墙高约4米。四面城墙的堆筑方式基本一致，城墙内外均有壕沟，可能是护城河。古城中心有一巨型建筑基址，面积超过30万平方米，确认是人工堆积的夯土台基。土层最高处1.2米，最厚处达10.2米，基址上发现大片夯窝以及成排的柱洞，说明上面曾经有大型建筑，另外还有6个供祭祀时用的大土坑。

良渚墓葬中出土有大量随葬品，出土的陶器以泥质灰胎磨光黑皮陶最具特色，采用轮制，器形规则，用镂孔、竹节纹、弦纹装饰，也有彩绘。玉器发现很多，有璧、琮、璜、环、珠等，其中有象征神权的玉琮和象征军权的玉钺（yuè）。

考古发掘表明，在良渚文化时期，手工业趋于专业化，琢玉工业尤为发达，大型玉礼器的出现揭开了中国王权的序幕。“城墙”是氏族社会和文明社会区别的一个重要标志，“城”的出现表明在良渚文化时期氏族城邦已经形成，社会分化开始加剧，已有贫富产生。

考古工作者在良渚文化遗址中出土了2件残石钺（yuè，一种兵器）。

第一件，上端残，存一个双面钻孔，弧刃。残高9.20厘米，刃宽9.90厘米，器表面磨光。一面右上角刻画一“1”字，似左右结构；而该面其余笔画，则组成一个酷似某种动物的象形符号。另一面右侧连续刻画6个符号，形态规整、排列整齐，其中有相同符号重复。此外发现，重复出现的符号在其他陶器上也以单体形式出现多次。

第二件，属残存器体中段，存一个单面钻孔。残高5.70厘米，残宽11厘米，器体表面磨光。器体一面现存繁复的笔画组合，根据观察似为4字。而从笔顺、字形推断，该面所刻画文字应为上下行文。器体另一面上端刻画有2个并列单体字，其下所刻画有残，笔画极其繁复。

石钺上的刻画文字，构形中多直线、折线，少弧线，刻画方式基本一致，且笔顺较为规范。而且，两石钺上的文字均连缀成句，具有明显的表意性质。由此观察，这些文字当是较为成熟，且粗具系统的原始文字。

2013 年 7 月 6 日，来自全国的考古学家、古文字学家对良渚文化遗址出土石钺上的刻画文字进行论证，认为该文字是迄今为止中国境内发现的最早原始文字；其与同时期出现的城址、水利系统及墓地等遗址、遗物，无疑是5000 年前中华大地上文明业已开始的重要标志。

专家指出：中华民族的文明曙光应该是从良渚升起的。2019 年 7 月 6 日，良渚古城遗址被联合国教科文组织世界遗产委员会正式列入《世界遗产名录》，这意味着以良渚古城遗址为代表的中华五千年文明史，已经得到国际上的广泛认可，被正式载入世界文明史册。

1978 年开始发掘的陶寺古城遗址（约公元前 2300—前 2100 年）位于山西省临汾市襄汾县陶寺村以南，是中国黄河中游地区以龙山文化陶寺类型为主的遗址。城址平面为圆角长方形，在遗址内发现有墓地、宫殿区、贵族居住区、平民区、手工作坊区等，作为都城的基本要素已基本具备。陶寺古城遗址的文化遗存分早、中、晚三期，面积约为 300 万平方米，是中国迄今为止所发现的史前最大的城址。

陶寺遗址内发现有道路、水井、陶窑和较密集的灰坑。房址分地面、半地穴式和窑洞三种，后两种居多。半地穴式房基平面多作圆角方形，少数呈圆形；长、宽一般在 2~3 米。室内地面涂草拌泥，经压实或焙烧，多数再涂一层白灰面，并用白灰涂墙裙，可见当时白灰已得到广泛应用。居住面中央有柱洞和灶坑，墙面上往往有或大或小的壁龛。有的还在室内一侧设置灶台，灶台后部有连通室外的烟道。窑洞式房址四壁向上弧形内收形成穹隆顶，高约 2 米，结构等多与半地穴式房址相仿。水井为圆形，深 13 米以上，井底部有用圆木搭垒起来的护壁木构。此外，遗址内有墓葬 1000 余座，随葬的陶器有罐、壶、瓶、盆、盘、豆（一种盛食品的器皿，形状像高脚盘）等，个别墓有鼎和觚（gū）。凡陶器均施彩绘，都是烧成后着彩，以黑色为地，则上施红、白、黄彩；以红色为地，则上施黄、白彩。图样有条带纹、几何形纹、云纹、龙纹、变体动物纹等。色彩绚丽的彩绘陶器，构成陶寺文化的一大特色。彩绘蟠龙图形的陶盘，是其中最富特征的器物，这是在中原地区所见蟠龙图像的最早器物。专家判断，龙盘可能是一种礼器，龙纹则可能是氏族、部落的图腾。一些彩绘纹样与商、周青铜器花纹颇为接近，为探讨中国古代青铜文化的渊源，提供了线索。

在陶寺晚期一个墓葬中出土一个铜铃。经化学定量分析含铜 97.86%、铅 1.54%、锌 0.16%，采用合范浇铸技术制造。虽然铸造工艺粗糙，器壁厚度不匀，但合范浇铸仍是前所未见的创举，是迄今所知中国最早的金属乐器。

在遗址内另有两个发现，引起学界的注意和争议。

遗址内有一个平面呈半圆形的平台，面积约 1400 平方米。在它的圆心点，考古队员发现一个里外三圈的圆形夯土构件。圆心点以东约 25 米，有 11 个夯土凸起排成一道弧形夯土地基，地基之上已无遗存，凸起与凸起之间的距离在 15~20 厘米，形成了 10 道豁口。这些豁口是做什么用的呢？考古队员假设：夯土地基之上，原本可能建有夯土柱或石柱，豁口是柱子间留下的观测缝。

在多名天文史学家的协助下，考古队员历经数年模拟观测发现，站在圆心观测点往东遥望塔儿山，在冬至、夏至、春分、秋分等重要节气，正好可以看到太阳分别从夯土地基上几道对应的观测缝中升起。据此分析，当时人们就是通过观测日出位置的变化来确定节气和农事的，这个遗迹很有可能就是一个观象台，同时兼具祭祀功能。中国天文学界，考古队员的发现和推断获得较广泛的认同，认为可能是中国已知最早的观象台。

在陶寺遗址的一个灰坑中，发现了一只残破的泥质灰陶扁壶，壶身上有竖条立体花纹，在壶的正面后面，分别有两个朱红符号。其中正面的符号很像甲骨文中的“文”字，很多学者也都这么认为，后面的符号则很难辨认。相关考古学家按象形来解释，认为是“尧”字，与前一个“文”字连起来读就是“文尧”，是对炎黄两帝之后尧帝的赞颂。据史籍载“尧都平阳（今临汾）”，因此，陶寺古城遗址或为尧都，但这一说法有学者表示质疑。

陶寺城址是目前发现的黄河流域史前最大的一座城址。其城区布局较为复杂，夹板石砸夯土的建筑方法比长江流域良渚文化古城的堆筑法进了一大步，说明陶寺城建筑正向更高阶段迈进。而红铜铃、青铜齿轮形器、朱书“文”字，以及等级差别墓葬（出现大型首领墓），礼乐重器包括“土鼓”、鼍（tuó）鼓、特磬、玉钺等发现，说明阶级已经形成。大型窖穴的存在，暗示陶寺城址内大型仓储功能区的存在，这是早期国家所应当具备的功能区。出土的精美刻花白墙皮和高质量的夯土，都说明城内曾有高等级的夯土建筑。陶寺城址如此大的规模，如此复杂的结构，显现出它存在着分化的社会组织和高度的权力机构。因此，专家推测陶寺城址很可能是一处重要的都邑性聚落，已产生国家或国家雏形。

目前，在距今4000年至5300年前这个时代，中国发现的古城有60多座，小的有十多万平方米，大的为290万平方米，最大的为陶寺古城城址。

◆非洲东北部地区，有一条狭窄的肥沃谷地，尼罗河由南向北流经这里注入地中海，埃及就在尼罗河的下游。

在地理上，古埃及分为两部分：从孟斐斯（也译孟菲斯）到苏丹边界的狭长谷地称为上埃及；从孟斐斯至地中海的三角洲为下埃及。古埃及人是非洲东北部土著和西亚各部落混合产生的，现代埃及人则属于阿拉伯民族，是公元7世纪阿拉伯人征服埃及后，与本土居民逐渐融合而成。

7000年前至5000年前新石器时代后期，古埃及人已进入定居的农业生活，懂得种植小麦、大麦和亚麻、并且有了早期的象形文字。制定了世界上第一部相当精确地历法，一年被分为泛滥、播种、收获三个季，每季四个月，每月30天，年终加5天宗教节日，总共365天。比地球绕太阳一周仅差四分之一天。古埃及人已观测到并绘制了大熊星、小熊星、北极星、天狼星、猎户星、天蝎星、白羊星等40多个星座的“星位图”。已经学会铸造铜器而进入铜、石并用的时代，这一时期史学家称为“前王朝时期”。

在这个时期埃及出现了一种象形文字，希腊人把这种文字称为“圣书字”或碑铭体。圣书字又衍化出僧侣体和通俗体。圣书字起初是雅俗通用的，后来成为雕刻在金字塔和神庙石壁上，以及绘写在石器和陶器等器物上的庄严字体。其符号外形很像图画，但实际上大都早已失去象形功能。僧侣体是实用的草体，主要用于宗教写经。这两种字体的内部结构完全一致。通俗体又称书信体或大众体，它是僧侣体的简化形式。

埃及圣书字由意符、音符和定符组成，是一种语词加音节的文字。意符有许多明显的象形字，而音符大都是从早期的意符转化而成，只表辅音，附带不写出的元音。定符是规定意义类别的记号，本身不读音，跟其他符号结合成词，有区别同音词的作用。埃及圣书字在425年后开始衰亡。

前王朝时期包括巴达利文化距今约7000年前、阿姆拉文化距今约6000年和格尔塞文化距今约5000年的三个连续的文化阶段。从考古发现可以看出，阿姆拉文化和格尔塞文化时期古埃及氏族制度已逐渐解体，贫富差距出现，社会已形成贵族与平民、奴隶主与奴隶的阶级划分。希拉孔波利斯（今考姆艾哈迈尔，位于埃及阿斯旺省）等地已发展成为具有城市公社性质的小邦。在距今约5000年，上埃及国王美尼斯征服下埃及建立统一的第一王朝，史称：早王朝时期。

由于早王朝时期上下埃及宗教信仰不同，据说美尼斯需要配备两个不同颜色的王冠来统治他的王国。在上埃及的时候，美尼斯头戴白色王冠，表示是上埃及国王；到了下埃及他会戴红色王冠表示他是下埃及的统治者。美尼斯后在一次狩猎中身亡。

◆西亚两河流域泛指发源于土耳其东部的幼发拉底河和底格里斯河，古希腊人称其为“美索不达米亚”平原，意思是两河之间的地方，大体相当于今天的伊拉克国土面积。古代的两河流域，北部称亚述（由亚述城得名），南部称巴比伦尼亚（由巴比伦城得名）。巴比伦尼亚又分为南北两部分：南部称苏美尔，北部称阿卡德。

苏美尔是人类最早产生先进文明的地区之一，在今伊拉克东南部幼发拉底河和底格里斯河下游。距今约7000年，苏美尔人进入铜石并用时代，并建立了世界上最早期的城市。这一时期，苏美尔人的文字也已经出现。从考古发现来看，距今约7000年，苏美尔人掌握了初步的人工灌溉技术，从事农耕生产。苏美尔人种植的植物中包括大麦、小麦、蚕豆、豌豆、洋葱等，畜牧业和渔猎在经济生活中仍起着重要作用。劳动工具大部分为石器和骨器，但已开始出现了铜器。居民的住房为用泥土砖和芦苇建成的小屋。

在20世纪40年代中期，考古学家在伊拉克南部发掘出埃利都文化遗址，这是一座古苏美尔城，大约建于公元前5300年。城市以神庙为中心，西北角有墓地和民居，城市的面积为8万~10万平方米，人口在4000人以上。

遗址内有建筑在高大夯土台基上的泥砖神庙，与芦苇小屋形成了鲜明的对比，反映出当时氏族社会内部已经有了贫富分化。在埃利都遗址的墓地，出土了一座男性雕像，左手执一根泥制棍棒。据专家分析，这座男像代表了氏族部落的首领，其手中的棍棒应是后世王权权标的起源。

芦苇棚结构简单，内部隔为几个房间；墙以黏土筑成，厚仅13厘米，疑为奴隶或部落贫民所住。也有以砖坯砌成的住房，砖大而重，有些体积达 49 厘米 ×26 厘米 × 8 厘米，常以草掺入为料，应是当时平民或部落贵族的住房。

神庙为古苏美尔城最早的宗教建筑。神庙平面为长方形，面积不大于 4 平方米，不过却用当时最好的土砖砌成，庙堂设有祭坛，紧挨着建筑物有圆形的献祭所或献祭桌。

埃利都遗址堆积自下而上分属于埃利都文化、欧贝德文化、乌鲁克文化和捷姆迭特那色（又译杰姆代特奈斯尔）文化。遗址中有墓葬 1000 多座，已发掘的 200 多座均属欧贝德文化晚期。

可能由于幼发拉底河改道、土地盐碱化或其他非自然因素，埃利都城约在公元前 500 年被废弃。

欧贝德文化出现在公元前 4300 年至前 3500 年，以 20 世纪初在乌尔（位于今天伊拉克的济加尔省）附近发现的欧贝德遗址而得名。在欧贝德文化时期，苏美尔人掌握的农耕技术进一步提升，学会了饲养牛等家畜。这时的小型城镇多以神庙为中心，房屋还相当简陋。陶器制作也比较粗糙，晚期出现轮制陶，器形有高脚杯、瓶、碗、椭圆形大盘等。彩绘多为黑、绿、棕单彩，纹饰以动物、植物、几何形图案为主。生产工具有石制的镰、斧、锹、矛等。发现有少量印章，个别遗址出土有铜制品。一些陶塑人物裸体，头部作蜥蜴状。其中女性像可能反映出女性崇拜；而男性手持权杖，则意味着母权制的瓦解和父权制的兴起。欧贝德文化的后继是乌鲁克文化。

乌鲁克文化期在公元前 3400 年至前 3100 年，因最早发现于伊拉克境内的古城乌鲁克而得名，主要分布于两河流域地区。这个时期水利灌溉技术有了进一步发展，铜器大量出现。其最典型的文物是圆筒印章，印章上有屠杀俘虏或将俘虏送给首领人物的图案，反映了这一时期的阶级分化加剧，奴隶开始出现。以血缘关系为基础的氏族部落开始让位于以地域关系为基础的部落联盟城邦。

这一时期的神庙建筑较欧贝德文化的规模更大，以神庙为中心，出现了大规模的聚落，并向城市形态发展，奠定了苏美尔时代城市的基础。这种聚落遗址以乌鲁克古城遗址最具代表性，该遗址显示，有 5 万至 8 万人在 6 平方千米的城市范围内居住，为当时世界上最大的城市。城内市政建筑物、园地墓地和民居各占三分之一。这个时期苏美尔人最重要的建筑为塔庙。塔庙是建在几个由土垒起来的大台基上，这种类似于梯形金字塔的建筑被称为“吉库拉塔”。乌鲁克塔庙代表性建筑是石庙、红庙和镶锥宫。镶锥宫筑于台基之上，大厅的柱廊由两排直径达 2.62 米的柱子拱立，围墙以红、白、黑色的圆锥形镶嵌物装饰。这些建筑物宏伟的规模和高超的镶嵌装饰技术，反映了当时苏美尔人先进的生产力水平。

这一时期陶器发展为轮制的红色或灰色磨光陶器，有的饰以简单刻纹，器形以高柄长嘴的钟形罐为主。金属制品开始盛行也是这一时期的特色，主要为矛头、棒头、箭头等铜制武器及金银制容器等。石斧、石刀等石制生产工具和陶镰仍在继续使用。农业、手工业、商业分工已经较为明确。乌鲁克时代的雪花石膏雕像也十分精致。考古人员在发掘的一小块石板上，发现两面以直线刻画出表示各种事物的图画符号，其中可以辨识的有人的头、手、脚等，年代约为公元前3500年，这是迄今发现的最早的象形文字。至乌鲁克文化晚期，大约发现有刻在泥版上2000多个象形文字符号，是目前公认的人类最早的文字记录。由于已被发现的象形文字多写于泥版上，书写者使用削尖的或木棒在软泥版上刻写，然后将软泥版经过晒或烤使其硬化保存。所以泥版上的字线条笔直形同楔形，故称为楔形文字（也称钉头文字和箭头文字）。可以看出，楔形文字至乌鲁克文化晚期已经相当成熟，此时，苏美尔人氏族制开始瓦解，逐步向阶级社会过渡。

在捷姆迭特那色文化期，距今约5000年，遗址发现于巴比伦（伊拉克境内）城址西北的捷姆迭特那色。这一时期楔形文字已经在苏美尔人生活中广泛使用。氏族社会已经解体，奴隶制城邦大量出现，在苏美尔和阿卡德地区形成几十个城邦，史称：早王朝时期。

此后，楔形文字得到广泛传播，被许多古代民族用来书写和表达自己的语言，但这些语言之间并不存在关联关系，有很大的差异性；文字也被加以改造，逐渐由多变的象形文字统一固定为音节符号。在两河流域地区先后建立王朝的阿卡德人、巴比伦人、亚述人都传承了楔形文字这份文化文明，并把它传播到西亚其他地方。西方人最先看到的楔形文字，是波斯人加以改造了的楔形文字，与苏美尔人、阿卡德人、巴比伦人以及亚述人使用的楔形文字已有了很大的不同。

楔形文字起源于美索不达米亚特殊的渔猎生活方式，这是学界较为通行的看法。也有学者持不同见解，认为楔形文字的起源与古代苏美尔地区发达的部落联盟组织有密切关联。苏联科学家就持这一观点，他们在《世界通史》一书中指出：苏美尔人在很早之前就出现了文字的雏形，社会组织为了更好地进行管理和运营，逐渐发展出楔形文字。

然而，在20世纪70年代，考古天文学家提出了一个新的观点，认为楔形文字起源于6000年前的一次超新星的爆发。这一观点来源于一个苏美尔学专家的假设，该学者在对楔形文字的研究中发现了一个奇特现象，在较早的泥版文书记载中大量出现对同一颗星的记录。因此，他提出了苏美尔文明的起源与这颗星有关的假设。1980年，美国国家航空和宇宙航行局的一个天文学家经过精确计算，论证了这一假设的合理性。他认为，6000年前爆发的这颗超新星，是人类历史上记录到的一次重要天文事件。这颗星在今天只能勉强分辨，但在6000年前，其光芒四射的神秘天象给古代苏美尔人带来的心理震撼是巨大的。人们对这颗星的敬畏和崇拜可能演化出了神话和宗教，有关这颗星的图像和星卜就演变成了最初的文字。专家们发现，在楔形文字中最早和最多使用的两个字是“星”和“神”，而这两个字形十分相似。

楔形文字一直被使用到公元元年前后，后失传。19世纪以来才被陆续解读，从而形成一门研究古史的学科亚述学。

苏美尔城邦之间经常相互征战大大削弱了苏美尔人的实力，后被阿卡德人所征服建立了统一的阿卡德王国。

◆古代印度包括现在的印度、巴基斯坦和尼泊尔等国的领土。在古代，“印度”仅是古代南亚次大陆的地理名称。印度得名于印度河。我国从西汉起就有关于印度的记载，司马迁称印度为“身毒”，东汉时改称“天竺”，唐代玄奘始称印度。

印度在地理上分为南北两部分。喜马拉雅山脉与文迪亚山脉之间的印度河、恒河流域为北印度，文迪亚山脉以南为南印度，北印度是古代印度文明的摇篮。在公元前 3000 年年末，以印度河流域为中心，其范围西起伊朗边境，东近印度德里，北及喜马拉雅山南麓，南临阿拉伯海，方圆 130 万平方千米的土地上，兴起了一个高度发达的文明，这就是被史学家称为印度文明“第一道曙光”的哈拉巴（也译哈拉帕）文化（或称“印度河谷文明”）。

经专家测定，哈拉巴文明的年代范围是在公元前 3300 年到前 1750 年，呈现典型的青铜文化特征，青铜器已广泛用来制造生产工具、武器和生活用具。人们已开始从事农业种植，种植物有大麦、小麦、稻谷、胡麻、棉花，印度是世界上最早种植棉花的地区和民族。人们已大量驯养家畜。手工业除了冶金外，还有纺织和制陶业，陶器的制作已使用陶轮。考古还发现 2500 多枚刻写在石、陶、象牙制印章上的象形文字，文字符号有 500 多个，但至今未能破解。

哈拉巴文化遗址有 200 多处，包括众多村落和大小城市。城市包括卫城和下城区两部分。以摩亨佐・达罗（位于今天巴基斯坦的信德省）和哈拉巴（位于今天巴基斯坦旁遮普省）为中心。根据遗址发掘，摩亨佐・达罗城的西部为砖砌卫城，东部是住宅区和工商业区合成的下城区。卫城有用于防御的城墙和塔楼，有粮仓和行政机构。城中心建有一个巨大的水池。专家推测，此水池可能用于宗教活动或是一个公共浴池。水池用砖和沥青铺成，附近有水井，也有排水沟。下城区被划分成几个小街区，每个街区中又有小巷，街道笔直，垂直相交。主街道宽达 10 米，房屋多用火砖建造，有得比较简陋，有的则十分豪华，设有浴池和楼梯间以及复杂的排水系统。由此判断，其昌盛期两城的人口规模都在 4 万人左右，已进入奴隶制社会，与同期埃及、两河流域文明相似。

哈拉巴文明在公元前 2000 年的中期突然消亡，其原因不得而知。史学界根据遗址和遗物提出了各类假说，较有影响的有以下两种：

其一是外族入侵说。大约在公元前 1750 年，印度河流域的一些城市遭到了很大的破坏。特别是摩亨佐・达罗城的毁灭，在城市的街巷和房屋内留下了不少像是被杀戮的男女老幼的遗骨，在这些尸骨上都留有刀痕，有的四肢呈痛苦的挣扎状。在哈拉巴卫城上层遗址，人们发现有文化相异的陶器类型与哈拉巴文化遗址并存，说明有新的外来者占据了哈拉巴文化区域。

其二是生态变化说。考古证实，摩亨佐・达罗城至少被 5 层淤泥填埋，说明这一城市至少 5 次毁于大洪水及其挟带的泥沙。这一现象的发生，应多源于当地的人们为了耕种、大规模烧砖、冶炼青铜等过度砍伐森林，破坏了生态环境，导致了水土流失。随着印度河河床的日益淤高，使印度河汛期洪水暴涨，堤坝决口，河流改道，淹毁城市。时至今日，印度河文明已被塔尔大沙漠（亦称为印度大沙漠，位于印度西部拉贾斯坦邦）所侵蚀。

1980 年，联合国教科文组织将摩亨佐・达罗考古遗址作为世界文化遗产，列入《世界遗产名录》与哈拉巴文明并称为古印度文明的代表。

◆希腊是欧洲古代文明的最早发源地，它的文化印记对后世欧洲各国文化历史的发展有着深远的影响。希腊新石器时代遗址分布于本土和爱琴海诸岛，最早的时间可上溯到公元前6000多年前。

新石器时代，古希腊人已种植大麦、小麦和豆类作物，驯养绵羊、山羊、猪等家畜。希腊由于缺乏坚硬的燧（suì）石，古希腊人多以黑曜（yào）石制造具有较锋利边缘的石器，而黑曜石只产于基克拉迪斯群岛的米洛斯岛。这说明早在新石器时代，古希腊人已在爱琴海上开始了互通有无的往来。

考古发掘表明，爱琴文明最先产生于位于地中海北部的克里特岛。克里特岛距希腊本土130公里，最早的新石器文化遗址年代约有8000年，古人多居洞穴中。在公元前3000年的时候，岛上的居民进入铜石并用时代。在公元前2000年的时候，铜器、青铜器逐渐增多，克里特人进入青铜时代。此时，石瓶、印章、黄金饰品的制作开始流行，手工业生产的发展导致进一步的劳动分工。从东克里特发现的大型建筑来看，私有制和贫富分化已出现，原始社会逐步解体，形成了一个奴隶制城邦。

祖先的密码

中国——

◆从古至今，中华民族一直流传着这样一则动人的故事：远古时期，人类饱受洪水泛滥之苦。尧、舜时代有崇氏部落首领鲧（gǔn）奉命带领人们治理洪水。鲧治水逢洪筑坝，遇水建堤，采用“堙（yīn）”的办法，九年水害不息。舜见鲧治水无功，将他诛杀在今江苏省东海县羽山。舜命鲧的儿子禹继续治水。禹吸取经验，决定采用疏导洪水的办法，带领族人凿山疏流，导洪入川，使洪涝之地成为良田，人民得以安居乐业。

大禹曾在绍兴娶涂山氏为妻，新婚四天便别家治水。其后离家十三年，曾经三次路过家门而不入。其克己奉公的精神和卓有成效的治水功绩，使舜晚年将华夏族部落联盟首领的职位禅让给了禹。

大禹治水是中国古代文明初期具有划时代意义的大事，是中国历史上的一个重要转折期。通过治水，大禹打破了各部落之间的隔膜与仇视，促使建立各部落治水的联合行动，进而完成了从部落联盟形态向国家形态的转变，奠定了华夏民族的基础格局。大禹治水即改变了当时人们的居住环境，也改变了当时人们的生产环境，使大禹在各部落中产生了很高的威望。在各部落的拥戴下，大禹在今安徽省怀远县涂山大会各部落首领，这就是有史记载的“涂山之会”。

在涂山会盟中，各部落首领已基本转化成世袭贵族，建立了各自的部落联盟城邦或方国在甲骨文中多以某“方”的形式称呼这些部落小国，所以称作“方国”。他们对禹朝贡，行臣服之礼，成为一统王朝下的诸侯。有史学家认为，这次大会是夏王朝正式建立的重要标志，后世便称大禹为禹王或禹后（君王）。大禹死后废除了传统的部落“禅让”制，其子启继承王位并杀死王位争夺者——偃姓族的首领益，建立了中国历史上第一个世袭的部落联盟形式的氏族王朝。

关于夏朝“夏”的这一称谓的来源，有多种不同的说法。其中较为可信的观点是“夏”为夏族图腾的象形字。

在甲骨文的字形上，“夏”字是一个人的象形：头、发、眼、身躯、两臂、腿脚一应俱全，且双手摆开呈现出一种强而有力的架势。金文中的“夏”字比甲骨文字形复杂化了，人的头和身躯变成小篆的“页”字形结构，其左右两边的两个呈锯齿状结构的部分，是手的象形；其下是两只脚的象形。小篆中的“夏”字由金文字形发展而来，只是“脚”只剩下了一只，整个字的结构看起来也更为明朗。约在隶书阶段的后期，“夏”字得到了很大程度的简化：上面繁体的“页”被写成了隶书所示的形状，两边的“手”被省略掉了，下面的“脚”变成了“夊”。由此演变为楷书中的“夏”字，已失去亲人的形象。在字义上，“夏”字的本义为“人”（特指“中原一带”）。后假借指一年四季之中的夏季。

司马迁记载“夏”是姒（sì）姓夏后氏、有扈氏、有男氏、斟鄩（xún）氏、彤城氏、褒氏、费氏、杞氏、缯（zēng）氏、辛氏、冥氏、斟灌氏十二个氏族组成的部落的名号，以“夏后”为首，因此，建立夏朝后就以该部落名为国号。唐朝有学者则认为“夏”是大禹受封在阳翟（dí，今河南禹州）为“夏伯”后而得名。根据古代一些史籍推测，夏族很有可能是黄帝后裔高阳氏与炎帝的一支共工氏通婚形成的一个部落。

夏王朝建立时期，原始部落制度正处在逐渐解体的过程中。夏时期的王权和世袭贵族，是以父权家庭制为基础的氏族部落联合建立起来的。因此，在国家形态形成之后，各级贵族组织仍然要保持旧的血缘联系，严格区分姓氏。王室分封各部族，除保持他们原有的姓氏之外，又以封地建立姓氏。在各级贵族之间，就依姓氏的区别建立了各自的宗族关系。

根据史书记载，夏族的十一支姒姓部落与中央王室夏后氏在血缘上有宗法关系（指封建家族关系的制度，源于氏族社会的家长制，依血缘关系分大宗和小宗，强调前者对后者的支配，以及后者对前者的服从），政治上有分封关系，经济上有贡赋关系，大致构成夏王朝的核心领土范围。

夏朝实质是部落城邦联盟到封建国家的过渡期，因此没有明确的疆域。夏氏族与其他部落城邦的关系很多就像是宗主国与朝贡国一样，但又有些方国是受夏王室分封的，就如同诸侯国，故仅能以势力范围来表示其影响力，当时夏的势力已延伸到黄河南北，甚至长江流域。

大致西起河南省西部和山西省南部；东至河南省、山东省和河北省三省交界处；南起湖北省北部，北至河北省南部。

夏王朝迁都频繁，曾建都于阳城（今河南省登封市的东部）、酌鄩（xún）（今河南省登封市的西北部）、安邑（今山西省夏县西北部）等地。

大禹称王后，便将全国划分为九个州，做了中国最早的行政区划和土壤调查。在中国古代史籍《尚书》中有一篇《禹贡》的文章，记述了禹王划分九州的说法。

九州分别是冀州、兖州、青州、徐州、扬州、荆州、豫州、梁州、雍州。各州的方位、土壤性质、物产分布、贡赋的等级都有界定。其所划定的九州范围依次是：徐州，今江苏、安徽北部，山东南部，土壤为红色黏土；冀州，今辽宁省的西部，河北省北部，山西全省及内蒙古部分，土质为松软的白土；兖州，山东西北部分，河北东南部分，土地为黑色土壤；青州，东起渤海，西至泰山，包括山东的北部和辽宁的一部分，土地主要为白色，沿海滨之地，为盐碱土可以煮盐；扬州，今浙江、江西、福建全境及江苏、安徽、湖北东部、广东北部，土壤为潮湿的泥土；荆州，今湖南全境、湖北东南部、贵州东部、广西北部，类似扬州，土壤为潮湿的泥土；豫州，今河南全境、山东西部、湖北北部，土壤为柔软的多质土，低地为肥沃而硬的黑色土；梁州，今四川全省、湖北西部及陕西、甘肃部分，为青黑色松散的土壤；雍州，今陕西北部及新疆、青海、西藏东部和内蒙古、甘肃南部，为上等的黄土壤。

大禹紧紧把握住关乎民族生死与衰亡的两个最关键的元素——水与土！

在夏代，畜牧业有了相当的发展，有一些专门从事畜牧业的氏族部落。为了适应农业生产的需要，夏人探索出农事季节的某些规律。现代中国仍旧流行的，有时也被称为夏历的农历（也称“阴历”）据说就是在那个时代建立的。夏代的历法，是中国最早的历法。当时已能依据北斗星旋转斗柄所指的方位来确定月份，夏历就是以斗柄指在正东偏北所谓“建寅”（“建”为北斗七星斗柄顶端的指向）之月为岁首。保存在中国古籍《大戴礼记》中的《夏小正》一文，是现存的有关“夏历”的重要文献。在此文中，夏历按 12 个月的顺序，分别记述每个月中的星象、气象、物象以及所应从事的农事和政事，它在一定程度上反映了夏代农业生产发展的水平。

据有关专家学者对《夏小正》的研究认为，此书在中国春秋时期以前已经出现，因为春秋时代的杞国在使用它。很可能成书在商代或商周之际，最晚也不会超过战国中期，内存珍贵的夏代资料。有学者把《夏小正》和中国彝族的太阳历作对比研究后指出，《夏小正》原是把一年分为 10 个月的太阳历，今传本《夏小正》把一年分为 12 个月是后人添加的。

古文献记载，夏时期已有相关的刑法制度。在中国古代史籍中有“夏有乱政，而作禹刑；商有乱政，而作汤刑”的说法。一般认为，《禹刑》是夏朝法律的名称，是后人为纪念夏的先祖禹而命名的。《禹刑》的性质相当于现代的刑法典，其具体内容因为史料缺乏，今人还不甚了解，但文献中又有零星的记载。

汉代以后的典籍说夏朝的刑条有 3000 条之多。东汉有学者说：“夏刑，大辟二百，膑辟三百，宫辟五百，劓、墨各千。”它初步确立了以习惯法为主体的五种刑名，即大辟（pì 杀头）、劓（yì 割鼻）、宫（残害生殖器官）、膑（bìn 断足）、墨（割开上额，灌注黑色）。

1959 年，在河南省偃师市发现并开始发掘的二里头村文化遗址，据考证是夏代中晚期遗址，在这里发现了中国最早的宫城。

宫城位于二里头遗址中东部，平面略呈长方形，形制规整。宫城东西宽近 300 米，南北长 360 米至 370 米。宫殿区的四周有环城大路，宽达 10 米至 20 米。4 条大路纵横交错大体呈“井”字形，构成遗址中心区的道路网。发现的宫城城墙就是沿着已探明的 4 条大路的内侧修筑的。在宫城内发现了两组排列有序的宫殿建筑群。

据技术考证，宫城建于距今约3600年前，其面积达10.8万平方米，是迄今为止可以确认的中国最早的宫城，也是发现的中国古代最早的具有明确规划的都邑。其缜密的规划、严整的布局，开中国古代都城规划制度的先河，后世中国古代都邑营建制度的许多元素都可以追溯至二里头：纵横交错的道路网；方正规整的宫城，宫城内多组具有中轴线规划的建筑群；建筑群中多进院落的布局，坐北朝南的建筑方向等。专家认为，二里头宫城可以看作是中国古代宫城的祖源，此后的中国历朝宫城建筑的演进，至明清时期的北京紫禁城达到了顶点。

二里头遗址出土的各类器物有：骨器、蚌器、玉器、陶器、石器、漆器及青铜器。青铜器包括工具、兵器、礼器、乐器和装饰品。其中鼎、斝（jiǎ，温酒器）、爵（饮酒的容器）、盉（hé，调酒器）等，是中国已发现的年代最早的青铜容器，都用复合范铸造，制作技术已较复杂。用200多粒绿松石镶嵌的兽面纹铜牌，是中国所见年代最早的铜镶玉制品，具有较高的工艺水平。据此，有学者认为，夏在中后期已进入了青铜时代。

在遗址出土的陶器、骨片上发现刻画符号20多种，有的可能是原始文字。乐器有陶埙（xūn）、石磬（qìng）、铜铃等。在遗址中还发现了最早的车辙痕迹，将中国发明车辆的年代向前推了300多年，但还尚不能确认是人力车还是畜力车，因为车辙只有1米宽。

二里头遗址还发现有许多与龙有关的文物，如陶器、铜牌饰上的龙图像，有的似蛇，有的脱离了原始的蛇形象，有爪有鳍（qí）。据目前所知，在中国现有的二百余处属于二里头文化时期遗址，能够集中出现龙形文物的只有作为都城的二里头遗址，且都是出土在宫殿区或其附近祭祀区、铸铜遗址等。专家认为，这表明二里头时期，龙的地位是显赫尊贵的，已经成为一种身份、地位、权力的象征，这种理念在以后的中华民族文化中代代相传。

从遗址发掘中可以看出，到了夏代农业生产和手工业生产已经有了明确的分工。烧制陶器，琢磨石器，制作木器、骨器、蚌器，冶铸青铜器以及酿酒等各种手工业，都可能已成为独立的生产作坊。

据专家推算，二里头都邑兴盛时期的人口至少应在2万人以上。而以往发掘的中国史前时期大型聚落的人口一般不超过5000人，与二里头同时期的普通聚落的人口一般不超过1000人。3600年前，人口如此高度集中于中心聚落（都邑）及近畿地区，且文明高度发达，在整个东亚地区尚属首现，从而确定了二里头文化遗址所具有的历史地位历史价值。

考古发现表明，随着二里头大型都邑的出现，在其所处的洛阳地区出现了不少新的聚落。这些聚落以二里头遗址为中心，相隔一定的距离均匀分布，总体呈现出大的网状结构。其中面积约200万平方米的河南巩义市稍柴遗址，地处洛阳盆地东向与外界交往的交通要道所在，除了作为次级中心外，应该还具有拱卫都邑、贸易中转等重要功能。再向外，20多处大中型聚落（面积多在10万～30万平方米）集中于嵩山周围的郑州至洛阳一带，颍河、汝河流域至三门峡一带，它们的分布与以二里头都邑为中心的政治势力范围接近。而位于二里头遗址以东约70千米的荥阳大师姑城址（面积51万平方米），专家判断可能是二里头都邑设置在东境的军事重镇或某方国之都。

有学者把二里头文化的分布区，分为畿（jī，国都附近的地区）内和畿外两大区域。前者指的是二里头文化中心区所处嵩山南北一带，推测可能属于王权直接控制区，后者指的是二里头文化的其他地域类型所处的区域或属王朝间接控制区。从二里头文化的聚落分布中可以看出，其社会由数百万平方米的王都、数十万平方米的区域性中心聚落、数万至十数万平方米的次级中心聚落及众多更小的部落组成，形成金字塔式的聚落结构和众星捧月式的聚落分布格局。

据史料载，夏王朝共传13世17王，立朝472年，后被商部落所灭，时间约在公元前1600年。

夏灭亡后，其遗民除了主要留居中原外，还有三支分别向东、南、西北3个方向迁移。西北这一支进入蒙古高原，与当地诸族融合，产生了一支新的民族。据有的史家认为，这便是后来纵横欧亚大陆被世人称为匈奴族的先祖。中国古代史书《史记·匈奴列传》中说道："匈奴，其先祖夏后氏之苗裔也，曰淳（chún）维。"

在夏王室逐渐衰落的过程中，黄河下游的商部落逐渐强盛起来。到了约公元前1600年，此时的夏王桀（jié）荒淫无度，暴虐无道，弄得国穷民伤，日益失去民心。商乘机先征服邻近部落，使夏王桀孤立无援。接着商首领汤又率战车70乘、士卒6000人攻击夏都。夏王桀仓促率王师与商军决战于鸣条（今山西省运城夏县之西，一说在河南省新乡市封丘东），结果夏军大败，促使夏王朝灭亡，商汤建立了中国第二个世袭的部落联盟形式的氏族王朝——商朝。商朝也是目前中国第一个有同时期文字记载的王朝。

相传商的始祖契［xiè，又称阏（è）伯］曾帮助大禹治水有功而受封于商［今河南省商丘市睢（suī）阳区］，以后就以"商"来名其部落或部族，商灭夏后，以"商"作为国号，以玄鸟为图腾。有这样一个传说，契是由其母误吞玄鸟蛋后怀孕而生。商朝的国都亦多次迁移，其最后稳定于殷（今河南省安阳），在殷建都达273年，因而史家也将商以"殷"称之，或者"殷商"并称。

从文献记载中可以看出，商王朝在夏的基础上建立起了较为齐全的国家形制，设立了各种官职和常备的军队，建立了典章制度、刑法法规等等。

商王朝的官职分有在朝中任职的内服官和被封于京畿以外的外服官。内服官中又分为王宫外廷政务官和王宫内廷事务官。外廷最高的政务官是协助商王决策的"相"，又称"尹"。

商朝外廷设有管辖经济的部门"六府"：司土府、司木府、司水府、司草府、司器府、司货府。六府分别管理商王国的土地、森林、水利、粮草、手工业、钱币及赋税的征收与库藏。内廷事务官是专为王室服务的官员，主要是总管的"宰"和亲信的"臣"。臣管理王室各项具体事务。

王朝的高级官吏统称为卿士。另有三公，则是因人而设的一种尊贵的职称，并不常设。

通过对考古资料的分析，可以看出商时期已初步形成了一套分封制度，分封并确立了众多的同姓和异姓的封国和方国，这些封国方国就构成商王朝的外服机构。

商王通过封国和方国，对所控土地进行区域划分，逐步取代原有的氏族部落。商代封国方国与商王朝的关系表现出较多的一致性。它们赴朝做官、朝觐、勤王、守边、纳贡、助王祭祀等，从而表现出与商王朝是一种臣属关系。同时，封国方国都拥有自己的军队和经济，因而又都具有独立性和自主性。但与封国相比，作为由原氏族部落自然转化的方国，在这一特征上表现得更为明显。

封国方国的爵称有侯、伯、子、田、男、任、亚、妇八种，其中“亚”为封国方国在朝廷的为官者，爵称之间尚无明显的高下等级之分。商王朝与各封国方国间还形成了朝聘、盟誓和监察制度。

据有关的研究统计，商代封国多达 285 个，方国也有 85 个，合计有 370 个之多。封国方国分布呈现出三个特点：一是封国方国呈密集型的块状分布，王都的西北和东南地区封国方国为数众多；二是封国基本上处于方国的内侧，在西北地区这一特征尤为明显；三是封国方国的分布也有犬牙交错的情况，东南地区这一特征尤为明显。通过对封国方国地理分布来看，鼎盛时期商王朝所控制的疆域西起今陕西省的岐山，东到山东半岛，北及北京附近，南达今河南信阳地区。

商朝已建立较为正规的军队，军队的编制有左、中、右三师，“王作三师右中左”当时军队的最大编制单位可能是师。甲骨文中常见有“登人”的记录，“登人”即征兵之意，每次“登人”以 3000、5000 为多，也有一次出兵多达 1.3 万人，兵员以庶民为主。士兵的兵器装具，依据考古发掘和甲骨文记载，主要有战车、弓箭、戈、矛、刀、剑、斧、钺、盾、头盔、甲胄等，其中戈、矛、刀、剑、斧、箭镞、头盔等有用青铜铸造的。因此，到了商代，中国古代冷兵器形制已基本成型。

根据商代的甲骨文资料来看，殷商时期王朝盛行多神崇拜，神祇包含大自然与人类相关的各个方面，例如，河神、山神、日月星辰、地神等。但“帝”是商人心目中最大的神，地位最高、权力也最大，是万物的主宰。这种“一帝多神”的崇拜模式，与现实世界的“王权政治”相仿。人世间有王、有贵族统领民众，在自然界有“帝”统治各类鬼神，但“帝”的权威更凌驾于人世间帝王之上，它是一切万物的主宰。因此，商人“好卜”“重祀”，凡举大事要通过问卜看看“帝若”，还是“帝不若”。执行占卜的神职人员——巫、史等，在商朝社会中占有重要地位。

商朝在开国之初就制定了刑法，即《汤刑》。这部据说由汤王制定的法律，后经修订成为一部成文的法典。

《汤刑》在立法思想上是《禹刑》的继承和发展。有专家认为《汤刑》内容中的重要的部分，实际上是治吏，约束对象是各级官吏和封国方国的首领。据说《汤刑》的罪例有三百多条，最重的是不孝之罪。史籍《吕氏春秋》谓之“刑三百，罪莫重于不孝”。这在一定程度上开启了以“孝”为代表的“礼”治，与“刑”为代表的“律”治相互依托。中国古代思想家荀子认为“刑名从商”，说明了《汤刑》在中国刑法历史上的重大影响。

1899 年，有中国晚清学者在北京中药店发现所售“龙骨”上刻有一些很古老的文字，经研究为“殷人刀笔文字”，从而使甲骨文名扬天下。

学界因为商代这些文字是刻画在兽骨和龟甲上的，故名为“甲骨文”，又称“契（qì）文”。甲骨文中的内容，除极少数属于记事外，大部分是当时问卜的记载，故又称“卜辞”或“占卜文字”。此外，因大量带字的甲骨片出土的地方是在河南省安阳市的殷商遗址，所以又称为“殷墟文字”。

发现商代甲骨文的消息传开后，整个学术界为之振奋，许多学者加入到收藏和研究甲骨文的行列中来。经过历代专家学者们的不懈努力，在已出土的甲骨卜辞中，总共发现有4500多个单字，学者们认识的已有2500多个单字。对已发现的甲骨文字进行研究，认为甲骨文字已是一种成熟的文字，具有象形、会意、形声、假借、指示等多种造字方法。比甲骨文稍晚出现的是金文，金文也叫钟鼎文。商代已是青铜器的时代，青铜器的礼器以鼎为代表，乐器以钟为代表，“钟鼎”是青铜器的代名词。所以，钟鼎文或金文就是指铸在或刻在青铜器上的铭文。商代甲骨文因刻写材料坚硬，故字体为方形；而同时的金文因是铸造，故字体多为圆形。

甲骨文字是中国现代汉字的祖字、起源文字。它不仅证明了汉字的独立起源，还提供了中国古代独立的文字创建法则，对3000年以来的中国传统文化产生了根本性的影响。由于甲骨文内容丰富，涉及殷商政治、经济、文化、宗教的各个方面，对全面了解殷商社会历史具有重要意义。

有人列出世界上最古老的三大象形文字系统，即古埃及的圣书字、苏美尔人的楔形文字和中国的甲骨文字。但是，前两个文字系统，圣书字和楔形文字已经失传，仅有中国的甲骨文字演化为汉字一脉相承沿用至今。

考古学家们后根据甲骨的发现地，河南省安阳市小屯村周围，发现了商都殷的遗址。遗址主要包括：宫殿宗庙遗址、王陵遗址、洹（huán）北商城、后冈遗址以及聚落遗址、家族墓地群、甲骨窖穴、铸铜遗址、手工作坊等。

以甲骨文、青铜器、玉器为代表的殷墟文物表明，商在中晚期时手工业空前发达，不仅门类齐全，而且工艺水平极高。

在商代，制陶业又有新的发展，除了制作一般泥制陶器外，还出现了胎质是用“高岭土”制成，里外涂有一层较薄的透明青色釉的原始瓷器。1955年在郑州的商代墓中，出土两件较完整的商代瓷尊。瓷尊高27厘米，饰以席纹和篮纹，胎质呈灰白色，细腻坚硬，器物表面遍施黄绿色釉，明亮光滑。经测试，内胎毫不吸水，火候达到1200℃以上，经专家验证完全具备瓷器的特点。由于瓷器的美观耐腐蚀，易清洗，又造价低廉的特性，今天已成为人们生活中不可缺少的器物。瓷器的发明，是中国祖先为人类的文化和物质文明作出的一项延续数千年的伟大贡献。

商代的青铜冶炼技术已有飞跃的发展，当时已经掌握了青铜合金的特点和性能。著名的后母戊鼎重875公斤，高133厘米、长110厘米、宽78厘米，形制雄伟，为世界所仅见。其铜锡铅合金的比例含量，据今天有关部门分析基本符合科学要求。在河北石家庄藁（gǎo）城台西商代遗址，先后出土5件铜钺，其中有一件是铁刃青铜钺。在这个遗址中还发现了铁矿石和冶炼过程的铁矿渣，证明在3400多年前这里的商人已掌握了冶铁技术，并掌握了锻打和铸接铜与铁的较高技术。殷墟出土的商代马车，大量使用青铜构件，独辕双套双轮，结构精致复杂，体现出高超的手工制作、青铜精铸等复杂的技术。

在商代，纺织技术同样有了进一步发展，在安阳殷墟遗址中发现的丝绸残片中，有平纹和花纹。平纹组织经纬线相等，每厘米有30~50根。从花纹组织看，当时的织机可能已有了简单的提花装置。而在河北藁城台西商代遗址出土的麻布残片，是发现最早用人工脱胶技术纺织的麻织品；出土的丝织品可以看出，当地人掌握了将蚕丝纺纱加捻，织成后用缓劲产生皱纹的纺织技术。

商代在夏历的基础上把我国最早实行的阴阳合历加以调整，使之趋于完备。阴阳合历是兼顾月亮绕地球的运动周期和地球绕太阳的运动周期而制定的历法。商历已经有大小月之分，大月30日，小月29日，有闰月，闰月置于年终，称为十三月。这是中国设置闰月的开端，这种置闰方法，虽然很不精确，但已基本掌握了日月运行的规律。商代规定366天为一年，季节和月份有较为固定的关系，为中国传统历法奠定了基础。在商代甲骨文中有多次日食、月食和新星的观测记录。

在中国古代的历法中，甲、乙、丙、丁、戊、己、庚、辛、壬、癸被称为“十天干”，子、丑、寅、卯、辰、巳、午、未、申、酉、戌、亥叫作“十二地支”。两者按固定的顺序相互组合，组成了干支纪法。从出土的甲骨文来看，天干地支主要用于纪日，数字用于纪月。以一个天干和一个地支相配，排列起来，天干在前，地支在后，天干由甲起，地支由子起，得到60一个周期的轮回。干支纪法从商代开始，从未间断流传至今。

在甲骨文卜辞记录中，已有13个记数单字，最大数字是3万，已经蕴含有十进位制萌芽。光学知识在商代也已有了初步认识，在商代出土的微凸面镜，能在较小的镜面上照出整个人面。2006年7月，殷墟被列入《世界遗产名录》，成为世界文化遗产。

中国人通常把专门从事商品买卖、交换活动的人叫作“商人”，这种行为称为“经商”。此称呼因何而来？含义何在？人们有种种推测。

早在1927年，就有中国学者著文指出：由于商人重视商业和善于经商，所以“商贾之名，疑即由殷人而起”。史籍上有这样的说法，契之孙相土驯服了马，发明了马车；契六世孙王亥驯服了牛，又发明了牛车。商部落因此农牧业得到迅速发展，很快强大起来。商部落生产的农牧产品很快有了过剩，于是王亥使用牛车拉着货物，赶着牛羊，到外部落去搞交易，外部落的人称他们为“商人”。从此“商人”一词作为买卖人的代称在中国一直沿袭至今。

中国有史学家据此认为：“由于殷人善贾，周人重农，后来周人以贱视殷人鄙视贾人，竟通称贾人为商人了。这就是中国人称生意人为‘商人’的缘由。”中国史学家郭沫若在他的文章中也推测说“可见在周初人的眼目中认为商行为是始于殷。大约就因为这样，所以后世称经营这种行为的人便为‘商人’的吧”，但不认为“商人”是鄙视贾人而形成的专用名词。因此，一般认为“商人”一词与商朝有着密切关联。

位于四川省成都、广汉为中心的三星堆古蜀国文化遗址是我国长江流域早期文明的代表。从三星堆以及湖南省宁乡的炭河里遗址等出土的文物也证明，在商时期，长江流域也平行存在发达的非中原文明。其中出土的商代时期青铜器有大型青铜立人像、跪坐人像、人头像、人面具、兽面具、兽面、神坛、神树等，其高大精美，工艺复杂绝妙，令世人惊叹。同时出土的金杖，为世界上目前发现最早、最长的金杖，金杖长 142 厘米，直径 2.3 厘米，重 463 克，上有刻画的人头、鱼鸟纹饰。

商朝的世系年代无定说。据中国夏商周断代工程认为，商朝立国时间约在公元前 1600 年至公元前 1046 年，共 554 年，该时间被中国大陆史学界普遍采用。

北非（1）——

◆古埃及在早王朝时期以后，又经历了古王国时期、第一中间期、中王国时期、第二中间期、新王国时期、后王朝时期等几个阶段。

古埃及出现统一的奴隶制国家以后，国王是全国最高的统治者，一切行政、军事、经济、司法等权力都集中在他的手里。从古王国时期开始，国王称为太阳神之子。太阳神这时被奉为全国最高的神。后来，国王的名字冠上尊号，称为法老，其意为“宫殿”。古王国时期从公元前 2686 年到前 2181 年，是古埃及文明发展的第一个高峰，也正是中国的大禹忙于治水的时候。这个时期古埃及已处于铜石并用的时代，生产技术已有了很大的提高，象形文字基本完善，尤其是金字塔的建造技术，使埃及文明进入世界古代文明的前列。因此，古王国时期也被称为“金字塔时期”。

考古学家认定古埃及的金字塔是法老的陵墓，在古王国时期先后建造有 70 多座古金字塔。其中法老胡夫所建的金字塔是规模最大的一座（又称吉萨大金字塔）。经测定，该塔现高 136.5 米（相当于 40 层大厦），塔底现边长 227 米，从四面看呈等腰三角形。全塔用巨石 230 万块，每块平均重 2.5 吨，所用的石块都经过细工磨平，全部用叠砌涉密封而成。塔内的结构复杂，有国王、王后、地下三个墓室，并有隧道通往各墓室，是胡夫倾全国之力约用 20 年的时间才完成的人类奇迹。与胡夫金字塔相距不远的是稍小的哈夫拉金字塔，其塔旁有一块天然岩石上雕成的巨大狮身人面像，哈夫拉是胡夫之子（一说是兄弟）。

由于缺乏详细的史料记载，大金字塔呈现的壮伟和神秘以及当时古埃及人高超的科技生产力水平，令今天的人们产生了众多的惊讶和困惑：大金字塔是“天人相助”，还是古人智慧？由此引起的探索和解密金字塔之问，不断向着广度和深度延续。

媒体相继传出令人惊奇的数据：

胡夫大金字塔的 4 个斜面正对东、南、西、北四个方向，误差不超过圆弧的 3 分。

一位天文学和数学的业余爱好者经过计算发现，胡夫大金字塔底角不是 60°，而是 51°51'，从而发现每一面三角形的面积等于其高度的平方。另外，塔高与塔基周长的比就是地球半径与周长的比，因而，用塔高来除底边的 2 倍，即可求得圆周率。据此他认为，古埃及人已经知道地球是圆形的，还知道地球半径与周长之比。

一位英国数学家在实地考察后提出：大金字塔塔高乘以 10 亿就等于地球与太阳之间的

距离。

另一位英国人在测绘中惊奇地发现，大金字塔在长度、角度等方面的误差不到 0.25 英寸，几乎等于零；它的周长正好是 362.31 库比特单位（230.36 米），接近地球一年的时间（365 天）；它周长 ×2 又是赤道的时分度；塔底周长（230.26×4）除以 2 倍的塔高（未塌落时，146.591 米）就等于 3.1416，和圆周率差不多；把它的自重 ×1015 万就是地球的自重；地球的子午线正好从金字塔的中心通过；两极轴心每隔 25827 年它们正好转一圈，金字塔的两条对角线的和，就是 25826.6 厘米。

大金字塔到底凝聚着古埃及人多少知识和智慧，至今仍然是远没有解开的谜。

古埃及从第一中间期到中王国时期，约在公元前 2181 年至前 1786 年期间，爆发了世界史上有史料记载的第一次大规模的奴隶、贫民大起义。这次起义持续了很多年，打乱了法老的统治根基。约在公元前 1786 年的时候，埃及又陷于分裂局面，随之遭到来自亚洲西部的喜克索斯人的入侵和统治。埃及人后在法老卡美斯及其兄弟雅赫摩斯的领导下，最终把喜克索斯人逐出埃及，埃及进入新王国时期。这个时期埃及已是青铜时代，不再建造金字塔，神庙建筑和岩窟墓流行，文字也由象形文字演化出祭司体文字。

跟中国每个王朝都有自己的名称不同，埃及的王朝变更史学界是由数字来表示的，从公元前 31 世纪的第一王朝至公元前 4 世纪的第 31 王朝。

埃及第 18 王朝，是古埃及新王国时期的第一个王朝，也是古埃及历史上最强盛的王朝，所在的时间大致是公元前 1575 年至公元前 1308 年。此时，中国也正处在商王朝时期。

在古埃及的 31 个王朝中，该王朝是延续时间最长，版图最大，国力最鼎盛的一个朝代。它不但使埃及从喜克索斯人入侵后的四分五裂中恢复了统一局面，而且开始了大规模地向外扩张，它的势力范围，南达埃塞俄比亚，北到巴勒斯坦和叙利亚。有史家认为，它是世界历史上第一个帝国，第一次将西亚和北非诸部落文明紧密地联系在了一起。

第 18 王朝时期，埃及诞生了世界历史上第一位女帝王。

哈特谢普苏特（或译哈采普苏特、赫雀瑟）是古埃及唯一有明确记载的女法老，公元前 1479 年至前 1458 年在位。

哈特谢普苏特是前法老唯一的嫡女，因其同父异母兄弟图特摩斯（亦译图特摩斯）二世身份不够纯正，因此哈特谢普苏特嫁给了图特摩斯二世，二人共同执政。图特摩斯二世英年早逝，二人只有一个女儿，图特摩斯二世指定其偏房所生儿子（图特摩斯三世）为继承人时，令女儿与其成婚，并成继子。这种王室内部成婚的习俗可以保证王位的血统纯正。然而，哈特谢普苏特趁着继子年幼时，迅速将国政掌握手中，图特摩斯三世被完全架空。哈特谢普苏特宣布自己为法老，拥有所有的权力。

为了使自己的权位名正言顺，哈特谢普苏特称自己是太阳神阿蒙之女。阿蒙为了让自己的后代能够统治埃及，化身法老图特摩斯一世与王后生下一个女儿，命名为哈特谢普苏特。据说她在修建的祭庙墙壁上命人描绘了她“从神所生”的图像，刻画了她的父王图特摩斯一世为其加冕的情景。神庙的石碑顶部放置许多金盘，通过反射太阳光芒，以向世人证明她与太阳神的亲密关系。

哈特谢普苏特执政时期，停止了埃及的对外扩张行动，因而使埃及在叙利亚及巴勒斯坦的统治出现弱化。但哈特谢普苏特加强了埃及与邻国的商贸往来，埃及在她的治理下变得十分繁华富庶。哈特谢普苏特大规模建筑神庙，清理连接尼罗河和红海的运河，使她的船队走出苏伊士湾，走出红海，开通了埃及与庞特地区（今塞内加尔附近）的贸易线路。据史料记载，开通水上线路的船队带回了大量象牙、香料、化妆品和药材。移植在花盆中带回的31株乳香树是人类史料记载中最早的植物移栽。

有传说是哈特谢普苏特养育了犹太民族领袖摩西。摩西，天主教称为梅瑟，伊斯兰教称为穆萨，他在犹太教、基督教、伊斯兰教等宗教里都被认为是极为重要的先知。

据《圣经》中记载，移居在埃及的犹太人勤奋尤擅经商，积攒了许多财富，这引起了埃及贵族的不满和恐慌。法老下令杀死新出生的犹太男孩，以控制犹太人口。摩西的父母在他三个月的时候眼看孩子匿藏不住，又不肯交给埃及人处死，便将他放在抹有石漆和石油的纸莎草做的箱子里，让箱子浮在尼罗河上漂流，听从命运安排。时为公主的哈特舍普苏特恰好在此沐浴，她看见了箱子里的孩子，便收养了他。她给孩子起名叫摩西，意思是“从水里捞出来的”。哈特舍普苏特让摩西受到良好的教育，后来摩西带领犹太人离开埃及，经历40多年的艰难跋涉来到迦南（今天的巴勒斯坦、叙利亚和黎巴嫩地区），有了以后犹太人刻骨铭心的历史。

第18王朝后期，王朝内部权力斗争越来越激烈，宗教领袖的影响力变大，严重威胁了法老的统治地位。由于宗教影响力的增加，法老阿蒙霍特普四世（亦称阿蒙诺菲斯，后改名为阿赫那顿，或阿肯纳顿、埃赫那吞等）试图更改埃及信仰，史称为“宗教改革”。

古埃及人对神非常崇拜，也是一个多神的国家。第18王朝的主神为“阿蒙”它是太阳神。阿蒙霍特普的名字即由此而来，意为“阿蒙的仆人”。由此，阿蒙神的祭司在古埃及也占有举足轻重的地位。

阿蒙霍特普四世即位时（公元前1379年），埃及国力正处于鼎盛时期。他之前几位法老的文治武功使得埃及成为当时世界上最强盛的帝国，同时也使得祭司们积累了大量的财富和特权，使之有与法老分庭抗礼之势。阿蒙霍特普四世对祭司日益增长的影响力深感不安，决意要打击祭司势力，即位伊始便发动了宗教改革。改革的主要内容是以太阳神“阿顿”（或译作“阿吞”）神代替阿蒙神，成为新的众神之王。阿顿——代表太阳的光轮。

为摆脱阿蒙祭司势力的控制，阿蒙霍特普四世在执政的第五年，将首都由底比斯迁往以阿顿神命名的新城——埃赫塔顿（亦称阿玛纳、阿玛尔纳，位于今埃及明亚省），并将自己的名字改为阿赫那顿（也译埃赫那顿、埃赫那吞）。阿赫那顿同时宣布，阿顿不仅仅是埃及人最高的神，而且是唯一的神。并且，法老是人与神交流的唯一中介，彻底孤立和打击了阿蒙祭司贵族。这是人类历史上第一次出现单神宗教。有人认为，后来的其他单神教如犹太教、基督教、伊斯兰教等都受到阿赫那顿宗教改革的某种影响。

阿赫那顿专注于宗教改革，无心国外事务，这使埃及对周边地区的影响力大为减弱。很多学者认为，全盛的埃及帝国至此开始衰落。同时，阿赫那顿的宗教改革并不彻底。其死后，继位的法老又恢复了埃及传统的宗教，阿蒙神被重新树立，祭司势力死灰复燃，阿赫那顿的宗教改革宣告失败。

此时埃及的几何学达到了古代世界的高峰。由于丈量和划分尼罗河水涨水落后的土地，修建水利工程，建造高大雄伟的金字塔、宫殿、神庙，测定谷仓等的需要，使埃及的几何学十分发达。中王国时期遗留下来的《莫斯科纸草卷》《莱茵纸草卷》等表明，当时已采用十进位法，已懂得计算三角形、长方形、梯形、圆形的面积和圆柱体、角锥体、半球体等复杂物体体积的方法，尤其是圆周率已确定为 3.16。完美的大金字塔和底比斯阿蒙神庙都充分体现了古埃及几何学的高超水平。

底比斯阿蒙神庙始建于中王国时期，完成于新王国时期，是两组规模宏大的建筑群。神庙的圆柱大厅面积达 5000 平方米，由 16 排共 134 根圆柱支撑，柱身为红色花岗石，刻满了象形文字和各种浮雕画，中间两排最大的石柱高 21 米，柱头呈开花状，据说每个柱头上可立百人，柱头上的横梁重约 70 吨，气势磅礴，技艺精湛，是古代埃及人在人类建筑史上的又一令人惊叹的杰作。

方尖碑也是古埃及人的杰作之一，也是除金字塔以外，古埃及文明最富有特色的象征。方尖碑外形呈尖顶方柱状，由下而上逐渐缩小，顶端形似金字塔尖，塔尖常以金、铜或金银合金包裹，当旭日东升照到碑尖时，它像耀眼的太阳一样闪闪发光。碑高度不等，用整块花岗岩制成，重达几百吨，碑身上刻有象形文字的阴刻图案。

一般建立这种石碑有三种不同的目的：宗教性（奉献太阳神阿蒙）、纪念性（法老在位纪念日）和装饰性。同时，方尖碑也是埃及王国权威的强有力的象征。开凿和竖立方尖碑是一项艰巨工程。据记录，在石矿开凿出这种独块石料，从阿斯旺运到底比斯，费时 7 个月。在阿斯旺的一座法老陵中就有描绘从尼罗河上用驳船运送方尖碑的图画，到达目的地后，人们将方尖碑抬上一个用土堆成的斜坡，然后将它竖直立于基座上。由于频繁的战争掠夺，埃及方尖碑散落到世界各地。如今在埃及方尖碑只剩余下 5 块。

从中王国时代起，法老们在大赦之年或炫耀胜利之时竖立方尖碑，而且通常成对地竖立在神庙塔门前的两旁。现存最古老且完整的方尖碑属于古埃及第 12 王朝法老辛努塞尔特一世在位时所建，竖立在开罗希利奥坡里太阳城神庙遗址前。这块方尖碑高 20.7 米，重 121 吨。

从古王国时期至新王国时期是古埃及文化大发展的时期。古埃及的雕刻、绘画，浮雕的艺术发展成就集中反映在这个时期。在古王国时期，雕刻艺术的特点是素朴、简明，特别是法老和贵族雕像，高大、威严、肃穆，巨大的狮身人面像就是最典型的代表。到新王国时期，雕刻的风格转为细腻、优美、逼真。法老阿赫那顿的王后涅菲尔提提（也称纳芙蒂蒂、纳菲尔提提）的半身塑像是典型的代表，她头戴金边青兰花带王冠，脖上带着五彩项链，眼嵌水晶珠，神采奕奕，栩栩如生，令人观之难忘。这尊半身塑像是德国考古学家于 1912 年在埃及的原埃赫塔顿遗址中发现的。

据说，涅菲尔提提拥有令人惊艳的绝世美貌，聪明非凡，也是古埃及历史中最有权势的女性之一。她义无反顾地支持丈夫发动史无前例的宗教改革，迁都埃赫塔顿。并坐镇新都城，与丈夫共同执政。据说阿赫那顿过世之后，涅菲尔提接任法老王位，因此她有一个法老封号：纳芙纳芙鲁阿顿（一说是阿赫那顿的另一个儿子）。由于宗教改革措施过猛，树敌过多，国家濒临崩溃的边缘，她挺身而出，不惜牺牲一切挽回了败局。然而，也有证据显示涅菲尔提于阿赫那顿继位第14年时过世，当时埃及正遭受严重的瘟疫，史书也记载她是死于莫名的疫病。但有学者却推测是遭到政敌的谋杀。

涅菲尔提的塑像高47厘米，重约20千克，人物右眼瞳孔镶嵌的是黑色天然水晶，眼白是白垩岩石，眼眶用蜂蜡密封，但左眼窝没有嵌入眼球。整座塑像由灰、黄、绿、黑、白和肤色六种色彩构成。为何左眼窝没有嵌入眼球，人们有多种猜测：有观点认为是某种原因造成左眼球被损坏了；有人认为这尊雕像本是一尊模型，留下左眼窝没安装，为对照说明安装前后的效果。这尊雕像真实地再现了王后美丽动人的形象和她高贵的气质；她修长的颈部、高耸的王冠、富有性格的面部表情，保持着庄重而不失优雅的平衡。使雕像格外增色的是它那准确而鲜艳的色彩，在埃及女人所特有的浅红色皮肤上，浓黑的眼眉和深红的嘴唇都显得端庄雅致。这尊雕像一直被后世奉为古埃及最完美的雕塑杰作之一。不过也有人质疑《涅菲尔提提半身塑像》是赝品。

尽管阿赫那顿推动的宗教改革最终失败，但也在一定程度上促进了当时文化艺术的变革和发展，埃及艺术开始脱离僵化的陈规旧制，根据真实生活从事艺术创作，走向追求作品的实在和形似，掌握了很高的写实技巧。当时许多浮雕和绘画都以农业、手工业、畜牧业、狩猎和商业活动为主题，反映耕地、播种、收割、打场、吹管冶炼、以罐换鱼等生产生活画面。由于阿赫那顿改革时期的文物主要见于阿玛纳遗址，因此称之为“阿玛纳艺术”或“阿玛纳风格”。虽然随着阿赫那顿和涅菲尔提的去世，埃及艺术又逐渐回到了旧有的传统，但阿玛纳艺术的影响仍持续甚久。

埃及文学产生于古王国时期，神话传说是最初的文学作品的素材。中王国时期，埃及文学发展到了高峰，内容和体裁都比较丰富。有反映贫民奴隶大起义的著名箴言《伊浦味陈词》，有反映富人和穷人死后一律平等的《绝望者和自己灵魂的对话》，也有反映人们生产和生活的诗歌《牧童歌》《挑夫歌》《打谷歌》等。还有反映农民的聪明才智的故事，如《能说善辩的农夫的故事》《遭难水手的故事》和《一个国王的故事》等。到新王国时期，写实的游记颇为流行，产生了著名的《乌奴阿蒙旅行记》。《阿顿颂》是著名的抒情诗，它热烈地赞颂了太阳神的威力，也是古埃及人为死者奉献的一种符箓（lù，也称符字）。《图特摩斯三世远征记》是一部富有历史价值的史学著作，记述了法老图特摩斯三世17次远征亚洲的历史，是后人研究古埃及军事史的珍贵材料。

古埃及的医学十分发达，尤其是外科学知识极为丰富，这与制作木乃伊直接有关。在治病和制作木乃伊的过程中，古埃及人掌握了大量的医学、化学、物理学等方面的知识。从遗留下来的医学文献《埃伯斯纸草卷》《史密斯纸草卷》等证明，古埃及人已初步认识到人的生命与心脏及血液循环的重要关系，了解从心脏发出的22根脉管对人的生命有决定性作用。《史密斯纸草卷》实际上是一篇精彩的骨外科和外科病理学论文。它对 48 个病例，主要是头部、面部伤口和骨骼、关节损伤及颅骨、胸骨穿孔等并进行了系统的分析，包括病情观察、诊断和临床治疗方法等部分，有些治疗方法在埃及一直沿用至今。古埃及的医药学也非常发达，考古学者发掘出一套古埃及的外科医疗器械，证明古埃及的外科手术已达到相当高的水平了。

古埃及人在约公元前 2600 年古王国时期，创造出用纸莎草制成的纸。古埃及人制莎草纸的过程比较繁复，他们从尼罗河边割下纸莎草，把硬质绿色外皮削去，将纸莎草茎切成一片片放进水里浸泡，然后将湿透的纸莎草片横直重叠压平成薄片再切割，风干后要进行打磨才能成为莎草纸。“莎草纸”还不是今天概念的纸，它制作工序复杂，不易保存，有地区植物限制，但它开启了人类使用纸的概念。

西亚（1）——

◆到公元前 3000 年时，苏美尔奴隶制城邦进入全盛时代，大小城邦国林立。这些城邦国一般由一个中心城市连同周围的部落村社组成，领地面积不大，国人少则两三万人，多则十数万人。城市以神庙为中心，也有王宫建筑，周围建城墙。城邦的王被称为卢伽尔、拍达西、恩或恩西，其权力受贵族会议和部落代表大会的限制。从记载上看，当时比较大的城邦国家有温马、基什、乌尔、乌鲁克、拉格什等，他们之间为争夺财富、土地和奴隶，进行了旷日持久的战争。这一阶段，被史学界称为苏美尔早王朝时期，至早王朝中期，基什可能一度称霸于苏美尔，后乌尔开始强盛。

各城邦国为了本邦国利益，彼此攻战不休，使苏美尔人付出了惨痛的代价，被觊觎两河流域的闪米特人（也称塞姆人）征服。

闪米特人的历史十分久远，但学者肯定他们不是单一民族，而是包含了母语属性有关联的群体民族，并且这些民族的亲属关系尚不明确。其中，包括了阿卡德的人（塞姆族）。

闪米特人至公元前 3000 年，按语言分为东、西两大支。

·东支闪米特

按现代分类法，此支称“闪米特北支”。东闪米特人主要生活在两河流域的北部，说阿卡德语，在与苏美尔人接触中吸收、融合了对方的语言。其代表为，阿卡德人、巴比伦人、亚述人。

·西支闪米特人

西支闪米特人又分出三个分支：西北支（现称闪米特北中支）、中支（现称闪米特南中支）、南支。

西北支（北中支）——

指分布在巴勒斯坦、叙利亚、美索不达米亚北部的各民族，最早的代表为阿摩里特人、迦南人、乌加里特人，约在公元前 2000 年后，有腓尼基人、犹太人、阿拉米人、莫阿比特人、亚奥迪人等。

中支（南中支）——

其代表为利希亚尼特人、萨姆德人等，随后统一称为阿拉伯人。阿拉伯人是闪米特人最年轻的一支，起源于阿拉伯半岛。7 世纪随着伊斯兰教的兴起，开始了闪米特人的一次大迁移。现分布在 22 个国家和地区，按方言、历史、文化传统和地域可分为 47 个民族。

南支——

主要分布在阿拉伯半岛的南部，其部分曾于 7 世纪越过红海到达非洲之角，是今埃塞俄比亚闪米特各族的祖先。有学者认为，阿拉伯半岛，可能是闪米特人的摇篮，闪米特人在这个地方成长发展之后，迁移到肥沃的新月地区（即伊拉克、叙利亚、黎巴嫩、巴勒斯坦和约旦），后来就成为历史上的巴比伦人、亚述人、腓尼基人和希伯来人。继而提出，现在还有两种生存着的民族，可以代表闪米特人，一种是阿拉伯人，另一种是犹太人。在相貌和心理特征方面，阿拉伯人所保存的闪米特特征，比犹太人要丰富得多。

阿卡德人是闪米特人中的一支，阿卡德的名称来源于阿卡德语，阿卡德语是由苏美尔语和闪米特语发展而来的。在公元前 3000 年左右，阿卡德人陆续来到两河流域北部定居。这些阿卡德人不太安分，和苏美尔人又贸易，又抢劫，持续了好几百年。其间，他们吸取苏美尔人先进的知识和各种劳作技能，还学会制造使用青铜器具、轮车，组建强有力的军队，实力渐盛，为以后夺取苏美尔人的家园奠定了良好的基础。

约在公元前 2373 年左右，温马（又译乌玛）城邦首领卢伽尔·扎吉西洗劫了拉格什和乌鲁克城邦，自称“乌鲁克和乌尔之王”。结束了持续几百年来苏美尔地区城邦国分立的局面，苏美尔出现了初步的统一。但是，这种统一是一种城邦联盟性质的政治结构，实质是军事同盟体，并没有建立起统一的国家机制，因而其统治并不稳定。就在卢伽尔·扎吉西倾力南征的时候，阿卡德人基什城邦王萨尔贡一世乘机崛起。

有人考证，“萨尔贡”一词在阿卡德语中意为“真正的王”。萨尔贡一世是弃婴，少年时代随养父做园丁，由于聪明能干，长大后成为基什国王的侍从。温马人入侵基什，国王抵抗失败后，他乘机获取了权力。萨尔贡实施统治之后，国人多有不服，于是萨尔贡开始招兵买马组建忠于自己的精兵武装 5400 余人，建立起世界史上第一支常备军队，出现了职业军人。巩固了政权后，萨尔贡以阿卡德城为基什城邦中心。

据史籍记载，萨尔贡出征 34 次，最终击败了卢伽尔·扎吉西率领的有 50 个苏美尔城邦组成的联军，用武力统一了苏美尔地区。战后卢伽尔·扎吉西被俘，萨尔贡一世将他作为祭品献给了神。之后，萨尔贡一世指挥他的常备军又接连征服了波斯湾到地中海东岸之间的城邦国和部落，完成了巴比伦尼亚南北的统一，自称“天下四方之王”。

阿卡德人在征服苏美尔人的过程中，看到了城邦联盟制的松散和军事同盟体的虚弱。萨尔贡一世统一了巴比伦尼亚地区后，建立起初步的中央集权制国家。

首先，在经济领域，萨尔贡一世统一了度量衡，方便了商业交换和贸易，使贸易远达印度河流域。其次，削弱和控制各城邦的经济和政治地位，对城邦的卢伽尔、拍达西、恩西等首领执行任命制。最后，王朝统一兴修河渠工程，建立水利灌溉网。

萨尔贡一世，大概在位 56 年，其去世后，他的小儿子和长子玛尼什吐苏（也译玛尼什图舒）先后继位。弟兄俩在位 24 年，其间各地多次爆发大规模起义，导致阿卡德王国国势开始走下坡路。玛尼什吐苏执政时继续推行征服政策，多次出征、镇压埃兰（又译以蓝、厄蓝或伊勒姆，现为伊朗的胡齐斯坦及伊拉姆省）地区的起义，击溃了 32 个城邦组成的同盟。同时大力发展同印度地区、阿曼沿海地区、巴林及波斯湾西部沿海地区的贸易。为了缓解国内的紧张矛盾，玛尼什吐苏对各城邦做出了一些让步，允许各城邦拥有一定的独立性，国王不能随意把各城邦的土地据为己有。

阿卡德王国第四任国王是玛尼什吐苏之子纳拉姆辛（亦译那拉姆·辛，“辛”意为神），他是两河流域第一位自封为神（阿卡德强大的神）的君主，继承了祖父的雄心和铁腕。在平定了国内一系列暴乱之后，进行了大规模的扩张战争：在西方重创埃布拉（位于叙利亚北部阿勒颇与哈马之间）城邦国，将其都城焚毁殆尽；在南方进军波斯湾征战马干（亦称马根，阿曼沿海地区）；在东北征服生活在札格洛斯山区（伊朗西部）的卢卢比人部落；并在尼尼微（位于伊拉克北部，今摩苏尔附近）和纳加尔（位于今叙利亚）设立新的宗教祭祀及行政中心，令国势达至顶峰。纳拉姆辛在位 26 年（一说 36 年），死后不久，其继位的儿子据信被一场政变推翻。

伊拉克巴格达博物馆收藏了一尊出土于尼尼微的青铜头像。专家考证，这尊头像创作于公元前 2300 年左右，据认为是萨尔贡一世的头像。该青铜头像呈深黄色，头发盘得如同皇冠一般，造型简练、威严、庄重。面部流露出刚毅和自信，没有早期国王雕像呆板、凝重的神态。雕像的眼睛本来嵌有黑色的宝石，但已遗失，成了两个空洞。须发的装饰手法独特而富于个性，是以往埃及法老的雕像中从未出现过的。这尊雕像铸造得十分精细，充分显示了当时高超的铸铜技术。

◆阿卡德王国统治了 100 多年后，被东部的库提人所灭。

库提人（亦译古提人）原是西亚的游牧民族，早期生活在位于伊朗的扎格罗斯山区，公元前 3000 后期进入美索不达米亚平原。专家们认为，他们亦属于闪米特人中的一支。有俄罗斯学者在《世界古代文明史》一书中提出，纳拉姆辛可能是在与库提人的争战中身亡。有英国语言学家在研究发掘出的《苏美尔王表》泥版后提出，生活在中国新疆塔里木盆地的古代吐火罗人，就是消亡的库提人。因为他发现，在《苏美尔王表》泥版中记载的库提王的名字具有吐火罗语特征。继而推测，库提人就是在这个时期离开巴比伦，长途跋涉向东迁徙到塔里木盆地。也有人提出，生活在中东地区的库尔德族可能是库提人的后裔。

灭亡了阿卡德王国之后，库提人没有在两河流域建立起统一的国家机制，对苏美尔地区的统治也非常的松弛，苏美尔各城邦趁机振兴起来。百余年后，乌鲁克城邦首先发难，击败并赶走了库提人。随后逐步兴盛起来的乌尔城邦，在首领乌尔纳姆的领导下发动起义，击败乌鲁克人，约在公元前 2113 年建立了中央集权统治的乌尔第三王朝（因乌尔城邦在早王朝时期存在有第一、第二王朝），史学誉为是“苏美尔复兴”。

乌尔纳姆（又称乌尔·恩戈）在创建了乌尔第三王朝后，又率领城邦人陆续征服其他各城邦，重新统一巴比伦尼亚，建立起强大的帝国，并使用“苏美尔和阿卡德之王，四方之王”的称号。同时以王权神授的名义，推动王权神化。

强势的乌尔纳姆集军事、行政和司法权力于一身。为了有序统治各部落，他颁布了《乌尔纳姆法典》，法典用楔形文字写成，由30~35块泥版组成，但其中大多数都未能保存下来，仅存几条残片。从破损较严重的法典残片中看，法典包括序言和正文29条（传下来的只有23条）两大部分，主要涉及政治、宗教和刑法等方面的规定。法典的序言开宗明义地宣称，“恩利尔（天神）在众人中选择了他（乌尔纳姆）”，指出了王权神授的神圣。序言中还提到不允许有权势的人控制寡妇。正文则有：第一次离婚支付1米纳（重量单位）白银，而第二次离婚应当支付1/2米纳白银；通奸者将被处死；强暴自己的女奴者将被课以5西克尔（银币单位）罚金；作伪证将被处以罚款；斗殴中打折骨头需支付1米纳白银，损伤脚需支付10西克尔；外部落人的土地被淹没，每0.3公顷土地将给予3古尔（约900升大麦）补偿；将逃亡奴隶捉回的奴隶主要给捕捉者适当的报酬；伤害他人的身体要处以酷刑并罚款；禁止行巫术；破坏他人耕地者要支付食物赔偿；女奴对女主人不敬则予体罚。这些条文表明了当时两河流域已流行用经济措施逐步取代毁伤肉体的惩戒。

《乌尔纳姆法典》在西亚地区历史上占有重要的地位，对后来两河流域古代各国制定的法典影响颇大。史学家认为，这是人类文明史上现存最早的成文法。

乌尔第三王朝时期，国王权力很大：控制军队、任免官吏、影响法庭。王朝在征服地区设立总督，又派遣朝官监督各总督的活动。地方官吏虽沿袭城邦首领的称谓，但已无城邦首领的特权，实为王室服务。传统的贵族会议和部落代表会议虽然保留了下来，但成为服务于国王的机构。

乌尔第三王朝时期，王室占了全国五分之三的土地，并在这些土地上建立和经营大规模的庄园、手工业作坊和牧场，从事劳作的主要是依附民和奴隶。农忙季节，王室庄园、牧场会雇佣很多无地或少地的自由民耕种或收获。这些雇工按日领取的食物报酬比奴隶和依附民多一至二倍。一说传说中的犹太人和阿拉伯人的共同祖先亚伯拉罕这个时期就生活在乌尔，其父亲是乌尔的手艺人兼职祭司。

乌尔纳姆在位18年，可能死于一次争战。乌尔纳姆死后，王位传给了儿子，至第5代伊比辛（亦称伊比苏恩）时期王权衰落，内外矛盾空前尖锐，王室失去了对国家的有效控制。闪米特人中的另一支阿摩利人对王朝的侵袭日益加剧，许多城邦和部落脱离了王国的统治，宣布独立。其中伊辛城邦的叛乱给了脆弱的乌尔第三王朝以沉重的一击。

此时乌尔第三王朝社会分化明显，不断恶化的处境使许多自由民沦为债务奴隶，或因沉重的债务将妻子儿女卖为奴隶，甚至全体家庭成员自卖为奴。当时私人拥有的奴隶，可以以家庭为单位在主人家劳作，能赎身，也能到法庭作证，但奴隶在法律上仍属主人的财产。

乌尔第三王朝后期，阿摩利人和东部的埃兰王国结盟，不断地掠夺和侵占乌尔第三王朝的土地，伊比辛王朝抵抗乏力。公元前2006年，阿摩利人和埃兰人发动了大规模进攻，伊比辛在战争中被俘，押往埃兰，乌尔第三王朝灭亡（其间阿卡德人伊什比埃拉率军夺回乌尔城，并征服一些苏美尔地区，史称伊辛第一王朝）。

乌尔第三王朝是苏美尔人最后的王朝，它也成为苏美尔人在世界历史上的最后辉煌。但苏美尔人创造的文明被传承下来，成为了人类古典文明的重要组成部分。此时在中国，大禹带领部落联盟治理洪水成功，建立起中华民族第一个世袭制的夏王朝。

苏美尔人遗址中发掘出的泥版《苏美尔王表》（由史学家命名）是用楔形文字书写，目前发现有 16 份（一说 27 份），相互之间有些差异，其中 WB444 版是相对完整的版本。此王表列举了苏美尔主要城邦国的统治者以及他们统治的时间。

王表将各王的统治时期明确分为“洪水前”和“洪水后”两个部分。前者指史前，诸王可能是神话人物，统治时间非常长，一个王可达几万年；后者记述的许多王据考证是历史存在的实际人物。从基什第一王朝到伊辛王朝。王表指出，“王权”自天而降，然后从一个城邦转移到另一个城邦。王表中有一位女性王，属于基什第三王朝。

苏美尔人的聪明才智，为两河流域的古代文明奠定了基础。通过兴修河渠，苏美尔人有了灌溉农业，使用了石犁，农田能够得到较好的收成。有泥版记载，在距今 5000 年前后，当地人种大麦能够获得比种子多 86 倍的收获。有专家考证，约在公元前 1300 年，小麦和大麦被引入中国。苏美尔人还发明了用大麦芽酿制成了原始的啤酒，不过那时的啤酒并没有丰富的泡沫。畜牧业也很兴盛，乌尔神庙的墙上有一块镶嵌装饰板，上面描绘着一排母牛和乳牛，还有奴隶在挤奶，制奶酪，这说明畜牧业在苏美尔经济中已占有重要的地位。苏美尔人还培植了两河流域特有的农作物——椰枣（又称海枣、枣椰）树。椰枣果实含有多种维生素和天然糖分，可制作甜食和酿酒制醋；叶子可以编席，枝条可以做筐；树干可建房屋和家具，树皮纤维还可制成缆绳等。直到今天，椰枣树仍然是两河流域重要的经济植物。

在乌尔国王和贵族的墓中，发现了不少精美的金银制品。其中有一个纯金的头盔，它的形状和花纹是用整块金片在模子上精打出来的。尤其是头盔上的金发丝，打造得逼真而又美丽，其精巧令今人叹服。还有一把金匕首，它的刀柄上镶金嵌银，刀鞘上有巧妙的镂空图案，工艺技术达到了相当高的水平。

“牛头竖琴”，是在乌尔第一王朝时期的国王和王后的陵墓内发现的。墓内有大量极其精致的手工雕刻与金银宝石制品，牛头竖琴即是其中之一。

牛头竖琴是用天青石（含锶矿物，透明至半透明，呈珍珠和玻璃光泽）、金箔制成的，琴胎则用黄扬木雕刻而成。琴箱身上用贝壳、红宝石和天青石镶嵌着四幅小画面。自上而下，第一幅表现古巴比伦传说英雄吉尔伽美什与人面天牛相抱共舞（或谓搏斗）；第二幅是一只雄狮提着酒坛，跟在手捧美食的神狼后面；第三幅是神驴弹奏竖琴，神熊伴舞的场面；第四幅是山羊与人面蛇搬运食物（或谓舞蹈）。竖琴的琴把上，是用黄金铸成的牛头，下垂天青石胡须，眼珠嵌着蓝宝石。牛胡须编织成辫子的样式，这种样式在人物雕像上也可以看到，它体现了苏美尔人的一种艺术风格或当时男人的须装。如此精湛的手工艺品，反映出古代苏美尔金器镶嵌匠师们的精湛技艺。这件竖琴现藏于美国宾夕法尼亚大学文物纪念馆内。

在乌尔王陵中还出土了一件三层镶嵌画（也称乌尔王军旗），据考证，距今已有 4500 年之久。它色彩绚丽，是在刷有柏油的木板上用天青石、贝壳、粉红色石灰石镶嵌而成，表现战胜敌人，庆祝胜利的场面。画分三层：底层是几辆古代战车奔驰向战场；第二层描绘战斗的场面，士兵和将领手执盾牌、刀剑与敌人勇敢搏斗；最上一层描绘乌尔王观赏胜利成果，他在手持长矛的将领陪伴下察看战俘。镶嵌画的另一面，描绘胜利后满载而归，国王与众臣们相对而坐，举杯欢饮的场面。这幅镶嵌画现收藏在大英博物馆。

随着农业和手工业的发展，苏美尔产生了比较发达的商业贸易。当本地人用出产的椰枣、谷物、工艺品和毛织物换取木材、石料、矿产等原料。经考古学家确定，苏美尔人用的铜来自西奈半岛、伊朗和阿曼等地；黄金来自亚美尼亚、努比亚（今苏丹）和安纳托利亚半岛（又称小亚细亚半岛，今土耳其）等地。

苏美尔人还发明了太阳历，这也是人类早期最重要的发现之一。靠天吃饭的两河流域农民迫切需要知道播种与收获的准确时间，找到容易记忆的规律。当时的人们最直接的办法，就是利用月亮的盈亏循环。苏美尔人以月的圆缺，周而复始为一个月。一年分 12 个月，其中有 6 个月各为 30 天，另外 6 个月各为 29 天，全年共 354 天。这样每年比地球绕太阳一周的时间少 11 天多，于是他们又创立了设置闰年的办法。这与中国古代的《夏历》有很多相似之处。

从古代西亚的民族语言演化特点来看，乌尔第三王朝是苏美尔语的最后复兴，此后印欧语系就彻底取代了苏美尔语的地位。

“印欧语系”是 18 世纪一个英国语言学家提出的一个语言学概念。他发现梵语跟希腊语和拉丁语以及波斯语之间，无论是在动词词根还是在语法形式方面都显示出系统的相似点。于是认为，印度和欧洲的大部分语言都是从“原始印欧语”中分化出来的，这些语言彼此之间具有亲属关系和相似性。如今印欧语系包含了 400 多种语言，按照母语人口来排名，印欧语系是世界上第一大语系，占世界人口的 41.8%。

◆在公元前 2000 年左右的时候，阿摩利人入侵两河流域，摧毁了苏美尔人和阿卡德人建立的乌尔第三王朝及伊辛第一王朝。建立起一个以巴比伦城为首都的新王朝，史称：古巴比伦王国（又称古巴比伦王国第一王朝）。

这个王国的第 6 代国王汉穆拉比（也译汉谟拉比、汉摩拉比）在位时期（公元前 1792—前 1750 年），先后征服伊辛、乌鲁克、拉尔沙等国，并占据亚述南部，建立起从波斯湾到地中海沿岸的中央集权奴隶制王国。从那时起，美索不达米亚就被称为“巴比伦尼亚”，当地人被称为巴比伦人。

巴比仑城邦位于幼发拉底河中游，曾一度屈服于北方的亚述，后利用其地理优势，逐渐发展壮大，但直到汉穆拉比继位之后，巴比仑才成为一个强国。

与乌尔纳姆相同，汉穆拉比建立中央集权制度，将政务、军事、司法和宗教等权力集于手中，并建立一支强有力的常备军。为了提高士兵的地位和忠诚，他给予军队士兵以世袭的土地，并规定军官侵吞士兵财物要被处以极刑，以维护士兵的利益。中央和地方官吏由汉穆拉比直接任命。大区设置总督，人口较多的城市由官员“沙卡那库”管理，小城市则任命“拉比亚努姆”官员去管理。

古巴比伦社会基本分为3个阶级等级：①阿维鲁，为全权自由民，上层是贵族、祭司，下层多是纳税、服徭役和兵役的自耕农和士兵；②穆什钦努，为依附于王室、贵族土地的无权自由民；③瓦尔都（男奴）和阿姆图（女奴）是最底层的奴隶阶级。

汉穆拉比时期王室占据的土地分为3类：供养王室的田地；国王以职俸和军功之名所授的份地；以纳赋税为条件所授份地。以职俸和军功为条件领有份地者包括士兵、官吏、塔木卡（或称达木卡尔，商业经纪人、高利贷者）等。除王室土地外，古巴比伦社会还存在神庙土地、少量公用土地及私人土地（私人土地面积都不大）。高利贷行业活跃，其促进了债务奴役制度的发展。而债务奴役制度的发展导致债务人的反抗，这也成为导致古巴比伦王国灭亡的重要因素之一 。

汉穆拉比非常重视兴修水利，开凿了沟通基什（在今伊拉克乌海米尔）和波斯湾的运河，使大片荒地变成良田，他重视农田灌溉技术，促进贸易规则的普及，使巴比伦城变为西亚最大的政治、经济、文化中心，在天文、历法、建筑、艺术等方面达到了前所未有的高度。把王国推向空前的繁荣。

汉穆拉比利用宗教来巩固自己的政治，称自己是神宠爱的人，将专制王权和无所不能的神权趋于统一。他在位期间制定了一部影响后世的法典《汉穆拉比法典》，为后人研究古巴比伦社会经济关系提供了信史。

1901年12月，法国人和伊朗人组成的一支考古队，在伊朗西南部一个名叫苏撒的古城旧址上，发现了一块黑色玄武石，几天以后又发现了两块。他们将三块断石拼合起来，恰好是一个椭圆柱形的石柱。石柱高2.25米，上部周长1.65米，底部周长1.90米。石柱的上端雕刻有浮雕像：一个人坐着，右手握着一根短棍；另一个人站着，双手打拱，好像在朝拜。石柱的下部围绕着石柱镌刻着楔形文字。经考证，这些楔形文字记录着古巴比伦法律文书——《汉穆拉比法典》。而石柱浮雕人物，寓意为太阳神及正义神沙马什正授予汉穆拉比王权权杖，象征王权神授。

该法典铭文是垂直书写，共3500行，用文据信为阿卡德语，由序言、正文和结语三部分组成。序言和结语约占全部篇幅的五分之一，词语华丽，充满神化、美化汉穆拉比的言辞。正文包括282条法律，对刑事、民事、贸易、婚姻、继承、审判等制度都作了详细的规定。

《汉穆拉比法典》内容丰富，所涉范围广泛。其基本立意，维护奴隶主贵族阶级的利益，保护奴隶制社会中的私有制。其次，法典显示出当时两河流域习惯法特点：同态复仇原则和审判习惯等。例如，196条，挖去他人眼睛的人，自己也要被挖出眼睛；197条，打断他人骨头的人，也要被判打断骨头；第200条，打掉他人牙齿的人，将会被敲掉牙齿。另外还规定，建筑师设计的房屋倒塌，若压死了房主，建筑师将处死，若压死的是房主的妻子或儿子，就把建筑师的妻子或儿子处死。法典明确表示，奴隶不受法律保护，奴隶属于财产的范畴。第 19 条规定，自由民若把抓到的逃跑奴隶留下来，作为自己的财产，这个自由民将被处死；第 199 条规定，挖出奴隶眼睛或是打断奴隶骨头的人，仅赔偿奴隶价格的一半，即只有经济赔偿。第 282 条规定，若奴隶反抗主人，一旦定罪，主人可以割下他的耳朵。

法典还体现了古巴比伦时代刑法的轻率和残忍。例如，第 1 条，倘若自由民宣誓控告其他自由民杀人而不能证实，其控告者应处死；第 3 条，如果自由民在涉及命案中提供假证，而无从证实，将被处死；第 6 条，如果自由民窃取王宫或者寺庙财产，将被处死，且获取赃物者一并处死；第 110 条，如果从事神职的女人开设酒店，或者进入酒店喝酒，则这个女人将被烧死；第 143 条，若女子犯罪，毁家弃夫，则投之水中。

而审判则来自古巴比伦人的崇神意识。在关于诉讼审判中的第 2 条规定，当原告控告被告犯有某种罪行时，双方都提不出辩驳的证据，这时可以把被告扔进幼发拉底河中，如果沉溺了，证明被告有罪，没收其全部家产归原告一方；假如不被淹死，则证明其无罪，那就处死原告一方，同时把原告的财产没收归被告一方所有。此规定叫作“河神审判”。

《汉穆拉比法典》中还有许多涉及医患方面的条文，如：

▼如果医生给自由人的奴隶做手术，致奴隶死亡，他要承担赔偿责任，必须用另一个奴隶补偿自由人。

▼如果医生在给自由民做手术的过程中致其死亡，或是用手术刀挖去人的眼睛，医生将被挖眼睛或被剁手。

▼如果医生在治疗过程中将奴隶的眼睛挖出，必须赔偿奴隶价格的一半。

▼医生为自由民治疗骨伤或其他病痛，治疗成功，病人要给医生银子五舍客勒（每舍客勒重约 11.4 克）。

▼病者如为自由民的奴隶，则奴隶的主人应付医生银子二舍客勒。

▼如果医生通过手术，使病人痊愈，或者治愈病人眼疾，医生应得银子十舍客勒。

《汉穆拉比法典》被认为是人类最早的医疗立法，同时也表明“医生”在古巴比伦时期已经从祭司体系中独立出来，成为专门的职业。

《汉穆拉比法典》对于后来的亚述法典、赫梯法典、《旧约》中所见的犹太法典，乃至古希腊、古罗马的立法都有重要的影响。现代西方各国的法律规定也可以找到《汉穆拉比法典》的影子。比如，要有证据才能定罪；设置公民陪审团；所有案件要立案并记录，以便查看与审阅。据说在美国国会大厦众议院会客厅里，用大理石雕刻的 23 位古代重要的立法先驱，其中就有乌尔纳姆和汉穆拉比。

古巴比伦王国在汉穆拉比统治时期达到极盛。汉穆拉比在位 42 年，于公元前 1750 年去世。在他死后，王国先后遭到埃兰和加喜特人的侵袭，国内也面临各部落城邦互相争斗，反债务奴役等暴乱局面，导致了古巴比伦王国第一王朝的衰微。王国又延续了 150 多年，至公元前 1595 年为赫梯人所灭。

古巴比伦人使用楔形文字。他们在天文学及数学方面的知识极为先进，这可能与农业方面的发展密切相关。根据研究发现，古巴比伦人已经能够区分恒星和五大行星；观测出黄道

（由于地球绕太阳公转，从地球上看，太阳在星空间移动，一年正好移动一圈，太阳移动的路径叫“黄道”），以后又区分出黄道上的12个星座，绘制出黄道12宫（占星术术语）的图形；古巴比伦人对太阳和月亮的运行周期观测得很准确，朔望月（又称“太阴月”，为月亮盈亏的平均周期）的误差只有0.44秒，近点月（月球接近地点时，运行速度快；接近远地点时，运行速度慢。这种距离和速度的差异，呈周期性变化，其周期称为近点月）的误差只有3.6秒；对五大行星的会合周期同近代的观测结果非常接近。

古巴比伦人的历法采用苏美尔人的太阴历，不过，润月的设置由国王来确定，汉穆拉比曾宣布过一次闰六月。古巴比伦人还将一个月分为4周，每周7天，人们称呼为“星期”，就是星的日期，这个称呼一直沿用到今天。

古巴比伦人采用十进位法和六十进位法，但还没有表示零的符号。六十进位法用于计算周天的度数和计时，至今仍为人们所采用。尽管古巴比伦人将圆周率计算为3，不及古埃及人准确。但已知应用直角三角形的勾股定理，能计算截头方锥体的体积，还掌握了四则运算、平方、立方和求立方根、平方根的法则，能解有3个未知数的代数方程。

《吉尔伽（gā）美什（shí）史诗》是目前已知世界上最古老的英雄史诗，早在4000多年前就已在两河流域中流传，可能最早在乌尔第三王朝时期成形，在古巴比伦王国时期被用文字记录下来。

这是一部赞美苏美尔王朝时期的乌鲁克城邦首领吉尔伽美什的作品。据有些考古学家认为，吉尔伽美什可能是实际存在的一个历史人物。虽然这是一部残缺了近1/3的作品，但从余下的2000多行诗中我们还是能够感受到苏美尔人对他们的英雄崇拜敬仰之情。

《吉尔伽美什史诗》围绕乌鲁克国王吉尔伽美什和他的朋友恩奇都（也译恩基杜、恩奇度）之间的友谊故事展开。大致可分为四个部分。

第一部分讲述了半人半神的吉尔伽美什是乌鲁克的国王，他对百姓残暴凶狠，害得民不聊生，从而激起了百姓们的愤怒。百姓求助于创造女神阿鲁鲁，希望出现一个能够制约他们国王的人，以改变他们不幸的处境，阿鲁鲁便用泥土造就了恩奇都。

恩奇都生活在森林里，与各种动物为友。猎人发现了他，猎人到王宫请求吉尔伽美什收服恩奇都，猎人好继续捕猎动物。吉尔伽美什命令猎人带着神妓去诱惑恩奇都，让他失去力量，动物们就会远离他。神妓告诉恩奇都，吉尔伽美什已经知道恩奇都的存在了，要求恩奇都成为吉尔伽美什的好朋友，并将恩奇都带到乌鲁克城。恩奇都来到乌鲁克后，吉尔伽美什与他大战一场，双方不分胜负。经过这次搏斗，两人相互认同，结为好友，共享王权。

第二部分讲述了吉尔伽美什计划打败魔兽洪巴巴（也译芬巴巴），恩奇都心生胆怯不想去，吉尔伽美什激励他一同踏上路途。在路途中，恩奇都依靠对森林的熟悉勇敢地走在吉尔伽美什前面，为他引路。战斗前，吉尔伽美什做了许多噩梦难以入眠，恩奇都安慰他梦境是好的兆头，吉尔伽美什踏实了许多。之后，两人在太阳神沙马什的帮助下打败了魔兽洪巴巴。战败的洪巴巴乞求饶命，愿意成为他们的奴隶。吉尔伽美什心生怜惜，恩奇都要求斩草除根，洪巴巴必须死。求生无望的洪巴巴随即诅咒两人，吉尔伽美什砍下了他的头。

因为战胜洪巴巴，女神伊什塔尔（又译伊斯塔、伊修塔尔、伊什妲尔）被吉尔伽美什的魅力所倾倒，向他求爱，结果却遭到了拒绝。因为吉尔伽美什清楚，伊什塔尔喜怒无常，残忍无情而又善于玩弄男人。感到羞辱的伊什塔尔请求父神安努为她复仇，安努派出给人间带来旱灾的天牛下凡，然而天牛被吉尔伽美什和恩奇都合力杀死（一译将其击退）。女神伊什塔尔异常愤怒，恩奇都警告女神不得再骚扰吉尔伽美什。女神心有不甘地离开了乌鲁克城，吉尔伽美什和恩奇都成为乌鲁克城的英雄。

第三部分讲述了女神伊什塔尔以人类居然敢杀死神兽为罪名，向众神请求处死吉尔伽美什与恩奇都中的一人。她的理由被众神所接受，于是神所造出的恩奇都被众神惩罚，重疾而死。吉尔伽美什面对挚友的死亡悲痛欲绝，抱着恩奇都的尸体哭了七天七夜，并为恩奇都举行了隆重的葬礼。吉尔伽美什开始恐惧死亡，他要探索生死奥秘，寻求永生。他趁着黑夜翻过通向太阳的马什山，不顾蝎身人的劝阻，在用尽了120根船桨以后，终于渡过死亡之海来到人祖乌特纳比西丁的身边。乌特纳比西丁没有直接解答吉尔伽美什生与死的疑问和永生的要求。他告诉吉尔伽美什，要想永生则必须保持不睡永远清醒的状态。但在接下来的挑战中，吉尔伽美什还是睡了七天。吉尔伽美什虽然挑战睡眠没有成功，但是在乌特纳比西丁妻子的帮助下，他潜到海底得到了长寿仙草。

吉尔伽美什想让乌鲁克人民享受到仙草的福惠，在匆忙的归途中因疲劳而睡去（一译在冷水泉洗澡）。但是仙草的香气吸引了蛇，仙草被蛇偷吃了，从此，蛇通过蜕皮来完成新生。吉尔伽美什最终空手返回了乌鲁克。

第四部分讲述了吉尔伽美什回到乌鲁克城后日夜思念亡友，祈求神能帮助他再见到一次恩奇都。通过太阳神的帮助，吉尔伽美什见到了恩奇都的灵魂并与之对话，恩奇都向他描述了死后世界的阴暗和悲惨……

史诗中提到的洪水灭世的故事，被后人称作美索不达米亚版本的诺亚方舟。有一些观点认为，《圣经》中关于大洪水的部分是从《吉尔伽美什史诗》的记载演变而来的。

史诗比较生动地反映了古代两河流域地区从原始公社制社会向奴隶制社会过渡时期的历史面貌，不仅展示了当时正在形成中的阶级关系，即穷人和富人之间的矛盾，也展示了人和神的宗教矛盾，而这些矛盾又不同程度地反映了人同自然、人同社会的复杂关系。史诗表现了古代两河流域人们在承认“王权神授”的同时，也希望探索出人世奥秘的朴素愿望。史诗赞颂了吉尔伽美什不畏艰险，不惧神怪的英勇行为，这在多神崇拜占统治地位的远古时代难能可贵。

《吉尔伽美什史诗》在19世纪中叶，由大英博物馆的考古学家，从尼尼微亚述王巴尼拔的藏书室里发掘而出，共12块泥版，计约3600行。很大一部分泥版现存于德国柏林的史前和早期历史博物馆。到1920年，破损的泥版基本修复，楔形文字得到破译，史诗的译注才基本完成。

◆据专家研究和考证，安纳托利亚半岛（亦称小亚细亚半岛，位于今天横跨欧亚两洲的土耳其，是其亚洲部分）原住民为哈梯人。公元前3000年左右，一支来自北高加索草原的古印欧人，翻越高加索山脉进入了安纳托利亚半岛，与当地的哈梯人逐渐同化，形成了赫梯（又译为西台、希塔托、比泰多）人。公元前2000年前后，安纳托利亚半岛逐渐出现众多部落城邦。公元前19世纪中叶，半岛诸多部落城邦以哈图沙（亦称哈图沙什、哈图斯等，位于土耳其乔鲁姆省）为中心形成联盟。

在赫梯人形成之初，安纳托利亚半岛的中部分布着一些亚述商贸殖民地，名为卡鲁姆（意为“港口”）。安纳托利亚地区盛产金、银、铜、铁矿，而精明的亚述商人通过陆上贸易获取来自阿富汗的锡矿和来自南方的植物、香料和当地人交换金属资源。赫梯人或从亚述商人那里学会两河流域流行的楔形文字，作为日常记录的赫梯文字。公元前18世纪，赫梯人驱逐亚述人，结束了亚述商人在安纳托利亚中部的贸易活动，诸多城邦渐趋统一，形成赫梯王国。赫梯王国在古巴比伦的后期逐渐强盛，常向两河流域侵略。

关于赫梯的历史分期多有争议，有学者将赫梯的历史分为二个时期：公元前1750年到公元前1500年是赫梯的古王国时期；从公元前1500年到公元前1200年是赫梯的新王国时期（也又分为三个时期，增加了中王国时期）。

赫梯在古王国时期，农业已成为主要生产部门。金属冶炼已达到相当高的水平。据文献记载，赫梯人是最早发明冶铁和用铁的民族，也是世界上最早进入铁器时代的民族，赫梯人的铁兵器使对手为之畏惧。文献记载表明，赫梯人用铁大约始于公元前19世纪，公元前12世纪，向外传播炼铁的技术。在世界范围内，人类普遍是在公元前1000年左右进入铁器时代，比起赫梯人用铁史整整晚了1000年。据考证，赫梯也是世界上最早养马的民族之一，还是世界上最早发明和使用马车的民族。在战场上，赫梯人披着铁甲的马拉战车冲锋陷阵，势如破竹，常使敌军望风而逃。

赫梯在古王国时期，政治上是以哈图沙为中心的城邦联盟体制，国王由贵族选举产生，王位继承须经贵族会议承认。国王将征服的土地分配给王室亲族统治，被征服的原住民或被迁徙，或留在原地成为赫梯人的农业奴隶。一般奴隶被视为奴隶主的财产，战俘是奴隶的主要来源。

此时赫梯奴隶制有较大的发展，国王将战争中掠夺的奴隶、牲畜、土地赐予部落城邦首领、贵族，促进了大奴隶制经济的发展。部落城邦首领、贵族、大奴隶主及神庙均拥有巨大的农场、牧场，役使大批奴隶和依附农耕作或放牧。赫梯古王国时期农业奴隶有一定数量的份地，须缴纳沉重的租税。家庭奴隶（仆人）地位较高，他们占有一定数量的土地和财产，可与自由民女子结婚，不是一般意义上的奴隶。另外，还出现了债务奴隶。

王室直接控制大量土地，除赏赐贵族、功臣外，大部分是以份地的形式分配给为王室服役的人。据赫梯法典载，领份地者有两个等级：①“部从”，身份由国王授予；②工匠（手工业者），身份由地方首领授予。“部从”的份地不得买卖、转让，只能继承。领有份地的条件是为王室服军役，“部从”身份如有改变，份地归还王室。地方首领授予工匠的份地可以买卖、转让，领有份地的条件是要承担大部分部落城邦的徭役。工匠身份改变后，份地由当地村社接收。

在古王国时代后期，赫梯成为西亚地区一个强大的王国，以哈图沙城为首都向两河流域扩张。公元前 1595 年，国王穆尔西里一世时期，赫梯人攻陷巴比伦城，灭古巴比伦第一王朝，将大批俘虏和财物掠回哈图沙，国势进一步强盛。

穆尔西里一世死于宫廷阴谋，赫梯陷入王位争夺的内斗之中。约在公元前 1461 年（一说公元前 1500 年前后），新王国时代初期，出生于贵族的铁列平继承王位。铁列平继位后进行了一项重要改革，史称“铁列平改革”或“铁列平敕令”，以解决王位继承问题。

改革前，赫梯国王的权力受到彭库斯会议（公民会议）和图里亚斯会议（贵族会议）的制约。这两种会议有权决定王位继承和司法等事务，而王位继承问题常常造成王国的动乱。

铁列平的改革首先确定了王位继承的原则：首先由长子继承王位，长子如果不在，由次子继承，以此类推；如果没有王子继承，就让长女选择丈夫做国王。王室内部互相争斗而引起杀戮的问题，铁列平也定下了铁律：国王不得任意杀戮其兄弟姊妹；王室内部纠纷由彭库斯会议作出裁决；国王亲属犯了罪，只由其本人负责，不得牵连其亲族，也不得没收其财产。改革使赫梯的王权得到巩固，弱化了彭库斯会议和图里亚斯会议的作用，理顺了王室内部关系，确立了王位世袭制，防止贵族间的争夺，使朝政趋于稳定，国势得到复兴。

同苏美尔人和巴比伦人相同，发展中的赫梯人也建立了自己的法典以规范社会秩序。《赫梯法典》书写在泥版上，是用赫梯语写成的。它出土于哈图沙古城内的第一神庙和王室档案库，部分残片的出土地点至今不详。

《赫梯法典》最早编撰于赫梯古王国时期，一说很可能始于铁列平统治时期。从现存法典泥版有些内容的变化来看，部分条款很可能在赫梯历史的不同阶段被重新修订过。遗憾的是，至今有 20 多条款严重残缺。

专家普遍认为，《赫梯法典》在世界古法典中是唯一一部“重民轻刑”的法典。它虽以刑事规范开篇，也规定了杀人、伤害、盗窃、放火、污染水源等多种罪名，但是除了对少数性质严重的犯罪规定了刑罚之外，一般犯罪多采用民事赔偿、补赎的方式加以处理。在刑事制裁之外，还规定了大量的免责条款，使得实际处以刑罚的犯罪就少多了。

赫梯法典的条款内容涉及经济生活、公民义务和婚姻关系等各个方面，明确了各种买卖、租借和雇佣的价格，以及各类犯罪行为及其相应的量刑等内容。比较赫梯法典不同时期的版本，量刑标准趋于减轻，死刑的运用仅限个别情况，特别是在有的条款中，死刑判决可以被罚金取代，国王可以豁免死罪。法典中，已没有了同态复仇之类的原始习惯法。从立法的角度看，赫梯法典有些条款比《乌尔纳姆法典》和《汉穆拉比法典》更为具体、更为细致。例如，对杀人罪有预谋和过失两种区别；对商人被杀，常常区别三种情况：谋财害命；仇杀；过失杀人。

除了法典，赫梯人注重“法”的观念还广泛体现在诸多其他赫梯文献中，如诉讼文献、训诫文献、祷文和政令等。这说明法治思想在赫梯国家的运行和发展中发挥着一定的作用。

同时，在对外交往上赫梯人也通过各类条约，将“法”的理念注入其中，以保证条约的贯彻实施。有学者将赫梯人的各类条约分出三大类型：附属国条约（又称不平等条约）、封侯条约和平等条约。一些学者认为赫梯条约可以看作是古代法律文献，它们属于条约法的范畴，第三者作证和人证的思想在赫梯条约中表现得非常突出。其中，神灵作证的思想普遍存在于赫梯条约之中。赫梯人将条约视为对神的誓言，将其置于签约各方神灵的诅咒之下，以此来约束签约者。通常，签约双方将各自需要作证的神灵呼唤，请求为条约的签订和执行作证。这些神灵实际上起到了第三者作证的作用，反映出赫梯人第三者作证的意识和习俗。

考古学者在哈图沙遗址先后发现 20 多篇赫梯附属国条约文本，这些条约文本大多出现在赫梯新王国时期。赫梯王国将武力征服和主动归顺的那些部落城邦，无论大小一律将他们纳为自己的附属国，采取统一的不平等的统治政策，签署“附属国条约”，迫使各个附属国必须无条件地向赫梯国王履行各项义务。

其核心内容：

1. 各附属国必须绝对引渡赫梯国王的要犯，如果要犯从赫梯逃到附属国，抓住他，遣送回赫梯，即使是其他国家的人，也不能放跑；相反，附属国没有权利要求赫梯国王遣返他们的要犯。

2. 附属国必须履行军事义务。如果赫梯国王面临侵略和叛乱，在赫梯国王的要求下，各附属国应立即派遣步兵和骑兵援助并参加赫梯国王的征讨。

如：有一份附属国条约中这样写道：“如果埃及国王、巴比伦国王、米坦尼国王以及亚述国王向我发动战争，我将书信与你，你立即向我派遣骑兵”。

3. 纳贡是各附属国必尽的义务。贡品通常包括金、银、铜等金属制品；贵重宝石、衣料以及羊毛、谷物和牛羊等农副产品。赫梯国王对不同的附属国征收的贡品各异。根据记载，叙利亚有两位城邦国王每年必须向赫梯国王纳贡三百谢克尔（重量单位）黄金和一定数量的贵重石料。

4. 效忠条款，是赫梯国王对各附属国首领的最基本要求，成为赫梯国王束缚和控制各附属国的重要政策。它要求，如果某一个附属国首领事先听说其他附属国欲谋求反叛，进攻赫梯国王，他应当诚实地向赫梯国王报告，而不能对此事保持沉默；各附属国必须遵守和保护由赫梯国王划定的边界线，不能在边界线上建立城堡，不能提出重新划定边界线的要求。并明确规定，各附属国之间不能相互攻杀。谁违反了这一规定，将成为赫梯国王的敌人。如果附属国之间发生了纠纷，那么，将由赫梯国王根据赫梯法律终审裁决。

有一份附属国条约中记载，当时的赫梯国王曾召见两个附属国的首领，调解他们之间的争端。

赫梯国王对附属国条约的制定，促进了当时赫梯王国对外扩张的需要，改变了前诸王一味用武力统治的简单方式，适时提供了赫梯王国控制安纳托利亚半岛和叙利亚地区的政治、经济、军事法约手段，用条约建立起一个比较庞大的附属国统治体系，对赫梯王国的发展和强大起到了一定的促进作用。

早在赫梯国王建国之初，历代赫梯国王在被征服地区册封一些重要的部落城邦首领，他们都是赫梯国王的家族成员，被授予驻守和统治的权力。分封时，赫梯国王要与各册封首领缔结条约，双方从而建立起王朝与地方、国王与地方统治者之间的封侯关系，史称“封侯条约”。

封侯的首领权位，一般可以由后代继承。旨在加强对被征服地区的控制和统治，同时在客观上也减少了王室家族成员之间争夺权位带来的难以调和的矛盾。赫梯国王的封侯政策，在赫梯王国的扩张中起到了显著的聚合作用，使赫梯国王能够有效地驾驭膨胀中的王国。

“封侯条约”在公元前2000多年的古代王国中可谓是独树一帜，它将封侯统治体系与封侯法约结合起来，形成赫梯王国政治统治的一个特点。这也是赫梯王国在自身发展中受到周边复杂多变的客观形势影响，以及民族文化所决定的。

在封侯条约中，人们普遍看到了证人的存在。在签订封侯条约的过程中，赫梯国王往往把王朝中的重要人物、富有名望的贵族以及庙宇祭司的作证看得非常重要，把他们与条约的签订、条文的制定和条约的履行紧密联系在一起，加强了条约的有效性和公正性。

赫梯新王国时期（也称帝国时期）是赫梯经济、军事、文化的最强盛时期。此间，赫梯人摧毁了由胡里特人建立的米坦尼王国，并趁埃及宗教改革之机，夺取埃及的领地，与埃及争霸。

胡里特（也译胡锐安）人据说是在公元前2000年左右，从亚美尼亚山地迁徙到美索不达米亚北部这片肥沃的平原，有人认为他们就是《圣经·旧约全书》中提到的贺锐特斯人。约在公元前16世纪末，胡里特人征服亚述和叙利亚北部，并且建立起一个强大的王国——米坦尼王国。

米坦尼王国的人口构成多元，两个最为重要的种族是闪米特人和胡里安人。而闪米特人创造了古亚述文明，受影响胡里安人采用楔形文字作为他们的交流工具。

当埃及第18王朝国王图特摩斯三世率领埃及军队从南部进军叙利亚的时候，米坦尼遂与其发生了冲突，米坦尼成为埃及在叙利亚扩张的强劲对手。

图特摩斯三世则是埃及第18王朝的集大成者。

埃及从中王国向新王国过渡的第二中间期时，曾遭受到喜克索斯人的入侵，陷于分裂。第18王朝的创建者雅赫摩斯一世领导埃及人驱逐了喜克索斯人，使埃及重归一统。并将民族斗争发展成大规模的国家扩张。从雅赫摩斯一世开始，历经阿蒙霍特普一世、图特摩斯一世，埃及的兵锋南达努比亚（位于埃及阿斯旺与苏丹北部城镇库赖迈之间），北至北部和巴勒斯坦，埃及王国发展成为庞大的帝国。

图特摩斯三世的后母是古埃及著名女法老哈特谢普苏特，哈特谢普苏特把持朝政达22年，图特摩斯三世32岁时才得以亲政。因此，对后母以往施以的打压，内心充满了怨恨。

图特摩斯三世掌握权力后立即展开对哈特谢普苏特的报复，企图将她留下的一切痕迹从埃及人的记忆中抹去。他下令毁灭她的纪念性建筑物，她的雕像被推倒、被打碎，有关她的形象和头衔被挖去。

图特摩斯三世在享受到权力的快感后，马上意识到王国面临的形势是很严峻的。叙利亚南部的卡迭什（亦译卡叠什、卡迭石）王国在米坦尼王国的支持下，正企图组织叙利亚和巴勒斯坦地区的部落城邦建立反埃及同盟。国内贵族势力也趁机观望，图谋不轨。图特摩斯在稳定了国内局势之后，立即发动了执政后的第一次战争，进军叙利亚和巴勒斯坦。公元前1479年5月，他率军冒险越过一条峡谷，突然出现在战略要地麦吉杜（又译美吉多）城下，埃军围城7个月后占领该城。此战后，图特摩斯挥师北侵直达地中海东岸的黎巴嫩山，沿途攻占众多城镇。

为了巩固对征服地区的统治，图特摩斯三世派驻总督进行治理。并将征服地区的王公贵族子弟带到埃及，一方面作为人质，另一方面通过接受埃及的教育，培养对埃及的忠顺。此后，图特摩斯又花了近20年的时间多次征讨叙利亚的诸城邦，最终确立了对叙利亚的统治。而他在对叙利亚的征服战争不可避免地侵犯了西亚强国米坦尼的利益。

在米坦尼同埃及的对抗中，埃及明显取得了优势。图特摩斯三世曾渡过幼发拉底河攻击米坦尼人，夺占了米坦尼王国位于幼发拉底河西岸的土地。经过多次较量，在强大、倔强的图特摩斯三世面前，米坦尼只能屈服，成为埃及的盟友。由此，引起西亚地区震动，各部落城邦国均承认埃及的霸主地位。亚述、巴比伦及赫梯纷纷同埃及修好向他纳贡，巴比伦还将一位公主送给图特摩斯三世为妃。

为了配合在西亚的战争，图特摩斯三世打造了一支强大的海上舰队。他的舰队使东地中海成了他的势力范围，爱琴海诸岛、克里特岛、塞浦路斯岛都在他的舰队威慑之中。有专家指出，他应该是历史上第一个利用海上力量协助陆上作战的军事家。

图特摩斯三世一生进行了17次（一说16次）战争，无一次战败，使古代埃及完成了地域性王国向横跨西亚北非的奴隶制帝国蜕变，使埃及占据了地中海东岸的迦南（又译“喀纳”，一般指巴勒斯坦地区）和叙利亚地区。

米坦尼王国大约存在200多年，即从公元前1550年至前1350年，恰与埃及新王国时期的第18王朝相衔接。因此，米坦尼与埃及的对抗和交往，均发生在埃及的第18王朝时期。在公元前14世纪，其国力达到顶峰，当时占有目前的土耳其东南部、叙利亚北部与伊拉克北部，其首都位置，至今未能确定。

埃及与米坦尼之间的相互敌对，在赫梯人的崛起中，逐渐化解。赫梯人强悍的侵略性令两国统治者感到共同的恐惧。到公元前15世纪末期，埃及和米坦尼结成同盟共同对付赫梯人。为了密切彼此的关系，米坦尼将一位公主嫁给了埃及的法老。

铁列平去世之后，赫梯持续了一段时间的兴盛。不过埃及与米坦尼王国结成军事联盟后，入侵了赫梯在叙利亚的领地，东、西面的各附属国也发生了叛乱，北部被来自黑海沿岸操印欧语的卡斯卡人洗劫了边境城镇，并向南推进。几年的时间赫梯王国就丧失了大部分领土，只剩下安纳托利亚中部的一小部分核心区域。就在赫梯王国濒临崩溃的时候，赫梯历史上最著名的国王苏庇路里乌玛（亦译苏皮卢利乌玛斯、苏庇鲁流马什、苏皮鲁留姆）一世站上历史舞台。

在哈图沙城陷落后，苏庇路里乌玛随父王图特哈里二世重整旗鼓，反守为攻，率赫梯人夺回失去的土地。就在赫梯恢复元气，逐渐收复领土的时候，图特哈里二世病倒了，临终时，他将王位传给了另一个儿子。这一举措激怒了苏庇路里乌玛，他通过政变夺取权力，并杀死了他的兄弟，罔顾铁列平的王位继承法。

苏庇路里乌玛执政时期，利用埃及法老阿赫那顿忙于宗教改革无力顾及西亚事务的时机，率军击败了卡斯卡人，哈图沙城重新回归赫梯，又继续向南进击溃了叙利亚联军，在不到一年的时间里，赫梯王国掌控了叙利亚大部分领土。米坦尼王国在内讧之时也受到赫梯人的沉重打击，首都被赫梯人攻占。苏庇路里乌玛安排女婿作为米坦尼国王，米坦尼成为赫梯的附属国，他的儿子们也成为一些城邦国的国王和大祭司。

为了将势力扩展到两河流域地区，苏庇路里乌玛休掉了自己的王后，迎娶了巴比伦公主。经过 20 年的统治，赫梯王国疆域北起黑海，东达幼发拉底河，南抵黎巴嫩山脉，成功地控制了地中海和幼发拉底河之间的广大土地。

苏庇路里乌玛一世的雄才伟略引起了一位埃及守寡王后的注意，她写信给苏庇路里乌玛，表示愿与他的一个儿子成婚并让他成为法老共同统治埃及。人们普遍认为，这位埃及王后是法老图坦卡蒙的遗孀，丈夫死后，她正面临大臣和贵族的篡权威胁。苏庇路里乌玛将信将疑，他派出一位使者到埃及打探虚实。当使者证实了王后的诚意后，他决定要利用这个千载难逢的机会去控制庞大的埃及。然而，苏庇路里乌玛选出的王子在前往埃及的途中突然失踪（一说遭袭身亡）。苏庇路里乌玛认为是可耻的阴谋，一怒之下向埃及在巴勒斯坦和北叙利亚的藩属国发动进攻，夺取了许多领土。意想不到的是，来自埃及的俘虏带来了一场可怕的瘟疫，瘟疫的传播给新兴的赫梯王国以沉重的打击。公元前 1322 年，苏庇路里乌玛一世本人也在这场疫病流行中病亡。

苏庇路里乌玛一世去世后，由长子即位，但仅一年后，长子也死于瘟病。随后，苏庇路里乌玛一世的小儿子穆尔西里二世继位。在穆尔西里二世在位的第 9 年，他的王后病重，两个兄弟也相继去世。根据专家的考证，瘟疫在赫梯国内肆虐了约 20 年。其间，穆尔西里二世五次向神明祷告和献祭，包括赫梯诸神、太阳女神、风暴之神等，祷文被记载在泥版上。通过穆尔西里二世的祷文，可见当时赫梯人面对瘟疫的无助。与此同时，赫梯周边附属国在埃及的怂恿下接连叛乱，亚述人也在崛起中趁机侵略，这使得赫梯王国四面受敌，危机四伏。但学者经过研究认为，这场瘟疫虽然严重，但并未动摇赫梯王国的根本。

穆尔西里二世临危不惧，他一边祈祷神明佑护，一边组织军队在西部、北部、东北部三面进行反击战和征服战，成功稳定了叙利亚地区的局势，降服了反叛的附庸国，并击退了野心勃勃的亚述人，使赫梯王国的疆域达到了顶峰，再次成为两河流域和安纳托利亚半岛的雄主。

叙利亚地区位于地中海东岸，是古代海陆商队贸易枢纽，历来是强国必争之地。赫梯控制了叙利亚地区，使埃及在西亚的利益受到极大的损失。约在公元前 1278 年，埃及第 19 王朝法老拉美西斯二世即位，决心与赫梯一决高下，恢复埃及在巴勒斯坦和叙利亚地区的统治地位。

拉美西斯二世约出生于公元前1303年（一说公元前1314年），他的父亲共有四个儿女，两男两女。但大儿子很小的时候就夭折了，拉美西斯成为继承人。他10岁时就在军中任职，15岁时随军参战，他父亲希望埃及在他手中能够强盛不衰。父亲去世时，拉美西斯二世的年龄大概是25岁，但他已经充满了雄心壮志，渴望成为埃及伟大的法老。

为此，拉美西斯二世扩军备战，组织了4支军团，分别冠以神名：阿蒙（古埃及太阳神，也是主神）、布塔（也译普塔赫、普塔，造物神）、拉（也译赖、瑞，与阿蒙一样也是太阳神，阿蒙神一般以一位英俊男子面貌出现，而拉是以慈祥的老者出现）和赛特（也译塞特，是古埃及的力量之神、战神和沙漠之神）。出征时又拉上附属国的雇佣军。埃及首先出兵占领了南叙利亚的阿什特里特（今黎巴嫩贝鲁特）和比布鲁斯（位于贝鲁特以北）。之后，拉美西斯二世御驾亲征，率4个军团进至卡迭什地区。

卡迭什是联结南北叙利亚的咽喉要道，也是赫梯建立的军事重镇和战略要地。拉美西斯二世试图攻占卡迭什，而后再向北推进。而他对手则是赫梯的国王穆瓦塔里（又译穆瓦塔里什）二世，他是穆尔西里二世的长子。

公元前1274年（又有公元前1298年和公元前1285年之说）5月的一天，埃军遇到两名投诚的当地人，谎称赫梯主力远在卡迭什城百里之外，城内的守军力量薄弱，士气低落，叙利亚人久有归顺埃及法老之意。拉美西斯二世信以为真，不顾布塔和塞特军团远离主力下令阿蒙军团孤军攻城。穆瓦塔尔迅即将赫梯主力调至埃及军团背后，构成包围圈。见此情景，拉美西斯二世始知中计，立即催促拉军团和布塔军团紧急来援。然而，当拉军团赶到卡迭什以南的丛林时，被设伏于此的赫梯战车突袭侧翼，损失惨重。接着，赫梯军队向阿蒙军团发起攻击，拉美西斯二世一时陷入重围之中，骁勇的卫队拼死抵抗。拉美西斯二世一面祈求阿蒙神的庇护，一面散出劫掠的财富。赫梯战车军和随战的附属国士兵见埃及军队行将崩溃，禁不住去抢夺埃及人抛出的财物乱了阵型。拉美西斯二世抓住时机带着残余士兵突出重围，然后冲到赫梯战车军的后方发动突袭。关键时刻，埃军一支增援部队赶到，对赫梯军队发起猛攻，把阿蒙军团从围困中解救了出来。双方又经过数次对攻，赫梯战车损失严重。稍后，埃及布塔军团赶到，赫梯人被逼回了卡迭什城内退守，拉美西斯二世见无力夺城，决定返回埃及。

此战，埃及军队虽然没有取得最终的胜利，但有效地阻止了赫梯人的扩张势头；赫梯军队损失了众多战车，埃及军队则丧失了战斗力。史学界普遍认为卡迭什战役（也称“叙利亚战役”）双方打了个平手，不分胜负。

此后的16年中，双方争战不断，但再没有发生大规模的较量。穆瓦塔里二世将首都从哈图沙迁至南部的塔胡恩塔萨（其位置可能在今土耳其科尼亚、奇里乞亚附近）。

公元前1272年前后，穆瓦塔里二世去世了，他的儿子乌尔希泰舒普（也称穆尔西里三世）登上了王位。但乌尔希泰舒普在与亚述人的对抗中失败，使国内局势动荡不安。

穆瓦塔里二世的弟弟哈图西里（也译哈杜西勒、哈图施利）曾参与卡迭什之战，享有声望，领兵造反，推翻了侄子的统治，登上了王位，史称哈图西里三世。哈图西里三世为了稳定政局，向国人作了一份“辩解书”，对他的夺位行动做出了说明，有人认为这是历史上最早的自传。

哈图西里三世执政后，面对日益强大的亚述，必须缓和与埃及的关系，从与埃及的争战中抽身。哈图西里三世向拉美西斯二世提议，摒弃前嫌，双方缔结和平条约，共同分享在叙利亚和迦南地区的利益。面对咄咄逼人的亚述，拉美西斯二世也同意了。哈图西里把写在银版上的和议草案送到埃及，拉美西斯二世修改草案后再送回赫梯。条约全文以象形文字被铭刻在埃及底比斯寺庙的墙壁上，它是译自原稿的副本。原稿可能是用阿卡德语和巴比伦楔形文字书写的，在哈图沙发现有用巴比伦楔形文字书写的泥版副本。

和约（一般认为它签于公元前 1259 年）除了说明性的内容外，包括一个序言和 9 个条文，主要的条款为：

1. 双方同意实现永久性和平；
2. 互不侵犯条约；
3. 赫梯国王履行先前订立条约的义务；
4. 拉美西斯二世执行现行条约的义务；
5. 军事互助的义务；
6. 赫梯王国不接纳埃及逃亡者的义务；
7. 埃及不接纳赫梯王国逃亡者的义务；
8. 神对于违约者的惩罚誓言和对守约者的加恩诺言；
9. 逃亡者的引渡条款。

“银版和约”又称“孟斐斯和约”，成为人类文明史上最早的有文字记载的国际性和平条约。条约签订后，哈图西里三世进一步采取和亲政策，将自己的长女嫁给拉美西斯二世为妻（一说先后嫁给了两个女儿），以加强双方的同盟关系。

拉美西斯二世在位时间达 67 年，90 余岁去世，是古埃及史上统治时间最长、影响最大的法老。

据说拉美西斯二世浪漫多情，一生有 8 个正式王后（其中有自己的女儿），还有近百嫔妃，百余个儿女。他乐于大兴土木，在位期间下令修建的宫殿、神庙、雕像和石碑的数量，比他的前任法老要多很多。阿布辛贝勒（也称阿布辛拜勒，据说名称来源于一个男孩向导）神庙（或称石窟寺），被普遍看成是拉美西斯二世存世的最伟大的建筑工程，是名副其实的古代建筑瑰宝。

阿布辛贝勒神庙位于埃及最南端的阿斯旺，由大小两座神庙组成，全部在尼罗河西岸的悬崖峭壁上凿刻而成，是古埃及规模最大的石窟庙建筑群。大庙（也称拉美西斯二世神庙）祀奉拉神和神化的拉美西斯二世。庙高 30 余米，宽 36 米，纵深近 60 米，内分 3 个大厅。庙前有 4 尊拉美西斯二世端坐的巨像，像高 20 余米，每尊重达 1200 余吨。在巨像的膝边和身旁还精心雕刻有一些小雕像，可能象征其家庭重要成员。神庙还立有着拉美西斯二世与赫梯公主第一次联姻的婚姻碑，上面记载着赫梯与埃及长久和平的宣言，也镌刻着拉美西斯二世对公主表达爱意的铭文。走进神庙第一道门，是左右两排的柱廊大厅，柱廊里的石柱支撑着洞顶沉重的压力。16 尊武士群雕对称分立在石柱旁，大厅四周刻满了壁画与铭文，讲述了古埃及的宗教仪式和拉美西斯二世率领军队英勇作战的场景和功绩。神庙内部还有一个列柱室，是由 8 座高达 10 米的拉美西斯二世神化的立像构成，两侧墙上雕刻着拉美西斯二世在卡迭什战役中和赫梯人激战的场面。大厅尽头是一间作为神坛的石室，四座神像并排而坐，分别是古埃及黑暗之神、天空之神、神化了的拉美西斯二世和太阳神（也有布塔神、拉神、拉美西斯二世和拉·哈拉赫梯神［也译拉·哈拉凯悌，拉神的一个化身］四神之说）。

神庙工匠精确地运用天文学、地理学、建筑学知识，把神庙巧妙地设计成为只有在拉美西斯二世的生日（2 月 21 日）和登基日（10 月 21 日），旭日的霞光才能从神庙大门射入，穿过 60 米深的庙廊，照射在神庙尽头地拉美西斯二世石雕巨像的全身上下，独享金光（一说除了黑暗之神，其他神均享阳光）。古埃及人将这一奇观发生的时间作为太阳节（也称太阳日）。

在距离大庙 50 米左右的地方还有一座规模稍小的神庙（也称哈托尔或哈索尔神庙），祀奉哈托尔神（古埃及爱与美的女神也是财富神）。哈托尔神庙是拉美西斯二世为他的妻子奈菲尔塔利修建的。据说奈菲尔塔利（也译纳芙塔莉、纳菲尔塔利，妮菲塔莉等）是拉美西斯二世的第一位王后，也是最为宠爱的王后。在埃及的文学作品和历史传说中，广泛流传着拉美西斯二世和奈菲尔塔利许多感人的爱情故事。这座神庙也是在峭壁斜坡上雕凿而成，正面雕刻有 6 尊高约 10 米的立像，4 尊为拉美西斯二世立像和 2 尊王后奈菲尔塔利像，王后形象美丽高雅。

据考证阿布辛贝勒神庙建于公元前 1300 年，完成于公元前 1233 年（一说建于公元前 1284—前 1264 年），目的据认为是向古埃及南面努比亚王国宣示国威，并在该地区巩固古埃及王国的宗教地位。

在 20 世纪 60 年代，埃及要修建阿斯旺水坝，阿布辛贝勒神庙面临着沉没湖底的危险。联合国教科文组织发起募捐，希望世界各国伸出援助之手。当时有 113 个（一说 51 个）国家及时作出了回应，派出国际一流的科学技术人员，运用最先进的科技测算手段，将阿布辛贝勒神庙原样向上移位 60 米，确保了神庙不会被水淹没。但是，尽管工程技术人员竭尽了一切努力，太阳节的时间还是被错后了一天。1979 年，阿布辛贝勒神庙被联合国教科文组织列入《世界遗产名录》。

据说拉美西斯二世在公元前 1213 年死于牙床脓肿引起的败血症，他的儿子麦伦普塔赫（也译梅内普塔赫）在近 70 岁时继位。此时，中国正处于商朝时代。

哈图西里三世死后由其子图特哈里（也译图德哈里亚、图达里亚）四世继位。图特哈里四世在与亚述的抗争中失败，国力日衰。这次失败也迫使赫梯放弃了对米坦尼王国的控制，从而招致国内贵族的不满，引发内乱，其中王室亲族反叛最为严重。1986 年，考古学家发现一块青铜书版，内容是图特哈里四世与争夺王位的堂兄（据说是穆瓦塔里二世的儿子）签订的封侯条约。图特哈里四世以两位神明的名义警告堂兄：“你若想谋取王位，你和你的子孙将被众神毁灭！”

图特哈里四世死后由其子阿尔努万（亦译阿尔努旺达）三世继位。阿尔努万三世在位时间不过两年，随后继位的是他的弟弟苏庇路里乌玛（也译苏皮鲁流马）二世。有史料显示，赫梯王国在阿尔努万三世和苏庇路里乌玛二世时期遭遇了严重的粮荒，以致赫梯不得不向埃及求助。

苏庇路里乌玛二世在上任初期，曾率领海军击退了来自塞浦路斯的一支异族侵略者，随后，攻占了塞浦路斯岛的一部分；又率军清除了王族内部的割据势力，稳定了王国。然而苏庇路里乌玛二世殚精竭虑的努力并没有能够阻止赫梯王国的持续衰败。约在公元前 1200 年，赫梯王国解体，苏庇路里乌玛二世在历史上消失，成为赫梯王国最后一个为人所知的国王。

公元前 8 世纪，残存的赫梯小王国被亚述人灭亡。

专家们肯定，赫梯文明应该是埃及文明、两河流域文明和爱琴海地区文明之间的主要纽带之一。它的历史成就不仅仅在于首先发现和使用了铁，而是在于它充当了两河流域同西亚西部地区文化交流的桥梁。研究者们提出，没有赫梯文明的“地中海文明史”将是不完整的。英国剑桥大学出版的《剑桥古代史》甚至指出：在公元前 14—前 13 世纪，赫梯人是世界的领导者，赫梯人“打开窗户，由若干小窗户看世界，影响世界”。

从公元前 13 世纪下半叶起，在南起埃及、北至希腊半岛、东抵安纳托利亚半岛和巴勒斯坦、西达塞浦路斯和克里特岛的地中海东部广大地区内，出现了许多古代文明中心迅速衰落以至灭亡的现象。古埃及此时声威一落千丈；所向披靡的赫梯王国盛极而衰，最终灭亡；希腊半岛和爱琴海诸岛的迈锡尼文明也突然被毁灭。研究证明，出现这种现象的一个重要原因是“海上民族”腓力斯丁人的入侵。

古代希腊人称腓力斯丁人（也译为非利士人）的居住地为“巴勒斯坦”，意即“腓力斯丁人的国家”。古代巴勒斯坦的地理范围是在埃及和叙利亚沙漠之间，西邻地中海的广大地区。后来有人考证认为，在古代文献中出现的海上民族，是许多不同部落联盟在不同历史时期的总称，每个部落联盟的活动区域和规模都不大。有学者认为，在总称为腓力斯丁人的各部落中，有些人可能来自西亚西北角的安纳托利亚、塞浦路斯和叙利亚北部；另一些人则来自爱琴海的一些地区，如希腊半岛等；还有一些则来自意大利南部和西西里岛。由此看来“海上民族”是一个众多民族融汇的结果。至于他们究竟源于何处，是哪些民族，去向哪里等问题，学术界尚无定论。

此时，中国的商王朝巅峰已过，开始走向衰落的中后期。

南亚——

◆在公元前 2000 年的时候，雅利安人侵入印度河流域，然后进入恒河流域。

关于雅利安人的历史脉络，学术界至今存有争议。“雅利安人”一词，一说源自于波斯语；另一说源自梵文，意为“高贵的人”。在学术界有一种假说，雅利安人原是生活在俄罗斯乌拉尔山脉南部草原上的一个游牧民族，后迁移到中亚地区，从事畜牧，擅长骑射。后分三支再次迁徙，一支南下定居南亚次大陆西北部，一支向西南进入伊朗，另一支进入安纳托利亚半岛。定居南亚次大陆的雅利安人，他们往南征服原住民，创建了吠陀文化并建立了种姓制度，最终古雅利安人和原住民融合成了今天体征独特的南亚次大陆人。有人怀疑是雅利安人的入侵，摧毁了印度河流域的哈拉巴文明，但没有找到直接的证据。

在 19 世纪时，有史学家进一步提出，“雅利安人”是原始印欧人的一部分，而原始印欧人是今天欧洲人和印度人的共同祖先。他们大约在距今 6000 年以前，生活在今天的乌克兰东部和俄罗斯南部的东欧平原上。

雅利安人占据整个北印度后，在印度开启了历史上的吠陀时代。之所以称为吠陀时代，是由于了解这一时期的历史文献，主要为以梵文书写的《吠陀》经（又译：韦达经、韦陀经、围陀经等）和解释《吠陀》经的诸《梵书》。

吠陀（fèi tuó），意为“知识”或“启示”。吠陀经有四部，《梨俱吠陀》最为古老，反映的是公元前 1500 年至前 900 年的历史，称为早期吠陀时代。

早期的吠陀时代，雅利安人正处于原始社会晚期的军事民主制。雅利安人初到印度的时候，正处于原始公社制度解体阶段。每个部落包括几个村落，每个村落由许多父权大家庭组成。土地为部落公有，但随着农业的发展，各个家庭对耕地的占有权已被人们所承认。部落组织当时被称为“迦那”，部落之下的组织是氏族，称为“维什”，部落首领称“罗阇（shé）”或“罗惹”。部落的罗阇虽然由部落大会选出，但实际上是世袭的。当时的民主机构有两种：一是部落的长老会称“萨巴”，由部落中上层权威人物组成；二是部落的民众会称“萨米提”，由部落中成年男子组成。这两个民主机构，主要构成了雅利安人的军事民主制度。频繁的战争，是雅利安人各部落形成军事民主制的需要。因此，在这一时期里，不仅雅利安人与土著居民，而且在雅利安各部落之间也时常发生不断的战争。

在雅利安人控制势力较大的地方，奴隶制和种姓制已开始出现。“种姓”在梵语中叫“瓦尔纳”（或称瓦尔那），是颜色的意思。因为雅利安人的肤色较白，而被征服的土著人皮肤是深色的，雅利安人便按照肤色的不同，进行等级划分，实施歧视性统治，这是种姓制度的发端。

随着原始公社的解体、社会进一步分化，在自由的雅利安人中间形成了三个地位上、财富上不同的等级。第一个是祭司等级，掌握着人与神的对话权，印度人称之为婆罗门；第二个等级是刹帝利，是由部落的首领和武士组成，掌握着部落的命运；第三个等级是雅利安人的一般部落成员，称为吠舍。除了雅利安人这三个等级之外，还有被雅利安人征服的原住民、战俘组成的第四个等级，称为首陀罗。首陀罗的社会地位最为低下，成为各类劳作者和奴隶。

这四个种姓的划分，最早的记载见于《梨俱吠陀》第十卷的《普鲁沙赞歌》。这里说道：当诸神为了献祭分割一个原始巨人普鲁沙时，由其身体的不同部位转化成四个不同的等级。其口为婆罗门，双臂成为刹帝利，双腿造成吠舍，从其双脚生出首陀罗。这样就形成与生俱来、世袭不变的四个等级。婆罗门出自于普鲁沙之口，因而天生为祭司等级，负责传授圣书、圣经；刹帝利来自有力的双臂，自然为统治者和武士；吠舍和首陀罗是由辛劳的双腿和双脚变成，故为劳动者，需要一辈子付出辛勤。此外，还有贱民，被称为“旃荼罗（zhān tú luó）”，是“不可接触者”，比首陀罗地位还低。种姓之间壁垒森严，禁止不同种姓之间通婚。制度最严的时候，一个“贱民”如果不小心被高级种姓的人看见，就得躲起来自杀谢罪。

据考证，《普鲁沙赞歌》是后人附加到《梨俱吠陀》中的。因此，早期吠陀时代萌芽的社会等级，到后期吠陀时代已成为严格的等级制度。这一过程正是雅利安人由军事民主制向国家过渡的时期。由此，雅利安人过去那种基本平等的部落社会，开始为一个不平等的阶级社会所替代。在部落内，占统治地位的上层婆罗门和刹帝利阶层，为了维护自己的经济利益和特权地位，需要建立一个能够控制被统治阶级和被征服民族的强力机构，于是军事民主制的各组织便为国家机制所代替，过去的部落首领变成了国王。

大约在公元前 1000 年的时候，即已有少数发达的部落过渡到城邦。这些最初形成的城邦是以部落的某一中心城堡建立起来的，规模较小。到了公元前 600 年的时候，在恒河与印度河流域及其周围地区已有了二十几个城邦国家。其中主要有 16 个大国，从此开始了古代印度史上的列国时代。

《吠陀》和吠陀诗歌是雅利安人的圣书，共分 4 部。除《梨俱吠陀》外，另外 3 部为《沙摩吠陀》《耶柔吠陀》《阿闼（tà）婆吠陀》，合称为后期吠陀，反映的是公元前 900 年至公元前 600 年的历史。除 4 部吠陀外，还有解释和阐述《吠陀》的《梵书》《森林书》《奥义书》。吠陀文献，主要文体是赞美诗、祈祷文和咒语。使用比印度梵语更为古老的语言，被称为吠陀梵语，由宗教人士世代口口相传，长年累积而成。吠陀文献反映了当时北印度地区人们生产劳动、日常生活、宗教文化及部落战争等方面的历史概况。因此，为探索雅利安人进入印度的历史过程，提供了珍贵的资料。

在列国时代，印度已使用铁器。

南欧——

◆在公元前 1900 年左右，也就是中国夏朝的建立时期，在地中海中东部，爱琴海之南，希腊最大的岛屿——克里特岛，出现了著名的米诺斯（也译作弥诺斯）文明。该名称源于古希腊神话中克里特岛一个国王米诺斯，在神话中，他是众神之王宙斯与腓尼基公主欧罗巴的儿子。

根据神话传说，宙斯爱上了俏丽的欧罗巴，便化作一条英俊的牛，骗娶了公主。由于二人的儿子米诺斯成为克里特国王后，在祭祀时得罪了海神波塞冬，海神便让米诺斯的王后与一条公牛相爱，生下了牛首人身的怪物米诺陶洛斯（俗称米诺牛，意为米诺斯的牛）。为了不让世人知道怪物的来历，米诺斯请来当时希腊著名的建筑师在他的克诺索斯宫内修造了一座迷宫，用来隐藏米诺陶洛斯。当时米诺斯的独子在拜见雅典国王时意外死亡，米诺斯愤而起兵为儿子报仇。战争给雅典人带来了灾难，为了平息米诺斯的仇恨，让克里特人从雅典退兵，雅典人向米诺斯求和，答应每九年送七对童男童女到克里特作为贡品。米诺斯接到童男童女后，立即将他们送进迷宫里，让米诺陶洛斯把他们吞噬。

在第 3 次进攻的时候，年轻的雅典王子提修斯（也译忒修斯、提秀斯、忒休斯）挺身而出带着童男童女来到克里特。然而米诺斯女儿爱上了提修斯，在克里特公主的帮助下，提修斯用一个线圈作为标记破解了迷宫，又用公主赠予的利剑杀死了怪物米诺陶洛斯。

关于神话中的克诺索斯宫，人们一般多认为那是子虚乌有的传说。直到 1878 年，考古学家们在克里特岛上发现了一座古城遗址。随后一位英国学者斥巨资买下了这片土地，他坚信这座古城遗址就是希腊神话中的米诺斯迷宫。1900 年 3 月，在遗址上开始了大规模的发掘，发现了与神话传说中相似的宫殿遗址和大量的珍贵文物。使这座规模宏大、结构复杂、装饰精美的豪华宫殿得以再现人们的眼前。

考古发掘使人们对谜一般的克诺索斯宫有了更加全面和真实地了解。这座宫殿始建于公元前 2000 年左右，大约完成于公元前 1600 年。在这 400 年中，克诺索斯宫曾多次受到过地震的破坏。

克诺索斯宫建在一座名叫凯夫拉山的缓坡上，面积达 2.2 万平方米，王宫内房屋总数在 1500 间以上，但每个房间都较小，室内高度较低。约 1400 多平方米的长方形中心庭院把东宫和西宫结合成一个整体。庭院四周建有国王的行政宫殿、王后的寝宫、库房、住所等等。位于高坡的西宫，大部分宫室为三层建筑；而处在低坡的东宫多为四层建筑。楼层之间由曲折迂回的梯梯、廊道连接，厅堂错落，使人眼花缭乱，“迷宫”之称的确名不虚传。为了良好地解决王宫内众多房屋的空气调节和采光问题，建筑师运用光学和几何学原理，在相连的楼室间建有众多天井，让清新空气通过朝向天井的窗户进入室内进行流通。同时在天井的一角装有一块磨光的大理石，让光线通过大理石的反射作用，使位于底层的屋室照样可以享受到温暖的日光。

发掘还发现，宫殿的柱子都是上粗下细，有一种独特的风格。建筑群内给水、排水设施齐全。王后寝宫的外间建有浴室和冲水厕所，这种卫生设备在史前考古界仅见于克里特王宫。克诺索斯宫的宫墙上装饰有大量的壁画，壁画题材大体分为 4 种：一是描写宗教活动场景；二是表现神话故事；三是刻画人们的日常生活；四是描绘动物生动有趣的形态。这些壁画色彩鲜艳，形象活泼生动，使威严的宫殿显出轻快活跃的气氛。例如，在中心庭院南边一间宫室墙上有一幅据说是克里特国王（一说应是王子）的壁画，画中的国王头戴装饰有百合花和孔雀羽毛的王冠，过肩的长发向后飘动，脖子上挂着用一朵朵百合花串在一起的项圈，身着短裙，正迈步向前走去。这幅壁画被人称作《戴百合花的国王》（也称作《国王—祭司》）。而王后寝宫发现的一幅壁画中，众多的小鱼簇拥着几条优美的海豚，在珊瑚间游荡，表现出一种宁静、安详的格调。这些壁画成为古希腊绘画艺术最突出的代表，也是米诺斯文化的瑰宝，说明距今 3000 多年的克里特文明已经相当先进了。

在王宫遗址中发掘出数以千枚的石刻印章，刻有象形文字的泥饼和两种象形文字的泥版文书，以及金银器、陶器等。此外，宫殿中还有很多关于牛的题材及形象的绘画和雕塑，有人分析这些或与米诺陶洛斯及迷宫的传说有关。

希腊一位考古学家根据岛上的考古成果，以王宫建筑为标志，将克里特文明分成了四个时期，目前得到学界的普遍认可。

（1）前王宫时期（约公元前 2600—前 1900 年）

此时，克里特岛进入铜石并用时代，处于原始社会向奴隶社会过渡阶段。至末期，原始公社制瓦解。从发掘出数量众多的私人印章及豪华的金银饰物看，私有制和贫富分化开始出现。约在公元前 1900 年左右，克里特岛出现了奴隶制城邦国家，进入阶级社会。

（2）古王宫时期（也称第一王宫时期，约公元前 1900—前 1700 年）

在传说中，克里特岛上曾形成过大小近 100 个奴隶制城邦，其中实力最为强盛的是米诺斯统治的克诺索斯城邦，被称为“众城之城”。专家们在对克里特岛考古发掘后认为，克里特岛形成过 4 个城邦联盟，由 4 个较大的城市中心管控。北部由克诺索斯城操控，南部从属伊斯托斯（也译费斯托斯、菲斯托斯）城，中东部的归从玛利亚（也译马里亚）城，最东端则诚服于扎克罗斯城。

这一时期各城邦国兴建了许多王宫，各王宫都是城邦国的中心，而以克诺索斯的王宫最为宏大，克诺索斯应为各王国联盟之首。此时克里特岛已进入青铜时代，手工业发达，青铜器和金银制品相当精美，陶器尤为著称，已普遍采用轮制法。一种发现于岛上伊达山卡马雷斯山洞的名为“卡马雷斯（也译卡玛瑞斯）彩陶”，形制多样，精巧可爱，器壁薄如蛋壳，彩绘秀雅，被公认为史前最精美的彩陶之一。

古王宫时期，克里特人已开始饲养牛、猪、山羊；种植小麦、大麦、野豌豆、鹰嘴豆；培育葡萄、无花果、橄榄，出产橄榄油和葡萄酒；知道驯养蜜蜂，农民使用驴拉的木犁。克里特岛是地中海第五大岛屿，有着天然的良港，其距离非洲大陆仅有 300 千米。因而古王宫时期航海贸易发展，与周边地区多有交往，促进了克里特岛造船业的兴旺。

到了古王宫时代末期，克诺索斯王国控制了全岛，米诺斯开始统治克诺索斯王朝，故克里特文明也被称为米诺斯文明。在这个时期，克里特岛出现了欧洲的早期文字，即“克里特泥版文字”，史称“线性（或线形）文字 A”，该文字至今无法破译。

（3）新王宫时期（也称第二王宫时期，约公元前 1700—前 1450 年）

新王宫时期，克里特的城市已具有较大的规模，中心城市克诺索斯约有 8 万人口。值得注意的是，在克里特岛发现的多处王宫和城市遗址中，没有出现其他古王国常见的城墙和防御设施，也没有发掘出大量的兵器，并且在它的艺术绘画中也几乎没有战争题材，这里的人们似乎远离战争和侵略。但考古发掘发现，克里特文明至少经历过三次较大地震的破坏，最严重的一次破坏约在公元前 1700 年，此后各王宫彻底重建，开始进入新王宫时期。

在新王宫时期，造船业的发展使富足的米诺斯王朝拥有庞大的海军舰队，建立起海上霸权，以保障克里特的商船来往于埃及和地中海各地。畅通无阻的海上贸易，促进了岛内经济和文化的繁荣。在米诺斯王朝的鼎盛期，其不仅统治克里特岛，甚至在爱琴海的基克拉迪斯群岛和安纳托利亚半岛建立有殖民点，势力影响到希腊本土的迈锡尼、雅典和底比斯以及意大利的西西里岛。克里特的工农业、海运和商业都达到了史前文明的前列。

专家们研究指出，由于海上贸易的频繁，使克里特文明在多方面受到来自古埃及和安纳托利亚文明的影响，但它是欧洲最古老的文明，也是希腊古典文明的前驱。

（4）后王宫时期（约公元前 1450—前 1150 年）

据说在公元前 1450 年，克诺索斯王国发动过一次对西西里岛的远征，但因遇到海洋风暴而惨败，国王身死（一说被西西里人设计烫死在浴池里）。克诺索斯王国由此伤了元气，一蹶不振。随后位于希腊南部伯罗奔尼撒（又称摩里亚）半岛的迈锡尼人占据了克里特岛，克里特文明衰亡，爱琴文明（又称“克里特—迈锡尼文明”）的中心转移到希腊本土的迈锡尼城邦。

对于盛极一时的克里特文明的突然消失，一直是困扰史学界多年的难解之谜，为此引出多种说法。

专家们在对克里特岛的考古发掘期间，发现了数量众多年代约在公元前 1450 年左右的黏土泥版（泥版的年代尚存争议），在这些泥版中他们辨认出了一种比线性文字 A 更为先进的未知文字，因而命名为线性文字 B。随后考古学家在伯罗奔尼撒半岛的迈锡尼、梯林斯、皮洛斯等迈锡尼文化时期的城邦国宫殿和贵族商人的地下室内也发现了写有同样文字的泥版。1952 年这种文字被破解，专家们定义为古希腊文的一种字体。自此，迈锡尼文明被世人所了解，被定位于爱琴文明的青铜时代。

1936 年，有一名年仅 14 岁的英国男孩，在听过一次考古报告后，对古希腊线性文字产生了极其浓厚的兴趣，他要满足自己的好奇心，揭开古希腊文字之谜，看看古希腊的真实历史。这个男孩名叫麦克尔·文屈斯（也译迈克尔·文特里斯）。

文屈斯勤奋好学，利用在英国皇家空军服役的机会，掌握了 6 种欧洲语言，并可以轻松阅读拉丁文和希腊文。文屈斯不断地将自己的业余研究成果与专家学者交流，向他们请教。

经过多年的奋斗，已经成为英国建筑师的文屈斯终于发现了线性文字 B 的成字要素和规律，在 1952 年与另一位学者一起成功地破译了线性文字 B。线性文字 B 的破译使人们对希腊语的历史有了新的认识。一位希腊语学者指出，线性文字 B 给史前希腊文明提供了一种语言上的解释，将早期希腊文字的出现向前推进了 700 年，证实希腊语拥有一段连续的、有记录的、长达 3300 年之久的历史。同时也表明，这个时期的克里特岛已被迈锡尼人所主导。

遗憾的是，文屈斯于 1956 年死于一场车祸，年仅 34 岁。

由于在克里特和迈锡尼同时发现了线性文字 B 的泥版，而克里特遗址中少有战争痕迹，有学者提出，迈锡尼人是通过联姻入主了克诺索斯宫，进而掌控全岛，形成和平演变。迈锡尼人将米诺斯的文字、艺术、先进的技术带到了尚处落后的伯罗奔尼撒半岛，从而发展起灿烂的迈锡尼文明。但也有学者认为是一次火山爆发结束了克里特文明，转而迎来了迈锡尼文明。

有丹麦学者从锡拉岛（也称桑托林岛，位于希腊基克拉泽斯群岛）上发现一段被埋在地下的橄榄枝，研究人员确定这棵橄榄树是在公元前1627—前1600年间，被火山灰掩埋后窒息而亡的。而在1967年，一批美国考古学家便在锡拉岛厚厚的火山灰下，挖出一座古代城市。经考证，这座城市是在火山大爆发时被火山灰所埋葬的。

锡拉岛距克里特岛约130千米，研究证明，在公元前1500年前，这里发生了人类历史上一次最猛烈的火山喷发，直冲天际的火山灰弥漫在空中，覆盖了整个地中海东部地区，喷出的火山灰渣多达62.5平方千米，在一瞬间，岛上的城市就被埋在60多米厚的火山灰下和熔浆中。近在咫尺的克里特岛也被蔓延的火山灰所覆盖，同时火山喷发所引起的巨大海啸袭击了克里特岛，恐怖的灾难使辉煌的米诺斯文明毁灭性消亡。

克里特文明消失的具体原因，现在史学界还没有形成一致性结论。但是，史学家们一致认为，克里特岛虽然被人遗忘，其璀璨的文化却被转移到希腊半岛南部的迈锡尼。迈锡尼文明包括了米诺斯文明和迈锡尼文明两大阶段，前后相继。

在公元前1500年的时候，希腊南部的迈锡尼、泰林斯（亦称太林斯）、皮洛斯（亦称派罗斯）等地出现奴隶制城邦，其中以迈锡尼最为典型也最为强大。在迈锡尼遗址上，人们不仅发现在“线性文字A”基础上创造的“线性文字B”书写的泥版文书，还发掘出城市、王宫遗存和各种墓葬。出土文物中有许多金、银、青铜器皿、武器以及其他手工艺品。用巨石砌成的迈锡尼城墙和雕有双狮的“狮子门”，显出昔日城邦的雄伟壮观。城墙的主要部分是巨大无比的石头，整座城墙都是用未经修整的大石块堆砌而成。城门上方有三角形石雕，形象为两只雄狮护柱，故称狮子门，有欧洲大陆最为古老的石雕之誉。

从出土的文书和文物中反映出迈锡尼文明已具有很高的生产技术水平，表明此时希腊半岛正由青铜器时代向铁器时代过渡，在手工业内部出现了木匠、皮革匠、陶器匠和冶金工匠等行业的分工。

在公元前1400年前后，迈锡尼人统治了克里特岛。在公元前1200年的时候，迈锡尼等希腊城邦组成联军，发动了远征今位于土耳其的特洛伊（又译：特洛耶）城的战争。经过十年的时间，虽然攻破此城，但损失很大，战后迈锡尼开始衰落。不久，希腊人的另一支，即多利亚人从希腊半岛北部南下，进入中希腊和南希腊，迈锡尼等城邦就此灭亡。

考古学家们通过考古发现，将迈锡尼文明基本分为三个时期：

1. 前王朝时期

迈锡尼人属于印欧语系民族，约公元前2000年，定居伯罗奔尼撒半岛，专家称为前王朝时期，此时的迈锡尼人进入部落联盟时代。受克里特文化和埃及、西亚文明影响，迈锡尼人逐渐进入城邦时代，约在公元前1600年，迈锡尼人建立王国统治。

2. 竖井墓穴王朝

竖井墓穴是发现于迈锡尼城堡内外的两座墓园，园内有众多王族及贵族竖井式墓葬（由很深的长方形竖井和底部的石墓室构成），文化遗存丰富，仅陪葬的金银饰品、青铜制品数量之多令考古学家们惊叹不已（其中一墓穴发现有870多件）。出土的金属器物工艺水平很高，其中大多数明显来自克里特岛，也有出自埃及和西亚等地的。专家认为，此时的迈锡尼王族和贵族可能经常带领迈锡尼士兵参与克里特和埃及组成的联军，以此获取奖赏和劫掠，或通过权力把持着部落及城邦内外贸易，坟墓应属于部落首领或城邦贵族。随着海外文明地区先进文化的输入，迈锡尼城邦的经济与文化迅速发展起来，国力渐强。这个时期应是由原始公社制度向阶级社会过渡阶段，竖井墓穴王朝约持续有百余年。

3. 圆顶墓王朝

到了公元前 1500 年后，竖井墓穴王朝为圆顶墓王朝所取代。

圆顶墓王朝时期，迈锡尼城邦已成为可与克里特岛上的克诺索斯王朝相抗衡的强国。圆顶墓建造工程繁杂，不像竖井墓穴那样只是在地下挖建结构简单的竖穴墓室，而是在地面凿岩和砌石筑成圆形墓冢。墓冢建有墓道，室内砌成蜂巢状屋顶，故又名蜂巢墓。而建成这类墓冢需要有石砌技术高超的建筑师。它的形制源自克里特文化，在迈锡尼得到弘扬。现存最大的一座圆顶墓，内高 13.2 米，墓门高 10 米，门内过道以一块重达 120 吨的巨石为盖，可见其工程的宏大，被专家认为是某国王陵墓，故称“圆顶墓王朝”。

在迈锡尼城邦进入圆顶墓王朝时期，皮洛斯、泰林斯、梯林斯等城邦也相继出现了大型的宫殿及城堡，并使用线性文字 B。由此可见，此时迈锡尼势力已深刻影响到希腊南部。根据解读后的泥版文书对个别王国的记载来看，此时伯罗奔尼撒半岛各王国的统治机构基本由国王、将军、祭司及各级官吏、土地所有者组成，基层的社会组织是由长老统领的村社。泥版文书记载，皮洛斯将王国划分出两个大省：近省和远省。省下再划分 17 个区，以及各个村社，由国王任命的总督和副总督负责管理。另外，神坛只是在宫殿里面被发现，说明国王可能掌握着宗教的权力，同时担任王国的高级祭司。而且半岛早期的宗教有很高的相似度。从现有掌握的材料来看，迈锡尼宗教有可能是古希腊宗教的源头，海神波塞冬占有很高的地位。已出现部分古希腊神话中的神，如宙斯夫妻、阿瑞斯、赫耳墨斯、雅典娜等。

迈锡尼王朝的土地分为两大类：一是私有土地，一是村社保有地。私有土地为统治者所占有，而村社保有地则在村社内部成员中进行分配。迈锡尼的奴隶也分为国王所有和私人所有，奴隶数量非常多，从事农业、手工业和王朝徭役。

“迈锡尼文明年表”是由瑞典学者根据所发现的文物类型和所属地层年代所编纂，虽然有一些质疑，但还是得到了广泛地运用。这个时期对应于希腊青铜时代晚期，即圆顶墓王朝时期。

公元前 1550—前 1500 年：青铜时代晚期 I（竖井墓穴王朝）。

公元前 1500—前 1450 年：青铜时代晚期 II A。

公元前 1450—前 1425 年：青铜时代晚期 II B（迈锡尼人占有克诺索斯王国）。

公元前 1425—前 1380 年：青铜时代晚期 III A1（克诺索斯被毁，迈锡尼宫殿初建）。

公元前 1380—前 1300 年：青铜时代晚期 III A2（迈锡尼宫殿建造的高峰）。

公元前 1300—前 1250 年：青铜时代晚期 III B1（其间迈锡尼王国及其属国人口达到 150 万人左右）。

公元前 1250—前 1200 年：青铜时代晚期 III B2（阶段末期大陆宫殿被毁）。

公元前 1200—前 1125 年：青铜时代晚期 III C1。

公元前 1125—前 1100 年：青铜时代晚期 III C2。

上文中 I 对应于青铜时代中期与晚期的转换期，迈锡尼文化开始于此期。

迈锡尼文明的结束，留下许多未解谜团：

① III B1 的末期发现城池遭到数次破坏，特别是在迈锡尼城。

② 在 III B2 时期，迈锡尼城市的防御工事有明显增加，可能受到外来侵略，不过在这些地层出现的考古发掘却发现城市的财富并未减少。但这个时期伯罗奔尼撒半岛还是出现了大多数城市的破坏。

③ III C1 和 III C2 确证了希腊南部城市的减少，在某些地区甚至非常严重，如维奥蒂亚地区十分之九的城市，以及阿尔戈斯地区三分之二的城市。不过在迈锡尼城和梯林斯城一直存有居民，发掘出的文物依然表现出迈锡尼文化的特色。因而这个时期应该还是迈锡尼文明的一个时期。

从出土的线性文字 B 泥版来看，青铜晚期的迈锡尼人国家为君主专治王国，最高统治者是国王。同样，此时被迈锡尼人控制的克里特岛上的克诺索斯王国也实行君主政体，国王居于至尊地位，权力高度集中。王宫即为王室家人居所，也是国家权力中心。出土的宫殿档案表明，王宫在政务管理、军队调动和宗教祭祀方面都起着核心作用。此时，坚固的城堡和豪华的王宫显示强有力的王权特征。

古希腊神话记载，自公元前 1200 年起，迈锡尼文明进入衰落期，战争频仍，经济萎缩，强势不再。这个时期出现了凶悍的“海上民族”，他们称之为腓力斯丁人。腓力斯丁人对埃及、西亚和爱琴海周边王国造成了沉重的打击。紧随“海上民族”之后，来自希腊西北部的多利亚人（古希腊人的一个支系，他们带来了铁剑）趁伯罗奔尼撒半岛各王国全面衰落之时，出兵南下，一举灭亡了迈锡尼文明，毁灭了迈锡尼文明的各个城市。这一时期的历史，被后来的古希腊诗人荷马所收录，并写成史诗，故而又称此时为“荷马时代”或“史诗时代”。

通过考古发现人们把史前希腊分为三个阶段：

第一阶段，新石器时代

印欧民族进入爱琴海一带，并且移居此地成为希腊人的祖先。

第二阶段，希腊青铜时代（爱琴文明）

希腊青铜时代前期——米诺斯文明

希腊青铜时代后期——迈锡尼文明

第三阶段，希腊黑暗时代

这一时期多利安人入侵，迈锡尼文明遭到毁灭。迈锡尼人雄伟的王宫被捣毁或是遗弃；线性文字停止使用；陶器只有简单的几何图案，失去了丰富多彩的图饰。此时希腊人的居住点数量稀少，且规模很小，说明人口急剧减少。同时，与其他文明的联系也消失了，说明海上贸易的中断，希腊社会文化发展全面停滞。这一阶段一直延续到公元前 9 世纪。此时，中国正处于西周王朝末期。

然而，也有考古学者提出，造成希腊黑暗时代来临的因素，是干旱歉收引起的饥荒可能性更大，而并非都是多利安人的入侵。1999 年，联合国教科文组织将迈锡尼和梯林斯的考古遗址作为文化遗产，列入《世界遗产名录》。

在公元前 1100 年到公元前 900 年的希腊史被称作“荷马时代”，此时代是因《荷马史诗》而得名，《荷马史诗》是这一时期唯一的文字史料。它详细讲述了希腊联军征讨特洛伊城的故事。《荷马史诗》相传是由古希腊盲人诗人荷马创作而成。史诗包括《伊利亚特》和《奥德赛》两部分。

古特洛伊城邦位于安纳托利亚半岛的最西端。《伊利亚特》讲述特洛伊城邦王子帕里斯（又称亚历克山德罗斯）乘船来到希腊，受到斯巴达国王墨涅拉奥斯的热情款待，但他把墨涅拉奥斯美貌的妻子海伦骗走，带回了特洛伊。希腊人非常气愤，便由迈锡尼国王阿伽门农倡议，召集各部族的首领，共同讨伐特洛伊人。他们组成十万人的希腊联军，乘战船一千余艘，渡过爱琴海去攻打特洛伊城。但战争历时 9 年，特洛伊伊城始终没有被攻破。到了第十年，焦躁的阿伽门农和阿卡亚部族中最勇猛的首领阿喀琉斯（也称阿基里斯）产生了矛盾。由于阿伽门农从阿喀琉斯手里抢走了一个女俘，阿喀琉斯愤而退出了战斗。《伊利亚特》的故事就以阿喀琉斯的愤怒为开端，集中描写那第十年里的一段故情。由于希腊联军失去最勇猛的将领，他们无法战胜特洛伊人，一直退到海岸边。阿伽门农欲同阿喀琉斯和解，请他参加战斗，但遭到拒绝。阿喀琉斯的密友帕特罗克洛斯看到希腊联军将要全军覆灭，便借了阿喀琉斯的盔甲去战斗，打退了特洛伊人的进攻，但自己却被特洛伊第一勇士帕里斯的哥哥所杀。阿喀琉斯万分悲痛，决心为亡友复仇。他竭力杀死了仇人，并将其尸首带走。特洛伊国王赶到阿喀琉斯的营帐，哀求赎取长子的尸体，并为他举行了盛大的葬礼。史诗《伊利亚特》围绕特洛伊城战争，便在这里结束。

可是据《奥德赛》和古代希腊的其他作品的描写，特洛伊城的战事又继续打了很久，阿喀琉斯被特洛伊王子帕里斯用箭射死。希腊联军中最有智谋的首领奥德修斯（又译俄底修斯、尤利西斯，伊塔卡岛国王）献计建造了一只大木马，内藏伏兵，然后假装撤兵。欣喜若狂的特洛伊人好奇地把木马拖进城，结果希腊联军里应外合，摧毁了特洛伊城，结束了这场经历 10 年的战争。

战后，离开家乡很久的希腊联军将士们纷纷回国。奥德修斯也带着他的部属，驾船驶向故土伊塔卡（也译伊塔克）岛。从这里，史诗《奥德赛》用倒叙的手法展开了奥德修斯在海上的历险故事。

奥德修斯回乡的旅程艰险不断，在海上又漂泊了十年，伊塔卡城邦的许多人都认为他已经死亡。于是，当地的许多贵族和其他城邦的王子开始疯狂追求他美貌的妻子佩涅洛佩（也称珀涅罗珀），忠实于自己感情的佩涅洛佩百般设法拒绝他们，同时盼望着丈夫能够生还。

奥德修斯在海上的 10 年命运多舛，独目巨人吃掉了他的同伴；女巫神用巫术把他的属下变成了猪，还想把他留在海岛上；他也曾受到风神的戏弄；在冥国看到许多过去的鬼魂，包括死去的母亲；他躲过女妖害人的歌声；逃过海洋里的漩涡怪；最后剩下他一个人，又被女神爱上，留滞岛上七年。有细心的读者做了一下统计，奥德修斯经历 12 难以后才最终回到自己的王国。

回到王国后，奥德修斯发现无耻的求婚者霸占着自己的王宫，大吃大喝，毫无退意。奥德修斯扮作乞丐，进入王宫，同长大的儿子一起设法杀死了那些求婚者，和妻子重新团聚。

与世界上其他古老的民族一样，《荷马史诗》也是通过神话传说将古希腊上古时代（文字记载出现以前的历史时代）历史，以诗歌的形式在民间口耳相传。这种形式虽然不是真正的史学记录，但是它们保留了许多古代社会的历史事实和印记，具有重要的史料价值。因此可以说，《荷马史诗》直接孕育了古希腊史学，在欧洲古典文学中一直享有崇高的地位。

希腊历史上是否确有荷马其人？《荷马史诗》真是他写的吗？这些问题在欧洲学术界争论已久。在 18 世纪初，有法国学者指出，“荷马”不应是一个人，而是古希腊各族说唱艺人的总代表，这一观点迅速在西方学术界引起反响。

1795 年，有德国学者沿着这一思路对《荷马史诗》进行了细致地研究，发现史诗的每一部分都曾作为独立的诗歌由歌手们演唱，后经多次整理加工，它才成为今天流行的版本。后来，这个观点形成了“短歌说”。

但又有德国学者认为，荷马确有其人，他生活的年代不晚于公元前 9 世纪。荷马运用古代民间传颂的素材，重新作了整理和加工，使之形成一个完整的艺术作品。

西亚（2）——

◆腓尼基人是历史上一个古老的民族，生活在地中海东岸，相当于今天的黎巴嫩和叙利亚沿海一带。在公元前 2000 年的时候，腓尼基人出现了许多奴隶制城邦。在公元前 1000 年前后，腓尼基人的城邦城市推罗（又称：苏尔、泰尔、提洛、提尔）与西顿（又名：赛达，在黎巴嫩南部）已经是地中海沿岸的商业中心。西顿在推罗北面，两城相距 100 多千米，其他还有乌加里特、毕布勒等较大的城邦。

鼎盛时期，腓尼基人活动疆域包括北非西部沿海，西班牙南部，今意大利撒丁岛、西西里岛大部以及今法国科西嘉和西班牙的巴利阿里群岛，是地中海地区强大的商业民族。

根据希腊神话，推罗国王的女儿欧罗巴长得非常漂亮。一天，当欧罗巴和侍女在海边采集花朵时，被众神之父宙斯看见，宙斯产生爱慕之心，于是决定诱拐欧罗巴。宙斯化身为一只雪白的公牛出现在海边，好奇的欧罗巴看到这头温驯俊美的公牛十分喜欢，便骑上了公牛的背。没想到公牛急速地冲向大海，惊慌的欧罗巴只能紧紧地抓住公牛的角。公牛把欧罗巴带到克里特岛后，才在欧罗巴面前显出它真实的面目。

欧罗巴失踪后，推罗国王叫儿子们出去寻找欧罗巴，并且下令：若没有找到公主就不要回来。因此，王子们都被散留他乡。其中一个王子把腓尼基字母带到了希腊。

欧罗巴和宙斯生了三个儿子：拉达曼迪斯、米诺斯（他们先后成为克里特岛的国王，后来拉达曼迪斯被米诺斯赶出了克里特岛）、萨耳珀冬（小亚细亚吕喀亚王国的国王）。

历史上，希腊人把爱琴海以西的大陆称为“欧罗巴”，这也成为欧洲名称的起源。似乎象征着在早期文明西传到欧洲的过程中，腓尼基人所扮演的源头地位。

希腊人称“腓尼基”意为“绛紫色之国”，因腓尼基出产一种紫红色染料而闻名于世。这种染料提取于深海中的贝壳动物，所染紫红布销往地中海各地。

关于这种染料的发明也有一个传说。一天，一个腓尼基人带着一只狗在海边散步。狗捉住一只贝壳，用力一咬，结果从贝壳中喷出一股紫红色的汁液，溅到狗的鼻子上。腓尼基人忙用水为狗清洗，但洗不下去，狗毛却变得十分有趣。他灵机一动用这种贝壳的汁液染了一匹布，结果颜色亮丽，受人喜爱。而这种贝壳是腓尼基海岸的特产，于是亮丽的紫色在腓尼基和地中海沿岸大行其道。

腓尼基的历史有三个特点：第一，从未形成过城邦联盟或统一的王国，长期处于城邦林立的状态，城邦之间经常发生争夺霸权的竞争。其原因在于腓尼基是一个航海和经商的民族，各城邦的基本经济利益并不在腓尼基本身，而在腓尼基之外。各城邦对外的个体利益超过了对内的共同利益，所以贵族们就没有政治上寻求统一的需求。第二，腓尼基位于当时西亚各大国之间，经常成为这些大国争夺的对象和牺牲品，很少可能保持自己的独立地位。第三，腓尼基各城邦在政治上似乎未出现过君主专制，多为贵族共和。这些城邦大都有国王，但是，国王的权力受城邦会议的限制。富有的奴隶主和贵族们把持着城邦会议，城邦官吏也从他们之中选出，有的城邦连国王都没有，直接由长老会议统治。

腓尼基很早就有发达的手工业、航海业和商业，其商业活动最初以输出本国产品为主，像粮食、葡萄酒、橄榄油、木材、金银器、玻璃、紫红染料及紫红布等。其后，随着西亚和地中海地区各奴隶制城邦国的兴起，使居于西亚和地中海海陆交通枢纽的腓尼基各城邦，得以利用自身的条件发展中介贸易，除贩卖来自各地的工农业产品、香料和奢侈品外，奴隶也是他们重要的买卖物品。腓尼基人海上贸易尤其发达，曾垄断了地中海的贸易并广泛殖民。他们是首屈一指的航海家，不仅畅行地中海，还穿过直布罗陀海峡，出没于大西洋。今天，直布罗陀海峡的两个坐标就是用腓尼基的神来命名的。

正是由于商业和航海业的发展，使腓尼基人懂得许多语言和文字并在此基础上创造出新的文字——字母文字。字母文字是古代腓尼基人对世界文化的最大贡献。大约在公元前 1300 年前后，腓尼基人创造了一套有 22 个辅音字母的字母文字，后来希腊人在此基础上增加了元音字母，创造了更加完备的希腊字母系统。而希腊字母又成为拉丁字母以及现代欧洲各国字母的祖先，字母文字的出现是文字发展史上的一大进步。

相传，腓尼基有一个心灵手巧的木匠。一次，他到别人家里去干活，临时需要一件工具，恰好没有带来。他拿起一个木片，在上面划了个符号，然后让人带给家中的妻子。木匠妻子看了木片，什么也没问，就取出一件工具交给来人。来人很惊奇，认为木匠是在用一种神秘的方式，通过木片上的符号来表达他的意愿。据说，木匠在木片上刻画的就是腓尼基原始的字母文字。后来许多人来向木匠求教，这样腓尼基字母就逐渐传播开来。

有学者从腓尼基字母的原意出发，探索今天字母的源来，诸如以下几个字母：

A 在字母表中占首位，是事出有因的。在古代腓尼基，字母A表示是牛。当时 A 地写法是躺倒着的V，样子像牛的双角，中间有斜的一横，可能象征牵牛的绳。牛是古腓尼基人生产收入的来源，牛对他们意味着财富。希腊人把它翻转过来，成为今天A的样子。

在腓尼基人的语言中，B的意思是帐篷或房子，B字看起来也很像原始的住房。因为住房是生产、生活的第二个重要条件，所以B就排在了第二位。

第三个字母C代表骆驼。这个符号初始像一只骆驼的头和脖子，因为骆驼对腓尼基人而言是个重要的商旅工具。希腊人把符号掉了个头，罗马人借用时赋予它一个曲线，成为C的形状。

D是腓尼基人从埃及象形文字那儿吸取过来的。埃及象形文字D，意思是门，样子也很像门。

G在腓尼基语中有“鞭子”的含义，赶牛和骆驼都离不开鞭子。

字母M表示海上的波浪，腓尼基人善于航海，自然离不开水。

公元前800年以后，亚述、新巴比伦等国相继侵入腓尼基。至公元前600年，腓尼基被波斯帝国兼并，其独立发展的历史由此结束。

◆古代的巴勒斯坦位于地中海东岸，在古腓尼基之南，有约旦河自北向南流入死海。在《圣经》的《旧约全书》中，这里被称为“流着奶和蜜”的地方，是上帝对希伯来人的“应许之地”。在公元前3000年的时候，属于塞姆族的迦南人已定居于此，所以这个地区最初称迦南。迦南人经营农业，创造了青铜文化。在约公元前2000年的中期，另一支塞姆族游牧部落进入迦南，当地居民称之为希伯来人。希伯来人逐渐征服了迦南人，并学到了先进的农业文化。

据说，当时的迦南人把入侵者叫作“希伯来人”，意思是“从河那边来的人”（“河”是指幼发拉底河）。游牧的希伯来人比较强悍，迦南当地的原住民逐渐被希伯来人所征服和同化。公元前1600年左右，迦南地区发生了一次特大饥荒，迫使十二个部落的希伯来人逃荒到了埃及，在埃及居住了400多年后，又在他们的领袖摩西的带领下离开埃及回到了迦南。希伯来人在返回迦南的路上，在埃及西奈半岛中部的西奈山接受了“摩西十诫”，这是影响人类宗教史的一次重大事件。“摩西十诫”据说是上帝耶和华（或译雅赫维、耶和威等）在西奈山的山顶上亲自传达给摩西的，是上帝对希伯来人的告诫，并将这些话刻在石碑上送给了摩西。有人认为是“摩西十诫”促成了犹太教的诞生，并对西方宗教产生了重要影响。

“十诫”的基本内容是：

1. 除了耶和华之外，不可信仰别的神；
2. 不可造偶像，也不可事奉偶像；
3. 不得妄称上帝耶和华之名，妄称耶和华之名，上帝必不以他为无罪；
4. 当守安息日为圣日（6天劳碌做工，第7天纪念安息日停止做工，礼拜上帝）；
5. 孝敬父母，使你的日子在上帝所赐你的土地上延续长久；
6. 不可杀人；

7. 不可奸淫；

8. 不可偷盗；

9. 不可作伪证陷害他人；

10. 不可贪图邻居的财产和他的一切所有。

此后，“希伯来人”一词就很少在《圣经》中出现了，取而代之的是“以色列人”。所以，一般说来，“希伯来人”主要是用来称呼大约公元前2000年到前1250年间的古犹太人。

摩西带领希伯来人历经艰苦跋涉，在到达迦南前不幸去世了。在去世前，摩西选立助手约书亚作为希伯来人的新首领，继续摩西的遗志。约书亚带领希伯来人用武力征服了迦南全境，形成了早期犹太人王国的雏形。

约书亚去世之后，在300多年的时间里，古代犹太人进入了“士师时代”。之所以称作“士师时代”，是因为在这段时间里，统辖犹太人的人被称作“士师”，也就是审判官。实际上，士师的职责不限于断案，他们既是部落首领，还是宗教领袖。在这个时期，士师的管辖范围大多是区域性的。也就是说，一位士师只管辖一个支派或者几个支派。没有哪位士师能统领所有的犹太人支派，这是犹太人氏族部落制度解体的时期。

公元前1100年左右，希伯来人先后在南方和北方建立了两个强大的部落联盟，北方的称为“以色列”，南方的叫作“犹太”。公元前1030年前后，以色列部落首领扫罗被推为第一任国王，统一了南北方两大部落联盟，形成了一个粗具规模的联合王国。

扫罗是犹太民族进入王国时期的第一个王，在位约40年。他在位期间犹太人建立了一支强大的军队，在与外族人作战中不断取得胜事，维护了希伯来人的民族统一。

犹太部落青年大卫，在一次战斗中用甩兜甩石，击杀了腓力斯丁人一位勇士，使腓力斯丁军队溃败。意大利文艺复兴时代雕塑家米开朗基罗创作的大理石雕像《大卫》，艺术地体现了大卫出征前的那一刻的神情。大卫一战而成为王国英雄，得到了扫罗的器重，扫罗还将自己的女儿嫁给大卫为妻。但是，功高震主，随着大卫在犹太人中的声望日益增加，引起了扫罗的警觉，以至发展到要杀灭他。

扫罗后来和三个儿子死于与腓力斯丁人的一次战斗中，他的死使以色列部落的实力大为削弱。扫罗阵亡后，大卫被立为犹太部落首领。与此同时，扫罗幸存的一个儿子成为以色列部落首领。大卫和扫罗的儿子进行了7年的战争，夺取了王位，并打败了腓力斯丁人，建立了统一的以色列犹太王国，定都耶路撒冷，名为大卫城。

大卫在位约40年，其间国力强盛，经济发展，贸易繁荣，犹太人作为一个有自身明确特性的民族和国家也最终定型。但同大多数在位时间太长的帝王一样，晚年的大卫王逐渐变得昏聩自满。他对于儿子们过于娇纵，结果导致了诸子争位，骨肉相残的悲剧，最后由幼子所罗门继承王位。

所罗门掌权后，把以色列原有的12个部落重新划分为12个行政区，增设了各种官职，以便于管控统治和收取中央税赋。

所罗门以绝顶聪明著称。有一则流传广泛的所罗门断案的故事：两位新生儿的母亲带着一名男婴来到所罗门面前，她们都声称是这个婴儿真正的母亲，请求所罗门王裁决。当所罗门建议应该把孩子用剑劈成两半时，一个女人说，她宁愿放弃这个孩子，也不愿看到他被杀死。所罗门王立即宣布，那个表现出痛苦的女人才是真正的母亲，把孩子判给了她。

有些流传至今的至理名言，据传为所罗门所说，如：

“你的心在哪里，财富就在哪里。”

“一切都将成为过去，当一切都成为过去的时候，你又得到了什么？”

据《圣经》记载，示巴国（今埃塞俄比亚，一说是也门）女王倾慕所罗门王的智慧，就带着臣仆、香料、各色财宝来到耶路撒冷要求觐见。会面时，她向所罗门王提了许多问题，所罗门王都作了令她极为满意的回答。所罗门王的博学、宫殿的气派、宴席的丰盛、臣仆的美装和礼仪，令她“诧异的神不守舍”。据犹太教的一些文献说，示巴女王美丽而聪颖，所罗门王威武而机智，两人都为对方而倾倒，产生爱恋之情。女王在回国途中生下一个混血儿子，这个儿子后来继承了王位。他知道自己的身世，登基后曾专门到耶路撒冷拜见自己的生父所罗门王。他离开耶路撒冷回国时，所罗门王派出年轻的以色列卫士护送。这些以色列人后来定居示巴王国，并与当地人通婚，成为“贝塔以色列”（指黑色皮肤的犹太人）的祖先。

所罗门还通过联姻的方式加强自己的势力。他与各地的国王和部落首领的女儿或姐妹成亲，其中有一个是埃及法老的女儿，法老攻占并焚毁迦南人的迦萨城，把它送给了所罗门。据说，所罗门有 700 个妻子和 300 个妃嫔。

所罗门还是一位诗人，写过 1000 多首诗歌，相传《圣经》中所收《雅歌》和《箴（zhēn）言》为其所作。

所罗门当政时期是以色列犹太王国的巅峰期，军队强大，国家富足。所罗门将耶路撒冷建成了著名的都城，在锡安山上建立了上帝耶和华的宫殿，完成了当年他父亲大卫未能完成的心愿，此座圣殿后世称之为“第一圣殿”“所罗门圣殿”，成为犹太教的唯一中心和象征，锡安山因此被犹太人视为圣山。

根据《圣经》记载，所罗门圣殿建成于公元前 957 年，建成后的圣殿长约 30 米、宽约 10 米、高约 15 米，采用香柏木、松木和檀香木等珍贵木材，并用金、银、铜、珠宝进行装饰和点缀，气势雄伟，富丽堂皇。同时，所罗门王又花费 13 年时间，为自己建造了华丽无比的王宫。

大卫和他的儿子所罗门的统治时代，是犹太人的“黄金时代”。但所罗门在公元前 930 年去世后，国家再一次分裂成南北两个部分：南国首都继续在耶路撒冷，历史上被称为犹太国，由犹大支派（传耶稣就是从此支派所出）、便雅悯支派组成（以色列十二支派之一，传是以色列始祖雅各的最小儿子便雅悯的后代）；北部由剩下的 10 个支派联合组成，建立了新的以色列国，建都于撒玛利亚（在巴勒斯坦中部）。这次分裂，是犹太民族历史上的一个转折点，犹太民族就此走向衰落，进入不断遭受外族欺侮的历史。

◆公元前 16 世纪初，巴比伦王国灭亡，加喜特人入主巴比伦尼亚地区，历经数次沉浮的亚述趁机崛起。从公元前 13 世纪起，亚述逐步统一两河流域北部地区，并与巴比伦进行争霸战争。

亚述是两河流域最早使用铁器的国家之一，在两河文明的几千年历史上，亚述可以说是历史记载比较完整的国家，历史学家们通过发现的楔形文字泥版，掌握了大约从公元前 2000 年开始到前 605 年连续的亚述国王名单。

相对于南部的苏美尔人或者阿卡德人，亚述是比较落后的地区，阿卡德王国曾经征服亚述，给亚述带来了先进的文明。亚述在公元前 2000 年取得独立，其语言为阿卡德语之亚述方言，文字为楔形文字。古亚述王国最高统治机构为阿淑尔（中心）城邦贵族长老会议，公务人员有一年一任的号里木的名年官（即以其名冠名其任职之年）管理财政经济，人员由抽签选出。土地为公共所有，定期分配给大家族使用，很少买卖。亚述奴隶较少，社会主要劳动者为自由民。商业活动在亚述经济中占有很重要的地位，部分贵族和商人以从事商业和高利贷活动而致富。

亚述的历史可分为早期亚述、中期亚述和亚述帝国三个时期。早期亚述从公元前 3000 年开始到前 1500 年结束，这个时期以亚述城为中心，形成亚述王国。但亚述王国发展不大，先后被古巴比伦王国和米坦尼王国所统治。中期亚述从公元前 1500 年到前 1100 年，这个时期亚述摆脱了米坦尼人的统治建立了独立的国家，并逐渐向外扩张。后又受到生活在今叙利亚一带的阿拉美亚人的入侵，有过短暂的衰落。从公元前 1000 年开始，亚述重新崛起，并逐步建立起一个庞大的军事帝国，到公元前 700 年这个时期，是亚述的帝国时期，中国也进入了东周时期。

帝国时期是亚述历史上最强盛的时期，其间几任国王都全身心致力于扩张与征伐之中，且其军事发展堪称完备。在帝国时期，亚述先后征服了安纳托利亚半岛东部、叙利亚、腓尼基、巴勒斯坦、巴比伦尼亚和埃及等地，并设都于尼尼微（一说阿淑尔，今伊拉克摩苏尔附近）。

亚述帝国兴起时，古埃及开始衰退，而两河流域以及兴起于安纳托利亚半岛诸强国或者灭亡或者分裂。与此同时，亚述人从赫梯人那里学到了炼铁技术，从而大大增强了战斗力。铁器不仅给亚述的经济生产带来了革命性的变化，更重要的是给尚武的亚述人提供了更加锐利的武器。于是，从公元前 883 年起，亚述人开始了对外征服战争。

公元前 745 年至前 727 年，亚述由提格拉·帕拉萨（又译特皮拉萨、提革拉·毗列色或提格拉特帕拉沙尔）三世执政。提格拉·帕拉萨对亚述实行了一系列改革，以巩固中央集权，提高军队的战斗力，加强对被征服地区的统治，建立起从中央到地方庞大而有效的管理体制。改革后的亚述建立起了一支当时世界上兵种最齐全、最凶悍的军队，包括战车兵、骑兵、重装步兵、轻装步兵、攻城兵、工兵等，并拥有当时世界上最强大的攻城武器“投石机”和“攻城锤”。提格拉·帕拉萨带领强大的亚述军队几乎攻无不克，奠定了亚述在西亚的称霸基础。

萨尔贡二世，公元前 722 年至前 705 年在位，他被后人冠以“亚述的拿破仑”。萨尔贡二世原是一名因战功显赫而得到提升的下级军官，他利用迅速建立的权势和信任，在一次政变中夺得了王位。在位期间，他对内改变自提格拉・帕拉萨三世以来强调支持军事贵族集团的政策，以授予城邦自治权的办法笼络各地神庙祭司，建立起以军事贵族和神庙祭司为支柱的专制王权，以平衡亚述内部的各种势力，缓和了国内矛盾。此后，便开始镇压被征服地区原住民的起义，继续向外发动扩张战争，其剑锋所向主要是对南面的巴比伦，西面的叙利亚、以色列和北面的对手乌拉尔图（位于安纳托利亚东部）展开的。

从萨尔贡二世时起，亚述的骑兵有了重要变化。此时的亚述人发明了马鞍，骑兵的攻击力和机动性大大增强，战车兵的重要地位逐渐被骑兵所代替，战车最后成为运输工具和国王的宝辇。这时的马鞍还比较简陋，只是一块厚布或皮革剪成方形，在马的腹部再兜上一条腹带，用腹带把马鞍稳固在马背上。马鞍的发明，可以使骑兵在马背上更加活动自如，但这时还没有发明马镫。

公元前 721 年，萨尔贡二世率领强大的骑兵征服以色列，掳走 27000 多人，并把部分亚述人迁居到以色列。存在了 200 多年的以色列王国消亡。面对亚述帝国的攻掠，犹太王国的国王十分惊恐。于是，以向萨尔贡二世贡献大量财富的代价，暂时保住了王国的存在，成为亚述帝国的附属。萨尔贡二世的军队继续西进，其后攻占叙利亚全境。公元前 714 年，萨尔贡二世打败乌拉尔图王国，毁其神庙，占其南部大片领土。其后又占领伊朗西北部米底地区。公元前 710 年，依靠巴比伦祭司和商人的帮助，萨尔贡二世成为巴比伦总督。公元前 705 年，萨尔贡二世死于攻伐伊朗的战争中。

辛那赫里布（又称西拿基立）是萨尔贡二世的长子，萨尔贡二世死后继承王位。他在位时继续父王的扩张政策，据史载，他征服过 89 座城市、820 个乡村，俘获 7200 匹马、11.1 万头驴、8 万头牛、80 万头羊以及 20.8 万个俘虏，兴建了著名的“盖世无双皇宫”。皇宫边长近 200 米，包括两座大殿、一幢椭圆形建筑物以及一个植物园和一座凉亭。王宫内的浮雕长达 3000 米，现藏大英博物馆。有史学家认为，人们最早提出的古代世界七大奇迹之一的“空中花园”应该是在亚述帝国的都城尼尼微，把其归到巴比伦是个历史误会。

当辛那赫里布在西方征战时，他立儿子为巴比伦总督。可是不久，居住在伊朗高原西南部卡伦河流域的埃兰（又译以蓝、厄蓝或伊勒姆，在今天伊朗的西南部）人却趁机攻入了巴比伦，并在巴比伦贵族的里应外合下俘获了辛那赫里布的儿子。辛那赫里布闻讯发誓要报仇，但顽强的埃兰人却联合阿拉美亚人、迦勒底人和亚述东方的3个行省，组成反亚述联军，对抗亚述。公元前 689 年，埃兰发生内乱，辛那赫里布乘机攻打巴比伦，亚述第 4 次占领了巴比伦。这次他没有放过巴比伦人，为泄愤，一怒之下将巴比伦城夷为平地，烧成了灰烬。自汉谟拉比建城以来，巴比伦城已成为两河流域最为雄伟壮观的城市，在辛那赫里布的一时怒火之下，只留下一片荒芜。

在毁灭巴比伦城后不久，辛那赫里布又后悔自己的做法不利于对巴比伦的统治。于是，他娶了一位巴比伦美女为皇后，后来又立两人的儿子阿萨尔哈东（古文献中又称以撒哈顿、亚述・阿哈・丁）为储君。期冀用这些举措改善亚述对巴比伦的统治，使巴比伦人归附。然而，他的长子，原来的王储却心怀不满了。公元前 681 年，辛那赫里布在祭神时被长子派人杀死，长子随即宣布即位，并与阿萨尔哈东的军队决战。但长子的士兵看到阿萨尔哈东后纷纷倒戈，长子兵败不能立足，逃到埃兰。

阿萨尔哈东在公元前 671 年远征埃及，成功占据了孟斐斯城在内的埃及北部，随即自称为“上下埃及和努比亚之王”。在他统治时期，为了得到祭司阶层的支持，在国内对祭司阶层实行怀柔政策，恢复了征服地区一些传统神庙的特权，并实行有利于祭司阶层的税收政策。

在埃及则实施“以埃及人治埃及”的政策，将忠顺亚述的埃及人作为官吏管理埃及，促使埃及贵族内部长期分裂，以稳定亚述帝国对埃及的统治。此外阿萨尔哈东利用掠夺来的财富重建了巴比伦城。此时，米底脱离了亚述的统治，逐渐发展为一个强大的国家。

公元前 669 年，阿萨尔哈东在率军平定埃及反叛的途中病死。其生前将领土分传两子，由次子亚述巴尼拔（又译阿述巴尼拔、阿淑尔巴尼帕勒，《圣经》书中称亚斯那巴）继承亚述王国，长子沙马舒姆金（又译沙马什・舒姆・乌金）继承巴比伦总督。

亚述巴尼拔能文能武，传说他一人就杀死过 4500 只狮子，但他又重视文化发展。亚述巴尼拔在尼尼微巨大豪华的王宫内建立了世界上第一个规范的图书馆。馆中所藏楔形文字泥版文献一度达 2.5 万块以上。这些泥版文献中，既有各种宗教经典、诗歌文学、天文观测记录、医学、数学、农学及其他科学著作，也有历史文献、法律文件、王室书信、工程建筑报告等，为后人了解亚述、巴比伦历史文明提供了钥匙。尤其珍贵的是，在文学类泥版中还发现有世界上最古老的英雄史诗《吉尔伽美什》。

亚述巴尼拔任命埃及王子尼科为总督，继续实施“以埃及人治埃及”的政策。但尼科之子普撒提克一世却在公元前 655 年摆脱亚述控制求得独立，并攻占底比斯，击败统治上埃及的库施王国统一全埃及，建立埃及第 26 王朝。这时亚述正全力打击最后一个也是最顽强的对手埃兰。几经征伐，亚述巴尼拔终于在公元前 639 年攻陷埃兰首都苏撒，平定了埃兰全境。至此，亚述帝国达到最大的版图。拥有西亚全境、暂时控制埃及；东临伊朗高原，西抵地中海，北达高加索，南接尼罗河，成为世界古代史上空前的大帝国。

但在亚述巴尼拔统治时期，亚述帝国表面的强大背后，已经显现出衰落的前兆。公元前 652 年，沙马舒姆金发动叛乱，叛乱得到了巴比伦人及其他被统治部落的广泛支持，亚述巴尼拔经过多年征讨才将叛乱镇压下去，并摧毁了伊朗当时最主要的城邦苏萨。这次叛乱严重耗损了亚述的国力，从此失去了扩张的能力，只能对新兴的强国（米底和新巴比伦）进行一些被动防御性战争。公元前 627 年，亚述巴尼拔去世。

在他死后 14 年，公元前 612 年，新崛起的新巴比伦王国与伊朗的米底人联合攻陷了亚述首都尼尼微。公元前 605 年，新巴比伦国王尼布甲尼撒二世清除了亚述的残部，称雄一时的亚述帝国灭亡，其王国被新巴比伦王国和米底王国所瓜分。

此时，中国的东周王朝进入不平静的春秋时期。

在 19 世纪上半叶，国际上产生了亚述学。此前法国学者发表过一些楔形文字材料，但无人释读。1802 年，德国学者释读了部分文字。1857 年，英国学者破译阿卡德语成功，不久又释读了苏美尔语。从此，亚述学研究进入了一个新阶段。20 世纪 80 年代以来，芬兰等国学者重新整理翻译了《亚述国家档案》，加拿大等国学者重新整理翻译了《美索不达米亚王室铭文》等大型楔形文字文献集。目前，影响最大的亚述学字典有德国学者编纂的《阿卡德语词典》、芝加哥大学东方研究所编纂的《芝加哥亚述语词典》以及宾夕法尼亚大学组织各国学者编纂的《苏美尔词典》等。

北非（2）——

◆尼罗河第一瀑布以南至第六瀑布广大地区，也是非洲古代文明发源地之一，古埃及人称之为努比亚，这个地区包括现今的埃及南部和苏丹北部。努比亚一边是尼罗河和撒哈拉沙漠，另一边则是红海，尼罗河由苏丹流入埃及，这一带居民多为黑人。

努比亚这个词可能来自埃及语，意指黄金之地。从古至今，努比亚一直是地中海地区的埃及与黑色非洲之间的连接地。

距今约 11000 年的时候，努比亚地区就有人类居住，他们靠近尼罗河谷地活动。在公元前 4000 年的时候，努比亚人进入铜石并用时代，开始制造和使用铜斧、铜锥等工具。这一地区的经济发展落后于尼罗河下游地区，努比亚人长时间处于原始氏族社会阶段。在历史上，努比亚地区长期受到埃及的控制，努比亚人在反抗埃及统治的过程中，逐步结成部落联盟。随着部落联盟的发展，部落首领的权势逐渐扩大，氏族制度迅速瓦解。

在埃及第 18 王朝时，法老图特摩斯三世南征努比亚，并将征服地区分成南、北两部分加以治理，南部以纳帕塔（又译纳巴塔，约在今马拉维地区）为中心，称为库施（也称库什、古实）。在公元前 1000 年的时候，埃及陷于分裂局面，努比亚人乘机摆脱埃及的统治，建立起独立的王国。其控制地域南起今苏丹共和国首都喀土穆、北至尼罗河第一瀑布间的大片地区。

公元前 8 世纪，库施国王卡施塔（又译卡施达、卡什塔）挥师征服上埃及首府底比斯。其子皮安基（又译皮耶、匹耶、佩耶、皮安希）继而据孟斐斯成为库施和埃及的国王，于公元前 767 年左右在埃及建立了第一个黑人王朝，史称：努比亚王朝（又称埃及第 25 王朝）。皮安基在远征埃及的过程中，对埃及僧侣阶层表现出足够的尊重，以减少宗教对立。据说他的一个女儿也随后成为了高级女祭司。努比亚王朝共传 5 位法老，统治了约 111 年。

亚述人侵入埃及，库施人不敌被迫退回纳帕塔。公元前 671 年亚述军队攻破埃及都城孟菲斯，库施人南迁定都于麦罗埃（位于今苏丹共和国喀土穆以北），继续统治着埃及南部地区。埃及领土由此分为南北两部分：北部处于亚述统治之下，南部处于库施统治之下。

在公元前 200 年至前 100 年，麦罗埃奴隶制国家达到鼎盛时期。公元 350 年，新兴的阿克苏姆王国（今埃塞俄比亚）大军入侵，毁麦罗埃城，库施王国灭亡。

库施的地理环境与埃及相似，尼罗河流经南北，定期泛滥，土地肥沃，很适宜发展灌溉农业。因此，库施王国成立之初，农业和畜牧业已较发达。库施还是东非的贸易中心，地处尼罗河、红海、印度洋和乍得湖之间的交通要冲。其北路通过埃及可直达地中海；南路沿青、白尼罗河而上，可通往非洲腹地；西部沿水路、陆路可通向尼日尔河流域和西非内陆；东部的阿特巴拉河及其支流、埃塞俄比亚山麓平原则是进入红海和印度洋的便宜路线。良好的地理环境，为库施发展对外贸易和过境贸易提供了优越的条件，其与埃及、希腊、阿克苏姆等的商人频繁开展经济贸易往来，促使库施文化汇集了近东、远东和地中海的欧洲文化。并在建筑、绘画、雕刻方面取得巨大的成就。

努比亚文明是非洲大陆仅次于埃及文明的古代文明，有专家将努比亚历史分为三个时期：

纳帕塔以前时期（约公元前 2000—前 760 年）

纳帕塔时期（公元前 760—前 530 年）

麦罗埃时期（公元前 530—350 年）

它们成为今天苏丹共和国古代史的一个重要组成部分。

纳帕塔以前时期

据文献记载，自第 2 王朝时期起，埃及与努比亚便发生了密切的关系。在埃及文明的影响下，努比亚人在政治、经济和文化方面逐渐发展起来。古王国时期的埃及人不断侵犯努比亚人部落。据记载，埃及第 6 王朝（公元前 23 世纪前后）的法老已开始征集努比亚人随军出战，并派人掠夺檀木、象牙、乳香等。中王国的第 12 王朝时期（公元前 19 世纪），埃及曾四次出兵努比亚，占领了尼罗河第一和第二瀑布之间的广大地区，建立起商站，开采金铜矿藏，采伐木材等。新王国的第 18 王朝时期，埃及法老图特摩斯一世亲率大军攻击努比亚，一直打到尼罗河第四瀑布以南地区。在努比亚的领土上建立起统治机构，派驻总督进行统治，埃及王朝的统治一直延续到第 19 王朝拉美西斯二世在位时期。

受埃及影响，努比亚人所信奉的神是埃及的阿蒙神，并建造了和埃及一样的阿蒙神庙，由来自埃及阿蒙神庙的祭司主持努比亚阿蒙神庙的宗教活动。努比亚人最初使用的文字也是埃及的象形文字。

纳帕塔时期

考古学者们在库施王国的遗址中发现了上千块残碑，根据碑文已考订出 67 位国王。第一位国王是卡施塔（约公元前 760—前 751 年）在位，这时的库施王国已是一个统一的王国，其疆土北起尼罗河第一瀑布，南至尼罗河第六瀑布，首都设在第三与第四瀑布之间的纳帕塔城。此时埃及陷入分裂与衰退，对库施的发展和扩张十分有利。

公元前 1200—前 1085 年第 20 王朝时期，位于尼罗河三角洲西岸的利比亚人便不断向埃及移民，甚至法老的卫队中也多为利比亚雇佣兵，且势力发展越来越大，逐渐控制了埃及北部地区。第 21 王朝时，埃及法老的统治中心在北部的塔尼斯（又称达贾奈特）城，而南方的底比斯城则由僧侣势力所控制，实际上形成了南北对立的局面。利比亚雇佣兵头领趁埃及呈现分裂之机，在位于尼罗河三角洲的布巴斯梯斯（又译布拢斯梯斯）城建立了第 22 王朝（公元前 945—前 817 年，一说存在时间为 230 年），并进军底比斯，占领了该城，埃及实现短暂的统一。但不久，阿蒙神庙僧侣势力复辟，在底比斯建立了第 23 王朝（公元前

817—前 730 年，一说存在时间为 103 年），埃及再次分裂为对立的两个王国。而第 23 王朝的法老也均出自利比亚人。于是史学界又统称第 22 王朝和第 23 王朝为利比亚王朝。

第 22 王朝后期，三角洲地区和中埃及各地出现众多自立政权。其中赛易斯城（又译赛斯城、赛伊斯城）的割据势力最大，在控制了三角洲地区后，顺势建立了第 24 王朝（公元前 730—前 715 年）。

第 24 王朝的统治者力图建立统一埃及事业，与第 22 王朝和第 23 王朝的利比亚人结盟，进一步扩大势力，试图征服上埃及。第 24 王朝的军事意图，引起了南方底比斯阿蒙僧侣的恐慌，他们求援于努比亚库施王国。正中下怀的库施国王皮安基欣然同意，挥师北上，迅速攻占了第 24 王朝的首都底比斯。但是，在围攻赫尔摩波利斯城时遭到了顽强抵抗，久攻不下。

普遍认为，古埃及的神纷繁众多，在不同的地区，对某些神的解释也是不尽相同的。因此，根据祭祀中心的不同，学界把这些神话分成三大重要的创世神学体系，即赫利奥波利斯神学（来自赫利奥波利斯城，也译赫利奥坡里斯城）、赫尔摩波利斯神学（来自赫尔摩波利斯城，也译赫尔摩坡里斯城、赫尔莫波利斯城）以及孟斐斯神学（来自孟斐斯城）。其中，赫利奥波利斯神学体系是最古老的一支，赫尔摩波利斯神学体系则较多地参照了赫利奥波利斯神学，只是在具体的内容上有所不同。而孟斐斯神学主神是孟斐斯城的守护神，他用意志和话语（心和舌）创造了世间万物。孟斐斯神学也部分吸收了赫尔摩波利斯神学内容。

古埃及的三大创世神学体系，是埃及神话中的重要组成部分，为宣扬王权的神圣和巩固王权的统治起到了重要作用。它既反映了古埃及人对自然和人类之间关系的认识，又体现出他们的有关社会和王权的观念。在三大神学体系之间，有彼此矛盾和对立的一面，同时也伴随着古埃及走向统一，彼此影响，使古埃及神话更加丰富，更加动人。

可能是赫尔摩波利斯城重要的宗教地位，人们对库施人的反抗也格外的顽强。皮安基便令士兵在城外修筑高塔，弓箭手居高临下从高塔上向城内放箭，见人就射，使城中人死伤惨重，被迫投降。库施军队继续北进，攻占孟斐斯城，夺取了埃及法老王位，建立了埃及历史上的第 25 王朝。

皮安基占领埃及后不久，便领兵凯旋纳帕塔，埃及第 24 王朝借机死灰复燃。皮安基死后，其弟（一说是其子）沙巴卡（又译沙巴科、夏巴卡）继位，再次进军埃及，平定了第 24 王朝的反抗势力，据说领头人被火烧死。努比亚人恢复了对上下埃及的统治，将疆域一举扩展到地中海海岸，沙巴卡将首都从纳帕塔迁往孟斐斯，库施进入极盛时期。

沙巴卡死后由侄子沙巴塔卡（又译摄比特库、塔巴卡）继位，据认为其在《圣经》中被称为特哈加，曾因犹太王的请求出兵远征，并击败了亚述人。沙巴塔卡去世后，由他的弟弟塔哈尔卡（又译塔哈卡）承继王位。

塔哈尔卡在位 26 年，他遇到了库施王朝最强劲的对手亚述人。他几乎在与亚述人的抗击中度过，有胜有败。但亚述此时正处于异常强盛之际，库施难敌。在公元前 666 年，亚述国王亚述巴尼拔几乎征服了整个埃及，塔哈尔卡败退纳帕塔，并在途中去世。

沙巴卡之子坦韦特阿美尼（又译坦沃塔玛尼）在库施的颓势中继位。即位后，他鼓足勇气挥师北上欲收复失地。库施军队初有收获，夺回了孟斐斯及其以北的一些疆土。并处死了一批投顺亚述人的埃及贵族和王公，包括亚述巴尼拔扶持的埃及总督赛易斯贵族首领尼科一世，但尼科的儿子普萨美提克（又译普萨美提库斯）逃到了亚述。公元前 663 年，普萨美提克随装备精良的亚述军队进行反扑，在凌厉的攻势下，库施军队节节败退，上埃及的明珠之城——底比斯，被亚述军队攻克劫掠并毁之。在强敌压境之下，坦韦特阿美尼被迫退回纳帕塔，库施人在埃及建立的第 25 王朝结束。

史学界将第 25 王朝与第 21 王朝、第 22 王朝、第 23 王朝、第 24 王朝合并称为古埃及历史的第三中间时期。

麦罗埃时期

在亚述人的保护下，普萨美提克迅速瓦解、控制、整合了尼罗河三角洲的各大小独立政权，为日后建立新王朝打下了基础。不久天随其愿，亚述帝国陷入了内乱无暇照顾他。到了公元前 654—前 652 年，亚述帝国爆发内战，在埃及的大部分军队撤回国内。

不甘受制于人的普萨美提克适时发动起义，驱逐了埃及残存的亚述驻军，并派出一支舰队逆流而上，夺回上埃及被努比亚人控制得领土，统一了全埃及。普萨美提克立都赛易斯，建立第 26 王朝。

公元前 593 年，埃及第 26 王朝法老普萨美提克的孙子，普萨美提克二世派出远征军入侵库施。库施兵败被迫退往南方，首都迁至南部重镇麦罗埃。至此（公元前 530 年），库施的纳帕塔时期结束，进入麦罗埃时期。

纳帕塔时期，库施经济已发展到相当高的水平。农牧业已历经千年历史，尤其养牛业发达，在经济生活中占有重要的地位。库施人还畜养绵羊和山羊，以及用以运输的马和驴。农业得到进一步发展，种植的作物有高粱、大麦、小麦、蔬菜等。葡萄和其他水果的种植也相当普遍，各类果园众多。采矿业也很发达，除了传统的铜矿和金矿外，库施还盛产各种宝石，如著名的有紫晶、红玉、红锆石、绿柱石、金黄色宝石等。公元前 7 世纪，库施进入铁器时代，开始冶铁和制造铁器。农牧业和采矿业的发达，给库施带来了商业和对外贸易的繁荣。库施的对外贸易完全掌控在国王和贵族手中，与埃及、希腊、罗马以及西亚地区交易密切。

库施积极吸收埃及文化，继承和效仿埃及的统治体制。尊奉埃及的阿蒙神为库施的最高神，在纳帕塔建造了规模巨大的阿蒙神庙，也像埃及法老一样，把自己说成“阿蒙神之子”，依靠宗教神祇来巩固自己的统治。国王经常把大片的土地、奴隶和财物献给阿蒙神庙。纳帕塔阿蒙神庙的祭司们也和埃及阿蒙神庙的祭司们一样，成为一个特殊的权力阶层，具有强大的势力，可以干预朝政，甚至决定王位的继承等。库施的建筑和雕刻也追崇埃及的风格，其法老的金字塔数量超过了埃及，同被联合国教科文组织评定为世界文化遗产。

早在纳帕塔时期，麦罗埃已成为库施南部地区的经济发展中心。麦罗埃地处尼罗河第五、六瀑布之间的平原地带，土壤肥沃，有丰富的水源，开采出铁矿和金矿，水陆交通十分便利，是发展农牧业和工商业的理想之地。麦罗埃又远离埃及和其他强国，一直免遭战争劫掠，成为库施王国退出埃及后理想的据守中心。公元前 530 年库施迁都麦罗埃，开始走上独立的文化发展之路。此时，中国处于东周王朝“春秋时期”。

麦罗埃时期，库施的冶铁业和采金业继续发展。考古学者在麦罗埃附近发掘出大规模的冶铁遗址，看到堆积如山的炼铁炉渣、炼铁熔炉、铸造模具和铁器。有英国学者断言，麦罗埃是当时非洲最大的冶铁中心。其不仅促进了库施地区使用铁器，而且还销往南方的大湖地区和西方的乍得湖地区，促进了这些地区工农业的发展。黄金业的发展达到了高峰，根据金矿遗址规模判断，黄金是库施王国对外贸易收入的主要来源。从麦罗埃周围纵横交错的沟渠和蓄水池遗迹来看，当时的水利灌溉系统已比较完善，形成了渠网化。农作物除原种植的品种外，棉花的种植相当普遍。有学者认为，此时埃及尚未发现种植棉花，库施应是尼罗河流域棉花的发源地，棉花的种植带动了库施棉织业的发展。在麦罗埃遗址中，不仅发掘出了公元前 4 世纪的雅典陶器和公元 1 世纪的古罗马的银器、镀金酒杯，而且发掘到大量的古埃及、古罗马的钱币及一个中国鼎。表现出此时库施王国贸易继续繁荣。从发现的大量石碑的碑文来看，公元前 5 世纪库施碑文文字已与埃及文字有了很大的区别。至公元前 2 世纪时，库施的碑文已全部是一种新文字——麦罗埃文。麦罗埃文有 23 个符号，分别代表元音、辅音和音节，而字与字之间常用另一种符号隔开。据学者研究，库施的这套字母是吸收了古埃及圣书体以及民间流传的手写体演变而成的拼音字母。但二者意思并不相同，写读的顺序也不同，可能为便于拼写努比亚人的努比亚语。有些学者认为，希腊字母对麦罗埃文的形成有一定的影响，因为这种文字与希腊字母一样有元音字母。遗憾的是，麦罗埃文至今还未被人们释读。

麦罗埃时期，库施人除了继续崇拜埃及的神外，还崇拜本地的战神和麦罗埃神。战神被塑造成狮首人身的形象，庙宇称狮庙，目前已探明的狮庙有 46 处，主要分布在库施的南部地区。

麦罗埃时期，库施人在建筑方面也取得了巨大的成就。麦罗埃城面积很大，城市中央建有王城、宫殿、王室大浴池等，附近有狮庙、阿蒙神庙、国王的金字塔和公共墓地，外围有城墙。阿蒙神庙建筑的宏大精致，神庙内有大厅、庭院、内室、礼拜堂等以及便于宗教活动的长廊。狮庙的建筑则比较简朴，大一些的由两间大厅组成；小的只有一间大厅，庙前加一个塔门护卫。

公元前 591 年库施王国迁都于麦罗埃之后，国祚又持续了 800 多年，直到公元 330 年左右被兴起于今埃塞俄比亚境内的阿克苏姆王国所征服。

美洲——

◆印第安人是除因纽特人外的所有美洲土著居民的总称。印第安人在美洲生生不息，用智慧和辛勤开创了古代美洲的灿烂文明。

美洲分为北美洲、中美洲和南美洲三个部分。而习惯上，又将今天美国以南的部分称作拉丁美洲（因其遭受过拉丁语族的葡萄牙人、西班牙人殖民统治得名，包括中美洲和整个南美洲）。美洲的文明主要分为南北两个部分，北部的发展中心在今天的墨西哥、危地马拉附近的中美洲地区；南部在南美洲西岸秘鲁附近的安第斯山区。因此，美洲古文明主要集中在拉丁美洲（简称拉美）部分。

中美洲最早的文明出现在墨西哥湾南岸（今墨西哥的维拉克鲁兹州和塔巴斯科州）。

约在公元前1300年，当地的奥尔梅克（也译奥尔麦克、奥美加）人部落已开始从事定居农业。奥尔梅克可能是“橡胶之地”的意思，因为奥尔梅克人生产生活的地区湿热多雨，河流交错，水草丰盛，且大量生长橡胶树，部落中流行一种橡皮球游戏。

1938年，墨西哥考古学家根据有关传说，在墨西哥中南部的一处森林里，发现了十多个巨石头像，其中最重的达20吨。据此，考古学家们发现了两处古文明遗址：一处是位于塔巴斯科州的拉文塔（也称拉本塔）；另一处是维拉克鲁兹州的特雷斯萨波特斯。经测定，两处遗址至少出现于公元前900年左右。20多年后，又一重要遗址——圣洛伦索（也译圣洛伦佐）遗址在维拉克鲁兹州被发现。这三处遗址都是古代奥尔梅克人居住的地方，由此，逐渐揭开了面积约为1.8万平方千米的美洲古文明面纱。

根据考古研究，学者们将奥尔梅克文明分为三个文化发展期：圣洛伦索文化期、拉文塔文化期和特雷斯萨波特斯文化期，三个文化发展期前后接续。

圣洛伦索文化期最早，大约出现于公元前1500（一说公元前1300年或公元前1200年）—前900年间。

在圣洛伦索发现有大约200个土窑，显示出此时的奥尔梅克人部落已经从事定居农业，他们在附近的农田里种植玉米、马铃薯和藜（lí）麦（印第安人的传统主食，几乎和水稻同时被栽培）等，其中玉米是最主要的种植作物。据考证，奥尔梅克人可能是最早种植玉米的人。

在奥尔梅克文明早期，奥尔梅克人制作的陶器，以灰黄色粗砂陶为主，均为手制，器壁较厚，表面没有什么装饰。到了公元前1000—前800年，制陶技术大有进步，出现了黑色陶器。这种黑色陶器以钵形器和壶形器为主，器壁仍然较厚，表面经磨光，然后刻出代表性的花纹。

在圣洛伦索，奥尔梅克人建造了一个宗教中心，中心建造在一个高50米左右的天然高地上。高地的顶部有土台、院落和一个可能用于宗教沐浴仪式的水池。中心有令人惊叹的巨型雕塑和浮雕。其中经过雕刻过的巨大玄武岩石块，可能是首领的宝座，还有5个巨大的石雕头像，专家推测可能也是首领的头像。因为大约在公元前900年前后，这些大型的石雕像遭到故意毁坏，然后被埋在了高地的顶部。在这些有着宗教色彩的坟墓里，人们还挖掘出了几十件美丽的玉器和精心雕刻的小神像，有些小神像在埋进土里之前，被刻意截断了手脚。

从圣洛伦索遗址来看，这里似乎有过巨大的玄武岩柱子和石头雕刻建造成的宫殿。

圣洛伦索文明在繁盛了大约300年后，于公元前900年左右突然被毁灭。其后，奥尔梅克文明的重心转移到靠近墨西哥湾的拉文塔。

拉文塔文化期，在公元前900—前400年；特雷斯萨波特斯文化期出现最晚，为公元前

500—前 100 年。

进入拉文塔文化期，奥尔梅克人开始兴建大型宗教建筑，这些寺庙和祭坛，均以一个广场为中心，组成以南北为轴心的建筑群。不过，此时奥尔梅克人的建筑物（包括房屋）均用黏土而非石料建成，就连祭祀中心的底座高台往往也是土垒泥砌，再以石块或灰泥铺就表面。在拉文塔文化的核心区，神庙和祭台修建在一个面积约 5 平方千米、高约 30 米的塔状泥土高台的顶端；高台呈圆形，坐落在一个广场的南端，用土约 10 万立方米。与此同时，塔庙形式也伴之出现。一座有 10 层楼高的塔状高台顶端，雄踞着一座二层楼高的神殿，整个建筑看起来像座金字塔，成为奥尔梅克文明独有的特色。这一建筑风格被后来的玛雅文明和阿兹特克文明所承袭。

在拉本塔文化遗址发现的众多祭台中有一个祭台，是用整块玄武岩雕琢而成。祭台上部，供陈放牺牲品之用；祭台下部每面雕刻一个祭司，祭司手里握着一个婴儿；祭台的正面是一个像豹子口似的神龛，内刻一个戴着高大头饰和巨型耳饰的人，手里捧着一个婴儿。由此可见，奥尔梅克人在拉文塔文化期盛行着用活人（儿童）献祭，以祈求风调雨顺，部落祥和兴盛的风俗。

从拉本塔文化期各种各样的石雕中可以看出，奥尔梅克人崇拜美洲豹（亦称美洲虎）。

美洲豹是美洲最凶猛的动物之一。在奥尔梅克人艺术中，无论是雕像还是浮雕，都把人类和神灵同美洲豹的特质结合在一起。据此，一些学者指出，奥尔梅克人部落的图腾可能就是美洲豹，继而他们崇拜一种超自然的生物——豹人（美洲豹同人类相结合的形象）。奥尔梅克人的婴儿雕像，大都像吼叫中的美洲豹，或许这就是他们崇拜中的豹人，是力量和智慧的象征。直到现在，美洲豹仍被南美洲人视为神兽受到人们的敬畏。与很多中美洲文化相同的是，奥尔梅克人在崇拜美洲豹的同时，还敬拜羽蛇神（长满羽毛的蛇）。从考古发现中看，奥尔梅克文化最早出现的羽蛇神形象是在一块名为“拉本塔 19 号”的石碑中，石碑中雕刻着一名男子坐在一个形似羽蛇神的动物前。

“奥尔梅克巨石头像”是奥尔梅克文化中最著称于世的历史遗存，这些头像由整块玄武岩雕成，构思奇妙，有很强的写实性。在发现的巨石头像中，最大的是一个青年的头面雕像，重达 30 吨，高 3 米左右，形象十分生动。扁平的鼻子，厚大的嘴唇，眼睛半睁，头戴装饰有花纹的头盔，遮住了两耳。考古学家认为该头像可能是当时的部族首领的雕像，或者是向有地位的死者表示致敬的纪念物。观察巨石头像及其他石碑上的人像可以看到，有的人像服饰华丽，手持权杖，神态安逸，很可能是国王或祭司。奥尔梅克人制作了很多“巨石人像”，但让考古学者惊奇的是，这些石像所在地并不盛产石头，制作大型石雕像的巨石必须从几十甚至几百千米外的图斯特拉山开凿运出。而当时奥尔梅克人尚未发明带轮的运输车辆，仅以木石为主要生产工具。要采运这些巨石块需要动用的人力之多、难度之大、危险之高、雕刻工艺之精令今人难以想象，也充分体现出古代奥尔梅克人高超的智慧和强大的组织能力。由此可见，奥尔梅克人已出现了等级和社会分工，分化出农人和手工艺人。在拉文塔和特雷斯萨波特斯文化期，奥尔梅克人度过了部落时代进入阶级社会，已有国王、祭司（国王、祭司可能是同一个人），形成了国家组织，统治者可以调动起庞大的劳动力。

墨西哥考古学家在首都墨西哥城附近，挖掘出一处属于拉文塔文化期的古城遗址，占地约有9500平方米，出土了6座奥尔梅克人建于公元前800年至500年之间的古城建筑遗迹。学界称之为“萨萨卡特拉”遗迹。

在位于墨西哥塔巴斯科州的拉文塔遗址，出土了一个圆柱形的印玺和一块绿玉残片，印玺上雕刻着一只凤鸟从嘴里吐出一种字符。专家们认为这些镌刻于公元前650年的字符可以被看作是美洲文字的起源。但也有一些学者提出，除非发现成系统的文字符号，否则奥尔梅克人的文字发明只能是一种假说。但有学者进一步指出，这些符号虽与玛雅成字体系有明显的差异，可已经与玛雅日历上的日期符号有很强的相似之处。

与印玺上的字符相比，镌刻在绿玉残片上的字符则复杂得多，不过有学者认为这恰好证明了奥尔梅克人文字发展的渐进性与连续性，虽然其构成体系，具体的语言特征，目前还是未解之谜。

拉文塔的奥尔梅克文明同圣洛伦索文明结果相同，持续到公元前400年，莫名其妙地消亡了。大多数学者承认奥尔梅克文明是美洲文明的母体，但也有人认为奥尔梅克文明和其他中美洲文明的关系是姊妹关系。由于在美洲地区没有发现奥尔梅克文明起始阶段遗迹，像是来去匆匆凭空出世的文明，给后人留下无限的神秘感，史学界对奥尔梅克文明的发展过程也有着种种推测。

20世纪60年代，美国一位学者在他的著作中指出，拉文塔的奥尔梅克文明有很强烈的中国商王朝文化信息。其在历史上出现的时间，接近中国古代文献中记载的周武王伐商时间，奥尔梅克文明可能来自中国商业文明。19世纪英国一位学者也提出过类似的观点，他提出周武王伐商时可能发生商人渡海逃亡，途中遭遇到风暴，商人来到美洲。这些论点，得到部分中国学者的理论支持。

据中国古籍记载，公元前1045年，商王朝的诸侯国周国起兵攻商，周军攻入商的都城，商王朝灭亡。其间，商王朝的诸侯攸（yōu）侯喜亲率十余万大军欲助商王未果，后不知所踪，从中国史籍中神秘地消失了。一般认为，攸侯喜的封地位于今安徽省宿县附近，为商王室宗亲，是商朝末年一个重要的诸侯国。于是有学者提出，奥尔梅克文明突然崛起时间与商王朝灭亡时间大致相当，攸侯喜很可能带领他的军队在风暴中漂洋过海到了中美洲，建立起奥尔梅克文明。

拉文塔遗址，被专家判定是奥尔梅克人的古都。考古学家在遗址发掘出16尊玉人和6块玉圭。在其中5号、6号玉圭上刻有清晰的字符，字符的结构与中国的甲骨文极其相似。有关专家将其对照甲骨文，可以释读为现代汉字“十示二，入三,一报”。6号玉圭上刻写有两个字，对照甲骨文可以释读为“小示”。

有甲骨文专家解释说，在甲骨文中“示”字频繁，多与祭祀、礼仪有关。日本一些学者释其本义为宗庙中的主神。在甲骨文中，商王祖先一代称为一“示”，表述十代以上祖先时，甲骨文书写方式为先写“十”接着写“示”然后写个位数。拉文塔玉圭上的“十示二”，契合甲骨文表述习惯，现代汉语意为十二代祖先。

甲骨文中“入”有两重意义，一为“进入”，二为“交纳”。5号玉圭表述的显然是“进入”之意；“匚”在甲骨文中也常见，有专家解释为宗庙中盛放神主遗物的器具。5号玉圭上的“一匚”，翻译成现代汉语，应意为最尊贵的先祖。

将玉圭上的文字对照甲骨文释读后，专家们发现其所述内容与这组文物的摆放形式惊人地吻合。六根玉圭摆成一排，一个红色玉人站在玉圭前，十二个绿色玉人环绕红色玉人，形成同心圆状。靠近5号、6号玉圭的3个白色玉人排成一排，面向红色玉人，像是刚从外面走进来。而且这些玉人的面貌特征与中国古代中原人十分相像。

专家们推测，如果释读正确，12个绿色玉人就是“十示二”，3个白色玉人就是“入三”，“一报”则指站立在玉圭前被大家围绕的红色玉人。翻看中国商朝历史，第19代王盘庚迁都殷地（今河南安阳）后至末代王帝辛（纣王）共有12位商王，这组文物中的12个绿色玉人极有可能代表他们。站立在玉圭前、地位至尊的红色玉人，则可能是殷商的始祖盘庚。3个走进来的白色玉人，可能是殷商贵族在中美洲传承的三代祖先。刻有“小示”（甲骨文意为旁系）的6号玉圭，正处于他们旁边，或可认为他们是商王室在中美洲的旁系后裔。专家们认为如果这些推断正确的话，则奥尔梅克文化可能是商王室在中美洲的旁系后裔所创造。

专家们还发现，奥尔梅克人跟中国古代中原人一样喜爱玉器。奥尔梅克人的玉器上的虎头图案和商朝玉器上的虎头图案，也是惊人的相像。

在拉文达出土的还有一件刻写有类似“甲骨文”的石磬，这是一件石制的敲击乐器，其形状与在中国出土的古代石磬基本一致

值得注意的是，殷商人的坐姿普遍为跽（jì）坐，殷墟出土的玉人即是如此。在奥尔梅克文化中，有相当数量的石雕人像坐姿也是采用跽坐的方式。坐姿是反映一个民族日常生活的基本习俗，坐姿的一致性再次佐证了奥尔梅克文化中殷商文化的倾向。

拉文达奥尔梅克文化遗址根据中美洲学者的研究，其兴起年代大约在公元前900年左右，商王朝灭亡年代应在公元前1000年左右。据此，国内外一些学者提出假说，商朝灭国后，其国人一部分来到美洲，奥尔梅克文化可能是逃到中美洲的商王室的旁系后裔遗留的文化遗存。以此基本可以解释奥尔梅克文明的突然出现以及奥尔梅克文化风格和中国殷商文化相像的现象。

奥尔梅克文明持续到公元前400年左右，突然消亡，其消亡的原因尚不得知。之后，中美洲迎来了玛雅时代。

◆查文·德万塔尔（亦称查文·德胡安塔尔）遗址，被学界称为“查文文化”。大致分布于秘鲁北部和中部。是南美洲安第斯山区的古印第安文明的渊源，其开创性作用与奥尔梅克文化相当并有差异。其年代约在公元前1250年到公元前850年，

专家们考证，公元前6000—前1500年，安第斯人（又称印加人或译印卡人）在掌握制作精美的陶器之前，开始修建广场、神庙、房屋等。此时，人们在安第斯地区厚实的土坯平

台上建起了带有大规模公共祭祀场所的村落。和拉文塔文化相同，这里的部落中心大多数都是用泥土或石块建造的。虽然还没有出现国家形态的社会组织，但是形成了农业与手工业分工的经济模式。据考证，在公元前 5000 年，古安第斯人就已经种植了棉花、南瓜、豆类、辣椒和马铃薯。驯化了鸵鸟、羊驼等。有了采石雕刻业、金银冶炼业、制陶业和染色棉纱纺织业等。考古发现带有美洲豹、秃鹫、双头蛇和其他动物图案的棉布残片。有专家研究后提出，古代秘鲁人开始纺织的时间最早可追溯到 1 万多年前，甚至早于制作陶器的时代。

考古学家在遗址里发现一片长 44 厘米、宽 18 厘米、厚度 0.1 厘米的金箔片，金箔凸纹纹饰表现了三个宗教生物形象。从这件金箔片上可以看出，当时的查文・德万塔尔金匠已能把黄金锻造得极薄，并能在上面做出精致的压花图案。专家估测，这件金箔片很可能是某位宗教领袖王冠上的饰件。

有考古学家提出，美洲最早的陶器来自南美洲的西北部，即现在的哥伦比亚和厄瓜多尔。南美洲安第斯山区的陶器技艺在查文文化时代，已经趋于成熟。一方面器物表面会打磨得很光滑；另一方面，造型也出现多样化。其中，最具特色的器型是马镫壶。此类陶壶形似马镫，有可握持的环状壶颈设计，体现出了安第斯人艺术性和功能性的探求。常见的胎色有红、黑、棕等，打磨精细、色泽光亮。胎壁上有神话传说、宗教故事的形象雕饰。其中多数是各种半神半兽的纹饰，且多以美洲豹为原型，同时结合鹰、蛇、鳄鱼以及人类的某些特征，具有摄人心魄的震撼力。查文文化陶器中流行的镫形造型与兽面纹饰，对整个安第斯地区的陶器形制具有广泛而深远的影响。

安第斯人的宗教崇拜和奥尔梅克人的宗教崇拜有众多相似之处，这在安第斯人的宗教建筑、石刻、陶器及纺织品艺术表现中非常明显。比如说，美洲豹崇拜。当时安第斯人普遍认为，活动于安第斯山脉大部分地区的美洲豹，是一种像巫师一样的生灵，具有超自然力量。

查文・德万塔尔遗址神庙围墙上，有许多用石榫固定的石雕像，这些石雕像讲述祭司在沟通人间与神界时，从凡人变成美洲豹的四个阶段：脸上开始长出皱纹；眼球突出，面部发生变化；开始长出獠牙；具有了豹的特征。

查文神庙被视为秘鲁最古老的石砌建筑。专家们认为，查文・德万塔尔遗址应是古安第斯人的宗教和文化中心，这一特征在建筑风格和发现的石碑雕刻上得到体现。查文遗迹由神庙建筑、回廊及宽阔的广场构成。神庙分为相邻的大小两座建筑，广场南面的建筑近似于正方形，中间设有一个小广场；广场北面有一座规模稍小、但建筑年代较早的神庙。小神庙正面有一圆形半嵌入地下的小祭祀广场，通过地下通道与广场南边的大神庙相连，这里是举行重要宗教仪式的地方。为了防止雨水浸泡地下广场，在广场四个角落均建有排水沟。

据认为，大神庙曾建于长、宽各为 75 米和 72 米的近似于正方形的地基之上，是一座高 3 层的金字塔形大型建筑，整个建筑表面覆盖着打磨过的石板。神庙外壁上按一定间距镶嵌着的豹神像石砖，现在仅存一块。

神庙的上方檐口、门楣、门柱都有浮雕，雕刻着人像和鸟兽。在一块方尖碑上，刻有鳄鱼的形象。

神庙下面有狭窄的过道通向众多的地下室（被称作画廊），地下室里堆满了作为祭祀用的陶器。在小神庙的地下中央祭室，竖立着一块高 4.5 米用于支撑祭室顶部的白色花岗岩石碑雕刻。在这块巨石碑上，刻有一只豹口犬牙，头上爬满了蛇，但手脚似人形的神物。人们猜测，这种神物可能是当地部落的某种宗教崇拜，这座神庙或许是围绕这座雕像修建的。

在遗址中发现并以发现者名字命名的“莱蒙迪石碑”上，留有被誉为查文文化最漂亮的浮雕。在这座近 2 米高的巨大石碑上，可以看到美洲豹锐利的长牙以及鹰钩般的长爪。它的前爪握有一根长棍，头顶上似有羽冠绽开，又像是蒙着一块绘有蛇形怪兽图案的盖头。

有研究者认为，古安第斯人存有“二元性”的世界观。如一半是金一半是银的耳饰、查文遗址中一半是白一半是黑的神庙大门、半人半兽的塑像、活人拥抱死者的泥塑等。特别是数量众多的马镫形陶瓶，实为一根圆管向下分为两个圆管，两圆管与瓶身相通。这种造型是否蕴含着古安第斯人对世界的“二元性”认识，即光明与黑暗、左和右、高和低、男和女、生和死等，最终二元性使万物的世界又达到一统与平衡。

查文文化时期的古安第斯人还没有自己的书写文字，他们依靠结绳记事，当地语叫“吉氆（pǔ）”。吉氆是由一根主绳和系在它上面的副绳组成，由专人负责记录和解读这些吉氆。他们随时跟在部落首领和部落其他管事左右，用吉氆记录部落发生的事情和首领的决定。后来随着外族的侵入，其读取吉氆的方式逐渐失传，现在遗留下来的绳结成为查文文化永远的谜。

由于查文文化在南美洲分布区域广泛，打破了以往区域性文化的孤立状态。所以有学者认为，这一时期的秘鲁地区可能出现了第一次统一，也有人认为这是宗教传播和影响的结果。学者们普遍认为，查文文化在公元前得到广泛传播，可能是南美洲当时的文明中心，为南美洲地区其他文明开了先河。

查文·德万塔尔居住人口在兴盛时期大约有 3000 人，专家推测，其社会性质属于原始社会后期的部落联盟城邦阶段。但查文·德万塔尔为何衰落，后被遗弃的原因，至今没有定论。1985 年，联合国教科文组织将查文·德万塔尔遗址作为世界文化遗产，列入《世界遗产名录》。

第二章　晨思

公元前10世纪—前3世纪

一、金与国

中国——

◆在公元前1000年的时候，商朝的周氏部落在岐山下的周原（今陕西省岐山县一带）发展起来。周氏部落在部落首领季历和文王时期势力发展很快，先后击退来自西北方向的游牧部落的威胁，巩固了部族对渭水中游的控制，附近的许多部落陆续归附于周族。文王死后其子姬发继位，是为周武王。周武王联合其他部落并亲率“戎车三百乘，虎贲三千人，甲士四万五千人，以东伐纣”。在牧野（今河南省新乡市汲县境内）大败商军。商纣王帝辛自焚，商朝就此灭亡。中国流传已久的神话故事《封神榜》或《封神演义》，讲的就是这一段历史。

周代商，是中国古代历史上的一件大事。也是中国古代历史分期问题即“中国奴隶社会和封建社会分期”的一个焦点。

自20世纪30年代以来，中国学术界对于中国古代是否经历过奴隶社会时代一直存有争议。由于大量的史料证明，在中国的夏、商、周时期，农业、手工业生产都是以自耕农和自由手工业者为主，奴隶在经济生活中并没有大量使用，所以有学者认为：在中国历史发展进程中，并未经历过奴隶社会这一阶段。

周代经历了西周、春秋、战国三个时期，历时近800年。周朝成为中国历史上最为长久的朝代，也是中华民族传统文化开始形成并破茧而出的时期。周朝在继承先人文化的基础上，兼收并蓄商和其他民族的文化，形成中国历史上独树一帜的周文化。周文化中所包含的各种典章制度、礼乐制度和思想道德规范，成为中国几千年封建统治者的思想、政治基础和儒学思想的源头，影响了周以后近3000年的中华文明史。

周朝前后分为西周与东周两个时期。西周（公元前1046—前771年）由周武王姬发创建，定都镐（hào）京（今陕西省西安市西北）；公元前770年，周平王东迁，定都洛邑（今河南省洛阳市），此后的周朝便称为东周。而东周又分为春秋和战国两个时期。西周和东周二朝存在的时间由公元前1046年至前256年，共计约791年。

周朝建立之后，基本上控制了商朝原来的统治区域，又征服了四周的许多部落。为巩固周王朝的统治，周采取“分土封侯”也叫“封诸侯，建藩卫”的政治制度。周王把国都附近的地区划为王畿，由王室直接统辖。王畿以外的广大地区分封给许多诸侯，建立诸侯邦国或称方国。诸侯分出公、侯、伯、子、男五等爵位，按照诸侯与周王室的亲缘关系、功勋大小以及部落势力而确定。分封制规定，诸侯必须服从周天子的命令，诸侯有为周天子镇守疆土、随从作战、缴纳贡赋和朝觐述职的义务。同时，诸侯在自己的封邑内，又对卿大夫实行再分封，卿大夫再将土地和属民分赐给士。这样层层分封下去，形成了贵族统治阶级内部的等级阶层“天子—诸侯—卿大夫—士”。据史书记载，周初封 71 国，其中周族的姬姓封了 53 国。在这期间，华夏族逐步形成，成为现代汉民族的前身，其他民族被古籍称为东夷、南蛮、西戎（也称犬戎）、北狄、越、肃慎、东胡等。

在公元前 771 年的时候，周王朝内部发生了争夺王位继承权的斗争。周幽王废申王后和申王后所生的太子宜臼（jiù），另立褒姒（sì）为后，立褒姒之子为太子。这不仅使王宫内部分裂，也引起申后之父申侯的不满。申侯联合缯（zèng）侯和犬戎族举兵反周，杀幽王于骊（lí）山下，把都城镐京抢掠一空，申侯拥立宜臼继位是为周平王。这时镐京已残破不堪，周围又有犬戎族的威胁，周平王被迫迁都洛邑。至此，西周结束，东周建立。

从周王室迁都到公元前 476 年，这一阶段的历史大体与中国古代著名思想家、教育家孔子所修订的《春秋》年代相当，所以史家称之为春秋时代。战国时代从公元前 475 年到前 221 年秦始皇统一六国止。“战国”之名，源自西汉刘向编著的《战国策》，后西汉史学家司马迁采纳秦史籍《秦记》所载，在《史记》中定战国始于公元前 476 年。

经过春秋时期的旷日之久的争霸战争，到公元前 6 世纪，周王朝境内的诸侯国数量已大大减少。此时，比较强大的诸侯国有晋、楚、秦、齐、宋等。其中，晋国和楚国为最强者。

西周初，周成王封其弟叔虞于唐（今山西省翼城西）地，后叔虞的儿子改国号为晋，其后人曾迁都于曲沃（今山西省闻喜）、绛（今山西省绛县）、新田（今山西省侯马）等地。晋国在晋文公时期（公元前 636—前 628 年）开始强盛，创立霸业（即号令诸侯）。

晋文公掌权后建立了一整套新的军事政治制度，即“三军六卿”制。晋文公在晋国建中、上、下三支军队，每军各设一将、一佐。按地位高低分别是中军将、中军佐；上军将、上军佐；下军将、下军佐。其中，中军将为正卿（上卿），中军佐为次卿（亚卿、中卿），上军将、上军佐、下军将、下军佐四个则是下卿。六卿的任命遵循世卿世禄制（家族世代相继），依次升迁、依次递补、数个卿族轮流执政的原则。在这些原则的规定和协调下，晋国六卿在晋国各项事务中发挥着重要作用，协助晋国国君管理国家的军事与政治。这样的人事安排特点，在于政权与军权交织，便于晋侯进行有效地控制。而随着六卿制的发展和成熟，晋国的军权和卿权以及卿权之间的斗争也日趋激烈。到晋昭公（公元前 531—前 526 年）以后，晋国形成强大的范氏、中行氏、知氏、韩氏、赵氏、魏氏六卿家族，晋公亲族势力已近衰落。

晋定公（公元前 511—前 475 年）时，在激烈的权力争斗中范氏、中行氏两家首先败亡。晋哀公四年（公元前 453 年），韩、赵、魏三家又联合灭掉知氏，晋国实际上已被三家瓜分，最终卿权压过了君权。公元前 403 年，周王正式承认韩、赵、魏三家为诸侯，奠定了战国时期的政治格局。此后，韩、赵、魏三国跻身强国之列，与燕、楚、秦、齐四国形成“战国七雄”。

战国初期除了强大的七雄外，还存在着越、巴、蜀、宋、中山等“千乘之国”，小国尚有郑、卫、东周王室、鲁、滕、邹、费等，但其影响力远远不及战国七雄，只能在它们的夹缝中生存，且最终为七雄所灭。周王室名义上为天下共主，实际上已形同灭亡，各地诸侯国不再接受周王室的控制，也不再向周王纳贡、朝觐，并相互攻伐，出现大国争霸、兼并的局面。明末文学家冯梦龙所著小说《东周列国志》讲的就是这一时期的故事。

春秋战国时期，频繁的战争破坏了旧的制度，催生了新的制度。新旧制度最基本的变化，就是旧的领主、卿士贵族阶级逐渐被新兴的地主阶级所替代；旧的农奴阶级被新的农民阶级所替代。这一时期周王朝内外各种矛盾错综复杂，各诸侯国、各阶级、各阶层、各民族之间的斗争十分激烈。伴随着这个时代的急剧变化，促使人们对天文地理、对社会秩序、对人性与宗教做出新的思考和解释。春秋战国时期正是中国思想文化史上由卜筮（shì）的宗教迷信文化向人文理性文化转变的历史转型期。这个转型期随着人们对天命观的质疑，兴起了对伦理道德和法理理论为两大哲学内容的思想激辩。伴随着政治、文化的进步和繁荣，从春秋时期开始，中国古代的经济和科学技术水平开始大踏步地走向世界前列。

西亚——

◆古代波斯即现在的伊朗。在波斯帝国兴起之前，在伊朗高原西部曾先后兴起埃兰和米底（又译米底亚、玛代）两个国家。这两个国家存在的时间都不长，埃兰亡于亚述，米底亡于波斯。

波斯人原居中亚一带，约公元前 2000 年时迁居到伊朗高原西南部。在公元前 600 年的时候还处于米底统治之下，其中约有 6 个农耕部落和 4 个畜牧部落，在与米底的抗争中逐渐发展成强大的部落联盟。公元前 553 年，米底国王的外孙，出身于波斯阿契美尼斯家族的贵族首领居鲁士，乘米底内乱，领导波斯人起兵反抗米底统治。经过 3 年的战争，在公元前 550 年灭亡米底，建立阿契美尼德王朝（又译阿黑门尼德王朝），古波斯帝国时代开始。

居鲁士统一古波斯部落后继续向外扩张，其征讨安纳托利亚半岛和两河流域南部；征服爱琴海东岸的一些希腊城邦；叙利亚和巴勒斯坦地区对其不战而降。在公元前 529 年，居鲁士远征中亚地区的时候，遭到惨败被杀。居鲁士死后，由他的儿子冈比西斯继位。冈比西斯继承其父的扩张政策，继续对外侵略，并在公元前 525 年征服了整个埃及。

大流士的父亲可能是波斯国王冈比西斯的堂兄弟。冈比西斯在远征埃及期间，曾任命大流士为万人不死军的总指挥。冈比西斯在埃及逗留期间，波斯境内发生了反对他的政变，他闻讯后急忙赶回波斯，但在途中却猝然死去。居鲁士的另一个儿子在米底即位。这时年方 28 岁的大流士在 6 家贵族的帮助下赶回波斯，诛杀了这个儿子，宣布此人为大臣冒充。随即继承王位，并和居鲁士的女儿结婚，史称：大流士一世。

大流士一世的夺位上台并没有得到普遍的认可，各地贵族纷纷起兵，各地被征服民族也奋起抗争，企图恢复独立，以致暴动风潮遍及全国。但因为各地造反势力互不协调，独立作战，所以在一年多的时间内大流士用少量兵力各个击破，擒获了多个造反势力首领，将各地造反平定，扭转了帝国摇摇欲坠的形势。

帝国形势基本安定之后，大流士一世实施了一系列的改革，改革的主要目的是使奴隶主政权进一步摆脱氏族贵族和部落制度的影响，加强中央集权。

大流士一世将全国划分为20多个行省，派总督管辖。军事上设5大军区，每个军区长官统辖几个省的军事首领。军队由国王直接控制，行省实行军政分权，省军事长官不受总督辖制。大流士还进行了税制改革。明确规定了各省的贡赋数额，每省均须向中央缴纳一定的金银和实物。在大流士之前，农民税额的多少，每年由税吏预先估定。即使欠收，仍须如数缴纳，十分苛刻。大流士实行土地测量，根据面积、种植谷物的种类以及平均产量，规定固定的税额。这样，对农民来说，较之从前的任意强征，是一种不小的改进。在征税的过程中，往往采用包税制，即将各省的赋税交给“包税人”来征收。这些包税人大多是富商或高利贷利益者，他们一次向国库交付巨额税款，然后与地方官吏一起，相互勾结，巧立税目，大肆盘剥百姓，往往获取比法定贡赋高出许多的利益。所以，大流士的包税制度对非波斯居民来说仍是个沉重的负担。

大流士一世统治下的波斯帝国疆土辽阔，民族众多。大流士为了便于调遣军队，利于统治和控制，除了利用赫梯、亚述等原有的驿道外，又修筑了许多新的驿道。驿道沿途设有驿站，随时都有信差备马以待。最长的一条驿道，长约2400多千米，沿途设有110个驿站。还有一条驿道从巴比伦穿越伊朗高原到达阿富汗东北部地区和印度的边境。有了这些四通八达的御道，波斯帝国的军队调遣起来十分便利。

公元前7世纪，埃及法老尼科二世企图开凿一条运河到苏伊士湾，以实现从红海到地中海的愿望。公元前518年，大流士决定完成这一宏伟的工程。经过艰苦劳作，埃及人终于开通了沟通尼罗河和红海的运河。这条运河的宽度可容2艘3层浆的大船并行。它的开通促进了北非和西亚的经济文化交流和贸易往来，也可以说是近代苏伊士运河的前驱。

在修筑驿道、开通运河的同时，大流士一世还根据经济发展的需要，着手统一全国的币制和度量衡。由于波斯帝国勤于扩张，在不同的地区通行着不同的货币和度量衡，这就给各地之间的经济交流和贸易往来带来诸多不便。于是，大流士一世制定了统一的铸币制度，规定中央政府有铸造金币的特权，省区总督只许铸造银币，各自治城市只许铸造铜币。大流士铸造的金币叫“大流克”，重8.4克，成色最好，含纯金98%。大流士在统一币制的同时，也着手统一全国的度量衡。在出土的文物中，发现刻有大流士王号的尺，另外还有大小不等的青铜和石制的权。据说，大流士在位末年“国王的量”已经代替了私家的量。

在阿契美尼德王朝鼎盛时期，古波斯的疆域东抵印度河和葱岭西部地区（今帕米尔高原以西的喷赤河和阿富汗走廊一带）北及中欧，南临波斯湾和印度洋，西迄巴尔干，西南至埃及、利比亚、努比亚和埃塞俄比亚，形成有70多个民族，近500万平方千米土地，是当时世界上领土疆域最大的国家，也是历史上第一个地跨亚非欧三大洲的帝国。

◆统一的以色列犹太王国在所罗门国王死后发生了分裂，所罗门的亲信耶罗波安在埃及的支持下自立为王，在北方重立以色列王国。立国后经常与南方的由大卫的后裔继续统治的犹太王国发生战争，并遭受过埃及的侵略。以色列王朝不太稳定，常有更迭。在公元前875年兴起的暗利王朝统治期间，局势开始安定。暗利之子亚哈在位时，以色列又联合叙利亚、巴勒斯坦诸国，抵制亚述帝国的西进。到耶户王朝统治时期，以色列受到亚述帝国日益严重的压迫。最终在公元前 722 年，以色列亡于亚述帝国，10 个部落的 27000 多人被放逐。

亚述帝国灭亡后，继起的新巴比伦王国倾兵向西，此时，埃及法老也有重新控制巴勒斯坦地区的野心。

从公元前 604 年到前 602 年，新巴比伦王尼布甲尼撒二世挥兵对叙利亚、巴勒斯坦地区发动了一系列的征服战争，犹太王被迫称臣纳贡。公元前 601 年，尼布甲尼撒与埃及交战，结果损失惨重，不得不退回巴比伦。犹太国趁机脱离新巴比伦，投靠埃及。尼布甲尼撒二世大怒，于公元前 598 年攻破耶路撒冷。据《圣经》记载，犹太王及众多官员、贵族被押到巴比伦去作俘虏，尼布甲尼撒二世立犹太王的叔叔为傀儡国王，并将他的名字改为西底家，意为“上帝是我的公义”

公元前 588 年，也就是中国的春秋时期，埃及又向巴勒斯坦地区发动攻势，犹太国王西底家和这一地区其他臣服于新巴比伦的小国，纷纷起来响应埃及人。不久，尼布甲尼撒二世又率新巴比伦军队对耶路撒冷发动了第二次围攻，这次围攻历时 18 个月。由于饥荒和内部分裂，耶路撒冷终于在公元前 586 年陷落。尼布甲尼撒二世对一反再反的犹太人进行了疯狂的报复。他在犹太国王西底家的面前杀死了他的几个儿子，然后又刺瞎了西底家的眼睛，西底家最终死于狱中。耶路撒冷全城被尼布甲尼撒二世的士兵洗劫一空，城墙被拆毁，神庙、王宫和民宅被焚烧，全城活着的居民几乎全被押解到巴比伦，这就是历史上有名的“巴比伦之囚”。此时犹太王国国祚约有 344 年。

公元前 538 年，波斯帝国征服巴比伦，犹太人获释，他们返回了耶路撒冷，并重建了圣殿。

犹太人在成为“巴比伦之囚”的这一时期，开始酝酿着新的宗教思想。他们之中有的是过去的贵族和祭司，渴望返回故土，恢复统治地位。他们祈求一个“救世主”的来临，引导他们摆脱异族的欺凌，复兴犹太人的王国。此后的犹太教的教义中吸取了巴比伦宗教中的单一神观念；吸取了埃及宗教中关于复活和最后审判的理论；吸取了波斯国教拜火教中天使和魔鬼的观念，逐渐形成犹太教的理论基础，犹太教才逐渐形成统一的教义。

公元前 333 年，马其顿帝国亚历山大三世率领希腊大军扫平迦南，取代了波斯在这里的统治地位，并由此进入埃及。

◆迦勒底人是闪米特人的一支，属于塞姆语系的一个游牧部落。他们约于公元前 1000 年初来到两河流域南部定居，在公元前 800 年前后，迦勒底人形成了若干个部落联盟。巴比伦尼亚的原有居民无力阻止迦勒底人在南部两河流域的渗透。逐渐地，迦勒底人把自己看作是这片拥有古老文明土地的主人，是古巴比伦王国合法的继承者。公元前 732 年，巴比伦发生王位争夺，迦勒底人的部落首领成了巴比伦王。亚述帝国出兵干涉，借机吞并了巴比伦尼亚。迦勒底人虽多次起义反抗亚述的统治，但均告失败。

公元前 627 年，亚述帝国最后一位强有力的国王亚述尔巴尼拔去世，继任的国王平庸无能，对包括巴比伦在内的各国的控制力也日显式微。迦勒底人领袖那波帕拉萨（又译那波波来萨）曾任亚述帝国的巴比伦尼亚总督，他趁亚述内乱之机闹起独立，于公元前 626 年自立为王，重建巴比伦王国，摆脱了亚述人的统治。为了与前古巴比伦王国相区别，历史上将那波帕拉萨所建的王国称为“新巴比伦王国”（也称：迦勒底王国）。

那波帕拉萨建国后立即与发展于伊朗高原的米底人结盟，在公元前 612 年，联合攻陷了亚述首都尼尼微。称雄一时的亚述帝国灭亡了，其国土和国民被新巴比伦王国和米底王国所瓜分，其中新巴比伦王国分取了亚述帝国的西部，即两河流域南部、叙利亚、巴勒斯坦及腓尼基。不过，埃及人认为这一部分地区是它的属地，因而这些地区还有待新巴比伦王国用武力去夺取。

公元前 607 年，年迈的那波帕拉萨把军队的指挥权交给了儿子尼布甲尼撒二世，自己只打理国内事务。当时，摆在尼布甲尼撒二世面前的首要任务，是同埃及争夺叙利亚和巴勒斯坦。为免除自己的后顾之忧，尼布甲尼撒二世继续与米底结盟，还与米底公主联姻。

公元前 605 年春，尼布甲尼撒二世率军攻取了叙利亚。公元前 604 年 8 月，老国王那波帕拉萨去世，正在叙利亚巩固胜利成果的尼布甲尼撒二世赶回巴比伦继承了王位。

公元前 601 年，尼布甲尼撒二世率军向埃及边界推进，同埃及发生战争，双方损失均很惨重。公元前 598 年年初，在埃及法老的鼓动下，犹太国王宣布脱离新巴比伦王国的控制，使得尼布甲尼撒二世于公元前 587 年进军巴勒斯坦，包围了耶路撒冷，在 18 个月后，由于饥荒和内部分裂，耶路撒冷在公元前 586 年陷落。尼布甲尼撒二世下令毁灭耶路撒冷城，并将犹太国王带到巴比伦去示众，而全城存活民众则被俘往巴比伦，造成了历史上著名的“巴比伦之囚”。

尼布甲尼撒二世虽将大部分精力用于对外征战，却未忽视国内建设。他注意发展经济，在尼普尔（位于今伊拉克南部）附近修建了一个巨大的水库，使干旱时节可调节水的分配，灌溉农田。为了彰显他的文治武功，尼布甲尼撒二世下令重建巴比伦城，新城的规模非常壮观和牢固，围绕城市的城墙大约有 8.5 米高，用砖垒砌而成，4 匹马拉的战车可以在宽阔的城墙上奔驰。全城呈方形，边长 22.2 千米，全城有 100 扇铜制城门。因此，古希腊诗人荷马把巴比伦城称为“百门之都”。城墙的两端起于幼发拉底河畔，河对岸是巴比伦的副城区，一座大桥横跨幼发拉底河，使副城区与主城区相连接。所以，这座城墙使幼发拉底河成为可有效抵御外侵的重要屏障，而且也是一道保护巴比伦城不受河水泛滥侵害的可靠堤防。

闻名全球的伟大建筑——“空中花园”，源于一个美丽的爱情故事传说。公元前 614 年，尼布甲尼撒二世即位后不久，就娶了一位米底公主做王后。但是，这位王后一到巴比伦，只见一片荒原，没有鸟语花香和绿树成荫，不觉向往起花草遍野的家乡。王后茶不思，饭不想，整日愁眉苦脸，美丽的公主，变得容颜憔悴，这下急坏了尼布甲尼撒二世。于是，尼布甲尼撒二世下令召集了几万名能工巧匠，建起了一座边长 120 多米，高 25 米，用石柱和石板向上堆砌，直达高空的大假山。假山共 7 层，每层铺上浸透柏油的柳条垫，以防渗水。上面再铺两层砖头，还浇铸了一层铅。经过这些措施以后，才在上面一层一层地培上肥沃的泥土，种植许多奇花异草。由于这些花木远看好像长在空中，所以叫作“空中花园”。空中花园里，除了花草树木，还建造了富丽堂皇的宫殿，这样国王和王后就可以在这座宫殿里处理政务，远眺全城的风光。据说，王后从此兴高采烈，与尼布甲尼撒二世更加恩爱。

英国研究人员依据考古新发现认为，历史上的空中花园实际上位于巴比伦以北300英里之外的尼尼微，其建造者是亚述王辛那赫里布，而不是巴比伦的尼布甲尼撒二世。与传说中的所在地相隔了400多千米。

在尼布甲尼撒二世统治时期，新巴比伦王国处于极盛阶段。奴隶制经济有较大的发展，奴隶广泛用于社会经济的各个领域。奴隶可代主人经商，可以租种主人或第三者的土地，甚至可以同自由民订立契约，但其人身隶属关系并未改变。神庙经济中大量使用奴隶，神庙奴隶（喜尔库）受到残酷的剥削和压榨。神庙拥有大量地产，并经营商业和手工业。大奴隶主阶级分成军事贵族和神庙僧侣两大集团。僧侣集团势力强大，首都巴比伦城的马尔杜克神庙的僧侣在诸神庙中居领导地位，在新巴比伦王国政治生活中有着举足轻重的影响力。代表军事贵族的那波帕拉萨和尼布甲尼撒二世均大量营造神庙，以争取神庙僧侣的支持。据专家认为，尼布甲尼撒二世在位期间，巴比伦城人口一度达到十多万，且因地处交通要冲商贾云集，是当时亚洲西部著名的商业和文化中心。

但是，在强盛的背后，已经潜伏了危机：被征服的外族人对来自新巴比伦的统治者的仇恨和反抗不断发生；本族的贫民和农民因破产沦为奴隶，加剧了国内的阶级矛盾；贵族和奴隶主阶级内部，争权夺利的矛盾也越来越激烈。在东面，越来越强大的波斯帝国征服了新巴比伦王国的盟友米底，开始对巴比伦虎视眈眈。

公元前562年，傲视群雄的尼布甲尼撒二世逝世，新巴比伦王国的政局骤然恶化，在5年里连续换了三个国王。公元前556年，一个阿拉美亚人部落领袖的儿子那波尼德（又译拿波尼度）上台当上了国王。

从发现的泥版文书记载的情况看，那波尼德统治时期新巴比伦王国的商品贸易和货币流通依然活跃，经济形势似乎稳定，他甚至离开巴比伦10年，目的是为新巴比伦王国寻找一条新的商道。但有三件事引起了当时贵族集团中许多人的不满：一是那波尼德不再敬奉原来巴比伦的主神，而改敬月神，但是，这个月神又不是巴比伦尼亚人传统的月神，而是一个阿拉美亚人的月神，这引起了巴比伦祭司集团的不满；二是他长期离开巴比伦，而将朝政交给他的一个儿子，这引起了贵族统治集团的忧虑；三是当时崛起的波斯人灭亡了安纳托利亚半岛的米底王国和吕底亚王国，使新巴比伦王国同希腊人的贸易受阻，并且使得新巴比伦王国在国际上处于孤立无援的地位。因此，新巴比伦王国的工商业奴隶主同那波尼德的矛盾也尖锐起来。

公元前539年，波斯国王居鲁士二世率领强大的军队大举入侵新巴比伦王国。虽然巴比伦城十分坚固，但是，波斯军队在幼发拉底河中从容修建了一座水坝隔开河水，然后从放干水的河床中偷偷攻入城下。城内有祭司（一说是商人）打开城门放波斯士兵入城，使新巴比伦王国灭亡。

新巴比伦王国虽然立国短暂，存在不到一百年，但它在两河流域历史上刻下了深深的印记。新巴比伦王国的结束，标志着两河流域历史独立发展的完结，从此它被一个个外族入侵和统治。此时正值中国春秋时代中末期。

南欧——

◆在公元前 800 年至前 600 年，也就是在中国的西周灭亡，东周诞生的时候，是古希腊奴隶制城邦形成的时期，也称早期希腊时代或古风时代。这使得希腊社会经济在荷马时代之末，有了进一步的发展，铁器已普遍使用，手工业中的冶金、制陶和造船各业相当发达，并能够制造承载二百多名水手的三层浆座的大船。农业的发展、手工业的专业化、航海条件的不断改善，促进了希腊与亚非各国频繁的贸易往来。早期希腊时代，在各族分布的地区，先后建立起 200 多个奴隶制城邦。这些城邦都以一个城市为中心，包括周围若干个村镇，一般是地不过百里，人不过数万，大的也只有数十万人口。其中，影响最大的要算是斯巴达和雅典。

流传至今有关这一时期的文献史料较多集中于诗人希西阿德（也译赫西俄德）的诗篇中，诗人约生活在公元前 8 世纪至公元前 7 世纪之间，故史学界称之为希西阿德时期，这是希腊城邦最初形成的时期。

希西阿德出生于希腊中部的彼奥提亚，有《神谱》和《田功农时》（也译作《工作与时日》）二诗篇传世。《神谱》记述了希腊的神话传说；《田功农时》则讲述了农耕劳作和农村生活，是了解当时古希腊农村社会最直接、最生动的材料。希西阿德把人类历史分为五个时代：黄金时代、白银时代、黄铜时代、英雄时代和铁器时代。在希西阿德看来，各个时代民众的生活状况是每况愈下的，他所生活的时代即铁器时代最为不好。这反映了当时希腊社会的贫富分化和土地兼并对底层农民的冲击。诗中以鹰隼（sǔn）欺凌夜莺的语言揭露贵族对小农的掠夺和压榨，点明“强权就是公理”，揭示了奴隶社会阶级压迫的本质。诗中还以告诫兄弟的形式劝谕世人务农要勤劳务实，必要时还须出海做点生意，表明了这时希腊社会小农经济的艰辛。《田功农时》是古希腊第一部以现实生活为题材的长诗，风格简洁，清新自然。

在希西阿德时期，希腊社会内部阶级分化日益明显，奴隶逐渐增多，生产力有新的增长。这时希腊对外商业联系已超过荷马时代的水平，各部落联盟纷纷建城立国。因此，在公元前 750 年到公元前 700 年间，希腊土地上涌现出众多的城邦，闪现着文明的曙光。

与城邦建立的同时，希腊人在消亡的迈锡尼“线形文字 B”的基础上袭用腓尼基字母，创造了一种新的文字来书写自己的语言。希腊人没有照搬腓尼基人的文字，而是经过了彻底的改造。希腊字母的形状同腓尼基字母一致，其顺序也基本上相同，甚至读音也来自于腓尼基。但是，希腊人将其中的一些辅音字母改成元音字母使用，最终创造出一种使用 24 个元音字母和辅音字母的新的字母文字。它不同于腓尼基的音节文字，每个字母都有单独的发音，并可单独表现出来。这种文字体系极其简洁实用，直到今天，世界上的大多数文字仍然使用这种体系。

文字的出现，对希腊社会和文化产生了深远的影响。在这个时期，荷马史诗被用文字书写下来，还出现了以希西阿德为代表的一大批抒情诗人。有史学家提出，早期希腊时代社会与文化的变革、民主政治的兴起、逻辑与理性思维的开端等都应归功于希腊人新文字的应用，都是新文字使用的结果。

一般而言，世界各民族从原始社会进入文明社会，最早建立的国家都是城邦类型的小国，再由各小国通过兼并发展为大国以至帝国。希腊古文明的特点却是，城邦小国分立的局面远比其他文明为长，而且是在城邦体制下达到其文明的辉煌。

城邦国最本质的特征就是公民政治获得较充分的发展，直至建立起奴隶制民主政治，最后从军事民主制转化为贵族统治阶级国家，最早的城邦国王也由军事首领或宗教首领转变为国王。希腊城邦也不例外，各城邦都有传说中的国王与王朝，还有贵族会议和公民大会。但在发展过程中，王权却不像东方各国那样日益强大，反而逐渐衰微。绝大多数城邦最终废弃君主而实行共和，而后又限制贵族的权力，乃至在一些城邦中推翻贵族统治，建立了古代公民权利最发达的民主政治。

典型的例子是雅典城邦。到公元前 8 世纪，雅典城邦的首脑已不是国王而是执政官或称“名年执政官”（类似于古亚述号里木的名年官，即名字是在任之年的年号），但国王之名仍保留在行政官名中，它是位于名年执政官之下的一个执政官的称号，可称其为王者执政官或祭仪执政官。从王名保留的情况看，王权的取消似乎未经过暴力废黜。此时中央议事会议成为贵族会议，只有贵族才能参加，各执政官由它从贵族中选定，交公民大会形式上通过。执政官最初是终身制，后改为十年一任；到公元前 683 年，改为一年一任，雅典的贵族政治至此到达顶峰。

这时雅典的执政官多达 9 人。首席或名年执政官是国家元首，执掌内政；王者执政官主持节日庆典、宗教仪式并管理民族事务；军事执政官统理军务；最后 6 名司法执政官管理司法和编颁布法令。9 执政基本从贵族中产生，因此形成贵族对国家政治无孔不入的垄断，他们控制官职，制定法律。在政治上统治国家，经济上则通过高利贷、土地兼并和债务奴隶制使底层贫民、农民、手工业者破产或失去土地，难以为生，沦为债务奴隶。

雅典城邦贵族政治的改变是从历史上著名的梭伦改革开始。梭伦也出身贵族，所以他有资格当选为首席执政。但他并不属于贵族显贵，他的家境中平，早年曾经营贸易，与商旅为伍，成为饱学之士和诗人，被时人誉为“七贤”之一。他常在诗中抨击贵族，同情平民。又曾在雅典与邻邦的战斗中勇立军功，率军攻克应属雅典的萨拉米岛。因此，在雅典民众中很有威望。

当时雅典城邦的阶级矛盾已十分尖锐，政局动荡，不满现状的平民百姓已准备铤而走险，武装暴动一触即发。然而贵族统治阶级为维护自身利益，固守以往，墨守成规。此时，社会上有了一批靠经营工商业致富的奴隶主，他们多出身平民，有钱而无势，也对贵族统治不满，政治上倾向于平民一边。应该说，梭伦是这批工商业奴隶主的代表，他以整个城邦的利益为重，主张不偏不倚的立场。他既痛恨贵族的顽劣，也不愿引发平民的暴动，希望以和平改革的方式解决城邦面临的各类问题，搞一个带有立宪意义的改革运动。他的立场得到大多数公民的支持，遂在公元前 594 年被选举为首席执政，全权进行宪政改革。

梭伦改革的第一个重大措施是颁布《解负令》，即解除平民债务及由于平民负债而遭受的奴役。根据这个法令，平民所欠公私债务一律废除，雅典公民沦为债奴者一律解放，同时永远禁止放债时以债务人的人身作担保，也就是取消了债务奴隶制。不仅国内因负债被奴役的公民重新获得自由，国家还负责赎回那些被卖到国外的债务奴隶。与此相应的是，那些因负债而押出土地沦为奴隶的人，也再次成为自己土地的主人。梭伦还规定了公民个人拥有土地的最高限额，防止土地过分集中，通过保护小农、小手工业者，促使城邦体制获得健康发展。

《解负令》不仅使雅典公民中的下层贫穷大众解除了沉重的债务负担，而且由于它取消了城邦债务奴隶，对雅典的奴隶制社会产生了重大影响。不过，这种取消仅指雅典公民而言，并不触及奴隶制体制的根本，以后雅典城邦的奴隶便全部来自外邦人。由于公民不再遭受债务奴役，城邦体制更为巩固，民主政治也更加发展，遂使雅典奴隶制经济走向繁荣。

第二项改革措施是按土地收入的财产资格划分公民等级，取消以前的贵族、农民、手工业者三级之分。这项改革自然使工商业奴隶主大获其利，同时，对贵族阶层也并非彻底打击，只是他们的特权受到了削弱，不能再独占权利了。具体细则是：第一等级的财产资格为每年收入按谷物、油、酒等总计达 500 麦斗以上（每麦斗约合 52 升），称“五百麦斗级”；第二等级是收入300麦斗以上者，称“骑士级”；第三等级的标准则是200麦斗以上，称“兵士”或“牛轭（è）级”（有耕牛者）；其余收入不及 200 麦斗者统归入第四等级，他们靠给人做工为生，故称“雇工级”。分等级的目的是分配政治权利。第一级可任执政、司库及其他一切官职；第二级与第一级同，唯不得任司库（负责国家财政）；第三级可任低级官职，对执政官等高官则无缘；第四级则依旧不得担任一切官职，但可和其他等级一样充当陪审法庭的陪审员。由此可见，梭伦的改革使工商业奴隶主通过第一和第二级而获得掌握政权的机会，把他们上升为统治阶级。他给予平民的政治权利却有一定限度，反映他的改革始终也是有限度的。当然，不同的等级所尽城邦义务也有差别。例如，在军事义务方面，第一、第二等级提供骑兵，自备军械、军装和马匹；第三等级提供重装步兵，他们自备军械和军装，但不需提供马匹，他们是构成雅典军队的主要部分；第四等级主要是充当轻装步兵和一般水手，不用自带军备，只带棍棒。

第三项改革是设立新的政权机构。新机构中最重要的是 400 人议事会，由 4 部落各选 100 人组成，除第四级外，其他公民均可当选。400 人议事会获得原属贵族议事会的众多权力，成为公民大会的常设机构。贵族议事会虽然保存，但权力大为削弱。公民大会从原先的形同虚设，逐渐恢复了作为雅典城邦最高权力机关的作用。

梭伦建立的另一新机构是陪审法庭，它不仅参与例行审判还接受上诉案件。梭伦规定每个公民都有上诉的权利，而陪审法庭是以陪审员当法官，人数从数十人至百名左右，各级公民都可通过抽签任职。审案时投票做出判决，打破了贵族垄断司法的惯例。

第四项改革措施是促进工商业发展的法规。例如，奖励国外技工迁居雅典，对携带家眷的移民技工给予公民权；雅典公民必须让儿子学一门手艺，否则儿子可拒绝赡养其父；禁止除橄榄油以外的其他粮食出口；对度量衡和币制进行改革，使雅典更好地开展对外贸易；等等。这一系列发展工商业的措施突出体现了工商业奴隶主的要求。

纵观梭伦的各项改革，它在缓解平民疾苦、削弱贵族政治方面迈出了重要的一步，为平民出身的奴隶主阶层介入政治做了基础铺垫，把雅典引上了建立奴隶制民主政治的道路，这也符合当时希腊城邦的发展要求。后世学者评论梭伦改革“采取了最优秀的立法，拯救国家”。在梭伦改革后的百余年间，雅典遵循着他开辟的这条道路，又继续进行一些民主改革。

正当雅典公民为探索如何实现奴隶制民主政治而进行变革的时候，中国的东周王朝也进入了中国历史上继春秋时代之后的又一大变革时期——战国时代。这个时代，促使中国的封建社会制度和中华民族传统文化的进一步形成。

公元前 508 年，克利斯提尼（又译克里斯提尼）利用担任雅典首席执政官的机会，通过公民大会再次推行了一系列重大改革。他设立 10 个地区部落，取代原来的 4 个氏族部落。雅典被分为城区、沿海和内地 3 大地区，各大地区再分为 10 部分，称为“三一区”（也称“三分区”）。“三一区”下分若干个德莫斯（自治村社），构成雅典公民政治、社会和宗教活动的基层单位。于是，地域原则代替了血缘原则。规定每个地区部落每年各选 50 名 30 岁以上的公民，组成 500 人议事会，代替梭伦创设的 400 人议事会。在军事上，克利斯提尼建立一个十将军委员会，规定每年由 10 个部落中各选 1 名将军组成，可连选连任，并轮流担任首席将军。公民大会以表决方式规定各将军的职权，各将军要向公民大会汇报工作接受监督并享有参加 500 人议事会的特权，有时还被指定为国家代表与其他城邦谈判，订立条约，但条约须经公民大会批准。十将军委员会战时除统率陆海军外，还掌管国家外交事务及部分财政。为防止不断产生的政变事态，克里斯提尼还创建了陶片放逐法（又称“贝壳放逐法”），放逐法让民众有权将一位公民放逐长达 10 年。最早这一制度的设计是用来防止对民主制度的破坏，防止产生独裁者。例如，被认为具有太多权利的公民就会成为被放逐的目标人物。在这套制度中，被放逐者的财产将会保留，但他本人不允许进入他被放逐时的城邦。

克利斯提尼的改革进一步促进了雅典民主政治的发展，清除了氏族制、部落制的根基，完成了雅典城邦从氏族过渡到国家的整个过程。同时结束了一个多世纪的雅典平民反对贵族的斗争，标志着雅典民主政治的确立。此后，雅典的社会主要矛盾不再是贵族与平民的矛盾了，而是奴隶与奴隶主的矛盾，古希腊从此进入以雅典为中心的古典时代。

学界一般认为，克里斯提尼的改革在雅典初步建立起奴隶主制民主共和国。因为雅典政体已经兼具“主权在民”“抽签选举”“轮番为治”的特点。但这时的民主尚不完全，特别是“主权在民”这点还不充分，主要是财产法定资格仍然有效，三、四等级公民的政治权利受到限制，只能出席公民大会，不能担任高级官职。所以，这时的民主政治尚未完全建立。

出身雅典名门的伯利克里（又译伯里克利、伯利克利），父亲曾是雅典舰队的司令官，母亲是克利斯提尼的侄女。从公元前 462 年开始，雅典公民大会在伯利克里的推动下，进一步通过了一系列社会改革的法令和措施。其改革的主要内容是：公民大会成为立法机关和最高权力机关；500 人议事会（各部落轮流执政）是公民大会常设机构，闭会期间处理日常事务，职能也进一步扩大；陪审法庭成为最高司法与监察机关；各级官职向广大公民开放（第三等级公民取得担任执政官的资格，第四等级公民后来事实上也被允许担任此职）；实行公薪制，最初，由国家给予陪审法官每日生活津贴，后薪酬制扩大到大多数公职，这就为贫苦公民参加政权管理提供了一定的物质保证（为吸引公民观赏戏剧，还特意为公民发放“观剧津贴”），通过伯利克里的改革，雅典民主政治得到进一步的完善。雅典也成为一个经济繁荣、国力强大、政治民主、文化昌盛并居领导地位的希腊城邦。

希腊城邦形成以后，希腊人便开始大规模的海外殖民。希腊人最早在叙利亚建商站，在公元前 750 年左右又向西远航，来到意大利那不勒斯附近的皮提库萨岛建立了殖民点，成为一个最早的殖民城邦，其后不久又在意大利建丘米城。从公元前 6 世纪起的 200 多年间，希腊人多取海路，在地中海地区广泛开展殖民活动。其东至埃及和叙利亚，南面沿非洲利比亚至突尼斯沿岸，西面进入意大利，伊利里亚（今南斯拉夫和阿尔巴尼亚）、西班牙和法国南部沿岸，在北面进入色雷斯（今保加利亚南部），并通过赫勒斯滂海峡（今达达尼尔海峡）而入普罗朋提斯海，又通过博斯普鲁斯海峡（又称伊斯坦布尔海峡）而进入黑海广大地区（包括今土耳其、保加利亚、罗马尼亚、乌克兰、俄罗斯及高加索等地），在这些比希腊本土不知大多少倍的海岸地带建立了众多的殖民城邦。据统计，在此期间参与殖民行动的希腊城邦（包括殖民城邦又进行新殖民者）共有 44 个，在上述各地共建殖民城邦至少在 139 个以上。这种海外殖民活动极大地促进了希腊各地的商品生产和海外贸易，加强了希腊人与殖民地民族间的经济文化交流，为创造古代希腊文明奠定了基础。

在希腊城邦向地中海沿岸扩展的同时，西亚的波斯帝国也在扩张，强大的波斯帝国征服了安纳托利亚半岛上的希腊诸殖民城邦。公元前 499 年，安纳托利亚半岛上的希腊殖民城邦发动起义，得到雅典的支持。波斯国王大流士在镇压起义后，就准备进攻雅典，从而爆发了持续了半个世纪的“希波战争”。

公元前 490 年，波斯大军渡海西侵，但在马拉松战役中被人数居于劣势的雅典重装步兵击败。希腊人赢得了第一次希波战争的胜利。为了让焦虑的雅典人尽快知道胜利的喜讯，雅典军中一个叫裴里庇第斯（也译菲迪皮茨）的士兵用长跑的方式赶回雅典报信。裴里庇第斯是个有名的“飞毛腿”，尽管他已在战斗中负伤，但他还是一个劲地快跑，当他跑到雅典时，激动地朝人们喊道：“欢乐吧，雅典人，我们胜利了！”说完，就倒在地上死去了。为了纪念这一事件，在 1896 年举行的现代第一届奥林匹克运动会上，设立了马拉松赛跑这个项目，把裴里庇第斯当年送信跑的里程——42.193 千米作为赛跑的距离。

公元前 480 年，大流士的儿子波斯国王薛西斯（又译泽克西斯或泽尔士）率数十万大军及战舰 1000 余艘再次进攻希腊，希腊各城邦也结成同盟，共御强敌。希腊联军的陆军以斯巴达人为主力，海军则以雅典舰队为主。希腊联军统帅斯巴达国王列奥尼达率领希腊联军约 7000 人，扼守地势险要的温泉关。此关卡实为依山傍水的一条狭窄通道，易守难攻。波斯大军一连几次进攻都被希腊守军击退，薛西斯一筹莫展。不过，当地一希腊人背叛联军，指给波斯军队通往温泉关背后的一条小路。波斯军队发动奇袭，打开了关口。列奥尼达在腹背受敌的情况下，为保存实力，命令联军主力撤退，自己率领300名斯巴达人和700名其他城邦的战士留下来拼死抵抗。最后，斯巴达人在波斯大军的前后夹击下全部战死，掩护了联军主力的撤退。希腊联军在温泉关虽然失利，但为希腊海军的集结赢得了时间。波斯军队随后占据了希腊三分之二的土地。但在攻入了雅典时，却发现雅典只剩下一座空城，全城居民早已坚壁清野后撤走，波斯人为泄愤将全城焚毁。但希腊海军在萨拉米海战中一举击溃了波斯海军，波斯人面临补给被切断的危险，不得已撤退。第二年，以斯巴达军团为核心的希腊联军再次击败波斯陆军，并将其统帅击毙。随后，以雅典为首的希腊海军反攻波斯，攻进安纳托利亚半岛，使半岛希腊移民城邦脱离了波斯的统治，波斯势力从此退出爱琴海与黑海地区。公元前449年，希腊军队在塞浦路斯岛彻底打败波斯，双方订立和约，希波战争宣告结束。

公元前400年的时候，也就是中国的战国初期，马其顿人崛起。马其顿人与希腊人本是同族，位于希腊北部偏僻的边疆地区，在其崛起之前，一直被希腊人视为荒蛮之地。

马其顿在国王腓力二世统治时期，进行了一系列改革，在政治上削弱了氏族贵族势力，加强了国王权力；在经济上改革币制，发展工商业；在军事上建立重装步兵，使马其顿成为军事强国。马其顿在公元前338年的时候进军中希腊，第二年进军南希腊，同年以雅典、底比斯为首的反马其顿联军与马其顿军队决战于中希腊的喀罗尼亚，联军惨败。第二年，腓力二世在科林斯召集各城邦开会，宣布希腊各城邦成立联盟（科林斯同盟），除斯巴达外的全希腊城邦都被迫承认了马其顿的霸权，并决定进攻波斯。希腊城邦时代宣告结束，马其顿王国阿吉德王朝拉开了走向辉煌的序幕。

在公元前336年的时候，腓力二世在他女儿的婚宴上（她将嫁给舅舅——伊庇鲁斯国王）遇刺身亡，其子20岁的亚历山大继位，史称：亚历山大三世，又尊称亚历山大大帝。

有人将亚历山大评为欧洲历史上最伟大的4个军事统帅（亚历山大大帝、恺撒大帝、汉尼拔、拿破仑）之一。据说少年时代的亚历山大就有非凡的表现。公元前344年，一名卖马人带给腓力二世一匹出色的骏马，当时马其顿所有最优秀的驯马人都没有驯服它。小亚历山大向父亲声明，如果他能驯服，希望父亲将这匹马作为礼物送给他。腓力国王以为是儿子的童言稚气，认可了这个赌局。亚历山大首先将马头牵往背向阳光的一边，然后轻轻地抚摸马头和马背培养与马之间的信任感，又对着马耳轻声细语几句后突然上马，骑着马奔腾起来。原来亚历山大用他敏锐的洞察力发现这匹马害怕看见自己的影子，所以他将马牵往背光的一面。当亚历山大骑着马回来的时候，腓力国王兴高采烈地对他说："我的儿子，找一个适合你的王国吧，马其顿太小了。"

后来为了让桀骜不驯的亚历山大获得更多学识上的教育及引导，腓力二世聘请了希腊哲学家亚里士多德作他和其他贵族子弟的导师。亚里士多德给予亚历山大完整的口才训练和文学教育，并且激发了他对科学、医学和哲学的兴趣。但是，亚历山大作为王国继承人的地位并不牢固，他的母亲与腓力二世产生了矛盾，腓力二世又爱上了别的女人。为此，亚历山大在一次聚会上与腓力二世发生了直接冲突，他不得不逃出马其顿去暂避风头。

在公元前 338 年，以雅典和底比斯为首的希腊城邦结成同盟准备随时反击马其顿。腓力二世不可能漠视这个趋势，于是双方展开了一场决定希腊命运的战役——喀罗尼亚（位于希腊的波奥蒂亚）战役。在这次战役中亚历山大发挥了极其重要的作用，他作为左翼总指挥找准时机果断地挥师突入希腊联军的缝隙，全歼了闻名希腊的劲旅底比斯圣队，并且从背后直接夹击了敌军，致使马其顿人获得了关键的胜利，此时亚历山大才 18 岁，他的军事才能得到了充分的展示。

其后腓力二世的突然身亡，造就了亚历山大时代。

虽然薛西斯一世被打回波斯之后再也没有进攻希腊，但波斯人火烧雅典城及其对希腊的践踏和屠戮行为，使得希腊城邦上下蔓延着复仇和反攻波斯的情绪，这被上台的亚历山大所利用。

公元前 334 年，亚历山大率军渡过了赫勒斯滂海峡（今土耳其恰纳卡莱海峡）入侵波斯帝国。据说，在临出征波斯前，亚历山大把自己所有的财产、奴隶和牲畜全部分赠给他人。当时有位将领迷惑不解地问他："陛下，您把所有的东西都分给了别人，把什么留给自己呢？""希望！"亚历山大坚毅地说，"我把希望留给自己！它将给我带来无穷的财富！"随后，亚历山大怀着征服世界的渴望，离开故土，踏上了千里迢迢的征程。

亚历山大的军队与波斯国王大流士三世的军队在格拉尼库斯河（今土耳其科贾巴什河）首次展开会战，波斯军队大败，大流士三世的儿子、女婿均在混战中被杀。马其顿军队不到半年的时间即占领了安纳托利亚半岛。继后，公元前 333 年，亚历山大率军在伊苏斯平原（今土耳其伊斯肯德仑北部）大败大流士三世亲率的十多万波斯军，俘虏了大流士三世的母亲、妻子和两个女儿，大流士三世向东溃逃。随后，亚历山大率军进入波斯本土，在公元前 331 年 10 月初的高加米拉战役（又译：高加麦拉战役、高加美拉战役）中，大流士三世再败，马其顿军占领波斯的苏萨与波斯波利斯（又称：塔赫特贾姆希德）两个都城，掠夺大量财宝后大肆杀戮，最后放火焚毁了波斯波利斯城，以报复薛西斯一世纵火焚毁雅典城的仇恨。其后，波斯国王大流士三世被其部将所杀，享年 50 岁，波斯灭亡。

亚历山大征服波斯帝国后，为了促进马其顿人和波斯等东方民族的融合，也为了日后帝国在波斯统治的稳定，在苏萨举行一场波斯式的集体婚礼。婚礼中，亚历山大带头迎娶了波斯大流士三世的大女儿和波斯前国王的小女儿，同时要求他的军官和幕僚们迎娶波斯其他贵族们的女儿。婚礼中，亚历山大对于那些娶了波斯女子的马其顿人慷慨赠赐，这样的人数据说有一万人之多。据史家记载，亚历山大在这场婚礼中送给每个宾客一杯装满酒的金杯，婚礼活动进行了 5 天。

公元前 333 年，亚历山大先后征服了叙利亚、腓尼基各城市。次年又征服了埃及，在埃及尼罗河口建了一座新城，名为亚历山大里亚（又译亚历山卓，今埃及亚历山大港）。

公元前 327 年，亚历山大挥师东进印度，在印度河西部取得一系列胜利后企图沿着恒河继续东征。但因众多将士在外连年征战，思乡心切，又因印度多雨，天气酷热，士兵饱受水土不服的苦楚，而拒服命令。亚历山大无奈，只得把征服印度的部分留下驻兵后还师。公元前 324 年初，亚历山大将巴比伦作为新都，建立了一个地跨欧、亚、非三洲的大帝国。其版图包括今天的希腊、马其顿、保加利亚、阿尔巴尼亚、塞浦路斯、土耳其、黎巴嫩、叙利亚、以色列、巴勒斯坦、埃及、约旦、伊拉克、科威特、伊朗、巴基斯坦、阿富汗的大部分、印度的小部分，国土面积约 550 万平方千米。

公元前 323 年 6 月，亚历山大突患恶性疟疾，发病 10 天后离世，年仅 33 岁。

◆意大利半岛是古代罗马帝国的发祥地，因亚平宁山脉由北而南纵贯其境，故又称亚平宁半岛。它位于地中海中部，东、南、西三面临水，有阿尔卑斯山在北境作为屏障。在公元前 1000 年至前 700 年的时候，也就是中国的西周时代，意大利半岛处于一个多民族、多重文化交织的时期，“古意大利人”是其中最重要的一族。他们穿越北部和东部的阿尔卑斯山和亚得里亚海到达意大利，他们起初过着游牧生活，后来形成了以农耕为基础的生活方式。并创造了意大利的青铜文化和铁器文化。根据他们所在部落和居住地区，“古意大利人”又分成许多支，如萨宾人、翁布里亚人及拉丁人、萨莫奈人等。

在公元前 1000 年的时候，有伊达拉里亚（也译伊特鲁利亚、伊特拉斯坎、埃特鲁里亚、伊楚利亚）人从安纳托利亚渡海进入意大利（也有伊达拉里亚人是意大利本地土著一说），建立了新的城邦。在公元前 800 年至前 600 年的时候，希腊人向意大利半岛南部移民并建立了许多移民城邦。在公元前 500 年末，高卢人（一说为凯尔特人的一支）又从阿尔卑斯山以北进入波河平原（也称做米兰平原）。总之，古代意大利半岛上的居民成分复杂。

罗马是拉丁人所建立的城邦之一，罗马最早的历史时期一般称为“王政时代”，即国王统治时代。王政时代罗马社会的基层组织是父系氏族，但家长制家族已在发展，并逐渐变成基本的社会经济单位。几个家长制家族组成一个父系氏族，多个父系氏族组成一个胞族叫库里亚，多个库里亚组成一个部落。当时罗马有 300 多个氏族组成的 3 个部落，这 3 个部落组成了罗马城邦。

罗马城邦管理机构有 3 个。一是库里亚会议，是以库里亚为单位召开的民众会议，各族成年男子参加。大会有权讨论全城邦的重大问题，如战争、选举国王、通过或否决新的法规，对重大案件做出最后判决等。二是元老院，由 300 多个氏族长组成，由它处理各种公共事务，向库里亚会议提出重要议案，同时，元老院有权批准和否决库里亚会议的决议案。所以，事实上元老院是真正掌握权力的机关。第三是勒克斯即“国王”，由库里亚会议选举产生，也可由该会议罢免。作为军队首领、最高祭司长和审判长的勒克斯，不能世袭，他还没有具备真正国王的统治权力。

王政时代的罗马在希腊文化的影响下社会经济有了显著的进步，手工业和农业已有明确分工，商品贸易有了很大发展。富人逐步形成氏族贵族，财富开始集中在少数人手中，他们控制着大部分的贸易、行政管理和军队，而且只有他们才能够进入元老院或被任命和选举为官员。平民主要是小农场主、小商人和劳作的手工工匠，他们占人口的大部分，在政府中却几乎没有发表意见的机会，这时已出现了奴隶。

王政时代后期，为了适应当时城邦的经济发展和对外扩张的需要，增强罗马城邦的实力，调整城邦社会内部关系，第六任勒克斯塞尔维乌斯·图利乌斯实行了一系列改革。改革内容主要是三点：第一，建立新的地域部落，代替原来按照血缘关系组织起来的 3 个氏族部落；第二，对公民及其财产进行普查，在此基础上按财产多寡把公民划分为 5 个等级，每个等级提供数目不等的军事百人队（也称：森都利亚或森图里亚），共计 193 个百人队，并确定其相应的权利和义务；第三，创设森都利亚大会也称百人队大会，作为新的公民大会。塞尔维乌斯的改革标志着罗马城邦由氏族制向国家制度的过渡。

王政时代最后一任勒克斯，相传是个暴君。在公元前 510 年，罗马人掀起了反暴政的起义，把这个勒克斯赶出了罗马。由此，王政时代结束，罗马开始建立共和体制。该体制通过森都利亚大会从贵族中选出两个任期一年的执政官，主持城邦日常事务。执政官有十二名随从，每人肩负一个中间插有战斧的笞棒，象征着城邦最高长官的权力。这种笞棒被称为“法西斯”，现代法西斯一词即来源于此。如在战争状况下，元老院将从执政官中推选一人为独裁官统帅军队，处理城邦军政大事。由于执政官任期短，二人权力相等，互相牵制，因而政权乃由贵族组成的元老院所操纵，开启古罗马的共和时代。

共和时代初期，罗马城邦与意大利中西部的拉丁姆地区（古拉丁人居住的地区）约 30 个小城邦结成同盟，史称“拉丁同盟”。经过一个世纪的较量，罗马人击败伊达拉里亚人，成为拉丁同盟的盟主。在公元前 400 年至公元前 300 年的时候，也就是中国的战国时期，罗马人征服了中意大利，随后势力向南意大利延伸直逼西西里。

统一意大利是罗马人建立霸权的重要的一步，也是罗马城邦发展中最重要的阶段之一。事实上，自罗马城邦诞生之日起，它就处于危机四伏的状态之中。伴随着希腊古典文明的兴盛，包括雅典、斯巴达和科林斯在内的众多希腊城邦开始向意大利半岛殖民，与之邻近的半岛南部地区很快就成为希腊人的乐土。同样擅长于航海和商业贸易的腓尼基人，以北非为基地展开殖民活动，最终与希腊人围绕西西里岛的权属展开了激烈的争斗。在这种情况下，由于希腊人和汲取希腊文明、占据地理优势的伊达拉里亚人分别从两个方向朝着拉丁姆地区扩张，导致包括罗马城邦在内的拉丁人城邦所拥有的海岸线不断萎缩。

从公元前 8 世纪中期到前 6 世纪末的漫长岁月里，据信伊达拉里亚人数次入主罗马城，并成为罗马王政时代后期的王。此时的拉丁姆地区，渐渐成为伊达拉里亚人和希腊人的海外贸易的商品基地，罗马城邦的贸易也基本被他们所垄断，这即加速了拉丁姆地区的文明进程，但同时也激化了拉丁人对伊达拉里亚人的不满。最终罗马人驱逐了第 7 任国王，并联合各个拉丁部落势力，与伊达拉里亚人形成对峙状态。

从公元前 5 世纪开始，希腊人和凯尔特人从海陆两个方向威胁伊达拉里亚人地区。其中公元前 475 年，伊达拉里亚人海军在西西里岛争霸中遭受失败。此后不久，凯尔特人就从高卢地区翻越阿尔卑斯山，占据了波河平原（位于意大利北部），开始不断侵袭中部的伊达拉里亚地区。

趁着伊达拉里亚人陷于困境，罗马人决定对伊达拉里亚人发动攻势，史称“维爱战争”。

从公元前477年到前396年，罗马城邦与伊达拉里亚先后进行了三次战争。第一次战争，以罗马人的失败而告终，双方签订了40年停战协定。第二次战争，罗马人吸取教训，做了充分的战前准备，一举打败伊达拉里亚人军队，维爱（也译威伊）城邦王战死，双方再次签订20年停战和约。第三次，罗马人主动挑起战争，围困维爱城，战争持续了10年，最后维爱城破。罗马人大肆洗劫了该城，伊达拉里亚人或被屠杀或被卖为奴隶，土地被收作罗马城邦公有地。此战后，罗马城邦的领土面积几乎扩大了一倍，伊达拉里亚人一蹶不振，罗马人步入军事扩张时代。

维爱战争后，罗马城邦已是一个势力强大的国家，它收复了意大利中部的大部分。但此时，其西北部的高卢人不断南侵，准备进攻罗马城邦。

在公元前390年，高卢人越过亚平宁山脉，一路扫荡伊达拉里亚城市，并将目标指向罗马。当高卢人大军压境时，罗马军队尚未从维爱战争中恢复元气，在台伯河（又称特韦雷河）上游，高卢人和罗马人相遇，在离罗马城约15千米的阿里亚河和台伯河汇合处双方发生激战，罗马军队溃败，高卢人乘胜进入罗马城，在罗马城内烧杀抢掠长达7个月之久。最终，因城内发生瘟疫，高卢人拿着罗马人的赎金和劫掠的财富离开罗马。

被高卢人击败，罗马城还被洗劫，被迫支付赎金，罗马人感到了耻辱。于是，以刻骨铭心的自省，洗心革面的变革，谋求图强。罗马人重建并加固了罗马城；改革军团组织；完善武器装备和作战战术；重修盟友关系，成为联盟中心。公元前4世纪所进行的这一系列改革，使罗马城邦恢复了元气，逐渐强盛起来，为下一步统一意大利的战争取得胜利打下了至关重要的基础。

在国力恢复后，罗马城邦在公元前343—前290年进行了第二次扩张，罗马人击败了意大利中南部地区最强大的萨莫奈人，夺取了富庶的坎帕尼亚平原。

接着，罗马人将扩张的目光转向了半岛南部（又被称为“大希腊”）各殖民城邦。在南部众多殖民城邦中，由希腊斯巴达人建立的他林敦（也译塔林敦，今塔兰托）城邦最为特殊，位于沃土辽阔的普利亚（又称阿普利亚）平原上，与其他商业型城邦不同，他林敦人偏向于农耕，有丰富的农牧业，又是南部最大的殖民城邦。正因如此，招来了罗马人的青睐。

公元前282年，罗马人舰队驶入他林敦海湾，罗马—他林敦战争爆发。两年后，希腊伊庇鲁斯国王皮洛士（也译皮鲁斯）出兵援助他林敦。皮洛士与马其顿的亚历山大大帝有着亲缘关系，素有抱负的他，也有着军事才华，居然先后两次击败罗马军队，但其自身也损失惨重。他叹道：“再这样胜一次，我们就没有军队了。”故历史上留下“皮洛士式胜利”的比喻。

皮洛士感觉出罗马士兵的顽强，加之损失不轻，便两次派使者欲与罗马议和，但均遭到罗马元老院的拒绝。当时在西西里的希腊城邦正请求皮洛士到西西里岛（位于意大利南部，地中海最大的岛屿）去帮助他们抵抗日益强劲的迦太基人，叙拉古城邦甚至提出让皮洛士担任自己的国王。意大利的战事不顺心，促使皮洛士下定决心远征西西里，去与迦太基人作战。公元前278年，他率军赶到了西西里。

皮洛士在西西里鏖战了3年，岛上的希腊城邦很快被联合在了一起，把迦太基人挤压到岛内西端的一个港口中，皮洛十已准备渡海打到北非去。但这时他那颐指气使的集权式王者作风，使希腊各城邦感到担心，他们不愿意失去独立的地位，一时间反对皮洛士的声音四起，不再支持他，于是皮洛士只好黯然放弃西西里。临走时，伤感地留下一句名言：我为罗马人和迦太基人留下一个多好的战场。

公元前 276 年秋，皮洛士再次率兵入侵意大利，次年在与罗马人的一次决战中失败，落寞回国。三年后，皮洛士在攻打斯巴达城的一次巷战中阵亡（一说皮洛士是被侍从毒死的）。

皮洛士逃走之后，他林敦依然继续坚守。公元前 272 年，罗马军队包围了他林敦，在救援无望中他林敦被迫投降。至此，除波河（意大利最大的河流）流域之外的整个意大利半岛尽归罗马，促使意大利随后成为地中海世界的中心。

罗马人征服意大利之后，对被征服地区不是派人直接统治，也没有采取统一政策，而是按照各族、各地在被征服过程中的表现和对罗马共和国的态度以及它们各自在经济上、战略上的地位，划分为五种类型，区别对待。一是有罗马公民权的拉丁自治城市；二是享有部分罗马公民权（无选举和被选举权）的拉丁自治城市；三是罗马及拉丁同盟城市所建立的殖民地，内部自治，无罗马公民权；四是以条约的形式接受罗马控制的所谓同盟者，内部自治，对外事务完全听命于罗马；五是罗马的“臣属国”，他们曾坚决抵抗罗马、战败后被迫无条件投降的城市或部族，他们丧失了一切自治权，由罗马直接派官吏统治和管理。其中以第二、三、四类居多。无论是自治城市还是同盟者，也不管有无罗马公民权，都要为罗马军队提供士兵和后勤。这种区别对待的政策，既对进一步对外扩张起到了积极作用，也为后来罗马帝国灭亡后意大利国家的长期分裂留下了隐患。

罗马共和国统一意大利半岛后，开始发起向海外的扩张。此时，中国正经历战国时期。

北非——

◆公元前 671 年到公元前 667 年，亚述人开始攻击埃及，最终将库施人赶回努比亚。亚述人利用赛易斯小王公尼科担任总督维持其在北方的统治，又任命尼科之子普撒美提克为阿特里毕斯城的总督，但普撒美提克不甘于对亚述得俯首称臣，约在公元前 655 年左右，借助希腊人势力脱离亚述而独立，并重新统一埃及，建立了第 26 王朝，又称：赛易斯王朝。

关于第 26 王朝，据一位古埃及历史学家兼祭司，在其所作的《埃及史》一书中记载，第 26 王朝共由 9 位法老组成，统治了约 150 年或 160 多年。而考古学家们能确认的有 6~7 位法老，统治时间约 139 年或 147 年。

第 26 王朝通常被史学家称为埃及的复兴时期。埃及的社会经济发展在这个时期进入了铁器时代，青铜器逐渐为铁器所替代，织布、陶器和金银器等手工业制作都有了新的发展。由于统治者实行鼓励工商业的政策，使埃及内外贸易比以往更加繁荣，首都赛易斯成为埃及与希腊之间的贸易中心。普撒美提克一世在希腊人的帮助下建立起埃及的第一支海军。

公元前 609 年，普撒美提克的儿子继法老位，即尼科二世。此时亚述帝国开始衰退，新巴比伦王国崛起并不断向西扩张。尼科二世为了抵制新巴比伦的扩张，反过来支持衰落的亚述。尼科二世屡次用兵，但都被新巴比仑所击败。在争霸战争中失败的尼科二世，命人开凿了尼罗河到红海的运河，由于工程浩大，据说有 12 万人死于这场工程，这条运河在波斯帝国时期才最后完工。传说尼科二世还派遣腓尼基水手环绕非洲航行，这是人类历史上第一次环绕非洲航行的壮举。

普撒美提克二世是尼科二世之子。他继位后试图对外扩张，收复他父亲的失地。在他统治的第三年，率军远征库什王国，一直打到尼罗河第三瀑布。但面对强大的新巴比伦王国，也只好保持中立。

阿普列斯（又译阿比利斯、阿普里伊）是普撒美提克二世的儿子和王位继承人。阿普列斯继位不久，约公元前569年，国内出现暴动，阿普列斯命令将领雅赫摩斯（又译阿摩西斯、阿赫摩斯、阿玛西斯）领兵前去镇压。据古希腊史学家希罗多德记载，雅赫摩斯是平民出身，当雅赫摩斯与叛军首领碰面时，叛军首领竟将一顶花冠戴到他的头上，宣布他为新的法老，促使雅赫摩斯加入到起义者的行列。据说阿普列斯得知事变后气急败坏，立即派出一位很有名望的使臣前去质问雅赫摩斯。雅赫摩斯见到来人欠身放出一个屁来，并告诉他把这个屁带给阿普列斯。当这位使臣将雅赫摩斯的话转达给阿普列斯后，阿普列斯勃然大怒，命人割掉了这位使臣的耳鼻。此举激起了埃及人的公愤，阿普列斯被起义军推翻，后逃离埃及，不久死去（一说被刺杀身亡）。雅赫摩斯成为新法老，史称：雅赫摩斯二世（第 18 王朝创立者也称雅赫摩斯）。

雅赫摩斯二世做法老 44 年，在史学家希罗多德的描述中，雅赫摩斯二世聪明非凡，在他的治理下，埃及达到历史上“空前繁荣的时代”。 西方众多史学家赞誉他为埃及被波斯征服前，最后一位“伟大的统治者”。

公元前 569 年，雅赫摩斯二世征服了塞浦路斯。他曾举荐到埃及游学的毕达哥拉斯进入神庙传授希腊哲学和几何学，并学习埃及象形文字和埃及历史及宗教。据说他还曾邀请古希腊数学家、哲学家泰勒斯测量埃及金字塔的高度，成为古代数学史上的一段佳话。

德国格林兄弟描绘的《灰姑娘》故事，200 多年影响了全世界千千万万的儿童和他们的父母。追溯“灰姑娘”故事的早期文本，学者们往往都会提到一个半真实、半虚构的“灰姑娘”罗多皮斯（或译洛多庇斯）的故事。

雅赫摩斯二世即位后提倡希腊与埃及通商。有一位希腊富商来埃及经商。一天，市场上聚集了一大群人在看贩卖奴隶，他好奇地挤了进去，见是一个漂亮的女孩子站在石台上被出卖。她皮肤白皙，显然是个希腊人。富商心生恻隐，就决定将她买下。买来后，富商得知她叫罗多皮斯，从小被海盗从她在希腊北部的家中抢走，转卖给了一个富人。这人有许多奴隶，包括相貌丑陋善讲语言的奴隶伊索。伊索给她讲过许多动物、鸟儿和人的故事。罗多皮斯长大后，出落得异常美丽，主人又将她卖给其他富人。听说了她的身世之后，希腊富商对她既同情又喜爱。他让她住进漂亮的庄园里，由女奴隶来看顾她，还送给她很多珠宝和美丽的服装，待她像自己的亲生女儿。

一个炎热的夏天，罗多皮斯在佣人的簇拥下来到庄园大理石水池，她脱下华丽的衣物和一双漂亮的红鞋子，便滑进水池里消磨夏日时光。突然，一只雄鹰从晴空中俯冲而下，用利爪将罗多皮斯的一只红鞋子抓走了，罗多皮斯为失去喜爱的红鞋子而伤心落泪。这只鹰衔着红鞋子向雅赫摩斯二世的王宫飞去。当时，法老雅赫摩斯二世正在与大臣们商议国事。忽地，一只红鞋子落到他的身上。在场的人都惊奇地叫了起来，雅赫摩斯也吓了一跳。他拿起红鞋子欣赏起来，认为穿这红鞋子的女人一定是世界上最可爱的女人。于是，他派人在整个埃及寻找丢失一只红鞋子的女子。最终国王的信使找到了罗多皮斯，罗多皮斯告别希腊富商，随信使来到王宫，成为雅赫摩斯二世的王妃。

普撒美提克三世是第 26 王朝的末代法老。据希罗多德的记载，普撒美提克三世是雅赫摩斯二世的儿子。普撒美提克三世于公元前 526 年继位，他继位后不久埃及就遭到了波斯帝国的大举侵犯。

波斯军队与埃及军队于公元前 525 年春在埃及的贝鲁西亚决战，普撒美提克三世战败逃到孟斐斯。波斯军队一鼓作气追到孟斐斯，在经过长期围攻后，埃及海军司令官叛变，孟斐斯陷落，普撒美提克三世被俘，当时他继位仅仅 6 个月。

希罗多德在他的《历史》书中说，孟斐斯失陷后，波斯国王冈比西斯下令处死两千名埃及贵族和官吏。其间，普撒美提克三世的女儿沦为奴隶，他的儿子被处死，一个朋友成为乞丐，他们全部被带到普撒美提克三世的面前来测试他的反应，结果普撒美提克三世只有在看到乞丐的时候才表现出愤怒。普撒美提克三世被押往波斯，后因试图谋反，被逼喝牛血而死。自此，第三中间期结束，埃及延绵 3000 年的法老统治崩溃，波斯人开始了统治埃及的第 27 王朝，又被称为第一波斯王朝。

公元前 518 年，埃及爆发反抗波斯人统治压迫的大起义。此时，冈比西斯已死，新的波斯帝国统治者大流士一世率领波斯大军镇压了起义，他立下了一个碑，上面写道：“我是波斯人，我征服了埃及。”大流士一世出于军事和商业的需要，在尼科二世之后继续开挖沟通尼罗河和红海之间的运河，其长度共 84 千米。大流士一世与冈比西斯残暴地奴役埃及不同，他采取了一种宽容埃及文化，较为柔和的统治手法。他保留了埃及的地方崇拜和宗教信仰；模仿以前的埃及法老来统治埃及；还修缮了孟斐斯地区的普塔神庙，并且在一些地方建立了阿蒙神庙。大流士一世统治埃及约 37 年。

公元前 486 年，埃及再次爆发反对波斯统治的大起义，大流士一世还没来得及镇压这次起义就去世了，他的儿子薛西斯继位。薛西斯的母亲是波斯开国之王居鲁士的女儿，他的继位顺理成章。薛西斯镇压了埃及的起义，没收许多寺庙的财产。

公元前 460 年，埃及第三次爆发反抗波斯的大起义。起义的导火索是波斯人强加给埃及的沉重税负和严酷的统治，以及波斯人对埃及宗教的歧视。起义的领导者是尼罗河三角洲地区的利比亚人伊纳罗斯和阿米尔塔伊俄斯（又译阿米尔塔尼乌斯）。起义军联合雅典人围攻孟斐斯的波斯军队。公元前 456 年，起义失败，起义军溃退到西三角洲的一些小岛上，二年后，波斯军队追击到这里，将伊纳罗斯抓获并处死，埃及人在阿米尔塔伊俄斯的率领下继续反抗波斯人的斗争。

此时，薛西斯一世死于大臣发动的宫廷政变，他的儿子阿尔塔薛西斯一世（又译阿塔薛西斯）成为国王。据说薛西斯一世生前说过一句流传很广的名言：“我愿赏他千条黄金，如果有人能告诉我找到快乐的新方法。”看来坐在权力顶峰上的薛西斯一世缺少由心的快乐。

阿尔塔薛西斯一世除掉谋反者坐稳王位后，立即派大军继续镇压阿米尔塔伊俄斯的起义军，但遭到了失败，无奈之下双方谈和。阿尔塔薛西斯一世宣布遵守埃及王室条约，指定一些埃及人担任总督和其他职务，埃及暂时取得自治地位。但不久后，埃及又重新沦为波斯帝国的一个行省。此时中国的东周王朝也已进入各诸侯列国相互征伐的战国时代。

公元前 424 年，阿尔塔薛西斯一世去世。其子担任希尔卡尼亚（包括今伊朗戈勒斯坦省的全部、马赞德兰省的东部和土库曼斯坦共和国的南部）总督的大流士二世，成功夺取异母兄弟的王位，得以继位。公元前 404 年，大流士二世病故，波斯帝国内乱，埃及再度爆发第四次反波斯大起义。这次起义还是由三角洲地区的利比亚人发起，其领导人史学界称之为阿米尔塔伊俄斯二世。他率起义军控制了下埃及，并影响到上埃及直至阿斯旺厄勒藩汀岛的广大地域，甚至一度转战到叙利亚地区，建立了第 28 王朝，波斯帝国在埃及的第一次统治就此崩溃。第 28 王朝寿命很短，阿米尔塔伊俄斯二世死后，第 28 王朝即宣告结束，只维持了约 6 年的统治。

第 29 王朝的创立者尼发鲁德（又译尼菲利提斯）一世，很可能是阿米尔塔伊俄斯二世的助手，也出生于三角洲地区。尼发鲁德与斯巴达城邦结成联盟，共同对付波斯。第 29 王朝生存了约 20 年的时间，此间，大流士二世之子阿尔塔薛西斯二世两次远征埃及，均被击败。公元前 380 年，将军涅克塔尼布（又译内克塔内布）一世，篡夺了王位，创立了新的王朝，即第 30 王朝。根据史料记载，第 30 王朝经历 3 位国王的统治，共计 37 年。

阿尔塔薛西斯三世是阿尔塔薛西斯二世的儿子和继承人。即位之前名叫奥库斯，即位后，他残暴成性，为了防止篡位，杀死了自己几乎所有的亲戚。他继承其父的意愿，试图征服独立的埃及，此举引发了腓尼基地区和塞浦路斯地区的反叛。公元前 345 年春，他调集大军挺进腓尼基人的西顿城平定叛乱，然后进军埃及。两年后，他在尼罗河三角洲击败了埃及军队，重新确立了波斯对埃及的统治，创建了第 31 王朝，亦称为第二波斯王朝。

公元前338年，阿尔塔薛西斯三世及年长的孩子均被宦官巴戈阿斯（又译巴古阿）杀害，其幼子即位不到两年又被杀害，巴戈阿斯遂立王室支系的大流士三世即位。

据记载，大流士三世的祖父是阿尔塔薛西斯二世的兄弟，他在即位之前是享誉波斯帝国的勇士。据说，有一次还是阿塔沙塔亲王的大流士三世跟随国王征讨叛乱，两军对阵时，对方出来一位知名的武士，要求同一位波斯贵族阵前单独过招。当时波斯王身边数十个贵族惧战不前，大流士三世见状出阵应战，经过搏斗将对手制服。波斯王大悦，当即封他为亚美尼亚总督。

大流士三世即位不久果断处决了巴戈阿斯，但却败给了小他 20 岁的马其顿国王亚历山大。公元前332年，亚历山大率军进入埃及，埃及的历史进入了马其顿希腊王朝时代。之后，亚历山大灭亡了整个波斯王朝。

二、祖先的思考

铁器时代

在春秋战国时期，铁制工具已开始普及。战国前期发明了韧性铸铁，中国工匠们通过脱碳热处理和石墨化热处理，分别获得脱碳不完全的白心韧性铸铁和黑心韧性铸铁，使战国中期以后，铸铁器逐步取代铜、木、石、蚌器，成为主要的生产工具。从春秋战国时期墓葬出土的实物中，已发现有铁犁铧、铁铲、铁镰、铁锄、铁斧、铁锛、铁凿等生产工具。

中国古代钢铁冶炼技术走的是一条与世界其他文明古国完全不相同的发展道路。国外一般是先有块炼铁，经过长期缓慢发展之后才出现生铁也就是铸铁。西亚两河流域、古希腊和古印度使用块炼铁的时间要比中国早许多。但是，直到公元 14 世纪以后，欧洲才出现铸铁。中国出土的块炼铁实物最早属于西周晚期。但到春秋时期就发明了高温液态法冶铸铸铁，这是世界冶金史上的一个进步。到战国中晚期，铁器在我国农业、手工业生产中已占据了主导地位。据不完全统计，目前出土的战国铁质生产工具大约有 16 种，其中多数是铸铁和它的柔化处理件，块炼铁处于辅助地位。这表明这时中国铸铁生产已经有了比较大的发展。

可锻铸铁原是白口铁经高温退火得到的一种高强度铸铁，具有一定的塑性和冲击韧性。依据热处理条件的差别，又可分成白心可锻铸铁和黑心可锻铸铁两种。过去，冶金史上一直认为白心可锻铸铁是法国人在公元 1722 年发明的，因而称之为“欧洲式可锻铸铁”；黑心可锻铸铁则被认为是公元 1826 年由美国人研制成功的，因而称之为“美洲式可锻铸铁”。经过考古研究证实，这两种可锻铸铁技术，中国早在战国时期就已经掌握了。在洛阳水泥制品厂战国早期灰坑遗址出土的铁锛和铁铲，铲体基本锈蚀，只在銎（qióng）部（装柄的孔）有部分金属残留，在金相显微镜下显示了黑心可锻铸铁组织，而铁锛则显示了白口铸铁组织。这两件物品是目前为止世界上经过科学分析最早的可锻铸铁实物。英国有学者认为，欧洲的铸铁技术是在 11 世纪或 12 世纪由中国传播过去的。

《考工记》是世界上最早记载铜锡合金比例的书籍，记载了铸造各类青铜器的“六齐”规则，“六齐”即是铸造青铜时铜和锡的 6 种配方。《考工记》是一部重要的科技专著，原著未注明作者及成书年代。经专家考证，它完书于东周时代。到春秋战国时期，青铜器制作方面发明了错金、错银、嵌红铜等新工艺，使青铜器冶铸技术达到了顶峰。

在这个时期，以青铜、铁为代表的金属工具在东周生产生活中的大量使用，促进了东周生产力的发展。农业上畜耕代替了人耕，金属工具代替了石器，普遍用人畜粪便和腐烂植物作为肥料，并兴修了以都江堰、郑国渠为代表的大量水利灌溉工程，确立了一年24节气，奠定了中国传统农业的基础。

砖与瓦

在西周的时候，房屋建筑上开始使用了瓦，瓦的发明是中国建筑史上的一件大事。瓦和陶水管道的发明和使用，是在制陶业进一步发展的条件下对建筑材料的一次重大进步。瓦的使用，解决了屋顶的防水问题，延长了房屋的使用年限，人类居住开始舒适起来。建筑上用瓦，文献记载始于夏代，实物目前最早见于陕西省岐山县凤雏村西周早期遗址。该遗址占地约1500平方米，房屋坐北朝南，其平面布局完整，结构严谨。以影壁、门道、中院、大厅、过廊为中轴线，东西两边有南北排列的东、西厢房和东西房，其间均有回廊，是中国最早最完整的四合院式群体建筑。此外，遗址的墙面和屋内地面皆用黄土、砂子、石灰搅拌的三合土涂抹，十分坚硬光滑。出土的陶水管，是中国发现最早的地下排水管道。另外，在岐山周公庙遗址凤凰山南麓的西周贵族大墓群考古现场，发现了西周时期的空心砖、条砖和板瓦，这说明了中国在西周时期就有了用砖的历史。

观象授时

“观象授时”是中国古代天文学的传统，西周继承了这一传统并大力发展。在河南登封市告成镇周公祠前，有一座巍峨宏伟的观象台，这就是著名的“周公测景台”。据《周礼》记载，周人已使用“土圭之法”测量日影，以确定四时的变化和地理的远近。

“土圭”是中国最早的测天仪表，“圭”就是垒在地面上的土堆，“表”就是直立于圭上的杆子，用圭表测影，叫立杆测影，也是成语“立竿见影”的由来。到了周代，使用圭表就有了规范，表规定为八尺长，《周礼》中载有“日至之景，尺有五寸”的记载，意思是八尺表的影台影长，刚好是一尺五寸。据当地县志记载，“周公测景台”是周文王的第四子周公旦，营建东都洛阳时修建的，其作用是“测土深，正日景，求地中，验四时”。也就是说，通过立土圭测日影，来度量地中，检验四时季节变化。其测量方法是，让圭与表成垂直角度，将圭表设置与当地子午线相吻合即正南正北方向。观测日影时必须在每天的日中时分，日复一日，天天测影，把每天的测量的影长数据一一记录下来，根据每天日中日影的变化，找出季节的变化。周人把表影最长的那天定为“冬至”，这天中午，太阳直射南回归线，北半球的白天最短；把表影最短的一天定为“夏至”，这一天日中，太阳直射北回归线，北半球的白天最长。把一年中的日中日影最长的一天，到下一年日中日影最长一天的周期，即地球绕太阳一周定为一个“回归年”。在一年中，把两个日中日影长相等，昼夜时刻相同的日子，分别定为“春分”和“秋分”，后逐步总结出二十四节气，服务于人们的生产和生活。用立杆测影研究历法，是中国古代天文学发展的一次进步，它一直使用到清代。“周公测景台”原建筑今已不复存在，现存建筑建于元朝初年，由科学家王恂、郭守敬所建。

春秋战国时代，随着农业生产的发展和需要，天文学受到很大的重视，也产生了很多的成就和名人。古籍载“则鲁有梓慎，晋有卜偃，郑有裨灶，宋有子韦，齐有甘德，楚有唐昧，赵有伊皋，魏有石申夫皆掌著天文，各论图经。”其中，甘德和石申夫皆有论述传世。

甘德，战国时齐国人（一说为楚国人或鲁国人），生卒年不详，大约生活于公元前4世纪中期，据认为是中国最古老星表的编制者和木卫三（围绕木星运转的一颗卫星）的最早发现者。他著有《天文星占》8卷、《甘氏四七法》一卷、《岁星经》等。后人把他同时代人石申夫写出的天文学著作《天文》8卷，结合起来，称为《甘石星经》。据史家认为，这是世界上仅晚于《巴比伦星表》的天文学著作，这些著作多已失传，仅有部分内容为唐朝天文学专著《唐开元占经》所引录，从中可以窥知甘德与石申夫在恒星区划命名、行星观测与研究等方面所做出的历史贡献。

有迹象表明，甘德和石申夫曾对若干恒星的位置进行过定量的测量，可惜其结果大多不存。他们发现了火星和金星的逆行现象，指出“去而复还为勾”“再勾为已”。所以《汉书·天文志》说：“古历五星之推，亡逆行者。至甘氏石氏（星）经，以荧惑（火星）太白（金星）为有逆行。”甘德还建立了行星会合周期（接连两次晨见东方的时间间距）的概念，并且测得木星、金星和水星会合周期值分别为：400日（应为398.9日）、587.25日（应为583.9日）和136日（应为115.9日）。他还给出木星和水星在一个会合周期内见、伏（不见）的日数，而且指出在不同的会合周期中金星顺行、逆行和伏的日数可能在一定幅度内变化的现象。虽然甘德、石申夫的这些定量描述还比较粗浅，但却为后世的行星位置计算法奠定了基石。

依据《唐开元占经》引录甘德论及木星时所说“单阏之岁，摄提格在卯，岁星在子，与婺女、虚、危晨出夕入，其状甚大有光，若有小赤星附于其侧，是谓同盟”。有专家认为这是甘德用肉眼观测到木星最亮的卫星——木卫三。而近代对于木星的卫星的发现则是在17世纪初望远镜发明之后，由意大利科学家伽利略于1610年用它观测木星时才发现的。专家提出木卫三在一定的条件下确有可能凭肉眼观测到。据说在1981年，中国天文爱好者，通过在北京的天文台兴隆观察站做实地观测实验，有8位不同年龄、但视力良好的参试者均表示看到了木卫三，尤其是视力好的中学生，甚至可以看到更小的木卫一。由此确信，在一定条件下凭肉眼是可以观测到木卫三的。

甘德还以占星家闻名，是在当时和对后世都产生重大影响的甘氏占星流派的创始人，他的天文学贡献同其占星活动是相得益彰的。

甘氏四七法又称甘氏岁星法，是天文学上岁星纪年法的一种。所谓“四七”，就是以二十八星宿来测量日月等天体运动方位的方法。

甘德和石申夫等人都建立了各不相同的全天恒星区划命名体系，其方法是依次给出某星官的名称与星数，再指出该星官与另一星官的相对位置，从而对全天恒星的分布、位置等予以定性的描述。三国时人、天文学家陈卓总结甘德、石申夫和巫咸（上古传说的巫师）三家星官，得到中国古代经典的283星官1464星的星官系统。其中，甘德118官，511星；石申夫有93官，627星；巫咸44官，144星；再加上二十八宿的182星，共283官，1464颗恒星。

可见甘德、石申夫对中国古代全天恒星区划命名产生了很大的影响。

石申夫（又称石申、石申父或石申甫）是魏国人，晚于甘德，著有《浑天图》，为先秦浑天思想的代表作。

石申夫是天文学家，也是占星家，在中国最早留下了有关太阳黑子的记录“日中有立人之像”，首次发现日冕“有气青赤，立在日上，名为冠”，首次观测到太阳日珥（ěr）“日两旁有气短小中赤外青，名为珥”，首次发现月亮运动不均匀和偏离黄道的运动“月行乍南乍北……或进退朓朒（tiǎo nà）”，最早的彗星分类“凡彗星有四名，一名孛（bèi）星，二名拂星，三名扫星，四名彗星，其形状不同”。

石申夫在历法方面，积极推动魏国颁行四分历，即每年365+1/4日，每月29+499/940日，19年7闰，76年季节一循环的法则，并为四分历的完善做出了重要贡献。提出了岁星（木星）纪年法，其是依据岁星在天体中运行的规律来纪年的方法（木星围绕太阳的公转周期为12年），以冬至所在月为岁首。岁星每年要经过一个特定的星空区域。每一区域都有一个特定的名称，共有12个这样的星空区域。岁星在哪个区域，就用哪个区域的名称纪年，12年循环一次，周而复始。

因为石申夫对天文学研究做出了杰出贡献，1970年国际天文学联合会以他的名字命名了月球背面一座环形山。

手工技艺

中国是世界上最早使用天然漆的国家，商周时代漆器工艺很发达。春秋战国时代漆器的使用范围更为广泛，技术也大有提高，并出现了地方风格。

春秋战国时期，中国织绣工艺取得了很高的成就，其中以楚国地区的实物遗存最多，如1982年在湖北江陵马山一座小型墓葬中发现了保存完好的衣物35件。出土纺织品有丝、麻两大类。丝织品包括绢、绨、纱、罗、绮、锦、绦、组（古代指绶带）8大类，制作之精也是前所未有的。

中医学

在这个时期内，中国古代医学开始摆脱巫术的桎梏，走上独立发展的道路。当时的经史子集如《左传》《老子》《论语》《孟子》《吕氏春秋》《韩非子》《荀子》《礼记》等，均根据各自的哲学思想对医学相关问题作出了论述，形成各种哲理性的医学理论观点。另外，在社会上也出现了专职医生，如医缓、扁鹊等人，他们让医学理论具有更鲜明的科学性、实用性和理性。许多医学著述也陆续问世，如《黄帝内经》《五十二病方》等。

《黄帝内经》亦称《内经》，是唯一流传下来的春秋战国时期（也有成书于西汉一说）的医书，为中国现存最早、流传最广的阐述中医学理论体系的古典医著。两千多年来，一直被视为中医药学最重要的著作，后世中医学家在医学理论上的建树也多源于《内经》的渊源。《黄帝内经》吸收了春秋战国时期的元气学说、阴阳学说、五行学说、天人相应论、道家的形神统一观等等，并全面系统地论述了人与自然的关系。

《黄帝内经》全书分为《素问》和《灵枢》，各为9卷，每卷9篇。《素问》偏重人体生理、病理、疾病治疗的原则原理，以及人与自然等等基本理论;《灵枢》则偏重于人体解刨、脏腑经络、穴位针灸等。《黄帝内经》还在世界医学史上率先提出血液循环理论，它指出，“诸血者，皆属于心”“心主身之血脉”，血“流行不止，环周不休”等。还指出，“经脉者，所以行血气而营阴阳”“内溉五脏，外濡腠（còu）理”。这把心脏与全身血脉的联系，血液在经脉中呈循环往复式地运行，内及于脏腑，外布于肌肉的机理提得非常明确。《黄帝内经》确立了以脏腑经络气血为核心的中医学理论体系，既注重整体观念，也很重视辨证论治，为中国中医理论的形成奠定了基础，至今仍指导着中医药学理论和实践的发展。

从古籍《周礼》的记载中可以看出，西周已经建立一些医事制度，让医药走向行业化，他们将宫廷医生分为食医（管理宫内饮食，属营养医生）、疾医（医治疾病，属内科医生）、疡（yáng）医（处理各种外伤情况，属外科医生）、兽医（为牲畜治病）四科，各自有不同的责任范围。这是中国历史上第一次将医学分科的记录，让医巫之间形成区分，为中医学发展打下了基础。

扁鹊，战国时期的名医。扁鹊本姓姬，秦氏，名越人，又号卢医。一说其为河北任丘人，一说其为山东长清人。由于他医术高超，当时的人们借用了上古传说黄帝时期的神医“扁鹊”的名号来称呼他。

扁鹊在青年时曾替人管理客栈，由于待人真诚，得到一位名医的传授和指教。扁鹊天资聪颖，善于汲取前人和民间的经验，逐步掌握了多种治疗方法，随之巡诊列国，开始行医生涯。扁鹊在治病过程中，已经应用到了中医全面的诊断技术，即后来中医的四诊法：望诊、闻诊、问诊和切诊，扁鹊称之为望色、听声、写影和切脉。他精于望色，通过望色判断病症及其演变。据记载，扁鹊曾看望某诸侯国的国君。他看出国君的面色不对，知其有疾，便对他说：你有病了。国君不信，自我感觉良好。出于行医的责任，扁鹊后多次进宫，并指出病在何处，应该治疗。但国君依然不信，置若罔闻。当扁鹊第4次看望他的时候，发现已经病入膏肓，无法治愈，于是转身避往秦国。结果没过多久，该国君就病发而死。

扁鹊应是中国历史上最早有记载应用脉诊来判断疾病的医生，并且提出了相应的脉诊理论。当时中医的脉诊是“三部九候”的诊法，即把人体分上（头部）、中（手部）、下（足部）三部，每部又分天、地、人三候，计九候。

上部：天候——按两额动脉
　　　地候——按两颊动脉
　　　人候——按耳前动脉

中部：天候——按手太阴经以候肺
　　　地候——按手阳明经以候胸中之气
　　　人候——按手少阴经以候心

下部：天候——按足厥阴经以候肝

地候——按足少阴经以候肾

人候——按足太阴经以候脾胃

同时辅以砭（biān）刺、针灸、按摩、汤液、热熨等方法治疗疾病。扁鹊在中国中医学发展史上占有承前启后的重要地位。相传中医药学四大经典之一的《难经》即为扁鹊所著。

因此，中医学界把扁鹊尊为中医祖师。扁鹊后遭秦国太医嫉妒，被其派人暗杀。

都江堰

战国时期秦国蜀郡太守李冰父子继承前人治水经验，组织修建了都江堰水利工程。都江堰坐落于四川省都江堰市城西，位于成都平原西部的岷江上。都江堰水利工程建成于公元前256年，是目前世界上唯一仍在发挥作用，以无坝引水为特征的，具有2000多年历史的宏大水利工程。都江堰科学地解决了江水自动分流、自动排沙、控制进水流量等问题，减轻了水患，使川西平原成为“水旱从人”的“天府之国”。两千多年来，一直发挥着防洪灌溉作用，灌溉面积近千万亩土地。与之兴建时间大致相同的古埃及和古巴比仑的灌溉系统，都因沧海变迁和时间的推移，或湮没或失效，唯有都江堰至今仍发挥着它的千年功效。2000年联合国世界遗产委员会将都江堰确定为世界文化遗产。

《墨子》

《墨子》是战国时期以鲁国人墨翟（dí）为首的墨家学术著作。墨翟又被尊称为墨子，墨翟和他的弟子们以手工精巧，善于制作器械著称，同时，他们也是中国第一代对自然科学进行系统研究并著书立说的学者。因此，在他们的著作中留下了许多自然科学知识。《墨子》一书最早记述了秤的杠杆原理，《墨子》把秤的支点到重物一端的距离称作“本”，今天通常称为“重臂”；把支点到权一端的距离称作“标”，今天称“力臂”。《墨子·经下》里记述到“衡，加重于其一旁，必垂。权、重相若也相衡，则本短标长，两加焉，重相若，则标必下。”墨家弟子在这里把杠杆平衡的各种情形讨论了一遍。他们既考虑了“本”和“标”相等的平衡，也考虑了“本”和“标”不相等的平衡；既注意到杠杆两端的力，也注意到力和作用点之间的距离大小。虽然他们没有像阿基米德那样给后人留下定量的数字关系，但是墨家人的亲身实验，还是比阿基米德发现杠杆原理要早约200年。

秤和天平是杠杆原理的实用器具。古代人称它们为“权衡”或“衡器”。“权”就是砝码或秤砣，“衡”是指秤杆。成语“权衡轻重”的词义，即从此来。1975年在湖北江陵雨台山春秋墓出土的楚权，是目前已知最早的铜权。1954年湖南长沙左家公山楚墓中发掘出中国最早的秤，它是一个等臂秤，同时出土的一套铜权，共九枚大小不等。它表明中国祖先在战国时期已经应用了杠杆原理，并规定了相应的测重标准。

在《墨子》中，还记有着丰富的光学知识，墨子和他的弟子们做了世界上最早的小孔成像实验：在一间黑暗的小屋朝阳的墙上开一个小孔，人对着小孔站在屋外，屋里相对的墙上就出现了一个倒立的人影。为什么会出现这样的现象呢？《墨子》解释道：这是因为光线像射箭一样，是直线行进的。人体下部挡住了直射过来的光线，穿过小孔，成影在上边；人体上部挡住直射过来的光线，穿过小孔，成影在下边，就成了倒立的影。并指出，人的位置离墙壁由远及近，暗室里的影响也由小变大，倒立在墙上。这是古人对光直线传播的第一次科学解释。书中还利用光线直线传播的原理，解释了物体和投影的关系。墨家学子认为，光被遮挡就产生投影，物体的投影，并不跟随物体一起移动。如，鸟在飞翔，它的影子仿佛也在飞动着。墨子指出，飞鸟遮住了直线前进的光线，形成了影子。在一瞬间，飞鸟移动了位置，原来光线照射不到的地方，旧影就消失了，而在新的地方，出现了新的影子。这就是说，鸟在飞翔中是新旧投影的不断更新，造成了影子的移动。中国在400多年前出现了青铜镜，到了战国时期在青铜镜的制造和使用中积累了丰富的经验。墨子和他的弟子们对镜子的成像原理进行了研究，提出了平面镜、凹面镜和凸面镜的成像的理论。

墨子还是中国历史上第一个从理性高度对待数学问题的研究者，他给出了一系列数学概念的命题和定义，这些命题和定义都具有高度的抽象性和严密性。

如墨子所给出的数学概念主要有：

关于“倍”的定义，墨子说：“倍，为二也。”亦即原数加一次，或原数乘以二称为“倍”。关于“平”的定义，墨子说：“平，同高也。”也就是说同样的高度称为“平”。这与欧几里得几何学定理“平行线间的公垂线相等”意思相同。关于“同长”的定义，墨子说：“同长，以正相尽也。”也就是说两个物体的长度相互比较，正好一一对应，完全相等，称为“同长”。关于直线的定义，墨子说，三点共线即为直线。另外，墨子和他的弟子们在力学、声学、机械制造方面也均有建树。

《诗经》

《诗经》是中国最早的诗歌总集，收入自西周初年至春秋中叶大约5百多年的诗歌。《诗经》原本叫《诗》，共有诗歌305首（除此之外还有6篇有题目无内容），因此又称《诗三百》。《诗经》中的诗的作者，绝大部分已经无从查考。至西汉时，《诗》被尊为儒家经典，是儒家“五经”之一，始称《诗经》并沿用至今。

《诗经》中最早的诗歌大约成于西周初期，根据有关史籍所述，《豳（bīn）风·鸱鸮（chī xiāo）》为周武王的弟弟周公旦所作。

《诗经》中诗的分类，自古有“四始六义”之说。“四始”一般指《风》《大雅》《小雅》《颂》的4篇列首位的诗；“六义”则指“风、雅、颂，赋、比、兴”。“风、雅、颂”是按音乐的不同对《诗经》的分类。

“风”又叫“国风”，是各地的歌谣和音乐，有学者根据名称及诗的内容推断出《诗经》中的诗大部分产生于现在的陕西、山西、河南、河北、山东和湖北北部等地。

“雅”又分《大雅》《小雅》，是正乐，即贵族宴会或诸侯朝会时的乐歌。

“颂”本是宗庙用于祭祀的乐歌，也夹有赞美时任君主的诗。

“赋、比、兴”是《诗经》的创作表现手法。《诗经》多以四言为主，兼有杂言。

《周易》

《周易》既是中国古老的卜筮之书，又是中国最经典、最深邃的哲学著作，被誉为中国古文化的基石。当图腾崇拜不能保护部落免遭攻杀，不能保护部落免受自然灾难的伤害，不能解决人们的生老病死，不能均衡贫富之差的时候。人类开始思索人与自然的关联，命运的主宰。开始逐步放弃图腾崇拜，寻找新的寄托，由此出现了哲人和宗教。《周易》便是中国华夏民族最早用文字记录的思寻答案。

《周易》分《易经》和《易传》两部分。《易经》包括六十四卦象，卦辞和爻（yáo）辞；《易传》由《彖（tuàn）（上下篇）》《象（上下篇）》《系（xì）辞（上下篇）》《说卦》《序卦》《杂卦》《文言》等组成，合称《十翼》。《周易》是中国古代文化里最重要的一部经典，其影响遍及中国古代政治、经济、军事、天文、地理、建筑、医学、养生等各个方面，且流传2000余年，历代政治家、思想家对它都十分重视。

关于《周易》的作者，《史记》载“文王拘而演周易”，即周文王被困于商时，在前人的思想基础上感悟所作。故古人多依司马迁之说，而认同《易经》乃周文王所著。但有专家认为，卦和爻辞中提到周文王以后的历史事件和历史人物，因此《易经》成书非出于一时一人之手。故而有了周初说、春秋中期说和战国说，所据不同。

由于成书很早，《易经》的内容在春秋战国时便已不易读懂，为此古人专门撰写了《易传》以解读《易经》。今天人们所说的“周易”通常指《易经》和《易传》二者的结合。从总体上看《周易》是一部指导人们利用自然规律及社会发展规律的哲学著作。其中，《易经》是中国古代先民通过对自然现象和社会现象的长期观察，以及对各种生产实践活动及其结果进行高度总结概括后而形成的，它反映了宇宙万物的现象和发展变化的规律及其相互的影响。《易传》则是对《易经》进行解说和诠释。

《周易》的作者认为：“一阴一阳之谓道”。他把中国古代早已有之的阴阳观念，发展成为一个系统的世界观，用阴阳、乾坤、刚柔的对立统一来解释宇宙万物和人类社会的一切变化。提出“穷则变，变则通，通则久”，阐述了“物极必反”的思想；强调“居安思危”的忧患意识；肯定变革的重要意义，主张通过变革来化解矛盾。同时，又以“保合太和”为最高的理想目标，突出和谐的理念。《周易》讲究阴阳相济、刚柔相应，提倡自强不息、厚德载物。《周易》历经千年传承，已生成中华民族文化之根。

诸子百家

春秋战国时代，王权衰落，诸侯争霸。为了壮大自己的实力，各诸侯国广开仕路以延揽人才，打破了陈腐的贵族政治体制，使有才智的庶民可以发表自己的政见并参与政治决策。这一时期有思想的知识分子，面对现实的社会问题、民生问题，在如何治理国家、教化民众等方面形成了各种不同的学派，提出了各自的思路和思想，各种学说、学派纷纷出现。这些学派的创立者和代表人物被合称为“诸子”，这些学派被称为“百家”。据中国现存最早的史志目录古籍《汉书·艺文志》的记载，诸子中数得上名字的一共有 189 位，4324 篇著作。其后的《隋书·经籍志》《四库全书总目》等书则记载“诸子百家”实有上千家。但流传较广、影响较大、最为著名的不过几十家而已。

当时各学派的代表人物四处游说、开堂授徒或著书立说，宣传自己的政治主张，在中国文化史上形成了一个空前繁荣的百家争鸣的局面。诸子百家的文章大都观点鲜明，言辞犀利，文情并茂，有很强的感染力。具有重要的历史和文学价值，对中国传统文化的发展产生了深刻的影响。

东汉史学家班固在《汉书》中把春秋战国以来的学派归纳为 10 家，即儒家、道家、墨家、法家、名家、阴阳家、纵横家、杂家、农家、小说家。现代学者有把对后世影响深远的军事学说也列为其中之一，故成兵家。

1. 儒家，代表人物有孔子、孟子、荀子，代表作品有《春秋》《孟子》《荀子》等。

儒家是春秋战国时期最重要的学派之一，它以春秋时期孔子为师，崇尚“礼乐”和“仁义”，提倡“忠恕”和不偏不倚的“中庸”之道，主张“德治”和“仁政”，重视道德伦理教育和人的自身修养。

据史籍记载，孔子的祖先本是殷商后裔，其有宋国公室及殷商王室的血统。孔子名丘，字仲尼。生于公元前 551 年（一说生于公元前 552 年），卒于公元前 479 年。孔子为春秋末期鲁国陬（zōu）邑昌平乡（今山东省曲阜东南）人。孔子 3 岁之时，父亲去世，家道中落。青年时代曾做过“委吏”（管理仓库）、“乘田”（管理牧场），到 51 岁的时候，被任命为中都宰（如同市长），一年后升任司空（主管工程建筑），后又升任大司寇（主管司法刑狱），56 岁时，又升任相事（代理宰相）。后因鲁国国君沉溺酒色，避听忠言，孔子只好离开鲁国周游列国，奔走于卫、陈、曹、宋、郑、蔡等诸侯国之间，在各诸侯王面前宣传他的政治主张。但由于孔子所坚持的政治理想与当时诸侯国之间弱肉强食的“争霸”形势不相符合，结果是处处碰壁，颠沛流离而不得其志。于是，在公元前 484 年，68 岁时孔子返回鲁国，73 岁时因病逝世。

政治上得不得志，使孔子将很大一部分精力用在教育事业上，借以传播自己的思想，开创了中国历史上的私学先驱。据说，孔子弟子多达 3000 余人，其中被誉为贤者有 72 人。孔子曾修《诗》《书》，定《礼》《乐》，序《周易》，作《春秋》（有说法是《春秋》为无名氏所作，由孔子修订）。孔子的思想对中国传统文化的形成有很深远的作用，他被后人尊为圣人、万世师表。联合国教科文组织也将孔子评为“世界十大文化名人”（其依次为：孔子、柏拉图、亚里士多德、哥白尼、牛顿、达尔文、培根、阿奎那、伏尔泰、康德）。

儒家强调教育的功能，认为重教化、轻刑罚是国家安定、人民富足的必由之路。主张“有教无类”，对统治者和被统治者都应该进行教育，使君民上下均成为道德高尚的人。在政治上儒家主张以礼治国，以德服人，呼吁恢复“周礼”（西周礼仪），并认为“周礼”是理想国家的典范。至战国时，儒家分有八派，重要的有孟子和荀子两派。儒家思想对朝鲜半岛、日本、越南等地区也有很大的影响。

2. 道家，代表人物有老子、庄子，代表作品有《道德经》《庄子》等。

道家也是春秋战国时期重要学派之一，又称“道德家”。这一学派以春秋末年老子关于“道”的学说作为理论基础，以“道”说明宇宙万物的本质、本源、构成和变化。认为天道无为，万物自然化生，否认鬼神和上帝主宰世间一切。主张道法自然，顺其自然，提倡清静无为，以柔克刚，反对激烈的斗争。道家讲究“人天合一”“人天相应”“为而不争、利而不害”“修之于身，其德乃真”“虚心实腹”“乘天地之正，而御六气之辩，以游无穷”“法于阴阳，以朴应冗，以简应繁”等。政治理想是“小国寡民”“无为而治”。

根据传统说法，老子姓李名耳，字伯阳。根据专家考证认为，老子不应姓李而姓老，李姓源于老姓。（古时“老”和“李”同音）。老子很可能是三个人的综合：一是老聃（古时“聃”和“耳”同义）；二是老莱子，二人皆为春秋时期楚国人；三则有人认为老子是东周太史儋（dān），其生活在孔子死后一百多年的时间里。

在已知的先秦古籍中，老子都只称老聃（dān）或老耽，不称李耳。且据考证，春秋时期并无李姓的记录，李姓最早出现于战国时期，但是春秋时期却是有老姓的，并且老姓还是商王族后裔。有学者还考证，孔子其实也不姓孔而是姓子，是子姓孔氏的后裔，与老子应该是同祖。著名西汉史学家司马迁，在《史记》的《老子韩非列传》中即对老子的身份难以确定：“或曰老子亦老莱子也，著书十五篇，言道家之用，与孔子同时云……或曰儋即老子，或曰非也，世莫知其然否。老子，隐君子也。”《史记》中还说孔子曾向老子请教过关于礼的问题，孔子见老子非常恭敬。学者认为，老子的辈分可能要高于孔子。

老聃（或老莱子、太史儋）曾在东周国都洛邑担任守藏史（国家图书馆负责人），著下《道德经》（又名《老子》）他的学说后在战国时期被宋国人庄周发展，后世将二人并称为老庄。

《道德经》分上下两篇，原文上篇《德经》下篇《道经》不分章，后人改为《道经》在前，《德经》在后，并分为 81 章。有学者认为，以“德”“道”分上下篇是符合老子淳德归道（人敦厚善良，才是道德根本）的本意。且“德道”除了有道德的内涵，另有以德养道的深刻意境。

《道德经》中包含大量朴素辩证法观点，如认为一切事物均具有正反两面，并能由互相对立而转化为互相依存。是为“反者道之动，弱者道之用”“正复为奇，善复为妖”“祸兮福之所倚，福兮祸之所伏”。又认为世间事物均为“有”与“无”的统一，“有无相生”，而“无”为基础，“天下万物生于有，有生于无”。

老子以后，道家内部也分化出不同派别，著名的有四大派：庄子学派、杨朱学派、宋尹学派和黄老学派。到了东汉后期，道家衍生出了道教，老子被神化，成为太上老君。据说，有关国际组织统计，《道德经》是除了《圣经》以外被译成外国文字发行量最多的文化著作。

3. 墨家，代表人物是墨子，代表作品是《墨子》一书。

墨子生卒年月不详，约生活在公元前 479 年至公元前 381 年之间。出身低微，曾学儒家，后因不满其学说，而自创墨家学派以独树一帜。

墨家是战国时期重要学派，这一学派以“兼相爱，交相利”作为学说的基础。墨子认为当时社会的“大害”“巨害”是国与国之间的战争、人与人之间的争夺，造成这种现象的根本原因是由于国与国之间的争利，人之间的无爱。因此，他主张国与国、人与人都应当“兼相爱，交相利”。“兼相爱”是针对“别相恶”而言，指不分亲疏、贵贱、贫富，一视同仁地爱所有的人；“交相利”是针对“交相贼”而言，主张国与国互相帮助，反对互相争夺。墨子认为，爱是相互的，利也是相互的，爱与利的关系是对立的统一，是相辅相成、互为依存、互为条件的辩证关系，只要“天下兼相爱”了，就可以达到“交相利”的目的。因此，墨子主张“国都不相攻伐，人家不相乱贼”“务求兴天下之利，除天下之害”。

墨家政治上主张尚贤、尚同和“非攻”；经济上主张“强本节用”；思想上提出“尊天事鬼”。同时，又提出“非命”的主张，强调自强的重要性。墨子十分关注战争，注重战争准备，讲究攻守之备的问题。

墨家有严密的组织，成员多来自社会下层，自称为“墨者”，以自苦励志。墨者中从事谈辩者，称“墨辩”；从事武侠者，称“墨侠”，领袖称“巨（或钜）子”。墨家纪律严明，相传“墨者之法，杀人者死，伤人者刑”。按墨家的规定，被派往各国做官的墨者，必须推行墨家的政治主张，行不通时宁可辞职。另外，做官的墨者要向组织捐献俸禄，做到“有财相分”。

墨子死后，墨家分裂为三派。至战国后期，汇合成两支：一支注重认识论、逻辑学、数学、光学、力学等学科的研究，是为“墨家后学”（亦称“后期墨家”）；另一支则转化为秦汉时期社会的游侠。

4. 法家，代表人物有李悝（kuī）、商鞅、韩非、李斯等。代表作品有《韩非子》《商君书》《管子》等。

法家亦是战国时期的重要学派，因主张以法治国，“不别亲疏，不殊贵贱，一断于法”，故称之为法家。春秋时期，齐国宰相管仲、郑国大夫子产即是法家的先驱。子产曾将郑国刑法铸在青铜鼎上，被认为这是中国历史上的第一部公之于众的成文法。战国初期，李悝、商鞅、申不害、慎到等开创了法家学派。

李悝，卫国人，公元前455年生，公元前395年卒。曾任魏国宰相，主持变法。李悝经济上推行“尽地力”和“善平籴（dí，买进粮食）”的政策，鼓励农民精耕细作，增加产量，国家在丰年以平价购买余粮，荒年再以平价售出，以平粮价，以防灾荒。政治上实行法治，废除维护贵族特权的世袭制度，奖励、提升有功国家的人，提出“食有劳而禄有功，使有能而赏必行，罚必当”的主张。李悝将无功而食禄者称为淫民，要“夺淫民之禄以来四方之士”。这是中国历史上第一次对贵族世袭制度的挑战，开创了新兴地主集团对没落的贵族集团的斗争，使魏国成为战国初期的强国之一。他汇集当时各诸侯国法律编成《法经》，是中国古代第一部比较系统、完整的法典，可惜现已失传。其“重农”与“法治”结合的思想对战国中后期的各国改革影响极大，是中国古代变法之始，随后楚国吴起变法、秦国商鞅变法，都在发展着李悝的变法实践。至战国末期，韩非综合商鞅的“法”、慎到的“势”和申不害的“术”，以集法家思想学说之大成。

这一学派，经济上主张重农抑商、奖励耕战；政治上主张废分封，设郡县，君主专制，依势用权，以严刑峻法进行统治。思想和教育方面，则主张禁断诸子百家学说，以法为教，以吏为师。其学说为其后的中国封建君主专制的大一统王朝的建立，提供了理论根据和行动方略，《汉书·艺文志》著录法家著作有 200 余篇，今存近半，其中最重要的是《商君书》和《韩非子》。

5. 兵家，代表人物有孙武、孙膑、吴起等，代表作品有《孙子兵法》《孙膑兵法》《吴子兵法》等。

兵家在春秋战国时期主要从事在军事理论方面的研究和实践，创始人是孙武。孙武大概生活在公元前 544 年至公元前 470 年间，是春秋时期齐国人。据史籍所记，孙武系卫国王室后裔。

据《史记》记载，公元前 512 年，孙武从齐国出走至吴国，经吴国大臣伍子胥推荐，以兵法十三篇进见吴王得以重用。此后，孙武被任为将军和伍子胥共同辅助吴王。他在吴国 30 年，励精图治，富国强兵，使吴国奋然崛起。公元前 506 年，孙武领兵 3 万击败 60 万楚国大军，攻入楚国国都郢（yǐng，今湖北省江陵县附近）。使吴国北威齐晋，南服越人，显名诸侯。

东周步入春秋战国时，分封制度已基本解体，随着诸侯国之间不断爆发战争，诸侯王不断被推翻，导致了上层贵族地位的下降和下层庶民地位的上升。于是，在贵族和庶人之间兴起了一个“士”阶层。士人最早是为诸侯和卿大夫服务的职事官，其地位介于卿大夫和庶民之间。随着东周王朝的瓦解，原有的等级制度逐步崩溃，旧贵族集团开始衰落，士的人数迅速增加。士为了宣扬他们的主张和思想并扩展名声，在民间兴起聚众讲学之风，他们的社会作用也日益彰显。各诸侯王为巩固自己的统治地位，以谋富国强兵之策而广招名士；各国有权势的大臣为增强自己的实力也多养士为食客（或称门客）作为帮衬。这些食客往往出身寒门，他们深知，要步入仕途，出人头地，立功扬名，必须依靠权贵的举荐，投到权贵的门下。他们或为主人出谋划策奔走游说，或代主人著书立说领兵攻伐。士们往往代表不同的阶级、集团的利益，为了自身的发展朝秦暮楚奔走在不同的诸侯国和贵族权臣之间。

兵家是士群体的重要组成部分，在中国历史舞台上扮演着绚丽的角色，是中国军事历史的奠基人。兵家主张运用武力来达到政治与经济目的，到战国时期，兵家往往能够通过一场战争主导一个诸侯国的兴亡成败。孙武在《孙子兵法》一书中开宗明义地说：“兵者，国之大事，生死之地，存亡之道，不可不察也。”

春秋战国时期兵家著作中，以《孙子兵法》影响最大，是中国也是世界上最古老的军事理论著作。《孙子兵法》今存十三篇，1972 年在山东临沂银雀山汉墓出土的《孙子兵法》残篇中，除有十三篇外，还发现有《吴问》《四变》《黄帝伐赤帝》《地形》《见吴王》等五篇佚文。

6. 名家，代表人物有邓析、惠施、公孙龙、桓团等，代表作品有《公孙龙子》。

名家也是战国时期的一个知名学派，因从事论辩“名”（名称、概念）与“实”（事实、实物）为主要学术活动而被后人称之为名家。

名家学派的先驱人物是邓析。邓析生在春秋末年，郑国大夫，与老子和孔子基本同时。邓析是当地著名的讼师（替人打官司）。邓析第一个提出反对“礼治”思想，曾私自编了一部适应新兴地主阶级要求的成文法，把它写在竹简上，叫作“竹刑”，是代表新兴地主阶级利益的革新派。

邓析的一个重要理论，就是“两可说”。简而论之，就是模棱两可、混淆是非。在正统观点看来，这是一种“以非为是，以是为非，是非无度”的诡辩论。史籍中记载了这样一个故事：洧（wěi）河发大水，郑国有一个富人被大水冲走淹死了。有人打捞起富人的尸体，富人的家人得知后，就去赎买尸体，但得到尸体的要价很高。于是，富人的家人就来找邓析，请他出主意。邓析对富人的家人说：“你安心回家去吧，那些人只能将尸体卖给你，别人是不会买的。”于是富人的家人就不再去找捞尸者买尸体了。这下捞尸者的人着急了，也来请邓析出主意。邓析又对他们说：“你放心，富人家的人除了向你买，再无别处可以买回尸体了。”从这个故事中来看，邓析对买卖尸体双方所说的话，确实有一点诡辩的嫌疑。同一个事实，邓析却推出了两个相反的结论，每一个听起来都合乎逻辑，但合在一起就荒谬了。

邓析在这件事情中是一个中立者。而且，得尸者和赎尸者各有正当的理由。因此，双方在向邓析咨询的时候，他就只能为对方提供有利于其权益的主意。邓析最终是不是希望他们相持一段时间后，双方找到一个可以接受的价格平衡点，我们只好猜测。从中也反映出邓析已经具有了朴素辩证法的观念。

在邓析看来，辩论必须根据实际情况，不能任意胡说，否则就会带来祸患，特别是辩论必须要遵循一定的标准，所以“两可”虽然不失为一种辩说方法，但不可滥用。

后来，邓析被执政者所杀，就是因为当政者认为其“以非为是，以是为非，是非无度，而可与不可日变”。可见，邓析是一个没有原则的人。身为讼师，邓析善于辞辩，而不跳出诡辩论寻找客观的解决方法。严谨的逻辑推理固然具有说服性，但最终还是要回到现实中来。他的著作已经失传。

儒家人物荀子评价邓析：“不法先王，不是礼义；而好治怪说，玩绮辞。甚察而不惠，辩而无用，多事而寡功，不可以为治纲纪。然而其持之有故，其言之成理，足以欺惑愚众。是惠施、邓析也。”

战国时期社会动荡，很多礼法名存实亡，名家获得崛起的时机。名家注重辩论“名”与“实”之间的关系，是一种逻辑学。名家与各家不同之处，正是在于“正名实”的方法。他们主要是以逻辑原理来分析事物，而辩的内容，又多半是与政治事务无关的哲学问题。因此，名家的理论在中国2000多年里，一直被冠上“诡辩”的恶名。

7. 阴阳家，代表人物：邹衍。

阴阳家因提倡阴阳五行学说，并用它解释社会人事而得名。这一学派，似源于商周执掌天文历法的统治阶层，其代表人物为战国时齐人邹衍。

邹衍的著作《邹子》和《邹子终始》，据说有十余万言，但已佚失。今天只能从史籍

《吕氏春秋》和《史记》中的一些段落窥见其思想。

邹衍亦作驺衍，是战国末期齐国人，生卒年代不详，大约生于公元前 324 年，死于公元前 250 年，70 余岁。

邹衍先学儒术，后改攻阴阳五行学说。到了战国末期，各家学派的思想有一种混合的趋势，因此，在他的理论中多含有儒家思想。其主要学说是“五德终始说”和“大九州说”。因他“尽言天事”，当时人们称他“谈天衍”，又称“邹子”。邹衍把春秋战国时期流行的阴阳五行说应用到了历史观点上，提出“五德始终”的历史观。

阴阳学说认为，阴阳是事物本身具有的正反两种对立和转化的力量，可用以说明事物发展变化的规律。五行学说认为，万物皆由木、火、土、金、水五种元素组成，相互间相生又相克，可用以解说宇宙万物的起源和变化。邹衍综合二者，根据五行相生相克说，把五行的属性释为“五德”。邹衍认为，天地有五行，五行的转移而生有春、夏、季夏（夏季的最后一个月）、秋、冬五季，依存于天地间的人类社会亦是按照五德（即五行之德）转移的次序进行循环的。而五德的转移是依照自然界的五行相克即土克水、木克土、金克木、火克金、水克火的规律进行的。人类社会的历史变化如同自然界一样，按照五德转移的次序进行循环。一个朝代以一德为主，每一德都盛衰有时。德盛，朝代兴旺；德衰，朝代灭亡。历史上每一王朝的盛衰都由此体现出了一种必然性。邹衍试图说明事物运动变化的普遍规律，认为没有万世长存的王朝，但忽视了历史变革中社会发展的政治和经济原因，将其归结以神秘的天意。

“五德终始说”作为一种改朝换代的理论工具，受到历代新王朝建立者的推崇，以证明其政权的合法性。邹衍的阴阳五行思想在中国历史上对哲学，中医学，历法，建筑等领域影响巨大，成为中国传统文化的组成部分。

在地理认识方面，邹衍创立了“大九州”说。他认为，《禹贡》中所说的九州只不过是全部天下的九分之一，中国是其中的赤县神州。赤县神州在内分九州，是在禹的时候划分的，是小九州。在赤县神州之外还有八个州，都被大海环绕，各个州的语言、风俗都不一样。大九州的地理学说认为中国只是世界的一小部分，突破了当时人们的地理观念，也是邹衍基于阴阳五行原理的一种推测。

邹衍到过赵、魏、燕等诸侯国，均受到各国国君的礼遇。据史籍载，邹衍到燕国时，燕昭王亲自执帚为他扫地去尘，为其筑碣石宫，并以师礼待之。

8. 纵横家，代表人物有鬼谷子、苏秦、张仪、公孙衍等，主要言论传于《战国策》《鬼谷经》。

纵横家是战国时期从事政治、外交活动的谋士，是一批叱咤风云的杰出人物。他们以辨析时势，陈明厉害的方法，以“合纵”“连横”的主张，游说于各诸侯国国君，他们的活动对于战国时政治、军事格局的变化有着重要的影响。

纵横家中的合纵派主张当时 6 个较弱的诸侯国联合起来，共同抵抗强大秦国的攻击，称之为“合纵”；而连横派意图破坏合纵，说 6 国以事秦，就是“连横”。即“纵者，合众弱以攻一强也；横者，事一强以攻众弱也”。古时，南北向称为“纵”，东西向称为“横”。战国时代，最为强大的秦国位于西方，齐、楚、韩、赵、魏、燕 6 国位于其东方。6 国结盟为南北向的联合，故称“合纵”；6 国分别与秦国结盟成为东西向的联合，故称“连横”。据说纵横家的创始人为鬼谷子。

鬼谷子，相传姓王名诩（xǔ 或利），又名王禅，民间称其为王禅老祖，号玄微子，战国时期人，是中国历史上一位极具神秘色彩的人物。

与其他诸子百家不同，鬼谷子是唯一以地名而不是以姓氏指代其名的人。由于正史没有给他立传，与其他诸子百家比较起来，他的生平事迹显得相当不可考，以致有人怀疑他只是个传说中的人物。但西汉史籍《战国策》《史记》中都多次提到这个人，并提到叱咤一时的纵横家苏秦、张仪皆为其弟子（有专家考证，张仪、苏秦非同一时期的人）。事实上，大多数史学家也认为鬼谷子可能实有其人，其活动年代在公元前 400 年至前 320 年。

鬼谷子是哪国人，众说纷纭，有楚国说，有齐国说，还有魏国说。之所以有这么多的说法，是因为在这些诸侯国里，都有名为“鬼谷”的地名，但更多的史料倾向于认为他是魏国人。由东晋书法家王羲之主持修订，至今依然存世的王氏族谱《江左第一世家王氏历世宗图谱》里记载，王诩是周灵王太子晋的第五世孙。

关于鬼谷子隐居的地方，比较有代表性的说法有三个。一个是位于泰山脚下的鬼儿峪。王诩从齐国政坛上隐退后，就走到泰山脚下一个叫“鬼儿峪”的山谷里隐居起来。传说从前这里颇多坟地，乃鬼魂所居，久而久之“鬼儿峪”被人们叫成了“鬼谷”。另一个是位于山西运城云梦山的鬼谷。

云梦山又作云蒙山，这里至今还有个叫南王庄村的地方，传说是王诩的出生地。村东、村南遗有王诩及其后代的陵墓。云梦山有一条南北向的大幽沟，相传黄帝把杀死的蚩尤兵卒都葬在这条沟里，所以一到夜里，沟里磷火悠悠、凄风苦雨、阴森恐怖，这条沟就被人称为鬼谷。王诩归隐后，回到了自己的家乡，选择在这条沟里居住。还有一个是位于河南北部淇（qí）县云梦山的鬼谷。此处的云梦山又名青岩山，在淇县西南 15 千米，属太行山脉。这里重峦叠嶂，气象万千。在一个洞口，有明代人刻下的笔迹：“鬼谷先生隐处。”清朝雍正年间，这里重修王禅庙，碑文中有“王禅老祖隐于洞内”的字样。此外，还有民国年间的遗迹，都标明王诩的隐居之地就在这里。

鬼谷子的主要著作有《鬼谷子》及《本经阴符七术》。《鬼谷子》侧重于权谋策略及言谈辩论技巧，而《本经阴符七术》则集中于养精蓄锐之道。《本经阴符七术》之前三篇说明如何充实意志，涵养精神。后四篇讨论如何将内在的精神运用于外，如何以内在的心神去处理外在的事物。《鬼谷子》一书分上、中、下三卷，由鬼谷子及其弟子整理而成，被完整地保留在道家的经典《道藏》中。内容十分丰富，应用及其广泛，涉及政治、经济、军事、外交、管理、养生等学科领域。

相对于其他思想流派而言，纵横家活跃的时间比较短暂。他们的出现，主要是因为东周末期割据纷争，“邦无定交，土无定主”的混战局面。这一时期，诸多中小诸侯国已被吞并，余下的秦、楚、燕、韩、赵、魏、齐七国成为战国时期的主要诸侯大国，史称“战国七雄”。七雄们为提升自己的生存地位，扩大势力范围，君主们都相继称王，独霸一方。他们一方面改革图强，加强军备和国力；另一方面，在外交上频频争取与别国的“合纵”或“连横”寻求利益。七雄在彼此间不断的激烈攻伐中，为谋求取胜之道，纵横家们的智慧、思想、手段、策略成为国君们的一方选择。

纵横家们在战国时代这一特殊的历史条件下所创造出来的智慧和事迹，是任何一个朝代都无法比拟的。纵横人物多出身贫贱，他们以一介布衣之身可以以三寸之舌退一国雄师；也可以以谋略之术解不测之危。他们纵横捭阖，影响各国的内政外交，开启了后世中国外交文化的先河。德国一位著名历史学家在《西方的没落》一书中高度评价鬼谷子的智慧，认为在现代国际外交中具有借鉴作用。20 世纪 70 年代，美国著名外交家基辛格认为自己从《鬼谷子》中受益匪浅。日本一位学者、企业家把《鬼谷子》中的谋略用到经营活动中，写出了一部纵横学在商战中的应用实例，取名《鬼谷子与经营谋略》，此书在德国、美国和东南亚有广泛影响。可见《鬼谷子》在世界范围内受到重视，并且逐步走入社会的各个领域。

纵横家所推崇的是权谋策略及言辩技巧，其指导思想与儒家所倡导的仁、义、礼、智、信大相径庭。因此，历来主流社会对《鬼谷子》一书推崇者甚少，而批评者众多。其实“智，用于众人之所不能知，用于众人之所不能见”“潜谋于无形，常胜于不争不费”，为《鬼谷子》精髓所在。如果说《孙子兵法》侧重于总体战略，那么《鬼谷子》则专于具体技巧，两者可说是相辅相成。据史籍《汉书》记载，纵横家曾有著作“百七篇”。

9. 杂家，代表人物：吕不韦，代表作品有《吕氏春秋》《山海经》《尸子》等。

杂家是战国末期的综合学派，因“兼儒墨、合名法”“于百家之道无不贯综”而得名。又因杂家著作中多含有道家思想，故有人认为杂家实为新道家学派。中国已故著名学者胡适在其《中国中古思想史长编》中认为：“杂家是道家的前身，道家是杂家的新名。汉以前的道家可叫做杂家，秦以后的杂家应叫做道家。研究先秦汉之间的思想史的人，不可不认清这一件重要事实。”杂家的出现大体上反映了战国末期学术文化融合的趋势。杂家流传下来的思想并不多，在中国思想史上没有浓重的痕迹。

秦国丞相吕不韦聚集门客编著的《吕氏春秋》，是一部典型的杂家著作集。

吕不韦，卫国濮阳人，原籍阳翟（dí）（今河南省禹州市），约生活在公元前 290 年至前 235 年，战国末期。吕不韦一生颇具传奇性，其前半生为卫国著名商人，后半生成为著名政治家，在秦国为相 13 年。

公元前 267 年，秦国太子去世。秦王将其第二个儿子安国君立为太子。

安国君有个非常宠爱的妃子称为华阳夫人。华阳夫人没有儿子，而安国君有 20 多个儿子，其中有个儿子名叫异人正作为秦国的人质困在赵国的都城邯郸。由于秦国多次攻打赵国，使异人的处境十分艰难。

吕不韦在邯郸经商时结识了不得志的异人，作为颇有政治眼光的精明商人，吕不韦认为异人“奇货可居”，遂精心策划并实施了一场影响中国历史的政治投资。他首先给予异人重金资助，取得了异人的信任。又买通了华阳夫人的姐姐，通过华阳夫人的姐姐说服了华阳夫人收异人为义子。为了博得出生于楚国的华阳夫人的欢心，异人后来在吕不韦的授意下，改名为子楚。

为了进一步加强他和子楚的关系，吕不韦还将自己一位姿色漂亮又能歌善舞的宠姬送给了子楚。因宠姬出身于赵国，后人称她为赵姬。赵姬跟随子楚后产下一男婴，取名嬴政（又称赵政）。但史籍中说，赵姬是同吕不韦有孕后，才被吕不韦送给了子楚，嬴政疑是吕不韦的儿子。

公元前257年，秦国出兵攻赵，赵国人想杀死子楚，子楚与吕不韦设法逃归秦国。

公元前251年秦昭王去世，太子安国君继位，为秦孝文王。孝文王立华阳夫人为王后，立子楚为太子。赵国欲与秦修好，随即送赵姬母子回到秦国。

秦孝文王服丧一年后，在其行继位礼后的第三天突然猝死（一说是因太子子楚所敬美酒后猝死）。接着子楚继承王位，是为秦庄襄王。庄襄王继位后，尊华阳夫人为太后，拜吕不韦为相国，封文信侯，赏赐洛阳10万户作为他的食邑，吕不韦开始执掌秦国朝政大权。

庄襄王仅在位3年，死后由太子嬴政继位，此时嬴政年仅13岁，尊相国吕不韦为“仲父（古代称父亲的大弟）”。史载，此时吕不韦享尽人间荣华，门下有食客3000人，有仆佣万人。

在秦王嬴政年纪还小时，吕不韦与成为太后的赵姬情丝不断，常常私通。秦始皇越来越大，吕不韦唯恐事情败露惹祸上身，便想斩断与太后的性爱关系。他暗地里寻到一个性能力很强的人叫嫪毐（lào ǎi）装扮成太监送给了太后。嫪毐果然深得太后的欢心，二人还生下了两个儿子，并密谋秦王嬴政若死，就从这二子中选一人为王。

公元前238年，有人告发嫪毐与太后淫乱，秦王嬴政查实后将嫪毐家三族人及其与太后所生的两个儿子全部杀死。次年，吕不韦因牵连“嫪毐案”，被免去了相国的职务，逐出京城居河南的封地。后嬴政恐吕不韦作乱，命其举家迁往蜀地。并书信吕不韦：“君何功于秦？秦封君河南，食十万户；君何亲于秦？号称仲父。其余家属徙处蜀！”吕不韦感到秦王的忌恨，恐日后牵累家人，便饮毒自尽。

历史上吕不韦是一个富有争议的人物，但诸多中国现代史学家对他的评价还是积极的。中国原科学院院长郭沫若先生认为，“吕不韦在中国历史上应该是一位有数的大政治家”。《中国智慧大观》一书中列出了吕不韦的99种智慧，肯定吕不韦是一个具有丰富智慧的企业家和政治家。客观地说，其为相期间，秦军灭东周；攻六国；修郑国渠等，对秦王嬴政最后兼并六国，统一中国的事业有着重要的贡献。

吕不韦执政期间，组织门客编著了《吕氏春秋》一书，在中国文化史上占据了一席之地。

《吕氏春秋》又名《吕览》，成书约在公元前239年前后，有“八览”“六论”“十二纪”，共20多万言。这部书以道家思想为主干，融合了春秋战国以来各家学说的理论体系，目的在于综合百家之长，总结历史经验，为以后的秦国统治者提供长久的治国方略。吕不韦认为

“私视，使目盲；私听，使耳聋；私虑，使心狂。三者皆私没精，则智无由公。智不公，则福日衰，灾日隆”。为了扩大《吕氏春秋》一书的影响，吕不韦请人把全书誊抄整齐，悬挂在咸阳城的城门上，宣告：如果谁能改动书中一字，即赏千金。消息传开后，人们蜂拥来看，包括来自各诸侯国的学者和游士，但却没有一个人能对书中的文字加以改动，可见书中文辞的精美和精炼。《吕氏春秋》保存了不少古代的遗闻轶事，在史学上有很高的参考价值。有学者对吕不韦和《吕氏春秋》评论为“其人其事可议，其功不可没，其学其书不可废”。

《山海经》也是杂家的名著。该书作者不详，现代学者均认为成书并非一时，作者也非一人。

《山海经》全书 18 卷，其中“山经”5 卷，“海经”8 卷，“大荒经”4 卷，“海内经”1 卷。各卷著作年代无从定论，其中 14 卷为战国时作品，4 卷约为西汉初年作品 。《山海经》内容主要是民间传说中的地理知识，包括山川、道路、民族、物产、药物、祭祀、巫医等。保存了包括夸父逐日、女娲补天、精卫填海、大禹治水等不少脍炙人口的远古神话传说和寓言故事。《山海经》具有很高的文献价值，对中国古代历史、地理、文化、物产、民俗、神话等的研究，均有参考作用，其中有关矿物论述，更是世界上最早的记录。

《山海经》影响很大，也颇受国际汉学界重视，对于它的内容性质古今学者有着不同的认识，现在大多数学者认为，《山海经》是中国古代早期一部有价值的地理著作。

10. 农家，代表人物：许行（háng）。

农家，因注重农业生产而得名。此派多出自管理农业生产的官吏，他们主张世上男女都要亲自参加劳动，这样就可以“民顺而政治”。

如果说墨家是小手工业者的思想代表，道家代表小土地私有者的利益，而以许行为代表的农家，则是下层农民的代言人。

许行约生活在公元前 372 年至公元前 289 年间，是楚国人，与战国中期儒家代表人物孟子同处一个时代。但因为没有专著流传于世，其详细的思想内容与活动事迹皆不可考。

孟子在其著作《孟子》一书中记载，孟子在滕（téng）国时，许行偕弟子数十人从楚国来到滕国。他与孟子不同，不求高官厚禄，只要求国君滕文公给他一块土地，从事农作物的耕种。滕文公允诺，许行于是与其徒数十人，穿着麻布衣服，靠打草鞋、编席子为生。有儒生兄弟从宋国来到滕国“见许行而大悦，尽弃其学而学焉”。可见许行倡导的农家学说，在当时有很大的社会影响，其门徒众多，连儒家门生也弃儒而入。

许行主张“种粟而后食”“贤者与民并耕而食，饔飧（yōng xiǎng）而治”。即贤德的国君应该和百姓一同耕种，以获得自己的食物，依碗中的饭食中治理国家和民生。农家思想的核心是反对不劳而食，同时肯定市场货物交换的作用——以粮食换取农具等生产、生活需要品。并且指出，如果一切自制，将“害于耕”。在价格问题上，农家也有自己的见解：“布帛长短同，则贾（gǔ）相若；麻缕丝絮轻重同，则贾相若；五谷多寡同，则贾相若；屦大小同，则贾相若。”总之，同类商品量相同，则价相等。这样，在交易市场上的同类商品就只有一种价格，没有第二种价格，使“市贾不贰”“莫之或欺”。许行否定君主拥有仓廪

（lǐn）府库的权力。对当时君主贵族们“历民以自养”的剥削制度，持批评态度。与儒家孟子的“劳心者治人，劳力者治于人；治于人者食人，治人者食于人”的思想是针锋相对的。

农家的思想，是当时小农经济平均主义的反映，显示了战国时期底层农民自食其力的诉求，表达了农民对不法商人欺行霸市的不满，使农家学说得以深入人心。但农家“君民并耕”之求只能是一种幻想，要求人人都成为自食其力的劳动者，根本不可能实现，只能是一种政治理想。

农家对当时的农业生产技术和经验也注意记录和总结。《吕氏春秋》中的《上农》《任地》《辩土》《审时》，《孟子》中的《滕文公上》等篇，被学者认为是研究农家学说的重要资料。

11. 小说家，在春秋战国时代，小说家指的是一群记录民间街谈巷议的人。小说家虽然能自成一家，但被当时社会视为低俗者，影响甚小。然而小说家反映了古代平民思想的侧面，却是其他学派无法能代替的。

小说家著作有《伊尹说》27 篇，《鬻（yù）子说》19 篇，《周考》76 篇，《青史子》57 篇等，均已佚。

波斯文化

波斯文化多受两河流域文化影响，使用楔形文字，有 36 个字母，从左至右书写。考古发现，波斯的建筑融合埃及、巴比伦、希腊各民族的艺术成就，构成自己独特的雄伟壮丽的风格。大流士的新都波斯波利斯（又译珀赛玻里斯宫或帕赛波利斯宫）的宫殿建筑在巨石垒成的高台上，两座仪典大殿平面都为正方形。前面一座接待殿，76.2 米见方，殿内有石柱 36 根，柱高 19.4 米；另一大殿为百柱殿，68.6 米见方，有石柱 100 根，柱高 11.3 米，石柱上的雕刻流畅精致。两座大殿空间宽敞，豪华壮丽，在古代建筑中颇为经典。

大流士掌权后统一宗教信仰，确定琐罗亚斯特教为国教。该教传为波斯哲人琐罗亚斯特（又译查拉图斯特拉、琐罗亚斯德）所创，并著有《阿维斯陀》作为该教的经典。

琐罗亚斯特教认为，世界存在着善神也是光明之神阿胡拉·马兹达与邪恶及黑暗之神阿里曼的斗争。世间万物都包含在明暗、善恶这两种力量的斗争中。因此，作为世界万物一部分的人类，从诞生之日起就陷入了善恶之争中。从琐罗亚斯特教经典《阿维斯陀》来看，世界本身源自善恶之争，善恶的种子遍布世界各个角落，随时随地都会进入人类的灵魂。正因为如此，琐罗亚斯特教把对人的教诲核心放在“思”上。思正，言必正，行必正；思善，言必善，行必善。所以，善言、善行都是基于善思之上的。它以善恶、明暗对立的形式，代表事物所有的矛盾对立面。琐罗亚斯特教把火作为光明的象征，礼拜圣火为其主要的宗教仪式，故又称为拜火教。后来有过世界范围的流传，对犹太教和基督教都有重要的影响。可能南北朝时期传入中国，被称为祆（xiān）教。

希腊文化的“黄金时代”

在公元前 500 年至公元前 400 年的时候，希腊奴隶制经济进入全盛时期，同时希腊文化也进入黄金时代。由于亚历山大的东侵，希腊文化直接吸收了埃及、西亚的文化素养，又在东方文化的影响下有了新的发展。

继荷马史诗之后，《伊索寓言》在希腊民间广泛流传。相传作者伊索是一个奴隶，他用简洁的文字，寓意很深的动物故事，来表达人类的真、善、美。

在公元前500年的时候，戏剧已在古希腊人生活中占有很重要的地位。戏剧被分为悲剧和喜剧，都是从传统的节庆歌舞和祭祀表演中发展而来。雅典城内建有可容纳万人的露天剧场，由城邦政府组织戏剧创作、演出和评奖，出现了许多传世的戏剧家。象埃斯库罗斯，被誉为“悲剧之父”，相传写有70余部剧作，流传下来仅7部。他的著名剧作《普罗米修斯》，是根据神话故事，成功地塑造了一个为人类幸福敢于反抗强权的英雄形象。第二个悲剧家是索福克利斯，传世之作也是7部，代表作是《奥狄浦斯王》。他试图通过悲剧人物来塑造以城邦利益为重的理想公民的形象。第三个悲剧家是欧里庇得斯，留下18部作品。代表作是《美狄亚》，歌颂一位敢于同忘恩负义、贪恋财色的丈夫做斗争的妇女，抨击了男女不平等的现象。最著名的喜剧作家是阿里斯托芬，传世作品有11部。他运用诙谐和讽刺的语言评论时事，批评贫富悬殊和战争，揭露妇女地位低下等社会现象，代表作有《云》《财神》等。

古希腊的建筑和雕刻艺术有很高的成就，著名的雅典帕特农神庙，呈长方形，四周环绕46根圆柱，庄严、典雅。雕塑家米隆的《掷铁饼者》，菲狄亚斯的《雅典娜女神像》，波利克利特的《持矛者》等，都表现了人的青春活力和健康美，达到了现实主义的高峰，成为世界美术史上的珍品。

当中国的诸子百家们在东方的黄河岸边思索着如何理顺繁杂、混乱、多变的社会秩序的时候，生活在爱琴海边的西方古希腊思想者，也在同样考虑着人生问题和世界的本质。

在公元前500年的时候，雅典城邦成为古希腊的经济、政治和文化中心，同时也出现了一批以传授论辩术为业的思想家，他们被称为“智者”。

智者的著名代表是普罗泰戈拉（也称普罗泰格拉）。普罗泰戈拉是伯利克里的挚友，为了反对传统贵族统治制度和思想，他提出“我不知道神存不存在”“人是万物的尺度”的著名命题。主张事物的存在是相对于人的感觉而言的，人的感觉怎样，事物就是怎样。他根据这种观点，对传统神学提出了怀疑。普罗泰戈拉把感觉看成是真理的标准，含有主观唯心主义成分。他看到了不同人的感觉有对立与差异，触及到主观和客观的关系问题，表现了人类对世界认识的渐进和深入。

普罗泰戈拉认为：人以自身的感觉获得认知，也以感性的欲望和私利的追求作为道德的标准。因此，“道德”是因人而异的，是人们在从事私人和公共事务中的智慧表现，它能调节家庭关系，帮助人们更好地参与公共事务。他指出，公正、智慧、节制等是人们必备的品质，人和人之间应以尊敬和正义为原则。普罗泰戈拉主张“德行可教”，并力图证明“德行”不能自发生成，它是一种可以传授并需经过苦心修养才能获得的品性。

普罗泰戈拉的伦理思想，在当时有力地支持了雅典民主政治，对西方伦理思想的发展有着重要的影响。其理论中所包含的相对主义、个人主义和自由主义因素，也为后来的西方思想家们所继承和发展。智者派也由此引出了两个相反的发展方向，有的为奴隶制度作道德论证，有的则得出奴隶制是非正义的结论。

普罗泰戈拉的思想突出个人的作用和价值，表现出个人主义思想倾向，也导致否认客观真理的存在，为当时的民主制提供了理论根据，并发展成为人道主义的一个命题。

据说晚年的普罗泰戈拉因“不敬神灵”被受控告，著作《论神》被焚毁，本人被逐出雅典，在渡海去西西里的途中逝世。

出身于雕刻匠家庭的苏格拉底反对智者的相对主义，认为客观真理是存在的。指出：“意见”可以有各种各样，“真理”却只能有一个；“意见”可以随个人以及其他条件而变化，“真理”却是永恒的，不变的。

苏格拉底反对研究客观自然世界，认为那是亵渎神灵的，人“只能认识自己”。他的一个重要观点是：自己知道自己无知。因此，人们需要通过批判的研讨去寻求什么是真正的正义和善，从而达到改造灵魂和拯救城邦的目的。

苏格拉底关于灵魂的学说，进一步使精神和物质的分化更加明朗起来。苏格拉底以前的哲学家，对于灵魂的看法还比较模糊，有的还将灵魂看成是最细小的物质。到苏格拉底才明确地将灵魂看成是与物质有着本质不同的精神实体。在苏格拉底看来，物体的产生与灭亡，不过是某种物质的聚合与分散。从西方哲学思想的发展过程看，苏格拉底将精神实质和物质实质明确地加以区分，使唯心主义和唯物主义的对立进入更加明朗的阶段，使之成为西方哲学史上唯心主义哲学的奠基人。

在苏格拉底以前，古希腊的哲学家们主要探究宇宙的本源是什么，自然的形成等问题，后人称之为“自然哲学”。苏格拉底认为，自然界的因果系列是无穷无尽的，如果哲学只去寻求这种因果，就不可能认识事物的最终原因，而研究这些问题对拯救国家也没有什么现实意义。出于对城邦和雅典人命运的关心，他转而研究人类本身，即研究人类的伦理问题，后人称苏格拉底的哲学为“伦理哲学”。使哲学“从天上回到了人间”，在哲学史上具有伟大的意义。

苏格拉底反对用灌输知识的方式教育青年，主张通过论辩诘难以找出对方论证中的矛盾，去寻求答案，这就是“辩证法”一词的最早来源。

苏格拉底经常和人辩论，但从不给出结论，他承认自己无知。在辩论中他通过问答形式使对方纠正、放弃原有的观念并帮助对方产生新思想。这种问答一般分为三步：第一步称为“苏格拉底讽刺”，他认为这是使人变得聪明的一个必要的步骤，因为除非一个人很谦逊“自知其无知”，否则他不可能学到真知；第二步叫“定义”，在问答中经过反复诘难和归纳，从而得出明确的定义和概念；第三步叫“助产术”，引导对方进行思考，自己得出结论。正如苏格拉底所说，他虽无知，却能帮助别人获得知识。

据载，苏格拉底和朋友曾有过一次著名的问答。

朋友问：苏格拉底，请问什么是善行？

苏格拉底问：盗窃、欺骗、把人当奴隶贩卖，这几种行为是善行还是恶行？

朋友答：是恶行。

苏格拉底又问：欺骗敌人是恶行吗？把俘虏来的敌人卖作奴隶是恶行吗？

朋友答：这是善行。不过，我说的是朋友而不是敌人。

苏格拉底再问：照你说，盗窃对朋友是恶行。但是，如果朋友要自杀，你盗窃了他准备用来自杀的工具，这是恶行吗？

朋友答：是善行。

苏格拉底追问：你说对朋友行骗是恶行，可是，在战争中，军队的统帅为了鼓舞士气，对士兵说，援军就要到了。但实际上并无援军，这种欺骗是恶行吗？

朋友答：这是善行。

苏格拉底以逻辑辩论的方式启发思想、揭露矛盾，以辩证思维的方法深入事物的本质。这种教学方法有其可取之处，它可以启发人的思想，使人主动地去分析、思考问题、他用辩证的方法证明真理是具体的，具有相对性，在一定条件下可以向自己的反面转化。这一认识论在欧洲思想史上具有巨大的意义。

苏格拉底当过重装步兵，曾多次参加作战，靠自学成为智者。他以传授知识为生，一生过着清贫的生活。雅典城邦内的青年人、老年人、有钱人、穷人、农民、手工匠、贵族、平民都是他施教的对象。不论是谁，只要向他求问，他都热情施教。当时的其他智者，是收取学费的，他们以当教师作为赚钱的手段。而苏格拉底的施教是不收学费的，他是为城邦的利益而授教，是义务教师。他认为，教育对一个人的成长非常重要。

关于苏格拉底的教育方式，有这样一则故事：

一天，他带领一些弟子来到一块麦地边。当时正是收获的季节，地里长满了金灿灿的麦穗。苏格拉底对弟子们说："你们去摘一个最大的麦穗，只许进不许退，我在麦地的尽头等你们。"

弟子们知道要求后，就走进了麦地。

地里到处都是颗粒饱满的大麦穗，哪一个才是最大的呢？弟子们埋头向前走，看看这一株，又看看那一株，他们总认为前面还有更大的。虽然，他们也试着摘了几穗，但并不满意，便随手扔掉了。他们总以为结果会在前面，没有必要过早地定夺。于是，犹犹豫豫地向前摸索着。

突然，大家听到了苏格拉底的声音："你们已经到头了。"这时，两手空空的弟子们才如梦初醒，他们回头望了望身后的麦地，麦穗在微风中摇曳，似乎在惋惜他们的一无所获。

苏格拉底对弟子们说："这块麦地里肯定有一穗是最大的，但不可能你们所有人都能碰见它。即使有人碰见了，也未必能做出准确地判断。因此，所谓最大的一穗，就是你们眼前的。"

弟子们听了苏格拉底的话，悟出了这样一个道理：人的一生仿佛就像在麦地中行走，也在寻找那最大的一穗收获。有的人见到了一株籽粒饱满的"麦穗"，就不失时机地摘下它。有的人则东张西望，不重视"眼前"而一再地错失良机。当然，追求应该是"最大的"，但把眼前的那一穗拿在手中，就具有了实实在在的收获。

据记载，苏格拉底最后被雅典城邦法庭以引进新的神和腐蚀雅典青年思想的罪名，被判处死刑。尽管他曾有逃亡的机会，但苏格拉底依然选择饮下毒堇（jǐn）汁而死。因为他认为，逃亡只会破坏雅典法律的权威。苏格拉底最后留下的遗言是："克利托，我欠了阿斯克勒庇俄斯一只鸡，记得替我还上。"其终年 70 岁。

关于苏格拉底的生平和学说，由于其学生有各种不同的记载和说法，一直是学术界讨论比较多的一个问题，但他的影响却是巨大的。在欧洲文化史上，他一直被看作是为追求真理而死的圣人，几乎与孔子在中国历史上所占的地位相同。哲学史家往往把他作为古希腊哲学发展史的分水岭，将他之前的哲学称为前苏格拉底哲学。

留基伯（又译留基波）是古希腊原子论的奠基人。

留基伯和他的主要继承者、学生德谟（mó）克利特，把万物的本源归结为最小的、不可再分的"原子"和"虚空"，提出了原子说。他们认为，世间万物都是由不可分割的物质——原子——所组成，甚至包括人的灵魂。宇宙间的原子数是无穷无尽的，它们没有性质上的差异，只有形状、排列、状态的不同，即不能被消灭，也不能被创造。原子处在永恒的运动之中，虚空是它们运动的场所，即运动为原子本身所固有。原子论者认为，生命是从一种原始的黏土中发展起来的，人是宇宙的缩影，因为人体含有各式各样的原子。人的呼吸是不断地把原子从人体中排出去，又不断地从空气中吸入人体，因此呼吸停止，生命便结束了。原子论的宇宙观认为，万物都是预先决定的。

根据这样的理论，德谟克利特还提出了他的天体演化学说，一部分原子由于碰撞等因素形成了一个原始旋涡运动，较大的原子被赶到旋涡的中心，较小的被赶到外围。中心的大原子相互聚集形成球状结合体，即地球。较小的水、气、火原子，则在空间产生一种环绕地球的旋转运动。地球外面的原子由于旋转而变得干燥，最后燃烧起来，变成各个天体。

德谟克利特在原子论里否认了神的存在，他认为人的祖先在残酷而奇妙的自然现象面前感到恐惧，再加上知识的匮乏，只有臆造出"神"来解释未知的一切。其实，除了永恒的原子和虚空外，从来就没有不死的神灵。他甚至认为，人的灵魂也是由最活跃、最细微的原子构成的，因此它也是一种物质。原子分离，物体消灭，灵魂当然也随之消灭。

德谟克利特发展了留基伯的学说，是近代物质结构学说的先驱，对后来欧洲的哲学和自然科学的发展有重大影响。据说德谟克利特后来弄瞎了自己的眼睛，他说这样可以不致蒙蔽他理性的思考。

德谟克利特曾外出游学，他走遍了希腊各地；到访过埃及和巴比伦；又往南深入过埃塞俄比亚；往东则去了印度；还在波斯结识了众多星相家。德谟克利特因为外出游学花光了父亲给他留下的绝大部分财产，因此，当他回到家乡后，马上面临一场法庭审判。这个城邦有一条不允许挥霍祖上财产的法律，此时的德谟克利特已经身无分文，回到家乡后只有靠兄弟供养度日。于是，他便被控"挥霍祖产罪"，依法要被剥夺一切权利并驱逐出城邦。在法庭上，德谟克利特为自己做了辩护，并且，当众朗读了他的名著——《大宇宙》。他的学识和他的雄辩征服了法庭。法庭不但判德谟克利特无罪，并决定给予5倍于他“挥霍”掉的财产数字，以奖赏他的著作。与此同时，整个城邦尊他为伟人，在他活着的时候就给他建立了铜像，在德谟克利特死后，整个城邦为他举行了盛大的葬礼。

柏拉图是苏格拉底的学生，出身于雅典的一个贵族家庭。柏拉图的原名为亚里斯多克勒斯，后来因为他长得身躯强壮而被称为柏拉图，在希腊语中是“平坦、宽阔”的意思。

据说苏格拉底和柏拉图之间有这样一个故事，在开学的第一天，苏格拉底对他的学生们说:“今天我们只做一件事，每个人尽量把手臂往前甩，然后再往后甩。”说着，他做了一遍示范。“从今天开始，每天做300遍，大家能做到吗？”苏格拉底认真地问，学生们都笑了，这么简单的事，谁做不到呢。可是一年以后，苏格拉底再问的时候，他的全部学生中却只有一个人坚持了下来，这个人就是柏拉图。

柏拉图大约20岁时开始跟随苏格拉底学习，此后跟随苏格拉底8年。苏格拉底受审并被判处死刑后，柏拉图对城邦现行的政体完全失望，于是开始遍游意大利、西西里岛、埃及、利比亚等地以寻求知识。据说在40岁时，约公元前387年返回雅典，并在雅典创立了一所学校——柏拉图学院。这所学院成为欧洲最早的有完整组织的高等学府之一，学院设置了算术、几何、天文以及声学等多种课程，培养出了许多优秀人才，其中最杰出的是亚里士多德。

柏拉图认为世界的本源不是原子，也不是其他形式的物质，而是超经验的“理念世界”。他提出人所感觉到的种种变化的、有生有灭的具体事物，只是现象，它们是相对的，它们的本质是永恒不变的、绝对的“理念”。理念世界是第一性的，是真实的存在；物质是第二性的，是由理念派生的，因而是不真实的存在。比如，具体美的事物有无数个，“美的理念”却只有一个。美的事物以美的理念为目的，不断地追求它，却永远不能达到它。所以，理念是具体事物的原因和目的，它在具体事物之外，并且先于具体事物而存在。人的一切知识都是由天赋而来，它以潜在的方式存在于人的灵魂之中。因此，“认识”不是对世界物质的感受，而是对理念世界的回忆。由此出发，柏拉图提出了一种“理念论”和“回忆说”的认识论，并将它作为其教学理论的哲学基础。

柏拉图指出，自然界中有形的东西是流动的，但是构成这些有形物质的形式或理念却是永恒不变的。当我们说到“马”时，我们没有指任何一匹马，而是说所有的马。而“马”的含义本身独立于各种具体的马，它不存在于空间和时间中，因此是永恒的。但是某一匹特定的、有形的、存在于感官世界的马，却是“流动”的，会死亡，会腐烂。这就是“理念论”的基本概念。

柏拉图在《理想国》(又译作《国家篇》《共和国》《王制》)一书中，向人们描绘出他理想中的国家结构。柏拉图认为国家起源于劳动分工，因此，他将国家公民划分为治国者、武士和普通民众三个等级，分别代表智慧、勇敢和欲望3种品性。治国者是管理国家的智者，具有完美的德行和超群的智慧，会按理性和正义去治理国家；武士们辅助治国，用忠诚和勇敢捍卫国家的利益与安全；普通民众则通过劳作来为国家提供必需的生产、生活物资。治国者和武士不能拥有私产和家庭，因为私产和家庭是一切邪念的根源；普通民众绝不允许拥有奢华的物品，崇尚奢华使人追求贪欲。治国者可以被继承，但是其他阶级的优秀少年也可以被培养成为治国者，而治国者中的后代也有可能被降到普通民众的等级。在柏拉图的理想国中，每一个人在社会中都有着必然的功能和位置，以满足社会的整体需要。女人和男人有着同等的权利，存在着完全的性别平等。柏拉图还指出“宪法国家”是仅次于理想国的最好的国家，而且应当由哲学家来统治和管理。

柏拉图还是西方教育史上第一个提出完整的学前教育思想，并建立了完整的教育体系的人。他从理念先于物质而存在的哲学思想出发，在其教育体系中强调理性的锻炼。他要求3~6岁的儿童都要受到完整的监护，强调游戏和童话对儿童启蒙所具有的重要性；提倡7岁以后，儿童就要开始涉及军人所需的各种知识和技能，包括读、写、算、骑马、投枪、射箭等等；到了20~30岁，那些对抽象思维表现出特殊兴趣的学生就要继续深造，学习算术、几何、天文学和声学等学科，以培养他们的思考能力，使他们开始探索自然的奥妙。柏拉图指出了每门学科对于发展抽象思维的意义，主张未来的城邦统治者在30岁以后，要进一步学习辩证法，以洞察理念世界。

柏拉图坚信“真正”的爱情是一种持之以恒的情感，唯有超凡脱俗的爱，才能经得起时间的考验。他认为，爱情和情欲是互相对立的两种状态。因此，当一个人确实在爱着的时候，他不可能想到同他所爱的对象进行肉体结合。现代人对“柏拉图式的爱情”是只有神交的“纯爱情”，还是既有身交又偏重神交的高雅爱情，众说纷纭。但可以肯定，柏拉图认为爱情能够让人得到升华。他说，对高尚的男人来说，指导他行为的不是血缘，不是荣誉，不是财富，而是爱情；世上再也没有任何一种情感能像爱情那样深刻影响人们的言行和心灵。

柏拉图设想宇宙来自两种直角三角形，一种是正方形的一半，另一种是等边三角形的一半。从这些三角形就合理地产生出4种正多面体，这就组成4种元素的微粒。火微粒是正4面体，气微粒是正8面体，水微粒是正20面体，土微粒是立方体。第五种正多面体是由正五边形形成的12面体，这是组成宇宙物质的第五种元素，叫作“以太”。整个宇宙是一个圆球，这个圆球是有生命的，是运动的，有一个灵魂充满了全部空间。宇宙的运动是一种圆周运动，因为圆周运动是最完善的。4大元素在宇宙内是按比例存在：火对气的比例等于气对水的比例和水对土的比例。

以柏拉图的学说体系形成的学派称为“柏拉图学派”，这是欧洲哲学史上第一个庞大的客观唯心主义体系，对后世西方哲学的影响极大。

柏拉图主义是数学历史上影响最大的数学哲学观点，在西方数学界一直有着或明或暗的柏拉图主义观念。在19世纪，柏拉图主义观念在数学界几乎占了统治地位。至20世纪初，柏拉图主义观点又成为讨论的热点之一。

柏拉图主义的基本观点是：数学的对象就是数、量、函数等数学概念，而“数学概念”作为抽象的理念一般是客观存在着的，存在于一个特殊的理念世界里。后世的柏拉图主义者认为，“数学概念”是一种特殊的独立于现实世界之外的客观存在，它们是不限于时间、空间和人的思维，而永恒的存在。数学家得出新的概念不是创造，而是对这种客观存在的描述，数学新成果不是发明，而是发现。柏拉图主义认为，数学理论的真理性是要靠“心智”和“经验”来理解，靠某种“直觉”来认识，人只有通过直觉才能达到独立于现实世界之外的“数学世界”，所以现代柏拉图主义也被称为“实在主义”。

柏拉图研究广泛，著述丰硕，以他的名义流传下来的著作有40多篇，另有13封书信。柏拉图的主要哲学思想都是通过对话的形式记载下来的。在柏拉图的对话中，有很多是以苏格拉底之名进行的谈话，因此人们很难区分哪些是苏格拉底的思想，哪些是柏拉图的思想。经过后世一代代学者艰苦细致的考证，其中有24篇著作和4封书信被确定为真品。

柏拉图在后期的对话篇中对前期的思想作了一些修正，他看到了“理念”这一普遍的范畴并不是绝对单一的，而是存在普遍联系的，这一看法有较多的辩证法思想。

柏拉图的理论在西方得到普遍的尊重和关注，他的思想影响到西方哲学的各个学派中，很难找到没有吸收过他思想的学派。在后世哲学家和基督教神学中，柏拉图的思想保持着巨大的辐射力。有的哲学史家认为，直到近代，西方哲学才逐渐摆脱了柏拉图思想的控制。

亚里士多德是柏拉图的学生，他在柏拉图学院呆了约20年，直到公元前347年柏拉图去世。柏拉图对他产生了重大影响，但他批评了他的老师，最终与柏拉图的哲学分道扬镳，形成了自己的哲学体系。他把理念称为“形式”，把物质称为“质料”。“质料”是事物组成的材料，“形式”则是每一件事物的具体特征，每一个事物是由形式与质料组合而成的。就像一只活蹦乱跳的鸡，这只鸡的“形式”是它会鼓翅、会咕咕叫、会下蛋等，但当这只鸡死时，“形式”也就不再存在了，唯一剩下的就是鸡的物质——羽毛、肉和骨头。因此，形式并不是在事物之外独立存在的，它只在具体事物之中和质料相互结合而存在。

亚里士多德的哲学动摇于唯物主义和唯心主义之间。在《范畴篇》中，他认为具体事物是“第一实体”，这时候他是站在唯物主义立场上的。而在《形而上学》等著作中，却认为质料只是潜能，形式才是现实，现实先于潜能，形式决定事物的本质，这就偏向唯心主义了。亚里士多德提出了从“潜能”转化为“现实”的运动变化的哲学体系。

柏拉图断言感觉不可能是真实知识的源泉，亚里士多德却认为知识起源于感觉。亚里士多德认为自然界有一种“原因”关系的存在，这种“原因”观念不同于近代以来的“因果”观念。“原因”与“为什么”相对应，并不与“结果”相对应。亚里士多德认为哲学是“研究真实宇宙原因的科学”。他指出，“因”主要有4种，第一种是“质料因”，即形成物体的主要物质；第二种是“形式因”，即主要物质被赋予的形态和状况；第三种是“动力因”，即为实现这类形态而提供的机制和作用；第四种是“目的因”，即促进物体所要达到的目的。亚里士多德相信形式因蕴藏在一切自然物体和其作用之内。开始这些形式因是潜伏着的，但是物体或者物质一旦有了发展和变化，这些形式因就显露出来了。最后，物体或者物质达到完成阶段，其形态就被用来实现原来的作用目的，即为目的因服务。他还认为，在具体事物中，没有无质料的形式，也没有无形式的质料，质料与形式的结合过程，就是潜能转化为现实的运动。这一理论表现出自发的辩证法的思想。

亚里士多德把科学分为：

1. 理论的科学（数学、自然科学和被称为形而上学的第一哲学）；

2. 实践的科学（伦理学、政治学、经济学、战略学和修饰学）；

3. 创造的科学，即诗学（认为分析学或逻辑学则是一切科学的工具）。

亚里士多德是第一个要将哲学和其他学科相区别，使之成为一门独立学科的哲学家。他还分别研究了逻辑学、伦理学、政治学、天文学、地质学、气象学、物理学、心理学、生物学等众多学科，是一位百科全书式的科学家，对这些学科的发展做出了极大的贡献。

亚里士多德的父亲是马其顿国王腓力二世的宫廷御医，公元前 343 年，亚里士多德受国王腓力二世的聘请，担任起当时年仅 13 岁的亚历山大大帝的老师，当时亚里士多德 42 岁。根据古希腊学者的记载，亚里士多德对这位未来影响世界历史的人物灌输了道德、政治以及哲学的教育。同时，亚里士多德也运用了自己的影响力，使亚历山大大帝始终对科学事业非常关心，对知识十分尊重。

苏格拉底、柏拉图和亚里士多德后被誉为古希腊三贤。

泰勒斯（又译为泰利斯），生活在公元前 624 年至前 546 年，出身于安纳托利亚半岛一座古希腊城邦中的贵族家庭，在西方有“科学和哲学之祖”的美称。

泰勒斯试图借助经验观察和理性思维来解释世界。他是古希腊第一个提出“什么是万物本原”这个哲学问题的人，并给出了水的本原说，即“万物源于水”。他认为“水生万物，万物复归于水”“水是最好的”。

一般认为，泰勒斯首创理性主义精神、唯物主义传统和普遍性原则，被称为“哲学史上第一人”，同时也是个多神论者。泰勒斯对希腊哲学产生过重要的影响，传说毕达哥拉斯早年也拜访过泰勒斯，并听从了他的劝告，前往埃及做研究。

泰勒斯早年是一个商人，曾到过不少东方国家。在古巴比伦，他学到观测日食、月食和测算海上船只距离等知识。在埃及，他学习观察洪水，仔细阅读了尼罗河每年涨退的记录，还亲自察看水退后的现象。他发现每次洪水退后，不但留下肥沃的淤泥，还在淤泥里留下无数微小的胚芽和幼虫。他把这一现象与埃及先人的神话结合起来，便得出万物由水生成的结论。埃及的祭司宣称大地是从海底升上来的，泰勒斯则认为地球就漂在水上。他还去西亚两河流域，在那里学习了数学和天文学知识等。

泰勒斯还提出“万物有灵”的观点。泰勒斯曾用磁石和琥珀做实验，发现这两种物体对其他物体有吸引力，便认为它们内部有生命力，只是这生命是肉眼看不见的。由此，泰勒斯得出结论：任何一块石头，看上去冰冷坚硬、毫无生气，却也有灵魂蕴涵其中。泰勒斯向他哲学上的对立面毕达哥拉斯反复强调说：整个宇宙都是有生命的，而灵魂才使一切生机盎然。这一说法在当时非常流行。

在几何学里，泰勒斯最先证明了“若 A、B、C 是圆形上的三个点，且 AC 是直径，则∠ ABC 必然为直角”。故此定理命名为“泰勒斯定理”。在天文学方面，泰勒斯对太阳的直径进行了测量和计算，结果他宣布太阳的直径约为日道的 1/720，这个数字与现在所测得的太阳直径相差很小。通过对日月星辰的观察和研究，泰勒斯确定了365天为一年。更让人们惊讶的是，泰勒斯正确地解释了日食的原因，并曾预测了一次日食。泰勒斯在数学上率先引入了命题证明的思想，这在数学史上是一次不寻常的创举。

在数学中引入逻辑证明，它的重要意义在于：保证了命题的正确性；揭示各定理之间的内在联系，使数学构成一个严密的体系，为进一步发展打下基础；使数学命题具有充分的说服力，令人深信不疑。泰勒斯曾发现了不少平面几何学的定理，诸如："直径平分圆周""三角形两等边对等角""两条直线相交、对顶角相等""三角形两角及其夹边已知，此三角形完全确定""半圆所对的圆周角是直角"等，这些定理虽然简单，而且古埃及、古巴比伦人也许早已知道，但是，泰勒斯把它们整理成一般性的命题，论证了它们的严格性，并在实践中应用。

据说有一年的春天，泰勒斯来到埃及，人们想试探一下他的能力，就问他是否能计算出金字塔的高度？泰勒斯很有把握地说可以，但有一个条件：法老必须在场。第二天，法老如约而至，金字塔周围也聚集了不少围观的人。泰勒斯来到金字塔前，阳光把他的影子投在地面上。没过一会儿，他就让助手测量他影子的长度，当测量值与他的身高完全吻合时，他立刻将大金字塔在地面的投影处作一记号，然后再丈量金字塔底到投影尖顶的距离。这样，他就报出了金字塔确切的高度。在法老的请求下，他向大家讲解了如何从"影长等于身长"推到"塔影等于塔高"的原理，也就是今天所说的相似三角形定理。

泰勒斯在天文学，数学，哲学等方面的建树，为毕达哥拉斯创立理性的数学奠定了基础，对人类的科学发展做出了不朽的贡献，被后人誉为人类历史上最早的科学家。

毕达哥拉斯应比泰勒斯小一辈，生活在公元前580年至前500年。毕达哥拉斯出生在爱琴海中的萨摩斯岛（今希腊东部小岛）的贵族家庭，自幼聪明好学。青年时曾游历了巴比伦和印度，可能还去过埃及，后到意大利的南部传授数学及他的哲学思想，创办了一个研究哲学、数学和自然科学的团体，后来便发展成为一个有秘密仪式和严格戒律的宗教性学派叫作"毕达哥拉斯学派"的组织。

传说毕达哥拉斯是一个非常优秀的教师，他认为每一个人都应该懂些几何。有一次他看见一个勤奋做工的穷人，他想教这个穷人学习几何，因此对此人建议道，如果能学懂一个定理，就给他一块钱币。这个做工的穷人觉得有些意思就同意了，和毕达哥拉斯学上了几何。这个穷人颇有悟性，在毕达哥拉斯的教授下对几何产生了浓厚的兴趣，反而要求毕达哥拉斯教快一些。并且建议，如果毕达哥拉斯能够多教一个定理，他就给毕达哥拉斯一个钱币。没用多少时间，毕达哥拉斯就把他以前给穷人的钱全部收了回来。

毕达哥拉斯容纳贵族和平民妇女都来听课，他认为妇女也和男人一样有求知的权利。因此在他的学派中有十多名女学者，这是其他学派所没有的现象。

毕达哥拉斯把非物质的、抽象的"数"视为宇宙的本原，主张"万物皆数""数是万物的本质"，而整个宇宙是"数"和谐的体系。

毕达哥拉斯将自然数区分为奇数、偶数、素数、完全数、平方数、三角数和五角数等。

在毕达哥拉斯派看来，数为宇宙提供了一个概念模型，数量和形状决定了一切自然物体的形式，数不但有量的多寡，而且也具有几何形状。在此意义上，他们把数解释为自然物体的形式和形象，是一切事物的总根源。因为有了数，才有几何学上的点，有了点才有线面和立体，有了立体才有火、气、水、土这四种元素，从而构成万物，所以数在万物之先。自然界的一切现象和规律都是由数决定的，都必须服从“数的和谐”，服从数的关系。毕达哥拉斯将数神秘化，说数是众神之母，是普遍的始源，是自然界中对立性和否定性的原则。

毕达哥拉斯本人以发现勾股定理（即毕达哥拉斯定理）著称于世。这个定理早已为古埃及和古巴比伦人所知，古埃及在公元前2600年的纸莎草就有（3、4、5）这一组勾股数（又名毕氏三元数），而古巴比伦泥版涉及的最大的一个勾股数组是（18541、12709、13500）。不过毕达哥拉斯最早用演绎法证明了：直角三角形斜边的平方等于两直角边平方之和，从而确定了毕达哥拉斯定理。毕达哥拉斯定理是一个初等几何定理，人们评价该定理是人类最早发现并证明的重要数学定理之一，也是人类最早使用思想解决几何问题的最重要工具之一，也是数形结合的纽带之一。

毕达哥拉斯和他的学派在数学和几何学上有很多建树。例如，把（除其本身以外）全部因数之和等于本身的数称为完全数（如：6，28，496等），而将本身小于其因数之和的数称为盈数；将大于其因数之和的数称为亏数。

毕达哥拉斯学派证明了“三角形内角之和等于两个直角”的论断；发现了正五角形和相似多边形的做法；还证明了正多面体只有5种——正4面体、正6面体、正8面体、正12面体和正20面体。毕达哥拉斯坚持数学论证必须从“假设”开始，开创演绎逻辑思想，对数学发展影响很大。

毕达哥拉斯从球形是最完美几何体的观点出发，认为大地是球形的，提出了太阳、月亮和行星作均匀圆周运动的思想。他对弦长比例与音乐和谐关系的探讨已经带有科学的萌芽，并对“五度相生律”的发现、发展有重大贡献。

“五度相生律”又被称为“毕达哥拉斯律”。毕达哥拉斯及其学派曾用数学研究乐律，他们认为，宇宙和谐的基础是完美的数的比例，音乐与宇宙天体的存在类似。他们认为弦长比分别为2∶1；3∶2；4∶3时发出相隔纯8度、纯5度、纯4度的音程定为完美的和谐音程。他们将纯5度作为生律要素，由此产生“五度相生律”。

相传无理数最早由毕达哥拉斯学派弟子希帕索斯发现。他以几何方法证明了：等腰直角三角形的直角边与其斜边不可通约（无限不循环小数，根号2）。这个新发现的数由于和之前的所谓“合理存在的数”——即有理数在学派内部形成了对立，所以被称作了无理数。无理数的发现使数学向前大大发展了一步，也让毕达哥拉斯学派的人感到迷惑不解，大为震惊。它不仅违背了毕达哥拉斯派的信条，而且冲击着当时希腊人持有的“一切量都可以用有理数表示”的信仰。所以，通常人们就把希帕索斯发现的这个矛盾，叫作希帕索斯悖论，并引发了第一次数学危机。而毕达哥拉斯深信任意数均可用整数及分数表示，不相信无理数的存在。后来在希帕索斯触犯学派章程，向外人透露无理数的存在后，毕达哥拉斯下令将其淹死。

毕达哥拉斯后死在意大利科多拿城里，在一场城市暴动中，他被人暗杀。他的坟墓现仍在意大利的这个古山城中，可见人们对这位学者的敬重。

赫拉克利特是一位富传奇色彩的哲学家。他出生在安纳托利亚半岛伊奥尼亚地区（又译爱奥尼亚，半岛西南海岸）的爱菲斯城邦的王族家庭里。他本来应该继承王位，但是他将王位让给了他的兄弟，自己跑到女神庙附近隐居起来。据说，波斯国王大流士曾经邀请他去波斯宫廷解析希腊文化。

赫拉克利特的理论以毕达哥拉斯的学说为基础。他借用毕达哥拉斯“和谐”的概念，认为在对立与冲突的背后蕴藏着某种程度的和谐，而“和谐”本身并不是彰显的。他认为冲突使世界充满了变换，“战争是万有之父和万有之王”。如果没有斗争和对立，世界就会停滞或者毁灭，而对立和矛盾的统一便产生和谐。“生与死，梦与醒、少与老，始终是同样的东西。后者变化了就成为前者，前者再变化，又成为后者。”

赫拉克利特认为万物永远在不断地变化，而变化之中似乎又存在某些不变的东西。他有一句名言“人不能两次走进同一条河流”。人之所以不能两次踏入同一河流，是因为河流永远是在流动着，在改变着。你第二次踏进河时，流来的是新水。但是流动变化的河流并不会因此而变成其他物质，河流始终是河流。赫拉克利特将这种现象理解为“万事万物之间必然存在某种统一性”，为了解释这种统一性，他构建了“火本原说”和“逻各斯”学说。

赫拉克利特认为万事万物皆存在一个本源，并指出这个本源就是“火”。因为“火”作为万物的本源比“气”更加“精致”，因为“火”更接近于“无形体”，它既是运动的，又促使别的事物运动。所以赫拉克利特提倡“火本原说”。他认为“火”揭示了“变化过程是如何进行的”。火转化成万物是火的消耗和熄灭，万物转化成火是火的充裕和燃烧。“这个有秩序的宇宙对万物都是相同的，它既不是神也不是人所创造的，它过去、现在和将来永远是一团永恒的活火，按一定尺度燃烧，一定尺度熄灭”即逻各斯的思想。

“逻各斯”是欧洲古代和中世纪常用的哲学概念，一般指世界上可理解的一切规律。希腊文这个词本来有多方面的含义，如语言、说明、比例、尺度等。

赫拉克利特最早将这个概念引入哲学，用以说明万物的生灭变化具有一定的尺度，虽然它变幻无常，但人们能够把握住它的规律。据此，赫拉克利特认为一种事物最终会转化成它的对立面，并达到“消亡”。例如，火会按照逻各斯转化成水，并最终在新的形式中不复存在。他认为没有事物是永恒的，世界正是在这样的“不断对立”之中获得“和谐与统一”。这正是最朴素最原始的辩证法思想。前苏联的缔造者列宁称他为“辩证法的奠基人之一”。

欧几里得是希腊文的英化名字，可能含有“好的名誉”的意思。关于欧几里得的生平，人们知道得很少，大部分关于欧几里得的资料都是来自古希腊一些学者的评论。据信欧几里得约在公元前 323 年至公元前 283 年曾研读于古埃及的亚历山大图书馆，而且很有可能曾在柏拉图学院学习过。

据传欧几里得出生于雅典，当时雅典浓郁的文化气氛深深地感染了好学的欧几里得，当他还是个十几岁的少年时，就迫不及待地想进入柏拉图学院学习。

在欧几里得以前，经毕达哥拉斯学派系统奠基，人们已经积累了许多几何学方面的知识。然而在这些知识当中，大多数是片断、零碎的知识，公理与公理之间、证明与证明之间并没有很强的联系性和严格的逻辑论证和说明。因此，随着古希腊社会经济的发展，把这些几何学知识加以条理化和系统化，使之成为一整套前后贯通的知识体系，已经成为当时社会发展的需要。欧几里得通过对柏拉图数学思想，尤其是对毕达哥拉斯学派几何学理论系统而全面的研究，已敏锐地察觉到了几何学理论的发展趋势。

欧几里得集毕生之学写出一本书，书名为《几何原本》，共有 13 卷。这一著作对于几何学、数学和科学的未来发展，对于西方人的整个思维方法都产生了极大的影响，成为欧洲数学的基础。

《几何原本》的主要研究对象是几何学，但它还处理了数论、无理数理论等其他课题，例如著名的欧几里得引理和求最大公约数（亦称公因数）的欧几里得算法。在书中，欧几里得使用了公理化的方法。公理就是确定的、不需证明的基本命题，一切定理都由此演绎而出。在这种演绎推理中，每个证明必须以公理为前提，或者以被证明了的定理为前提。他所创造这一方法受益于后人的，甚至超过了几何学本身，在差不多 2000 多年里，被学界奉为演绎推理的典范。

《几何原本》全书中包含了 5 条“公理”、5 条“公设”、23 个定义和 48 个命题（现代几何学不区分公设，公理，统一称为公理）。在每一卷内容当中，欧几里得都采用了与前人完全不同的叙述方式，即先提出公理、公设和定义，然后再由简到繁地证明它们。这使得全书的论述更加紧凑和明晰。而在整部书的内容安排上，它由浅到深，从简至繁，先后论述了直边形、圆、比例论、相似形、数、立体几何以及穷竭法等内容。其中有关穷竭法的讨论，成为近代微积分思想的来源。

《几何原本》是古希腊数学发展的巅峰。欧几里得将公元前 7 世纪以来希腊几何学的丰富成果，整理在严密的逻辑演绎运算中，使几何学成为一门独立的科学。它不仅保存了许多古希腊早期的几何学思想和理论，而且通过欧几里得开创性的系统研究和整理，使这些宝贵的数学思想发扬光大。

欧几里得也写了一些关于研究透视、圆锥曲线、球面几何学及数论的著作。

关于黄金分割比例的起源，大多数学者认为来自毕达哥拉斯。据说在古希腊，有一天毕达哥拉斯走在街上，在经过铁匠铺前他听到铁匠打铁的声音非常好听，于是驻足倾听。他发现铁匠打铁节奏很有规律，这个声音的比例被毕达哥拉斯用数理的方式表达出来，即 $a:b=(a+b):a$。

将一线段分为两部分，使得原来线段的长跟较长的那部分的比约等于为 0.618∶1，即是“黄金分割点”。线段上有两个这样的点，其比值是一个无理数，取其前三位数字的近似值是 0.618。由于按此比例设计的造型十分美观，因此被称为“黄金分割”。也有人称黄金分割比例为“神圣分割”“金法”，而被应用在很多领域。有很多专家、学者专门研究过古埃及的金字塔，其形似方锥，大小各异，但这些金字塔底面的边长与高之比都接近于0.618，可见古埃及人很早就意识到黄金分割点，却不知这个谜底。画家们发现，按0.618 ：1来设计腿长与身高的比例，画出的人体身材最优美。现代数学家们推断，当时毕达哥拉斯学派已经触及甚至掌握了黄金分割。

欧几里得在《几何原本》里，进一步系统论述了黄金分割比例，成为最早阐述黄金分割理论的论著。

有关“黄金分割”，中国古籍里也有记载，虽然没有古希腊的早，但它却是中国古代数学家的独立发现，后来传入了印度。有趣的是，据有些专家考证，欧洲的黄金分割比例算法是源于中国，后由阿拉伯人从印度汲取再传入欧洲，而不是直接从古希腊传入的。

《几何原本》大约成书于公元前300年，原书已失传。公元1582年，来自意大利的天主教神父利玛窦到中国传教，带来了15卷本地《原本》。利玛窦后来结识了明代科学家徐光启，于是二人合作，在公元1607年完成了汉语的最早译本，但他们只译出了前6卷，并定名为《几何原本》。正是这个译本奠定了中国现代数学的基本术语，如三角形、直角、直线、平面、相似等。日本、韩国、朝鲜、印度等亚洲国家皆使用中国译法，并沿用至今。后9卷是在公元1857年由中国清代数学家李善兰和一位英国汉学家、传教士合译完成。

希罗多德的《历史》是西方史上最早的一部历史著作。公元前484年，希罗多德诞生于安纳托利亚半岛的一个城邦，他的父亲是一个奴隶主，据说也是医生世家。他的叔父是当地的一位著名诗人。受叔父影响，希罗多德从小勤奋好学，酷爱诗歌。当时，他们所在城邦的君主是通过阴谋篡位的人，成年后的希罗多德随叔父等人积极参与推翻篡位者的斗争。斗争遭到镇压，他的叔父被杀，他被放逐。从此，希罗多德开始浪迹天涯，四处周游。每到一地，希罗多德就前往历史古迹处浏览凭吊，考察地理，了解风土人情。他还喜爱听当地人讲述民间传说和历史故事，并把这一切都记录下来写成《历史》（也作《希腊波斯战争史》）一书，成为西方文学史上第一部完整流传下来的散文作品。

希罗多德通过叙事的手法来表达历史事件，特别是战争和政治动荡的社会原因。在整个写作过程中，他表现出了执着的求实精神和严格的批判态度。他认为探索历史就是对过去的研究，其中包括两个基本要素：一是“证言”（或叫证据），即对事实的忠实陈述，不是神话传说；二是对事实真相的探究，他从各个方面广泛地搜集各种文字的和口头的资料，包括官吏、旅行家、事件目击者等留下的各种记载和描述，也包括各种官方和私人的文献，把一切他认为有价值的事情都当作历史写作的素材，尽管在某些方面他有些失于轻信。

《历史》一书共9卷，非常生动地叙述了西亚、北非以及希腊等地区的地理环境、民族分布、经济状态、政治制度、宗教信仰、历史古迹等，展示出了古代近20个国家和地区的社会文明状况。《历史》一书为西方历史学“开辟了一个新时代”，在古罗马时代，希罗多德就被誉为“历史之父”。 遗憾的是《历史》一书并没有最终完稿，希罗多德于公元前425年去世。

古希腊著名医生希波克拉底被西方尊为“医学之父”，是欧洲医学的奠基人，他的医学观点对后世西方医学的发展有着巨大的影响。

希波克拉底所处的时代，和中国的扁鹊所生活的年代差不多，约在公元前460年至公元前370年。此时古希腊的医学受到宗教信仰和民间习俗的禁锢。为了抵制古老的“神赐疾病”的观念，希波克拉底积极探索人的肌体特征和疾病的成因，提出了著名的“体液学说”。他认为人体内存有血液、黏液、黄胆汁、黑胆汁4种体液，这4种体液在人体内的比例不同，形成了人的不同气质和体质：性情急躁、动作迅猛的胆汁质；性情活跃、动作灵敏的多血质；性情沉静、动作迟缓的黏液质；性情脆弱、动作迟钝的抑郁质。他认为，人之所以会得病，与这4种液体失调是有关系的，而液体失调又是外界因素影响的结果。他指出，一个医生进入某个地区，首先要注意这个地区的土壤、气候、水源、饮食习惯、生活方式等等这些与人的健康有密切关系的自然环境；医师所要医治的不仅是病而是病人。从而对古希腊医学中以巫术和宗教为依据的观念提出了挑战。

那时，尸体解剖为禁忌。为了人类医学事业的进步，希波克拉底显然冲破了这种禁忌，秘密进行了人体解剖，获得了许多关于人体结构的知识。在他最著名的外科著作《头颅创伤》中，详细描绘了头颅损伤病例，并提出了施行手术的方案。其中关于手术过程的细致周详的记载，足以证明这是他亲身实践的经验总结。

希波克拉底指出的癫痫病的病因被现代医学认为是正确的，他提出的这个病名，也一直沿用至今。希波克拉底对骨折病人实施的治疗方法，也较科学。为纪念他，后人将用于牵引和其他矫形操作的臼床称为“希波克拉底臼床”。据信希波克拉底是首个说明杵状指病症的医师，而杵状指乃是慢性肺痈、肺癌及发绀（gàn）先天性心脏病的征兆。因此，杵状指也别称为“希氏指”。

希波克拉底治学和从医都以专业精神、职业修养强调严谨周密著称，其作品《医师之路》完整地表达了这种思想。文中指出，作为医师必须时刻保持整洁、诚实、冷静、明理及一丝不苟的态度，并要求其学生、弟子须时刻遵守。据说在希波克拉底的诊室里，不论灯光、设备、病人的床位、护理、包扎与夹板的使用都有详尽的规定。甚至，医师手指甲的长度亦有要求，在那个时代，这是难能可贵的。

希波克拉底学派非常重视临床理论和观察记录。因此，他们主张医师在治疗过程中应详实地记录所有发现及所用的疗法，使得这些记录可以流传后世，为其他医师所用。

据说希波克拉底曾起草过《希波克拉底誓言》，这是最早的医师道德倡议书，古今以来一直被世界医务工作者视为行为指南：

“医神阿波罗，阿斯克勒庇俄斯及天地诸神为证：我将恪守此誓约，矢志不渝。对传授我医术的师长，我要像父母一样敬重。对我的儿子、老师的儿子以及我的门徒，我要悉心传授医学知识。我要竭尽全力，采取我认为有利于病人的医疗措施，不给病人带来痛苦与危害。我不把有害的药物给予任何人，也决不作此项传授。我要清清白白地行医和生活。尤不为妇女实施堕胎手术，去伤害生命。我愿持此纯洁与神圣的精神终身履行我的职业。凡患结石者，我不施手术，有待于精于此技的专家为之。

无论进入何人之家，或贵或贫只是为了治病，不为所欲为，不接受贿赂，不勾引异性。凡我所见所闻的私生活，决不泄露。倘使我严守誓言，请求神祇让我生命与医术能无上荣光，如果我违反了上述誓言，请神给我以应有的处罚。”

在这个誓言里，希波克拉底向世人公示了医者的四条戒律：

①对知识传授者心存感恩；②为病患着想，做自己能够做到的事；③绝不利用职业便利做损人利己的事情；④尊重隐私权，严格为病患保守秘密。

但是，历史上希波克拉底本人从来没有提到过这个誓词，同时期也没有任何类似的文献被发现。最早提到这份誓词的是公元 1 世纪的一名罗马医生。因此，各种迹象显示该誓词的来源不确定。

伊壁鸠鲁约生活在公元前 341 年至前 270 年，古希腊杰出的哲学家。马克思主义创始人马克思赞誉他为“希腊最伟大的启蒙运动者”。

伊壁鸠鲁去过安纳托利亚半岛。据记载，他 14 岁开始学习哲学，曾就学于柏拉图学派，并受到德谟克利特哲学的影响。伊壁鸠鲁继承、修正和发展了德谟克利特的哲学，建立起一个新的体系。公元前 307 年，他开始在雅典建立了一个学派，这个学派在他去世之前一直在雅典活动。

伊壁鸠鲁认为，哲学的任务是研究自然的本性，解除宗教信仰，分清痛苦和欲望的界限，以便获得人生幸福感。因此，他的哲学可以分为三个组成部分：物理学、准则学（主要讨论逻辑和认识论问题）和伦理学。

伊壁鸠鲁认为感觉是判断真理的标准。感觉是直接的，无所谓错误，错误只发生在对感觉的判断中。他依据感觉经验，肯定物体的存在，进一步发展了德谟克利特的原子论学说。修正了德谟克利特关于原子体积和形状有无限多差别的观点，增加了与原子的运动有关的重量这一特性。提出原子有三种运动：因重量而垂直下落的运动；稍微偏离直线的偏斜运动；以及由此而产生的碰撞运动。伊壁鸠鲁认为物体的颜色等可以感觉到的特征是客观的，人的感觉是可靠的，概念来源于感觉。克服了德谟克利特以及其他古代哲学家对感觉不信任的倾向，批判了怀疑论和柏拉图的先验论。

伊壁鸠鲁的伦理学说认为快乐是生活的目的。但是，“快乐”有不同的“快乐”的区分。他把快乐与幸福相等同，却坚决反对把快乐与享乐相等同。伊壁鸠鲁区分了三种不同的快乐：第一种是自然的和必需的，如食欲；第二种是自然的但却不是必需的，如性欲；第三种则既不是自然的又不是必需的，如虚荣心。同时认为，静态快乐高于动态快乐，人是以个人快乐为准则的生物。

伊壁鸠鲁还提出，国家是建立在相互约定的基础上的，正义是人们互不侵害的契约，有利于人与人相互关系的便是正义的，否则是不正义的。

伊壁鸠鲁还认为，由于组成人的灵魂的原子具有脱离直线作偏斜运动的倾向，因而人的行为有可能脱离命定的必然性，获得意志和行为的自由。他斥责对神的崇拜和信仰，蔑视命运，强调事在人为。他指出，单纯的必然性挣脱了行为的道德责任，单纯的偶然性则使人生陷入命运的不稳定。人应当是自由的，只有自由的行为才能进行道德评判，给予奖励和惩罚。

伊壁鸠鲁否定宗教，否认神是最高的法则制定者，因此也就蔑视必然原则。伊壁鸠鲁赞同德谟克利特的有关“灵魂原子”的说法，认为人死后，灵魂原子离肉体而去，四处飞散，因此人死后并没有生命。他说：“死亡与我们无关，因为凡是消散了的都没有感觉，而凡是无感觉的都与我们无关”。伊壁鸠鲁批判对死亡的恐惧，认为是非理性的。因为，死亡只是人的感觉得丧失，与人生不相干。我们不能逃避死亡，但是死亡（正当地加以理解时）并不是坏事。人应当通过哲学认识自然和人生，从对神和死亡的恐惧中解放出来。他有一句名言：“让我们吃喝，因为明天我们就会死亡。”他劝诫人们及时享乐，但要有一定节制。强调远离责任和社会活动，认为，人最大的善来自快乐，没有快乐，就不可能有善。

伊壁鸠鲁似乎并不否认神的存在。但他提出，神也是快乐主义者，所以不参与公共生活也不过问人间的事情。所以没有任何理由要害怕人们会触惹神的震怒，或者害怕人们死后会到阴间受苦。虽然人们要服从来自自然的威力（这是可以科学地加以研究的），然而人们仍然有自由的意志，并且在某种限度内人们可以主导自己的命运。

伊壁鸠鲁对于科学研究本身并不十分感兴趣。他看重科学，只是因为科学对于宗教作用的种种现象提供了自然主义的解释。当出现多种自然主义的解释时，他主张用不着选择其中某一种解释。例如，月亮的盈亏就曾有过各式各样的解释，但其中任何一种只要它不引出神来，就和别的解释是一样地好。至于要确定其中哪一种是真理，那就是无益的好奇心了。所以伊壁鸠鲁派实际上对自然科学并没有做出任何的贡献，也就不足为奇了。

据记载，伊壁鸠鲁著述丰富，多达 300 多卷，其中重要的有《论自然》《准则学》《论生活》《论目的》等。可惜，他的著作绝大多数已经佚失。流传至今的只有少数残篇，约 100 条警语和一些书信。伊壁鸠鲁一生多病，公元前 270 年病逝于雅典。

伊壁鸠鲁哲学中唯物主义色彩有一定的进步意义，因而不断遭到唯心主义者的激烈反对，甚至焚烧其著作，称其为骗子。自文艺复兴以后，伊壁鸠鲁的哲学著作对欧洲哲学思想的发展产生了重大影响。

阿基米德，古希腊著名的哲学家、数学家、物理学家，也被誉为静态力学和流体静力学的奠基人。他确定了许多物体表面积和体积的计算方法，发现了杠杆原理和浮力定律，发明制造了多种机械，对人类文明的发展贡献极大。

阿基米德于公元前 287 年出生在西西里岛（今属意大利）的叙拉古（又译锡拉库萨，是古希腊移民建立的殖民城邦）城邦的一个小村庄。家族是希腊移民后代的贵族，父亲是天文学家兼数学家，学识渊博。阿基米德受家庭的影响，他从小就善于思考，喜欢辩论，对数学、天文学和几何学有着浓厚的兴趣。

阿基米德出生时，古希腊文化的辉煌已经逐渐衰退，经济、文化中心逐渐转移到埃及的亚历山大城。另外，意大利半岛上新兴的罗马共和国正不断地扩张势力，与迦太基形成利益冲突，而叙拉古城邦就成为双方势力争夺的目标。

阿基米德 11 岁时，被父亲送到埃及的亚历山大城跟随欧几里得的学生学习。他在这里学习生活多年，受到了东方和古希腊文化的熏陶，奠定了阿基米德日后从事科学研究的基础，对其人生有着重大的影响。

关于阿基米德的生平，历史上没有详细的记载，但关于他的许多故事却广为流传。

身处西西里岛东部的叙拉古城邦一直都是依附于古罗马帝国。但是公元前216年，第二次布匿战争中，迦太基军队大败罗马军队，叙拉古国王立即见风转舵与迦太基结盟，罗马帝国于是派出大军从海路和陆路同时进攻叙拉古。此时阿基米德已经70多岁，但为了保卫自己的城邦，阿基米德仍不辞辛劳地发明了许多抗敌器械。据说他制造出铁爪式起重机，能将敌舰提起然后重重地抛下，使其摔得粉碎。另一个传说是，他曾率领叙拉古妇女儿童手持凹面镜，将太阳光聚焦在罗马军队的木制战舰上，使它们焚烧起来……罗马军队被顽强的叙拉古人阻止在叙拉古城下达3年之久。据说，最后领兵的罗马将军痛苦地承认，“这是一场罗马舰队与阿基米德一人的战争”。

关于阿基米德浮力原理的发现，有这样一则传说。相传叙拉古国王让金匠做了一顶纯金的王冠，做好后，国王疑心工匠在金冠中掺了假，私吞了黄金，但这顶金冠却与当初交给金匠的金子一样重。国王既有疑心，又不愿损坏精美的王冠。这个问题一经提出，难倒了王国诸位大臣。国王想到了智慧的阿基米德，请他想办法。最初，阿基米德也是百思不得要领。一天，苦闷的他坐进澡盆里洗澡，看到盆里的水直往外溢，同时感到身体被轻轻地托起。聪明他突然悟到，物体在液体中所获得的浮力，或等于它所排出液体的重量，从而可确定物体的体积。经过多次实验后，证实了这个原理成立。也得出王冠的体积比相同重量的纯金的体积大，密度不相同，王冠里掺进了其他金属。这次试验让人类又发现了一个科学原理。直到现代，人们还在利用这个原理计算物体比重和测定船舶载重量等。

人类很早就知道用杠杆来抬起重物了，中国古人发明的秤和古埃及人使用的天平都是古人巧妙利用杠杆的机理，不过当时的人们尚不知道它的原理。中国的墨家弟子曾探索过杠杆平衡的奥秘，但没有理出定量的数字关系。一百年以后，阿基米德研究了这个现象并发现了杠杆原理：动力乘以动力臂等于阻力乘以阻力臂。

阿基米德确立了杠杆原理后，就提出，只要能够取得适当的杠杆长度，任何重量都可以用很小的力量举起来。甚至放言：“给我一个支点，我就能撬动地球”。叙拉古国王听说后，叫来阿基米德说：“以前你说的话我都信了，这次你若能帮我推动一个又大又重的物体，就算你不是吹牛了。”当时叙拉古国王替埃及国王造了一艘很大的船。船造好后，却没法把它推下水。阿基米德爽快地答应道：“好吧，我来推这只船吧。”阿基米德离开国王后，就利用杠杆和滑轮的原理，设计、制造了一套机械。把一切都准备好后，阿基米德请国王来观看大船下水。他把一根粗绳的尾端交给国王，示意国王轻轻地拉一下。很快，那艘大船慢慢地滑进水里。国王再次见证了阿基米德的才智，他宣布：“从此以后，阿基米德讲什么都要相信他。”

据说阿基米德一生发明和制造了许多机械。他曾发明了用水力推动的星球仪，并用它模拟太阳、行星和月亮的运行，还可表现日食和月食现象。为有效解决用尼罗河水灌溉土地的问题，他发明了圆筒状的螺旋扬水器，后人称它为“阿基米德螺旋”。

阿基米德流传于世的数学著作有 10 余种，多为古希腊文手稿。

阿基米德的数学成就在于他继承和发扬了古希腊研究抽象数学的科学方法，又推动数学的研究和实际应用联系起来。

1. 阿基米德确定了抛物线弓形、螺线、圆形的面积以及椭圆形球体、抛物面体等各种复杂几何体的表面积和体积的计算方法。在推演这些公式的过程中，他创立了“穷竭法”，类似于现代微积分中所说的逐步近似求极限的方法。

2. 阿基米德率先提出用圆内接多边形与外切多边形边数增多、面积逐渐接近的方法求圆周率，得出圆周率大小范围为：$223/71<\pi<22/7$。并取它们的平均值 3.141851 为圆周率的近似值。阿基米德用到了迭代算法和两侧数值逼近的概念，开创了通过理论计算圆周率近似值的先河。

3. 阿基米德还首创了记大数的方法，突破了当时用希腊字母计数不能超过一万的局限，并用它解决了许多数学难题。

在天文学方面，阿基米德认识到地球是圆球状的，并围绕着太阳旋转，这一观点比哥白尼的“日心地动说”要早 1800 年。但限于当时的条件，他并没有就这个问题做深入系统的研究。

公元前 212 年，罗马军队攻入叙拉古，阿基米德被罗马士兵杀害，终年 75 岁。阿基米德的遗体葬在西西里岛，墓碑上刻着一个圆柱内切球的图形，以纪念他在几何学上的卓越贡献。关于阿基米德的被杀，一直有几种传说。

传说一：罗马士兵闯入阿基米德的住宅，看见一位老人正埋头做题，阿基米德对提着刀的士兵说，你们等一等再杀我，我不能给世人留下不完整的公式！但还没等他说完，士兵就杀了他，他是带着遗憾死去的。

传说二：一个罗马士兵出现在他面前，命令他到罗马统帅那里去，遭到了阿基米德的严词拒绝，于是愤怒的士兵杀死了阿基米德。

传说三：阿基米德正在沙地上画着一个几何图形，罗马士兵让阿基米德离开沙地，但他傲慢地做了个手势说：“别把我的圆弄坏了！”罗马士兵大怒，刺杀了这位伟大的科学家。

传说四：罗马士兵闯入了阿基米德的住宅，此时这位老人正在画图研究几何问题。阿基米德对干扰他工作的罗马士兵说：“走开，别动我地图！”罗马士兵听了十分恼火，于是拔出刀朝阿基米德身上刺去。

无论这些传说是否真实，可以肯定的是，作为一个伟大的科学家，阿基米德临死前没有屈服于暴力。

埃拉托色尼与阿基米德是同时代人，据认为俩人是非常要好的朋友。埃拉托色尼（又译厄拉多塞、埃拉托塞尼、埃拉托斯特尼），出生于古希腊在非洲北部的殖民地昔兰尼（位于利比亚）。他在昔兰尼和雅典接受了良好的教育，成为一位博学的数学家、天文学家和地理学家。在地理学领域，埃拉托色尼被推崇为“地理学之父”，这是因为他在地理测量和地理学方面做出了杰出贡献外，还在这个领域第一个创用了“地理学”这个词汇，并用它作为自己编撰的《地理学概论》的书名。

埃拉托色尼曾应埃及国王的聘请，担任王室教师，并从公元前234年起接任亚历山大里亚图书馆馆长一职。当时亚历山大里亚图书馆在西方世界有最高科学研究中心之尊，那里收藏了古代各种科学和文学论著，馆长之职在当时是古希腊、古罗马学界最受尊崇的职位，通常授予德高望重、众望所归的学者。埃拉托色尼能够担任馆长直到他逝世为止，说明他在古希腊学术界享有很高的声望。

埃拉托色尼在地理学方面的突出成就，主要反映在他的两部代表著作中，即《地球大小的修正》和《地理学概论》。前者论述了地球的形状，创立了早期测算地球圆周的科学方法，其精确程度令今人惊叹；后者是世界部分地图及其描述，在该书中，他系统地提出了采用经纬网格编绘世界地图的方法，将当时他所了解的所有天文学和测量学的成果尽量结合起来，因而其所绘制的地图不仅在当时具有权威性，而且成为其后西方古代地图的绘制基础。虽然埃拉托色尼的这两部著作不幸都失传了，但是通过保存下来的残篇，后世对它们的内容以及作者的科学见解还是有一定的了解。

关于地球圆周的计算是《地球大小的修正》一书中最为精彩的部分。在埃拉托色尼之前，古希腊人已经意识到地球是球状的，也曾有不少人试图进行测量和估算。但是，他们缺乏有效的方法，计算结果很不准确。埃拉托色尼将天文计算与测地计算结合起来，在夏至日里，通过对近乎同一子午线上的塞恩城（今埃及阿斯旺）和亚历山大里亚城两地同时利用太阳光进行观测，并根据地物阴影长度的差异，加以研究分析，从而计算出这两个城市的距离是5000斯塔蒂亚（也译斯特迪亚），其弧长应相当于地球周长的1/50，结果为25万斯塔蒂亚。为了符合传统的圆周为60等分制，埃拉托色尼将这一数值提高到252000斯塔蒂亚，以便可被60除尽。斯塔蒂亚是古希腊的长度单位，其长度各地不一。在雅典，1斯塔蒂亚等于185米，则换算地球周长为46620千米，多了16.3%；在埃及，1斯塔蒂亚等于157.5米，则地球周长为39690千米，其误差小于2%。对埃拉托色尼用的是哪种度量制，史学家们至今尚有争议。

据说《地球大小的修正》一书还包括以下各方面的研究：赤道的长度、回归线与极圈的距离、极地带的范围、太阳和月亮的大小、日地月之间的距离、太阳和月亮的全食和偏食以及白昼长度随纬度和季节的变化等。这些研究无疑代表了当时地理学发展的最高水平。

《地理学概论》一书则致力于研究有人居住的世界，对地理学的产生和发展做了历史的回顾；然后着重阐述地球的结构、演变以及潮汐、海峡中的海流等；探讨天空、大地和海洋的形状与构成；地球的区域和地带的划分以及已知世界的范围等问题；论述已知世界地图的绘制，包括一幅新绘世界地图以及区域的描述。埃拉托色尼在这本书中总结了古希腊地理学的硕果，让人们看到古希腊学者对人类文明的贡献。

埃拉托色尼在数学上也有不俗的建树，创建了一种检定素数的算法——埃拉托色尼筛选法，简称埃氏筛或爱氏筛。

公元前195年，埃拉托色尼因患眼疾双目失明，一年后要强的埃拉托色尼因绝食而死在亚历山里亚港，终年 80 岁。

古代印度文化

在公元前 600 年到公元前 400 年的时候，中国的东周王朝处在分崩离析的前夜，以老子、孔子为代表的中国早期思想家们正在孕育而出，此时也是古代印度的列国时代。又因为印度佛教产生于此时，故在史学上又称为早期佛教时代。在这个时代，印度西北部先后被波斯帝国和马其顿帝国所统治。

根据佛教文献记载，在公元前 600 年的时候，北印度有 20 多个城邦。其中有 16 个比较大的城邦，这些城邦不断地进行争霸战争。在这个时代，印度出现了与婆罗门教相对立的“沙门思潮”。沙门思潮是当时自由思想家的各种观点、派别的统称，其中最有影响的是佛教、耆（qí）那教、生活派、顺世派和不可知论派等。上述沙门思潮，虽各有所标榜，但他们反对吠陀权威和婆罗门教精神统治方面是一致的。沙门又译为桑门、娑门、沙门那、室摩那弩、舍罗摩弩，意为：勤息、止息、息心、净心。

古印度在种姓制度形成的同时，产生了婆罗门教。婆罗门教因崇拜婆罗贺摩而得名。婆罗门教信奉多神，其中有三个主神：婆罗贺摩即梵天——创造神；毗（pí）瑟奴——守护神；湿婆——毁灭神。三主神代表世上万物的创造、保全和毁灭三个方面。婆罗门教以《吠陀》为经典，并制定种种教义。婆罗门教宣扬行为与轮回说，认为人的行为造就因果，有了因果就要产生轮回，即所谓“善有善报，恶有恶报”。婆罗门教的最高理想是解脱，即超脱轮回，达到“梵我一如”（印度教认为，“梵”是最高的精神存在，“梵”和个体灵魂的“我”在本质上是统一的，我是梵的体现，梵是我的归宿，只要我解悟了，就会和梵合一了）的境界。

顺世论，是印度古代唯物主义派别，渊源很早。其先驱者之一是贤者毗（pí）诃婆提（亦译 毗诃跋提）。顺世论认为，世界的基础是物质，构成物质的元素是“大”。即地、水、风、火四大。一切生物都由“四大”和合而生。认为物质元素不断运动，具有内在的力量，从而否定了神和其他的原因。

顺世论在社会伦理方面主张种姓平等，否定永恒的、无所不在的灵魂，认为灵魂与肉体同在，是肉体的属性，反对轮回报应、祭祀苦行。指出幸福既不在天堂，也不在来世，而在今生。以感觉经验为认知的唯一来源，认为除知觉外，其他的证明不是确定的。这个派别从古代到中世纪一直在印度社会中流行。它随着佛教传入中国，并在中国产生了一些影响。

耆（qí）那教，耆那教的真正确立者是与佛陀同时代的筏驮摩那。虽然在筏驮摩那之前耆那教曾有 23 个创立人，但筏驮摩那作为最后一个创立者被尊称为“玛哈维拉”（或译摩诃毗罗），意为“伟大的英雄”，简称“大雄”。

筏驮摩那，佛教记载其名为尼乾若提子或尼揵陀（jiān tuó）若提子。于公元前 599 年出生在印度东北部，属刹帝利种姓，与佛教创始人释迦牟尼出生在同一个地区，但是比后者早 30 多年，而且俩人的生平有着惊人的相似之处。筏驮摩那是一个部落酋长的次子，与释迦牟尼一样是在富足安逸的环境中生长。筏驮摩那婚后生有一女，但他似乎并不感到幸福。在父亲死后，大约 30 岁时便离家修行，寻求解脱人生不幸的宗教途径。筏驮摩那先后游历了印度许多地方，途中艰苦跋涉，食不果腹，衣衫褴褛，从而裸体行乞。当昆虫在他裸露的身体上爬行、叮咬时，也不忍将它们拍死和拂掉。他常常遭受人们的奚落和侮辱，但他平静地忍受着所有这一切。在极端困难的条件下，他苦行修炼，长达 12 年之久。当他苦修到第 13 个年头时，终于在一棵沙罗树下觉悟成道，时年 42 岁。成道后，先后组织教团，宣传教义，进行宗教改革活动。他于公元前 527 年去世，终年 72 岁，被信徒尊称为“大雄”。

筏驮摩那提倡种姓平等，反对种姓制度和神灵崇拜，强调苦行和戒杀，以对抗祭祀万能。耆那教主张五戒：不杀生、不妄言、不偷盗、不奸淫、戒私财。筏驮摩那认为，一切生物都有灵魂，都是神圣的。人的灵魂在未解脱前为欲望所束缚并无限轮回，人们只有通过修炼，使灵魂摆脱“欲望”的桎梏，就可达到“寂静”，才能获得最后的解脱。

从某些方面来看，耆那教的学说与佛教和印度教的学说非常相似。耆那教徒认为当一个人的肉体死去时，他的灵魂并不一同消亡，而是重新赐给某个其他生物（不一定是人），这种死后灵魂转生的学说是耆那教的思想基础之一。耆那教徒相信，一个人在道德上所产生的结果会影响其未来命运。一个人要在灵魂中解除罪孽，使灵魂得到纯洁，是耆那教的一个主要目标。筏驮摩那宣扬，人在一定程度上可以通过解除肉体的快乐来实现清洁灵魂的目的。所以，耆那教徒实行严厉的苦行。甚至把自己饿死，在耆那教被认为是值得赞扬的行为。

耆那教特别强调不害，即崇尚非暴力行为——包括对动物的非暴力行为。耆那教徒终身食素。一位虔诚苦修的耆那教徒从不杀死苍蝇和蚊子，也不在黑暗处吃东西，因为这样会无意中吞进一个昆虫，造成它的死亡。往往一个十分虔诚而又富裕的耆那教徒走路时会雇一个人在他前面扫路，这样他就不会无意中把一个昆虫或蚂蚁踩死。

公元 1 世纪左右，耆那教分裂为白衣派和天衣派，后来两派又继续分裂。白衣派主张男女一样能获得拯救，各种姓一律平等，否认裸体的必要性，主张僧侣穿白袍，允许出家人占有一定的生活必需品，允许男女结婚生育等。这一派主要活动区域是印度的拉贾斯坦邦、古吉拉特邦等地。天衣派较为保守，注重苦行，歧视妇女，禁止妇女进入寺院和庙宇，对白衣派的主张均持反对态度，要求僧侣基本上裸体，只有圣人才能全裸。这一派主要活动在南印度的卡纳塔克邦以及北方邦。

耆那教对现代印度的影响大于同样起源自印度的佛教，耆那教与佛教几乎同时代产生，但两者发展状况不尽相同。佛教的发展大起大落，今天在印度信佛教的人已寥寥无几，而耆那教却不断稳步发展。到了近代，耆那教不断向外传播，今天在斯里兰卡、伊朗、阿富汗，阿拉伯等地仍有一定的影响。

生活派，生活派的梵文原意为“严格遵守生活法的规定者”，汉译佛经称为“邪命外道”。在佛教兴起时期，生活派在恒河流域的舍卫城和补罗沙城等地组织过独立的僧团，拥有自己的寺庙，过着极为严格的戒律生活。生活派宣称：宇宙和一切有生命的物类有灵魂、地、水、风、火、虚空、得失、苦、乐、生、死等 12 个元素构成，各种元素的结合是一种自然的、机械的、无关联的结合。在社会道德观方面提出了一种宿命论学说，认为世界上一切事物都是受命运支配的。在命运的枷锁中，任何人的意志都是无能为力的，伦理道德也是没有意义的。这个派别在印度孔雀王朝、戒日王朝时很流行，以后在南印度又和耆那教、其他地方信仰相结合，直至15世纪才销声匿迹。

佛教的创始人释迦牟尼，出生于古印度迦毗罗卫，今尼泊尔国南部的释迦族。释迦牟尼原名乔达摩·悉达多（也译瞿昙、悉达罗他、悉达、悉多、悉陀），据悉意为“目的达到的人”。释迦牟尼出身于刹帝利种姓，父亲是迦毗罗卫国的国王，称净饭王。释迦牟尼生下第七天母亲去世，他从8岁起学习吠陀经典和武艺，17岁娶妻成家，生有一子。29岁时因感于人生众多困惑，寻求摆脱生死苦恼而出家修行，7年后宣布成佛。“佛”或“佛陀”的意思是“觉悟者”。以后，释迦牟尼在恒河中上游一带传教，传教40余年直到80岁去世。

佛教的基本教义有四谛说，即四种真理：苦谛、集谛、灭谛、道谛。苦谛是佛教的人生观，是教义的出发点，是讲人生现实存在的种种痛苦现象。集谛论述了人生多苦的原因，佛教认为，人之所以会产生种种痛苦的感觉，原因在于人有各种欲望。人有了欲望就会产生实现欲望的行为，人有了行为就会有善恶结果，人有了善恶结果就会有不同的转世轮回。灭谛指出佛教的目的是灭苦，要灭苦就要灭欲望，消除苦因，断绝苦果，就可进入佛教的最高境界——涅槃（niè pán）。涅槃就是完成超越生死的悟界得到解脱和升华。道谛阐述了佛教为达到理想境界所应遵循的途径或方法，即修道是达到涅槃的唯一途径。

六度说，“度”梵语为“波罗蜜多”，字义是“到彼岸”，就是从烦恼的此岸度到觉悟的彼岸的意思。六度是六个到彼岸的方法。一度是布施度，有三种：凡以物质和利益施与大众的叫做“财施”，财施包括自身的财物和自身的肉体；不顾虑自身的安危去解除别人的恐惧叫做“无畏施”；凡将佛法和知识告知大众的叫作“法施”。二度是持戒度，戒也有三种：防止一切恶行，修集一切善行和饶益有情。其中最根本的戒是饶益有情戒，就是一切为了利益众生，其余所有戒条都要服从这一条。三度是忍辱度，即为信仰佛法而安于苦难和耻辱，不做任何有害于众生的事情。所谓“难行能行、难忍能忍”，终不放弃救度众生的志愿。四度是精进度，即不懈地努力于自度度他、自觉觉他的事业。精进在为善去恶、去染成净的修行过程中。精进度可灭除懒惰懈怠等恶习，直心清净，信解明利，善根增长。五度是禅定度，即打坐参禅。“禅”本是古印度流行的一种宗教修行方式，往往与“定”合称，指人处于静思的状态而心注一境，以观悟特定的对象或义理的思维修习活动（“禅”或“禅那”，旧译也作“弃恶”“思维修”“功德丛林”等）。佛教认为，修习禅定可以有效控制人的情绪和心理活动，排除外界的各种引诱和干扰，使精神趋于集中，使人由痴而智，由染而净，转恶为善。因此，佛教一向重视禅定的修习。六度是般若（也译波若、钵罗若）度，又叫智慧度。般若智慧在佛教中是觉悟成佛的一种智慧，也是由心向外的一种慧灵。获得了般若智慧，就实现了解脱，故“般若波罗蜜多”又意译为“智慧到达彼岸”。般若智慧在佛教中具有特别重要的地位，在六度中，以般若为最尊，是功德与智慧的双全。

12因缘说，佛教认为，世间一切事物和现象都是因缘和合而成，所以法无自性。人生得苦、人的生命和命运，也都是自己造因，都取决因果关系。通过修行佛法，就能消除痛苦和欲望，达到理想的境界。

佛教的基本信仰是皈（guī）依佛、皈依法、皈依僧的三皈依，称为皈依三宝。也可说为：皈依觉，觉而不迷；皈依正，正而不邪；皈依净，净而不染。

皈依佛——佛祖释迦牟尼是悟道的觉者，为修行者的导师，皈依释迦牟尼佛，也就皈依了十方（东、南、西、北、下、上、东南、西南、西北、东北）一切诸佛。

皈依法——佛为了度众生得解脱，设有次第法门，修行的台阶。所谓人道守 5 戒、天道修 10 善、声闻修 4 谛、缘觉修 12 因缘、菩萨修 6 波罗蜜多。众生修习这些正法，作为人生的方向，便能离苦得乐，得到解脱。

皈依僧——修行的清净僧众是众生的榜样。皈依最好选择一个有道德、有学问、有行持的师父，在他的导引下就能修得智慧与功德，才不会走错路。如果一时间找不到这样的师父，可以在附近找一个真正受过三坛大戒的出家众（住寺佛教僧侣）皈依。

佛教不承认婆罗门教的神能主宰人的一切，否认婆罗门教经典和祭祀有拯救人的作用。佛教主张每个人依靠自己的修行就可以达到涅槃，不需要婆罗门教的引导。这就否定了婆罗门教以及婆罗门教种姓的权威，佛教提出“众生平等”的口号，反对婆罗门的特权地位。

在公元前 324 年，印度西北部出身首陀罗（一说为刹帝利）的旃（zhān）陀罗笈（jí）多（又称月护王）率领当地民众举行起义，驱逐了马其顿统治者自立为王。旃陀罗笈多向东攻克难陀王朝，杀死难陀王朝末代国王，以有“花都”之称的波罗利弗多罗（今印度巴特那市）为首都，建立了孔雀王朝。公元前 317 年，旃陀罗笈多掌控了印度北部地区，建立了印度历史上第一个统一的中央集权国家。据说旃陀罗笈多出身于一个养孔雀的家族，故称他所建立的王朝为孔雀王朝（也有一说“孔雀”一词来源于梵语发音，其与旃陀罗笈多母亲的名字发音相近）。在公元前 298 年，旃陀罗笈多皈依了耆那教，他将王位传给了儿子，自己前往森林中苦行，最后绝食而死。

孔雀王朝不断扩张领土，至第三代国王阿育王时国势极为强盛，王朝版图扩展到除印度半岛最南端以外的整个南亚次大陆，即包括今天的印度、巴基斯坦和孟加拉国。

阿育王又称无忧王，是旃陀罗笈多的孙子。

传说阿育王为争夺王位杀死了 99 个兄弟。阿育王的统治时代可明显分为两个时期，前期为争夺王位杀死了众多同父异母的兄弟。即位后，他残酷镇压反对势力，在统治初期被认为是一个暴君。其后，阿育王发动了一系列扩张战争，规模最大的一次是在公元前 261 年，阿育王远征孟加拉沿海的羯陵伽（ka lin ga，也译迦陵伽、羯霁伽、卡林加）国。这次战争使孔雀王朝除迈索尔地区外，基本统一印度全境，使印度成为一个幅员辽阔的统一帝国。但战争使羯陵伽国 15 万人被俘，10 万人被杀，死伤数十万人。这一战成为阿育王一生的转折点，也是印度历史的转折点。据说阿育王在征服羯陵伽国时目睹了大量的屠杀场面，深感悔悟，于是停止了武力扩张。他在同佛教高僧多次长谈之后被感召，立佛教为国教，彻底改变了以往的统治策略。阿育王将他崇佛的诏令和“正法”的精神用古梵文刻在崖壁和石柱上，成为著名的阿育王摩崖法敕（chì）和阿育王石柱法敕。

摩崖石刻法敕所刻敕文又称为“14 章法敕”，内容是提倡佛法，推行佛教，劝导行善布施，其主要分布于阿育王时代的边境地区。

阿育王石柱法敕有 7 章法敕和普通法敕两种，现存完整的阿育王石柱在印度比哈尔邦的劳里亚南丹加尔。石柱有 13~25 米高，底部直径近 1 米，重约 50 吨，无台基或础石，直接埋于土中。全国布有 30 余根，质地为青灰色大理石材料。柱面刻敕文，柱身为圆形，下粗上细，上端有柱头。柱头上下分为三段，下为钟形覆莲，上托一圆形平盘，平盘侧面雕有植物、动物和法轮，相互交替，顶部雕刻威武的狮子。石柱分布于佛教四大圣地蓝毗尼、菩提伽耶、鹿野苑和拘尸那迦。

阿育王把佛教地位抬到高于其他一切宗教之上。他向佛教僧团捐赠了大量的财产和土地，大肆修建佛教寺院和寺塔，据说其捐资兴建了 84000 座奉祀释迦牟尼佛骨的佛舍利塔，在中国有 19 座。不过，经过漫长的历史后，目前，以阿育王命名的寺院只有一座——浙江宁波阿育王寺。

阿育王还命人整理编纂了经、律、论三藏（zàng）佛教经典，解决各教派之间的分歧，还派僧侣到缅甸、斯里兰卡等邻国宣扬佛教，使佛教在南亚和东南亚广泛流传。同时，阿育王对其他教派没有采取压制、迫害政策，对婆罗门教和耆那教予以慷慨捐助。由于阿育王的宽容和非暴力，他在众教派的拥护下统治了长达 41 年的时间，被人们尊为——护法名王。

孔雀王国，是一个君主专制的国家，阿育王本人在行政、军事、司法等方面都拥有绝对的权威。王国被分为若干个行省，行省总督通常由王子担任，但行省内仍有着众多保持自治或半独立的部落和土邦，它们在政治上与中央保持着一定距离，在文化上确有着共性，种姓制度、宗教信仰等都为印度所共有，孔雀王朝还不能算是一个高度中央集权的国家。

孔雀王朝统一印度的时间不长，在阿育王死后只延续了半个世纪便告消亡，印度又重新陷入了分裂割据的局面。但是，由于阿育王对佛教的支持，使他对世界产生了广泛的影响。

孔雀王朝时期，印度半岛的生产力有很大的提高，铁器的制造和使用已非常普遍。农产品种类增多，农业占有显著优势，纺织、金属加工和造船等手工业也有较大的发展。有学者认为，约在公元前 700 年印度人已知道从甘蔗中提炼蔗糖。

印度最早的玻璃出现在公元前 800—前 400 年，已发现属于那个年代的黑色玻璃珠、绿色玻璃珠和玻璃手镯。大约在公元前 300 年，印度东海岸的本地治里附近是玻璃珠的生产中心。古印度玻璃珠的制造工艺中最具特色的是内层夹有金箔的玻璃珠。

据认为在公元前 600 年左右，古印度出现了著名的天文历法著作《太阳悉檀多》（后人有增改），此书已有对时间测量、日月食、行星的运动和相关测量仪器等诸问题探讨的记载，提出大地为球形。此书也是古印度重要的数学著作之一，在《太阳悉檀多》中，已有应用三角学进行计算的记述，给出了历史上最早的三角函数表。对古印度天文学和数学有很大的影响。

《准绳经》是现存古印度最早的数学著作，这是一部讲述祭坛修筑的书，大约成书于公元前 400 年至公元前 300 年，其中包含有一些几何学方面的知识。在这部书里，古印度人已经知道了勾股定理，并计算出圆周率为 3.09。

第三章　晨路

公元前2世纪—2世纪

一、王与国

中国——

◆公元前475年到公元前221年是中国的战国时期，也是东周王朝的后期，不过在公元前256年的时候，东周小朝廷就被秦国灭掉了。

秦国原是周朝的一个诸侯国，嬴姓。相传秦人始祖伯益曾辅助大禹治水有功，还发明了凿井技术，被舜赐予黑旗、嬴姓、还将自己的女儿许配给伯益为妻。伯益的后人非子曾为周王养马，凭着他的勤奋，马繁殖得很快。周孝王于是把秦谷（今甘肃省天水市西南面）一带分封给他，成为秦族的发源地。公元前770年，秦襄公护送周平王东迁至洛邑有功，被封为诸侯，秦开始建国，后逐步占领东周王室在关中（陕西省中部）的领地。

春秋初期100多个诸侯国经过争斗兼并，到战国初期仅剩20余国，其中以秦、楚、齐、魏、赵、韩、燕七国最为强大，史称“战国七雄”。战国时期，由于土地私有制的产生、发展，阶级关系急剧变化，加上各国之间频繁地攻伐战争，促使各国的一些有作为的政治家对本国的政治、军事体制不断进行变革和变法。其中，秦王采用法家思想为治国理念，变法最为彻底、最为有效，使贫困落后的秦国一跃成为七雄之首，并最终由秦王嬴政在公元前221年的时候灭亡其余六国统一了中国。

秦王嬴政统一中国后，在中国首创君主专制的皇帝制度，成为中国历史上第一个皇帝，史称：秦始皇。

“皇帝”一词嬴政主要引用了中华民族历史上有关“三皇五帝”的传说。

“皇”字从白从王。“白”本意指“空白”，“王”指王者，“白”与“王”结合起来表示“空前的王者”。“皇”字首见于李斯所书会稽刻石。

“帝”字在早期意为：王天下之号也，又有德合天者称帝。《吕氏春秋》解释：帝者，天下之所适。即一个人的道德修养和无私的品德像天地一样阔大，而天下人都愿意听他的指教，受他的引导，接受他的管理，这个人就称之为帝。但是，由于后来人们不再重道德，而只看重地位，于是“帝”的意义发生变化，由原来代表道德修养的境界蜕变为地位的象征。

“皇”字原不作名词用，后有天皇、地皇、泰皇（也称人皇）之分，称为“三皇”；“帝”在远古时期有五帝之分。但是，不同史家对“三皇五帝”都有不同的定义，三皇有八说，五帝有六说，具体三皇是谁，五帝是谁，存在着多种说法。无论按照史书的记载，还是神话传说，都认为三皇所处的年代要早于五帝的年代。

“三皇”比较集中的说法是上古的伏羲氏、女娲氏和神农氏。

伏羲氏：以天道泰德王天下为天皇。

女娲氏：建立婚姻制度，以人道伦德王天下，为人皇娘娘也称泰皇。

神农氏：建立农耕制度，以地道炎德王天下为地皇。

“五帝”比较集中的说法是：黄帝、颛顼（zhuān xū）、帝喾（kù）、尧、舜。

秦始皇将“皇”和“帝”两个字结合起来，表示其至高无上的地位和权威是上天给予的，即“君权神授”；同时反映了他仅做人间的统治者的不满足，欲做神仙的愿望。可见，“皇帝”的称号，乃是神化君权的一个产物。从此以后，“皇帝”就成为中国封建社会最高统治者的称谓。而“皇帝”称谓的出现，反映了一种新的统治观念的产生。

秦始皇建立了中国第一个中央集权的皇朝——秦朝。秦始皇放弃夏商周以来的分封制，改行郡县制。将秦国划为36郡，后又增为40郡，派郡守管理，郡下设县，派县令管理。这种改制彻底打破了自商周以来的世卿世禄制度，削弱了地方诸侯割据的基础，强化了中央对地方的控制，使之成为中国封建分封制的一个分水岭，奠定了中国古代大一统王朝的政治基础、意识基础，对后世影响极大。

秦始皇灭亡六国后，在全国范围内统一度量衡、统一货币、统一文字、统一法律。这对统一的多民族国家的形成起到了积极的作用。

春秋战国时期，各国文字差异很大，是发展经济文化的一大障碍。秦始皇统一国家后，命丞相李斯主持统一、规范全国文字，这在中华民族文化史上是一项伟大的功绩。秦统一后的文字称为秦篆（zhuàn），又叫小篆，是在金文和石刻文的基础上删繁就简而来。其中《绎山石刻》《泰山石刻》《琅琊石刻》《会（kuài）稽石刻》即为李斯所书，历代都有极高的评价。秦代是继承与创新的变革时期，《说文解字序》说：“秦书有八体，一曰大篆，二曰小篆，三曰刻符，四曰虫书，五曰摹印，六曰署书，七曰书，八曰隶书。”基本概括了此阶段字体的面貌。秦代除以上书法杰作外，尚有诏版、权量、瓦当、货币等文字，风格各异。秦代书法，在中国书法史上继往开来，留下了炫目的一页。

但在另一方面，有史家认为，秦始皇统治时期严刑峻法，广征徭役，除修建长城外，还修建骊山陵墓和阿房宫等在内的700余处离宫别馆，肆意加重国内人民的负担。史家估算，当时全国的人口为2000多万，而当兵和服各种劳役的人口超过200万，占当时人口十分之一以上，人民苦不堪言。终于在公元前209年的时候，爆发了中国历史上第一次农民大起义，在公元前207年的时候秦朝被起义军推翻。

1975年年底，在湖北省云梦县睡虎地这个地方发现一个秦墓，墓葬中出土了1100余枚秦代（包括秦统一前和统一后）的竹简（写在竹片上的文书）。据考证，墓葬主人叫“喜”，喜历任御史、令史、鄢令史、治狱鄢等与刑法有关的低级官吏，曾三次从军，到过秦国的几个郡县，最后死于任上。喜经历了始皇亲政到统一六国的整个过程。

喜墓中所发现的这些竹简（又称睡虎地秦简、云梦秦简），长23.1~27.8厘米，宽0.5~0.8厘米，文字为墨书秦隶，写于战国晚期及秦始皇时期，反映了篆书向隶书转变的阶段。内容主要是秦朝时的法律制度、行政文书、医学著作以及关于卜筮的占书，为研究秦时代的政治、法律、经济、文化、医学等方面的发展历史提供了翔实的资料，具有十分重要的学术价值。

喜生前参预过“治狱”。墓葬竹简中最重要的部分，是喜生前从事法律活动而抄录的有关秦国行政管理与法律方面的律令条文，这些法律条文应该不是秦朝的全部法条，但也展示出了秦国通过商鞅变法后形成崛起的法治根据。

喜墓出土的竹简，含《秦律十八种》共 202 根简，每种律文均为摘录，非全文。

田　律：关于农田垦种、水利灌溉及山林保护方面。

厩苑律：关于畜牧饲养及禁苑林囿方面。

仓　律：关于国家粮食仓储、保管和发放方面。

金布律：关于货币流通及市场交易（在秦代金与布都是货币，故得名）。

关市律：关于管理关与市官员职务、职责的法律。

工　律：关于官家手工业生产管理的法律。

均　工：关于手工业生产管理。

工人程：关于手工业生产定额。

徭　律：关于徭役的征发。

司　空：关于规定司空职务。

军爵律：关于军功爵。

置吏律：关于设置任用官吏的法律。

效：核验官府物资财产及度量衡管理的法律。

传食律：关于驿站传饭食供给的法律。

行：关于公文传递的法律。

内　史：关于内吏为掌治京城及畿辅地区官员的法律。

尉　杂：关于廷尉的职责。

属　邦：关于管理所属少数民族及邦国职务的法律。

墓中同时出土的还有单独的一卷《效律》，《效律》规定了铸造标准的度量衡可以产生的合理误差度，如果超过限度，就要加以处罚；对兵器、铠甲、皮革等军备物资的管理尤为严格。从《效律》来看，秦国十分重视监督和检查，对王朝资产的监督、管理和保护都有着完备的法律依据，如果因个人疏忽而造成国家财产的损失，一定会受到相应的惩罚。

另外还有《秦律杂抄》共 42 简，包括《除吏律》《游士律》《除弟子律》《中劳律》《藏律》《公车司马猎律》《牛羊课》《傅律》《屯表律》《捕盗律》《戍律》等墓主人生前抄录的 11 种律文；《法律答问》共 210 简，其以问答的形式对秦律的条文、术语及律文的意图作出解释。主要是解释秦律的主体部分（即刑法），也有关于诉讼程序的说明；《封诊式》共 98 简，是关于审判原则及对案件进行调查、勘验、审讯、封抄等方面的规定，包括《治狱》《讯狱》《封守》《有鞫》《覆》《盗自告》《盗马》《争牛》《群盗》《夺首》《告臣》《黥妾》《迁子》《告子》《疠》《贼死》《经死》《穴盗》《出子》《毒言》《奸》《亡自出》等。

由此可见，秦法内容多而广泛，几乎事无巨细，涉及国家治理和人民生活生产的方方面面，使之王朝万事的治理“皆有法式”，故有史家谓其“繁苛”之谪。

秦朝在中国历史上仅仅存在15年，是中国历史上短命王朝之一，但它却是中国封建社会制度的转折点，也是中华民族文化发展的转折期。从此以后，“统一意识”成为国家统治者的主导意识；以汉族为主体的国家，开始向多民族并存的方向发展。同时，民族利益之争带动阶级斗争，也成为中国以后持续不断的战争因素之一。

1974年3月，在陕西省西安市临潼区意外地发现一处秦代兵马俑坑，1976年又有两处兵马俑坑出现在世人面前，三个坑的总面积为22780平方米。兵马俑二号俑坑内出土有铜矛、铜弩机、铜箭镞等，其中还有一批青铜剑。剑长为86厘米，剑身上有8个棱面。经专家测量发现，这8个棱面的误差不足一根头发丝的粗细，已经出土的19把青铜剑，剑剑如此。这批青铜剑剑身光亮平滑，刃部磨纹细腻，它们在黄土地下沉睡了2000多年，出土时依然光亮如新，锋利无比，无蚀锈，经试验居然可以轻松划透19张纸。用现代检测科技表明，这些青铜剑表面竟有一层厚约10微米的含铬化合物氧化层。这一发现立即震动了世界，因为这种铬盐氧化处理是近代才掌握的先进工艺。据说德国在1937年，美国在1950年才先后发明并申请专利，而且只有在一套比较复杂的设备和工艺流程下才得以实现。

随后发现的铜车马坑是继兵马俑坑之后的秦陵又一重要的考古发现。出土的两乘铜车马，是目前我国发现的制作最精美的青铜器珍品之一。它的出土，为考证秦代冶金技术、车辆结构、工艺造型等提供了极为珍贵的实物资料。两乘车中，一号车重1061千克，2号车重1241千克，其大小相当于真车的二分之一。两车的零部件达7000件之多，极为细致复杂。以2号车为例，有大小零件3462个，其中包括金质装饰737件，银质装饰983件。

铜车马中，最大的零件是龟背形的车盖，两车的车盖，其厚度仅1~4毫米，而面积分别为1.12平方米和2.3平方米，整体用浑铸法一次铸出。即使在今天，要铸成这样薄且大均匀呈穹窿形的铜件也非易事。而最小的零件不足5平方毫米，重量尚不足克。最重的铸件为马，达230公斤。铜车马采用了铸造、焊接、子母扣连接等十几种工艺手法。铜马的笼头是由82节小金管和78节小银管连接起来，每节扁状金银管长仅8毫米，一节金管与一节银管以子母卯形式相连接，其精细和灵活程度较之现代的表链毫不逊色。令人称绝的是马脖子下悬挂的璎珞，这些璎珞全是采用一根根细如发丝的铜丝制作的。专家用放大镜反复观察，惊奇地发现铜丝表面无锻打痕迹，粗细均匀，表明很可能是用拔丝法制成。尤其是以铜丝组成的链环，是由铜丝两端对接焊成，对接面合缝非常严密。如此纤细的铜丝（0.5毫米）到底是用什么方法制作？采取什么样的工艺焊接？给今人留下一个不解的谜团。铜车马和出土的青铜剑一起，综合反映了中国战国晚期至秦代青铜器的制造技术与生产工艺水平，它们成为中国青铜时代的绝唱之作。

兵马俑坑中出土的8000余件陶俑和陶马亦震惊了世界。陶俑和陶马均以模仿真人、真马制成。俑高1.75米到1.9米，比例匀称，形象逼真。每个陶俑的装束、神情都不一样，仅发式就有许多种，手势也各不相同，表现出秦军特有的威严与从容。陶马高1.72米，长2.03

米，体形高大健美。无论是车马还是乘马，均张口衔镳（biāo），双耳树立，显示出是敏锐善驰的良马。

陶俑和陶马是泥质灰陶，火候均匀、质地硬实、做工精细，以手敲击，金声玉韵。陶俑在制作工艺上采用以模为主、塑模结合、分件制作、逐步套合和入窑烧制、出窑绘彩的方法。陶马的制作也是采用分件合模和堆塑的方法制成。陶俑原来都着有鲜艳的色彩，陶俑的手脸为粉红色，服饰有粉绿、粉紫、深绿、赭（zhě）石等，颜色不下十几种。它们组成了秦俑军阵的服装特点和耀眼的气势，为研究秦代的服色及军服装备情况提供了宝贵的实物资料。化验表明，这些颜色均为矿物质。表明2000多年前中国工匠已能大量生产和熟练使用这些矿物颜料。这在世界彩绘艺术史上和世界科技史上都有着重要意义。可惜的是，因当时保护技术的缺乏，使陶俑在出土时色彩大部分脱落，仅余斑驳残迹，残存颜色较多的个别俑则色彩如新。1987年，秦始皇陵及兵马俑坑被联合国教科文组织批准列入《世界遗产名录》。

秦始皇兵马俑坑出土的诸多珍贵文物，体现了秦朝中央集权体制下的国家产业实力，但是，皇家的骄淫奢侈使这种实力在短短的时间内，走向崩溃。

对于秦始皇的评价，史家向有争议。

秦始皇推崇法家的治国理念，实行中央集权的郡县制国家政体，且官民同法，剥夺了原六国贵族的政治、经济特权，加上秦始皇的繁苛法条引起了世人的不满，各种指责纷至沓来，不同于法家的种种学说开始蔓延，这种状况严重地阻碍了秦始皇对原六国民众思想的统一。丞相李斯认为，任其发展将威胁到秦朝的统治，主张严厉镇压这些士人。秦始皇支持李斯的看法，开启了历史上著名的“焚书坑儒”事件。

“焚书坑儒”事件起始于公元前213年，太子的老师淳反对当时实行的“郡县制”，要求根据古制分封子弟。丞相李斯加以驳斥，并主张禁止臣民以古非今，以私学诽谤朝政。秦始皇采纳了李斯的建议，下令焚烧《秦记》以外的列国史记，对不属于官府收藏的《诗》《书》等也要求限期交出烧毁，保留关于工农业、卜筮和医药的书籍。焚书令下达30天内还没有交出有关藏书的“黥（qíng）为城旦”（额头或脸上刺字，白天守城，晚上筑城，刑期4年）；有敢谈论《诗》《书》者处死，以古非今者灭族；禁止私学。由此可见，秦始皇和李斯焚书的目的，是要压制臣民非议国事的可能。因为废分封、行郡县、施统一，是一场制度和观念的革命史无前例，这场革命关系到大秦帝国的立国根本，必须摈除一切干扰。

从考古角度看，“焚书”一事虽然严厉，好在所焚之书在官府和民间多有抄本。可惜的是，周王室存放的珍贵史籍没有抄本，被付之一炬而从此绝迹。但也有专家认为，秦始皇曾下令将一些禁书保存于官府，直到项羽的起义军攻破咸阳后纵火，这些书籍才彻底消失。

“坑儒”在“焚书”政策之后。据史籍载，秦始皇曾派徐福等人入海求仙，耗费巨大，但终不见其还。秦始皇心知受骗，恰此时又有2个术士为秦始皇求仙药不得，溜走前指责其无道，秦始皇闻之大怒，命人追查。审查结果牵连460余人，秦始皇下令把他们全部在咸阳活埋，这就是著名的“坑儒”。

中国古代史籍只对“焚书”一事做了详细记载，对“坑儒”一事则显得十分笼统。并且在坑儒的问题上还出现了歧义：是方士还是儒生？至今仍众说纷纭，莫衷一是。但根据《史记·秦始皇本纪》记载，秦始皇坑杀的诸生“皆诵法孔子”。而且《史记·儒林列传》中也说秦始皇焚书坑儒之后，六艺从此缺失。因此，也有专家认为，在坑杀的人中既有方士也有儒生。

秦始皇嬴政 13 岁继承王位，39 岁称皇帝，在位 37 年，享年 50 岁。其执政后兼并 6 国，北击匈奴，南定百越，疆域面积达 400 万平方千米左右。秦朝的疆域大致为：东起辽东，西至甘肃、四川，北抵阴山，南达越南北部及中部一带，西南到云南和广西。

关于秦始皇之死及其第 18 子胡亥继位的过程，史上有二种记载：

《史记》记载，始皇临终遗诏，令领兵戍边的长子扶苏从边境返回，欲立以扶苏为继承人。但遗诏未及发出即崩，赵高拉拢李斯伪造了赐死扶苏、立胡亥继位的诏令，促成胡亥成为秦二世，致使秦朝崩溃。

而北京大学收藏的西汉竹书《赵正书》里则载，秦始皇临终前召李斯等人议事，同意了他们拥胡亥继位的意见。据考，《赵正书》成书年代可能在西汉早期，比《史记》略早。

经过 5 年的楚汉战争，在公元前 202 年的时候，汉王刘邦击败了楚王项羽，建立汉王朝，史称：西汉。

南欧——北非（1）

◆公元前327年，中国的战国中后期，亚历山大率领军队离开中亚地区，南下侵入印度，在印度河谷建立了两座亚历山大城，占领了印度西北部广大地区。他想进一步征服印度的心脏地带，向恒河流域进发。但此时亚历山大的士兵已厌倦了长期的紧张战争，再加上印度的炎热、暴雨和疾病，他们拒绝前进，要求回家。他们纷纷举行集会，发生哗变，印度的土著居民也群起反击。亚历山大在万般无奈的情况下，于公元前 325 年，将大部队撤出印度。

亚历山大的部队分两路撤回。一路取海道由伊朗海湾入波斯湾；另一路由亚历山大亲自率领，走陆路而归。公元前 324 年初，两路大军在巴比伦境内的奥皮斯城会师，近 10 年的远征终于结束了。亚历山大将巴比伦作为首都，建立了一个地跨欧亚非三洲的庞大帝国。它的版图西起希腊、马其顿，东到印度河流域，南临尼罗河第一瀑布，北依多瑙河和黑海，面积约 500 万平方千米。

亚历山大的东征，使许多城市遭受劫掠，甚至化为废墟；成千上万的人被杀戮或被卖为奴隶。但是，战争也促进了东西方文化的交流。东方的城市出现了优美的希腊式雕塑和建筑，并在亚历山大里亚等城市建起学术研究机构——博学院和图书馆，吸引了大批优秀学者前来进行学术交流和研究。促进了东方的天文学和数学知识传入希腊和西方，丰富了西方文明。亚历山大的东征，还开辟了东西方贸易的通道，推进了从中亚、印度到东地中海、欧洲之间古代诸文明地区的文化交流和经济来往。他在东方建立的几十座城堡，后逐渐发展成为商业文化中心，将希腊文化散布于东西方各地，开创了希腊化时代。

公元前 323 年 6 月，年仅 33 岁的亚历山大突然患病，仅仅 10 天时间就匆匆离开了他一手打造的帝国。由于死亡得突然，亚历山大未明确他的接班人，导致帝国爆发争夺王位的激烈斗争。

关于风华正茂的亚历山大离世而亡的原因，史学界有多种说法。一是说亚历山大在频繁的作战中染上了恶性疟疾，最终医治无效。二为中毒说，若干史学家指出，是大臣安提帕特的儿子下毒毒死了亚历山大。因为，亚历山大死前刚将安提帕特革职。有传说，毒药是由亚里士多德提供。据说亚历山大在最后几年对亚里士多德产生了怀疑，并疏远了他。原因是他给亚历山大当侍卫的侄儿参与了谋反，而遭到了处决。

在争夺王位的残酷斗争中，亚历山大的母亲、妻子与儿女都被反对派杀死。其部将为争夺地盘，互相混战。公元前 307 年，庞大的马其顿帝国最后分裂为三个主要希腊化国家。他的部将托勒密占领埃及、叙利亚南部，建立了托勒密王朝；部将塞琉古占领了安纳托利亚半岛、两河流域、叙利亚北部和伊朗高原，建立了塞琉古王国（中国古称条枝）；作为亚历山大麾下主要将领的安提柯和他的儿子占据马其顿和希腊建立了安提柯王朝。

托勒密在埃及建立的托勒密王朝，他被尊为法老，定都亚历山大里亚。

托勒密的母亲原为马其顿国王腓力二世的小妾，有史料称，托勒密有可能是腓力二世的私生子。托勒密从童年起就是亚历山大信任的好朋友，亚历山大还把波斯贵族的女儿许配给托勒密，后来托勒密因战功而被任命为马其顿王国的舰队司令。

亚历山大在巴比伦病逝的第二天，大臣帕迪卡（也译佩尔狄卡斯）邀请马其顿军队的主要将领和官员开会商讨帝国未来。最后，军事贵族们达成了妥协，大家公认亚力山大有智力缺陷的哥哥阿里戴乌斯做国王，为腓力三世。同时确认，亚力山大的波斯妻子罗克珊妮所生下的遗腹子与腓力三世同为君主，即亚历山大四世。腓力三世在位时，权力由摄政王帕迪卡所掌握。帕迪卡的执政，标志着马其顿帝国贵族集团在亚历山大死后的第一次政治妥协，史称“巴比伦分封协议”。在这次妥协中，帕迪卡任命托勒密为埃及总督。

为了使自己的权力具有正统性，帕迪卡悔弃了与安提帕特女儿的婚姻，和亚历山大的亲妹妹结婚。此举使他与安提帕特结下了恨怨。

公元前 323 年 12 月，托勒密为了提高声望，并且打击帝国摄政帕迪卡，抢在帕迪卡之前，夺得亚历山大的尸体，并把棺木暂时安置在孟菲斯。公元前 321 年春天，帕迪卡亲自率军进攻埃及，引发了第一次继业者战争。最终，帕迪卡的军队哗变，帕迪卡被自己的将领杀死。

公元前 321 年，马其顿帝国的军事贵族们在叙利亚的特里帕拉迪苏斯城达成新的权力分配协议，对原巴比伦分封协议作出了修正。在特里帕拉迪苏斯分封协议中，托勒密谢绝了做帝国摄政，继续留在埃及。同年，托勒密取得了叙利亚的控制权，并成为塞浦路斯的保护者。特里帕拉迪苏斯分封协议并没有使富有野心的军事贵族们满意，更没有使他们之间的兼并战争停息。

将军安提柯在瓜分帝国遗产的继业者战争中，先后对叙利亚、波斯、希腊和马其顿提出主张，意欲再次统一马其顿帝国，而他的军事才能使他在战争初期战无不胜。

公元前 314 年年初，为了阻止安提柯的野心，托勒密加入反安提柯联盟，联盟宣布对安提柯开战，第三次继业者之战爆发。战争爆发后，安提柯和儿子德米特里向托勒密的领地发动进攻，叙利亚随即失陷，托勒密被迫放弃叙利亚。公元前306年，德米特里（又称德米特里乌斯）率军入侵塞浦路斯，并击溃托勒密的埃及舰队。这次胜利之后，安提柯与儿子德米特里一起称王，随即，托勒密和其他继业者也相继自立为王。托勒密在埃及加冕，史称：托勒密一世。

托勒密虽然是马其顿人，但他全盘保留了埃及的原官僚系统。在这一套官僚系统中，希腊人充当重要官员，本土的埃及人仅占少数，且在较低的层次中任职。在所有的官员中，财务大臣占有最重要的地位，其除掌管财务外，还负责一切行政事务，相当于宰相。同样，在各地方行政官员中，财政官员的职权也最大，说明托勒密对财富的重视。

托勒密王朝的诏书主要由三种语言版本撰写，分别是埃及圣书体、通俗体和古希腊文，并由还知道埃及圣书体撰写方式的祭司们担任诏书的撰写者。

托勒密统治埃及时，全埃及的土地名义上属于法老，但法老可以用土地去奖授或赠予，如赠与神庙、亲信大臣，有战功的将领和士兵等。王国主要的土地经营制度是租佃制，自由农是最主要的生产者，他们与土地所有者签订契约，保证在播种到收获期间不离开土地。契约有强制因素，如果期限要不断延长，佃户需做出各种保证等。希腊和马其顿的军事移民，经常将自己的土地出租给埃及农民。另外农民还可以承租王室土地，还可租用种子、生产工具、牲畜，甚至住宅。田里种植的农作物品种由官府决定，并由当地官员严格控管。

托勒密王朝提供种种便利条件，鼓励人们从事商业贸易和手工业生产。政府通过修建港口、道路以及疏浚尼罗河到红海的运河，来改善商贸环境，甚至派人探查开发新的交易市场。当时埃及贸易相当繁荣，贸易品种繁多，如中国的丝绸，印度的象牙、珍珠和香料，以及阿拉伯的宝石等。这些货物运输到埃及后，一部分转销到地中海各国，另一部分则在埃及加工成手工艺品。不过获利最多，销路最广的榨油企业完全为官府所控制。王朝没收了全国的私营油坊，榨油的原料为朝廷统一管理，油的出售也实行官府的代理商专卖，不准私人经营，价格由王朝统一规定。

托勒密王朝鼓励科学文化事业。其中最为突出的是托勒密亲自下令在亚历山大里亚建立了举世闻名的亚历山大博学园，博学园里建有图书馆、动植物园、研究院等几部分。图书馆最盛时藏书约为70万卷，是当时世界上最大的图书馆。它的建成吸引了各地大量的学者，像阿基米德、欧几里德等著名学者也都曾来此从事过研究活动，从而促使古代西方的文学、数学、物理学、地理学、天文学、医学等学科的研究取得很大的发展，像《荷马史诗》第一个校定本就出自亚历山大图书馆馆长之手。亚历山大里亚著名希腊医生赫洛菲洛斯（又译希罗费罗或希罗菲勒斯）和他的同僚埃拉西斯特拉图斯，通过在亚历山大博学园实验室的研究，发现大脑是神经中心，并知道脉搏的重要性，他们还发现动脉的工作是把血液从心脏送往全身。埃拉西斯特拉图斯区别了运动神经和知觉神经，他发现疼痛透过神经传达到脑部。他也是第一位反对希波克拉底的体液治病说，并反对放血来治病。

托勒密王朝在亚历山大里亚的天文观测台也成就显著。著名的数学家、地理学家、天文学家埃拉托色尼曾担任亚历山大港图书馆的馆长。还聘请著名诗人卡利马科斯作为亚历山大港图书馆的管理员。卡利马科斯将图书馆的书籍加以分门别类，并登录了书名和作者等资讯。他应该是世界上第一个编写图书目录的人，他编写的图书馆藏书目录长达120卷。有学者认为他是古代第一个目录学家，因此称其为“图书馆科学之父”。

亚历山大里亚在当时拥有东、西两个港口，东边为主要港区。东港区对面的法罗斯岛上，曾建立了一座高度在115~150米的巨型灯塔。这座灯塔不仅外部造型宏伟，内部结构也严密复杂。塔基内部有50多个房间，可供住宿、办公或维修间用。一些研究者认为，塔身下层内部宽阔，修筑了通往塔顶的螺旋式楼梯的通道，在通道中层和上层的倾斜梯上还分别筑有32级和18级台阶。

为何要建这个灯塔？有这样一个传说，公元前280年秋天的一个深夜，一艘埃及的皇家迎亲船，在驶入亚历山大港时，触礁沉没了。船上的皇亲国戚及娶来的新娘，全部葬身海底。这一悲剧，震惊了埃及王室。国王托勒密二世下令，在亚历山大港口的入口处修建导航用的灯塔。经过40余年的努力，一座雄伟壮观的灯塔竖立在法罗斯岛上，据说它的设计者是一位希腊建筑师。一位当时的阿拉伯旅行家曾这样记载：“灯塔是建筑在三层台阶之上，在它的顶端，白天用一面镜子反射日光，晚上用火光引导船只。”亚历山大灯塔是人类历史上第一座导航灯塔，也是当时世界上最高的建筑物，它日夜不息地燃烧了近千年，在暗夜中为无数的船只指引着进出港的路线。可惜的是，灯塔后来多次遭到强烈地震全部被毁。

为了对付安提柯的马其顿王国和塞琉古王国的攻击，托勒密王朝建立了一支庞大的舰队。而托勒密二世曾经下令建造了一艘40桨的战舰，该舰长约85.4米，宽11.59米，船头高14.64米，全舰可搭载数千人，充分显示了当时埃及人高超的造船技术。

托勒密一世在晚年青睐王后生的小儿子菲拉德尔福斯。公元前285年，托勒密委托菲拉德尔福斯和他一起统治托勒密王国，他一心撰写有关亚历山大大帝征战的历史，可惜著作今已失佚。公元前282年1月，托勒密一世以84岁高龄去世后，菲拉德尔福斯成为埃及法老，是为托勒密二世。

在托勒密二世统治时期，托勒密二世与塞琉古王朝进行了二次叙利亚战争。在第一次叙利亚战争中，托勒密二世打败了塞琉古国王安条克一世，夺取了塞琉古王朝的属国米利都、腓尼基等地。但他后来挑动希腊城邦的雅典和斯巴达反对马其顿国王安提柯二世，但当雅典等城邦遭安提柯二世报复性打击时，托勒密二世并未出手相助。其后，托勒密二世的舰队在海战中败于马其顿舰队，结果埃及失去了爱琴海上的基克拉迪群岛。在第二次叙利亚战争中他又败于塞琉古和马其顿联军，被迫在公元前255年与安提柯二世媾和，然后把女儿嫁给了塞琉古国王安条克二世，从而结束了战争。媾和的结果使埃及的版图扩展至安纳托利亚半岛，达到了军事上没有实现的目的。

托勒密二世在努比亚地区和红海沿岸地区也展开了扩张行动。托勒密王朝通过发动征服战争，击败了库施王国和南方一些部落，控制了努比亚地区，从而保证了埃及南部地区的安全，并且获得了努比亚地区的农牧业及矿产资源。托勒密二世利用在红海沿岸地区建立的基地，开辟了红海交通线，提高了托勒密王国在东西方贸易中的地位。在国内，托勒密二世利用宗教影响来巩固托勒密王朝的统治。他花费巨资维修建造埃及庙宇，并利用王权将自己神格化。托勒密二世不仅宣布死去的父母为神，而且将自己与王后也称为神，到王国后期，托勒密王国统治者都用神的称号来签署诏书。

也许托勒密二世为了迎合埃及传统，准备采用与姊妹结婚的方式来赢得埃及人的认可。于是，将第一任王后以企图弑君的罪名废黜并流放。之后，托勒密二世与同父异母的姐姐结婚，并生下了他的继承人托勒密三世。这符合古埃及法老的惯例，但却使希腊人感到震惊。从古埃及时代开始，为了保持法老血统的“纯正”性，乱伦和近亲结婚是非常普遍的行为，新法老一继位往往要娶的就是自己的姐妹。来自希腊和马其顿的托勒密王朝，为了实现在埃及的长期有效的统治也承继了这一古老的传统。

托勒密二世时代是埃及希腊化开始走向巅峰，亚历山大里亚城成为当时地中海地区经济和科学的中心，也是早期丝绸之路西端的终点站之一，由中国通过印度运来的丝绸等商品到此经海路转运罗马和欧洲各地。

当时的东西方商路主要有三条：

北路连接印度、巴克特里亚（今阿富汗一带）与黑海，来自印度、中国的货物可经巴克特里亚沿阿姆河而下进入里海，再转运至黑海。

中路连接印度与安纳托利亚半岛，其有两条支路：一条从印度由海上到波斯湾，溯底格里斯河而上，抵达塞琉古王国都城之一的塞琉西亚（位于今伊拉克首都巴格达东南）；一条全部走陆路，从印度经兴都库什山、阿富汗的巴克特拉、伊朗高原到塞琉西亚城。然后，水陆两路会合，跨过底格里斯河和幼发拉底河，西达塞琉古王国的另一都城，在叙利亚的安条克，由此转向西北到达安纳托利亚半岛的以弗所。

南路主要通过海路连接印度与埃及，从印度沿海到南阿拉伯，经陆路到佩特拉（位于今约旦），再向北转到叙利亚的大马士革 、安条克，或向西到埃及的苏伊士 、亚历山大里亚等地。

托勒密王朝一直致力于寻求绕过阿拉伯半岛南部，经红海直达埃及的海上通道。托勒密二世重新开通了 26 王朝法老尼科时开凿的连接尼罗河与红海的沙漠运河，这样来自印度的东方货物就可经运河，沿尼罗河而下，最终抵达地中海的亚历山大里亚。

托勒密三世，于公元前 246 年继承王位。这时中国的春秋战国时代也已步入尾声，秦王赢政发动了灭亡六国，统一江山的战争。

托勒密三世以其姊妹——塞琉古国王安条克二世的妻子，以国王前妻遭杀害为借口，发动了第三次叙利亚战争。埃及军队在战争中击败了塞琉古军队，势如破竹地攻入其首都安条克（今土耳其南部），进军至巴比伦，而埃及舰队则控制了大部分安纳托利亚半岛沿岸和希腊海域。后因埃及和东地中海沿岸地区发生了反托勒密王朝的起义，托勒密三世只好停止攻势，不得不从叙利亚退兵回国。

取得第三次叙利亚战争胜利后，托勒密三世不再热衷于领土扩张，而是在背后资助、扶持希腊半岛上与马其顿王国敌对的势力。托勒密三世在国内政策上趋于宽容，埃及人在信仰上有选择自由，他的统治显示着托勒密王室逐渐“埃及化”。

托勒密王朝的埃及，希腊人拥有一定的特权。他们遵守希腊法律，犯罪受希腊法庭审判，受希腊式教育，是埃及希腊化城市的公民。如果一旦希腊人和埃及人产生纠纷时，有一个特别法庭来解决双方的纷争。随着时间的增长，希腊人和埃及人逐渐互相影响，互相接纳，通婚的现象越来越多。到了后期，一些接受希腊教育的埃及人也可以进入政府机构，并受封土地。同样，希腊人也潜移默化受到埃及文化的影响，一些希腊人逐渐把埃及神祇当作希腊神祇，一些古埃及语的词汇，渐渐被融入通用的希腊语中，成为埃及希腊化的主要语言。

埃及托勒密王朝时期，王室中兄妹或姐弟通婚现象很多。男性后裔常称“托勒密”，女性的名称常有“克利奥帕特拉”（或译克娄巴特拉、克丽奥佩脱拉等）、“贝勒尼基”和“阿尔西诺伊”。其中最后的女王克利奥帕特拉七世是最为著名。

公元前 221 年，中国的秦王朝建立之时，托勒密三世逝世并把王位传给了托勒密四世。托勒密四世的绰号：菲洛帕托尔（爱父亲的人）。

据古代作家描述，托勒密四世是个昏庸且沉迷于享乐的君主，且完全被佞臣所包围，王国也因而开始衰弱。他即位之初听信谗言下令把自己的母亲、叔叔还有兄弟都杀了（可能还有自己的妻子）。也许因为他没有弑父篡位，因而得到“爱父亲的人”这个绰号。

公元前 219 年，塞琉古的军队向埃及发动了第四次叙利亚战争，占领了柯里叙利亚（即今天的黎巴嫩贝卡谷地）、腓尼基和巴勒斯坦等地。公元前 217 年，托勒密四世秘密训练新军，随后在巴勒斯坦南部的拉斐亚战役中获胜，挫败了安条克三世的野心，这也是托勒密王朝的最后一次重大胜利。通过和约，托勒密四世尽收失地。战后他与妹妹结婚，并与邻国保持友好关系。他拒绝卷入希腊各邦的战争，也避免卷入叙利亚内部的斗争。

托勒密四世约于公元前 205 年 11 月去世。去世后，他的宠臣秘不发丧，大约一年之后，两名大臣谋杀了他的遗孀，使年仅 5 岁的王位继承人托勒密五世任其支配。愤怒的亚历山大市民驱逐了这两个阴谋者，然而另一群有野心的大臣成为托勒密五世的摄政，这几乎使埃及陷入动荡状态。

埃及的政局混乱，使其他继业者再次燃起觊觎之心。塞琉古国王安条克三世与马其顿国王腓力五世缔结了一项密约，图谋瓜分托勒密王国。根据这个协定，马其顿将获得爱琴海沿岸和昔兰尼（位于今利比亚），塞琉古帝国将把埃及和塞浦路斯纳为己有。随后，腓力五世首先占领了希腊北部的色雷斯和卡里亚（今土耳其境内）。而安条克三世再度入侵柯里叙利亚，并在公元前 198 年的巴尼亚战役中击败埃及军队。这次战败，促使托勒密王国与崛起的罗马共和国结盟。公元前 193 年，托勒密王朝又与塞琉古王朝之间达成和约，作为和约的一部分，托勒密五世娶安条克三世的女儿克利奥帕特拉一世为妻。

从托勒密四世统治末期开始，埃及社会动荡，起义不断。公元前 206 年，起义势力席卷到整个南方。一直到公元前 186 年，托勒密五世才逐渐恢复对南方的控制。为了减缓社会矛盾，他发布一系列命令，豁免穷人债务和赋税；释放囚犯与已经投降的反叛者等；特别是给予神庙、祭司以厚赠和优待。僧侣们感恩戴德，为托勒密五世立碑纪念。这块罗塞塔石碑在公元 1799 年，被法国拿破仑的军官发现，该碑后来成为专家们破解古埃及象形文字的钥匙。

罗塞塔石碑（也译罗塞达碑）高 1.14 米，宽 0.73 米，重约 762 公斤，黑色的花岗岩表面上刻有白色的文字。石碑制作于公元前 196 年，碑文为托勒密五世的诏书。内容主要是讲述托勒密五世继承法老之位的正统性，及其所做的许多善政措施。例如减税、在神庙中竖立雕像、对神庙祭司们的大力支持等。罗塞塔石碑由上至下用了三种语言文字：古埃及的圣书体、通俗体及古希腊文。

法国学者商博良是 19 世纪初第一个通过罗塞塔石碑成功译解出古埃及象形文字结构的人。他认识到，古埃及象形文字，有些是字母，有些是音节文字，有些则是义符，一个义符往往代表一个事物。这一重要发现，成为解读古埃及象形文的关键线索。商博良后来被人们称为“埃及学之父”。

罗塞塔石碑后辗转到英国手中，自 1802 年起保存于大英博物馆中。

公元前 180 年，托勒密五世突然死去，年仅 30 岁。一些历史学家怀疑他可能是被毒死的。在他死后，他与克利奥帕特拉一世所生的儿子成为国王，即托勒密六世。

这一时期，在中国秦朝已被推翻，西汉开始立国。

南欧——西亚

◆公元前 312 年，亚历山大大帝的部将塞琉古（亦译塞流卡斯或塞琉西）据有巴比伦一带，其后数年与占有马其顿和希腊的安提柯争夺叙利亚，其地位日趋巩固。公元前 305 年，塞琉古称王，史称塞琉古一世。王国统治中心设在了叙利亚，故又称叙利亚王国，中国史书称之为条支（可能是其国都安条克的转译）。

塞琉古的父亲安条克是马其顿贵族。塞琉古青年时，被入选为亚历山大大帝的侍从，他伴随亚历山大远征亚洲，在公元前 327 年亚历山大准备入侵印度时，塞琉古已经当上马其顿军队中近卫步兵（即持盾卫队）的皇家团指挥官。

在巴比伦分封协议中，帝国的高层将军们对亚历山大留下的庞大的帝国疆土进行了瓜分。此时塞琉古的军队还够不到最上层，没有话语权。后被任命为皇家骑兵的指挥官，听命于帝国摄政帕迪卡。不久，塞琉古又被授予辅政大臣的职务，这个职位掌管的权力很大，在亚历山大病逝前夕是由帕迪卡担任。现在帕迪卡已成为帝国摄政，成为帝国的操控者，他便把这个要职授给了所信赖的塞琉古。

帕迪卡被部将杀死后，老将军安提帕特成为帝国摄政。那些在第一次继业者战争中，联合起来对抗帕迪卡的各将军们，又一次对亚历山大帝国领土进行再分配，即“特里帕拉迪苏斯分封协议”。而此时聚集在特里帕拉迪苏斯的士兵们躁动起来，计划谋杀安提帕特，而塞琉古和安提柯前往军营妥善处理了这次事件，避免了惨剧的发生。在特里帕拉迪苏斯分封协议中，塞琉古得到了巴比伦总督的职位，然而分给塞琉古的兵力却微不足道，这很可能出自安提帕特的私心。

公元前 316 年，安提柯一世控制了帝国东部的某些省份，这使塞琉古感到他在巴比伦的地位不保。不久，他逃到埃及请求托勒密一世的援助，这样争夺领土的“继业者战争”再次不可避免地爆发。绝大多数继业者联合对抗势力最盛的安提柯。塞琉古依托托勒密的埃及，积极参与这场混战，并且在爱琴海负责指挥埃及舰队。

公元前 312 年，托勒密一世率领大军攻击叙利亚，在加沙战役中，托勒密击败了安提柯的儿子德米特里，而安提柯任命的巴比伦总督也在这场战役中阵亡，这让塞琉古有机会在巴比伦局势不稳定的情况下重占他的领地。加沙战役后，托勒密交给塞琉古 800 名步兵和 200 名骑兵，加上塞琉古身边原有的 50 多名侍卫，助他返回巴比伦。在返回巴比伦的路上，塞琉古沿途收编驻军，当到达巴比伦城时他已拥有 3000 名士兵，巴比伦一部分守军也加入到塞琉古的军队。

得知塞琉古返回巴比伦后，安提柯指使米底总督和阿利亚总督于同年的九月组成 17000 人的联军前去征剿塞琉古。而此时塞琉古手中只有不到 4000 人的兵力，无法进行正面对抗。于是塞琉古决定在底格里斯河边设伏，当联军毫无防备扎营附近时，塞琉古发动夜袭，联军营地顿时大乱。阿利亚总督在混战中丧生，米底亚总督带着少许护卫拼死逃离，这让塞琉古顺势收编了残余联军。借着胜势，塞琉古又在短短的半年时间里袭取了波斯的米底和苏萨。

在塞琉古谨慎扩张的时候，安提柯分别与卡山德（又译卡桑德，安提帕特的长子，一说是长兄）、托勒密和占据色雷斯的利西马科斯签署和约，结束了第三次继业者战争。虽然其与托勒密在爱琴海周围还有些许冲突，但安提柯已可以抽出主要精力来对付崛起中的塞琉古了。公元前 310 年秋季，安提柯率军进入巴比伦。为了弥补兵力上的劣势，塞琉古与当地一些部落结成联盟，这些部落曾遭受过安提柯的欺凌，巴比伦人对他很有敌意。关于塞琉古和安提柯的战争过程，历史记载不太清晰，有专家认为，可能安提柯的军队占领巴比伦城一段时间，但难以确定。在公元前 309 年的泥版记录中，安提柯的军队可能被逐出了巴比伦。

当各继业者在为扩张地盘大打出手时，亚历山大生前的至爱亲朋也为权力的归属，展开了无情的杀戮。

奥林匹娅斯（又译奥林匹娅丝）是亚历山大的母亲，也是马其顿的邻国伊庇鲁斯城邦国（位于希腊与阿尔巴尼亚交界处）的一位公主。青年时期的奥林匹娅斯性格活泼，具有一般少女少有的胆识和主见。据说有一次，伊庇鲁斯国王被敌军围攻，16 岁的奥林匹娅斯带领十几名护卫突出重围找盟友马其顿国王腓力二世求援，为父亲解了围。由此，奥林匹娅斯的美丽和胆略给腓力二世留下了深刻的印象。为了加强两国之间的联盟，马其顿与伊庇鲁斯联姻，在公元前 357 年，奥林匹娅斯嫁给了腓力二世为妻。第二年，奥林匹克运动会赛车比赛上，马其顿王国一辆参赛战车赢得了冠军，这位新王后便改名为奥林匹娅斯以纪念这个胜利。就在这年夏天，她的第一个儿子——亚历山大出世了。

随着马其顿帝国继业者时代的开始，亚历山大的妻子罗克珊妮当时已经怀孕，几个月后亚历山大大帝的遗腹子出生并且被命名为亚历山大（史称：亚历山大四世）。这个婴儿和亚历山大大帝同父异母的哥哥智力低下的阿里戴乌斯（又译亚克大由斯、阿里达乌斯）一起成为帝国名义上的统治者。阿里戴乌斯登基后取名腓力，史称：腓力三世。

安提帕特在成为帝国摄政后不久就生病去世了，继承摄政之位的是一个名叫波利比孔（又译波利伯孔）的资深老将军。但是，安提帕特的儿子卡桑德（又译卡山德）在控制了低能的腓力三世后，逼迫波利比孔离开了马其顿。波利比孔逃亡到了伊庇鲁斯，罗克珊妮带着小亚历山大也随同一起逃亡。

在此之前，奥林匹娅斯对继业者各方拒绝表态，保持着谨慎的中立。但是随着波利比孔的实权遭逐，她明白，如果让卡桑德掌握实际权力的话，她的孙子将失去王位。于是她调动伊庇鲁斯军队支持波利比孔，并且在公元前 317 年侵入马其顿。这年 10 月，伊庇鲁斯军队俘获了腓力三世。奥林匹娅斯清楚，腓力三世的存在对她和她的孙子威胁实在太大了。因此，她处死了腓力三世，卡桑德的许多支持者也同时被杀。

卡桑德闻讯立即率领军队围攻奥林匹斯山脉下的港口城市皮德纳（又译比特纳），住在该城的奥林匹娅斯抵挡不住攻势被迫投降。作为投降的条件，卡桑德答应保证她的人身安全，但他很快食言，在第二年处死了奥林匹娅斯。几年之后，罗克珊妮和亚历山大四世也都被他秘密毒杀，至此，兴于腓力二世，盛于亚历山大三世的马其顿阿吉德王朝灭亡。

亚历山大四世的死讯被公开后，安提柯一世与其子德米特里开始使用国王称号。很快，其他也纷纷效仿，塞琉古顺势正式建立塞琉古王朝（亦称塞琉西王朝）。

塞琉古立国后，他把扩张的注意力集中到了东方。公元前 305 年，塞琉古征服了巴克特利亚（又称中亚希腊王国，今阿富汗东北部地区，中国史籍称“大夏”“吐火罗”），使边界与印度相接。接着塞琉古毫不犹豫地进入印度河流域，他得意地写信给托勒密一世和其他朋友，宣称：现在已无愧于神谕中所获得的国王称号了。

但此时北印度已经在孔雀王朝下统一，国势正盛，于是塞琉古与月护王旃陀罗笈多开战。由于缺乏详细的史料，战争的过程可能是旃陀罗笈多在战场上占了上风。也有史学者认为，塞琉古的国库并不丰盈，这很可能造成塞琉古宏伟的作战目标难以完成，双方最后在公元前 302 年签署了和约。在和约中，塞琉古将今天的巴基斯坦和阿富汗南部割让给了孔雀王朝，换回了 500 头战象。有迹象表明双方还进行了联姻来巩固和平，旃陀罗笈多本人或是他的儿子娶了塞琉古的女儿。另外，塞琉古还派遣使节长期留驻于孔雀王朝。

公元前 301 年，塞琉古介入第四次继业者战争，并加入反安提柯联军。他换回的那些战象显示出威力，在决定性的伊普苏斯战役中，联军击败了安提柯，安提柯在战役中阵亡，其子德米特里逃走。战役结束后，叙利亚被塞琉古占有。

公元前 299 年，为了对付埃及日益增长的威胁，塞琉古转与德米特里（又称德米特里乌斯）结为盟友，并娶德米特里的女儿斯特拉托尼丝（又译斯特拉托妮可）作为第二任王后。然而，令塞琉古意想不到的是，他的这位艳丽的王后引得儿子安条克害了相思病，并且病情严重，安条克深深爱上了他的继母。得知儿子的病况后，塞琉古断然让斯特拉托尼丝和安条克成婚，同时塞琉古指定安条克为王国共同执政，并担任王国东部安纳托利亚半岛的总督（一说为国王）。

卡桑德在公元前297年死于水肿，他的长子登基不久也因病死去。有史记载：卡桑德次子因母亲溺爱其弟而谋杀了母亲；其弟为母亲报仇又杀死了其兄；随后他又被安提柯的儿子德米特里所杀，卡桑德一家至此而绝。

父亲安提柯战死后，德米特里带着残兵逃亡，疆土大部丧失。见德米特里势衰，大部分希腊城邦纷纷背弃德米特里，尤其是雅典拒绝其留驻，德米特里仅剩下少数城市和塞浦路斯还尚可依托。幸好这时其他继业者们因为互相猜忌没有继续追歼德米特里，使得德米特里得到喘息重整旗鼓。为了赢得时间，德米特里把女儿嫁给了塞琉古，自己娶了托勒密一世的女儿。经过一段时间的休整，羽翼渐丰的德米特里再度率领舰队驶向希腊，于公元前295年用武力攻占了雅典，重新控制了许多希腊城邦。接着利用卡桑德病逝后的混乱局面，德米特里进军马其顿，清除卡桑德的儿子后，坐上马其顿王国的王位。

德米特里掌控马其顿王国后，一心想夺回原有的失地。因此，他加紧搜刮民财扩军备战，建造起庞大的舰队。马其顿人对他的严酷统治日益不满，先前的对手们对德米特里的扩军行为也警觉起来，他们再度联手，并劝导伊庇鲁斯国王毁弃与德米特里的盟约。随后，反德米特里联军进攻马其顿，而马其顿士兵发生哗变，德米特里不得不放弃马其顿返回希腊。他一面命令儿子安提柯二世坚守希腊本土，自己率领一支舰队孤注一掷入侵安纳托利亚半岛。

尽管德米特里的远征在初期连连获胜，但这反而使得对手们更加惊惧而加紧围剿。德米特里最后在公元前286年被塞琉古的军队包围，被迫投降。虽然安提柯二世情愿以所有领土和他本人来交换父亲的自由，但德米特里终究没有被释放。公元前283年，德米特里在软禁中去世。

至此，塞琉古已经获得了除埃及和印度以外亚历山大大帝征服的所有东方领土。此时他已有70多岁，但依然憧憬着欧洲。公元前281年，塞琉古留下长子安条克打理王国，自己率军渡过赫勒斯滂海峡（今恰纳卡莱海峡，又称达达尼尔海峡）入侵希腊，企图占有马其顿时，据说被托勒密一世之子所刺杀，结束了他的戎马一生。

塞琉古比其他帝王更热衷于建造城市，他建造的城市有70座之多，很多是用家族至亲的名字来命名。据说他建造了9座塞琉西亚；16座安条克（以他父亲的名字命名）和6座劳迪基娅（以他母亲的名字命名）。为了要扩大军队兵源，塞琉古更是用许多优惠政策吸引希腊人和马其顿人迁移过来，形成殖民城市。

安条克接续了塞琉古王朝的王位，世称安条克一世。其继位后沿袭波斯政制，中央集权，国王专权，神化王权，宫廷采用波斯朝仪。王朝统治机构由国王任命的各级官吏组成，基本是由希腊人和马其顿人担任，其体制与埃及托勒密王朝相似，重要高官显吏往往有“王亲”“王友”等头衔。国家大事先由“王友”组成的朝廷会议讨论，然后再由国王决定。塞琉古王国盛时分为25个行省，72个府。各行省设总督，财政由财务使打理，直接向王朝的财务大臣负责。由于大量希腊和马其顿移民的涌入，加强了希腊、马其顿人对当地各民族政治、经济、军事、文化上的控制，同时受到希腊文化的影响。王朝对各行省控制比较松弛，地方有一定的自治权，从而在内部又削弱了国王权力的集中。

塞琉古王国核心地带的两河流域，土地肥沃，农产丰盛。有古代历史学家记述公元前1世纪末的巴比伦尼亚时写道：“没有一个国家像巴比伦尼亚那样出产这样多的大麦，据说它的收获量是所播种子的300倍。”叙利亚所产小麦则驰名欧亚，其麦种输入埃及。其他农作物如芝麻、亚麻、葡萄以及豆类作物，在两河流域也有出产。畜牧业也很繁荣，已广泛饲养各类家畜如马、牛、羊和骆驼等。农业已应用水力螺旋机，用它把水提到高地上。据史家记载，在大夏、苏细亚那（位于巴比伦以东）、巴比伦尼亚和叙利亚还种植稻子。中国史书《史记·大宛传》也说：“条支……暑湿。耕田，田稻。”

塞琉古王国有许多手工业中心。叙利亚、安纳托利亚和中亚的金属冶炼，巴比伦尼亚的麻布纺织，叙利亚沿海城市的纺织品、染料、玻璃制造和酿酒等都极具特色。据史籍记载，在巴比伦尼亚和苏细亚那有石油出产，当时的人们已用石油来照明。

商业、中转运贸易在塞琉古王国经济中占有重要地位。因此，塞琉古王国长期控制着几条重要商道。如从安纳托利亚沿岸横穿两河流域深入伊朗、中亚的大道，是沟通东西方贸易的动脉，底格里斯河上的塞琉西亚城恰为要冲。中国和印度的丝绸、香料等都要经过这条商路转运欧洲；而叙利亚、两河流域及希腊精美的手工艺品，则沿此路运往中亚。著名的丝绸之路西向的终点，就是地中海东岸的塞琉古王国的安条克城。

塞琉古王国的土地制度比较复杂，土地主要分为王室土地与城市土地、神庙及部落土地几大类，国王对土地有最高的支配权。王室土地又分为三种：第一种是广义上的王室土地，由各行省总督及其下属管理；第二种是国王直属的土地，它是国王的私人财产；第三种是可以转让的土地，包括由国王赐予新建城市、神庙、有军功的军人、官吏的土地。王室土地由王田农夫耕种，他们是被束缚在村社中的劳动者，当国王将土地赐出或出卖时，他们随土地转移，与埃及农民的地位相似。

在塞琉古时期，西亚的奴隶制有进一步发展。在叙利亚和巴勒斯坦，奴隶买卖盛行，奴隶贩子经常绑架人口，把贫民变卖为奴隶。不过，在塞琉古王国初期，买卖奴隶价格很低，据属于公元前297年的一份乌鲁克卖奴文契，奴价为半明那（古希腊货币和重量单位）。奴价低廉，说明当时存在有大量的奴隶，新建希腊化城市需要大量的奴隶劳工，国王和贵族也拥有大量奴隶。安条克四世在一次宗教庆典活动中曾派出600名奴隶参加，国王的书记官竟派1000名奴隶参加。据史籍记载，神庙也拥有大量奴隶，如安纳托利亚一个神庙有6000多名奴隶，次一点的也有3000名奴隶。

塞琉古王国版图广阔，盛时面积达到约350万平方千米，西至爱琴海，东至阿富汗，由众多文明水平不同的地区所组成，融合了包括希腊人、波斯人、米底人、犹太人、印度人在内的多个民族，文化的多样性使它难以建立起稳固的统治。塞琉古王国在内部不仅阶级矛盾、民族矛盾重重，而且在对外扩张过程中不断与埃及和马其顿发生冲突，战争不断。从公元前276年到前200年的近80年间，曾与埃及发生过5次争夺霸权的叙利亚战争，双方互有胜负。这5次战争消耗了塞琉古的国力，在第一次叙利亚战争之后，帕加马宣告独立；第二次叙利亚战争之后，大夏和安息也相继独立。

公元前 274 年至前 271 年，托勒密王朝再次与安条克一世作战，即所谓第一次叙利亚战争。结果安条克一世被埃及国王托勒密二世击败，安条克一世被迫割让柯里叙利亚，塞琉古帝国因此失去了米利都（位于安纳托利亚西海岸线上的希腊城邦）和腓尼基。公元前261 年，安条克一世在征讨安纳托利亚西北部的小国帕加马时阵亡。

安条克一世的儿子安条克二世继位后，联合马其顿向埃及国王托勒密二世发动了第二次叙利亚战争，夺回安纳托利亚大部分失地，包括米利都和腓尼基沿岸。可能双方都疲倦了战事，在公元前 253 年，安条克二世与托勒密二世的女儿贝勒尼基结婚，从而实现了塞琉古王朝与托勒密王朝的休战。安条克二世宣布与前妻劳迪丝断绝了关系（但给予她很大的领地）。但令他没想到的是，这两个王后在他死后引发了帝国内战和第三次叙利亚战争。在安条克二世统治的末期，巴克特里亚省（大夏）、帕提亚省（安息）及卡帕多细亚省（位于安纳托利亚东南部）等纷纷宣布独立。

安条克二世在公元前 248 年宣布，他与贝勒尼基所生的儿子安条克将为王位继承人。但是，公元前 246 年，托勒密二世逝世，安条克二世再度接纳劳迪丝。但不久，安条克二世疑被人毒杀而死，劳迪丝马上宣称安条克二世临终时指定了她的儿子塞琉古为继承人。但贝勒尼基辩称她不到四岁的儿子才是合法继承人，她要求当上国王的兄弟托勒密三世带兵到安条克城扶持她的儿子登基。但当托勒密抵达时，贝勒尼基和她的孩子已遭劳迪丝毒杀。于是，托勒密三世断然以复仇的名义发动了第三次叙利亚战争。

在战争期间，劳迪丝要求塞琉古二世给予弟弟安条克・伊厄拉斯共同摄政权以及安纳托利亚的管治权。目的达到后，安条克・伊厄拉斯立即宣告独立而引发内战。由于塞琉古帝国内外交困，在叙利亚的战事急转直下，于公元前 241 年输掉了第三次叙利亚战争，托勒密三世得到了叙利亚北岸沿海地区。

塞琉古二世与弟弟的战争从公元前 245 年持续到公元前 228 年。由于帕加马（安纳托利亚西北部的希腊化城邦）国王的出兵干预，安条克・伊厄拉斯被逐出安纳托利亚，帕加马夺取了安纳托利亚的控制权。无奈，安条克・伊厄拉斯流亡到埃及，但在那里被人所杀。

斯特拉托尼丝转嫁给情深意长的安条克一世以后，两人生下 5 个子女，其中一个女儿亦称斯特拉托尼丝，因其嫁给了马其顿国王德米特里二世，史籍通常称她为“马其顿的斯特拉托尼丝”或称“斯特拉托尼丝二世”。

斯特拉托尼丝二世出嫁后一直生活在马其顿，并生下一个女儿。直到公元前 239 年，国王德米特里二世迎娶了第二任妻子，她才黯然离开马其顿，回到塞琉古帝国。回到娘家后，斯特拉托尼丝二世企图唆使侄子塞琉古二世向马其顿开战，来为自己的羞辱雪耻，但塞琉古二世没有贸然同意。之后，斯特拉托尼丝欲与塞琉古二世成婚，遭到了拒绝（一说二人订了婚没办婚礼）。当塞琉古二世外出远征时，斯特拉特拉托尼丝二世趁机发动叛乱，占据了首都安条克，并自立为女王。塞琉古二世闻讯率军返回，斯特拉托尼丝二世无力抵抗，在逃亡中被抓获。塞琉古二世将姑姑斯特拉特拉托尼丝二世押回安条克，以叛逆罪处以斩首。

公元前 230 年至前 227 年的四年中，塞琉古二世剑不离身，欲征服叛离的帕提亚王国（又称阿萨息斯或安息，在今伊朗的东北部），但日渐衰弱的国力，使他雄心难酬，目的没有达到。塞琉古二世最终被迫议和，帕提亚王国摆脱塞琉古王朝的控制，成为完全独立的王国。

公元前 225 年 12 月，塞琉古二世因为从马匹上跌落而逝世，王朝由其长子塞琉古三世继承。此时，在中国秦国大军已先后灭亡韩、赵、燕、魏四国，秦王嬴政的统一大业，即将完成。

塞琉古三世继位后企图夺回帝国故地，然而当塞琉古三世率大军越过托鲁斯山脉（在今土耳其中南部）尚未与敌开战，便于公元前 223 年遭到部下刺杀。随军征战的塞琉古王室贵族阿凯夫斯随即掌控军队。但他拒绝占有王位，拥立塞琉古三世的弟弟安条克三世为王，安条克三世于是任命阿凯夫斯为安纳托利亚总督。仅仅两年的时间，阿凯夫斯就把所有失土夺回，并一路攻至帕加马城下。然而此时安条克三世的一个大臣诬陷阿凯夫斯预谋谋反，为了自保，阿凯夫斯宣布脱离安条克三世的王朝，自立为王，并与帕加马停战。

安条克三世此刻正与埃及交战，在很长的一段时间内无暇顾及阿凯夫斯的叛离。直到安条克三世与埃及托勒密四世王朝缔结和约后，才率领大军并联合帕加马王国进攻阿凯夫斯的领地，并包围了其首都萨第斯城（今土耳其的西北部）。经过长达两年的围攻，萨第斯城在公元前 213 年陷落，阿凯夫斯被安条克三世处死，塞琉古帝国收复了在安纳托利亚的全部失地。

安条克三世即位时不满 20 岁，面对的是一个日渐分裂的王国。除了安纳托利亚半岛上的城邦叛离外，连东部的省份也先后独立出来，如巴克特里亚、帕提亚、米底、波西斯（今伊朗法尔斯省）等。但安条克三世并不气馁，他对恢复祖业充满了勇气。

公元前 220 年，安条克三世亲自率军征服了背叛王朝的米底和波西斯。此时，埃及因宫廷内争使民心不稳，王国陷于颓势。安条克三世决定趁着这个机会入侵埃及的犹太地区。他宣称，犹大省早在亚历山大帝国分裂之时就是分给塞琉古王国的领地，他要合理收回，因而爆发了第四次叙利亚战争。

战争开始的头二年，塞琉古军队成功地占领了柯里叙利亚、腓尼基和巴勒斯坦等地。但到公元前 217 年，在靠近加沙的一次战役中，塞琉古军队被埃及军队所击败，使安条克三世丧失了先前赢得的战果，除塞琉西亚外，全部叙利亚海岸都为埃及所占有。

与埃及的作战失利，并没有影响安条克三世东扩的信心。在公元前 210 年至前 204 年，安条克三世出兵进入米底、巴克特里亚、帕提亚。在这些王国表示臣服后，进而侵入印度西北边境，在与边境各城邦订立盟约后，安条克三世才欣然退兵。

公元前 203 年，托勒密四世去世，年幼的托勒密五世继位，安条克三世认为天赐良机，想从埃及手中夺回巴勒斯坦。他与马其顿国王腓力五世结盟，图谋瓜分埃及领土。按照约定，塞琉古帝国将得到埃及和塞浦路斯。于是，安条克三世雄心勃勃地向埃及发动了第五次叙利亚战争。

此时，在中国，短寿的秦朝已亡。以项羽、刘邦为代表的楚、汉两大军事集团所进行的“楚汉之争”正进入决定性的决战阶段。一年后，刘邦消灭项羽，结束了长达四年半的楚汉战争，中国重获统一。公元前202年刘邦称帝，建立汉朝，史称“西汉”。

正如安条克三世所判断，塞琉古军队进展顺利，在约旦河源头附近的帕尼翁战役中，取得了决定性胜利，这一战役让他赢取了西顿（又名赛达，黎巴嫩南部）重要海港。在公元前198年至公元前195年，安条克三世先后占领了柯里叙里亚、腓尼基和巴勒斯坦。此时，埃及宫廷政治混乱，国内起义不断。为了集中应对国内矛盾，托勒密五世在公元前195年与安条克三世签署了谋求和解的协议，在协议中，托勒密五世将迎娶安条克三世的女儿克利奥帕特拉为妻。

第五次叙利亚战争的圆满解决，让志得意满的安条克三世把注意力从亚洲转向欧洲。

正当崛起中的罗马共和国与马其顿王国频繁进行战争之际，安条克三世指使塞琉古军队于公元前196年从安纳托利亚半岛越过赫勒斯滂海峡，欲谋取马其顿王国控制的色雷斯地区。这与罗马共和国实行的东方扩张政策形成冲突，罗马人要求安条克三世退出所占的欧洲地盘，遭到了安条克三世的断然拒绝。他声称，色雷斯地区本为塞琉古王国的疆域。并收留了与罗马人作战失利后流亡的迦太基名将汉尼拔。

公元前192年，安条克三世进军希腊，与罗马人发生正面冲突，罗马—塞琉古战争爆发。

公元前191年，在希腊中部的温泉关，塞琉古军队被罗马军队击败，被迫退军。随后，罗马及其盟国的联合舰队在一系列海战中又击败了塞琉古舰队，使塞琉古海军遭到摧毁。次年，在安纳托利亚的马格尼西亚（又译玛革尼西亚）附近，塞琉古军队与罗马军队再次交战，但再次失败，安条克三世被迫与罗马媾和。公元前188年，安条克三世与罗马共和国在今土耳其中西部的阿帕米亚签订和约。和约规定：安条克三世放弃所占色雷斯和安纳托利亚土地；交出战象和大部分战舰，只能拥有12艘巡防舰作为国土治安之用；提供20名人质，人选由罗马执政官挑选，除了安条克三世的儿子外，人质每三年更换一次；12年内要支付一大笔赔款给罗马。

自此，塞琉古王国元气大伤，渐失强国地位。原先被征服的各城邦国，纷纷宣告独立，而罗马的扩张势力达到地中海东部。

为偿付罗马庞大的战争赔款，公元前187年，安条克三世远征洛雷斯坦（位于今伊朗西部），在企图掠夺苏萨巴尔神庙的财富时，安条克三世被杀，王位由其子塞琉古四世继承。

◆公元前3世纪，在安纳托利亚半岛还存在许多希腊化小国，有加拉太、卡帕多细亚、本都、比提尼亚和帕加马（又译帕珈马）等。距半岛西南海岸不远，还有罗德岛。在这些城邦国家中，以帕加马王国战略影响力最大。

帕加马原是一座希腊殖民城邦，距爱琴海20多千米。帕加马在继业者战争之后变成了一个独立的王国，一度成为一个有影响性的国家。

帕加马在三次马其顿战争中都与罗马人结盟，共同反对马其顿王国。从战争后的结果看，帕加马选择与罗马结盟应该是明智之举。在罗马人打垮了塞琉古王国后，帕加马获得了前塞琉古王国在安纳托利亚的全部领土。

帕加马国王阿塔罗斯三世在公元前 133 年去世时，没有留下男性子嗣。他在遗嘱中将帕加马“赠予罗马”，以避免发生宫廷政权的内战。阿塔罗斯三世的这一做法遭到了大多数帕加马人的反对，于是爆发了反对罗马统治的起义。罗马连续三次派遣远征军前去镇压，终于在公元前 128 年将起义军剿灭，独立的帕加马王国在存世 150 多年后宣告终结。

帕加马拥有当时世界上第二大图书馆，馆藏丰富，藏书约有 20 万册，仅次于埃及的亚历山大图书馆。

帕加马人还发明了后来在欧洲被广泛使用的羊皮纸。埃及托勒密王朝为了阻碍帕加马在文化事业上与其竞争，严禁向帕加马输出埃及的莎草纸。于是，聪明的帕加马人就发明了羊皮纸。

羊皮纸是以羊皮（或小牛皮）经石灰水浸泡，脱去羊毛，在两面刮薄、拉伸中干燥、打磨，便成了一种新的书写材料。羊皮纸两面光滑，正反面都能书写，并可折叠，比纸莎草纸更加适用，但价格昂贵。

从公元前 2 世纪起，羊皮纸与纸莎草纸同时被普遍使用。公元 3 世纪到 13 世纪，欧洲各国普遍使用羊皮纸书写文件，从 14 世纪起逐渐被中国的纸所取代。

国王欧迈尼斯二世为纪念对高卢人的胜利，于公元前 180 年前后建造的宙斯祭坛，因其规模宏大和艺术水平之高而被称为古代七大奇迹之一。祭坛为一座 U 字形建筑，东西长 34.2 米，南北长 36.44 米，周围上层是柱廊，柱廊下为高约 6 米的台座。台座上部刻有 1 条巨大的高浮雕壁带，全长约 120 米，高 2.3 米，由宽度 1 米左右的雕刻石板连接而成。浮雕带的内容是表现希腊神话中希腊众神与巨人搏斗的故事，寓意帕加马对高卢人的胜利。浮雕人物形象生动，情节激烈紧张，人物表情刻画准确传神，被视为后期希腊雕刻的代表作之一。

由于整个祭坛建筑早已塌毁，在公元 1878—1886 年，由德国考古学者进行了考古发掘。出土的石雕被运往柏林，经复原后建立了专门的柏林帕加马博物馆，使今天的人们能够感受到古代艺术家巨大的艺术魅力。

南欧——

◆亚历山大大帝的猝死，使昙花一现的马其顿帝国迅速瓦解，希腊也成为各路继业者逐鹿争雄的战场。与此同时，希腊各城邦兴起反马其顿统治的起义，一些新的反马其顿联盟也先后建立。

亚历山大死后，马其顿和希腊的统治权掌握在了留守马其顿的将领安提帕特手中。安提帕特死后，他的儿子卡桑德取得了马其顿的统治权。随着继业者争夺战的持续发展，马其顿被安提柯的儿子德米特里所控制。德米特里为了扩张地盘，将自己的儿子安提柯·贡那特（史称安提柯二世）留在马其顿，自己出征安纳托利亚，不久被俘而死。

公元前 285 年，住在多瑙河流域的凯尔特人入侵希腊，中希腊各城邦联合起来抗击凯尔特人。公元前 277 年，安提柯二世在赫勒斯滂海峡附近给予凯尔特人沉重一击，这场胜利为他取得马其顿王位奠定了基础。于是在第二年，安提柯二世如愿以偿获得了对马其顿的统治权，他宣布自己为马其顿国王，建立起了安提柯王朝。

在安提柯二世统治时期，马其顿对希腊诸城邦的控制并不充分。其他继业者，尤其是埃及的托勒密王朝大力资助希腊的反马其顿势力，促使雅典、罗德岛（又译罗得岛）、帕加马和其他希腊城邦保留实质上的独立，并且参加了以埃托利亚城邦为首组成的希腊城邦同盟来防御马其顿军队的入侵。同时，控制着希腊南部大部分地区，名义上受托勒密王朝管辖的爱琴同盟，实际上也是难缠的独立势力。

公元前 267 年，埃及法老托勒密二世策动希腊城邦反抗安提柯。受到托勒密二世鼓动的雅典和斯巴达城邦，企图发动独立运动，进而引发了以雅典人克里莫尼迪兹（又译克里蒙尼德斯）名字命名的希腊与马其顿的战争——克里莫尼迪兹战争。战争的起因是，雅典人克里莫尼迪兹提出并通过雅典民众以投票的方式，来决定是否与斯巴达等城邦结盟，以共同反对马其顿的控制。可实际上，当时的雅典城邦从经济实力到军事实力都难以支持一场大战。

已经站住脚的安提柯二世不能容忍希腊人持续的背叛，因为他的霸业基础在希腊。安提柯二世随即对雅典和斯巴达的城邦联盟诉诸武力。战争开始后，由于雅典人决心守城而没有参加联盟会战，导致马其顿人大破斯巴达军队，斯巴达城邦被迫单独媾和。取得胜利的马其顿大军，随即包围了雅典城。此时的雅典人没有表现出当年反抗波斯入侵的力量和同仇敌忾的精神，陷于困境中的雅典人只是依托高高的城墙，保守地期待埃及援军的到来。但是，托勒密二世正忙于对付塞琉古帝国，只能运送一些物品给守城的雅典人，而无法出兵干涉。在长达两年的围城之后，随着来自埃及的物品越来越少，被饥贫困扰逐渐丧失了信心的雅典人投降了，克里莫尼迪兹逃亡到埃及。

安提柯二世虽然没有屠城，放过了倔强的雅典人，但是，却在城内派驻了一支常备军。从此，雅典城邦失去了独立的国家地位和民主体制，仅仅保存了希腊文化上的引领标志。而埃托利亚同盟势力也被局限在伯罗奔尼撒（位于希腊南部）。当时的古希腊史学家痛心地指出，雅典人的短视和自保，是导致这场战争中希腊人失败的重要因素之一。

安提柯二世迫使雅典人投降后，托勒密二世的离间活动并没有停止，还有几个希腊小城邦支持他，甚至直接是托勒密王朝的附属。由于强大的埃及舰队频繁在希腊沿海活动，使马其顿海军被封锁在首都培拉（又译佩拉，在今希腊北部）等少数港口内。此时已经控制马其顿和希腊的安提柯二世明白，他的统治要想稳固，就必须消灭埃及舰队，彻底清除埃及在希腊的影响力。于是，安提柯二世开始扩建马其顿舰队，准备和埃及海军搏战一场。就在这个时候，塞琉古王国和托勒密王国的战争爆发，但战争结果以塞琉古王国的失败而告终。于是，信心满满的安提柯二世决定带领经过扩张和训练的马其顿舰队与庞大的埃及舰队在海上进行较量。

公元前 258 年的科斯岛战役，安提柯二世首次在海上击败了埃及舰队。公元前 245 年（一说公元前 246 年，也有认为在公元前 243 年）在安德罗斯岛（希腊基克拉迪群岛最北边的岛屿）附近的海域，两支舰队再次相遇并展开了激烈的搏杀。可以确定的是，在规模上弱于埃及舰队的马其顿舰队，在罗德岛人的配合下，经过激战再次击败强大的埃及舰队。已经70多岁的安提柯二世在海战中亲自督战，身临锋镝，大大鼓舞了士气。这次胜利虽然没能全歼埃及舰队，却使埃及丧失了地中海东部的制海权，马其顿占据了除了罗德岛以外的大部分爱琴海岛屿，声誉日隆。同时，塞琉古王国也借机出兵占据了安纳托利亚大片埃及领地。

公元前239年年初，80岁的安提柯二世终于松弛下来，在培拉逝世，其子德米特里二世成为马其顿国王。

在安提柯二世在世时，德米特里二世就已经是一名出色的马其顿将领了。公元前260年，德米特里率军打败了伊庇鲁斯的军队，为马其顿王国的稳定立下汗马功劳。

德米特里二世继位后很快发现，在希腊，他将面对两个头疼的对手：埃托利亚同盟和亚该亚同盟。二者都是由部分独立城邦所组成。让他日益不安的是，这两个通常是敌对的同盟现在为了反抗马其顿王朝的统治而联合起来了。

希腊人素有追求自由、民主的传统，对于实行君主统治和中央集权的马其顿帝国极为抗拒。公元前251年，西锡安（又译西息昂）城一位名叫亚拉图（又译阿拉图斯）的年轻人，率领该城民众在一个夜晚成功地推翻了该城亲马其顿的执政官，并迫使其流亡。整个城市仅有一个人在这次行动中死亡。随后，亚拉图宣布西锡安恢复了民主政治。为了防止马其顿军队的报复和干涉以及城内亲马其顿势力挑起内乱，西锡安城邦立刻加入了当时粗具规模的亚该亚联盟（也称阿哈伊亚同盟、亚加亚联盟）。这个同盟最初只是几个小城邦联合自保的产物，在亚拉图的带领下，该同盟迅速成长为马其顿帝国的劲敌。

从公元前245年起，亚拉图成为亚加亚联盟的实际首领，他利用安提柯二世出海远征之际，将希腊中部若干小城邦的亲马其顿执政官推翻。

德米特里二世即位后，在与这二个联盟的斗争中取得了一些胜利，他成功地控制住了希腊中心地带的彼奥提亚城。但是，由于睦邻友好伊庇鲁斯国王被推翻，这使马其顿王国的影响力被削弱。

德米特里二世比其父要有些时运不济，他不仅要面临希腊各联盟独立的挑战，在北方，他还面临着异族入侵的威胁。公元前229年，一支说印欧语系语言的达尔达尼亚人部落侵入马其顿。德米特里二世在与他们的战斗中遭到惨败，不久就去世了。在他死后，由于他的儿子腓力五世年仅9岁，王朝权力实际上落入了他的堂弟安提柯三世的手里。

安提柯三世是德米特里一世的孙子，在其堂兄德米特里二世去世后，以摄政的名义取得了王朝的全部权力，成为实际的国王。

安提柯三世希望实现马其顿独霸希腊的图谋，他频频向亚该亚联盟示好。与此同时，斯巴达城邦在国王克里昂米尼三世的主导下进行改革，国势复兴。后斯巴达人在与亚该亚联盟争夺伯罗奔尼撒时爆发战争。斯巴达人多次击败亚该亚联盟，亚拉图为了能够击败斯巴达人，他请求安提柯三世帮助。由此，亚该亚联盟完全倒向安提柯三世，为他插手希腊事务提供了机会。安提柯三世随即率领马其顿军队南下参加克里昂米尼战争。公元前222年，安提柯三世与亚该亚联盟的联军在塞拉西亚（希腊伯罗奔尼撒半岛北部）战役中击溃了斯巴达军队，迫使克里昂米尼三世逃亡到埃及。

安提柯三世在占领斯巴达后废除了一切改革，他使整个希腊——包括亚该亚联盟——再度臣服于马其顿王国。

安提柯三世后死于战争中，据说当时他在战场大声呼喊，以激励士兵战斗时血管突然破裂。

安提柯三世逝世后，腓力五世得以掌握王权。然而，此时埃托利亚同盟、斯巴达、厄利斯等城邦宣称与马其顿决裂；同时达尔达尼亚部落也入侵马其顿边界，这使得年轻的腓力五世一继位便面临智慧的挑战。公元前 220 年，腓力五世与亚该亚联盟联手，共同对付埃托利亚同盟。经过持续四年的战争，双方终于在公元前 217 年签订和约。根据和约规定，希腊各势力的权力分配基本维持原状，腓力五世在这次战争中没有取到理想的收获。

公元前 218 年，罗马人向迦太基宣战，从而爆发第二次布匿战争。战争初期，迦太基将领汉尼拔统率的迦太基军队所向披靡，罗马军队连战皆败。一直想开疆拓土成就霸业的腓力五世乘机与迦太基结盟，并于公元前 215 年对罗马宣战，挑起第一次马其顿战争。当马其顿陆军不断取得胜利并准备进军意大利时，罗马强大的舰队驶入亚得里亚海。腓力五世因海军力量不足而无法与罗马人进行海战，因此双方交战数年从全局看未能决出胜负。于是，罗马利用希腊各城邦内部的矛盾展开外交攻势，并于公元前 212 年取得埃托利亚同盟的支持，组成了一个反马其顿王国的希腊同盟，促使腓力五世不敢贸然远征意大利。公元前 206 年，马其顿和埃托利亚同盟的各希腊城邦实现和解。被第二次布匿战争拖得精疲力竭的罗马亦不得不在公元前 205 年与腓力五世缔结和约，条约中承认马其顿王国享有战争中从埃托利亚同盟手中夺来的新领地，但不允许其继续向西扩张。

公元前 203 年，埃及法老托勒密四世去世后，腓力五世与塞琉古国王安条克三世结盟，意图瓜分年幼的托勒密五世的国土，安条克三世于是向埃及发动了第五次叙利亚战争。然而在公元前 201 年，马其顿舰队在希俄斯岛（位于爱琴海）战役中，被反马其顿联盟击败，使马其顿海军遭受重创，损失舰船 90 艘之多。更为严重的是，腓力五世与安条克三世的军事行动引起了罗马的不安，罗马元老院决定彻底摧毁希腊半岛上这个最后的扩张对手。于是，罗马对马其顿发动了第二次马其顿战争。

战争爆发后，腓力五世突然发现希腊城邦大多不愿意与他结盟，而是静观战争变化。在战争前两年，罗马在军事上少有进展，但外交上颇有所获。公元前 198 年，罗马鼓动希腊人脱离马其顿的控制，得到伊庇鲁斯、中希腊和伯罗奔尼撒诸城的响应。随后，罗马在军事上采取一连串积极行动，并在公元前 197 年 6 月，罗马联军在库诺斯克法莱战役（位于今希腊色萨利地区，也译西诺塞法拉战役）中击败马其顿军队，腓力五世被迫接受罗马的谈和条件，结束了这场屈辱的战争。

腓力五世与罗马签订的和约中，同意将马其顿军队从所有希腊城邦中撤离；并且放弃所有最新征服的色雷斯和安纳托利亚领土；同时要付出一大笔战争赔款和交出大部分舰队。会谈中，埃托利亚同盟要求从马其顿获得领土，但这项要求遭到罗马的否决。

第二次马其顿战争结束后，马其顿王国被迫与罗马结盟，疆域回到早期的形态，在希腊的军事、政治势力遭到粉碎，丧失了地中海大国的地位。

惨遭大败后，马其顿王国变得十分衰弱，腓力五世不甘心沉沦，决心采取措施复兴马其顿。为了增加马其顿的人口以利未来的征战，他鼓励生育，并把色雷斯人大批地迁移到马其顿境内。在经济方面，他大力开发矿业、冶炼业，积极推进手工业和海外贸易，使王国经济渐有起色。

约在公元前 187 年，腓力五世攻占色雷斯沿岸的两座城市。但此举遭到敏感的罗马人干涉，罗马要求腓力五世立即退出。尽管腓力五世非常不满罗马人的介入，甚至有要与罗马再战的念头，但终因实力不足，不得不屈辱地退出。

腓力五世晚年时，王室生变。

腓力五世喜爱的次子德米特里在第二次马其顿战争战败后，去罗马当过几年的人质（一说驻罗马使者）。德米特里素养很高，罗马贵族对他颇有好感，待之以礼，甚至有传言罗马将会拥立德米特里为马其顿国王。罗马对德米特里的热情引起了腓力五世的长子珀尔修斯（又译佩尔修斯或柏修斯）的嫉妒和忧虑。为了维护继承人的地位，公元前 181 年，珀尔修斯假造一封书信，诬指德米特里背靠罗马有异心，诱使腓力五世毒杀了德米特里。不久之后，腓力五世发现自己被长子欺骗了，异常愤怒，也极为懊悔，他的健康受到极大的损害。在第二年，腓力五世辞世前改立同宗人安提柯为王国继承人。但腓力五世去世后，珀尔修斯立即夺取王位并处死了安提柯，于公元前 179 年宣布自己为马其顿国王。

珀尔修斯对罗马的政策跟腓力五世相同，并继续执行父亲增强国力的措施。当时希腊各地存在着严重的社会问题，经济衰弱和极端的贫富差距使阶级矛盾日益尖锐。许多无业、无地的希腊人希望能够变革由贵族和富豪把持的城邦政府，并能够重新分配土地。珀尔修斯清醒地利用当时的希腊局势，鼓励贫困的希腊人移民马其顿，并支持希腊各城邦酝酿的社会改革。这让希腊众多下层民众转而同情珀尔修斯王朝，不满支持贵族政府的罗马人。结果，希腊诸城邦不论是马其顿的盟友还是敌人，其内部都存在着一股反罗马民意。

珀尔修斯表面上维持着与罗马的联盟关系，但经过数十年的蓄养，他的王朝国力已经超过腓力五世鼎盛时期。公元前 172 年，罗马的盟国帕加马国王怀疑珀尔修斯的强国用心，他向罗马元老院发出警告。此时罗马对珀尔修斯频繁介入邻国事务，武装视察希腊德尔斐城，冷淡罗马调查使团等行为也颇有疑问，但罗马元老院尚未决定是否立即与马其顿全面开战。随后帕加马国王在回国途中，遭到珀尔修斯所雇用的刺客袭击，险些毙命，这件事成了第三次马其顿战争的导火线。

公元前 171 年，罗马正式向马其顿宣战，第三次马其顿战争爆发。起初，珀尔修斯拥有非常有利的局势，毕竟罗马的战争准备并不充分。但他在战争中保守怯战，采取了被动防守战略，坐等罗马人的进攻。有近代战史学家评论，假使珀尔修斯在开战初期能南下希腊，争取到希腊各城邦的支持，其战争结局或许不同。但最后的结果是，公元前 168 年，在关键性的彼得纳（又译皮德纳，位于希腊塞尔迈湾北岸）战役中，马其顿人再次被击败。

战事结束后，珀尔修斯向罗马统帅投降，最后与王室成员、重要贵族、高官一起被囚禁在罗马，安提柯王朝就此灭亡。

罗马把马其顿王国分为4个独立的、不相隶属的共和城邦。且城邦之间禁止通婚、交往和贸易；也限制他们与其他希腊地区往来，不准拥有武装。此时，中国的西汉已建国34年，正处在汉文帝刘恒时期，汉朝正逐步进入强盛。

公元前149年，一位自称是珀尔修斯儿子的人在马其顿发动对罗马的叛乱，战争的最后结果是4个共和体城邦被取消，马其顿成为罗马的一个行省。之后，罗马向希腊本土最后一股较强的独立势力亚该亚联盟下最后通牒，要求联盟散伙。亚该亚联盟拒绝接受，罗马因而向亚该亚联盟宣战。虽然大多数希腊城邦都支援亚该亚联盟，但是，公元前146年，罗马大军还是在科林斯战役中击败了希腊联军，并把科林斯夷为平地。至此，除了部分爱琴海的岛屿外，整个希腊半岛成为了罗马共和国的属地。

南欧——北非（2）

◆由于古腓尼基地狭人稠，腓尼基人便向所在航线上建立的贸易据点殖民。地中海的西海岸，特别是西班牙和北非都遍布他们的殖民地。许多现代城市，如法国的马赛，便是在腓尼基人的殖民地上建立起来的。这些殖民地中有一些在日后的历史里发展壮大，其中比较著名的就是后来与古罗马发生过多次战争的迦太基。

迦太基坐落于非洲北海岸（今突尼斯），与罗马隔海相望。迦太基的建城时间比罗马城邦要早，迦太基腓尼基语是“新城”的意思，是腓尼基人在突尼斯的移民所建。迦太基土地肥沃，有良好的港口，是当时地中海交通贸易的枢纽。在公元前800年至前600年的时候，也就是中国的西周灭亡，东周步入春秋时代之际，迦太基开始向非洲内陆扩展，并控制了北非的大部分腓尼基人殖民地。与此同时，迦太基亦向西地中海进发，占领了西班牙南部海岸及其附近的岛屿，像撒丁岛、科西嘉岛及西西里岛西部等，与希腊分别控制着两边。

在公元前600年的时候，迦太基开始与同向地中海西部扩张的希腊人发生了冲突。大约在公元前535年，迦太基人在科西嘉岛近岸打败了一支希腊人的舰队。但是在公元前480年，希腊军队却在西西里岛大败迦太基的军队。从此，迦太基与希腊为了争霸地中海而纷争不断。

迦太基拥有庞大的船队，而且迦太基人善于航海，所以其海上贩运奴隶、金属、奢侈品、酒和橄榄油等商业活动很繁盛。同时，支持海陆贸易的手工业也很发达，当中以纺织品最为著名。而其巴格拉达斯河谷的土地十分肥沃，所以迦太基也有发达的农业，因此拥有大量的奴隶制庄园。

迦太基实行的是共和体制。其中，主要统治阶层商业贵族与农业贵族间往往有很大的利益冲突，这就造成了日后在与罗马人作战时出现“和”或“战”政策难定的局面。迦太基最高行政官员有两名，称为“苏菲特”，每年选举产生，但选民限于财产富有的迦太基人，不过这两位苏菲特没有兵权。迦太基与罗马一样，设有元老院，由300人组成。元老院拥有立法权和决策权，成员任期终身。并设有公民大会，但权力有限。此外，也设有百人会议，共有成员 104 人，负责监察和作出审判。

与此同时，意大利半岛的罗马共和国发展起来，在公元前 264 年，也就是秦国灭亡东周王朝的前夕，迦太基与罗马为争夺西西里岛而爆发了第一次布匿战争。因罗马称腓尼基人为“布匿”故历史上称这一战争为“布匿战争”。

第一次布匿战争：

罗马在公元前 4 世纪统一意大利后，开始向地中海寻求利益，这与迦太基的利益产生冲突，自负的罗马人率先挑起战事。罗马人以保护其在西西里的同盟国为由，不顾以往与迦太基所签署的三份友好协约，出其不意地渡海进攻迦太基在西西里岛的殖民城邦。

迦太基的海军当时甚得威名，但罗马海军却以 200 艘战船组成的舰队大败迦太基海军，使迦太基在西西里的军队失去了支援。然而，迦太基陆军却使罗马远征军在非洲登陆的企图失败。此后，主战场移至西西里，罗马人在陆地作战中略占主动。在这种情况下，战争持续了 23 年，最后丧失希望的迦太基向罗马求和，以迦太基放弃西西里岛利益，并对罗马做出赔款为和约条件终止了战争，罗马遂在西西里建立了第一个行省。

第二次布匿战争：

迦太基的贵族甘于接受和约的条款，但将军汉尼拔欲报前仇。汉尼拔的父亲是迦太基的重要将领，曾率兵出征伊比利亚半岛（位于欧洲西南角，是欧洲的第二大半岛，包括今西班牙、葡萄牙、安道尔和直布罗陀）。汉尼拔的童年正处于第一次“布匿战争”时期。根据史家的记载，汉尼拔 9 岁时就随父从军，父亲命令他跪在祭坛前发誓：长大成人后，必与罗马势不两立。

在父亲的培育下，汉尼拔承受了严格和艰苦的军事训练，养成了坚韧不拔的毅力和吃苦耐劳的精神，成长为一个意志坚定、富有军事才能的将领。25 岁时，年轻的汉尼拔已是迦太基在西班牙驻军的最高统帅。由于从小受过军营生活，汉尼拔生活简朴，与士兵同甘共苦；战时，他身先士卒，深受士兵的拥戴。有人曾这样描述他：“没有一种劳苦可以使他的身体疲乏或精神颓丧。酷暑也好，严寒也好，他一样受得了。无论在骑兵里，还是在步兵里，他总是把其他人远远地抛在后面，第一个投入战斗。交战之后，最后一个退出战场。”

公元前 221 年，汉尼拔在士兵的拥护之下接管了迦太基的军权。接下来汉尼拔完成了对伊比利亚半岛埃布罗河（位于西班牙东北部）以南的征服战，从而保证了自己的后方安全。公元前219年春，汉尼拔又征服了半岛东部沿海的一些地区。顾虑到汉尼拔日渐强大的势力，罗马人与西班牙萨贡托城邦结盟，宣布此城为罗马的保护地。由于萨贡托地处埃布罗河之南，汉尼拔认定罗马违反了与迦太基的条约，毅然举兵将萨贡托城包围，并在 8 个月之后攻破此城。对此罗马向迦太基发出警告，逼其将汉尼拔交付罗马受审。

面对汉尼拔在军队中的声望和显赫的战绩，迦太基政府看到了复兴的希望从而拒绝了罗马的要求，准备接受战争。据一位古罗马历史学家说，当迦太基政府拒不交出汉尼拔时，罗马使者把他的宽袍兜起，用手指着兜起处，冷笑地说：“迦太基人啊，我在这里给你们带来了和平或战争，你们做出选择。”迦太基官员当即回答道：“不！随你高兴给我们哪一个。”罗马使者傲慢地提出战争。迦太基官员同声高呼:“我们接受战争。”于是,公元前218年,罗马向迦太基宣战,揭开了第二次布匿战争的序幕。

罗马人本打算兵分两路,一路从西西里进攻迦太基本土;一路从西班牙登陆,以牵制汉尼拔的军队,使其不能援助非洲本土 。可汉尼拔却出其不意地避开了罗马人的主力,冒着极大的危险,率领大军沿小路翻越人迹罕至的阿尔卑斯山,向意大利本土进军,决意将战争带到敌人的领地上。

汉尼拔的军队在翻越雪山时损失极重,战斗力大幅下降。但在特雷比亚河(意大利北部河流)的伏击战中,以损失4000人的代价消灭了罗马军队2.8万人。

公元前217年6月,汉尼拔率军迂回到意大利中部,在特拉西美诺湖畔再次设下埋伏,把罗马4个军团近3万人引入三面环山一面临湖的峡谷中。在激战中,罗马军团惨败,一名执政官阵亡,3万名罗马士兵多数战死。

为了进一步打击罗马人的士气,补充远征军的补给,公元前216年6月,汉尼拔突袭了罗马城的重要粮仓坎尼(又译康奈)城。罗马人在新任执政官的影响下,决定在此与汉尼拔决战,著名的坎尼战役爆发。当时罗马军队有8万余人,而汉尼拔只有5万余人。经过12小时的激战,罗马军大败,损失7万余众,而汉尼拔只损失约为6000人,创造了古代军事史上以少胜多的辉煌战例。

坎尼战役后,罗马一时出现危机。南部、中部和北部意大利的一些城邦纷纷脱离罗马投向迦太基。迦太基军远征军虽连战皆捷,但因独闯敌国,兵源和粮草都不能及时得到补充。而罗马则正相反,虽一再失利,但据本土作战可随时补充兵员。公元前207年,迦太基由西班牙派去的援军中途被罗马军消灭,使汉尼拔远征军地处境更加孤立困窘。从公元前212年起,罗马逐渐转入反攻态势,遣兵直攻北非的迦太基本土,迦太基元老院急召汉尼拔回国救援。汉尼拔因千里驰援,致使兵力、战斗力大幅下降,最后在扎马(今突尼斯卡夫地区)战役中被罗马军队击败。迦太基被逼于公元前201年,也就是刘邦击败项羽,在中国建立了第二个中央集权的封建王朝——汉朝的时候,与罗马人签订了条款苛刻的和约。条约规定:迦太基放弃北非以外的一切领地;将整个舰队交给罗马,只能留有10艘防海盗的船只,并偿付巨额战争赔款;未经罗马许可不得与任何国家交战;同时选100名14岁以上30岁以下的男子赴罗马充当人质。这场战争共打了16年,经此一役,迦太基已无力与罗马抗争,沦为了罗马共和国的附属国。

战后,汉尼拔一度成为迦太基的行政官。公元前195年,在罗马人的施压下,汉尼拔流亡到塞琉古王国。直到公元前189年,罗马打败安条克三世,并要求引渡汉尼拔,汉尼拔逃到安纳托利亚半岛北部的比提尼亚王国。但罗马仍不肯放过汉尼拔,坚决要把他引渡到罗马受审,汉尼拔最终在公元前183年服毒自尽。

第三次布匿战争:

公元前149年,罗马人为避免迦太基恢复国力,决定先发制人,围攻迦太基。迦太基人在顽强抵抗3年后,于公元前146年春被罗马军队攻灭。罗马决定把迦太基城夷为平地,所有居民被屠杀或掠为奴隶，城市被纵火焚烧。据说罗马人还在迦太基周围的田地里撒了盐，使其不能生长任何植物。不过此事在历史上没有记载，而且当时盐是很贵重的物品。所以现在的学者认为撒盐可能最多只是一种象征和仪式。从此，迦太基作为国家成为历史。

罗马人摧毁迦太基之后，公元前 122 年在原迦太基城废墟上建立了一座殖民地新城——阿非利加行省。

二、兴与朝

亚洲——

◆在秦末农民大起义后期，前楚国贵族项羽的军队和农家出身的刘邦的军队成为反秦武装的两支主力。公元前 207 年 6 月，项羽破釜沉舟经巨鹿一战，大败秦军主力 40 余万人，奠定了秦朝灭亡的基础，同时也为刘邦的军队率先入关占据秦都咸阳，创造了有利的条件。项羽自恃功高，意图独霸天下。公元前 206 年，项羽分封天下 18 个诸侯王，自立为西楚霸王，封刘邦为汉王。

后项羽和刘邦展开了 4 年的楚汉之争。

公元前 203 年，项羽向刘邦提出议和，楚汉约定以鸿沟［最早沟通黄河和淮河的人工运河，位于今河南省郑州荥（xíng）阳市］为界，鸿沟以西为汉地，以东为楚地。之后，项羽率兵东归，而刘邦却背约攻楚。公元前 202 年，项羽被汉军围困于垓（gāi）下（位于安徽省蚌埠市固镇县）。汉军四面唱起楚国歌曲，楚军士兵以为楚国已被汉军夺占，兵无斗志，项羽率少数骑兵突围至乌江（今安徽省和县东北乌江镇），自刎而死。楚汉战争最后以刘邦夺取天下，建立西汉王朝而告结束。

汉朝是中华民族发展史上的一个重要时期，在中国历史上有着承前启后的重要地位，汉族也就是在这一时期得以形成。自秦始皇统一中国后，原战国时各国的文化便相互渗透融合，到西汉时在典章制度、语言文字、文化教育、风俗习惯等多方面都逐渐趋于统一，构成了共同的汉文化。汉族由于群体庞大，文明程度较高，在中国各兄弟民族中一直处于主导地位，这是历史形成和历史发展的结果。自汉朝以后，中国历经朝代更迭，但汉族作为中国主体民族的地位始终未能改变，从而华夏族逐渐被称为“汉族”，华夏文字也被定名为“汉字”。

汉朝与周朝命运相似，历史上也被分裂为了西汉和东汉。汉高祖刘邦建立汉朝，定都长安（今西安），史：称西汉（公元前 202 年至 8 年）；汉光武帝刘秀光复汉朝，定都洛阳，史称：东汉（公元 25—220 年）。西汉与东汉合称两汉，两汉存世 405 年。

刘邦建国之初，因楚汉战争因素，异姓诸侯王势力较大。因此，汉初几年，刘邦对异姓王分别一一翦除，改封刘氏宗亲为王，仅有长沙王吴臣因势力小且忠心于刘氏王朝而得以保留。后刘邦晚年与大臣们杀马立誓，“非刘氏而王者，天下共击之”。

西汉初期，朝廷官吏基本是由功臣充任，而这些功臣的出身多非高官显贵，从而形成汉初“布衣卿相”的政治格局。此时，由于秦末以来战乱多年，国力虚弱，导致汉高祖刘邦在企图收复被匈奴族占据的河套地区时，遭匈奴冒顿单于（chán yú）围困于山西白登险遭不测。此后的一段时间里，西汉王朝认清国家实力不济，对匈奴采取和亲政策，以婚姻和财宝换取和平。据史料记载，汉朝前后大概有 12 位宗室之女送与匈奴结亲。

汉高祖刘邦去世，太子刘盈继位，是为孝惠帝。孝惠帝时年 16 岁，大权尽为其母吕后所掌握。吕后仍能忠实执行刘邦生前所定的休养生息、恢复民力的政策。对匈奴继续“和亲”避免战争。这样，吕后时期，汉朝经济仍呈上升之势，国力也有很大的增强。

汉文帝和汉景帝在位期间，奉行“无为无不为”的方针，继续实行轻徭薄赋、厉行节俭、休养生息的政策，以弥补秦末民变和楚汉战争带来的多年动乱和经济的巨大的破坏，使国力能够继续得到恢复。景帝即位不久，削夺刘氏诸藩王的封地，引发各封国的不满。在汉景帝三年即公元前 154 年，爆发了以“清君侧”为名义的藩王“七国之乱”。汉景帝从容平叛，各藩王国的势力因此被极大地削弱。

景帝驾崩后，其子刘彻即位，史称汉武帝。刘彻生于公元前 156 年，公元前 141 年登基做皇帝，时年 16 岁，在位 54 年。汉武帝在位期间，采取一系列改革措施，中央集权得到极大地加强。文化上采纳大臣董仲舒“罢黜百家，独尊儒术”的建议，使儒家文化从此逐步成为中国历经 2000 年的主流文化。在对外关系上，汉武帝刘彻开始以军事手段代替带有屈辱性质的和亲政策，以彻底解决来自北方匈奴的威胁和侵扰。于公元前 127 年、公元前 121 年和公元前 119 年，派名将卫青、霍去病三次大规模出击匈奴，收复河套地区，夺取河西走廊，使“漠南无王庭”。后又相继吞灭南越国，征讨朝鲜，并两次派张骞（qiān）出使西域，开辟了著名的“丝绸之路”。使汉朝疆域在鼎盛时期，正北至五原郡、朔方郡［今内蒙古自治区包头、巴彦淖（nào）尔一带］；南至海南岛、日南郡（今越南广平省）；东至临屯郡（今朝鲜江原道一带）；西至葱岭（今帕米尔高原），面积达 600 万平方千米，全国人口近为 6000 万。

西汉经过多年对外战争，文景之治的积蓄耗费殆尽，经济遭受巨大冲击，国力也出现衰退的局面。为此，汉武帝晚年自省，下著名的“轮台罪己诏”，不再奉行穷兵黩武的政策。

公元 9 年，大司马王莽篡汉，改国号为“新”，西汉结束。

◆据史籍记载，匈奴人的先祖是夏王朝的末代皇帝夏桀的遗民。夏被商灭亡后，夏的一部分后人向北迁移，在迁移的过程中融合了其他部分游牧民族部落，“避居北野，随畜移徙”发展成为匈奴族。部分学者根据《史记》记载，认为匈奴原是山戎、猃狁（xiǎn yǔn）、荤粥（xūn yù）等部落发展而来。中国清朝末年学者王国维在《鬼方昆夷猃狁考》中，把匈奴名称的演变作了系统的概括，认为商朝时的鬼方、混夷、獯鬻（xūn yù），周朝时的猃狁，春秋时的戎、狄，战国时的胡，都是后世所谓的匈奴。根据语言研究方面的推论，蒙古国内有观点认为匈奴是现在蒙古族的直接祖先。

在匈奴建国以前，东北亚草原被许多大小不同的氏族部落割据着。那时的部落和部族联盟的情况是“时大时小，别散分离”；是“各分散居溪谷，自幼军长，往往而聚者百有余，然莫能相一”。当时分布在草原东南西喇木伦河（也作西拉沐沦河）和老哈河流域的，是东胡部落联盟；分布在贝加尔湖以西和以南色楞格河流域的，是丁零部落联盟；分布在阴山南北包括河套以南所谓“河南”（今鄂尔多斯草原）一带的，是匈奴部落联盟。后来的强大的匈奴国，就是以匈奴部落联盟为基础，征服了上述诸部落联盟、大小部落而建立起来的。

自西周起，戎族开始威胁中原王朝，犬戎部落攻陷镐京，迫使周平王东迁建东周。战国时期，林胡族、楼烦族多次侵扰赵国。赵武灵王推行“胡服骑射”政策，国势渐强，驱逐林胡、楼烦。至此，林胡、楼烦北迁融入新崛起的匈奴。在战国末期，赵国出动战车1300乘、骑兵13000人、步兵5万、弓箭手10万，与匈奴会战，大破匈奴十余万骑，从此匈奴十余年不再南犯。

公元前300年的时候，匈奴各部统一，建立了奴隶制国家，最高统治者称单于（chán yú）。其统治结构分为中央王庭、东部的左贤王和西部的右贤王，控制着从里海到长城的广大地域，包括今天的蒙古国、俄罗斯的西伯利亚、中亚北部、中国东北等地区。

秦王朝统一六国后，在公元前214年，秦始皇命大将蒙恬（tián）率领30万秦军北击匈奴，收河套（指内蒙古自治区和宁夏回族自治区境内贺兰山以东、狼山和大青山以南黄河流经地区），屯兵上郡（今陕西省榆林市东南）。其后又修筑了西起陇西的临洮（今甘肃省岷县），东至辽东（今辽宁省境内）的万里长城，把原燕国、赵国、秦国的长城连为一体。长城“因地形，用险制塞”主要利用山脉地形修筑，依托天险，购置要塞，宛似一条盘亘静卧的巨龙雄踞崇山峻岭之间。蒙恬还修筑了北起九原（今内蒙古自治区包头市西南）、南至云阳（陕西省淳化县）约800多千米的直道，构成了北方的防御和运输线，有力地遏制了匈奴的南进。蒙恬守秦国北疆十余年，匈奴慑其威，不敢再犯。

匈奴人是一个以畜牧业为主的游牧民族，畜牧业生产在其社会经济中占有特殊的地位，它既是匈奴人衣食住行的最主要来源，也是它赖以扩大再生产的基础。据考古发掘表明，匈奴人约在公元前300年前就已有农业了。在蒙古国出土的匈奴墓葬中，不仅有残存的农作物种子、农具，还出土有盛装谷物的大型陶器。在已发掘的匈奴城镇遗址中，还出土了犁铧和石磨。由于农业生产的发展，在土壤肥沃、水源充足、灌溉便利的河湖一带，已逐步出现了定居。在贝加尔湖、叶尼塞河、色楞格河、鄂尔浑河、克鲁伦河和图瓦河流域等地还相继出现了城镇。农业生产的进步，为匈奴手工业的发展提供了有利条件，并促使逐步与农、牧业分离，成为独立的生产部门。匈奴人的手工业，最重要的是冶铁业。从已出土的文物中可以看出，在公元前300年时，匈奴人就已经使用了铁器，并广泛应用于畜牧业、农业和军事。

◆在中国的典籍中，最早出现“朝鲜”一词的是在汉书《尚书大传》中，其中提到周武王封箕子于朝鲜。箕子是商朝末年纣王的叔父，名胥余，因封国在箕（今山西省太谷、榆社一带），所以称箕子。

据史书中记载，周武王灭商后，大约在公元前900年的时候，商朝遗臣箕子率5000商朝遗民东迁至朝鲜半岛，联合当地居民建立了“箕氏侯国”，并得到周朝的承认，史称：箕子朝鲜。

韩国有历史学家在其所著的《韩国古代史新论》中承认箕子朝鲜的存在。司马迁在《史记》里的记载与《尚书大传》大致相同，认为是周武王见箕子后，箕子讲以《洪范九畴》，然后武王封他于朝鲜。班固《汉书·地理志》则认为，箕子来朝鲜的时间是在商朝末年，而不是武王灭商以后。当时箕子也许是看到商朝大势已去，便率领一部分商民迁居朝鲜。后来周武王封箕子于朝鲜，只是承认一种既成事实罢了。以上古代汉文资料的记载，虽然存在一定的出入，但都不否定箕子入朝鲜这一事实。朝鲜的早期历史文献，如《三国史记》《三国遗事》等，也都赞同这种说法，并肯定箕氏王朝是朝鲜半岛历史上的第一个王朝。明代朝鲜人所写的《朝鲜史略》中记载，“周武王克商，箕子率五千中国人入朝鲜”。

但也有专家质疑，如果“箕子朝鲜”的封地在朝鲜半岛的话，其后的历史必定存在过与商周有关联的金石文明。但事实上现在还没有看到任何半岛出土的带有相关铭文的青铜器和碑刻，出土的青铜器样式跟中原相差甚远而与辽宁、山东一带的形制相一致。

据此专家认为，“箕子朝鲜”一族在晚商可能存在于中国的辽西，与商周王室、燕国和东北方的孤竹国的关系密切。后与生活在中国东北和朝鲜半岛西北部的濊貊人共处，西周以后在经济与文化层面上与濊貊人逐渐相融合。战国晚期在燕国扩张压力下，才迁往朝鲜半岛西北部并延续至西汉初。历史上，辽西本是殷商后裔聚居之地，西周建国之初曾在这里分封了一些殷商小国，战国七雄之一的燕国是在公元前664年在齐国的帮助下取得辽西之地。

由于考古学依据的匮乏，关于箕子朝鲜究竟在哪里的问题，国内的学界有过旷日持久的争论，至今也未能达成一致。主要有三种观点：辽西说、辽东说和大同江流域说。辽西说认为“箕子朝鲜”在今辽宁、河北与内蒙古三省交会处；辽东说认为“箕子朝鲜”在鸭绿江与清川江流域之间，“甚至到了鸭绿江以北和辽西之地”；大同江说则认为箕子之国应在北至清川江妙香山一线，东至狼林山脉，西抵黄海之滨的大同江流域，并曾定都于今平壤一带。

朝鲜半岛的考古研究发现，以公元前1000年前后为节点，半岛的陶器纹样和形状发生了巨大变化。原来的栉纹陶器被赤褐色的无纹陶器取代，与农业生产关系密切的半月形石刀开始普及，水稻也在这一时期开始种植。人们提出，这种变化是否可理解为带有不同文明的外部族群在这一时期迁入了朝鲜半岛呢？根据夏商周断代工程的研究结果，武王伐纣，正发生在公元前1046年。

箕子事迹及其历史，在半岛早期史籍《三国史记》《三国遗事》中都被记录，自统一新罗时代（公元668—901年）起被正式纳入朝鲜半岛历史的一部分。公元1102年，高丽王肃宗提出“我国教化礼义，自箕子始而不载祀典，乞求其坟茔，立祠以祭”。下令在平壤修建了箕子墓、箕子祠。

檀君朝鲜是朝鲜历史上的一个传疑时代，记载于朝鲜早期历史书籍《三国遗事》中，该书成书在公元1287年前后。据此书所载，公元前2333年，天神桓雄和“熊女”（本意是熊变成的女子，可能是以熊为图腾的部落女子）所生的儿子檀君王俭在平壤建立王俭城，创立了古朝鲜国——檀君朝鲜。1993年9月7日朝鲜历史学家姜仁淑发表了一篇文章，提出“檀君实有其人，其墓在平壤。”而当时朝鲜正在挖掘传说中的檀君墓。当年9月28日，据朝鲜媒体报道说朝鲜已发现檀君遗骨。10月2日朝鲜正式发表《檀君陵挖掘报告》，宣布“古朝鲜始祖檀君遗骨在平壤近郊墓穴中出土”“作为传统神话人物的檀君实有其人”。报告称，檀君墓位于平壤市江东郡西北大傅山东南坡。经挖掘，发现墓中有男女遗骨86块，经组合，男子身高为170厘米，用“常磁性共鸣法”数十次测定后认定为5000多年前左右人类遗骨，遂断定为檀君骨骸。

根据考古发现，早在远古时期朝鲜半岛上就已有人类居住。朝鲜半岛的旧石器时代始于50万年前，公元前5000年进入新石器时代，公元前2000年后开始进入青铜器时代。分布于韩国的高敞、和顺、江华等地区的支石墓群，是公元前1000多年朝鲜半岛处于青铜时代的葬礼及仪式的遗址，它们展现了朝鲜半岛南部史前时代的文明和社会发展。

支石墓是一种用巨石搭建起来的史前人类墓葬或祭坛（真实用途目前未有定论）。支石墓有下列几种形式，在石头上方放上巨石而形成的支石墓、在地下挖出墓穴后再在支撑石上架起宽厚的石盖形如棋盘的支石墓，以及在地下挖出的墓室上直接盖上石盖的石盖型支石墓。东北亚地区是全世界支石墓分布非常集中的地区，韩国最具代表性，有3万余座支石墓，大小也各有不同，从10吨以下到300吨的各种尺寸。

到了公元前400年朝鲜半岛进入铁器时代。在半岛北部各地，出土了大量中国战国时期燕国的货币。说明了当时朝鲜半岛北部地区与中国北方地区在经济交往上十分密切。

新石器时代典型的文化遗址，多分布在朝鲜西北部的平安南道和西南部的黄海北道等处，大同江正好流经这些地区而进入大海。生息在平原、河谷的朝鲜初民认为奇妙、神秘的妙香山是其祖先（天神桓雄）的降落之处。檀君神话又说，檀君（亦称坛君）王俭在箕子进入朝鲜后便让位隐居，成为山神。似喻檀君的后人在箕子来到朝鲜之后南迁，这些人后来成为半岛三韩的始祖。

中国古籍《汉书》（又称《前汉书》）中说，箕子到朝鲜后，带去了先进的殷商文化，传授当地人耕织技术，讲习礼仪，并建立了半岛最早的成文法“犯禁八条”（即《乐浪朝鲜民犯禁八条》），促进了当地经济与文化的进步。

西汉初年，燕王卢绾（wǎn）背叛汉朝，逃往匈奴，其臣卫满亦一同出走，并带千余人进入朝鲜半岛。之后不久，在公元前194年，卫满率军推翻了箕子朝鲜的哀王，并取得箕子朝鲜的首都王俭城，建立卫满朝鲜。

箕子朝鲜在朝鲜半岛立国近一千年，传历经41代。根据家谱文献《太原鲜于氏世谱》所记，朝鲜的鲜于氏也源自于箕子朝鲜的后人。朝鲜家谱文献《朝鲜鲜于氏奇氏谱谍》也支持以上观点。根据古籍所记，在箕子的庶支儿子中，有个叫子仲的，他的封地在于邑（今朝鲜忠清北道清州郡清州邑），于是他就将国名“鲜”字和封邑名“于”字合成为“鲜于”复姓，称鲜于氏，世代相传至今。据传，朝鲜族的韩氏、奇氏的始祖也是箕子族。

根据中国西汉史书记载，朝鲜半岛北部及中国东北部此时分布着夫余（又称扶余）、沃沮（wò jǔ，又称勿吉、乌稽）、濊貊（wèi mò）、东濊等部落族群，朝鲜半岛南部则分布着三韩部落。

韩国的国名来源于古代朝鲜半岛南部的辰韩、马韩、弁韩三个部落。“韩”在古韩语中表示“大”或“一”的意思。“三韩”最迟在西汉时期便与中国有密切交往，其中辰韩因语言、习俗、器物等与秦朝相似而又被称为“秦韩”。根据中国史书记载，辰韩的居民主要是秦朝时期为躲避劳役和战乱迁徙而来的秦人后裔。从考古上看，辰韩是辽宁青铜器文化的外延，其中朝鲜半岛西南部发现的辽宁青铜器为最多。《三国志·魏书·乌丸鲜卑东夷传》曾提到：“桓、灵之末，韩濊强盛，郡县不能制，民多流入韩国”，此系“韩国”这一名称的最早记录。

存在于公元前300年至200年之间的辰国，被认为是三韩（辰韩，马韩，弁韩）的前身，其都城可能在汉江之南。辰国被认为是像三韩一样的城邦制的国家，与卫满朝鲜长期共存。从辰国能与卫满朝鲜抗衡并能派特使到汉朝的角度上看，辰国实力比较强盛。后三韩中的辰韩沿用了辰国的名字。

卫满朝鲜灭亡箕子朝鲜后成为西汉藩国。汉武帝时，卫满的孙子右渠在位，对汉的态度转为抗拒。汉武帝刘彻派大军讨伐，费时一年方平定，汉在其地设置乐浪、玄菟（tú）、真番、临屯四郡。公元前82年，西汉撤除临屯、真番二郡，将它们合并到乐浪、玄菟二郡。

在玄菟郡东北，今松花江上游一带，有一个夫余国。据史书记载，汉元帝刘奭（shì）时期，夫余王子朱蒙（又称东明、邹蒙、邹牟、邹华、众解等）因与其他王子不和，逃离夫余国。公元前37年，在沸流水（今辽宁省富河）畔的纥（hé）升骨城（今辽宁省桓仁县五女山城）建高句（gōu）丽国，以高为姓氏。据史家推测，高句丽（古称高句骊）在其成立的初期可能是由濊貊人和部分迁移到这一地区的夫余人组成的。在建立之初，与夫余长期处于军事对抗中，并很快扩张到汉江流域。公元53年，高句丽太祖王，将高句丽分散的5个部落设为5个省，实行集权化统治。随后高句丽又对乐浪郡，玄菟郡和辽东发动攻势，完全摆脱了东汉的控制。高句丽的扩张与边扰，导致了与东汉王朝的直接武力冲突，东汉的军事压力迫使高句丽迁都到丸都城（或称丸都山城、丸都，在现吉林省集安市西面的丸都山上）。

此时朝鲜半岛南部的“三韩”地区，也慢慢发生着变化。

辰韩初有6个部落，后发展到有12个部落。据朝鲜半岛最早的史籍《三国史记》记载，公元前57年，辰韩12个部落之一的斯卢部首领朴赫居世居西干在金城（今韩国庆州）创建新罗国。新罗国初定国号为“徐那伐”后改为新罗，统治地区先在朝鲜半岛东南部，后扩展至整个大同江以南地区，朴赫居世居西干也被认为是半岛朴姓的祖先。

公元前18年，高句丽创始者朱蒙的第三个儿子温祚据马韩地建国，号“百济”。根据记载，建立百济的是一部分高句丽贵族和夫余人。至公元10年开始，高句丽人到达朝鲜半岛南部后构成上层，而原住民马韩人则成为国家中的下层。百济鼎盛时期稳据西朝鲜（除了平安北道和平安南道）的绝大部分，最北曾到平壤。百济是海上强国，通过海路与中国和日本进行政治和通商往来。

据史书记载，弁韩以铁器生产闻名，其生产的铁器销售到西汉四郡、日本和半岛其他地区。弁韩也有12个部落，每个部落都有自己的城邦。弁韩与辰韩杂居，与辰韩语言和文化相似。弁韩后以伽倻部落联盟形式出现，伽倻部落联盟后被新罗所取纳。

西汉末年朝鲜半岛的形势大致是：西北部是汉乐浪郡辖区，东北大部为高句丽势力，新罗据东南部，百济据西南部。百济、新罗因居半岛南部，与汉朝没有什么关系，惟高句丽与汉接近，关系较密切。它自建国后，对汉一直是称臣的。后来东汉之后，高句丽时叛时降，成为汉王朝的东北心患。

◆日本是东北亚一个由本州、四国、九州、北海道四个大岛及3900多个小岛组成的群岛国家。考古研究发现，来自中国东北的原始人类进入朝鲜半岛后，一些人又迁徙到日本。考古学和人类学观点认为，日本民族主要是由东北亚阿尔泰语系的蒙古语族人、通古斯语族人、突厥语族人、古代中原人、少量长江下游的吴越人、少量马来人以及中南半岛的印支人，逐渐迁移到日本融合演变而成的。从20世纪90年代末开始，中日两国考古学、人类学和医学专家联合组成的中日人骨联合调查团多次证实了以上的结论。

在汉语中，“扶桑”“东瀛”是日本国名的别称。据《汉书》《后汉书》记载，中国古代称日本为“倭”或“倭国”。倭，《说文解字》释为：顺从的样子。字形采用“人”作边旁，采用“委”作声旁。“倭”古汉字同“逶”，逶迤，即蜿蜒曲折的样子，可解作遥远的意思。“倭”在日文中同“大和”一样，都发音为“yamato”，“大和”为日本民族的别称。

公元100年到200年的时候，日本处于金石并用时代，这时青铜器的铸造方法已经从中国和朝鲜传入日本，日本原始社会开始解体。在中国史书中，有一些关于此时日本社会情况的记载。据《三国志·魏志·倭人传》称，这一时期，日本岛上有100多个小国，这些小国实际上应该都是一些独立的部落。后在九州北部（也有说在今奈良、大阪地区）出现了一个较大的邪马台城邦国。邪马台城邦国应是日本早期的奴隶制国家，在公元200年前形成，即大和国的前身。据《三国志·魏志·倭人传》记载：邪马台国有7万余户。由称作卑弥呼的女性部落首领作国王，役使奴婢千人，管控附近30余部落。

邪马台国虽然历代也以男人为王，但在连续六七十年的战乱之后，他们拥立了卑弥呼担任女王。卑弥呼一生未婚，为王以来深居宫闱不与外人相见，只有千名侍女和一名送饭食的男仆能够出入宫廷，平时由弟弟辅佐朝政。据说日本神话中的太阳神天照大神的原型就是卑弥呼。

邪马台国在东汉及曹魏时期，与中国有使节往来。东汉初年，曾遣使入汉，汉光武帝赐“汉委奴国王印”。此印于公元1784年，在日本北九州地区博多湾志贺岛出土，该印为纯金铸成，印体方形，长宽各 2.3 厘米，高二厘米，蛇纽，阴刻篆体字。

关于邪马台国的经济情况和风俗习惯，据《三国・魏志・倭人传》记载“种禾稻……”“人性嗜酒”。可见其已进入农耕社会，此时已掌握由朝鲜传入的水稻种植技术和使用铁器。

稻作和铁器技术给日本社会带来了划时代的变化，使之产生了贫富之差。农耕带来的信仰、礼仪、风俗习惯也形成了日本文化的原型。从大量遗址出土的陶制和石制的纺轮、木制织机部件来看，开始有了纺织业，织物是平直的苎麻布和丝锦、缣（jiān，细密的绢）绢。已形成基本的国家机构，最高统治者是“王”。这说明邪马台国已进入阶级社会，尚处于奴隶制的早期阶段，还没有把奴隶当作主要劳动力。当时已有大人、下户与奴婢、生口之别。大人有四五个妻子，是上层贵族者；下户则有二三个妻子，两者间的地位与尊卑差别明显，但下户并不是奴隶；而生口则具有奴隶性质。已有租税制度，也有了刑罚。此时日本的文明特征，史学界称之为“弥生时代”。

关于邪马台国的所在地，学界主要集中在畿内说与九州说，但因史料限制，尚无定论。有中国语言学家认为，邪马台是 Yamato（日语大和）的音译，同“倭”的音译相似。

◆依据考古遗址发现，距今 40 万年的远古时代，在位于东南亚中南半岛东部的越南土地上已有人类生活的痕迹。其中有旧石器时代的遗址、中石器时代的遗址，而新石器时代的遗迹距今也有 5000 多年，以发现于谅山省北山遗址为代表。该文化遗址多发现于洞穴或岩荫内，人骨经鉴定主要属于美拉尼西亚（太平洋西南部美拉尼西亚群岛）人和印度尼西亚人。在越南北方义安省的琼文县曾发现一批屈膝蹲坐葬，墓呈圆形，随葬有石制工具及装饰用的穿孔贝壳。石器用砾石或砾石片制成，主要有砍砸器、刮削器、斧、凿、杵、研盘等，有的砾石上刻有粗略的图案。

根据有关传说和专家推测，越南第一个部落联盟体是文朗国，后为瓯雒（ōu luò）国，又称为安阳国。是在越南青铜器时代建立的，以东山文化（最早发现于越南清化省东山村遗址而得名）为代表，出土文物中最著名的是铜鼓。

中国四川三星堆遗址的发掘，证实了传说中古蜀国的历史存在，并引出一段历史故事。

公元前 4 世纪，秦国乘古蜀国与巴国、苴（jū）国交战之际，欲灭亡蜀国，占据蜀地。

当时古蜀国的疆域北达汉中（位于陕西省南部），南至今四川省青神县，东据嘉陵江以东地区，西有今四川芦山、天全，形成“东接于巴，南接于越，北与秦分，西奄峨嶓（bō，今雅安芦山一带）”的中国西南地区的大国。且古蜀国地势险要，有众多雄关险隘当道，云栈恶水连绵。有唐诗道“蜀道之难，难于上青天”“尔来四万八千岁，不与秦塞通人烟”。秦国不敢贸然出兵。

古蜀地历史上曾有过数条著名的蜀道，北通中原的有金牛道、米仓道、阴平道；南下滇越的有五尺道、灵关道；水路则有岷江河道与三峡水道。在这些古道中，金牛道最引人注目，也富有传奇性。

关于金牛道，中国古籍这样说：秦惠文王欲建伐蜀之道，采纳大臣之计，特作五个石牛，以黄金置于牛尾下，传言牛能屎金。并给蜀王写了封信，称秦国的神牛，不敢独享，愿将神牛及美女奉献给蜀王，但蜀道难以通行，运送不便，请派使者迎娶。古蜀国王对秦国所言信以为真“即发卒千人，使五丁力士拖牛成道，致三枚于成都，秦得道通，石牛力也”。也就是说，古蜀国王的贪欲之心使他派人修筑了最后导致国破家亡的金牛道，并命国中5位大力士开路，迎接石牛。秦惠文王在使用石牛计之后，又投蜀王所好，送美女给蜀王。据说当五位力士迎接美女来到梓潼地界时，忽见一条大蛇钻入石穴。其中一力士怕巨蛇伤人，忙抓住蛇尾往外拉，其他四人齐力相助，以致山峰崩塌，五丁力士及美女同时葬身于滚落的山石下，化为五座山岭，蜀道遂开。唐诗感叹“地崩山摧壮士死，然后天梯石栈相钩连”。此后秦军从金牛道南下攻取蜀国，再一举灭掉了苴国和巴国。

据有关史料记载，秦国灭亡古蜀国后，其王子蜀泮（pàn，又称开明泮）逃到越南北部建立了瓯雒国。都城为古螺城（今越南河内东英县），其疆域主要包括今越南北部一带，后一度扩张到中国广西、云南部分地区。公元前207年，瓯雒国与南越国发生战争，被南越武帝赵佗所灭。

赵佗（tuó）原为秦朝将领，公元前219年，秦始皇派50万大军平定岭南（今中国华南区域范围），赵佗为随军将领。经过4年多的努力，公元前214年，秦军基本控制了岭南地区。随即秦始皇在岭南设置了“桂林、象郡、南海”3个郡，越南北部地区置于象郡管辖之下。秦末，赵佗代职南海郡尉。秦亡后，赵佗用武力兼并桂林郡和象郡，建立南越国，以番禺为都，自称“南越武王”。

据越南正史（《大越史记全书》和《钦定越史通鉴纲目》）的说法，蜀泮本为中国战国时代蜀国的王子。因蜀王要求与文朗国雄王通婚遭拒，蜀国因此与文郎国结怨。在蜀国被秦国灭亡之后，蜀泮率部众南下，到达现在的广西和云南，随后进攻文郎国。文朗国雄王自恃强勇，疏于兵备，在蜀泮进攻的时候因酒醉坠井而死。于是蜀泮据其国自立为王，称安阳王，后改国号为“瓯雒”。

关于瓯雒国的存在年代及与秦王朝的关系，后代学者有不同看法。

第一种说法是，蜀泮在公元前210年秦始皇死时，乘秦地内乱，夺取象郡地区（此说认为象郡在越南，该地虽为秦属，实为土著部落所治），后自号为安阳王。

第二种说法认为，瓯雒国于中国战国末期建国在红河下游的平原一带。秦设象郡后，安阳王退居一隅。但秦王朝对象郡未能实现直接统治，而是间接统治，方式是把统治权授予当地若干部落酋长。秦王朝灭亡时，安阳王卷土重来，在象郡扩张势力，成为当地部落联盟强势首领，直到被赵佗攻灭。

第三种说法则对古籍中的“瓯雒国”的存在表示质疑，认为具有传疑性质，并非现代意义的“国”，其形态应是初具政权组织的部落联盟。另外，又提出可以把“瓯雒”理解为“瓯”指“西瓯”（又称西越，范围在广西柳江以东、郁江以北、湘漓以南和西江以西）；而“雒”则指“雒越”（又称骆越，范围北起广西红水河流域，西起云贵高原东南部，东南至越南的红河流域），而蜀泮则是西瓯及雒越各部落的领袖。专家考证，西瓯人及雒越人是中国

壮族、侗族、黎族、布依族、傣族、仡佬（gē lǎo）族、毛南族、仫佬（mù lǎo）族、水族等民族的共同祖先

越南的东山文化是东南亚青铜时代晚期至铁器时代早期的文化，主要分布在越南北部永富省、河山平省、北江、北宁等省，一般认为年代在公元前300—100年。

该文化时期，当地人们的居所为竹木结构的干栏式建筑，屋顶铺苫草，屋脊成翘起的马鞍形。墓葬形式除有土坑墓、船棺葬、火葬外还发现将头颅葬于铜缸之中的。青铜器有铜鼓、短剑、戈、矛、靴形钺、箭镞、犁、斧、锄、锹、瓮形缸、圈足盖盅等。其中铜鼓的基本形制是面小底大，胴（dòng）部突出，纹饰有飞鹭、羽人、竞渡、鹿、牛等。

东山铜鼓使用失蜡法铸造，其高度最高可达1米，重量可达100公斤。东山铜鼓被作为宗教仪式用品和音乐器具，通常刻有几何图案、日常生活和战争场景、动物及鸟类形象。其中的船只形象表明了渔猎以及海上贸易在东山文化中的重要性，而铜鼓本身也常被作为贸易物品和祖传宝物。在当地原始文化中，拥有这些铜鼓即意味着拥有掌控时间的力量，也表明了阶级的出现。在东山人作战时，用力敲击铜鼓，其产生的宏大鼓声，即可鼓舞士气，也可威吓敌人或传达信息。东山铜鼓在中国南部及印度尼西亚东部均有发现。

在东山文化中陶器均为粗陶，火候不高，陶色有红、褐、灰3种，纹饰多绳纹和度纹，器形有釜、罐、盆、圈足瓶、盂形器等。铁器不多，有斧、锄等。石器除常见一种石环外，尚有少量磨制石斧和石珠。在一些墓葬中，发现有草叶纹铜镜、蒜头扁壶、圆壶、铜剑、五铢钱、王莽钱等汉式器物。

东山文化经济的基础是定居农业。该地区的地理气候使得大规模地以水稻为主的农业和畜牧业发展成为可能，并为东山文化的产生和发展创造了条件。东山文化并非独立产生，它与藏缅民族、傣族、高棉族以及老挝的石缸平原的古文化均存在某种联系。东山文化的核心位于越南北部的红河河谷，但它与周边地区维持着密切的商业关系，以铜鼓作为主要贸易商品。

大约从公元前200年以后，东山文化开始衰落。但是，作为越南历史上最重要的古代文化之一，东山文化对越南文明的发展产生了深远的影响。

春秋战国时期中国南方的少数民族统称为越人，因分布众多又称百越。公元前300年，秦国征服百越，百越以南的地方被称为越南。自此，越南北部置于中国封建王朝统治长达十多个世纪。

公元前111年，汉武帝兴师灭南越国，并在越南中、北部地区设立交趾、九真、日南三个郡，实施统治。自此“交趾”（或作交阯）开始成为中国对越南的称呼，有大量的汉人以驻军和垦荒等形式迁居越南。

东汉改交趾为交州，管辖今广东、海南、广西一部分及越南北部。

东汉永和二年（公元137年），日南郡象林县功曹之子占族人区连率领占族数千人起兵，攻打象林县，杀死县令，随后占据了原日南郡的大部份地区（越南中部），自称“林邑王”。

区连称王后独立，以婆罗门教为国教。唐时称环王国，五代以后称占城。

◆孔雀王朝到第三代王阿育王统治时期帝国进入繁盛时代，但阿育王死后，帝国逐渐衰落。公元前 187 年，孔雀王朝最后一个国王被部将巽伽（xùn qié）所杀，孔雀王朝灭亡。随后的巽伽王朝和甘婆王朝其领土只限于整个恒河流域，印度重又回小国林立互相征伐的局面。

公元 100 年前，大月氏（dà yuè zhī）人在中亚建立起贵霜国。贵霜帝国的建立者是居住在中国敦煌与祁连山一带的大月氏人的一支（近来考古发现有分歧）。公元前 200 年前后，游牧的大月氏人被匈奴人击败，西迁至中亚，生产及生活方式逐渐以游牧为主转化为以农耕为主，社会制度也逐渐从原始社会过渡到奴隶社会。这时大月氏人分五个部落，约在公元 1 世纪初，五部落中的贵霜部落统一其余四部落，建立起贵霜王国。其先后征服阿富汗南部、印度西北部和恒河上游地区。至公元 2 世纪东汉末期，贵霜帝国成为一个横跨中亚、西亚、南亚的大帝国，首都从中亚移至富楼沙（今巴基斯坦的白沙瓦）。但中国古籍仍称之为大月氏。其第三代王死后，帝国开始衰落，到公元 3 世纪已分裂为若干小的部落国。

贵霜文化吸取了古代印度、伊朗、波斯、希腊成分，崇信佛教。贵霜帝国时期也是佛教开始发生重大变化的时期，由于皇家鼓励书面写作和文字文学，大量以口诵传承的经典开始书面化，此时大乘佛教兴起超过小乘佛教成为佛教主流。以后大乘佛教主要从北方传入中国，再进而传到朝鲜和日本；而上座部佛教（又称南传佛教）则向南传入斯里兰卡，再而进入东南亚诸国。贵霜帝国对于中国早期佛教传播起着巨大作用，两汉三国时期，外国僧人半数以上来自贵霜帝国。

贵霜帝国地处中亚丝绸之路的交通要道，是中国丝绸、瓷器、漆器，东南亚香料、罗马玻璃制品、麻织品的贸易枢纽。

◆公元前 334 年亚历山大大帝的希腊大军击败了大流士三世，波斯成为马其顿帝国的一部分。亚历山大的帝国很快就分崩离析，亚历山大手下将军塞琉古一世自立塞琉古王朝，以叙利亚为中心，统治波斯地区。这一时期波斯成为东西方交流的一个枢纽，丝绸之路由此连接中亚河中地区（指中亚锡尔河、阿姆河以及泽拉夫尚河流域，含今乌兹别克斯坦全境和哈萨克斯坦西南部）和印度。流行于古代波斯及中亚等地的琐罗亚斯德教（中国史称祆教、拜火教）向西开始影响犹太教。塞琉古王朝最终被罗马帝国和安息王国所瓜分。

安息王国发源于今天的伊朗东北部的帕提亚地区，又名帕提亚，中国史籍称为“安息”。

约在公元前 247 年，波斯游牧民族部落帕尼部落的首领阿尔沙克（又译阿萨息斯、阿尔萨息或阿尔萨克）杀死塞琉古王朝的总督，起兵统一了伊朗东北部的帕提亚地区，建立了阿萨息斯王朝（因其王族出自阿萨息斯家族）。由于安息王国坐落在罗马帝国与中国汉朝之间的贸易路线“丝绸之路”上，使王国很快成为了东西交往的商贸中心，一时工商业繁荣。

受塞琉古王朝曾经统治的影响，安息城市分为两大类，即希腊化城市和东方化城市。希腊化城市主要在两河流域以西，沿袭塞琉古时期的制度，保留一定的自治权（设贵族议会和公民大会），但最高行政权属于安息国王任命的将军或总督。如《后汉书 · 西域传》所载：

“为置大将，监领诸小城。”对地区官员实施三级划分：马兹班、萨特拉庇及迪兹帕特。相当于塞琉古帝国的总督、郡、府，村镇可能是行政区划的基层单位。但各城市必须履行纳税义务，接受王朝监控，不能我行我素，独来独往。这一类城市不太普遍，数量也少。在东部地区，仍存有部分部落，部落首领们各自统辖一方，但须对国王表示忠顺。重要地区直接由王朝派遣总督、行政区长官及其部属控制。这两类城市都要向王朝纳税。安息在赋税方面，土地税是主要税收，此外还有人头税、手工业税、住宅税、港口税、奴隶买卖税等。

由此可见，安息王国地域广大，但是王朝中央集权的程度却远不如波斯王朝。其实质是一个由 18 个独立王国、许多自治城邦、贵族领地组合而成的政治集合体，这些王国或领地不但拥有经济自主权，统治自主权，还拥有各自的军队，这些军队效忠的对象往往是领主而不是安息国王。因此，安息国王虽然自诩是“万王之王”，但其本质更像是邦联的元首，他不能不顾及其他贵族、小国王或领主的感受而一意孤行。

或受权力分散的影响，安息王国始终没有形成一个正式的首都或固定的王朝权力中心。随着领土的扩张，其他多个较大的城市也曾作为过首都。其中安息王国早期的中心赫卡东比鲁斯（也译赫卡通皮洛斯、赫卡托姆皮洛斯），据专家考证，可能是中国古代文献记载的番兜城，位于今天的伊朗北部。

受地缘影响，安息王国成为由不同民族文化组成的国家，在很大程度上吸纳了包括波斯文化、希腊文化、罗马文化及本土文化。在安息王国生存的前半期，虽然宫廷履行波斯的传统习俗，但也采纳了希腊文化的一些元素。其疆域最大时北至里海，南至波斯湾，东接古印度，西至幼发拉底河。即今天伊朗、伊拉克、亚美尼亚全境，土耳其、格鲁吉亚、阿塞拜疆、土库曼斯坦、塔吉克斯坦和阿富汗的部分。与汉朝、罗马、贵霜并列成为当时欧亚四大强国之一。

安息王位的继承必须经两个贵族会议（氏族长老会议和祭司会议）的共同选举，权力受两个贵族会议的限制。王位按父系继承，长子通常会成为继承人，但也传兄弟或子侄。国王维持多妻制，有时会迎娶他们的侄女，甚至是同父异母或同母异父的姐妹，这一点与埃及的托勒密王国相似。

其中，有穆萨皇后曾下嫁给了自己儿子的特例。据说穆萨原是罗马皇帝送给安息国王弗拉特斯四世的女奴。但穆萨容貌美丽且有心计，不久得宠成为弗拉特斯四世的王后。她生下王子后，成功劝说弗拉特斯四世将其他王子送到罗马为人质。等儿子成年后，又毒杀了弗拉特斯四世，顺利将儿子送上了国王的宝座，成为弗拉特斯五世。其后，穆萨又将自己嫁给儿子，再次成为王后。但二人执政的时间不长，仅从公元前 2 年至 4 年，就被大臣们联合王族后人给推翻了，并被流放（一说此前穆萨已经病逝或者死于政变）。

安息的王权多由阿尔沙克家族传袭。由于辖境内民族关系复杂且发展又不平衡，农业、手工业和商业相当发达的两河流域地区，与伊朗山区及里海沿岸的渔猎或游牧部落地区相比，经济差异非常悬殊。因而安息王国大部分地区仍保持浓厚的部落制，部落贵族在王国政权中占有较突出的地位。其中势力较为强大的 7 个氏族部落，世代控制着王朝军事、政治和经济大权。王朝的国王被推翻，往往求助于这些游牧部落，依靠他们的势力来恢复统治。由此可见，安息的君主专制得不充分、不稳固，缺乏统一的经济、政治基础的特点。

与早期的阿契美尼德王朝不同，安息王朝根据各地历史和现实条件实行因地制宜的管理。军队是王朝生存的主要支柱，经密特里达提二世改革后，安息以骑兵为主，步兵为辅。其中，重装骑兵由贵族组成，轻装骑兵由游牧部落组成。

米特里达提二世（也译米特里达梯，公元前 124—前 88 年在位）是安息历史上重要的政治家和军事家。他废除了其父王对两河流域统治的严酷政策，并对军队进行了全面改革，建立了以重装骑兵为主要力量的军队，并凭借这支铁骑打遍中西亚无敌手。在中亚，他打败塞种人（简称塞人，原住在中国新疆维吾尔自治区伊犁河流域的游牧民族，是现今哈萨克族等操突厥语民族的祖先之一），迫使塞人承认其宗主权，并结成联盟。公元前 115 年，挥师攻占木鹿（位于今土库曼斯坦）绿洲，将阿姆河（流经今阿富汗、土库曼斯坦、乌兹别克斯坦等国，最后汇入咸海）流域纳入安息的版图。向西继续挤压塞琉古王国残存势力的生存空间，公元前 94 年，安息帝国占领亚美尼亚地区，将领土扩张到南高加索和安纳托利亚半岛一部分。公元前 64 年与罗马人合力灭亡塞琉古王国。公元前 53 年和前 36 年，安息军队又打败克拉苏和安东尼率领的罗马军队，遏制了罗马进一步向东扩张的势头，奠定了双方基本以幼发拉底河为国界的格局。安息的版图至此接近最大，面积达到约 262 万平方千米。公元前 90 年，安息移都底格里斯河畔的泰西封。

公元前 119 年，西汉使臣张骞（qiān）第二次出使西域，联合乌孙攻击匈奴。其副使到达安息。据《史记·大宛传》记载，他在安息边界受到热烈欢迎："安息王令将二万骑迎于东界。东界去王都数千里，行比至，过数十城，人民相属甚多。汉使还，而后发使随汉使来观汉广大，以大鸟卵及黎轩善眩人（魔术师）献于汉……天子大悦。"这位安息国王就是密特里达提二世。他是第一位与中国建立正式关系的伊朗地区君主。

安息领土基本上都在以前的波斯帝国范围之内，虽然版图比波斯小，但在民族语言及文化上来说，安息应是波斯帝国的后继者。

安息王国的土地的大部分掌握在王室、贵族和寺庙手中，国王、将领和祭司是大土地占有者。公元 1 世纪后期，两河流域形成由商人构成的中等地主阶级。他们通过买卖、放贷，兼并了许多自由农民的土地。根据有限的史料记载，奴隶被固定在土地上耕种份地，缴纳租赋，奴隶主时有将土地和奴隶一起出卖转让。这种经营形式称为"达斯特海尔特"，意即农庄。

村社是安息部分地区农业生产的基本单位，负责安排农业灌溉用水，支配一定的土地给各农户耕种，农民则通过村社定期向王朝缴纳赋税。农民领有的土地可以买卖，但须有王朝官吏的监督并在专门机构登记。根据公元前 1 世纪的文献记载，农民如果听任耕地荒芜，会被课处罚金。可见农民耕种土地已经是必须承担的义务，农民已经无法离开土地，处以依附地位。

尽管如此，安息仍存有大量奴隶。奴隶大体分为两种类型：班达克和安沙赫利克。班达克本意为被束缚的人、仆从，可能来自负债而沦为奴隶的当地人。当时的法典规定，班达克的子女永远是主人的奴隶。安沙赫利克意为外邦人，初指战俘奴隶。以后二者的差别逐渐缩小。在安息，特别是在安息后期，允许奴隶个人拥有一定的劳动资产，有权支配劳动成果的十分之一，但仍处于奴隶地位，没有人身自由。

公元 1 世纪以后，安息王室陷入内乱。罗马趁机干涉安息王室内部事务，双方更为争夺亚美尼亚（位于西亚外高加索地区）利益而战事不断。沃洛加西斯（也译沃洛吉斯）一世（公元 51—80 年）即位后，采取反希腊、反罗马文化的政策，极力倡导和复兴波斯传统文化。并将一些希腊化城市废除外来命名，如马尔吉安那（在今土库曼斯坦）的安条克城改名木鹿。安息钱币中的铭文也不再用希腊文而改用钵罗婆文（安息所使用的文字体系）。安息人历法沿用了塞琉古纪元和巴比伦历法，但把月日的名称改成了阿契美尼德王朝波斯历的名称。而在此之前，安息王国的贵族文化曾以崇尚希腊文化为荣，他们的官方语言是希腊语，称呼自己是“亲希腊”，甚至王国的硬币上都印有“亲希腊”一词。但希腊文化未能全面渗透安息，当安息王权衰落，各地区总督和部落首领纷纷自保时，民族意识的觉醒成为文化主流。同时，琐罗亚斯德教传入安息。

安息民族宗教信仰繁多，当中除了少数的犹太人和基督教徒外，还有祆（xiān）教、佛教和希腊的多神教。

祆教（琐罗亚斯德教）对安息人的影响，目前学术界有争论。但据信沃洛加西斯一世支持和鼓励祆教在安息的传播，并资助了祆教经典的翻译，促成了日后的《波斯古经》（也称为《阿维斯陀》，是祆教的圣书）在安息的普及。由此，祆教在后来成为了萨珊王朝的国教。

有人提出，佛教是由贵霜王国传入安息，但缺乏考古证据。中国古籍证实，早期来中国的佛教徒，很多是安息人或操波斯语的中亚人。其中，一名叫安世高的安息王室贵族、僧人远赴中国东汉的洛阳，将多部佛经翻译成中文。

安世高，据传原为安息太子，自幼喜研佛教。当其临将即位时，坦然让位于叔叔，自身出家修佛，并于东汉桓帝刘志时期（公元 147 年）到达洛阳。安世高久居洛阳通晓汉语，随即翻译佛家经典，弘扬佛学。据东晋古籍《综理众经目录》中记载，安世高所译经典共 35 种，41 卷。而隋籍《历代三宝记》和唐籍《开元释教录》所载安世高译经数量更多。

据认为，安世高译经之事约止于东汉灵帝刘宏（公元 168—171 年）时期。随后，中原动荡，安世高避祸江南，历经江西、浙江等地，最后可能卒于会稽（kuài jī，苏州）。

在公元 97 年，中国的东汉王朝有甘英出使罗马。甘英一行路经安息的时候拜见了安息国王，接着使团西行至波斯湾。当地的安息官员告诫甘英，唯一到达罗马的方法只有海路，而海路艰苦难行，危险重重。甘英于是打消了前往罗马的念头。他返回朝廷后，向汉和帝刘肇转述了安息人对罗马的描述。据学者猜测，安息人不希望东汉与罗马建立关系，特别是东汉在与南匈奴的战争中取得胜利之后的强盛。不过，中国史籍记载了在公元 166 年，有罗马使节（或许只是罗马商人）抵达东汉首都洛阳。

内部权位的争斗及长期与罗马帝国的战争，严重削弱了安息国家实力。安息王国波西斯

（今伊朗法尔斯省）地区的行政长官，波斯人阿尔达希尔在地方贵族与宗教权贵的支持下宣布独立，并起兵征服周边地区。他在公元 224 年 4 月，击败安息国王阿尔达班四世（也称五世），建立起萨珊王朝

安息从建国至灭亡，在近 500 年的历史中，是伊朗历史上立国时间最长的一个王朝。安息文化承上启下，上承阿契美尼德波斯，下接萨珊波斯，是伊朗古代历史中的重要时期。

此时，中国东汉王朝灭亡，中国进入历史上的三国时代。

南欧——

◆驱逐最后一个勒克斯塔克文之后，罗马成立了共和国。但是，罗马共和国初期的政治制度主要代表的是罗马上层的贵族利益，广大平民利益受到忽视，甚至侵犯。罗马平民阶层人数众多，随着罗马社会贫富差距的扩大，罗马共和国实际形成贵族和平民两大对立的阶层。

与贵族阶层相比，平民在经济上紧迫穷蹙，在政治上备受歧视。贵族拥有大量的土地和财富，在政治、经济和宗教方面享有特权，把持重要公职，掌握着国家权力。他们操纵森都利亚大会，制定各种有利于贵族阶层的政策和法律，并占据了元老院的所有席位和执政官的职位。即使是平民中的富翁，也无法担任高级官职，不能参加元老院，不能与贵族通婚，甚至不能参与公有土地的分配。平民服兵役拼命于疆场，获利甚少，军功属于贵族，掠夺来的财富和土地无权分享，由贵族们进行瓜分。当时罗马实行债务奴隶制，谁如果借钱不能按期偿还，就要将田地、财产交给债权人，若仍不足以抵债，借债人和其家人就要沦为债权人的奴隶。广大平民对此制度深恶痛绝，多次要求废除。但因涉及切身利益，元老院的贵族们找种种借口不予理睬。于是，平民与贵族的矛盾日渐尖锐。

据说在公元前494年的一天，有一位老兵来到罗马元老院的广场上，当众脱下他的衣服，把他为国作战多次留下的伤疤指给大家看，他曾是罗马军中英勇善战的军官，立下过无数的战功。但是，由于他出身于平民，退伍后仍不能摆脱贫困潦倒的困境。为了生活，他只得向贵族借高利贷，因到期无力偿还，他的两个儿子被债主抓去做了奴隶，他本人也遭到债主的毒打。平民们听到这些，结合自身感受，一时群情激愤举行示威，强烈要求政府采取措施改善平民的社会状况。

当时罗马正面临着战争，而罗马平民拒绝参战，带着武器离开了罗马城，迁向城外的阿文廷山，史称“第一次撤离运动”。眼看罗马城日益空虚无人保卫，外敌又随时可能来犯，面对危情贵族元老们终于屈服，他们派出了代表赴阿文廷山与平民对话。这样，平民与贵族终于达成了协议，罗马共和国新设了一个高级官职——保民官（亦译保民平民官）。保民官从平民会议中选出，由平民担任（最初为 2 人，后来增加到 10 人）。保民官有权出席元老院会议，并享有否决权（除独裁官外，对其他任何高级官员的决定，均有权予作出否决）。保民官的设立，在一定程度上遏制了贵族政治的发展势头，为平民参政议政提供了可能，打破了元老贵族一统天下的局面，对罗马共和制的发展与完善起到了重要的推动作用。不久，又通过了平民可以担任军团司令官的决定，改变了平民在军队中只能担任下层军职的惯例。这

次和平撤离运动对罗马社会产生了重大的影响。

公元前 471 年，罗马平民又发动了第二次撤离运动。这次撤离运动的成果是平民取得召开平民会议的权利。

平民会议是由保民官主持召开的部落大会，它以部落为单位，主要功能是选举平民保民官和平民市政官，也可进行立法或审判活动，通过的决议称平民会议（特里布斯会议）决议。这样除了森都利亚大会和库里亚大会以外，罗马又有了保民官主持的平民自己负责决策的会议，这是平民反对贵族斗争的又一次重大胜利。自此，罗马平民有了发表自己主张的场所和机构，平民的呼声在罗马政治经济中的影响越来越大。

两次撤离运动，使罗马平民们争取到了选举保民官与召开平民会议的权利。但是，罗马的法律依然是习惯法而不是成文法，贵族可以任意解释甚至歪曲习惯法来损害平民的权益，维护自己的利益。所以在公元前 450 年，为了限制贵族和奴隶主的权力滥用，罗马成立了由贵族和平民各 5 人组成的制定法律的十人团。次年，罗马平民掀起了第三次撤离运动，迫使贵族同意制订并颁布了一部法典，并刻在 12 个铜表上，这就是著名的《十二铜表法》。

《十二铜表法》基本上是按旧有习惯法制定，从根本上还是维护贵族、奴隶主的利益。但它对奴隶主私有制度、继承制度、债权债务以及刑罚、诉讼程序等方面都作了明确规定，约束了贵族法官解释法律时的阶级立场，反映了罗马奴隶制的发展和奴隶主阶级国家的形态。

公元前 445 年，罗马废除了平民与贵族通婚的禁令。次年设立了军政官，初为 3 人后为 6 人，平民也可担任。于是，富有的平民取得了与贵族同样的政治地位，使得富有的平民逐渐与原有的贵族在政治上合流，其结果是“贵族”和“平民”的定义范畴和概念起了实质变化。此后，所谓“贵族”就是原有的氏族贵族和上层富有平民构成了新的统治阶层，平民则是指贫穷的自由民。富有平民与旧贵族的利益融合，使得罗马共和国的统治基础进一步扩大，为罗马的对外扩张政策创造了极为有利的条件。

此后不久，平民又取得担任大祭司和占卜官等宗教高级职位的权利。宗教职位在罗马人眼中被认为是神圣的，但一直被贵族所把持，现在也被平民分享。至此，平民在担任国家公职方面，已经没有重要障碍了。

公元前 367 年，罗马重选执政官。执政官设二名，其中有一位要由平民担任。次年又通过了由执政官波提利阿制定的法案，禁止人身抵债，废止了债务奴隶制。这样就划清了自由民和奴隶之间的界限，从此罗马奴隶主不能再奴役本国自由民。

公元前 287 年，罗马平民举行了最后一次撤离运动，平民出身的霍腾西阿被任命为独裁官。他颁布了一项法案，特里布斯平民会议所作出的决议，无须经过元老院的批准即对罗马全体公民具有法律效力，称“霍腾西阿法”。这一事件标志着平民反对贵族的斗争胜利结束。与此同时，罗马城邦征服和统一了意大利半岛。

罗马的贵族和平民经过长期的你来我往的和平斗争，罗马奴隶制国家制度也逐渐完善起来。除了原有的库里亚大会和森都利亚大会以外，又增添了特里布斯平民大会。

特里布斯平民大会表决通过国家立法、选举保民官、市政官、财务官和其他低级官员，审理涉及高级官吏的各类案件和其他重要案件。森都利亚大会则决定战争与和平问题，选举执政官、监察官和行政长官，审理涉及被高级官员判处死刑和其他重刑的上诉案件。库里亚大会已完全丧失其政治意义，仅在形式上授予高级长官的职权而已。由于国家职能的增加和国家事务的繁多，各种高级官职也相应地增加起来，进一步完备了国家机器。在罗马共和国体制中，元老院处于权力中心的地位，拥有广泛的权力，决定着内外政策和决策。至此，罗马共和国建立了以元老院为中心的一整套国家机构。罗马平民和贵族斗争的结果，并未产生雅典式的民主政治，握有实权的元老院成为这个奴隶制国家的运转中枢。据说古罗马人在书写他们的共和国时通常缩写为“SPQR”（拉丁文 SenatusPopulusqueRomanus），意思是“元老院和罗马人民”，元老院居于首位。

随着富有的平民变为新贵分离出去，余下的平民主要是占有土地或缺少土地的农民、手工业者和小商人以及贫民，他们在与贵族的斗争过程中地位得到改善。尽管土地问题没有得到根本解决，但随着罗马的对外侵略扩张，建立军事殖民地以及分配少量的公有地，也满足了部分平民对土地的要求。据史料统计，从公元前 343—前 264 年，罗马大约把 6 万份土地分给了拉丁人和罗马人，其中罗马人约占 4 万份。债务的减免，使土地大规模集中于富人手中的趋势有所缓解，这使罗马小农经济得以维持。自由农民积极支持并参与罗马对外侵略扩张活动，他们构成了罗马军队兵员的主要来源。另外，由于罗马地位提高和城市工商业的发展，以及公民权的扩展，吸引了大批移民特别是拉丁人移居罗马城邦，使城市人口迅速增加。他们之中包括大量的被释放奴隶和脱离保护关系的依附民。同时，由于奴隶制的发展，以及大规模使用外籍奴隶从事劳动，使一部分自由民丧失工作机会，他们流入城市，与原有的城市贫民结合而成新的平民阶层。从此以后，罗马国内阶级矛盾逐渐上升为奴隶主阶级和奴隶阶级之间的对立，使罗马共和国发展成为一个典型的奴隶制国家，而进入新的历史发展阶段。

公元前 2 世纪后半期，随着罗马海外扩张的胜利，罗马共和国社会经济结构再度发生重大变化。

在对外征服过程中，罗马有大量农民随军出征，这样就造成了许多土地无人耕作被荒芜。

尤其是在第二次布匿战争期间，迦太基军队在意大利征战 15 年，使罗马农业遭受巨大破坏。再加上贵族和奴隶主的趁机兼并和侵吞，以及海外征服地粮食的输入，使罗马的小农经济难以为继，小农们成规模破产。使用大量奴隶劳动力的大农庄经济的发展和自由民阶层的分化，使罗马土地问题的严重性日益突出。

罗马统治阶级内部一些较有远见的人物，看到这一社会问题的紧迫性。于是，他们试图通过解决土地问题，来缓和社会分化的矛盾。这样，罗马爆发了以平民争取土地利益为核心内容的社会改革运动，从而揭开了贵族派与民主派斗争的序幕。因为运动是在格拉古兄弟领导下进行的，故史称为“格拉古兄弟改革”。

提比略·格拉古和盖约·格拉古兄弟出生在罗马的一个贵族家庭里，由于崇尚希腊文化，希腊的民主政治以及公民平等的思想对他们影响很深。

公元前 133 年，提比略当选为保民官。就任后，他提出了土地改革法案。法案规定，每一个土地占有者占有的土地不得超过 500 犹格，最大的两个成年儿子可以各占有 250 犹格，这样就限定了每个家庭占有的土地只有 1000 犹格（1 犹格约合 4 亩）。凡超过的全部交还国库，然后分 30 犹格的小块土地，分配给贫穷农民世袭使用，但禁止出售和转让，防止农民再度破产。法案提出后，得到了广大平民的拥护，并通过了该法案，还推选提比略、他的兄弟盖约和他的岳父组成三人委员会。

但是，这个法案极大地触犯了大土地所有者的利益，他们用种种手段阻止法案的实施。他们一方面隐瞒土地数额，另一方面唆使另一保民官运用否决权。为了使法案得到贯彻，提比略提出连任下届保民官。然而就在选举大会上，反对派人员扰乱会场，选举被迫解散。次日，反对派人员再次武装袭击会场，提比略及其拥护者 300 多人被杀。

10 年后，即公元前 122 年，提比略的弟弟盖约当选为保民官，他在新形势下把土地运动推向新的高潮。盖约提出了一些新的改革法案：一是土地法，基本上是延续提比略的土地法；二是粮食法，主张从国库中拿出低于市场价格的粮食，出售给贫困的平民；三是修筑道路法，以使贫民得到工作的机会；四是亚细亚（亦称亚洲）行省法，把新设的亚细亚行省的税务包授权交给骑士，以满足骑士阶层的要求；五是审判法，在原有的 300 名法官外，另增加 300 名骑士出身的法官。这些新措施，使盖约获得了广泛的支持者。在城市平民和骑士的支持下他连任了一届保民官，在第二任中他提出了两项更为激进的新法——殖民法和公民权法。拟以开辟殖民地作为保证土地法实施的补充措施；又提议给拉丁人和意大利同盟者以罗马公民权。但罗马公民不论哪个阶层都不愿让非罗马人分享公民权，因而引起了普遍的不满，在竞选第三任保民官时落选了。盖约卸任后，元老贵族和一部分骑士对他进行公开的攻击。在讨论废除盖约在迦太基建立殖民地的提案时，发生了激烈的争执，导致大规模的械斗。盖约派的 3000 多人被屠杀，盖约也在愤懑中自杀了。

格拉古兄弟改革虽然失败了，但它在政治上打击了元老贵族派，注意发展骑士利益；并且关注到努力消除罗马人与意大利人所具有的政治差别——“同盟者”的公民权问题，对于罗马共和国的发展起到了促进作用，也符合历史发展的趋势。

此时，中国正处在西汉王朝的汉武帝统治时期。汉武帝结束对匈奴的和亲政策，开始对匈奴进行大规模的反击作战。

公元前107年，出身于破产骑士家庭的盖乌斯·马略当选为执政官。马略曾在军中服役，多年的戎马生涯使他洞悉罗马由于制度问题而引发的军队战斗力下降。于是，就职后着手从兵役制度开始新一轮的改革。

努米底亚王国位于今阿尔及利亚东北部与突尼斯毗邻的部分。罗马人打败迦太基后，又侵入努米底亚王国。公元前118年，努米底亚王国前国王的孙子朱古达发动政变夺取了王位，在政变中，朱古达的士兵杀死了罗马的支持者和一批罗马人。为了维护在北非的利益，罗马于公元前 111 年对朱古达宣战，于是爆发了“朱古达战争”。

但罗马官场此时贪污腐化严重，派往非洲远征的将领一再被朱古达收买，作战不力。后来朱古达在得到罗马元老院保证其生命安全的前提下，来到罗马接受元老院的质询。在罗马，他又收买了一个保民官，这位保民官动用了否决权来反对元老们的质疑。当朱古达得知自己的同父异母的兄弟也来到罗马要主张应有的权利时，他派人将其刺杀。尽管元老们一致要求处死朱古达，但由于先前作出的承诺，他们不得不放朱古达回国。朱古达临走前他鄙夷地说：“如果能够找到买主，我甚至能卖掉这座城市。”

马略当选执政官后，元老院授予他在北非指挥作战的全权。马略立即着手招募训练新军。他改征兵制为募兵制，大量招募自由民中的志愿者入伍。并规定应征后服役 16 年，由国家供养并提供武器，退役后分与土地，此政策使罗马军队得到大量补充。为了保证有足够的兵源，马略联合元老院发布了这样的禁令：所有能够拿得起武器的男子，无论民族和阶级地位，从即日起都一律不得离开意大利本土，否则处于极刑。当天就有两个打算出海去希腊的商人被斩首示众，阻止了大规模的逃役潮。这次改革，使罗马以往耕战兼顾、兵民一体的临时征兵制度，被彻底改变。不仅扩大了兵源，而且产生了职业军人，士兵能够完成长期的正规训练，大大提高了作战技能。

军事改革对罗马政治有重大影响。新制度使军队趋于职业化，而军人的职业化，也使统帅与军队相互依赖更加紧密，将领在军队中权势日隆，甚至可以以此左右政局，最终罗马逐渐走向军事独裁和帝制。

马略对罗马军团的编制也进行了改革，他把罗马军团的规模进行了扩大，增加了工兵；对以往的作战阵型加强了纵深；将重装步兵按照训练程度划分为不同的军团，以便区别使用；并强化了远距离投射和骑兵的配置。

随后，马略偕部将苏拉率军进入非洲。到了北非，马略首先让军队开展训练，使士兵适应当地环境，提升战斗力。在以后的作战中罗马军队连连取胜，朱古达陷入了困境。公元前 105 年，罗马人赢得战争胜利，朱古达逃到毛里塔尼亚后被当地国王也是他的岳父拘押，献给了苏拉，后病死于罗马。这样罗马军队胜利的荣誉落到了苏拉名下，两人之间为此有了芥蒂。

此时，罗马共和国又面临着日耳曼人的入侵。

罗马人把居住在罗马共和国北方的外族部落统称为“蛮族”。这些外族部落对欧洲历史都有着重要影响，其中影响最大的除凯尔特人和斯拉夫人外，就是日耳曼人了。而这时的日耳曼人部落，还普遍处于氏族社会末期。

在青铜时代晚期，日耳曼人居住在现今瑞典的南部、丹麦半岛以及德国北部介于埃姆河（也译埃姆斯河，德国西北部河流）、奥得河（欧洲波罗的海水系中的第二大河，流经波兰、捷克和德国）与哈次山脉（位于德国中部）之间。随着铁器的应用，经济的发展及自然灾害的影响，从公元前 6 世纪左右，日耳曼各部落开始南迁。其中，汪达尔部落、格庇德部落及哥德部落自瑞典南部外迁，占据波罗的海南岸的大部分地区。日耳曼人早期的迁徙行动，也有向南和向西发展的，其结果是把居住在现今德国西部的凯尔特（亦译为居尔特、盖尔特、克尔特或塞尔特等）人挤走了。公元前 3 世纪，日耳曼人沿着易北河南下到达波希米亚（位于今捷克中西部）北部地区，又沿着萨勒河（在德国东部）进入图林根地区。公元前 2 世纪末，定居在日德兰半岛（位于北海和波罗的海之间，构成丹麦国土的大部分）的日耳曼部落侵入地中海，直接同罗马人对峙。

最早使用“日耳曼人”这个词的是一位古希腊历史学家，他在约公元前 80 年时第一次使用这个词。通过对各个日耳曼族群语言（哥特语、古德语、古英语、古斯堪的纳维亚语）的仔细比较，语言学家提出的结论是：日耳曼语属于印欧语系。

针对亚欧各种不同的语言，18 世纪一位英国语言学家首先提出“原始印欧语”的存在。他发现当时欧洲人已知最古老的语言中拉丁语、希腊语、梵语和波斯语之间有一些相似之处。19 世纪时，学者们通常将这系语言称为“印度—日耳曼语系”，有时候也叫“雅利安语系”。但是，人们后来逐渐发现，欧洲大多数语言与此都有关联，名称也转变为印欧语。

印欧语系是世界上分布最广泛的语系之一。欧洲、美洲、南亚和澳洲的大部分国家都采用印欧语系的语言作为母语或官方语言。据有关方面统计，亚洲印欧语系包括约 443 种语言和方言，使用人数大约有 20 亿。

约在公元前 120 年，日耳曼族中的辛布里人、条顿人和阿姆布昂人南迁。当时的历史资料说日德兰半岛上发生了一次大风暴，因此那里的人们离开了家乡。今天更多的学者怀疑是气候变化造成的饥荒是迁移的诱因。公元前 113 年，南迁的三支日耳曼部落遇到了罗马人。当时罗马有两个军团前往诺里库姆（今天的奥地利与捷克的部分地区）狙击日耳曼人，结果惨败而归。此战成为日耳曼人登上历史舞台的标志。

公元前 109 年和公元前 107 年，罗马军队在与日耳曼人的作战中均告失败，日耳曼人已严重威胁高卢南部行省后，罗马元老院终于认清事态的严重性，决定倾全国之力与对方决战。此时，与朱古达的战争已经结束，罗马可以避免两线作战的困局。

公元前 105 年 10 月初，12 万人的罗马军团（一说为 8 万人，其中包括联盟部队及随军奴隶）与约为 30 万的日耳曼人（其中能够战斗的成年男子约有 15 万人左右）展开了惨烈的决战，史称：阿劳西奥战役。10 月 6 日，仅仅一天的时间，凶猛的条顿人、辛布里人和阿姆布昂人就在战场上全歼了 16 个罗马军团，12 万罗马士兵里竟然仅有十余人生还。

阿劳西奥战役对罗马共和国的打击异常沉重。罗马失去了差不多一半的政府成员和元老院成员，贵族和骑士阶级被极大地削弱，难以再组建起有效的军事力量，民众对罗马元老院政府的失望达到极点。在这种情况下，罗马元老院不得不请回马略担任执政官。马略基于罗马当前的局势和社会状态，继续推行他所主张的改革，史称“马略改革”。

公元前 102 年春，给了罗马喘息之机的条顿人、辛布里人和阿姆布昂人在塞纳河（今法国北部）上游会师，准备进攻罗马。由于人数众多，日耳曼人兵分两路。辛布里人选择了翻越阿尔卑斯山；条顿人和阿姆布昂人则直接南进地中海。同年秋，条顿军和阿姆布昂军在马塞（今法国港口城市）北部被马略率领的罗马军队击败，十余万条顿人战死，条顿王阵亡，只有少量残部逃回北方。次年，辛布里人亦被马略败于波河（意大利最大的河流）上游北岸，辛布里人被杀14余万，俘虏6万（其中大部分是妇孺）。

至此，日耳曼人的强势进攻被打退，罗马暂时消除了来自北方的威胁。就在罗马紧锣密鼓地对付日耳曼人进攻的时候，西西里爆发了第二次反对奴隶压迫的奴隶大起义。

在罗马长期对外侵略的过程中，大量战俘和被征服地区的居民被大批地卖为奴隶流入罗马。仅仅在公元前167年，罗马占领伊庇鲁斯地区时就掳掠15万人，充为奴隶。此外，各行省在罗马官吏、高利贷等的勒索下，许多人被沦为债务奴隶。罗马所属各省都有奴隶市场，奴隶们被押到这里，他们脖子上挂着木牌，写着他们的年龄、出生地、技能和奴隶主给他们取得名字。奴隶主给奴隶钉上脚镣手铐，还要给他们戴上一个铁项圈，上面刻着："锁住我，不要让我逃掉"等类似的字句。另外，奴隶主还用烧红的烙铁在奴隶的前额或脊背上烙下一个印记，这种印记通常是奴隶主姓名的第一个字母。

在罗马的奴隶市场中有各类人种，他们大部分是被罗马军队通过战争和侵略而俘获，也有一些是惨遭海盗绑架、抢劫被转卖给奴隶贩子的。提洛岛（爱琴海上的一个岛屿）是当时最著名的奴隶买卖市场，有时一天成交奴隶上万人，奴隶被广泛用于罗马的各个行业。

罗马奴隶制的特点，是外族奴隶占绝大部分。罗马对外侵略的主要目的之一，就是为了掠夺外族奴隶。公元前3世纪，在征服意大利南部山地民族的战争中，有3.6万战俘被卖为奴隶。第三次布匿战争结束，迦太基城中残存的数万人全部成了奴隶。由于不断对外侵略和扩张，罗马外族奴隶的数量增加很快。有学者估算，到公元前1世纪，罗马城有150万人口，奴隶就占了90万。

公元前2世纪中叶，在罗马的西西里行省，奴隶主大庄园盛行。为了促进庄园经济发展，奴隶主对奴隶进行残酷的剥削和虐待，因此，不断激起奴隶的反抗。公元前137年（一说公元前138年），因一位奴隶主拒绝发给奴隶过冬的棉衣，从而激起奴隶在恩那城起义，起义的奴隶一度高达20万人，占领了西西里岛东部和中部部分城市，直至公元前132年，被罗马军队镇压。

爆发于公元前104年的第二次西西里奴隶起义，起因是西西里总督受贿停止释放债务奴隶而触发的。后来，起义军在特里奥卡拉城设立政权，成立了议事会和民众大会。起义军转战西西里各地，两败罗马军队。公元前101年（一说公元前99年），起义军终被罗马军队击败，无数被俘的奴隶被钉死在十字架上。还有1000名奴隶被送到罗马做角斗士。这些起义的奴隶拒绝供人取乐，他们在练习场中互相砍杀而死。

战胜日耳曼人，使马略一生达到了荣誉的顶点，他成为罗马最有声望的人物，称颂他拯救了罗马。但随着战争的结束，马略面临使命将尽，丧失权力的危险。但他似乎对眼前的罗马政治改革结果并不满意，于是马略再度投身于政治舞台。

当马略在前线抗击日耳曼人以及镇压第二次西西里奴隶起义的时候，罗马平民运动又一度酝酿起来。

此时改革派领袖萨杜尔尼努斯（又译撒图尔宁或萨图尔尼努斯）正策划一系列新的改革

法案。战争结束后，改革派希望得到军队和军队中的实力人物的支持，而马略也想利用改革派提出的改革法案为手下的老兵争取利益，于是相互结成了联盟。

公元前 100 年，马略第六次当选为执政官，萨杜尔尼努斯第二次当选为保民官，他们共同掌控政局，实施改革法案。法案中有一项重要内容是规定将阿非利加行省（原迦太基）和那尔旁高卢行省的公有地，以每人 100 犹格分配给从军 7 年的马略老兵，为此建立公民殖民地。由于马略军中士兵大多是意大利人，这一法案实质上含有扩大意大利同盟者公民权的内容。但是，把国有土地作为份地来分配，不仅影响骑士在这些行省的利益，而且也触犯了那些依靠国有土地收入而获得廉价粮食的罗马城市平民，罗马平民又反对给予意大利人平等的权益。因此，骑士倒向贵族派一边，抵制改革。罗马平民也因利益诉求不同，形成分化。

公元前 99 年，萨杜尔尼努斯第三次当选为保民官，为了推进改革法案能够进行，他采取激烈手段，用杀死执政官候选人的方法，帮助他的支持者竞选公元前 99 年度的执政官。然而，这种非理智之举使他失去了同马略军方的同盟，马略斩断了与改革派的合作关系。元老院命令马略采取紧急措施，维护罗马治安。马略被迫调遣军队将萨杜尔尼努斯及其支持者围困在一座山上，用断绝水源的办法迫使他们投降。不久，这些人都死于非命。

改革运动再一次夭折，马略的声望一落千丈。他感觉到平民对他的失望和不满，一时心灰意冷便离开罗马远游安纳托利亚，后返回罗马，过起远离政治的生活。

萨杜尔尼努斯的改革运动被平息后，罗马社会各阶层出现了短暂的平静，但在这表面平静的背后，却蕴藏着罗马人更多的积怨和不满。

平民和老兵的土地问题、意大利同盟者的公民权问题，都没有因为萨杜尔尼努斯运动的失败而有所缓解。公元前 91 年，贵族出身的李维・德鲁苏（又译李维・德鲁苏斯）当选为保民官，他企图通过对各方让步的策略来解决上述矛盾。

德鲁苏斯提议：（1）元老院由 600 人组成，其中 300 名来自贵族，另外 300 名则来自骑士阶层，然后，再从中选出陪审法官；（2）把意大利和西西里岛的国有土地尽量分配给贫民；（3）实施粮食法，再度降低城市平民购买粮食的价格；（4）给予意大利同盟者以公民权，从而增加罗马公民的人数。

德鲁苏斯的目的是想说服农民支持贵族，打击骑士，从骑士手中收回法庭陪审权。但是，这一法案受到元老和骑士双方的不满。元老反对是因为法案对贫民和意大利人作出了让步；骑士反对是因为法案削弱了他们的政治势力。于是，德鲁苏斯设法依靠农业平民和意大利人来推行这一法案。就在议案即将付诸表决的时候，德鲁苏斯突然被暗杀。当意大利人获知德鲁苏斯主导的改革流产后，他们明白了，利用罗马立法程序取得公民权已毫无希望。于是，同盟者决心用武力来对抗强权，以求得公平。

罗马统一意大利以后，对被征服的非罗马城邦人的意大利各部族实施分而治之的政策，罗马人称其为“同盟者”。同盟者没有平等的罗马公民权，因而不能享有与罗马人同等的政治、经济权益，却需要承担罗马统治者分派的各种义务。爆发于公元前 90 年的同盟者战争，便是意大利人争取平等权利的一种抗争，其主要目的在于要求得到罗马公民权。

同盟者以居住在意大利中部的马尔西部族为核心，加上其他部族的人，很快组成秘密的反罗马同盟。同盟者之间互相交换人质，并商定同时发动起义。公元前 91 年年底，罗马一个法官获悉同盟者交换人质一事，立即赶到意大利中部的阿斯库伦（又译阿斯库努姆）城发表威胁性训话，激起市民愤怒，被当场打死。该城随即封城，将住在城内的罗马人统统杀死。马尔西人带头向罗马宣战，反罗马同盟者纷纷响应，除伊达拉里亚和翁布里亚部族外，意大利同盟几乎都参加了起义。

同盟者首先派出使团到罗马，要求给予公民权，但遭到元老院的拒绝，同盟者战争由此爆发。同盟者建立了一个新的国家机构，首都定于意大利中部的城市科菲尼伊（又译科芬尼乌姆），命名为“意大利”。新国家设元老院（由各部族 500 名代表组成），选举执政官并自铸货币，授予所有起义成员以公民权。由于同盟者以前长期跟随罗马军团征战，熟谙罗马人的军事战术，在士兵素质、武器装备及指挥技能上均不亚于罗马人。他们在许多地方突破罗马人的防线，初期取得一系列的胜利，在北方和南方战场都占有明显的优势。

罗马元老院终于认识到，这场战争单凭军事手段是难以获胜的。于是，一方面积极组建新的军团以保持对起义军的军事压迫；另一方面采取分化手段，意图瓦解起义队伍。

公元前 90 年年末，罗马颁布一项法令，规定凡忠于罗马共和国的意大利人，都授以罗马公民权，这一立法在一定程度上阻止了起义规模的发展。在次年，又公布了一项法律，规定凡在 60 天内放下武器的起义人员，都可获得罗马公民权。尽管对新授予的公民权附加了条件，但还是起到了分化起义队伍的作用。罗马一面招抚投诚者，一面对顽强抵抗的起义军进行镇压，起义最后坚持到公元前 82 年才告彻底结束。但此后罗马人还是相继授予所有意大利人以罗马公民权，将他们编为 10 个（一说 8 个）新部族。同盟者起义虽然在军事上失败了，但他们发动这场战争的目的却达到了，他们从罗马人那里得到了以往通过法律途径得不到的公民权。同盟者战争打破了罗马城邦狭隘的民族歧视，加速了意大利的罗马化进程，实现了罗马共和国政治上的统一。

正当罗马人全身心解决意大利同盟者问题的时候，罗马在东方的势力范围出现了新的挑战者，其严重威胁着罗马对安纳托利亚半岛和巴尔干半岛的统治，这个崛起的挑战者就是本都王国。

西亚——南欧

本都王国位于安纳托利亚半岛、黑海东南沿岸，其强盛时期疆域含有今保加利亚、格鲁吉亚、希腊、俄罗斯、土耳其、乌克兰等部分地区。其建国者米特拉达梯（或译米特里达提）一世据说是安提柯一世的重要波斯将领，自称是大流士一世的后裔，可能其具有波斯血统。

公元前 302 年（或公元前 301 年），安提柯一世对部将米特拉达梯起了疑心。据说有一次安提柯梦见自己将黄金播种在田地里，而收获者却是米特拉达梯。于是，安提柯一世认为，这是神在梦中提醒自己，米特拉达梯不忠。他立即下令逮捕米特拉达梯，准备将其处死。米特拉达梯得到好友德米特里（安提柯之子）的及时通报，带着几名随从慌忙逃到安纳托利亚半岛。他在那里占据一座城堡后招兵买马扩充军队，逐渐有了势力。安提柯一世战死后，米特拉达梯于公元前 281 年宣布独立，建立本都王国并自立为王。因米特拉达梯起家于赛厄斯湾（又称穆丹亚湾，位于安纳托里亚西北部），故史学界又称该王朝为赛厄斯王朝。独立后，米特拉达梯与比提尼亚城邦结盟，共同抵抗塞琉古和埃及托勒密王朝的觊觎。

本都是一个希腊文化与东方文化相融合的国家。土地肥沃，矿产资源丰富，在米特拉达梯六世统治下兴盛起来，一时成为安纳托里亚半岛上最为强大的王国。

米特拉达梯六世的父亲在公元前 121 年死于一场宫廷阴谋，他继位时年仅 11 岁，他的母亲以摄政的身份执掌大权。有些传说称，其母为了执掌权力，曾企图杀死自己的儿子。这些传说虽缺少明确的证据，但米特拉达梯六世与母亲确实存在严重的矛盾。约在公元前 115 年，成年的米特拉达梯六世从母亲手中夺回了权力，并将母亲监禁（有些记载说他杀死了母亲）。为了清除对其王位潜在的威胁，米特拉达梯六世处死了所有的兄弟姐妹（除了被其占为妻子的妹妹以外）。

米特拉达梯六世即位后，开始雄心勃勃地推行扩张政策。他首先吞并了小亚美尼亚（今土耳其的一部分）和黑海东岸的希腊人殖民城市科尔基斯，继而向黑海北岸推进。公元前 110 年，本都军队侵入克里米亚。在此之后，米特拉达梯六世又控制了黑海西北岸的奥尔维亚等城，并同居住在该地的诸部落建立联盟。这样，本都实际已成为黑海沿岸地区的强国。在成功控制黑海之后，米特拉达梯六世意图挑战罗马人在安纳托里亚半岛的利益。

在米特拉达梯六世执政时期，马其顿的安提柯王朝、帕加马的阿塔罗斯王朝先后为罗马所吞并，塞琉古帝国和埃及的托勒密王朝也都陷入衰退，本都直接面临来自罗马的威胁。

此时，罗马势力已经深入亚洲。弗里吉亚（今土耳其中西部）、奇里乞亚（又译基利家，位于今土耳其东南部）已被并入罗马的行省；而在卡帕多细亚（今土耳其中部）和比提尼亚（位于土耳其西北部），罗马的影响也占据着主导地位；同时，当地还有一些小城邦受到罗马的控制。米特拉达梯六世若想要在这一地区攫取利益，就要冒直接与罗马人冲突的风险。

约在公元前 106 年，米特拉达梯六世联合比提尼亚国王尼科美德三世，瓜分了安纳托里亚半岛的帕弗拉戈尼亚和加拉太地区。但在卡帕多细亚国王阿里阿拉特六世死后，尼科美德三世娶了他的遗孀拉奥迪基，以此为由占取了卡帕多细亚王国。但拉奥迪基是米特拉达梯六世的姐姐，作为小舅子的米特拉达梯六世因此也要求领取卡帕多细亚的归属，双方一言不合，于是兵戎相见。

在双方的战争中，尼科美德三世兵不如人屡次被米特拉达梯六世所击败，于是请求罗马出面干预，罗马人便在公元前 95 年大规模介入。米特拉达梯六世也找到了一个强大的盟友——亚美尼亚国王提格兰二世。提格兰二世与米特拉达梯六世结成反罗马联盟，并且娶了米特拉达梯六世的女儿为妻。约在公元前 92 年，提格兰二世的军队占领了卡帕多细亚，罗马元老院命令奇里乞亚总督苏拉率军征讨。苏拉成功地击退了提格兰二世的军队，并一直进军到美索不达米亚地区。但当他返回欧洲时，米特拉达梯六世突然出兵，再次占领了卡帕多细亚。

约在公元前94年，比提尼亚国王尼科美德三世去世。他的儿子，王位继任者尼科美德四世追随于罗马。在占领卡帕多细亚后不久，米特拉达梯六世图谋推翻尼科美德四世。他派兵攻击比提尼亚，在公元前90年击败比提尼亚的军队，迫使尼科美德四世逃往罗马。米特拉达梯六世随即扶持尼科美德四世的弟弟（一说是叔叔）登上比提尼亚王位。

此时，罗马正陷入了同盟者战争的困境，几乎无力他顾，这给米特拉达梯六世提供了机会。公元前89年，本都军队打败了尼科美德四世的军队及其罗马盟友后，继而侵入罗马的亚细亚行省，一直打到了马尔马拉海（又译马摩拉海，是土耳其亚洲和欧洲部分分界线的一段）。出于对罗马人的统治不满，当地民众欢迎米特拉达梯六世成为新的统治者。到公元前88年后期，米特拉达梯六世几乎征服了安纳托里亚半岛西部。据说在占领地，他下令处死了住在那里的所有罗马人（包括意大利人）。有人记载，包括妇孺在内有超过8万罗马人在这次屠杀中遇害。为了进一步获取民心，米特拉达梯六世宣布免除安纳托里亚半岛诸城市5年内的一切税收，并将王国都城从本都迁至帕加马。

在征服安纳托里亚之后，米特拉达梯六世挺进欧洲。为了得到希腊人的拥护，他以希腊文明崇拜者的姿态出现。同时竭力煽动希腊人对罗马统治者的憎恶，从而与希腊人联盟。米特拉达梯六世的策略一开始成效显著，人们敬奉他为狄俄尼索斯（古希腊神话中的酒神）。在希腊提洛岛，雅典祭司甚至为他修建了一座祠庙。公元前88年末，米特拉达梯六世派其子率先头部队占领了马其顿，同时调遣舰队进入爱琴海，攻占了许多岛屿。这些军事行动，配合其煽动性的宣传，使希腊许多城邦相信，米特拉达梯六世将帮助他们摆脱罗马人的控制，恢复独立。雅典等一些城邦因而发生了支持本都的政变。到公元前87年，除了伊庇鲁斯之外，整个希腊都倒向米特拉达梯六世一边。

本都对罗马东方利益的争夺，迫使罗马在结束同盟者战争之后迅速出兵作出回应。然而，在统帅人选问题上，罗马内部发生了严重分歧。贵族、元老提名苏拉，骑士、新公民、城市平民和马略的老兵拥护马略。最终，苏拉当选为执政官，取得了军队的统帅权。

苏拉出身于没落的贵族家庭，从小受过良好的教育，喜欢文学艺术。公元前107年，马略任执政官时，他以财务官身份随军出征努米底亚，并在以后的战争中表现出色，成为罗马著名的将领。公元前88年，苏拉正准备离开罗马前往安纳托里亚的时候，保民官卢福斯突然向公民大会提出了4个法案：（1）意大利人出身的新公民和被释放的奴隶一律被分配到原先的35个部落之中；（2）凡是负债在二千戴纳里乌斯（即银币）以上的元老，其称号皆应取消；（3）原先被审判委员会判以放逐罪的一切公民均可以返回城邦；（4）剥夺苏拉对米特里达梯战争的统帅权，并重新任命马略为这次战争的军队统帅。

卢福斯提出的法案，立即遭到罗马上层贵族的反对。为了拖延对这些法案的表决，罗马反对派决定在法案表决期间，停止处理一切公共事务。然而，卢福斯并不退缩。他让自己的拥护者暗藏短剑，强迫反对派进行表决。苏拉迫于压力，被迫接受了卢福斯的要求。不久，公民大会便正式通过了卢福斯法案。

法案通过后，为防止反对派的反扑，卢福斯便立即派遣二名军事保民官前往诺拉（位于那不勒斯东部），企图接管军队，但苏拉却抢在了他们的前面。在诺拉，苏拉鼓动军队向罗马进军，士兵们表示愿意服从他的指挥。于是，苏拉带领原先准备用来东征米特拉达梯的 6 个军团出征罗马，这一举动开创了罗马军队进攻祖国的先例，也成为罗马军队干政的先河。

面对苏拉军队的凶猛进攻，罗马城陷入苏拉的手中，马略及其亲信被迫出逃，卢福斯被杀。苏拉对罗马的占领，表明新的罗马军队已经成为军队将领手中的工具。罗马随后出现的军事独裁，正是这种新式军队发展的必然结果。

苏拉在占据罗马以后，便大量捕杀马略的支持者，他们被宣布为“罗马人民的公敌”，财产被充公。此外，他还迫使公民大会通过几项法令，宣布元老院为最高权力机关，并从自己的拥护者中补充 300 名元老成员；不经元老院批准，公民大会不得通过任何法案。公元前 87 年，在巩固了罗马的统治后，苏拉率军东征，爆发第一次米特拉达梯战争。

公元前 87 年，苏拉率军在伊庇鲁斯登陆，他的军事才能使其在三年的时间里不断取得军事上的胜利，米特拉达梯六世和他的本都军队被赶出了希腊。在安纳托里亚，由于希腊战争的失利，亲罗马派借机活动，部分城邦发生了反本都的叛乱，本都陷入了孤立。而罗马军队乘势进入亚洲，夺取了米特拉达梯六世的新都城帕加马。

恰在此时，马略回到罗马重返政坛，与他的重要支持者——新任执政官秦纳合作，重新招募军队。在平民的支持下他们很快消灭了苏拉派的力量，控制了罗马。并立即恢复了卢福斯的法案，取消了部分债务，增加了粮食分配，发行新货币，还释放了不少奴隶，借以对抗政敌。但是，当苏拉派已被击败，奴隶们开始猛烈地攻击他们的奴隶主时，秦纳恐惧了。他在一个夜晚，用高卢人组成的武装将暴动的奴隶们包围，全部杀害。后来，马略和秦纳先后去世，罗马由他们的支持者统治，一直到公元前 83 年。

罗马政局的突变，使苏拉急于停止战争，回师罗马，米特拉达梯六世获得了讲和的机会。公元前 85 年，米特拉达梯六世与苏拉签订和约，承诺本都放弃在战争中征服的所有土地，交出 80 艘舰船并向罗马支付巨额赔款。第一次米特拉达梯战争就此结束。这次战争结果，虽然使米特拉达梯六世受到沉重打击，但并没有将他打垮。

公元前 83 年，苏拉率军返回意大利，失势的元老和贵族纷纷起来支持苏拉，向马略派反攻倒算，罗马内战再度蔓延。战争进行了一年多，据认为有十多万人死于刀剑。公元前 82 年冬，苏拉再次率胜利之师进入罗马，并随即向马略和秦纳的支持者实施报复。他不经任何法律手续，前后拟定三批“公敌”名单，把“公敌”的姓名公布于罗马广场。按照罗马法律，被宣布为“公敌”的人，任何人（包括奴隶）都可以不经审判杀死名单上的人。在这场大屠杀中，有 5000 多人死于非命。据说当时年仅 18 岁的凯撒（又译恺撒）因为岳父秦纳的关系也出现在苏拉的清洗名单上。不过在他人的求情下，苏拉放过了凯撒。但有传言，苏拉判定“100 个马略也不及这个年轻人！”后来的历史证明了苏拉的判断。

在大清洗之后，苏拉着手建立起罗马历史上第一个军政独裁统治，他被元老院宣布为无期限的独裁官。之前，罗马独裁官的职位是暂时的，不能超过 6 个月。现在苏拉成为第一个无限期的独裁官，集罗马军政权力于一身，成为名副其实的独裁者。它标志着罗马共和政体的基本原则已被废弃。为了巩固其独裁制度，苏拉又采取了一系列措施。

首先，加强了元老院的权威。罗马元老院在经过几番大屠杀后，其人数大为减少。到公元前 80 年，元老院的人数已减少到 150 人。随着元老人数的下降及元老各派矛盾的加深，元老院的作用也大为减弱。苏拉掌权后，从拥护自己的骑士和刚成为罗马新公民的意大利贵族中选拔了 300 人为新元老，把元老院的人数扩大到 500~600 人，元老院恢复了旧日的权力和权威，在立法上任何提案非经元老院审议不得提交公民大会。此外，在司法上原由骑士控制的常设刑事法庭转归元老院，由元老院元老担任法官。

其次，他剥夺了保民官的权力。自从格拉古改革以来，保民官这一职位已成为反对元老院的有力武器。为此，苏拉规定：保民官不得向公民大会提出法案，不得参与司法事务，原拥有的否决权也受到了极大的限制。同时又规定，凡担任过保民官的人，不能再担任其他高级官职。这样，保民官就完全失去了它的政治意义成为一个象征。

为了控制局势，苏拉把执法官由 6 人增加至 8 人，财务官由 12 人增加至 20 人。2 名执政官和 8 名执法官任职期满后出任 10 个行省的总督，他们就职于哪个行省则由元老院决定。并规定行省总督无权发起战争，禁止总督带兵离开行省或把军队调出行省境外。

苏拉还规定了高级官职的年龄资格、任职间隔期。设立了 7 个常设刑事法庭，制定了审判程序。此外，他变更了意大利行政区的划分，废除了向城市贫民廉价配粮的制度。

公元前 79 年，苏拉放弃独裁官职位隐退，次年坦然地死去。

苏拉的政治措施并不巩固，随着他的去世，他的各项政策也逐渐被取消，但他的独裁创举却为以后的罗马政治提供了样板。

此时，中国西汉王朝，雄心勃勃的汉武帝已经去世，其幼子年仅八岁的刘弗陵在公元前 87 年继位，史称：汉昭帝。汉武帝为了让汉昭帝日后顺利掌权，避免出现幕后摄政，遂将刘弗陵的生母赐死。

在第一次米特拉达梯战争结束后，本都有幸保住了黑海周边的征服地。苏拉在安纳托里亚留驻了两个军团。公元前 83 年，罗马军团将领以米特拉达梯六世重整军备为由，擅自发兵进攻本都，引发了第二次米特拉达梯战争。在这次战争中，罗马军团被本都军队击败，致使苏拉出面干预。罗马军团将领服从了苏拉的决定，不再擅自干涉米特拉达梯六世的政事，于是战争停止。米特拉达梯六世趁机把女儿嫁给了卡帕多细亚国王，从而再次控制了卡帕多细亚的部分地区。

在第二次米特拉达梯战争结束后，本都的国力逐渐回升，苏拉的悄然离世，使米特拉达梯六世的政治欲望再次燃起，开始重新谋划扩张行动。他与控制西班牙的原马略派将领塞多留（又译：塞尔托里乌斯）结盟，并和横行地中海的海盗集团建立联系，以图对罗马形成牵制。苏拉死后罗马陷入内乱，更为米特拉达梯六世提供了机会。

塞多留公元前 83 年任西班牙总督，后遭到苏拉的迫害，逃亡非洲。公元前 81 年返回西班牙。在当地人的支持下建立起政权，组建了自己的元老院和军队，使苏拉的反对者们纷纷投向西班牙。但在公元前 72 年，塞多留在一次宴会上被部下杀害，其部众被罗马名将庞培镇压。

公元前 74 年，比提尼亚国王尼科美德四世去世，去世前为保后代福祉，他将整个比提尼亚王国赠给了罗马，罗马元老院决定将这块领土设为新的行省。这个举动引起了米特拉达梯六世的忧虑，他不愿意看到罗马人的势力扩张到自己的家门口。同时，也想趁机捞取一些比提尼亚的利益。因此，当罗马人准备吞并比提尼亚时，米特拉达梯六世率领了一支庞大的军队前去阻止，第三次米特拉达梯战争由此爆发。

本都军队在战争初始占据了上风，迫使罗马人撤退，并攻入罗马的亚细亚行省。而后罗马军队经过苦战阻止了本都军队的攻势，继而转入反攻。米特拉达梯六世无力抵抗重整旗鼓的罗马军队，被迫放弃本都逃往亚美尼亚。罗马军队继续推进，在亚美尼亚战胜了本都和亚美尼亚的联军。

公元前 66 年，米特拉达梯六世逃往克里米亚。公元前 63 年，在罗马人的追剿下他带领一支残存的军队从科尔基斯（位于今格鲁吉亚西部）来到克里米亚的博斯普鲁斯王国，那里的国王是他的长子，他计划要在克里米亚东山再起。然而他却发现儿子内通罗马人和自己不是一心，米特拉达梯六世遂逼迫长子自杀，自己坐上了博斯普鲁斯王国的王位。

攫取权力后，米特拉达梯六世广泛征召当地人组建新的军队，希望利用新的力量来复国。但米特拉达梯六世似乎没有驾驭好这一次机会，他的不当施政引发了当地人大规模的叛乱。更为闹心的是，对他不满的次子成为起义军的引导者。很快，米特拉达梯六世就被他儿子领导的叛军围困在王宫内，由于担心被送往罗马，他选择了自杀。据说他先逼迫两个年幼的女儿服毒自尽，然后自己服毒，或许他具有对毒药的抗药性未能死成，便命令一名侍卫用剑刺死了自己。还有另一种说法是，米特拉达梯六世在毒死了妻子和女儿之后死于乱兵之中。他的次子为了讨好罗马人而将米特拉达梯六世的遗体送往罗马统帅庞培处，庞培大度地为米特拉达梯六世举行了葬礼，并将他安葬在本都历代先王的墓地里。

米特拉达梯六世有许多有趣的传说：据说他有惊人的记忆力和语言能力，会流利地使用他所统治的 22 个民族中的所有语言。在他的卧室里，有一匹马，一头牛和一头鹿围守在他的床边。一旦有陌生人要悄然接近他的床榻，这些动物就会把米特拉达梯六世唤醒，并攻击侵入者。最惊人的传说就是关于他对毒药的抵抗力。一说他采用日服食少量毒药的方法来获得身体的抗毒力。此外，还有关于他服用一种“超级解毒剂”的说法，这种解毒剂可以使他应付世界上所有的毒药。古罗马一位学者曾描述了这种解毒剂的配方，并称之为“米特拉达梯解毒剂”。

◆在马其顿帝国统治时期，犹太教曾经一度和希腊文化共存。然而公元前 198 年以后，亚历山大的后继者们则强迫犹太人放弃犹太教，接受希腊文化。公元前 168 年，统治巴勒斯坦地区的塞琉古王朝国王安条克四世，为了强制推行“希腊化”，宣布犹太教为非法，在耶路撒冷犹太人圣殿里竖起希腊神宙斯的祭坛，并用犹太人视为不洁的猪进行献祭，强迫犹太人食用猪肉。这一蔑视犹太教的做法激起了犹太人的极度不满。犹太人不堪忍受希腊人对他们的政治压迫，经济盘剥和宗教迫害，奋起反抗，史称为“马加比革命”或“马加比起义”。

马加比家族是犹太教世袭大祭司。犹大・马加比（或译犹大・马加伯、犹大・马卡比，犹大・玛喀比等，希伯来语：“铁锤”的意思），是古以色列大祭司亚伦的后裔。父亲是犹太祭司，犹大・马加比是他第三个儿子。公元前 166 年，犹大・马加比在父亲去世后继承了反抗塞琉古帝国起义军统帅的职务。

在最初的起义战争中，塞琉古军队占有绝对的人数优势和装备优势，犹大・马加比尽量避免与塞琉古正规军正面对决，而采取游击战的方式侧击、骚扰敌人，以打击敌军士气。利用这种战术，犹大・马加比获得数场战事胜利，起义军日益壮大。

此时塞琉古王国在安息战局中吃紧。于是，安条克四世命叙利亚总督吕西阿斯（又译利西阿斯）处理幼发拉底河以西的国土，并留下一部分的军队供其平乱。吕西阿斯派兵进驻耶路撒冷，之后又去突袭犹太起义军的营地。但犹大・马加比早一步得知消息，使塞琉古军扑空。于是，塞琉古军分兵二部，其中一部进山搜索。隔日一早，犹大・马加比率领军队突然出现在塞琉古军在以马忤斯（耶路撒冷城外的村庄）的营地前，并痛歼了营地里的守军。当塞琉古搜山队伍回来时，才发现守军已被消灭，军心动摇只好撤离。这场战斗被认为是犹大・马加比的重要胜战之一，为起义军夺回耶路撒冷打下了基础。

当吕西阿斯获知以马忤斯之战失败后，确认这支起义军非同寻常。他重新聚集起一支庞大的军队，并亲自率军进剿。然而，犹大・马加比避实击虚坚持游击战，使妄图速战速决的吕西阿斯军队十分疲惫，士气消沉。在这种情况下，吃了几次败仗的吕西阿斯决定先撤回安条克城，待重整旗鼓后选择有利时机再出军平叛。吕西阿斯撤军之后，犹大・马加比在公元前 164 年 12 月中旬，夺回耶路撒冷，恢复犹太人治理，重建了第二圣殿，但耶路撒冷的要塞阿克拉（也译亚克拉、亚革拉）还在塞琉古军队的手中。以后的犹太人为了纪念重建圣殿的这一天，定这一日为他们的节日——马加比节（又称哈努卡节、修殿节、光明节等）。

不久，起义军包围了要塞阿克拉，要塞派人向吕西阿斯求救。这时塞琉古国王安条克四世已经去世，继位的安条克五世还很年幼，吕西阿斯成为摄政。接报后，吕西阿斯没有犹豫，他带着安条克五世率大军南下，从耶路撒冷南方迂回进攻，并包围了犹太人重镇伯夙城。犹大・马加比放弃围攻阿克拉，轻率地决定与塞琉古军队展开决战。在这场战役中，犹大・马加比吃了大亏，塞琉古军队获得全胜，犹大・马加比率残军被迫撤入耶路撒冷城，吕西阿斯乘胜进逼耶路撒冷城下，开始攻城战。就在耶路撒冷即将城破之时，从塞琉古王国传来消息：安条克四世的亲信腓力带着进攻安息的远征军已经回国，准备夺取政权。情急中，吕西阿斯放弃攻城，与顽强的犹大・马加比媾和，急欲率军返回。在双方的停战条约中，犹太人重归塞琉古王国，但被赋予了许多自治的权利，包含宗教信仰的自由，遵循自己的法律和传统，并管理自己的宗教神殿。吕西阿斯签完停战协定，在公元前 163 年年底，带着国王安条克五世匆匆退回首都安条克。

虽然与塞琉古军队结束了战争，但犹太人内部正统犹太教徒与希腊化犹太人的冲突逐渐加深。

公元前 162 年，塞琉古王国另一位王位继承人德米特里一世（也称底米丢一世）从罗马返回国内，推翻并处死了吕西阿斯和安条克五世，登上王位。

德米特里（不是马其顿的德米特里）是塞琉古四世的儿子，一直在罗马当人质。公元前 175 年，塞琉古四世去世时，其弟（德米特里的叔叔）安条克四世，利用德米特里不在国内之机夺取了王位。然而德米特里伺机从罗马逃出后回国，在谋杀了他的侄子安条克五世之后登上了风雨飘摇中的塞琉古王国的王位。

德米特里一世即位后，任命希腊化犹太人阿尔息穆斯（也译阿而西姆）为大祭司，并派人护送他到耶路撒冷就职。阿尔息穆斯亦有亚伦的血统，初期被正统犹太教徒所接受。但阿尔息穆斯随即联合希腊化犹太人处死了 60 个反对他的祭司，这种恶毒行径激起了犹大·马加比和正统犹太教徒的不满和气愤，迫使阿尔息穆斯逃离耶路撒冷。阿尔息穆斯向德米特里诉说希腊化犹太人在耶路撒冷遭遇的歧视，于是德米特里接受阿尔息穆斯的请求，派遣将军尼卡诺尔（也译尼迦诺）前去讨伐犹大·马加比，并要解除犹太人的军事武装，重启了战端。

战事初期，希腊化犹太人纷纷协助尼卡诺尔，使尼卡诺尔的军队很快击败了犹大·马加比哥哥所率领的抵抗军。但尼卡诺尔深知犹太人军队的韧劲，以及他们不畏死的精神，要彻底征服犹太人需要付出极大的代价。因此，他决定与犹大·马加比先停战，尝试招抚政策。犹大·马加比同意停战提议，于是尼卡诺尔进入耶路撒冷。他向犹大·马加比示好，经常在公开场合与犹大·马加比并肩而坐，语言平和。阿尔息穆斯心中不平，向德米特里进谗言，说尼卡诺尔要扶持犹大·马加比。德米特里闻言十分恼怒，派人向尼卡诺尔表示，他的做法没有维护王国的利益，要求他尽快将犹大·马加比逮捕，押送到安条克来。尼卡诺尔不敢违背德米特里的旨意，只好设法拘捕犹大·马加比。然而，机警的犹大·马加比知道事态有变，便悄悄地离开了耶路撒冷。

犹大·马加比离开耶路撒冷后与他的军队会合，尼卡诺尔带领军队前去清剿，但惨遭失败。公元前 161 年，尼卡诺尔得到增援后，再次与犹大·马加比进行会战，但塞琉古军队被击溃，尼卡诺尔战死，犹太人重新收回耶路撒冷。此时，犹大·马加比获知罗马人比较强大，曾经击败过塞琉古国王安条克三世。因此，他派使者前往罗马，希望与罗马缔结盟约。罗马为了进一步削弱塞琉古王国的实力，同意了这项提议，并承诺犹太人遇到攻击，罗马人将会提供军事帮助。然而，关于这份盟约的存在，学界有些争议，毕竟只是犹太人的史籍记载了此事，况且德米特里曾久居罗马，与罗马贵族交往密切。因此，有学者怀疑它的真实性。

德米特里一世下决心要铲除犹太人的反抗势力。公元前 160 年，德米特里派出将军巴吉底（也译巴克西德）率大军 2 万余人再兴平叛之事，而犹大·马加比此时手中的军队仅有 3000 余人。面对人多势众，训练有素的强敌，犹太士兵纷纷逃离，犹大·马加比身边仅剩下 800 余人（以色列学者估算，略少于塞琉古军）。犹大·马加比被迫在耶路撒冷北部与巴吉底发生战斗。经过一场恶战，犹太人战败，犹大·马加比不幸战死，结束了传奇的一生。

犹大·马加比之死更加激发了犹太人的反抗意志，在犹大·马加比的兄弟约拿单·亚腓斯（或译约纳堂·阿弗斯）和西门·太西（或译：西蒙·太西）的领导下，犹太人与塞琉古军队展开了持续的游击战，而且力量不断壮大。

巴吉底在击败犹大·马加比之后返回耶路撒冷。于是，约拿单趁势在朱迪亚地区（今以色列南部及约旦西南部）积极发展反抗势力，同时压迫当地希腊化的犹太人。希腊化犹太人的生存受到了威胁，于是他们请求巴吉底出兵朱迪亚，来打击约拿单。巴吉底再次出兵，他要求当地的希腊化犹太人诱捕约拿单，但消息泄漏，约拿单逃出。在犹太人娴熟的游击战面前，巴吉底军队的强势进攻不断遭到挫败。

此时亲塞琉古的大祭司阿尔息穆斯已经去世，巴吉底意识到，他必须面对约拿单的起义军已经坐大的现实。当约拿单得知巴吉底有意议和撤军时，便与巴吉底联系，希望双方能商谈停战并交换战俘。巴吉底很快答应了条件，允诺不再与约拿单为敌，之后便率军离开了朱迪亚。约拿单归顺塞琉古王国，成为一股半自治势力。

德米特里一世有个绰号叫“救星”，据说是巴比伦人送给他的，因为他帮助巴比伦人摆脱了塞琉古王国在米底亚的总督提马库斯的统治。

提马库斯是安条克四世还是王子时的好友。提马库斯利用塞琉古王室不断内讧之机企图建立自己的独立政权，并派军队进入了巴比伦。但是德米特里在公元前160年打败并杀死了提马库斯，使日趋分裂的王国暂时恢复了稳定。提马库斯的一个弟弟决心为兄长复仇，他资助了一个自称是安条克四世私生子的人，名叫亚历山大·巴拉斯，后者发动了反对德米特里的叛乱。提马库斯的弟弟还游说罗马元老院反对德米特里，罗马人乐见塞琉古王国继续分裂，于是支持他的叛乱计划。

陷入内战的德米特里被迫将朱迪亚的驻军召回。为了争取约拿单的效忠，不让他与亚历山大结盟，德米特里允许约拿单拥有征兵权，阿克拉要塞里的犹太人遣还给他，甚至耶路撒冷城也交给他管理。约拿单惊喜地接受了这些条件，并于公元前153年进驻耶路撒冷。

亚历山大也想得到犹太人的支持，他开出了更加优厚的条件，包括任命约拿单为大祭司。约拿单随即改变立场，与亚历山大结盟。德米特里得知约拿单立场转变，连忙向约拿单送出更多的好处，甚至要把朱迪亚全境和周边都交由他管理，还免除犹太人许多税赋。但约拿单不信任德米特里，难忘杀兄之恨，他决定仍与亚历山大站在一起。德米特里一世最后于公元前150年战败失命，亚历山大成为塞琉古王国的国王，史称亚历山大一世。

亚历山大·巴拉斯即位后立即与盟友埃及法老托勒密六世联姻，娶托勒密六世的女儿为妻。在婚礼现场，亚历山大·巴拉斯命人为约拿单穿上皇家的紫袍来展现对他的信任，同时任命约拿单为朱迪亚地区的统帅和行政长官，并且隆重地送他回到耶路撒冷。

公元前147年，塞琉古王国内战再度爆发，德米特里一世之子德米特里二世（也称底米丢二世）自立为国王，并立誓要夺回王国的统治权。约拿单依然坚定地效忠亚历山大·巴拉斯，亚历山大很高兴，把以革伦（位于耶路撒冷以西）和附近地区交给他管理。

亚历山大·巴拉斯的岳父托勒密六世，借机寻求利益，他宣称要对付德米特里二世，率军进军叙利亚。亚历山大·巴拉斯对岳父的举动没有设防，因此，埃及军队在进军中顺风顺水占据了一些城市和要塞。约拿单为了得到埃及的支持，来到雅法（今以色列特拉维夫）与托勒密六世进行了会面，托勒密六世有他的盘算，给了约拿单一些承诺。

托勒密六世在收获了叙利亚后，可能觉得亚历山大·巴拉斯不易控制，便公开与女婿作对，与德米特里二世结盟。

公元前 145 年，亚历山大·巴拉斯的军队被托勒密六世击败，亚历山大在逃亡中被杀，几天后托勒密六世也伤重辞世。德米特里二世成为塞琉古王国新的国王，并娶了亚历山大·巴拉斯的王后为妻。约拿单本想趁乱夺取耶路撒冷的阿克拉要塞，但这里的驻军和希腊化犹太人已经转向支持德米特里二世。得知阿克拉要塞遭到围攻，为了维护得到的利益，德米特里二世欲率军驰援，同时警告约拿单停止军事行动。约拿单此时还不想与德米特里二世全面对抗，他撤走军队并向德米特里二世献上礼物，承诺继续效忠塞琉古国王。而德米特里二世此时也需要犹太人的支持，他没有为难约拿单，仍让约拿单继续担任大祭司，还扩大了朱迪亚行政区，免除其一切赋税交给约拿单管理。

约拿单一直想取得阿克拉要塞的控制权，以消除耶路撒冷时时刻刻的威胁。于是，他派人请求德米特里二世把要塞交给他。此时的德米特里二世还没有完全取得王国的统一，没有得到王国军队将领和臣民的普遍认可，因而缺少踏踏实实的安全感，不得不需求外族军队来保护自己。因此，德米特里二世要求约拿单派遣一部分犹太士兵担任他的卫队，并承诺之后会把要塞交给约拿单。犹太士兵来到安条克城后，正赶上不满现状的安条克民众发起暴动。于是，德米特里二世利用犹太士兵镇压了这场暴动，但当犹太士兵完成任务返回耶路撒冷后，德米特里二世却没有实践他和约拿单的约定。

然而，失信的恶果很快出现。原本支持亚历山大·巴拉斯的将军狄奥多特借口拥护亚历山大年仅三岁的儿子安条克六世为王，发动了内战。他招纳不满德米特里二世统治的士兵，包围了首都安条克城，迫使德米特里二世退出安条克。

此时，约拿单认为德米特里二世不守信义，放弃对其的支持。狄奥多特看到了犹太人势力的重要性，表示承认约拿单大祭司地位，还把四个行政区交给他管辖，并任命约拿单的兄长西门·太西为泰尔（《新约圣经》中翻译为“推罗”，黎巴嫩南部城市）一带到埃及边界之间沿海地区的长官，尽管这一带地区并不掌握在狄奥多特手中。约拿单迅速叛离德米特里二世，他借助兄长西门现在是沿海地区长官的名义，开始派兵征服这一地区，当地许多德米特里二世的塞琉古军队也相继投降了约拿单。在平定这一带后，约拿单让西门留守，自己率军北上迎击德米特里二世，在击败了敌军后，他返回了耶路撒冷。

稍作休整后，约拿单一方面派人与罗马重续盟约，另一方面继续进军，他的军队一直推进到叙利亚地区的大马士革才满载收获而返。约拿单返回朱迪亚后，命人继续围困耶路撒冷的阿克拉要塞，还在朱迪亚一带增设新的防御设施。至公元前 143 年，犹太人已完全独立，史称：马加比王朝或哈斯蒙尼王朝（也译哈斯摩尼，哈斯蒙尼乃是马加比先祖之名）。

此时在中国西汉王朝，属于第六位皇帝汉景帝刘启执政时期。

约拿单的势力发展，使狄奥多特产生了顾虑。于是狄奥多特邀请约拿单来托勒迈斯（今黎巴嫩东部）面晤，并说要把该城交给他。约拿单相信了狄奥多特的话，仅带1000名亲兵来到托勒迈斯。当约拿单一入该城，城门立即关闭，狄奥多特生擒了约拿单并尽杀他的亲兵。

狄奥多特本想趁着犹太人群龙无首的时机摧毁犹太军，但却发现犹太人已经拥立西门·太西为首领，并做好了各种战争准备。他只得放弃与犹太人的正面交锋的打算，要求西门付出赎金和约拿单的两个儿子为人质来交换约拿单的自由。西门·太西照办了，但却没有换回约拿单的自由，狄奥多特还是杀害了约拿单。

公元前142年，小国王安条克六世突然去世，狄奥多特对外宣称是病死，但人们普遍怀疑是狄奥多特下的毒手，他之后更名为“特里丰”（又译泰瑞丰），自立为王。

坐上王位的特里丰似乎名声不正，内战局势对他渐渐不利。公元前138年，德米特里二世在一场与安息的战役中战败被俘。特里丰试图借此机会重振力量，但德米特里二世的弟弟安条克七世随后接管了兄长的权力。安条克七世为政较得人心，特里丰多次被他击败，最后兵败自杀。安条克七世最终使塞琉古王国恢复了短暂的统一。

不过，安条克七世不愿看到身边有一个独立、强大的犹太人势力存在，他不想承认哥哥和犹太人的协议，于是在王国统一后发动了征服犹太人的战争。

西门·太西8年的统治是犹太人享受和平安定的时期，西门没有称王，名义仍是大祭司，但却集政治、军事、宗教大权于一身。

西门任命自己的女婿多利买任耶利哥城（位于约旦河西）总管，但多利买野心勃勃，不满足只作西门的女婿，阴谋夺取西门的权位，并暗中取得了安条克七世的支持。公元前135年，西门和两个儿子视察耶利哥城，多利买举行了盛大的欢迎宴会。当酒酣耳热之际，多利买的伏兵冲出，杀死了西门父子及其随从。随后多利买又派人去刺杀西门另一个儿子约翰·胡肯奴（又译约翰·许干、约翰·海尔卡努斯一世、希尔坎努斯一世），以绝后患。但因消息走漏，派去的刺客全部被约翰·胡肯奴所灭。约翰·胡肯奴抢先占领耶路撒冷，并围攻耶利哥城，多利买不敌，最后逃往埃及。安条克七世则利用犹太人内讧的机会再次入侵，攻陷了耶路撒冷，迫使刚刚掌握权力的约翰·胡肯奴向他称臣纳贡。

约翰·胡肯奴接替父亲掌握了大祭司权力，他统治犹太地区长达30年。在位期间，大力扩张领域，占有撒玛利亚（巴勒斯坦中部）和约旦河东地区。鼎盛时期，哈斯蒙尼王朝（也称马加比王朝）控制的疆域已经超过了大卫和所罗门时期的国土面积。

约翰·胡肯奴统治期间，犹太教不同派别的势力纷争加剧，主要是撒都该派和法利赛派，这两派势力的冲突和斗争，大大削弱了哈斯蒙尼王朝的实力。约翰·胡肯奴支持宗教贵族撒都该派。

撒都该派，源起于祭司贵族群体。从历史渊源上讲，当年所罗门立撒督为祭司，于是撒督子孙世世代代为祭司，后形成犹太教的一个派别。其成员主要是大祭司、贵族、守殿官等，是犹太教中的当权者。此派主张只需尊奉摩西律法，不接受后来发展的“口传律法”，此派不信灵魂不灭，不信肉体复活，也不信天使和弥赛亚；热衷于权势、钱财、名利，宗教感情淡漠。据《圣经》载，他们曾与耶稣辩论复活问题而遭到耶稣驳斥。在犹太人遭受塞琉古王朝统治时，犹太人中的亲希腊分子即是该派的前身。

法利赛派，意为"分离者"。因此，该派的成员是一批具有与其他信教者不同的"分离意识"。此派是犹太教中的中层人物，主要由文士与律法师组成。他们笃信律法，并遵守后来发展的口传律法，相信灵魂不死与肉身复活，注重维护犹太教的传统与犹太人生活规范，盼望"弥赛亚"降临。此派持排外态度，反对希腊化、世俗化。哈斯蒙尼王朝独立时，法利赛派反对当权的撒都该派，他们认为撒都该派信仰不纯正，是谋求权势与享乐、世俗化的代表。在基督教产生的年代里，法利赛派与撒都该派既有分歧又有合作。新约圣经记载，这两派人员曾联合起来向耶稣发难，要抓耶稣的把柄，并逼迫耶稣的门徒。

约翰·胡肯奴死后，他的儿子亚里士多布鲁（也译亚里士多布）一世继位，据说这是一个希腊化的名字。约翰·胡肯奴是一个敬虔、勇敢的犹太教徒，但他的儿子们却都以希腊化为荣，成为众多的希腊化犹太人的代表，

亚里士多布鲁一世在位只一年就病死了，但就在这一年的时间里，他杀死了一个弟弟，并将另一个弟弟詹尼亚斯（又译雅尼斯）投入监狱（一说还饿死了母亲或囚禁了 3 个弟弟），但他却把犹太人势力扩张到黎巴嫩山区。亚里士多布鲁一世没有儿子，他死后由同父异母的弟弟詹尼亚斯继位。

詹尼亚斯不仅继承了哥哥的权力，还继承了他的女人。继位不久，詹尼亚斯就与嫂子亚历山大拉·撒罗米（也译萨罗米）结婚了，以至于有人怀疑，是叔嫂二人合谋害死了亚里士多布鲁。因为其刚刚死去，撒罗米就立即将还在监狱里的詹尼亚斯放出，并扶持其坐上了大祭司的职位，然后把自己嫁给了他。这一年，撒罗米 38 岁，而詹尼亚斯只有 23 岁。

詹尼亚斯在位时，继续支持撒都该派，压制法利赛派。詹尼亚斯在公元前 78 年死去，于是撒罗米掌握了权力，时年 64 岁。撒罗米是法利赛派的热情支持者，在她的统治时期，是法利赛派发展的黄金时代。

撒罗米和詹尼亚斯生有两个儿子，历史上分别名为胡肯奴二世和亚里士多布鲁二世。前者支持法利赛派，后者支持撒都该派。公元前 69 年，撒罗米去世，弟弟亚里士多布鲁二世夺取王位，胡肯奴二世被迫逃亡。逃亡期间胡肯奴二世没有认命，他在以东人安提帕特的帮助下，借助阿拉伯人的力量回师攻打耶路撒冷。

以东人是巴勒斯坦地区的一个古老民族，据说其祖先以扫和以色列人的祖先雅各本是双胞胎，后来分家了。以东人在哈斯蒙尼王朝时期被犹太人征服，被称为以土买人。

公元前 63 年，罗马将军庞培率军南下以调解两派争端为名，占领了犹太地区，将巴勒斯坦、叙利亚设为罗马的犹太省，哈斯蒙尼王朝结束，开始了罗马时代。在这场剧变中，安提帕特成为总督，胡肯奴二世则继续担任大祭司。亚里斯多布鲁二世被掳往罗马，这个家族后来成为犹太人进入欧洲的第一个定居点。

安提帕特借助罗马势力安排长子费萨尔（又译法撒勒）担任耶路撒冷的总督，次子希律

为加利利（巴勒斯坦北部地区）的总督。从此，这个以东来的家族，正式开始了他们在犹太地区的统治。

据说安提帕特后被人毒死。公元前 40 年，安息人在亚里斯多布鲁二世的儿子安提古引导下，一举攻占了耶路撒冷。他们抓住了胡肯奴二世和费萨尔。安提古亲手杀死了费萨尔，并将自己的叔叔胡肯奴二世的耳朵割掉。根据犹太律法传统，身带残疾的人不能成为祭司。如此一来，胡肯奴二世便失掉了权力。

在安息人攻占耶路撒冷的时候，正在加利利的希律带上自己的未婚妻——胡肯奴二世的孙女玛丽亚米（又译玛利亚米、哈斯莫尼安·米利暗或米利暗一世）逃到了罗马。希律在罗马得到了屋大维和安东尼的支持，并派出军队协助他平叛。平叛大军于公元前 37 年包围了耶路撒冷，希律即将成为光复英雄。为了加重自己作为“哈斯蒙尼家族继承人”身份的砝码，围城期间的希律匆匆地与玛丽亚米举行了婚礼，成为哈斯蒙尼家族的女婿。

耶路撒冷攻破后安提古兵败被杀，希律在罗马人的支持下成为新的“犹太王”，由此开创“希律王朝”。

希律，在史籍中又被称为：希罗德、希律王、黑落德王，大希律王、希律大帝，希律一世等。他上台后，对罗马唯命是从、对本地犹太人则实行铁腕统治。

希律权力欲极强，好疑。他对家人并不放心，尤其是自己的几个儿子，总认为他们会为了权力谋害他。

玛丽亚米是希律的第二任妻子，据认为是个绝色美人，深受希律的宠爱。由于玛丽亚米坚持要她的弟弟做大祭司，不得已之下，希律于公元前 36 年，任命年仅 17 岁的小舅子为犹太人的大祭司。但一年后，小舅子不幸溺亡。有人怀疑是希律唯恐小舅子架空他的权力，于是派人秘密将其溺死。

玛丽亚米跟希律的母亲和姐妹关系紧张。玛丽亚米在得到宠爱的同时，也被希律极端猜忌和防范着。希律不希望她在自己死后再嫁，就私下命令部下，如果自己有何不测，就立刻杀死玛丽亚米。当玛丽亚米得知希律的心思后，就拒绝与他同房。公元前 29 年，希律以通奸罪名对玛丽亚米进行公审，希律的妹妹作为主要证人。玛丽亚米的母亲得知希律有意将她一并处死，为了保命，她也公开指证女儿有罪。于是，年仅 25 岁的玛丽亚米被杀。希律为此悲痛数月难以平复。一年后，希律还是处决了他的岳母。

希律为保发妻生的长子继承王位，又残忍地杀死了他和玛丽亚米的两个儿子和胡肯奴二世以及几个好友。最后，因疑心长子下毒，又下令处死了长子。他的残暴连罗马皇帝屋大维都说：“当希律的猪比当希律的儿子更好。”

作为以东人，为了赢得犹太人的好感，希律在公元前 20 年左右，开始重修并扩建被战争毁坏的旧圣殿（第二圣殿，所罗门所建圣殿为第一圣殿）。

公元前 539 年，波斯帝国推翻了新巴比伦王国后，为了拉拢犹太人对抗埃及人，波斯王居鲁士下令，让作为巴比伦之囚的犹太人回到耶路撒冷重建毁坏的家园和圣殿，史称第二圣殿。第二座圣殿于公元前 515 年完工。

希律扩建的圣殿在公元前 9 年完成主体，约在公元 64 年完成（它与旧殿合称为第二圣殿或称希律圣殿）。

据有关记载，新殿宏大富丽，它是所罗门圣殿高度的两倍，大量使用和镶嵌黄金、珠宝。圣殿中有供朝圣者集会与献祭用的大平台，平台外墙高过山顶。南边平台离地面 30~45 米，残迹留存到现在。新殿护墙每边 300 多米，由大石块筑成，高约 18 米，由此可见当时新殿的气势。现在西面一道护墙为著名的“哭墙”。

希律热衷希腊、罗马文化。在统治期间大兴土木，除了扩建圣殿，还建造了剧场、竞技场、要塞、王宫花园、供奉凯撒的庙宇和城邑。这些建筑都用希律自己、他的亲属或罗马皇帝的姓氏来命名。希律在凯撒里亚（位于地中海东岸，今以色列特拉维夫和海法之间）建造出一个海港城市，配以神庙、市场、灯塔等市政设施，力图将此城打造为地中海贸易重镇。希律重建安东尼亚要塞（在耶路撒冷）和马萨达要塞（又译梅察达或马萨德要塞，紧挨着死海西岸），后者高踞山头、气魄雄伟。希律热衷娱乐，经常举办希腊和罗马式的赛车、格斗和其他节庆等，且热衷于奥林匹克运动的竞技，曾捐出大量金钱去支持这些运动会，从而获得奥林匹克运动会的组织者。有一次，他前往罗马路经希腊，亲自参与了当时的竞技格斗。

尽管大多数犹太人对希律表示厌恶，但谙熟政治的希律仍想方设法去缓和这种情绪。比如，在饥荒期间赈济灾民，减轻赋税；甚至说服凯撒和屋大维，让犹太人在各地享有若干特权等。但在善举的同时，也不时显露他为人专制暴虐，残酷不仁的特性。据说，当希律听到耶稣降生在伯利恒（巴勒斯坦南部城市）时，下令屠杀了伯利恒所有的两岁以下的男孩，使他跟犹太人的关系相当紧张。

希律最后染上重疾高烧不止，据记载：“希律全身皮肤瘙痒难忍，肚子疼痛难消，双脚肿胀，腹部发炎，生殖器溃烂生虫，还加上哮喘、呼吸困难、四肢痉挛。”希律深知，他的死期不远了，犹太人听见他的死讯后一定会兴高采烈。于是下令，将犹太人中的有影响人物关起来，一旦他死去，就把这些犹太人杀掉。这样“犹太人家家户户必在他的葬礼时哀哭”。可是，这个命令并没有被执行。希律死时大约 70 岁。

希律死前，把王国分给了 3 个儿子，分别是亚基老、希律·安提帕（又译亚基帕、安提帕）、希律·腓力（又译腓力二世）。

亚基老是希律第四个妻子的长子，被分管以土买、犹太和撒玛利亚三个地区。他也以残暴著称。一次逾越节间，他就杀了 3000 犹太人，激起民愤。后来犹太人、撒玛利亚人以及亚基老的亲弟安提帕，异母弟希律腓力一起联名上告罗马皇帝，控诉亚基老。公元 6 年，亚基老被废黜，流放到高卢，后死在那里，其领地设立罗马巡抚管理。

希律·安提帕是亚基老的亲弟弟，分管加利利和比利亚，耶稣的家乡所在地。在《新约圣经》里曾这样讲述安提帕，安提帕曾娶一位阿拉伯国王的女儿为妻，一次他去罗马的途中，探望他的同父异母的弟弟希律·腓力，但却爱上了弟弟的妻子希罗底。希罗底是希律的孙女，也是希律·腓力的侄女。为娶希罗底，安提帕休掉了前妻，两人生下一个女儿叫莎乐美（又译撒罗米，一说是继女）。希律·安提帕与希罗底成婚后，受到基督教的先行者施洗

（传授悔改的洗礼）约翰的当面斥责，安提帕一怒之下将约翰逮捕入狱，但顾忌到约翰的威望，一直不敢杀害他。据说美丽无比的莎乐美深爱着约翰，希望得到约翰的吻，但约翰拒绝了她。在一次安提帕举行的宴会上，安提帕答应莎乐美，只要能当众跳上一支舞就满足她的所有愿望。在母亲希罗底的怂恿下，莎乐美献舞完毕，开口要的是约翰的人头。安提帕当众难以拒绝，只得命人砍下约翰的人头送上。

据说希律·安提帕还参与迫害、审问过耶稣，被耶稣称为狐狸。

安提帕的前岳父，曾为女儿兴师问罪，与安提帕相见于战场，结果是安提帕大败而归。后被罗马人流放到高卢，在那里终老一生，希罗底也一同被流放。她的女儿莎乐美出嫁后，一直没有生育。

希律·腓力是希律第五个妻子的儿子，分管加利利海（以色列最大的淡水湖）以土利亚、特拉可尼等地。辖地多为叙利亚人和希腊人，与犹太人关系不大。希律·腓力死后，他的辖地被罗马皇帝赐给了亚基帕一世。

亚基帕一世是希律与玛丽亚米的孙子，和希罗底是亲兄妹，少年时他们的父亲被希律处死。亚基帕一世曾在罗马任宫廷教师，与罗马上层的关系较好。公元37年，被罗马任命为犹太国王，公元40年，他平息了犹太人的大骚乱。亚基帕一世管辖的疆域与祖父希律统辖的疆域差不多。亚基帕对外效忠罗马皇帝，对内拉拢犹太人。他谨遵犹太律法，按时祭祀，与基督教为敌，迫害基督教信徒，将使徒雅各杀害，并囚禁彼得。据说亚基帕有一次身穿华丽的王服到凯撒里亚，人们奉承他为神时，他高傲地承认了，结果被虫子咬死。

亚基帕二世是亚基帕一世的儿子，是希律家族的第四代。公元66年犹太人大起义时，亚基帕二世先行镇压失败，继而坚定支持罗马人的镇压，并派3000骑兵队参战。这时，罗马已经甩开希律家族，直接对付犹太人，希律家族的居间作用结束。

在公元前1世纪，罗马帝国侵入巴勒斯坦地区，设犹太省。

犹太教是一神教，他们只信仰上帝耶和华是唯一的真神，而他们认为犹太人是上帝选中的民族，拥有着独特的身份。因此，犹太人是政教合一的民族。而他们的祭祀就是辅佐弥赛亚（亦译“弥撒亚”，天主教译作“默西亚”，耶稣基督的另一称谓，在希伯来语中指的是上帝所选中的人，具有特殊的权力和特殊使命）。

罗马是崇尚多神的国家，他们不仅信仰的自己神，还会把被征服者信仰的神也当作罗马人的神来对待，这在同化被征服者的过程中起到了很好的效果。犹太人地区归入叙利亚行省管控之后，罗马承认其自治。罗马帝国初期对犹太教的统治政策是比较宽松的，只要不反对罗马人统治这道底线，其他都好谈。他们尊重犹太教的一些特殊性，如可以不担任公职和不服兵役，可以每周过礼拜。

但罗马各个时期的具体统治政策又有所不同。罗马是政教分离的国家，庞培提出犹太人政教分离的要求遭到拒绝后，强行拆毁了耶路撒冷的城墙。凯撒让犹太人的大祭司做犹太自治政府的统治者，犹太人也可以政教不分离。屋大维把以东人希律扶持成为犹太人的统治者，但在亚基帕一世死后，罗马人收回了权力，从罗马派遣官员直接统治犹太人，但给予了犹太人司法权（除了死刑权）。然而，罗马统治者对犹太教的任何政策都没有得到犹太人的充分认可，犹太人的要求是建立犹太王国并实行政教合一的国体，这是罗马人不能接受的。于是在尼禄时代发生了犹太人的叛乱。公元 66 年，犹太人发动反抗罗马统治的起义。起义军消灭了耶路撒冷城的罗马军队和地方贵族，并占领了该城。

在此期间，由于犹太人内部经济地位的分化和对各时期异族统治者不同的政治态度，使犹太教内部形成了不同的派别，这些派别体现了犹太人内部的社会分化及因此而产生的政治、经济、宗教观念的矛盾。这些派别除了撒都该派和法利赛派外，有影响的还有艾赛尼派和奋锐党人。

艾赛尼派，此派名称来源不详，可能意指“虔诚者”。这一派的成员主要为下层的农牧民、手工业者和城市贫民阶层，他们的经济地位低下，信仰坚定，是马加比起义的中坚力量。在起义胜利以后的年代里，他们的经济地位和政治地位并没有得到明显的改善，反而受到新权贵的压迫和盘剥。他们在悲观失望中，远离政治和闹市，成群避居于偏僻的山村和死海沿岸，建立互助社团，过着素朴的集体劳作生活。他们注重祭祀和祈祷，盼望救世主“弥赛亚”的来临，实行比法利赛派更严格的禁忌生活。法利赛派不离开社会，不离开圣殿，而艾赛尼派对两者都脱离了，他们认为圣殿崇拜已经形式化、庸俗化了。艾赛尼派反对奢华享乐，主张过淡泊清贫的生活，严守安息日（犹太律法规定，一周的第 7 天是休息的日子），安息日的全部时间用作祷告、默想与读经。对信仰的认识和在信仰指导下对社会的态度，决定了艾赛尼派对犹太宗教权贵者和希腊、罗马的统治者都怀有强烈的反对情绪。

1947 年在死海沿岸的一些洞穴中，发现了一批古代文献（即《死海古卷》），后来在邻近的库兰地区发现了古代社团聚居村落的遗址，有专家认为，可能就是艾赛尼派当年活动留下来的踪迹。

奋锐党人，也称“吉拉德人”，意为“热诚者”；拉丁文称“西卡尼”意为“持匕首的人”，故西卡尼派也称短刀党，该党成员主张以暴力为手段来对付敌人。奋锐党人中的大部分属于社会底层的犹太穷人、贫苦手工业者和生活窘迫的小商贩等。他们在宗教观点上与法利赛派基本一致，强烈盼望并宣传救世主“弥赛亚”。但在政治斗争手段上，却和法利赛人走截然不同的路线。在罗马统治时期，奋锐党人认为忍受罗马统治是不忠于上帝的，因此不断进行激烈的武装反抗斗争，甚至在圣殿中也可以杀死罗马人。他们反对给罗马帝国纳税，反对罗马帝国的人口普查，主张革除亲罗马的祭司和圣职人员，要求建立共和政体。奋锐党人是公元 66 年犹太人起义的骨干力量，主张起义是明与暗、善与恶的殊死战斗，宣传弥赛亚即将来临，将使犹太人民获得拯救。在《马太福音》中，耶稣所挑选的十二个门徒中的西门，就是奋锐党人。

公元 66 年发生的犹太人大起义，是在没有组织者的情况下自发发生的暴动。当时耶路撒冷驻有罗马守军 500 人，这些罗马守军在放下武器后全部被杀死。当时罗马的叙利亚总督得到消息后，率领辖区的罗马军团及其仆从部队 2 万多人前来镇压。平叛大军在耶路撒冷城下猛攻 8 天，在惊恐中，亲罗马的犹太贵族派人请降。但罗马人未及入城，城内的激进派就捕杀了大批主和派，继续抵抗。就在罗马军队就要攻破城墙的时候，罗马总督突然下令撤围，这让后世史学家大惑不解。撤退的罗马平叛军在通过一个山地的时候，遭到犹太起义军的伏击。由于平叛军在峡谷中不能组成有效的抵抗，结果惨败。总督在夜幕的掩护下逃脱，罗马军团阵亡 5700 多人。这次胜利让犹太起义者振奋不已，愈加相信，上帝站在他们一边。此战后，激进派的实力大增，不少先前犹豫不决的犹太贵族也倒向起义者一方。

得知平叛失败，罗马皇帝尼禄心中不甘，派遣老将韦帕芗和他的儿子提图斯率领 6 万大军前来报复。罗马人明白，绝不能让犹太人起义目的达到，否则其他被征服民族都会揭竿而起，帝国就会崩溃。韦帕芗采取稳扎稳打的战略，花费一年多的时间先征剿犹太地区周边城镇，逐步收紧对耶路撒冷的包围。到公元 68 年年底，耶路撒冷周边地区大多陷落，耶路撒冷已成孤城，这使耶路撒冷的起义者开始惊惶，各派系之间失和，最终导致内讧。

公元 69 年，尼禄被刺杀，韦帕芗成为罗马人的新皇帝。他随即前往罗马，大军交给儿子提图斯指挥，暂时停止了对耶路撒冷的进攻。这给犹太起义者一个喘息的机会，但他们把这个事件当作上帝干预的结果——上帝为了保护自己的圣殿，除掉了欺压犹太人的暴君尼禄。在这个短暂的间歇中，耶路撒冷的起义者们并没有去加强城防，训练兵民，统一思想，而是各派陷入更严重的分歧和争斗中。公元 70 年，提图斯重新开始了对耶路撒冷的围攻。在城外，罗马军队挖壕筑墙准备攻城；在城内，起义各派还在互相指责甚至大打出手。本来为了准备和罗马人打持久战，犹太人在城内储存了大量的粮食。但一个激进派为了体现破釜沉舟的决心，纵火将所有的粮食烧毁，以迫使全城的人决一死战。激进派的这种愚蠢举动，使大多数犹太人不是死于罗马士兵的屠杀，而是死于饥饿。

提图斯在围城 7 个月后攻破耶路撒冷城。起义者和入城的罗马士兵展开巷战，结果罗马人烧毁了整个城市，包括著名的圣殿。城内的 60 多万犹太人绝大多数战死，只有少数人通过下水道逃脱，剩下 7 万人被掳为奴。耶路撒冷沦陷后，起义者退守南部的几个要塞，又坚持了三年，最后沦陷的是马萨达要塞。这个要塞由希律时期建造，大约有 960 个起义者在此据守，其中包括妇女和儿童。在要塞被攻破前，起义者不愿做罗马人的俘虏，结果杀了各自的妻儿后全体自杀（一说只剩下两个妇女和五个孩子），为这次大起义留下一个悲壮的结局。

此时，中国正处在东汉王朝第二位皇帝刘庄统治时期。

马萨达废墟如今依然保存，据说以色列士兵在入伍时都要到这里来宣誓：“马萨达将永远不再陷落！”2001 年，马萨达遗址被联合国教科文组织列入《世界遗产名录》。

大起义的失败，迫使犹太教出现了变革。过去犹太教由祭司和犹太公会（或称犹太公议会）控制，等级森严，活动的中心是神殿。据记载，犹太教公会由 70 人组成，另有 1 名在职大祭司任主导人。其成员由在职或退职的大祭司、文士及拉比（意为“圣者”，是能够解释律法的人）和社会名贤组成。公会职能除了按摩西律法审理民间案件，还拥有其他法庭所没有的权利，如它可以审判国王、确定扩大神殿和耶路撒冷城的边界，它也是最终确定犹太人法律条文的机构。

为了打击犹太人的信仰基础，罗马人摧毁了第二神殿。犹太人原先集中于圣殿的祭司献祭仪式已无法举行，犹太公会也失去了议事和办公的场所，被迫离散，而祭司制也随之失去其原有的基础和作用。于是，在犹太人聚集的各地出现了祭拜会堂，会堂逐渐成为犹太人宗教生活的中心。会堂一般由有名望的长老或拉比管理，他们有权将违律者革出教门或施以惩罚。会堂拥有自己的财产和收入（部分来自教徒的捐赠），人们在会堂中诵读经书，宣讲经文，进行祈祷，但不举行献祭。

罗马——走向帝国

随着罗马奴隶制的发展，奴隶不仅是奴隶主的财产、会说话的劳动工具，还被当作一种娱乐工具。在古罗马，贵族统治者和奴隶主为了取乐，建造了巨大的角斗场，强迫奴隶在里面手握利剑、匕首成对角斗（格斗）拼杀，取悦罗马人。一场角斗下来，场上留下的是一具具奴隶的尸体。统治阶级的残暴血腥，迫使角斗士们奋起反抗。在公元前 73 年，也就是中国的西汉汉宣帝时期，欧洲古代史上最大的一次奴隶起义——斯巴达克起义爆发了。

斯巴达克（又译斯巴达克斯）是色雷斯人，在今保加利亚一带。罗马进兵北希腊时，在一次战争中斯巴达克被罗马人俘虏，被卖为角斗士奴隶。白天，角斗士们在严密的监控下忍受着皮鞭和棍棒的毒打，进行格杀训练；夜间，被关进彼此隔绝的囚笼里以防止他们的反抗和逃跑。在罗马的竞技场上，他们要互相残杀或者与饥饿的狮子搏斗，以博得罗马人的欢乐。

一次，忍无可忍的 78 名角斗士们在斯巴达克的带动下冲出牢笼，占据维苏威火山（位于意大利南部那不勒斯湾东岸）。许多逃亡的奴隶和破产的农民前来响应，起义队伍很快发展到 1 万多人，盛时曾达到 12 万人。公元前 72 年，斯巴达克率领起义军进行了 3 次远征，多次击败罗马军队，震动意大利。面对能征善战的奴隶起义军，罗马贵族们惊慌了，没有人敢出来竞选执政官。元老院宣布国家进入紧急状态，最后推举大奴隶主克拉苏统率军队，镇压起义军。

克拉苏是罗马远近闻名的富豪，他出生在一个优越的贵族家庭中，是家中三个孩子中的老二。父亲是罗马富商、元老院议员。由于在政见上偏向于苏拉一派，因此在马略、秦纳当政期间曾受过打击，这使得年轻能干的克拉苏站到苏拉一边，并追随苏拉攻回罗马。

克拉苏协助苏拉建立了独裁统治，并继承父业经商。他生性精明，通过买卖奴隶、经营矿产、地产等积攒了巨额财富。据说克拉苏的商业敏感力很强，他注意到罗马的民居经常失火，就组织了一个在当时还非常罕见地消防队。一旦有房屋失火，他就趁房主们痛心疾首的时候，以极低的价格买下正在着火的房子及其相邻的房屋，然后才开始灭火。这样，克拉苏在罗马获得并翻盖了数以千计的房子和住宅，然后再以高价出售或出租。有些传闻认定，克拉苏极会算计，少有失手。他热衷于亚里士多德的学说，当他每次游学国外时，总要带一位学者陪伴。出门前，这位学者总能得到一件旅行用的斗篷，但是回来之后就要被收回。这成为人们的谈资，“他是和克拉苏有了师生之谊之前更穷，还是之后变得更穷了”。据记载，克拉苏待人和睦可亲，无论对方是位高权重的元老、将军，还是谦卑的商人、奴隶主，或是身份低微的乞丐、奴隶，都能得到克拉苏温暖的笑容和问候。

公元前 71 年春，克拉苏率军与斯巴达克的起义军进行决战，6 万名起义军战死，斯巴达克牺牲，6000 多名俘虏被罗马人一路钉在长达 200 多千米的十字架上。约有 5000 名起义军退往北意大利，不幸在那里被庞培的军队消灭。但是，一些分散的起义军在意大利许多地区仍然坚持战斗达 10 年之久。

这次奴隶起义给罗马统治者以沉重的打击，破坏了他们的统治基础，加速了罗马共和制的解体。斯巴达克的起义表明罗马共和制已经不能充分保障罗马奴隶制统治的稳定，军事强人给他们带来了希望，因此，建立军事独裁制的问题显得愈发迫切。

公元前 60 年，军事强人庞培（亦译庞贝）、克拉苏、凯撒（亦译恺撒）秘密结盟，共同控制罗马政局，史称“前三头政治”。

凯撒的父亲曾担任过罗马的财政官和大法官，少年凯撒受过良好的教育。凯撒出生于公元前 100 年，正是罗马共和国发生严重政治危机的时代。

此时的罗马共和国已经是欧洲奴隶制度最发达的国家。小农业生产经济，已被众多大规模使用奴隶劳动的大庄园所取代。直接的军事掠夺和以贡赋等形式剥削被征服地区，使地中海沿岸各地的财富大量涌入意大利，加速了意大利社会的阶级分化，同时也影响到意大利社会的各个层面。被征服地区的日益扩大，奴隶人口的急剧增加，由失业小农和解放奴隶构成的游民阶层在大量涌向意大利和罗马，同时维系国家扩张政策的常备军团也在不断扩充和壮大，这就需要罗马统治阶层强化政权机器才能应对。但这时的罗马国家体制基本上还是传统的城邦制度，已经变得臃肿不堪且无实权的公民大会和由豪门贵族垄断的元老院，根本无法适应这个发展变化的局面。

自苏拉用屠杀的手段镇压了反对派，民主运动一时沉寂。但铁腕并没有消除激发改革的根源，苏拉死后，民主运动再次风起云涌。此时，罗马社会持续动荡不安，军人专横跋扈，大大削弱了国家机器的正常运转。地中海上的海盗横行和斯巴达克奴隶起义，从基础上动摇了罗马的奴隶制度，打击了奴隶制经济。奴隶起义迫使奴隶主对剥削压榨奴隶的方式作出某些改变，也迫使奴隶主改变控制奴隶的方法，更重要的是迫使他们不得不更替已不能保障奴隶制经济正常发展的共和政体。凯撒就是在这种情况下登上了罗马的政治舞台。

从政初期，凯撒曾是民主派，反对贵族派。由于他是秦纳的女婿，青年时代曾受到贵族派的歧视，迫使他只能站到民主派一边。凯撒从财务官、监察官做到司法官，后担任了一年的远西班牙行省总督。但在此时，他除了在平民阶层中拥有众多的拥护者以外，没有其他的政治资本。为此，公元前 60 年，凯撒从西班牙回到罗马后，设法跟当时在军队中拥有极大势力的庞培和代表富豪、骑士阶层的克拉苏结成了反对元老院贵族派的秘密政治同盟，即历史上著名的“前三头同盟”。目的是使“这个国家的任何一项措施都不得违反他们三人当中其中之一的意愿”。根据同盟约定，凯撒在这两个人的共同支持下，于次年当选上执政官。而为了巩固这个同盟，庞培娶了凯撒年仅 14 岁的女儿为妻。由此罗马政坛形成三人支配政府的“前三头政治”。

这时，罗马政界上下已有共识，要想掌握权力，就必须拥有一支听信自己的军团，只有拥有武力，才能在政治上有所作为。因此，凯撒在执政官任期届满之后，竭力争取去高卢行省担任行省总督，目的是想在高卢培养出一支服从自己的军队。同时，在高卢的开疆拓土中掳掠奴隶，积聚财富，建立功业。

公元前 56 年，三人在意大利伊达拉里亚北部的卢卡（也译路卡）达成新的协议：庞培和克拉苏出任公元前 56 年的执政官，期满后庞培为西班牙总督，克拉苏为叙利亚总督；凯撒在高卢的任职延长 5 年。凯撒在公元前 49 年初回到意大利，他在高卢的九年中，发动了一场征服高卢的战争。古罗马人把现今意大利北部、法国、卢森堡、比利时、德国以及荷兰和瑞士的一部分统称为高卢。

高卢战争从公元前 58 年开始，到公元前 51 年结束。战争的结果是高卢被彻底纳入了罗马的版图。据记载，凯撒在高卢战争中占领了 800 多个城邦，征服了 300 多个部落，与总数达 300 万的高卢人作战，其中 100 万人被杀死，100 万人被俘。高卢战争的胜利，为罗马带来了深远的影响，使罗马的疆土扩展到莱茵河西岸和比利牛斯山脉以东，并二次渡海攻入不列颠岛。高卢战争是凯撒一生的转折点，其结果是进一步加速了罗马共和国的完结并大步走向帝制。

凯撒在高卢立下战功又发了大财，使他在罗马人中的声望，渐渐超出了“前三头同盟”中的庞培和克拉苏。最为重要的是，他拥有了一支骁勇善战并听从于他的军队，这使克拉苏倍感压力。尽管克拉苏掌控的军队人数并不少，拥有的财富也最多，但是在战功上似有不足，落后于凯撒和庞培，在权力的角逐中略处下风。

自负的克拉苏在公元前 53 年发动了对安息的战争，他希望通过战争取得与凯撒同样的荣耀。但是，这一次克拉苏不太走运，安息人用诱敌深入的战术，将克拉苏和他的罗马军团全歼，克拉苏和他的一个儿子同时战死。克拉苏的战死使得三足鼎立的“前三头同盟”失去平衡，余下凯撒和庞培的两雄争锋。

按照卢卡的约定，庞培在公元前 55 年卸任执政官之后，应该就任西班牙总督离开罗马。但为了应对罗马政局，庞培将自己的军队和西班牙两个行省（远西班牙和近西班牙）的政务交给副手打理，自己坐镇罗马。并且为笼络人心，他在罗马建造一座华丽的新剧院。

然而，平民和骑士反对元老院的呼声不断高涨，罗马的政局动荡不安。元老院为了稳定局势，必须在庞培与凯撒之间有所选择来把控事态。凯撒在骑士和平民中间有着深厚的基础，使元老贵族对他充满了戒心。事态的发展迫使元老院不得不与在政治上一贯摇摆于两派之间的庞培把手言和。

公元前 52 年，罗马的平民因民主派领袖被贵族派暗杀，掀起暴动。元老院采取非常措施，任命庞培为唯一的执政官。由一人担任执政官，这在罗马共和国历史上是从未有过的创举。庞培举兵迅速镇压了暴动，并立即颁布新法，其中停止了凯撒延长高卢总督的任期，限其于公元前 49 年 3 月任满时必须离职。此时，凯撒的女儿已因难产而死，结束了翁婿关系，庞培终和凯撒破裂，正式站到了元老贵族一边。

公元前 49 年，凯撒借口保民官的合法权利遭到侵犯，以“保卫人民所有权利”的名义，带着军队毅然渡过卢比孔河（又译卢比康河）进入意大利（根据罗马当时的法律，任何将领都不得带领军队越过作为意大利本土与高卢分界线的卢比孔河，否则将被视为叛国）。据说凯撒在渡河前曾犹豫过，但最后撂下一句“骰子已经掷下”的名言，坦然挑起内战。庞培措手不及，带着政府人员和元老院退出罗马，进入希腊，意大利落入凯撒手中。次年冬天，凯撒率军追击到希腊，在希腊境内的法塞拉斯（又译法萨勒斯、法萨卢斯）一战打垮庞培主力。庞培逃往埃及，被埃及国王托勒密十三世的侍从挥剑杀死，终年 58 岁。

凯撒肃清了庞培在意大利各地的余党后，进军亚洲，打击欲搅浑水的本都王子，征服了安纳托利亚。其间，他给罗马元老院写下了著名的报捷喜信“我来，我见，我征服！”公元前 46 年，凯撒召集军队，攻打逃至北非与努米底亚王国结盟的庞培余党，并在塔尔索斯会战（也称塔普苏斯之战）中获得完全胜利。之后，凯撒回到罗马，举行了长达 10 天的凯旋仪式。

凯撒进军罗马以后，几乎战无不胜，无人可敌。公元前 44 年，他继苏拉之后也获得了无限期的独裁权力，同时又具有监察官和终身保民官的身份，还被冠以“统帅”和“祖国之父”的荣誉称号，成为一个没有国王名义的国王，罗马共和国已是名存实亡。

凯撒实行了一系列改革措施，使元老院的权力日渐削弱。他把元老名额增加到 900 人，并将自己的亲信安插进元老院，元老院实际上成为他的咨询机构。同时，凯撒大刀阔斧地破坏旧的贵族共和体制，把军政大权集中于一身。其将行省土地分给 8 万老兵，建立退役老兵殖民地。他颁布反对行省官员勒索的法令，增设高级官职，分散官员权力，减轻负债者的债务。逐步废除旧罗马作为一个城邦霸主所遗留下来的种种特权利益，着手扩大罗马公民权范围，把公民权陆续给予罗马的各个行省，以吸引行省人民的拥护，使罗马不再是一个狭隘的城邦国体制，消除罗马和罗马以外地区在公民权利和政治制度上的差别，从而形成事实上已经形成的罗马帝国。凯撒还制定市政法，提高了罗马以外意大利各城市的自治地位，使这个大帝国的统治基础更加扩大和巩固。按凯撒的说法：“共和国——这是空洞的话，没有意义、没有内容。”所以，凯撒的独裁和苏拉的独裁有着实质的区别，苏拉的独裁旨在维护罗马元老院的贵族权利，凯撒的独裁则是对罗马共和国制度的彻底破坏，向君主独裁制过渡。这样就触动了元老们的贵族利益，引起元老贵族的不满。公元前 44 年 3 月 15 日，在元老院议事厅，凯撒被情妇的儿子所组织的反对派所刺杀。

凯撒留下两部有历史价值的著作，即《高卢战记》和《内战记》。

凯撒所写的《高卢战记》共 7 卷，记述他征服高卢的作战经历。从公元前 58 年写至前 52 年，按年成卷，发表于公元前 51 年。凯撒的一位副将为此书续写了第八卷，把战争叙述到公元前 50 年。关于它的写作过程，历来有两种说法，有人认为这是他每年向元老院和平民大会做的书面汇报，因此每年写成一卷。也有人认为，这是他在公元前 52 年的冬天一次写成的。

《内战记》紧接《高卢战记》，从凯撒和元老院之间的矛盾讲起，讲到凯撒果断跨过卢比孔河，在民众的拥护下连战皆捷，迫使庞培放弃意大利逃往埃及，死在亚历山大里亚。然后又分别叙述凯撒挥师在西班牙、马西利亚（又译马赛利亚，今法国马赛）、阿非利加（非洲全称阿非利加洲）进行的消灭庞培势力的战争。《内战记》分为 3 卷，为凯撒亲笔所著，既有重要的史学价值，笔触又不乏文学色彩，书后还附有对罗马军制的介绍。

公元前 47 年，凯撒在埃及的希腊天文学家索西琴尼的帮助下制定了新历，以取代罗马的旧历，史称《儒略历》。《儒略历》在公元前 46 年 1 月 1 日起执行实行。

《儒略历》将全年分设为 12 个月，单数月是大月，为 31 天；双月是小月，为 30 天；只有 2 月平年是 29 天，闰年 30 天。每年设 365 日，每四年一闰，闰年 366 日，每年平均是 365.25 日。

此时，中国的西汉正处在汉元帝刘奭（shì）时期。

汉武帝临终前嘱托大将军霍光辅佐年幼的汉昭帝刘弗陵。刘弗陵 21 岁时病死，霍光立汉武帝曾孙刘询为帝，即汉宣帝。霍光妻子霍显一直想让她的女儿成为皇后，便买通御医，在宣帝即位 3 年之后毒死了已经怀孕的许皇后。霍光去世后，霍氏最终被汉宣帝刘询灭族。汉宣帝之子汉元帝刘奭在位时期多次出兵击溃匈奴，并诛郅（zhì）支单于于康居（古西域国名，约在今巴尔喀什湖和咸海之间）。至此，汉匈百年征战告一段落。此时的西汉王朝比较强盛，人口数达到顶峰，但刘奭在位期间，过于放纵外戚、宦官，导致皇权不振，朝政混乱，社会危机重重，西汉由此开始走向衰亡。

凯撒死后，罗马内战又起。公元前 43 年，3 个凯撒系实力人物安东尼（又译安敦尼）、李必达（又译雷必达）、屋大维（又译渥大维）公开结盟，史称：后三头同盟。

其中，安东尼是凯撒的一个远亲，后在凯撒军中担任重要指挥官。李必达早年追随凯撒，成为最亲信的将领之一，当凯撒在西班牙与庞培的军队开战时，是李必达代替他监管着罗马，后被任命为骑兵指挥官。屋大维的母亲是凯撒的侄女，公元前 44 年被凯撒指定为第一继承人并收为养子。公元前 43 年 10 月，他们经过一段争夺后，为了共同对付反对派，3 人在意大利北部的博洛尼亚（又译波伦尼亚、波伦亚）公开达成政治协议，史称：后三头政治。其协议主要结果是：建立新的行政长官制度（具有执政官的权力），由安东尼、屋大维、李必达担任行政长官，任期 5 年；3 人分治国家 5 年，安东尼治高卢；屋大维控北非、西西里与撒丁岛；李必达得有西班牙；意大利和罗马则由三人共治。由安东尼与屋大维负责平定反对派割据。此时，3 人中，屋大维年仅 20 岁，安东尼比屋大维大 20 岁，李必达则比屋大维大了 26 岁。

后三头政治同盟和其同盟协议得到了公民大会的承认，并授权他们颁布法令和任命高级官员。三巨头取得权力后，为击垮政敌，在“为凯撒复仇”的口号下，对罗马实行恐怖统治。对反对派实行公敌宣告，把没收来的财产和土地分配给士兵，并奖励政敌家内的奴隶告密。据说，清除反对派的武力手段使约有 300 名元老和 2000 名骑士丧命。其中包括古罗马历史上著名的政治家、哲学家、演说家和法学家西塞罗。

西塞罗出身于一个骑士家庭，幼年时就表现出极为聪敏。传说因为超凡的智力和天赋很快成为当地最出色的少年，被同伴家长所赞美。“西塞罗”这个姓氏，根据有些学者的说法，意思是鹰嘴豆，因此，常常被人用来开玩笑。当西塞罗步入政坛时，有人劝他更换一个新名字，但西塞罗拒绝了。他发誓会让“西塞罗”这个姓氏比当时的大贵族姓氏更加荣耀。

成年后的西塞罗曾短暂地在军队中服过兵役，但很快退役，投身于他所热衷的法律和政治。很快，西塞罗就在律师界中崭露头角，为自己赢得名声。据说他在一个案子中触怒了苏拉，为避迫害或健康原因，西塞罗离开了罗马，前往希腊。在那里，他受到了学园派哲学理论的极大影响开始研究哲学。但不久之后，苏拉去世，西塞罗决心回到罗马，以善于雄辩而成为罗马政治舞台的显要人物。公元前 63 年，43 岁的西塞罗通过选举担任了执政官。在任内，他成功镇压了罗马一场政变，并处决了叛乱者，从而荣获“祖国之父”的尊号。

公元前 50 年，当庞培和凯撒的矛盾日益尖锐时，西塞罗倾向庞培但又努力避免与凯撒为敌。当凯撒攻入罗马，西塞罗逃出意大利前往希腊。在那里，他和一大群共和主义者发生了激烈的辩论，其中就有庞培的儿子。当凯撒的军队在希腊取得一系列胜利后，西塞罗不得已又回到了罗马。

当凯撒被刺杀的消息传到西塞罗耳中时，他大吃一惊，然后行动起来。在随后的罗马动荡时期，西塞罗凭借出众的辩才，成为民众领袖，被人称为罗马最伟大的辩护者，但他的主张招致了安东尼的厌恶。西塞罗成为元老院的元老后，安东尼成为执政官和行政官，但两个人从来没有融洽过。当西塞罗指责安东尼曲解凯撒的政治主张和愿望时，瓦解了一批安东尼的支持者，还处死了安东尼的养父，这样两人的关系进一步恶化。

后三头掌控罗马政局后要替凯撒复仇。三个人列出了一份非法律保护者的名单，屋大维曾打算赦免西塞罗，但安东尼坚决反对。获悉不受法律保护者名单后，西塞罗来到海边的别墅准备逃亡。但是，一个年轻的奴隶出卖了他，追赶上来的士兵按照安东尼的命令割下西塞罗的头颅和双手。

西塞罗的死是古罗马文化的重大损失。史学家们一般公认，西塞罗是古罗马时期最优秀的思想家，同时又是古罗马文学史上伟大的作家。他的一系列拉丁文作品促进了拉丁文学的广泛传播，为拉丁语的发展做出了不小的贡献，从而深刻影响了意大利以及后来的欧洲文化。

西塞罗在政治、法律方面的代表作《论共和国》和《论法律》中提出，国家是人们在正义的原则和求得共同福祉的愿望下所结合成的集体。他借鉴了亚里士多德的理论，将政体分为执政官为代表的君主制、以元老院为代表的贵族制和以保民官为代表的民主制，但他同时指出这三种形式都有各自的缺陷。君主制中的公民不能参与政治决策，所以无法实际享有政治权利；贵族制中公民缺乏真正的自由，并无法保证贵族滥用公权；民主制不是理想的政体形式，他认为，政治权利的平等本身就意味着不平等。西塞罗意识到国家在这三种政体下可能出现的危机：国王的不公，权力的滥用，民主的放任。鉴于这种意识，他认为好的政体应是上述三种政体的混合形式即所谓的“混合政体”。显然，他的这种观点受到柏拉图晚年混合政体思想的影响，并结合了自己从政经验的总结。

《论法律》是《论共和国》的续篇，二部论著均采用对话形式写成。西塞罗在《论法律》一书中，从自然法（通常是指正义的基本要素和终极原则的集合）理念出发，认为法要体现正义。他抨击了那些视所有基于公民的决议和法律的东西为正义的观点，认为“这种想法是最愚蠢的”。他系统地论证了自然法和实在法（现存法学体系）之间的关系，认为自然法代表理性、正义和神的意志，是普遍适用、永恒不变的。它在国家制度产生之前，就已根植于人们的理念之中，体现了大自然的和谐与完美。实在法必须融合自然法，否则不配称为法律，主张“恶法非法”和“人人平等”。

《论共和国》曾经失传，直到 19 世纪初，这部著作的抄稿才重新被发现。

西塞罗在哲学方面的著述有《论善恶之极》《论诸神的本性》等，他主张各学派的交汇，因此被认为是古典哲学折中主义的代表。他是第一个将古希腊哲学术语翻译成拉丁文的人，并为意大利人介绍了很多古希腊哲学家的作品，使得希腊古典哲学的研究在希腊被罗马征服后得以继续，对欧洲哲学和政治的发展有着极大影响。西塞罗的诗歌也广受赞誉。

后三巨头的铁腕无情，沉重地打击了大土地所有者，削弱了罗马的贵族势力，元老院的统治权力从此不再。

公元前 42 年秋，李必达第二次担任执政官，三巨头对罗马各行省的控制权又重新进行了瓜分。安东尼统治东方行省（自意大利半岛东部的亚得里亚海至西亚两河流域的所有领土，包括马其顿、希腊、安纳托利亚半岛），担负对帕提亚的战争；屋大维管理西方行省（领有高卢、西班牙半岛），负责扫平庞培之子小庞培在西西里和撒丁岛、科西嘉的反对势力；李必达管辖北非。首都罗马，则由三人共管。

与前三头相同，后三头之间亦勾心斗角，你争我夺。公元前 38 年，屋大维联合李必达、安东尼，历经三年，将据守西西里的小庞培击败。西西里大胜后，屋大维和李必达发生纠纷，李必达被剥夺军权，屋大维将原属李必达的北非也纳入自己的控制范围。三巨头变成屋大维和安东尼两巨头并立的局面，李必达后担任大祭司一职，直到去世。

公元前 42 年，安东尼出任罗马东部行省总督，为筹措资金到了埃及。在埃及，安东尼迷恋上了美丽、高雅的埃及女王克利奥帕特拉（又译克娄巴特拉、克利欧佩特拉或克丽奥佩托拉）七世。克利奥帕特拉七世曾是凯撒的情妇，为凯撒生有一子，凯撒死后她独自打理着王国。安东尼此时已与屋大维的姐姐结婚，但为了追求克利奥帕特拉，而遗弃了屋大维的姐姐，并与克利奥帕特拉七世生养了 3 个孩子。为了爱情，安东尼还把东方行省的一些地区赠送给了克利奥帕特拉七世及其子女。安东尼这种破坏罗马领土完整的行为激起了罗马人的强烈不满，屋大维趁机煽动这种不满情绪。最后，罗马元老院和公民大会宣布安东尼为“祖国公敌”，剥夺了安东尼的权力，并以克利奥帕特拉七世侵吞罗马人民财产为由向其宣战。

公元前 31 年 9 月，屋大维率领罗马舰队和安东尼、埃及女王的舰队在希腊西北部的海面会战，史称“亚克兴海战”（又称“阿克提姆海战”）。海战初始，双方势均力敌，不分胜负。但在战斗最激烈的时候，安东尼的中央和左翼舰队感到胜利无望，竟然掉头向港内逃跑，有的甚至举起船桨直接向屋大维投降了。女王阻挡不住，被迫率领埃及舰队撤出战场，逃往埃及。安东尼眼见败局已定，只得带着残存的战船撤离了战场。第二年夏天，屋大维进军埃及。据说安东尼提出要同屋大维单独决斗，屋大维的回答是："没有必要，你想死的话，办法多得很。"安东尼无奈，只好挥剑自杀。克利奥帕特拉七世不久也随即自杀，埃及成为罗马帝国的一个行省。

当屋大维回到罗马时，他已经成为同凯撒比肩的伟大人物。此时罗马帝国控制的疆域，北起多瑙河，南到包括埃及在内的北非一带，西起伊比利亚半岛（又称比利牛斯半岛，半岛大部分为西班牙领土，小部分为葡萄牙领土），东到两河流域和安纳托利亚半岛，形成了一个空前庞大的帝国，地中海成了罗马帝国的内湖。

公元前 27 年 1 月，屋大维接受元老院赠予他的"奥古斯都"称号。"奥古斯都"是"神圣""至伟"的意思，据认为这个称号和古罗马宗教有关，在当时古罗马的宗教信仰中，拥有这个称号意味着其有超越人的权威且任何法规皆不能对其地位有约束力，中国学者多称其为皇帝，它后来成为罗马帝国独裁者的一种头衔。屋大维还接受了"元老院首席公民"（即"元首"）和元帅的荣誉称号，独揽了罗马的行政、军事、司法和宗教的大权，"元首"这个词此后流行世界，当时屋大维才 36 岁。

屋大维统治罗马 43 年，他死于公元 14 年。此后将近 200 年里，罗马政局稳定，经济、文化都有了比较大的发展，被称为"罗马的和平"时期。众多历史学家将亚克兴海战看作是罗马告别共和国，进入帝国时代的开始。

此时，中国的西汉王朝已经灭亡，新朝建立。

西汉自汉成帝起，朝政大权逐渐旁落到以皇后王政君为核心的王氏外戚（也称"外家""戚畹（wǎn）"，指帝王的母族、妻族）集团手中。汉成帝刘骜（ào）是汉元帝刘奭与皇后王政君所生的嫡子。其即位后，沉迷酒色，疏离朝政，致使外戚擅权，为西汉的灭亡留下了伏笔。刘骜后来专宠赵飞燕、赵合德姐妹，但二人皆未能给刘骜生下一儿半女。而赵氏姐妹又迫害有孕嫔妃，导致汉成帝最终绝后，皇位只能由侄子继承。

据史籍记载，皇后王政君的姻缘有些传奇。王政君幼年时父母离异，未满 15 岁就被她的父亲许配人家。但是，还未过门未婚夫却病死了。后改嫁给东平王做姬妾，未进王府门，东平王又死了。许嫁之人一一病亡，王父十分奇怪："难道女儿克夫？"他找人算了一卦，算卦人神秘地说："你的女儿，当大贵，不可言。"王父很是高兴。

公元前 53 年，王政君 18 岁被选入宫，恰逢太子刘奭的爱妃病亡，刘奭十分悲伤。汉宣帝怕太子忧伤过度，令皇后挑选 5 名宫女，供太子选新妃。俏丽的王政君选妃时刚好离太子的座位最近。太子本无心选妃，皇后又在旁边催促，刘奭便随便指了一下身边的王政君。皇后看王政君文静端正，又是太子指点，于是就将王政君送进了太子府。

王政君对刘奭关怀有加，两个人新婚不久，王政君怀孕生子，诞下刘骜。在刘骜三岁时，刘奭即皇帝位，作为嫡长子的刘骜被立为皇太子。20 岁时，刘骜成为新皇帝。由此，母以子贵，王政君成了掌握实权的皇太后。

王莽是王政君的侄子。在朝中，王家先后有 9 人封侯（7 人为王政君的兄弟），5 人担任大司马（辅政大臣，尊比丞相），是西汉朝中最显贵的家族。王莽常以生活简朴，为人谦恭，礼贤下士，勤奋好学的形象示人。他的二儿子杀死家仆，遭到王莽的严厉训斥，并责其自尽，得到世人的赞许。又常把自己的俸禄分给困难的门客和平民，而其妻“衣不曳地，布蔽膝”，犹如佣仆，在朝廷内外广有美誉。

王莽 38 岁时升任大司马。在任中，他延揽贤士为官，克己勤政，为政清廉。因此，在朝中上下名望甚高。刘骜去世，太子刘欣即皇帝位，刘欣为刘骜之侄，在位 7 年也崩，随即 9 岁的刘衎（kàn）即位。刘衎原名刘箕子，是汉元帝刘奭之孙，13 岁时，王莽将大女儿嫁给他成为皇后。

汉平帝继位时，太皇太后王政君垂帘听政，王莽主持朝政。其任大司马，录尚书事，封安汉公兼管军事及禁军。此后，王莽的政治野心逐步暴露，他开始排斥异己，打击政敌。于是“阿顺者拔擢，忤恨者诛灭”。他先是逼迫王政君赶走自己的叔父，又将汉平帝的母亲及舅舅等逐出京城。王莽长子生怕平帝长大后与王家结怨，便想通过蛊惑之术阻止王莽的阴谋，但被王莽发觉，受到诛杀。

公元 6 年，汉平帝突然病死。王莽为了控制新帝，遂从宣帝玄孙辈中挑选了年仅两岁的刘婴为皇太子，称为“孺子婴”。 而据史籍载，是王莽向汉平帝进献椒酒时，在酒中下毒，使汉平帝中毒致病而死，其时年才 14 岁。

在迎立刘婴的当月，太皇太后王政君收到一份奏章，说在武功县（今属陕西）境内发现一块异石，上有丹书昭告天下：告安汉公莽为皇帝。有大臣奏请太皇太后顺应天意。身居皇权中心的王政君虽然重用娘家的人，看重权力，但本心还是想守住刘家的江山社稷，无意改朝换代。她得知王莽有篡夺皇位的野心，不禁愤怒至极，严加斥责：“此诬罔天下，不可施行。”但此时王莽的势力已经坐大，志在必得，王政君无可奈何。她勉强下诏答应王莽称“摄皇帝”，南面朝群臣，听政事，冕服礼仪“皆如天子之制”。

公元 8 年年底，王莽逼迫王政君交出传国玉玺。次年年初接受孺子婴禅让后称帝，改国号为“新”。这一事件在历史上被称为“新莽代汉”。至此，立国 210 年的西汉王朝灭亡。

公元 13 年，王政君在悔恨中而死，享年 84 岁，是中国历史上最长寿的皇后之一。

屋大维死后，其养子提比略（又译提庇留或提贝里乌斯）继位，从此罗马开创了皇位继承制。同时也开创了罗马帝国的朱利亚・克劳狄王朝时代（因为王朝 4 位统治者都是屋大维及其第三任妻子莉薇娅的亲族，又是朱利亚和克劳狄两个氏族的成员，所以学界把他们的统治时期称作“朱利亚・克劳狄王朝”，也称儒略・克劳狄王朝）。

提比略的生父曾经担任过凯撒的财务官。传说屋大维爱上了他的妻子莉薇娅（也称利维亚），于是莉薇娅改嫁给屋大维。提比略的生父在与妻子离婚后不久即病亡了。

作为奥古斯都的传承人，提比略的婚姻显然不能自主，要符合屋大维的政治需要和标准。提比略原本婚姻和美夫妻感情深厚，并育有一子。公元前 12 年，屋大维强令提比略离婚，娶已有过两次婚姻的女儿朱利亚（或译朱莉娅、朱丽亚、尤丽亚）为妻，而提比略当时的妻子正是朱利亚的前夫阿格里帕的女儿。

屋大维一生娶过3任妻子，第一位是安东尼的养女；第二位是庞培儿媳妇的姑母；第三位就是莉薇娅。在这三任妻子中，除了第二任妻子为其生下唯一的女儿朱利亚外，他的三个儿子都是收养的。

朱利亚的第一次婚姻是嫁给父亲姐姐的儿子，屋大维当时想让这个外甥做继承人，就让他和朱利亚结婚，亲上加亲。可是婚后不过两年，朱利亚的丈夫突然食物中毒死了，有人怀疑是被莉薇娅所害。

之后，屋大维又想让自己的密友和爱将阿格里帕成为自己的继承人。于是，朱利亚再嫁阿格里帕。阿格里帕不仅比朱利亚大了许多，而且还是有妇之夫，他的妻子是朱利亚的表姐（屋大维的外甥女），而且还是朱利亚前夫的亲姐姐。屋大维的指令和安排必须服从，阿格里帕只能离婚，娶了朱利亚。在这段婚姻里，朱利亚生下5个孩子，3男2女。然而，阿格里帕在出征中欧的潘诺尼亚时不幸负伤身亡。

阿格里帕出身于平民，但机敏好学，多才多智，是出色的政治家、军事家。他担任过高卢总督、执政官和海军统帅，是屋大维亲密和忠诚的副手，屋大维大多数的军事胜利都要归功于阿格里帕的参与及指挥。其中征服西西里，击败小庞培的海军舰队和亚克兴海战的胜利，阿格里帕都起到了决定性的作用。

阿格里帕战死后，屋大维悲痛万分，服丧月余，并亲自为他举行隆重的葬仪以示悼念。屋大维甚至收养了阿格里帕的2个儿子，留下一个儿子传承家族荣誉，并亲自督导他所有孩子的教育。

屋大维对亲生女儿的要求甚严，朱利亚从小被告知要过素朴的生活。据说曾被人监视着织布做衣，不准和异性交往，长大后又被支配婚姻。加上她从出生起就离开生母和带着儿子的继母生活在一起，缺少亲情关爱导致她产生叛逆的性格。从第二次婚姻开始，她拒绝按照父亲的标准成为一个贤妻良母，而是变得风流放纵，开始频繁出轨。她曾和安东尼的一个儿子暧昧，因而受到屋大维的处罚而被流放。当她的第三任丈夫提比略当上皇帝后，她的处境更加悲惨，据说死于自杀。

提比略与朱利亚的婚姻显然对双方的心理伤害极大。提比略于公元前6年，借口身体健康不佳，拒绝母亲的恳求，跑到罗得岛过起自我放逐的生活。之后，朱利亚和阿格里帕生的三个儿子，一个因为放荡不羁被流放，两个病亡。造成皇室继承人空虚，提比略成为唯一合适的皇位继承人选。于是，提比略被召回罗马，在公元14年，屋大维去世后继承了其一切权利，成为罗马帝国第二位皇帝（奥古斯都）。

提比略在执政初期行事比较谨慎，态度谦和。他拒绝接受“国父”“统帅”等称号；尊崇元老院，时常亲赴元老院报告国政；他取消了公民大会的立法权和选举权，把它们交给了元老院；他还到法庭聆听判决，借以防止法官受贿枉法；同时组建元首顾问会议机构，由提比略身边的亲信组成，重要事件交由顾问会议处理；他迅速平息了帝国边境两个驻军——日耳曼驻军（莱茵河流域）与伊里利库姆驻军（多瑙河流域）——发生的军队哗变；他宽容批评，除非言语中涉及对屋大维的诋毁，对于冒犯他本人或家人者可以不予追究。据说他在元老院宣告：“元老们，一个经由你们的支持，才拥有如此广泛权力的国家元首，是全体公民的仆人。”

提比略生活节俭，经济政策基本上采取保守的方针。他开始限制政府的各项支出，尤其削减了娱乐事业方面的开支。在对外关系上，他遵行屋大维晚年不再扩张的原则，将日耳曼军团撤回莱茵河左岸。除了毛利塔尼亚地区的叛变之外，提比略未再进行大规模的战事。

公元 19 年，提比略的养子也是他的亲侄子日耳曼尼库斯病死。而养子的遗孀，也是屋大维的外孙女阿格里皮娜（又称大阿格里皮娜）却怀疑是提比略下的毒手，好让他的亲生儿子顺利接班。

提比略的母亲莉薇娅过世之后，提比略与阿格里皮娜之间缺少了调和的中间人，逐渐变得针锋相对。此时，在宫廷内外形成反对提比略的势力，而阿格里皮娜也成为反提比略一派的核心人物。据说提比略曾质问这位养子儿媳：“亲爱的孩子，你因为没当上女皇而感到委屈吗？”

公元 30 年，在禁卫军的支持下提比略对阿格里皮娜一派发动了反击。阿格里皮娜与其女儿遭到流放，阿格里皮娜后绝食而死。其长子也在流放中身亡，次子在监禁中被饿死，三子卡利古拉被召到卡布里岛受到监视。支持与同情阿格里皮娜一派的人都受到了打击和迫害。不过，提比略也因为这个事件名誉受损，落下了一个屠夫的名声，令他与所有的亲族几近决裂，和元老院的关系也紧张起来。据说，他为此放下一句名言：“让他们恨我吧！但他们得接受我所做的一切。”

公元 26 年，由于亲子亡故，倍感孤独的提比略突然决定离开罗马，到卡布里岛（亦译卡普里岛，卡布利岛，位于意大利南部）独居。他凭借着与元老院的书信往来，并指定禁卫军指挥官作为他在罗马的代理人，维持朝政的运转。提比略以这种奇特的方式统治了国家近十年，一直到去世，也再未回到罗马。

提比略长时间的离群索居，给世人和有些偏见的史学家以无限的想象。人们相信他在岛上建有特别的密室，是荒唐奢靡的淫窟……在罗马古典作家的笔下，他的形象被定位为暴虐、色魔、恋童。但是，这些传闻都缺少直接的证据。近代学者根据帝国当年的安定景象与文献铭刻，开始为提比略翻案。

公元 37 年，提比略以 79 岁的高龄，病死在卡布里岛。他在遗嘱中声明，让阿格里皮娜的三子卡利古拉与他未成年的孙子小提比略继承他的权力和遗产。

卡利古拉（又译卡里古拉、卡力古拉）原是一个外号，意为“小军靴”。这个称呼源于儿时他随父亲日耳曼尼库斯驻日耳曼前线时，士兵特为他穿上的小军靴，盖乌斯是他的原名。

卡利古拉在其 19 岁那年，被召到卡布里岛陪伴“祖父”提比略。卡利古拉在提比略身边时，对提比略百依百顺，似乎忘却了自己亲人所受到的种种不幸。他以惊人的克制力来应付所受到的各种虐待和不公正。一位古罗马作家曾感叹道：“从没有见过比他更好的奴仆，或比他更糟糕的主人了。”

卡利古拉即位后最初采取的措施是很开明的，他赏赐慷慨；释放了被提比略关押和放逐的犯人；将小提比略过继为自己的儿子；他还当众焚毁了前朝官员的告密文件，表明了自己的胸怀坦荡；卡利古拉还允诺元老院与他共同治理国家；他还完成了罗马的几项公共工程，包括奥古斯都神庙和庞培剧院；在叙拉古，他修缮了年久毁坏的城墙和众多神庙；他经常举办角斗比赛、马车比赛以及各式各样的舞台演出，以丰富罗马人的娱乐生活。因此，卡利古拉一上台便获得了罗马民众的普遍赞誉。元老院将第一公民的所有特权，全都给予了卡利古拉一个人独享。

半年后，卡利古拉生了一场重病，同时，与他感情最为亲密的姊妹病死，使病愈之后的卡利古拉性情发生了巨大的变化。他开始蔑视元老院，为所欲为地倒行逆施，统治愈加残暴。

不久，卡利古拉下令毒死小提比略，强迫自己的岳父自裁。他还处死了曾经帮助自己登基的官员，流放自己的姊妹。并用犯人的尸体喂养马戏团的猛兽。他经常借故羞辱、痛骂或折磨、虐杀元老议员，指摘他们过去的背叛行为。他常在宴会中看上元老议员的妻子和情妇，将她们带回皇宫，奸淫之后再抛弃。他回忆起提比略即位之初日耳曼军团的哗变，当时哗变士兵攻击过他的父亲与年幼的自己。于是他想对那个军团执行“十一抽杀律”（将队伍分为 10 人一组进行抽签，抽出一人用石头或者棍棒打死，余下者在驻地外过夜，不受保护。无论是军官还是立过战功者都要参与抽签）实施报复。后来日耳曼军团的士兵们得知消息后打算再次哗变，卡利古拉才作罢，但此举已使卡利古拉失去了军队的信任。

卡利古拉打破古罗马的执政者只有在死后才被奉为神明的惯例，自命为神。他命令将希腊运来的雕塑神像去掉头部换上自己的头像，并要求人们经过时必须向他的神像致敬。卡利古拉宣告，他常受诸神地邀请到天庭生活。

作为“神”，卡利古拉要尽情地享受生活和权力。为了获取足够的金钱来满足自己的奢侈，卡利古拉不择手段来敛财。他举行拍卖会，逼迫富商出巨资购买他的物品；巧立名目增加新的税种；经常拘审元老院的贵族，为的是将他们的财产充公；他取消了罗马公民权能够传予后代的法律，行省的公民、获释的奴隶仅能将公民权传予“第二代”，借以增加缴税的人口；他要求公民在遗嘱中必须将皇帝列为遗产受赠人之一，否则该遗嘱便无法律效力；他还默许各式的诬告与构陷，纵容法庭判决没收被诬者的财产。这些行径引起所有阶层对他的怨恨，使得卡利古拉丧失了民心。

公元 41 年 1 月的一个中午，当卡利古拉打算去用午餐，走到宫廷的长廊时，被禁卫军两名军官合力刺死，并将他的妻子与年幼的女儿一并杀死。卡利古拉死时 29 岁，在位 3 年 10 个月多几天。

克劳狄一世是朱利亚·克劳狄王朝的第四任皇帝（又译克劳狄乌斯）。

克劳狄的生父是皇帝提比略的同胞弟弟。克劳狄在婴儿时期父亲就去世了，后来，他的兄长日耳曼尼库斯被屋大维的收养，因此，便由他来继承克劳狄家族。

克劳狄有先天的生理缺陷，跛足（可能患有小儿麻痹）、口吃并且经常生病。他的母亲在背地里感叹，他是“只有自然产生，却未被自然完成的怪人”。在童年与少年时期，为了家族荣誉，他的家人一直都把他隐藏在公众视线之外。在他成年之后，屋大维曾在信函中提到：“……如果他是健全的，那么我们有什么理由怀疑，他应该像他哥哥那样一步步地受到重用呢？然而，如果我们清楚地知道他身心发展不健全，我们就不该给惯于嘲弄和挖苦的人，提供他本人以及侮辱我们的把柄……”因此，这位克劳狄家族的继承人，从未得到任何抛头露面的机会。这也促使克劳狄从少年时起便在寂寞中饱览诗书，研究他喜爱的历史。据说他写有20卷关于伊特鲁里亚（也译作伊特拉斯坎、埃特鲁里亚、伊楚利亚，是意大利中部的城邦国家）历史和8卷关于迦太基历史的著作（但未能流传下来），曾还打算写作关于安东尼的传记，但因涉及屋大维的负面材料而作罢。他还钻研语言学，并为了符合语言学的要求而起用了新的拉丁字母。

在侄儿卡利古拉就任皇帝之后，公元37年，克劳狄首度担任了罗马的执政官。由于没有涉政经验，加上生理缺陷导致的自卑感，使得克劳狄无法正常地在公众面前发表施政演讲。而卡利古拉也乐以戏弄的心情看着这位叔父的窘态。因此，人们从未重视过这位皇室贵胄。

克劳狄的命运转机多少是个意外。近卫军在刺杀了卡利古拉后，找到了时年50岁的克劳狄，士兵们将他带到军营并推举为皇帝。当元老院得知政变后，立即召开会议应对眼前的局势。有人建议国家恢复共和体制，但最后还是决定维持屋大维建立的元首制度为妥，认同了近卫军的行为，承认克劳狄继承皇帝的一切权力。

克劳狄执政之后，立即表现出对元老院的特殊敬意，着意修补卡利古拉时期皇帝与元老议员之间的紧张关系，许多行政措施均交由元老院做最后的决定。对“元老议员不得营利”的规定，他行使皇权修改法律，让元老们能够承担法律辩护收取一定的酬金。同时克劳狄对氏族大会（库里亚）与公民大会也待之以礼，并不以皇帝的意志去压制他们的声音。他决定提高重要行省公民在罗马帝国的公民地位。以往罗马元老院元老的组成，多是罗马人和意大利人，而从凯撒时代就被征服的高卢行省人士则无权进入。经过了一场激烈的辩论，克劳狄同意授予高卢这些归化地的权贵人士，也有进入元老院的资格。为了提高自身在军队和帝国中的声望，克劳狄不辞艰辛带兵亲征不列颠的叛乱。克劳狄的这些所作所为，使得他在短时间内赢得帝国上上下下的认可。

由于克劳狄是意外登上帝位，并已近中年，使他缺少可信赖的辅政班底。因此，克劳狄重用了自己家里的被释奴隶来担任秘书工作。时间一久，克劳狄的家庭便成了国家的行政核心，他的几位秘书都成为炙手可热的权贵。

克劳狄在即位前有过2次婚姻。第二次婚姻是娶了表兄的女儿美撒利娜，美撒利娜接连生下一个女儿和一个儿子。据说，美撒利娜对表叔兼丈夫的克劳狄很是厌恶，她曾私下溜出皇宫到妓院去接客，每接待一个男人还象征性地收取一枚金币。

美撒利娜在成为皇后之后，私欲愈加膨胀。她为了确保自己的儿子能顺利继承皇位，极力打压其他皇族成员。为了夺取一位皇帝秘书的豪宅，便以其欲图谋反的理由，让克劳狄诛杀了这位秘书。

公元 48 年，美撒利娜趁克劳狄不在罗马的机会，与情夫策划了一场婚礼。克劳狄闻讯气急败坏地赶回罗马，除了皇后的不贞让他颜面尽失外，他还担心这是一场夺取自己皇位的阴谋。他逼美撒利娜自杀，所被牵连的元老贵族和官吏一并处死。

日耳曼尼库斯的女儿——阿格里皮娜（史称小阿格里皮娜），此时以皇帝侄女的身份，进入皇宫协助处理克劳狄的家务。克劳狄在处理了美撒利娜之后，决定再次结婚。公元 49 年，在皇帝秘书的牵线下，小阿格里皮娜便与自己的叔父克劳狄结婚了。

小阿格里皮娜生于莱茵河畔，这个城市即今天德国的科隆。据说，14 岁时，小阿格里皮娜被皇帝哥哥卡利古拉夺去了贞操，小阿格里皮娜结过 3 次婚（一说 4 次），她与第一个丈夫生育了一个男孩，这个孩子就是日后令史家不齿的“尼禄（又译尼罗）”。后来，她又嫁给了一个富有的贵族，使儿子受到了上等教育。但史家认为，小阿格里皮娜毒死了她的第二任丈夫。

克劳狄成为小阿格里皮娜第三任丈夫后，把尼禄收为养子。公元 54 年 10 月，克劳狄在一次家庭晚宴中，因食物中毒而死。史家普遍怀疑是小阿格里皮娜投毒所致。克劳狄一世享年 64 岁，在位 14 年。

17 岁的尼禄顺利承接皇权，小阿格里皮娜希望能够控制儿子，分享权力。但随着年龄的增长，尼禄对母亲施加的干涉愈加不满，母子之间的矛盾也越来越尖锐。于是，为了让尼禄屈从，小阿格里皮娜发出威胁：有一个同父异母的弟弟可以取代他。惊恐万分的尼禄抢先毒死了 14 岁的弟弟，他的这一做法进一步加深了母子之间的对立和不信任。公元 59 年，尼禄喜欢上一位宠臣的妻子，想娶她为妻，小阿格里皮娜坚决反对，促使尼禄与母亲走向决绝。他指控母亲指使奴隶刺杀他，派禁卫军杀死了小阿格里皮娜。至此，尼禄完全掌握了政权。

据说在尼禄降生的时候，太阳刚刚升起，光芒恰好笼罩在婴儿的身上。小阿格里皮娜请来了当时罗马几位最有名的占星学家，当这些占星学家观察了尼禄出生时的形象，竟异口同声地作出了恐怖的预言：这个男孩有朝一日将会君临天下，但并不仁慈，甚至会杀死自己的母亲。他们劝说小阿格里皮娜抛弃这个孩子。但是，小阿格里皮娜坚定地回答：“只要他能成为帝王，其他的都由他去吧。”十几年之后，占星学家的预言成为了事实。

尼禄君临天下之初，热情地参与公共事务，常以开明君主示人，施政之举多倾向平民大众。他发明了对付伪造遗嘱的办法；限制法律诉讼辩护报酬的上限；降低了许多间接税的税赋，并公开政府的税收记录以防止官员徇私舞弊；要求举办角斗比赛时不得死人；还压低了粮食价格，惠及贫穷的罗马公民；并时常手持大盾与禁卫军士兵一起操练。

尼禄酷爱艺术，他喜欢绘画和雕塑，对音乐尤感兴趣。他曾聘请罗马最好的歌手教他唱歌，并常常在街上和露天剧场里邀请平民听他抚琴演唱。在节日里，他举办有奖演出和盛大的竞技赛会，并亲自参加竞赛。还多次前往希腊参加运动会比赛，为此准许希腊独立。据说，他的诗写得意境优美，朗朗上口，人们甚至认为是大诗人替他操刀之作。尼禄开始赢得了人们的好感，有史学家认为，在屋大维统治之后，尼禄当政的最初几年，竟是罗马历史上繁荣兴旺年代中的一部分。

但尼禄在皇位坐稳之后，不再理会国政，狠辣、顽劣的本性开始显露无遗。对元老贵族失去恭敬，终日寻欢作乐，放纵挥霍。他热衷举行奢华宴会，外出野游时要求上千辆的华丽车队护送。还创办了“尼禄节”，规定“尼禄节”每5年举办一次，与当时著名的艺术家们同台竞技。为了搞出热烈气氛，据说尼禄派出士兵，强迫观众鼓出掌声，只要“有厌烦或疲倦情绪的观众都会遭受厄运”。曾有高官在尼禄表演时打盹，冒犯了尼禄而被流放。

公元64年7月的一个夜晚，罗马城发生了一场大火，烈火燃烧了一天（一说是6天7夜），当时罗马城的14个区中有3个被完全烧毁，7个部分区域严重受损，仅有4个区未受波及。大火造成了数千人死亡，约有20万人无家可归。关于火灾的起因，官方记载是意外失火，且起火后不久，尼禄从城郊赶回罗马指挥救灾。他打开自己的宫殿安置流离失所的灾民，并积极调运食品赈济已是一片废墟的罗马城，史学家基本认可尼禄的作为。但也流传一种说法，大火是尼禄故意纵火所为。很多人认为尼禄放火的原因是想扩建皇宫，当时的罗马城满是平民搭建的小屋，空间狭窄难以开工建造，于是干脆派人放火烧掉。尼禄可能想将火势控制在某个区域，但是恰遇强风，差点烧掉了整个罗马城。火灾后，为了制止不利于自己的流言，尼禄处死了所有嫌疑犯，并趁机加罪于尚处在社会底层的基督徒。他宣称这场灾难是基督徒的邪恶所为，对基督徒大加迫害，公开地将他们钉死在十字架上，或放出猛兽咬死，甚至将他们绑在柱子上作为蜡烛点燃。其后，尼禄大兴土木，为自己建造了华丽的新宫殿。

为了支撑自己的挥霍无度，尼禄开始横征暴敛。他曾杀死北非和西班牙几十个富人，掠夺他们的财产。他还废除了早年制定的减税法以及对老人和穷人的补助法。通过修改遗产继承的规定让皇室受益，甚至通过栽赃陷害来没收达官贵人的财富，并向意大利之外的各行省索要超额贡赋；同时通过货币贬值引发通货膨胀。

尼禄有过三段婚姻。第一个妻子是克劳狄的亲生女，其先被流放，后尼禄以通奸的罪名强迫其自杀。第二段婚姻是宠臣的妻子，她曾为尼禄生下一个女儿，但早早夭亡。后来，在怀有身孕的情况下不幸惹怒了尼禄，被尼禄踢打后死亡。尼禄的第三次婚姻也是夺他人之妻，并逼迫她的丈夫自杀。

后期的尼禄越来越不正常，越发荒淫无道。据说他时常组织和表演各种淫乱游戏。阉割一位英俊少年并与他举行婚礼，形同夫妻。二人一起去希腊参加巡回演出，公开出席商业活动，毫无顾忌地在罗马大街上亲吻拥抱。执政后期，由于接到数次阴谋密报，尼禄对周围的人开始变得十分多疑，他认定有一个阴险的反对派团伙在算计他。在难安的惶恐中，他宣布罗马进入戒严状态，整个罗马笼罩在一片恐怖的气氛中，只要他指出一个人，这个人就有可能丧命。许多元老院议员、名人和卫队军官被接连处死，甚至他的老师和顾问也被砍下了双手和赐死，这让元老贵族和骑士们惊惧不已。

公元68年年初，高卢行省总督，以“拯救人类”的口号举兵起义，紧跟着西班牙行省也出兵响应。此时罗马城内谣言四起，群起暴动。到6月9日，尼禄仓皇逃离罗马宫廷，元老院随即宣布尼禄为“人民公敌”。尼禄带着4个仆从逃到罗马郊外一个获释奴隶的家，追捕的士兵尾随赶到，断绝了他的逃亡之路。这时有人告知，元老院判处尼禄鞭笞死刑。绝望的尼禄将一只匕首交到一个随从手中，然后抓起这只手向自己的喉咙刺去，在极度的痛苦中结束了自己的生命。尼禄死时31岁，在位14年。罗马人念他是凯撒家族的最后一位统治者，还是为他举行了隆重的葬礼，朱利亚·克劳狄王朝就此结束。

北非——南欧

◆托勒密六世在其父去世时还是一个孩子。在公元前176年之前，埃及的实际统治者是托勒密六世的母亲克利奥帕特拉一世。克利奥帕特拉一世去世后，托勒密六世与自己的妹妹克利奥帕特拉二世结婚，他们共同统治埃及。

公元前170年，塞琉古国王安条克四世对埃及发动了第六次叙利亚战争。在公元前168年，塞琉古军队一度占领了托勒密王朝的首都亚历山大，托勒密六世不得不向罗马求援。在罗马的干预下，安条克四世被迫退出埃及。但在战争期间，托勒密六世和克利奥帕特拉二世的弟弟托勒密八世被安条克四世扶上了王位。

托勒密八世是托勒密五世的小儿子，又名奥厄葛提斯二世。兄弟姐妹并肩而坐的三头政体似乎并不成功。公元前165年，亚历山大的埃及士兵发动叛乱。次年，托勒密八世赶走哥哥企图独自统治，但后者在罗马的援助下很快又夺回了政权，托勒密八世被贬为昔兰尼加（今利比亚东部地区）国王。

公元前145年，托勒密六世在与塞琉古王朝的战争中坠马负伤而死，他的儿子托勒密七世继位。但很快，托勒密八世回到埃及，并与自己的姐姐、托勒密六世的王后克利奥帕特拉二世结婚，完成自己的合法性地位，再次成为埃及的共同统治者，而托勒密七世被废黜。第二年，托勒密八世谋杀了自己的侄子——托勒密七世，垄断了所有权力。

托勒密八世掌控了埃及的统治大权之后，诱奸了自己的继女也是自己的外甥女（克利奥帕特拉二世的女儿），并在没有与其姐离婚的情况下与之女儿结婚成为克利奥帕特拉三世。

公元前132年，亚历山大港发生民变，克利奥帕特拉二世乘机推翻并赶走了托勒密八世。她接着将托勒密八世的12岁的儿子托勒密·孟斐提斯（系其女儿克利奥帕特拉三世所生）推上了王位，并宣布自己为共治者。但托勒密·孟斐提斯不久被托勒密八世所指使的杀手刺死。于是克利奥帕特拉二世向塞琉古国王德米特里二世寻求帮助，但后者也正陷入国内危机之中难以分心。公元前127年，托勒密八世重返埃及，三年后，与克利奥帕特拉二世和解，并成为克利奥帕特拉二世与克利奥帕特拉三世名义上的共治者。公元前116年，托勒密八世去世，遗命将所有权力交给克利奥帕特拉三世。而克里奥帕特拉二世在自己的外孙托勒密九世（克利奥帕特拉三世之子）统治期间才去世。

于是，托勒密九世和他的母亲克利奥帕特拉三世共同统治埃及。但是，这对母子不和。到公元前110年，母子关系破裂，克利奥帕特拉三世把小儿子从塞浦路斯召回成为托勒密十世，然后将托勒密九世放逐。托勒密九世王运多舛，他接连三次登基，其间二次被弟弟托勒密十世所接替。

公元前101年，托勒密九世的命运迎来了转机。托勒密十世杀了自己的母亲克利奥帕特拉三世，并娶了托勒密九世的女儿贝勒尼基（或译：贝蕾尼西、伯伦尼斯等）。托勒密十世的统治不太得人心被亚历山大民众群起驱逐。逃亡在外的托勒密九世顺势返回埃及，在公元前 88 年第三度登上王位，直至公元前 81 年去世。

托勒密九世去世后，他的女儿贝勒尼基又嫁给了继子——托勒密十世与前妻的儿子，托勒密十一世。

托勒密十一世，又称亚历山大二世。公元前 88 年，他的父亲托勒密十世在被第二次驱逐的时候，被吕底亚国王杀死了，他本人则被本都人俘获，后又被带到了罗马帝国做了一名人质。公元前 81 年，他的伯父托勒密九世去世，罗马将军苏拉将他送回了埃及，并且遵循传统与托勒密九世的遗孀，他的伯母贝勒尼基结婚。然而，就在两个人结婚后共同执政的第 19 天，他把这位王后谋杀了。这对刚刚回国，立足不稳的他显然是不利的，于是亚历山大城的市民再次起义把托勒密十一世也抓起来杀了。由于托勒密十一世没有留下一儿半女，托勒密九世的一个身份模糊的儿子托勒密十二世继承了王位。

托勒密十二世生于公元前 112 年，他母亲的身份不详。在公元前 88 年，他与托勒密十一世一同被本都王俘获后返回了埃及。

托勒密十二世对强大的罗马帝国采取恭敬和妥协的态度。公元前 76 年，他在亚历山大登基后不久，罗马帝国吞并了埃及的领地塞浦路斯。这再次引发亚历山大城的民众暴动，托勒密十二世的统治被推翻。托勒密十二世跑到罗马寻求帮助，把政权丢给了妻子和他的长女，在王后去世后，托勒密十二世的长女独掌了统治大权。公元前 55 年，托勒密十二世在罗马统帅庞培的支持下反攻回埃及，他处死了自己的长女，恢复了王位。公元前 51 年，托勒密十二世去世。其去世前，把王位留给了 10 岁的儿子托勒密十三世，让托勒密十三世和他的姐姐，同时也是他的妻子克利奥帕特拉七世共治。

克利奥帕特拉七世与弟弟共治时年仅 17 岁，而罗马在埃及的影响力越来越深入，她的父亲托勒密十二世甚至开始付贡金给罗马来保障王国的存在。

父亲尸骨未寒，姐弟俩便陷入权力的争斗，克利奥帕特拉七世被迫流亡国外。此时罗马内战爆发，凯撒击败了庞培。公元前 48 年，凯撒追击庞培到了埃及，克利奥帕特拉七世也跟着回到埃及。托勒密十三世将庞培杀死并把他的头颅献给了凯撒，想以此讨得凯撒的信任，并欲借助凯撒之手来除去他富有野心的姐姐。然而，克利奥帕特拉七世把自己包裹在一条大毯子中，叫人送入凯撒的住处与凯撒会面。此时，克利奥帕特拉七世 21 岁，凯撒已经 52 岁了，克利奥帕特拉的美貌和智慧赢得了凯撒的支持。在罗马援军来到埃及后，在亚历山大港战役中，罗马军队击败了托勒密十三世，托勒密十三世可能溺死在尼罗河中（真实死因不确定）。克利奥帕特拉七世再度登上了王位，作为托勒密王朝的传统，克利奥帕特拉七世嫁给了另一个弟弟托勒密十四世，但实际上却与凯撒成为情侣，并让凯撒放弃了原本要吞并埃及的计划。

在公元前 47 年，克利奥帕特拉七世为凯撒生下一个儿子凯撒里昂。次年，克利奥帕特拉带着儿子离开亚历山大港前往罗马，并住进凯撒在郊外的别墅内。但罗马贵族对凯撒和克利奥帕特拉七世的关系并不认可。凯撒在罗马被谋杀后，克利奥帕特拉七世回到埃及，据说她毒杀了托勒密十四世，并把儿子凯撒里昂立为法老，即托勒密十五世。

凯撒死后，罗马政权掌握在安东尼、屋大维和李必达所组成的后三头同盟手中。公元前41年，安东尼与克利奥帕特拉七世在塔尔索（位于今土耳其）会面，克利奥帕特拉以迷人的风采俘获了安东尼的心，两人成为情侣，克利奥帕特拉为安东尼生下双胞胎兄妹。随着安东尼和屋大维的关系恶化，安东尼抛弃了他的妻子也是屋大维的姐姐。在对安息王国的战争失利后安东尼回到亚历山大港，并以埃及式婚礼与克利奥帕特拉结婚，婚后二人又生下一个小儿子。

公元前34年，安东尼征服亚美尼亚王国后，宣布把罗马共和国东方的领土奇里乞亚、叙利亚、昔兰尼、克里特、塞浦路斯和巴勒斯坦等地分给克利奥帕特拉七世和她的子女。此举极大触怒了罗马人，本来罗马人对克利奥帕特拉七世就怀有成见。而屋大维不知从哪里弄来安东尼的遗嘱，遗嘱中阐明安东尼希望死后与克利奥帕特拉七世长眠于亚历山大港，而不是罗马，这使罗马人更加厌恶克利奥帕特拉七世。

随后，屋大维宣布与安东尼和整个埃及开战，两军在希腊西岸的阿克提乌姆湾相遇，安东尼和克利奥帕特拉七世的联合舰队在亚克兴海战中遭到惨败。随后屋大维开始进军亚历山大港，并在城外轻易击败安东尼的军队。绝望下，安东尼用佩剑结束了自己的生命。

公元前30年，屋大维率军进入亚历山大港。他没有惜香怜玉，立即将克利奥帕特拉七世囚禁。克利奥帕特拉自知大势已去，且不愿受辱，动手结束了自己的生命。

历史上关于克利奥帕特拉七世的自杀方式有不同的说法。其中流传最广的就是她命人在无花果篮中藏了条毒蛇，偷偷送进她被囚禁的地方。克利奥帕特拉化完妆后，让毒蛇咬了她的手臂，再咬她的胸部来结束自己的生命。除此之外，还有服毒自杀等说法。

在这之前，克利奥帕特拉七世秘密派人把她的儿子托勒密十五世送到红海边的港口避难，据说准备逃往印度，但最终还是落入了屋大维的手中。屋大维担心托勒密十五世会作为凯撒的亲生骨肉而威胁到他的继承人地位，而下令将托勒密十五世处死。

随着克利奥帕特拉七世与其儿子的相继死去，埃及最终沦为罗马的一个行省。

此时的中国西汉王朝，正处在汉成帝刘骜当政时期，也是西汉面临覆亡的转折时期。

三、朝与亡

中国——

◆王莽执政以来，为了获取民心，采取了一系列缓和社会矛盾的政策，但始终未能从根本上解决问题。

王莽尚儒，因此，掌权后企图复制儒家推崇的西周典制来统治他的王朝。于是他仿照周制推行新政，史称“王莽改制”。王莽推行的政策有：将全国农田改名“王田”，私人不得买卖，用恢复井田制的办法来解决土地问题；奴婢改称“私属”，也不得私下买卖；其后又屡次改变币制；更改官制与官名；把盐、铁、酒、铸钱及山林川泽收归国有，由政府经营并征山泽税。但是，由于这些政策很多都与地方现实情况相脱节，且推动手段和方法不完善，在遭到抵触后，又企图通过严刑峻法强制执行，加剧了社会的动荡。

王莽对国内少数民族政权也采取了一系列错误政策。他胁迫羌人“献”出青海湖一带的土地设立西海郡，以便与已有的北海郡、南海郡、东海郡联合凑齐“四海”之郡，制造“四海一统”的王朝鼎盛假象。为了使这块人烟稀少之地更像一个郡，必须强制移民。于是，王莽增设新法 50 条，凡有违犯者，强行迁徙到西海郡。因此，被迁徙到西海郡的百姓数以万计，引起民怨。

王莽继而将原本臣服于汉朝的匈奴、高句丽、西域诸国的君主，及西南各大部落酋长由原本的“王”降格为“侯”。并把与汉和好的匈奴呼韩邪单于部的金质“匈奴单于玺”索回，另发给“新匈奴单于章”，蓄意压低单于的政治地位，甚至将匈奴单于改名为“降奴服于”。王莽又分匈奴居地为 15 部，强立呼韩邪单于子孙 15 人俱为单于，以分化匈奴的势力，激起了匈奴的不满，连年侵扰北方边塞，促使西域诸国先后纳入匈奴的势力范围。王莽还将高句丽之名改为“下句丽”。这些妄自尊大，歧视异族的政策和措施，导致各族拒绝臣服于新潮。王莽又轻率决定动用武力高压，使边境冲突不绝，数十万大军长期陷于边疆，耗费了大量人力物力。

王莽改制没有解决西汉末年以来的土地兼并以及流民问题。相反，由于朝廷兴师动众讨伐匈奴和周边少数民族，大大加重了民众的赋税、徭役、兵役等负担，甚至造成成千上万的百姓死于战争，使国内各种矛盾进一步激化。公元 17 年，全国各地不断发生蝗灾、旱灾和饥荒，百姓纷纷揭竿而起。在当时遍布全国的起义军中，有两支最大的队伍，成为农民起义的主流，这就是南方的绿（lù）林军（发起于今湖北省京山县境内绿林山）和北方的赤眉军（军中士兵均眉毛涂红）。

公元 23 年，绿林军攻入长安，王莽最后被乱军砍死。

王莽是一位在历史上备受争议的人物。古人多认为其是篡位的“巨奸”。但中国近代史学家有誉其为“中国历史上第一位社会改革家”，肯定他是一名社会改革者。

在声势浩大的起义热潮中，有着皇家血统的刘演、刘秀兄弟在家乡也乘势起兵。刘秀兄弟是刘邦九世孙，是南阳郡（今河南省南阳市）的地方豪族。公元 22 年，刘秀兄弟在南阳郡的舂（chōng）陵乡（今湖北省枣阳市吴店镇）起兵，故史称刘秀兄弟的兵马为舂陵军。公元 23 年，刘秀兄弟与绿林兵共拥族兄刘玄称帝，国号仍为“汉”，改年号为“更始”，故史称：更始帝。

此后，刘秀兄弟声望大盛，遭到刘玄的猜忌，刘演被刘玄借故处死。此时刘秀已知身处危险之中，只得向刘玄谢罪，不敢为哥哥服丧，强颜欢笑如常。刘秀有大功，刘玄心有愧忌，故而拜刘秀为破虏大将军。后刘玄占据洛阳，派刘秀巡视黄河以北，刘秀始得脱离险境。刘秀在河北积蓄力量，攻破邯郸，实力日益壮大，被刘玄封为萧王。刘秀率部击败了数十万铜马农民军后，心生异志，手下将领也不断劝进。公元 25 年，已是“跨州据土，带甲百万”的刘秀，在众将士的拥戴下，在河北鄗（hào）城（今河北省邢台市柏乡县固城店村）即皇帝位，不久移都洛阳，国号也为“汉”，史称“东汉”。因传汉为火德，忌水。故刘秀改“洛阳”为“雒阳”。

同年，刘玄在赤眉军和刘秀军的两路夹击之下，土崩瓦解。刘玄向赤眉军出降，更始政权灭亡。不久，刘玄被赤眉军杀死。

此前，赤眉军立刘邦之孙城阳王刘章之后，15 岁的放牛娃刘盆子为新汉帝，史称：“建世帝”。此时，赤眉军并没有充分利用占据都城长安的优势，制定战略，宣传主张，稳定军政，扩大战果。而是贪恋京城富贵，百万之众固守几经战乱的长安孤城。仅 4 个月后，建世政权便陷入了军粮严重匮乏的地步。为筹集粮草，赤眉军只好放弃长安，引兵向西，转战安定（位于甘肃省中部）、北地（今甘肃省宁县西北）一带。在那里，赤眉军虽然打败了更始残军，但终因天寒地冻，加之地方军阀的袭扰抗击，战斗力大为削弱，只好重返长安。公元 26 年，只剩下 20 余万人的赤眉军再次撤离长安，准备向东方转移。行至渑（miǎn）池崤（xiáo）底（位于河南省三门峡市阳店镇）时，遭到刘秀军的伏击，被俘达 8 万人，其余十余万人南下宜阳（河南省洛阳西），再次陷入刘秀设下的包围圈中。饥寒交迫的赤眉军已无斗志，纷纷向刘秀投降。此后，刘秀逐步扫平各种割据势力，最终统一中国。

立国后，刘秀勤于政务，“每旦视朝，日仄（zè）乃罢，数引公卿郎将议论经理，夜分乃寐”。在位期间，轻徭役，兴水利，积极发展农业生产。整顿吏治，简政轻税，为减臃吏，裁并郡县有 400 余，官员十置其一。为了安定社会秩序、缓和阶级矛盾，刘秀曾多次下诏释放奴婢，并规定凡虐待及杀伤奴婢者皆处罚。

马上得天下的刘秀，在统一国家后，慎举兵事，但求文治，不求武功。他下诏道：“今国无善政，灾变不息，人不自保，而复欲远事边外乎！不如息民。”

史家公认，刘秀心胸豁达、做事理性慎举。甚至对杀兄仇人更始帝刘玄的 3 个儿子都能册封为侯。他不同于先祖刘邦或其他开国皇帝因忌而诛杀功臣，刘秀分封 360 多位功臣为列侯，给予他们显赫的地位，只收取他们的兵权。刘秀死后，汉明帝刘庄将其中功劳最大的 28 个人的画像置于宫中云台阁，称为云台 28 将。

刘秀在位 32 年，东汉的社会经济逐渐从动荡中恢复，历史上称其统治时期为“光武中兴”。刘秀于公元 57 年逝世于洛阳，享年 62 岁，谥号“光武”，史称“汉光武帝”。

中华人民共和国的缔造者毛泽东评价刘秀是：最有学问、最会打仗、最会用人的皇帝。

汉明帝刘庄，初名刘阳，是刘秀的第四子，母亲是皇后阴丽华。阴丽华是新野县（今河南省南阳市新野县）人，春秋时期齐国名相管仲的后裔，到了第 7 代的时候，从齐国迁居楚国，被封为阴大夫，以后便以“阴”氏为姓。秦末汉初，阴家举族迁到了新野。刘秀有机会接触到了阴家，阴丽华的美貌给了刘秀极为深刻的印象。以至于后来在长安求学的刘秀，有一次看到了执金吾（率禁兵保卫京城和宫城的官员）率军出行，其盛大的场面深深地震撼了刘秀，身为太学弟子的刘秀不禁感叹道："仕宦当作执金吾，娶妻当得阴丽华。"刘秀兄刘演被杀后，刘秀为避嫌立刻兑现誓言迎娶阴丽华为妻。此时，刘秀已经29岁，阴丽华19岁。随后阴丽华与刘秀同甘共苦，亲眼见证了东汉王朝的建立。阴丽华不仅貌美，且"雅性宽仁""性仁孝，多矜慈"在历史上评价甚高。在公元64年，60岁时过世。

刘庄登基后，继续奉行父亲在位时推行的各项政策。刘庄注意整顿吏治，对地方官吏进行严格的考察和任免，规定出每年进行一次对地方官员的考察任免制度。在选官用人上，刘庄严令杜绝权门请托。他有个妹妹想为子求官，刘庄不允，宁可送给外甥一千万钱。他对外戚多有约束和防范。他在位时，他的3个大舅子和小舅子都位不过九卿。刘庄画28将于云台，但对自己的岳父开国功臣马援却不予收入，这就释放出一个信号，他要限制外戚当权。

刘庄在位期间多次下诏减免赋税徭役，减轻刑罚，劝督农桑，并以公田赋与贫民。此外，刘庄大力兴修农田水利，其中最大的工程是治理黄河。西汉末年以来，黄河年久失修，为患益甚，"兖、豫百姓怨叹"。刘庄乃令水利官员率兵卒数十万人治水，"自荥阳东至千乘海口千馀里，十里立一水门，令更相洄注，无复溃漏之患"。从而保障了黄河中下游农业生产的正常进行。刘庄提倡节俭，严禁宫廷奢靡，一时朝廷上行下效。

史家研究，光武帝末年，全国载于户籍的人口为2100多万，至刘庄统治后期，在不到20年的时间里激增至3400多万。明帝和其子章帝刘炟（dá）在位期间，东汉出现复兴局面，史称"明章之治"。

在国力增强的基础上，明帝刘庄开始经营边疆。光武帝统治时期，因重在恢复社会民生和安定社会秩序，无力顾及边域，对西北地区的民族矛盾暂时采取羁縻策略。刘庄在位前期，基本消除了因新潮劣政而引起的周边游牧民族袭扰的威胁。刘庄允许北匈奴互市之请，但并未消弭北匈奴的寇掠，反而动摇了早已归附的南匈奴。刘庄后期干脆改弦易辙重新对匈奴用兵。公元73年，东汉军大败匈奴呼衍王于天山，留兵屯守伊吾卢城（今新疆维吾尔自治区哈密西），并遣假司马班超等率所部吏士36人，先后在鄯（shàn）善（今新疆维吾尔自治区若羌一带）、于阗（tián 今新疆维吾尔自治区和田）击败亲匈奴势力，"于是诸国皆遣子入侍，西域与汉绝六十五载，至是乃复通焉"。

班超的父亲班彪、长兄班固、妹妹班昭都是东汉著名史学家，其青年时在府衙做抄写工作。班超素有大志，曾投笔叹道："大丈夫无他志略，犹当效傅介子、张骞立功异域，以取封侯，安能久事笔砚间乎？"于是，在公元73年，班超随汉军北征，在军中任假司马（代理司马），"投笔从戎"成语由此而来。班超在军中显示出与众不同的才能。很得领军将领的赏识，于是派他带领36人出使西域。

班超一行先到达了鄯善国（原名楼兰，今新疆维吾尔自治区若羌附近）。鄯善王对班超等人先是礼敬备至，后来突然改变态度，变得冷颜相拒。班超一经了解，是北匈奴的使者到了鄯善，鄯善王正处在摇摆之中。班超召集手下会商，最后以"不入虎穴，焉得虎子"之喻决定夜袭北匈奴使团。当夜，班超率领36个随从直奔北匈奴使者驻地，顺风纵火，同时36

人前后鼓噪，声势喧天。匈奴人突遇袭击，不明情况，乱作一团，班超带人顺势击杀，匈奴使团 30 多人当场毙命。第二天，班超见到鄯善王，把匈奴使者的首级给他看，鄯善王大惊失色，班超好言抚慰。无奈下，鄯善王表示愿意归附东汉朝廷，并把自己的一个儿子送到东汉作为人质。

不久，班超出使于阗国。当时，于阗王刚刚攻破莎车国（一作渠沙，今新疆维吾尔自治区莎车），国势正盛。北匈奴早有使者驻在于阗，影响着于阗的朝政。班超到达于阗后，于阗王的态度颇为冷淡。于阗的巫师趁机对于阗王说："天神发怒了，如果大王要去归顺汉朝，必降灾祸。汉使有一匹嘴黑毛黄的良马，赶快把它弄来祭祀天神！"于阗王派大臣向班超讨要那匹马，班超问清原委后，痛快地答应了，但提出要巫师自己来牵。等到巫师到来后，班超不由分说，将他杀死，并抓住那位大臣痛打数百皮鞭。班超砍下巫师的首级来见于阗王，向他呈明厉害。于阗王闻知班超在鄯善国的胆识，心生敬畏，当即下令捕杀北匈奴使者，重新归依东汉。班超又使重礼赠送于阗国王和他的臣子，成功抚顺于阗。接着班超又用智谋降服疏勒国（位于新疆维吾尔自治区西南部，喀什西北部）。至此，班超凭借智勇，先后使鄯善、于阗、疏勒三个王国恢复了与汉朝的友好关系。从而西域震动，各国相继派出王子到东汉朝廷做人质，西域与汉朝廷中断了 65 年的关系全部得到恢复。朝廷为了表彰班超的功勋，下诏封他为定远侯，食邑千户，封地在今陕西汉中镇巴县，班超实现了他青年时代立下的志愿。

公元 69 年，位于今云南、缅甸北部一带的哀牢国（也称勐［měng］达光，有史籍记载为"达光国"，据说达光国最早与汉朝有接触的国王叫"哀牢"，因此，汉史就把达光国称作"哀牢固"）国王柳貌，率 77 邑王、5 万余户、55 万多人举国"内附"东汉。

哀牢国疆域辽阔、物产丰富、民族众多，其国大约形成于战国中前期（也有史家认为其为部落联盟），是中国云南地区历史上文明古国之一，开国之王称作九隆。盛时势力影响东起哀牢山脉，西至缅甸北部敏金山，南达今西双版纳南境，北抵喜马拉雅山南麓，历经四百多年。此时归附东汉，使保山地区由奴隶制社会一步跨入了封建制的门槛。汉明帝则因势利导，借此机会将郡县治推行到"东西三千里，南北四千六百里"的整个哀牢地区，并设永昌郡统一管辖，初步奠定了后期中原王朝对云南西部版图的管控范围。

一日，刘庄做了一个奇怪的梦：一个身材高大的金人，头顶上放射着白光，降临在宫殿的中央。刘庄正欲问话，那金人又凌空向西方飞去。第二天上朝时，他向群臣详述梦境求解，博学的大臣认为那可能是西域的佛陀。刘庄听说过西域有神，其名为佛陀，今日梦中相遇，似有昭示。于是派使者赴天竺（今印度和巴基斯坦等南亚国家的统称）求得经书及高僧，用白马驮回首都洛阳，并在洛阳建立了中国第一座佛教庙宇——白马寺。高僧在寺中翻译了《四十二章经》。因此，在中国佛教史上，多以公元 67 年作为佛教传入之年，《四十二章经》也成为中国第一部汉译佛经。

公元 75 年，汉明帝刘庄在洛阳去世，时年 48 岁。汉明帝去世后，他的第 5 子刘炟（dá）即皇帝位，时年 19 岁，即汉章帝。刘炟即位后，继续励精图治，注重农桑，实行"轻徭薄役，与民休息”的政策，其且“好儒术”，使得东汉经济、文化在明帝之后继续得到很大的发展。

但由于刘炟过分抬高儒教，致使一些官员求虚弃实，开始腐败。而且汉章帝过于放纵外戚，种下日后外戚专权和宦官（专供皇帝及其家族役使的官员，自东汉始全为被阉割后失去性能力的男人）专政的隐因。

刘炟还是一位书法家，他的草书非常著名，后世流行的“章草”，据说就是起于刘炟的爱好而形成的一种书体。章草是“今草”的前身，由草写的隶书演变而成。它与“今草”的区别，主要是保留隶书笔法的形迹，上下字独立而基本不连写。

公元 88 年，刘炟去世，时年 33 岁。汉和帝刘肇是东汉第 4 位皇帝，他是汉章帝刘炟的第 4 子，出生不久就过继给窦皇后为继子。刘肇继位时 10 岁，由窦太后临朝称制（代行皇权）。窦太后掌权后把哥哥弟弟全部安置在汉和帝身边的显要位置，从而掌控了皇朝的政治中枢。并把大批窦氏家族子弟和亲朋好友，任命为朝官或地方官，从而上下勾连，专权跋扈，为所欲为。随着年龄的增长，刘肇意识到窦氏集团的危害，被迫采取行动。公元 92 年，刘肇利用宦官扫灭了窦氏势力，开始亲政。

刘肇亲政后勤于政事，招纳贤士，赈灾饥民，减免赋税。在军事及外交上，汉和帝时期击败北匈奴，将侵汉匈奴的势力彻底赶出漠北地区。同时威服西域诸国，使东汉国力达到极盛，史家称之为“永元（刘肇继位后的年号）之隆”。有人统计：至公元 105 年，汉和帝末期，东汉耕地达到 732 万多顷，人口达到 5325 万人。公元 105 年，刘肇病逝，终年 27 岁。其养于民间，出生仅一百余日的儿子刘隆继位，是为汉殇帝。汉和帝刘肇在世的时候生了许多皇子，但大都夭折。他怀疑是宦官、外戚在谋害他的儿子，便将剩余的皇子都留在民间抚养。由于刘隆还是个婴儿，于是刘肇的第二任皇后 25 岁的邓绥临朝称制。但刘隆命运不济年仅一岁就悄然离世，成为中国帝王中即位年龄最小、寿命最短的皇帝。

殇帝驾崩后，邓绥与她的哥哥车骑将军邓骘（zhì）商议，并征得众臣同意，决定迎立汉章帝刘炟之孙刘祜（hù）为新皇帝，是为汉安帝。这一年，刘祜刚满 13 岁，邓绥以太后的身份继续临朝听政。刘祜即位时，东汉开始内忧外患，走向下坡路。

首先，西域各国不满班超离任以后担任西域新都护实施的苛政，纷纷叛汉。接着就是羌族起义，这场战争长达 11 年之久，耗费巨大，使东汉元气大伤。

公元 123 年，北匈奴联兵车师，进攻河西 4 郡。班超之子班勇率 500 士兵出屯柳中城。班勇依靠河西 4 郡和西域属国的军事支援，击退匈奴，降服车师，使丝绸之路再次畅通。

在边疆多事的同时，国内也灾害连年，人心惶浮。据史籍载，在刘祜登基的那一年，就有 18 个郡国（一般的郡和诸侯王的封国统称为郡国）发生了地震，41 个郡国发生了水灾，28 个郡国受风暴和冰雹的袭击。公元 124 年，京城和 23 个郡国发生了地震，36 个郡国发了洪水，下了冰雹，民众困苦不堪。

此时，虽说刘祜做了皇帝，但实际朝政仍然掌握在邓氏和其所依靠的宦官手中。有朝臣见朝廷大权被太后的亲族和宦官所掌控，心生怨气，纠集一起密谋，准备发动政变，要杀死邓骘和掌权宦官，同时废黜太后和刘祜，另立新帝。但消息不慎走漏，邓绥先发制人，镇压了叛乱。

不过，在东汉几个得势的外戚集团中，邓绥对自己娘家人的要求是比较严格的。邓绥曾以迎立安帝之功，奖励有关官员包括邓骘，增封其3000户食邑，但邓骘坚辞不受，最后只好作罢。平时，邓氏兄弟也小心谨慎，奉公守法，勤奉皇事。但即使如此，也不能消除皇权和外戚势力的尖锐矛盾。

在邓绥施政下，东汉经济渡过严重的自然灾害逐步获得复苏，社会渐渐安定，外戚宦官均不能为祸。她增收节支，减轻赋税，救济灾民，终使百姓安居乐业。她采纳班勇的进谏，通西域、抗匈奴，使西边多年无战事。她听从良策，以赦免战俘、安抚和谈的办法转守为攻，使羌人暴动得以平息。被史家誉为“兴灭国，继绝世”东汉王朝著名的女政治家。

有中国近代学者评价邓绥：“邓后以贤德见称，迹其行谊，殆亦得半失半，瑜不掩瑕。”

公元121年，邓太后去世，安帝亲政。这时，在刘祜身边已形成了新的宦官集团。刘祜早就不满邓太后的辖制，太后的死对他来讲无疑是一次解放。太后死后不久，刘祜以谋反罪将邓太后兄弟邓悝（kuī）、邓弘、邓阊（lǘ）处死，邓骘被免官归郡，后绝食自杀。

公元125年，汉安帝南下游玩，忽然得病，在返回途中死于车中，终年32岁。皇后阎姬无子，汉安帝死后她想临朝称制，图谋立幼年皇帝，便与其兄弟阎显等抛开安帝的独子刘保，拥立汉章帝刘炟的孙子、汉和帝刘肇的侄子幼小的北乡侯刘懿（yì）为帝，史称：少帝。

刘懿继位后，阎显兄弟把持朝政，逐杀安帝亲信宦官。但刘懿寿命不长，在位不到一年，就因病去世了。随后，19名宦官发动政变，合谋诛杀阎显兄弟及其党羽，迎立汉安帝刘祜11岁的儿子刘保为帝，是为汉顺帝。汉顺帝继位后，阎姬被迁到离宫居住，以诸侯王的礼仪将刘懿下葬。因此也有史家不将刘懿计入东汉皇帝之列。

由于汉顺帝刘保的皇位是靠宦官的支持得来的，所以对宦官十分宽纵。公元132年，汉顺帝刘保立大将军梁商之女梁妠（nàn）为皇后。刘保本人性情软弱，对外戚放任自流，朝廷内外形成宦官、外戚相互勾结，贪腐弄权，东汉政治日益昏暗，阶级矛盾日显尖锐，百姓怨声载道。

公元144年，汉顺帝去世，时年30岁。皇后梁妠因没有儿子，所以立汉顺帝与嫔妃所生之子刘炳（bǐng）为皇帝，是为汉冲帝。汉冲帝继位时年仅1岁，所以梁妠以皇太后身份临朝称制。汉冲帝继位不久便于次年患病去世，梁妠和哥哥大将军梁冀迎立汉章帝刘炟的玄孙，时年8岁的刘缵（zuǎn）（又名刘续）即皇帝位，是为汉质帝。朝政仍然由梁氏所把持。梁冀由此越加专横跋扈，为所欲为，东汉王朝开始了长达20多年的梁氏专权时期。

汉质帝虽然才8岁，但他对梁冀在朝廷上的颐指气使，对忠良的忌妒陷害，也很看不顺眼。在一次朝会中，他当着群臣的面叫梁冀“此跋扈将军也”，表示自己的不满。退朝后，梁冀衔恨在心，觉得刘缵年龄虽小，但为人聪慧早熟，长大后将难以驾驭，决定害死他。公元146年的一天，梁冀让亲信暗中把毒药搀在质帝刘缵食用的煮饼之中，致使其中毒身亡，年仅9岁。随后的汉桓帝刘志戏剧性地坐上了皇帝的龙椅。

公元 146 年，皇太后梁妠召汉章帝刘炟的曾孙蠡（lǐ）吾侯刘志到洛阳城北的夏门亭，准备把自己的妹妹嫁给他。但婚礼尚未举行，就传来汉质帝的死讯。因此，朝中又要设立新皇帝。当时梁冀考虑到刘志年方 15，容易操控，便与梁妠决策立刘志为皇帝，梁妠继续临朝听政。梁冀逼迫群臣屈从，于是刘志成为东汉第 10 位皇帝。汉桓帝刘志在位 21 年，前 13 年基本听人摆布。

公元 150 年，梁太后辞世。临终之时，她下诏归政于桓帝。此时的梁氏一族，已经出了 7 位侯、3 位皇后（一名死后追封）、6 位贵人、2 位大将军、7 名诰命夫人和女封君（也称女爵，古时封给女子的爵位）、3 名驸马，至于官至卿、将、尹（地方行政官）、校者的数量更是难以胜数，真正是权倾朝野，满门富贵。梁冀在策立桓帝后，权力达到顶点。朝中大小军政事宜，均由他决定。百官的升迁任免，都要先到他家里谢恩，才能去办理手续。地方郡县每年进献的贡品，要先将上好的送给梁冀，然后才把次等的献给桓帝。此外，梁冀和妻子都穷奢极欲，恶行朝野，民怨极大。据说，有一位西域商人，误杀了梁府一只兔子，惹怒了梁冀。他不仅杀了这个商人，而且大加株连，牵连处死了十余人。于是梁冀“威行内外，百僚侧目，莫敢违命，天子恭己而不得有所亲与”，连梁太后在世时对他也无力约束。

桓帝刘志对于梁冀的专横早有怨怼，在梁冀的二妹梁皇后去世后，刘志开始策划诛灭梁氏。他利用宫中部分宦官对梁冀的不满，让宦官率御林军包围梁冀住宅，收梁冀大将军印绶，梁冀夫妇当日自杀，家族被灭。朝中公卿大臣因牵连而死者数十人，被罢免的有 300 多人，朝官几乎一空。

刘志诛灭梁冀戚族后，把参与密谋的 5 个宦官封为一等侯爵，又封另外八个宦官为二等侯爵，大权从此落入宦官手中。这些宦官同样任人非贤，为祸朝野，鱼肉官民，败坏朝纲。东汉王朝愈加衰颓，财政面临枯竭。在这种情况下，桓帝一方面采取加重赋税的办法来解决财政困难。另一方面公开卖官。从公元 161 年开始，他下令以不同的价钱卖关内侯、虎贲（bēn）郎、羽林郎、缇（tí）骑营士和五大夫等官爵。桓帝卖官鬻（yù）爵的弊政影响极坏，它直接破坏了东汉的吏治，也促使贪官污吏公开搜刮压榨百姓，加重了百姓的负担，并为东汉后期更大规模的卖官鬻爵开了先河。

为了维护东汉王朝，也是对宦官乱政的现象不满，一部分正直的官吏、豪族和一些太学（类似今天的大学）生，联合起来发起“清议”。他们议论政治，品评人物，在舆论上对宦官集团进行猛烈抨击。同时，一些比较开明的官吏在自己的职权范围内，也极力打击宦官势力。反宦官斗争激怒了当权的宦官集团，他们诬告反对他们的朝官“养太学游士，交结诸郡生徒，更相驱驰，共为部党，诽讪朝廷，疑乱风俗。”桓帝大怒，下诏逮捕“党人”。收执“党人”达 200 多人，反宦官的斗争遭到严重挫折。第二年，桓帝对“党人”略为宽恕，下诏赦归田里，但规定他们终身不得做官，史称:“党锢之祸”。

正直的士大夫全被排斥出朝堂，东汉王朝自此江河日下。汉桓帝扫灭外戚掌握权力后，开始不顾一切地放纵自己。他大量征召美女入宫，数量高达五六千人，他的健康也因此每况愈下。公元 167 年，36 岁的刘志终于一病不起，不久就去世了。

汉桓帝刘志死后，皇后窦妙临朝问政。因刘志无子继位，窦妙与其父窦武等商议，最终选择了12岁刘宏继承大统，是为汉灵帝。汉灵帝刘宏是汉章帝刘炟的玄孙。窦武因立刘宏继位有功封大将军，其家人亦有分封。公元168年，窦武大量启用在第一次党锢时受处罚的士人，不久他们便密谋铲除宦官。但事情泄露，众宦官歃血为盟，抢先发动政变。宦官们与皇帝的乳母一起，蒙骗年少的灵帝，劫持窦太后，假传诏令，率千余虎贲军、羽林军一起进攻窦武。窦武在重围中无奈自杀，窦太后被软禁，宦官取得政变胜利，史称“九月辛亥政变”。事后，宦官诬陷士人“欲图社稷”，意在谋反。汉灵帝不明，下诏追查党人。继而在各地陆续被搜捕、杀死、流徙、囚禁的士人达到六七百人，是为第二次党锢之祸。

刘宏在位20年，是宦官在汉朝历史上最长的统治时期。

自此，刘宏认为天下太平，便深居内宫，骄奢淫逸，安心享乐，鲜问政事。

公元178年，刘宏在其母亲董太后及身边宦官们的教唆下也开始卖官。卖官的规则是：地方官比朝官价格高一倍，县官则价格不一；官吏的升迁也必须按价纳钱。求官的人可以估价投标，出价最高的人就可中标上任。除固定的价格外，还根据求官人的身价和拥有的财产随时增减。及至后来，官吏的调迁、晋升或新官上任，都必须支付三分之一或四分之一的官位标价。

公元180年，刘宏力排众议，立出身于屠户家庭的何氏为皇后。何皇后的父亲被追封为车骑将军、舞阳宣德侯；母亲封为舞阳君被接入宫中居住；她的大哥何进和二哥也被招入朝廷担任要职，何氏家族开始荣兴。

东汉末年，道教分为两大流派，一支为太平道，另外一支为天师道，也称为五斗米道。公元184年，太平道教发动起义，起义者头扎黄巾故称黄巾军。黄巾军旌旗所向，摧枯拉朽，腐透了的东汉朝廷无力平叛，众多州郡相继攻陷，朝廷内外惊骇。汉灵帝刘宏在众臣建议下被迫解除党锢，下令各地方自行募兵守境。此政策虽成功镇压了黄巾起义，但却使地方州郡开始拥兵自重。公元188年，有臣提出，今四方多事，原因在于刺史（地方监察官）权轻。刘宏遂改部分刺史为州牧（掌一州军政大权），州郡县三级行政建制自此形成。州牧的设立和州刺史权力的提升，埋下了东汉末年地方军阀武装割据的祸根。

公元189年，汉灵帝刘宏在东汉王朝的风雨飘摇中去世，年仅33岁。刘宏死后，其嫡长子刘辩继位，时年14岁，史称汉少帝。刘辩在位时期，各地事实上已经形成军阀割据的局面，东汉朝廷名存实亡。他即位后不久，即面临以何进为首的外戚集团和以十常侍（皇帝的侍从）为首的内廷宦官集团这两大势力的激烈对立。

灵帝刘宏不太喜欢刘辩，而喜欢王美人所生的皇子刘协，想立皇子刘协为太子。但他宠爱何皇后，况且何皇后的兄长何进在朝中位高权重，故立太子之事一直犹豫不决。直到他病逝前才将二皇子刘协托付给他特别信任的宦官蹇（jiǎn）硕。刘宏驾崩后，蹇硕意图先杀何进再立刘协为帝，于是请何进入宫议事，但被何进识破，刘辩得以顺利继承帝位，蹇硕被诛杀，刘协被封为渤海王，后改封为陈留王。

何进在诛杀蹇硕后，想进一步剿灭宦官集团核心，便召并州牧董卓带兵入京助他一臂之力，并要求妹妹何太后同意他的主张，但何太后不准。十常侍等宦官们听到风声，先下手为强，在宫中设伏将何进杀死。何进的部将得知何进被杀后，乃领兵攻入后宫复仇。宦官们坚守不住，只好裹胁少帝刘辩、陈留王刘协等数十人逃出皇宫。他们逃到黄河岸边时，被追兵赶上。众宦官知大限已至，乃向刘辩、刘协叩别，随即投河自尽。

奉何进之召入京“勤王”的董卓率军迎接少帝刘辩。双方初次相见，9岁的陈留王刘协冷静识礼，对答如流，给董卓留下了好印象。董卓觉得陈留王比少帝有才能，而且认为自己与抚养陈留王的董太后是同族，于是心里有了废黜少帝，改立陈留王的念头。董卓把刘辩迎至皇宫后，拥兵自重，权倾朝野，挟天子以令诸侯。为了进一步控制朝廷，董卓决定废除少帝，另立新皇帝。

公元189年9月28日，董卓召集百官，逼何太后下诏书立刘协为皇帝，废黜皇帝刘辩为弘农王，皇太后还政。诏书颁布后，刘协遂即位，是为汉献帝。

公元190年，各地的刺史、州牧、太守等起兵讨伐董卓，许多地方豪强也积极响应，自此拉开了东汉末年军阀混战的序幕。董卓怕讨伐联军迎立废帝刘辩。干脆将15岁（一说18岁）的刘辩毒杀。

刘协登基后，董卓自封为丞相，后又加封为太师，完全控制了中央政权。董卓的军队在洛阳劫掠财物，奸淫妇女，无恶不作，后董卓受讨伐联军的威胁，挟持汉献帝迁都长安，并把洛阳城烧成一片废墟。公元192年，有大臣唆使董卓的部将合谋刺杀了董卓。公元195年，董卓的部将之间发生内斗，刘协和群臣逃出长安回到洛阳。次年，实力雄厚的曹操迎汉献帝到许昌。公元220年，汉献帝刘协被迫“禅让”帝位于曹操之子曹丕，东汉王朝结束。

罗马帝国——

◆尼禄死后，禁卫军推出一个皇帝，但不到七个月就被暗杀了。接下来不到一年的时间，罗马帝国出现了4个皇帝，其中自杀和被杀死了3个，史学家称其为“4帝之年”。

公元69年，曾平定犹太人叛乱的将领韦帕芗（又称韦斯巴芗、维斯帕先等）击败4帝之中的第3帝进入罗马，成为第4帝，建立了弗拉维王朝。

韦帕芗出生在一个属于骑士阶层的家庭，在皇帝卡利古拉执政期间，他担任了大法官一职，公元63年，他担任了阿非利加行省的总督。相传有一次他在尼禄皇帝本人唱歌的音乐会上打瞌睡，受到了尼禄的驱逐。公元67年，尼禄为平定犹太行省爆发的犹太人起义，起用了韦帕芗担任军团统帅，韦帕芗用自己的长子提图斯为副将。公元68年，韦帕芗率军平定了犹太北方，正准备围攻耶路撒冷。

尼禄自杀后，正在进行犹太征服战争的韦帕芗，暂时停止了军事行动，静观罗马形势变化，他不表态支持混战中的任何一方军事权贵。此时罗马军中已有大量行省出身的军人，因而军队出现行省化倾向。各地军团都竭力把自己的指挥官推为皇帝，借此取得犒赏和特权。公元69年9月，东方的叙利亚军团表示拥立犹太军团的韦帕芗为皇帝。随后，埃及行政长官也表态，公开支持韦帕芗。于是，东方各行省军团联合进入意大利，并在12月进入罗马城，杀死了西部各行省拥戴的前任皇帝。至此，韦帕芗成为罗马帝国的皇帝。

韦帕芗就位之后，对外全力镇压犹太起义，及高卢和莱茵地区的起义。对内着手帝国社会秩序的重建与国家经济的恢复。

由于内战中元老院受到重创。于是，韦帕芗重新登记与审查元老院贵族与骑士两个阶层的人员，罢黜异己，并从各行省中挑选名望之士和富有的奴隶主进入元老院。又对行省居民广泛授予公民权，使行省的地位被大大提高。他允许西班牙的一些城市享有自治权，这些措施无疑是克劳狄政策的继续和扩大。为了让元老院元老们符合财产数量规定，他慷慨地为落魄元老补足他们不足的差额，并给予贫穷执政官以津贴，以获取这些精英阶层的绝对支持。但同时韦帕芗又削弱元老院的作用，迫使元老院通过“全权法”，使自己获得更为广泛的权力。

“全权法”全称为《韦帕芗谕令权法》，该法被铭刻在两块铜表上。第一块铜表已佚失，被保存的第二块铜表包括8个条文外加一个制裁。它授予韦帕芗外交权、元老院会议主持权、召开元老院会议通过法律权、官吏推荐权、城界外扩权、自由裁量权、免受一定法律约束权等权力，还包括溯及力（指法律对其生效以前的事件和行为是否适用）条款和免责规定。该法凸现皇权扩张的趋势，但仍延续古罗马宪政传统，在名义上将皇权限制在法律之下。

韦帕芗为了填补已经空虚的国库，广辟财源。他猛增税率，提高行省的税额；恢复了拍卖税；增加各种服务项目的收费；并开启官职的买卖，这引起了普遍的不满。据说，提图斯曾对公共厕所征税而向父亲表示不满。韦帕芗抓起一把钱币放到儿子面前，问他这些钱有无气味，提图斯回答：“没有。”韦帕芗便说：“这就是从厕所里征来的钱币。”

韦帕芗重建了许多因灾害或战乱受损的城市，扶持文化娱乐事业，还整顿了军队纪律。压制住士兵跋扈的气焰。据说，有一个青年军官浑身散发着香水气味前来感谢皇帝对他的提拔，韦伯芗摇着头，严肃地责备道：“你最好散发大蒜味！”于是，他取消了任命。

公元79年，韦帕芗感染了热病，严重腹泻和身体虚弱的他，以“皇帝应该站着死去”的信念，在挣扎着站直身体时，死在搀扶者的怀里。韦帕芗死后，40岁的长子提图斯顺利继承了他的帝位。

提图斯（亦译蒂图斯），有神学书籍称作提多王。提图斯即位之前，曾被冠以“第二个尼禄”。因为，当他作为父亲的助手时，以凶狠、暴虐扬名。当年提图斯率军攻破耶路撒冷城后，下令屠城抢掠，被钉死在十字架上犹太人不计其数。在他担任禁卫军长官时，只要有人引起他的怀疑，他就会秘密地杀掉那个人。并且生活放荡不羁，经常与人彻夜宴饮。他还为了满足父亲的贪财政策，插手各类审理案件，营私舞弊和收取贿赂。

但在提图斯正式登基之后，他的形象完全转变，颇有明君之风。他的施政以宽大仁厚为主，尊重公民的生命与财产。为了让自己的双手不再血腥，他宣布接受大祭司的职务，再也没有判决任何人的死刑。他饶恕了两名阴谋刺杀他的贵族青年。他的弟弟图密善从未放弃过对他的暗算，甚至公开煽动军队造反。但是提图斯不但没有处死或流放他，还对外宣称他是皇位的继承人，并私下流着泪恳求图密善能像小时候那样相亲相爱和睦相处。提图斯力图不让有求于他的人灰心地离开。当他的家人提醒他，别承诺得太多难以兑现时，他回答说，不应该让任何人在同自己的皇帝交谈后扫兴而回。据说有一次，他正在吃晚餐，忽然想起一整天未给他人以帮助，于是便喊道："朋友们，我失去了一天的光阴！"

就在他的任期内，公元 79 年 8 月，坎帕尼亚（位于意大南部）的维苏威火山爆发，火山灰将整个庞培城、赫库兰尼姆两城市全部掩埋。公元 80 年，罗马城再度发生大火，连续烧了三个昼夜，连刚刚建成的大竞技场也受到严重毁坏。不多久，城中又爆发了前所未有的大瘟疫。面对这些突如其来的灾难，提图斯没有畏惧，也没有逃避，他全力投入救灾行动。他派出处理灾后事宜的督察官，安置流离失所的灾民，并从皇帝金库中提出钱财进行救济与重建工作。他采用祭祀与医疗等手段抵抗肆虐的瘟疫。

公元 81 年 9 月，为处理灾变而身体日益虚弱的提图斯，在父亲病故的地方患病去世，享年 43 岁。在他死后，元老院授予他"神圣的提图斯"的称号。提图斯一生中只育有一个女儿，没有儿子。因此，禁卫军和元老院推举他的同胞弟弟图密善继任帝位。

图密善，有神学书籍译作多米田王（或译多米提安），为弗拉维王朝的最后一位皇帝。由于他在执政期间鼓励告密、肆意杀捕、流放元老、残酷迫害基督徒。因此，他在后世史书中多有恶名。有释经学者认为，《圣经・新约》中的最后一卷〈启示录〉中所提到的"恶魔的数字 666"，就是在隐喻图密善本人。不过，图密善受到了士兵们的拥护，他提高了罗马士兵的军饷，并将士兵退休金领取方式制度化。

公元 96 年 9 月，图密善在寝宫卧室中被侍从、秘书、宫廷卫队长及管家联合起来刺死。此时他享年 45 岁，在位 15 年。

图密善曾有一子一女，但都早夭。其死后，元老院推举 66 岁的涅尔瓦继任皇帝，弗拉维王朝结束，安敦尼王朝开启。

涅尔瓦（又译内尔瓦、尼法王），出身于元老贵族阶层。年轻时，他曾是尼禄的宫廷宠臣，并曾为尼禄代写过诗歌文章。公元 68 年，尼禄倒台之前，涅尔瓦背叛尼禄倒向韦帕芗势力。在此期间与图密善过从甚密，结下了友谊。韦帕芗父子当政时期，涅尔瓦作为旧元老院贵族的代表人物出任一系列要职，并在内政外交等各方面发挥作用，后因卷入宫廷斗争而失宠。有人认为涅尔瓦是刺杀图密善的刺客后台（元老院贵族）选为皇帝的。他被选中的原因，可能是他已经相当老了，而且无子。

鉴于图密善的教训，涅尔瓦决定使用宽厚的政策。他即位不久就恢复了元老院的地位和权势，并发誓，凡国之大事都要与元老院磋商，并且保证不随意杀害元老们。此外，他又对帝国的一些制度作了必要的改革。他赦免了被图密善放逐的人，恢复了他们的财产，缓和了他们的敌意。建立了救济贫困农民和穷人孩子的制度，并将部分土地分配给贫民。同时，他还免除了许多捐税，降低了遗产税，解除了韦帕芗强加于犹太人的捐献。他紧缩开支以弥补国库的亏损。

但是，他的施政节廉的措施引起了军队士兵的不满，加之他在军队中缺乏威信，终于导致禁卫军的骚乱。公元 98 年，禁卫军包围皇宫，要求涅尔瓦释放刺杀图密善的刺客，并杀死了他的几个顾问。涅尔瓦在禁卫军士兵的胁迫下被迫做出让步。

这个事件使他清醒地认识到：没有军队支持的皇帝是无法对帝国行使权力的。于是，他效法屋大维，认亲近自己的军事将领、上日耳曼尼亚行省（相当于今天的瑞士和法国的阿尔萨斯大区）的总督图拉真为养子，并授予他保民官权力。这样一来，图拉真不但成了涅尔瓦的继承者，而且也成了他的共治者。图拉真有丰富的行政经验，而在他的背后则有强大的上日耳曼军团。涅尔瓦把图拉真过继为养子，实际上也就解决了用军事集团来巩固自己统治地位的问题。

公元 98 年年初，涅尔瓦因病去世，正在科隆戍守的图拉真奉召继位。图拉真的父亲是西班牙的罗马殖民者的后裔，曾任西班牙、叙利亚等行省的总督。公元 89 年，图拉真成为军团的指挥官，二年后任执政官。因为在与日耳曼人作战中建立军功，他被授予了“日耳曼尼库斯”罗马贵族荣誉称号。

图拉真继位后，并没有立刻回到罗马接受权力，而是仍在莱茵河和多瑙河地区逗留了一年多，一边巡视、巩固边防，一边策划与达契亚开战的准备工作。公元 99 年，图拉真回到罗马，奉行与元老院友善的政策，并从东方各行省中任命元老院的成员，从而获得了元老院的认可，加强了他和元老院的关系。

图拉真十分清楚培养民力的重要性，为减缓民众的负担实施轻徭薄赋，并用政府贷款的方式，帮助小农、贫农维持生计。此外，他还沿袭涅尔瓦所创行的办法，由政府拿出一部分税款用以养育被遗弃的孤儿。图拉真令人称道的另一成就，是他下令在意大利和各行省大力修建的公共工程，如修道路、造桥梁、开沟渠、垦荒地、辟港口、立大厦等。这些工程的遗迹在现代的西班牙、北非、巴尔干半岛和意大利等地仍处处可见。由此，他获得了元老院赠给他的“最佳元首”的称号。

作为一个行伍出身的皇帝，图拉真放弃了屋大维的注重国内治理策略，恢复了罗马共和时期的扩张倾向，意图通过对外战争，掠夺他人财富，增加国库收入，以弥补税收的不足。为了能适应对外战争的需要，他把罗马军团扩大到 30 个，每个军团的规模也加以增大。依靠这样一支庞大的军队，图拉真发动了一系列对外侵略战争，成为继凯撒以后罗马最大的、也是最后一位成功的扩张者和侵略者，罗马帝国的疆域被扩大到前所未有的规模。

公元 101 年至公元 106 年，图拉真二次远征，举兵攻打多瑙河下游的达契亚（又译达西亚）人，并将达契亚人的王国收为罗马的一个行省，大批的帝国士兵和平民被移民到那里。这些移民地的后裔被称为罗马尼亚人。征服达契亚使图拉真获得了巨大的财富和土地，图拉真在罗马宣布用历时 123 天的节日来庆祝达契亚战争的胜利。用如此长的时间来庆祝一次战争的胜利，在世界历史上绝无仅有。

公元 105 年至次年，驻守在叙利亚的罗马军团，占据了巴勒斯坦与阿拉伯沙漠之间的大部分地区和西奈半岛，建立了罗马帝国一个新行省——阿拉伯行省。接着在公元 114 年，图拉真又亲率大军向安息（又称帕提亚）王国大举进攻，占领了亚美尼亚。随即挥师南下，占领了两河流域，直抵波斯湾。图拉真在这片新领地上建立了三个行省：改亚美尼亚王国为亚美尼亚省；在亚述的故址上设立了亚述省；在两河流域设立美索不达米亚省。

经过图拉真一系列的武力扩张，罗马帝国成为当时世界上最强大的帝国，疆域面积也达到历史上最大：东起两河流域，西至不列颠群岛的大部分地区；南部包括埃及、北非；北收莱茵河和位于多瑙河以北的达契亚。有史家估算，面积达 590 万平方千米（至公元 117 年），而中国东汉后期国土，应为 580 万平方千米（公元 140 年）。

就在图拉真实现罗马帝国不断膨胀的时候，东方行省里发生了犹太人的暴动，他被迫转身对付犹太人的起义。但由于年高体弱，加上心力交瘁，在公元 116 年，图拉真突然染疾瘫痪，翌年在征途中去世，没能回到罗马。图拉真在位 19 年，终年 64 岁。

图拉真生前没有正式指定继任人，但皇后肯定，他在咽气之前将帝位传给了养子哈德良（又译赫德里安）。

早在公元 86 年，图拉真的堂弟过世后，图拉真便收养了堂弟的儿子哈德良为养子，并将他的一位侄孙女嫁给了这位养子。不过，随着哈德良的长成，图拉真却一再犹豫，他认为哈德良是一个性格不成熟、真伪难分的人。

哈德良早年起就跟随图拉真转战各地，被委以重任。公元 105 年，为平民保民官，并且打破惯例，第二年又晋升为执掌兵权的执政官；公元 107 年，哈德良一度出任多瑙河畔下潘诺尼亚行省的总督；公元 112 年，出任雅典执政官；公元 117 年，图拉真命他统率在叙利亚集结的重兵。可能皇后对哈德良存有好感，哈德良的继位有极大的可能出于她的安排。图拉真死后不久，哈德良便被叙利亚军团推为元首，这一行动不久又得到了元老院的批准。

哈德良继位后，立即停止了东方的战争，与安息缔结和约。他放弃了图拉真所设立的亚述省和美索不达米亚省，并且让亚美尼亚重新成为依附于罗马的小王国，把罗马帝国在东方的边界缩回到幼发拉底河。哈德良十分清楚，在国力极度紧张的状态下，对外地征服战争是难以持续的。而当时，罗马帝国在北方和西方的边防军力十分薄弱，美索不达米亚人又明显地对罗马人怀有敌意，要在这种情况下固守越出幼发拉底河右岸很远的新边界将是一个非常困难的使命。在北部边境，为了抵御日耳曼人日益强烈的南侵，哈德良在现今德国的南部筑了一道长城，约 550 千米，把莱茵河上游与多瑙河上游连成一片。此外，他又在英格兰北部建造了横贯东西的“哈德良长城”（长城全长 73 千米，高约 4.6 米、底宽 3 米、顶宽约 2.1 米，上面筑有堡垒、瞭望塔等，工程耗时 6 年），以防御那些居住在现今苏格兰的“蛮族”的入侵。他的这些防御措施，收到了良好的效果，在很长一段时间内，罗马帝国边界出现了相对稳定的局面，没有大的战乱发生，推进了帝国经济的发展。

哈德良在位时最大的一次军事行动，就是用兵巴勒斯坦，镇压犹太人的起义。而这次战争，成为犹太民族心中永久的痛。

公元 132 年，哈德良出巡巴勒斯坦，他忽视了犹太人的宗教情感，想在耶路撒冷建一座新城，使之成为罗马人的居留地。并在原先耶和华神庙的场址上，建立罗马人主神朱庇特神庙，以加强对犹太人的信仰控制。同时又宣布，禁止犹太教徒举行割礼和阅读犹太律法。这就再次引起了巴勒斯坦犹太民众的大规模起义。起义规模达 20 万之众，领导这次起义的人名为西门（也称巴尔・科赫巴，意为“星之子”），史称“巴尔・科赫巴起义”，又称为第二次犹太战争。起义军攻城陷镇，杀死罗马和希腊殖民者，势头迅猛，并在巴勒斯坦中部山区建立了一个独立政权。哈德良没有犹豫，他派出军队疯狂镇压，于公元135年攻占了起义军最后一个要塞贝塔尔，把起义镇压了下去。有史学家记载，这次战争毁灭城市50余座、村庄985个，屠杀犹太人达58万。为了不让起义重演，罗马军队将耶路撒冷城彻底破坏，遗址翻耕成田。残存的犹太人多被掳掠为奴，整个巴勒斯坦田园荒芜，庐舍为墟。

叛乱过后，哈德良废除犹太行省，更名为巴勒斯梯那，归属叙利亚行省管辖。为了断绝犹太人与故土的联系，把耶路撒冷改名为埃利亚卡皮托利纳，禁止任何犹太人进入，并将他们驱逐出家园，从此犹太人被迫流浪世界各地，再现了昔日迦太基被毁灭的悲剧。

哈德良时代是罗马帝国国家制度官僚化的重要发展阶段。罗马帝国的官僚体制，在克劳狄时代形成基础，但那时在中央官僚机构中占有核心地位的是被释放的奴隶。因为，中央机构和皇帝私人府邸的管理机构没有什么区别，而后者的构成又主要来自皇帝家族被释放的奴隶。这种现象显然不符合整个贵族集团及奴隶主阶级的利益，也不能适应罗马帝国发展的需要。到哈德良时代，骑士已无财产资格限制，皇帝可以指定具有一定服役年资的人为骑士，他们几乎挤走了所有的被释奴隶，而成为真正的官吏阶层。与此同时，哈德良还把由屋大维创建的“元首顾问会议”变成一个由近卫军长官主持的、成员多为知识分子的常设官僚机构。顾问会议的成员与普通官吏一样，能定时从国库中拿到俸禄。因此，顾问会议便失去了客观议事的最后资本，变成了迎奉皇帝旨意的工具，元老院的作用也进一步降低了。

公元130年，哈德良委任著名的法学专家萨尔维乌斯·尤利安努斯把以前行政长官的一切敕令汇编成册，批准为“永久敕令”。永久敕令又称“尤利安努斯敕令”，它作为对罗马法立法方式的改革，规定了只有皇帝才能对罗马法进行修改和补充。完全改变了公元前287年“霍腾西阿法”所规定的立法基础，即“平民会议拥有完全的立法权”，是古罗马行政体制由议会制向君主制转变的标志性法案。在哈德良统治时期，逐渐形成这样一种法律规范，即“皇帝的意志就是法律”。

哈德良非常重视行省建设，给了许多行省城市自治权，鼓励行省修筑神庙、剧场、公共浴室、举办各种娱乐活动，并慷慨地资助一些城市，从而实行行省城市生活罗马化。在图拉真统治时期，开始吸收东方行省的奴隶主充实元老院，哈德良继续实行这一政策，并广泛地授予行省居民罗马公民权。因此，行省奴隶主和罗马奴隶主逐渐融合，行省居民和罗马公民之间的界限也逐渐消失。哈德良也和图拉真一样，在罗马大兴土木，他重建了屋大维时期兴建的万神殿，并修建了维纳斯女神庙。

据说哈德良是一位博学多才具有艺术家气质的皇帝，在所有的罗马皇帝中他是最有文化修养的一位，在文学、艺术、数学和天文等领域都颇有造诣。他热爱古希腊文化，并成为第一个蓄须的罗马皇帝。

早年，哈德良和他的随从——美貌的少年安提诺乌斯——保有同性恋关系。但安提诺乌斯在随哈德良出巡埃及时不幸溺死于尼罗河中（一说是为了哈德良而用自己的生命作献祭）为纪念安提诺乌斯，哈德良在尼罗河边修建了一座新的城市，并以安提诺乌斯命名，这就是埃及的安提诺波利斯城。他还将安提诺乌斯的雕像竖立在罗马帝国各个城市的中央。1951年，一位法国作家根据这段故事，写出历史小说《哈德良回忆录》，成为同性恋文学史上的名著。

哈德良晚年又发现了50岁的元老安敦尼·庇护和17岁的青年马可·奥勒留。他宣布安敦尼·庇护成为他的养子和皇位继承人，条件是他也必须同时收养马可·奥勒留和康茂德（后易名为维勒斯或译维鲁斯）作为儿子。据认为，哈德良与自己的养子和继任者安敦尼·庇护也保持着同性恋关系。

公元138年7月10日，哈德良去世，死因据说是心脏衰竭，享年62岁。

安敦尼·庇护（又译安东尼·庇护，安托尼乌斯·披乌斯或安东尼·派厄斯）是哈德良妻子的外甥侄儿。在他幼年时父亲就已去世了，安敦尼是由祖父抚养长大的，在祖父去世后则由外祖父抚养。从而继承了双方长辈的财产，安敦尼成为当时罗马最富有的人之一。

安敦尼受过良好教育，富有才干，他在多个部门任过职。公元111年任财务官；公元117年任大法官；公元120年被任命为执政官；约在公元134年作为代执政官，担任亚细亚省总督。公元138年，哈德良病重，临终前指定51岁的安敦尼·庇护为继承人。哈德良选择他的一个原因，据史家分析是安敦尼·庇护的年龄已经比较大了，几年之内就会去世并将皇位传给年轻的马可·奥勒留。但安敦尼·庇护一直活到74岁，在位23年。

在安敦尼统治的23年中，他基本继承了哈德良的内外政策，并展现更加开明大度的一面。对内与元老院保持良好的合作，免除平民的欠税，促进贫儿入学，并将大量个人私产捐入国库。安敦尼为政勤俭，为减轻地方负担，在执政的23年里没有离开过罗马城，最远的一次旅行是去他郊外的别墅。所以其任内国库充盈，各行省经济繁荣，工商兴旺。他限制对奴隶使用刑具，严惩奴隶主无故杀死奴隶的行为，尝试缓和阶级矛盾。对外，安敦尼继续采取防御政策。在不列颠岛，罗马军队击退了苏格兰人部落的侵扰，将边界线前推了100多千米，并建立了安敦尼墙。在黑海北部，游牧民族阿兰人攻袭本都地区的希腊城市，罗马军队驰援，一举击退了阿兰人的入侵。

因安敦尼的执政温厚，守成有方，他被元老院授予“庇护（也译皮乌斯，含有虔诚、尽职、慈悲的意思）”的称号。安敦尼统治时期，也是罗马帝国达到全盛的时期。因此，涅尔瓦所建立的王朝也因他的名字被称为“安敦尼王朝”。

公元161年，安敦尼74岁时患了胃病，弥留之际，他把马可·奥勒留召到床前托以国政。当初，哈德良认养安敦尼·庇护的条件，是他同样认养马可·奥勒留和维勒斯为养子。这样哈德良为帝国确定了两代的继承人。安敦尼逝世后，传位于马可·奥勒留和维勒斯。由二位元首共同执政，这在罗马史上还是第一次。

马可·奥勒留（也译马可·奥里略，马尔克·奥雷利）出生于罗马一个贵族家庭。其父亲一族曾是西班牙人，但定居罗马多年，并在韦帕芗时期获得了贵族身份。其母亲一族也是地位显赫的贵族，其外曾祖父曾两次担任执政官。但是，奥勒留还是婴儿时其父就死于执政官的任上，改由祖父抚养，其祖父曾三度担任罗马的执政官。因此，奥勒留虽然幼年丧父，但还是拥有一个相当幸福的童年。并在希腊文学、拉丁文学及法律、绘画尤其是哲学方面都受到了最好的教育。

马可·奥勒留自小受到皇帝哈德良的注意，6 岁获骑士头衔；8 岁为古罗马战神祭司。他在很小的时候就表现出对哲学的兴趣，11 岁时，便有意模仿罗马哲学家们的穿戴和生活方式。奥勒留起初也曾像当时大多数罗马青年一样学习写诗，但后来他放弃了文学，专心学习斯多亚派的哲学，同时接受皇室继承人的训练和教育。

斯多亚哲学学派，（又译斯多葛学派、斯多阿学派）是塞浦路斯人芝诺于公元前 300 年左右在雅典创立的学派（与提出“芝诺悖论”的芝诺是两个人）。因芝诺常在雅典集会广场的画廊聚众讲学而得名，故该学派被称为画廊学派或斯多亚（原指门廊或画廊，后专指斯多亚派）派。

斯多亚派是希腊化时代一个影响极大的思想派别，芝诺被认为是自然法理论的奠基者。

斯多亚派认为，世界理性决定事物的发展变化。所谓“世界理性”，就是神性，它是世界的主宰，个人只不过是神的整体中的一分子。斯多亚派把宇宙看作是美好的，有秩序的，完善的整体，由原始神圣的火种演变而来，并趋向一个目的。人则是宇宙体系中的一部分，是宇宙的缩影。因此，人应该协调自身，与宇宙的大方向相协调，最终实现这个大目的。

斯多亚派人相信，宇宙间有公理存在，即所谓“神明的律法”，全体人类（包括奴隶在内）都受到神明律法的管辖。由于此一神明律法是建立在亘古长存的人类理性与宇宙理性之上，因此，不会随时空而改变。在这方面，斯多亚学派的主张与苏格拉底相同，而与诡辩学派相异。

斯多亚学派除了否认个人与宇宙有别之外，也不认为“精神”与“物质”之间有任何冲突。他们主张宇宙间只有一个大自然，这种认识被称为“一元论”。与柏拉图明显的“二元论”或“双重实在论”正好相反。

斯多亚学派强调人要顺从天命，要安于自己在社会中所处的地位，要清心寡欲，只有这样才能得到幸福。他们宣扬人类是一个整体，只应有一个国家，一种公民，即宇宙公民。而这个国家也应由智慧的君主来统治。斯多亚派认为，国家不是人们的意志达成协议的结果，而是自然的创造物。

芝诺约生活在公元前 336—前 264 年，比老子晚 200 年左右。但二者的理论有相似之点又各具特色。例如，两者都主张对感情和欲望的约束，都追求心灵的宁静。

安敦尼·庇护是奥勒留的姑夫。安敦尼·庇护无子，便以奥勒留为养子改其名为马可·奥勒留·安敦尼。由于庇护也叫安敦尼，所以史家习惯上称奥勒留为“马可·奥勒留”。

马可·奥勒留 15 岁时与安敦尼·庇护的另一养子维勒斯的姐姐订婚。17 岁时解除婚约，与姑父之女订婚。18 岁时奥勒留获得“凯撒”的称号，协助养父治理国家，19 岁时擢升为执政官。马可·奥勒留 24 岁时成婚并再次被推举为执政官。其先后生育了 13 个儿女，但只有 6 人存活，其中 5 个儿子中只有康茂德一人长大成人。在即帝位之前马可·奥勒留第 3 次被推举为执政官。

马可·奥勒留即帝位后，邀请他养父的另一养子卢修斯·维勒斯（也译路奇乌斯·维鲁斯）与他共理国事，共享皇权。卢修斯·维勒斯娶了奥勒留的一个女儿为妻，所以，奥勒留又是他的岳父。据说元老院曾要求奥勒留独自掌权，但是奥勒留坚持要共同执政。

马可·奥勒留即位后，帝国危机四起，一直动荡不安，罗马的“黄金时代”跟着“罗马和平”趋于结束。公元162年，为与安息争夺亚美尼亚和两河流域，马可·奥勒留派维勒斯统兵进行了长达3年的战争，占领了安息的两个都城。而北方的马可曼尼人（日耳曼部落）也发动入侵，越过多瑙河南下。约公元172年，马可·奥勒留被迫允许一支无法驱逐的日耳曼部落定居多瑙河南，利用他们防御其他日耳曼部落。公元175年，叙利亚行省总督举兵反叛，自立为帝。但不久叛军将领们倒戈，总督被部下所杀。但马可·奥勒留并未欢愉，相反，他却叹息“失去了一个化干戈为玉帛的好机会”。据说他赦免了总督的家人，还有意毁掉了一切有关叛乱的文件，以免牵累他人。

公元167年，维勒斯班师回到罗马，他受到了罗马人的热烈欢迎。维勒斯在给罗马带来胜利喜讯的时候，也给罗马带来了一场灾难。一种可怕的瘟疫随着东方军团的到来而迅速向帝国各地蔓延，因疫情是在安敦尼王朝发生，故史称：安敦尼瘟疫。

“安敦尼瘟疫”给罗马帝国带来了伤寒、天花、麻疹以及中毒性休克综合征等多种疫病。

据一位罗马史学家称，疫情严重时罗马一天就有2000人因染病而死亡，相当于被传染人数的四分之一，总死亡人数估计高达500万。在有些地方，瘟疫造成总人口三分之一的减少。此疫不仅影响了帝国兵源的补充，同时也减少了国库的税收，使罗马帝国出现了严重的财政危机，大大削弱了罗马国力。有学者认为此次疫情也是天花流行的最早纪录。

公元169年，维勒斯因病死于兵营。十年后的公元180年，马可·奥勒留也因身染瘟疫同样去世于位于多瑙河边的军营中，这一年他刚好59岁。

马可·奥勒留被誉为“帝王哲学家”，他在人生经历的思考中记下了与自己心灵的对话，从而著就了名传后世的《沉思录》一书。马可·奥勒留的勤奋努力，最终没有能够挽救罗马帝国的衰退，但是，他的《沉思录》却成为西方历史上的传世之作。

《沉思录》这本书是马可·奥勒留为自己写的。此书以私人笔记的形式记述了作者冷静的人生反思，也是作者对所处混乱世界的人生感受。在他死后，这些笔记可能由其亲友、护卫或崇拜者保留了下来，到了16世纪才开始流行。

《沉思录》表达了作者希图追求一种冷静而客观，摆脱了冲动和欲望的生活状态，并渴望拥有坚韧的勇气和自觉的自制力来支撑自己。马可·奥勒留在书中论述了灵魂与死亡的关系，剖析了个人的品行、自我以及对社会的责任。马可·奥勒留常常通过自省的方式以求达到内心的宁静。他认为，有德行的人不仅要思辨善恶、倾向正义，还要付诸于行动。马可·奥勒留把降临身上的一切阴谋和苦难都不看成是恶，认为痛苦和不安仅仅是来自内心的感受，并且是可以由心灵加以抚慰的。他不厌其烦地思索，投入旺盛的精力学习，这位哲学家皇帝始终保持着对宇宙、对人生的哲学思考。

马可·奥勒留在《沉思录》中这样告诫自己：

“人们相互蔑视，又相互奉承；都希望自己高于他人，又各自匍匐在他人面前。”

“不要为将来担忧。如果你必须去到将来，你会带着同样的理由去的，恰似你带着理由来到现在。一个人不要管他人的言行思想是否正确，只管注意自己的行为是否正确，那么这个人的生命将是何等丰富！老实讲，一个好人是不要窥视别人内心的黑暗，而是目不斜视地直赴目标。”

公元 166 年，马可·奥勒留遣使汉朝，向东汉的汉桓帝刘志敬献象牙、犀角、玳瑁（dài mào），并与东汉建立了通商关系，维护丝绸之路。

当时的罗马人普遍认为，他们所遭受的灾难和不幸是由于对罗马神灵的忽视，而异教基督徒应当对此承担责任。当时，新兴的基督教徒与传统宗教的信仰者以及世俗的市民冲突激烈，狂热的民众时常攻击和迫害基督教徒，并要求官府严惩他们。马可·奥勒留受到民众情绪的影响，接续前朝态度，对基督徒采取歧视和迫害的政策。公元 177 年，罗马帝国发生对罗纳河畔的两个小城里昂（位于今法国的东南部）和维埃纳（位于今法国的中西部）的基督徒实施残酷迫害和屠杀事件。据说，马可·奥勒留发出的诏书称，这些基督徒应该受到惩戒，但是如果他们放弃信仰，那么就可以得到释放。但是，众多基督徒坚持基督教信仰而被杀。

公元 180 年 3 月，马可·奥勒留在日耳曼前线病逝，20 岁的康茂德在前线成为帝国唯一的皇帝。

康茂德，公元 161 年出生，该年正是其父亲马可·奥勒留成为皇帝的时间，因此，康茂德从小便在皇宫中长大。由于康茂德原有的兄弟相继夭亡，因此，身体健壮的康茂德就成了奥勒留唯一的独生子。康茂德在 5 岁时便列名为凯撒，16 岁受封为统帅，17 岁便得到与父亲相同的称号奥古斯都，成为帝国的共治者。奥勒留极力栽培自己的儿子，为其招聘名师，并带着他一起参与日耳曼战争以增加儿子在军中的威望。

或出于对战争的厌倦，康茂德上任之后，改变了父亲坚持日耳曼战争的方针，放弃将波希米亚（今捷克中西部地区）并入帝国行省的想法。他决定与对手和谈，在订立了停战和约后，率领军队回到意大利。从此，康茂德未再发动大规模的对外战争。

但是，在公元 182 年发生了一件事，使康茂德的身心受到了严重刺激。一次，康茂德看完演出后，正向剧院（一说竞技场）外走去，突然冲出的刺客险些将其暗杀。卫士抓到刺客加以严刑拷问之后，发现这场刺杀行动的主谋竟是自己的亲姐姐露西拉（又译鲁琪拉）。

露西拉是马可·奥勒留的长女，大康茂德十多岁。马可·奥勒留带着维勒斯一起做皇帝后，由于年龄、性格和阅历等因素，国家大事乃由马可·奥勒留做主，但还是展现出马可·奥勒留宽博的胸襟。不过，马可·奥勒留也是动了一点小小的心眼，他很快安排自己的女儿露西拉与维勒斯成婚。这样一来，共治的皇帝就成了自己的女婿，在亲缘上成为一家人。

不仅如此，他还授予了女儿“奥古斯塔”的称号。“奥古斯塔”相当于女性“奥古斯都”的意思。罗马进入帝国时代，一个皇帝通常有三个头衔：大将军、凯撒和奥古斯都。“大将军”能和别人共享；“凯撒”作为同氏族的成员都可以拥有；只有“奥古斯都”是独一无二的，所以，“奥古斯都”就相当于皇帝。而“奥古斯塔”这个称号一般会授予皇帝的母亲、姐妹或者女儿。不过，“奥古斯塔”并不是在成为皇帝的亲人之后就可以自动获得，必须经过元老院的批准才能使用。譬如，罗马的第一位“奥古斯塔”是屋大维的妻子莉薇娅，其是在屋大维去世之后才获得这一称号。

在露西拉与维勒斯成婚5年后，年仅39岁的维勒斯就病故了。露西拉此时不满20岁。出于政治方面的考虑，马可·奥勒留不顾女儿的愤怒，将她改嫁给了一位军事实力派人物——潘诺尼亚行省（范围约是匈牙利、罗马尼亚、塞尔维亚、捷克、斯洛伐克及奥地利的部分地区）总督庞培亚努斯。

庞培亚努斯是一位从军多年的贵族元老，作战经验丰富，战功显赫。对马可·奥勒留而言，庞培亚努斯无疑是支持他统治帝国的左膀右臂。不过，按照罗马古籍《奥古斯塔史》的看法，庞培亚努斯是不适合娶露西拉的，因为庞培亚努斯的年龄几乎大出了露西拉两倍。同时二人婚后，露西拉的地位也由前第二皇后降成行省总督夫人。由此，露西拉的内心十分抵触，坚决不同意。为了说服女儿，马可·奥勒留准许她在改嫁后仍然保留“奥古斯塔”的称号，露西拉勉强同意了这一安排。5年后，其母亲去世，露西拉成为整个帝国中唯一享有“奥古斯塔”尊号的女人。而且在弟弟继位之后，康茂德的皇后并没有获封“奥古斯塔”，露西拉仍然享有这独一无二的荣耀。

露西拉为什么要杀弟弟？各种说法很多，有一种说法是，露西拉听到了皇后已经怀孕的传闻。一般来说，诞下第一个孩子，往往是帝国皇后获封“奥古斯塔”称号的台阶。这一传闻让露西拉警醒，只要自己不是皇后，那么他人获得这一称号只是时间问题。既然如此，尚不如趁弟弟根基未稳且无子嗣，先把他干掉，让自己的丈夫做皇帝。她设法说服了一位表兄参与计划，此人是元老院元老，还曾经担任过执政官。执行刺杀行动的是丈夫的外甥，此人体格强壮，精于搏斗，是绝佳的刺客人选。可能出于对丈夫的了解，露西拉没有将刺杀阴谋告知庞培亚努斯。

刺杀行动失败后，凶手和几位被牵连的元老院元老遭到处决，而露西拉先被流放，后也被杀，庞培亚努斯安然无恙，但退出权力中心。

康茂德意识到了自己有了危险，性情大变。他变得猜忌、暴戾，不相信任何人，内心充满了恐惧。自此之后，康茂德耽溺于狩猎和娱乐，并对角斗活动相当热衷，时常亲自下到竞技场与角斗士或野兽搏斗。由于康茂德的疏于理政，造成他受到侍从克里安德的里外操弄。克里安德设法让康茂德怀疑并杀死了禁卫军长官，由他接任。他上任之后，欺上瞒下，卖官鬻爵以饱私囊，甚至出现了一年之中有25位执政官的怪现象。公元190年6月，由于克里安德擅自挪用免费发放给公民的小麦到市场上贩卖，造成罗马城的粮食短缺，引发市民暴乱。康茂德为平民愤下令处死了克里安德。

克里安德死后，康茂德并未醒觉，行事依然如故。他敌视元老院，常以“有阴谋”为由，随意逮捕、处死元老及政府高层官员，还宣称自己为海格力斯（或译赫拉克勒斯、赫丘利，是宙斯之子）神的儿子。

公元 192 年的最后一天，康茂德被他的情妇、寝宫侍臣和摔跤教练合谋勒死在寓所。隔天，在禁卫军的支持下罗马的城市执政官佩蒂纳克斯担任新的皇帝，元老院通过决议承认佩蒂纳克斯的地位，并同时通过对于康茂德的除忆诅咒（意指从人们的记忆中抹消其存在，消除其所有功绩记录），安敦尼王朝由此结束。

一般西方史学界都认为，安敦尼的统治时期是罗马帝国最发达和最繁荣的时代。而涅尔瓦、图拉真、哈德良、安东尼·庇护和马可·奥勒留也被西方史家称为“五贤帝”，他们被古罗马学者认为是君主的理想典范。

“五贤帝”统治时期，罗马帝国得到了近一百年的和平与安定。其政治清明，经济发展，社会繁荣，与之前一百年的腥风血雨形成了鲜明的对比，被称为罗马帝国的“黄金时代”。

因此，18 世纪一位英国历史学家在他的著作《罗马帝国衰亡史》中，把这个时代称赞为“人类最幸福的年代”。不过现代史学家对其整体赞誉未能完全赞同。他们指出：在这些帝王统治下，只有少数人生活富足，而更多的人难脱穷蹙，其中大部分是农民。当帝国全盛、意大利城市手工业和各行省经济发展之际，意大利的农业却相形见绌。虽然葡萄和橄榄种植有所发展，但是谷物生产大为缩减。和各行省相比，意大利的农业显得衰落。五贤帝统治下民众的生活普遍如何？历史学家们众说纷纭。

安敦尼王朝可以明显地分为二个时期。前四位皇帝统治时期（公元 96—161 年）是帝国中央政权最稳固的时期。在当时，不但政治稳定，经济也有了快速的发展，意大利和各行省都出现经济繁荣的气象。但从马可·奥勒留开始，帝国繁荣的局面逐渐消失，奴隶制危机再次出现。在边境，东方的安息人和北方的日耳曼人也乘虚侵略。当康茂德继位时，罗马帝国已经处于政治和经济全面危机的前夕。

安敦尼王朝的继位者，除马可·奥勒留是将帝位传给自己的亲生儿子康茂德以外，其他几位都不是以血缘为基础，而是以过继的方式传位的，这也是王朝的一大特点。

与此同时，中国的东汉王朝也走向没落，开始进入一个新的历史时期。

四、祖先的智慧

冶炼技术进步

◆从西汉开始，铁制农具已逐步成为王朝主要的生产工具，著名的农具种类有铁犁壁、矩犁、全铁曲柄锄等，牛耕是最主要的犁地方式，在兵器中也开始大量使用钢。

“何意百炼钢，化为绕指柔。”西汉时期的炼钢技术在战国块炼铁的基础上有了很大的发展。反复热锻块炼铁，或用生铁炒成熟铁，再反复渗碳锻打成钢，被称之为“百炼钢”。河北满城西汉刘胜墓出土的佩剑和错金属刀所用的钢，原是由块炼铁渗碳而成的制品，其中心部分是低碳钢，含碳量在 0.1% 到 0.2%，具有韧性好不易断折的优点，而表面则是性能坚硬的高碳层，含碳在 0.6% 至 0.8%。刘胜剑的魏氏硬度在刃部每平方毫米可达 900~1170 千克，而内部每平方毫米只有 220~300 千克。这说明其表面是经过多次热锻渗碳后又加以淬（cuì）火处理，才获得了如此良好的性能。其在钢杂质含量，组织均匀等方面已接近现代优质钢的水平，这时期发明的“百炼钢”主要用于制造兵器。

到西汉中晚期，中国又出现了新的炼钢技术——“炒钢”。“炒钢”是在生铁冶铸技术的基础上发展起来的一种炼钢新技术，是炼钢技术的一项突破，它能提供大量廉价、优质的熟铁或钢。炒钢的出现也大大促进了百炼钢技术的发展，人们可以以炒钢为原料，经过反复加热、折叠、锻打成质量优良的钢件。这期间古代工匠们还发明了局部淬火，科学家对徐州狮子山楚王陵出土的 4 件凿刀的金相分析表明，该 4 件凿刀都经过对刀头的局部淬火处理，以获得刀头硬、刀体韧的效果。对在山东苍山汉墓出土的环首钢刀、陕西扶风汉墓钢剑和汉代刘胜错金书刀的分析也表明，这些刀剑仅在刃部观察到马氏体，剑的脊部未见淬火组织。

西汉时期，中国的冶炼生产有了很大的发展。河南巩县铁生沟和南阳等地的冶铁遗址的发掘表明，西汉时的炼铁竖炉已有较大规模，有的竖炉高达 4 米左右。西汉时已使用煤来炼铁，用石灰石等碱性溶剂造渣脱硫，并采用了把矿石预先破碎，经过筛选使得粒度均匀的整理技术。西汉还出现了原始的预热鼓风设备，这些都是冶炼技术上的重大进展。欧洲在一千多年后才有炼铁竖炉，17 世纪才用煤炼铁。

算学发展

天文历法因为与农业生产密切相关，因而在中国历代皇家王朝都极为重视，应而也就带动了古代算学的发展。

《周髀算经》是流传至今的一部中国古代数学著作，同时也是一部中国最古老的天文学著作，这是因为数学往往与天文学有着紧密地联系。据考证，现传本《周髀算经》大约成书于西汉初期，作者不详。《周髀算经》提出了“盖天说”即“天像盖笠，地法覆盆”的宇宙认识。同时还涉及开平方的问题，等差级数的问题。使用了相当繁复的分数算法和开平方法，以及应用于古代“四分历”计算的分数运算，提出了圆周长的求法。

《周髀算经》在数学上的主要成就是介绍了勾股定理及其在测量上的应用，相似直角三角形对应边成比例等数学内容。原书没有对勾股定理进行证明，其证明是三国时东吴人赵爽在《周髀注》一书的《勾股圆方图注》中给出的。《周髀算经》还曾传入朝鲜和日本，在那里也有不少翻刻注释本。

《九章算术》也是中国古代著名的数学专著，该书内容十分丰富，它系统总结了战国、秦、汉时期的数学成就。其成书年代多数人认为是在西汉末到东汉初之间，约公元 1 世纪前后，经多人之手逐次整理、修改、补充而成的集体创作结晶。全书分为九章：“方田”是分数四则运算和平面形求面积方法；“粟米”是粮食交易的计算方法；“衰分”是分配比例的算法；“少广”是开平方和开立方方法；“商功”是立体形求体积法；“均输”是管理粮食运输均匀负担的计算方法；“盈不足”是盈亏类问题的解法；“方程”是一次方程组解法和正负数；“勾股”是勾股定理的应用和简单的测量问题的解法。其中，分数四则运算，联立一次方程组解法具有当时世界领先水平。特别是在世界数学史上，首次开创性地提出了负数概念和正负数加减运算法则。全书由 246 个算学命题和解法汇编而成，标志着中国古代数学形成了与古希腊数学完全不同的独立体系。《九章算术》不仅在中国数学史上占有重要地位，而且同《周髀算经》一样，影响到朝鲜和日本。

中国考古专家在湖南张家界古人堤汉代遗址出土的简牍上发现的汉代“九九乘法表”，竟与现代人们常用的乘法口诀表有着惊人的一致。此前在湖南湘西里耶古城出土的一枚秦简上也发现了距今 2200 多年的乘法口诀表，为中国现今发现的最早的乘法口诀表实物。

1983 年年底，在湖北省江陵县张家山出土了一批西汉初年的竹简，有千余支。经初步整理，其中有律令、《脉书》《引书》、历谱、日书等多种古代珍贵的文献。还有一部数学著作，据字迹辨认，该书书名叫《算数书》。

专家推定，该墓下葬于公元前 186 年或稍晚，《算数书》的编写年代自然要更早一些。《算数书》是目前出土的最早的中国数学著作，为中国数学史上的重大发现。全书有 200 多支竹简，其中完整地有 185 支。经研究，它和《九章算术》有许多相同之处，而且有些概念、术语也与《九章算术》的一样。据考证，它比《九章算术》要早一个半世纪以上，有人推测两书具有某些继承关系。全书总共 7000 多字，有 60 多个小标题，如“方田”“少广”“金价”“合分”“约分”“经分”“分乘”“相乘”“增减分”“贾盐”“息钱”“程未”等，但未分章或卷。

人才辈出

两汉时期，也是中国古代科技史上人才辈出的时期。

落下闳（là xià hóng）是中国最伟大的天文学家之一。汉武帝时代由他主持创建的《太初历法》，决定性地影响了中国的历法结构。后来的中国古代历法，都是从落下闳等人建立的太初历法基础上发展演变而来。太初历以正月为岁首，规定 1 年等于 365. 25 日，1 月等于 29.53 日，并正式引入了 24 节气。落下闳通过大量的天象观测记录，参考了历代积累的天文数据，在我国天文学史上第一次科学的测算出了 135 个月的日食周期，称为朔望之会，即约 11 年中有 23 次日食发生。历中所采用的行星汇合周期的数值也较为准确。同时，他还是浑天学说最早的代表人物。浑天学说虽然还没有改变地心学说的论点，但是已经得出了地球和天体是球形和环状运作的结论。后来的西汉学者扬雄的“太玄论”和张衡的“浑天论”，及其制作的浑天仪，都是在落下闳的天文学学术基础上建立起来的。落下闳还发明了应用辗转相除法求渐近分数的“通其率”算法，中国数学界称之为“落下闳算法”。这种算法为古代历法计算中的“强弱术”“调日法”“求一术”奠定了重要基础。“落下闳算法”影响中国天文数学2000多年。

自从太初历法颁行，中国开始有了正式的干支纪年，它是中国现存第一部有文字可考的完整历法。2004年9月，经国际天文学联合会小天体提名委员会批准，中国科学院国家天文台将其发现的一颗小行星命名为“落下闳星”，以此来纪念这位古代著名的天文学家。

张衡是东汉安帝时的天文学家，曾作《灵宪》一书，比较正确地阐述了许多天文现象。比如他说，“月光生于日之所照，魄生于日之所蔽；当日则光盈，就日则光尽也”。对月光的来历，看得很清楚。他在落下闳的浑天仪的基础上设计制作了新的浑天仪及地动仪。浑天仪是用水力转动，用铜铸成，在仪器球面上标出天上星宿，以观察星体的出没。地动仪用精铜制造，形似酒樽，内置机关，在8个方向上各安一个龙头，龙头口衔铜球一枚。那个方向发生地震了，同方向的龙头就口吐铜球发出警报，并能推测出震源距离。

2005年，河南博物院与中国地震台网中心、国家博物馆、北京机械工业自动化所等单位组成的课题组成功复原了失存的张衡地动仪。新仪器在多次实际地震中实现了良好的验震反应，说明张衡地动仪的科学性和实用性。

1957年5月，在陕西省西安市灞（bà）桥区发现了一座西汉汉武帝时代的古墓，墓中一枚青铜镜上，垫衬着几层古纸。考古人员细心地把粘附在铜镜上的纸剔下来，大大小小共80多片，其中最大的一片长宽各约10厘米，专家们给它定名为“灞桥纸”。灞桥纸纸色暗黄，经化验分析，原料主要是大麻，掺有少量苎（zhù）麻。在显微镜下观察，纸中纤维长度1毫米左右，绝大部分纤维作不规则排列，说明在制造过程中经历过被切断、蒸煮、舂捣等处理。虽然质地还比较粗糙，表面也不够平滑，但无疑是世界上最早的以植物纤维为原料的纸。这一发现，把中国造纸术向前推了两个世纪。灞桥纸发现后，人们又在甘肃居延汉代烽塞遗址和陕西扶风中颜村发现了西汉纸。甘肃发现的西汉纸上还留有文字墨迹，说明至迟在西汉，人们已用纸来书写文字了。1986年考古人员又在甘肃天水放马滩西汉时期墓群中出土了绘有地图的纸。1974年，在甘肃武威县一座东汉墓中，出土了一批东汉纸，这些纸质地比起西汉纸有着明显的进步。十数张纸的上面都有书写的字迹，有的是书信、诗抄，也有的是日常文书，可见这时的纸已经比较普遍地被人们用作书写的材料了。

在东汉时期，有一个叫蔡伦的宦官，其总结前人经验，用树皮、麻头、破布、旧渔网等原料，经过挫、捣、抄、烘等工艺进行造纸，称为“蔡侯纸”。蔡伦用树皮做原料，开创了近代木浆纸的先声，形成了现代意义上的纸，对改革和推广造纸术有很大的贡献，后世传为造纸术的发明者。造纸术在公元300年左右传入朝鲜半岛和日本，在公元751年又传入中亚，之后通过阿拉伯诸国进入北非与欧洲，推动了世界文明的历史。

由李斯规范的秦文小篆，篆法繁苛，书写不便，于是出现了隶书。“隶书，篆之捷也”其目的就是为了书写方便。到了西汉，汉字完成了由篆到隶的华丽转身，字形由纵势趋向横势，线条波磔（zhé，汉字笔画的捺）明显。隶书的出现是汉字书写的一大进步，是书法史上的一次革命，它使汉字趋于方正，为以后各种书体流派奠定了基础。

张仲景，河南南阳人。因《伤寒杂病论》而被尊为中华“医圣”、中医之祖。张仲景处在动乱的东汉末年，在烽火狼烟中人们颠沛流离，饥寒交迫。各地连续爆发瘟疫，尤其是洛阳、南阳、会（kuài）稽（今绍兴）疫情严重。据史料记载，自公元196年起，十年内有三分之二的人死于传染病，其中伤寒病占百分之七十，“家家有僵尸之痛，室室有号泣之哀”。面对这种悲惨景象，张仲景开始发愤研究医学，立志要解民众于水火。他向名医求教，广泛收集医方，写出了传世巨著《伤寒杂病论》。

《伤寒杂病论》所确立的六经辨证的治疗原则，受到历代中医学家的推崇。这是中国第一部从理论到实践、确立辨证论治法则的医学专著，是中国医学史上影响最大的著作之一，为后世学者研习中医必备的经典著作。在方剂学方面，《伤寒杂病论》也做出了巨大贡献，记载了大量有效的方剂。《伤寒杂病论》在中医发展史上具有划时代的意义，对中医学的发展做出了重要贡献。

据史书记载，东汉末有沛国谯县人华佗是世界上最早采用麻醉药进行外科手术的医生。虽然，其人其事的真实性受到部分学者的质疑。但据现代人研究，史书记载华佗所用的“麻沸散”可能和宋元明时期记载的睡圣散、草乌散、蒙汗药相类似。宋书《扁鹊心书》记有用睡圣散作为灸治前的麻醉剂，它的主要药物是山前花即曼陀罗花。元人记录的正骨手术麻醉药草乌散，是以洋金花（也是曼陀罗花）为主制配而成。日本外科医生华冈青州，在公元1804年将以曼陀罗花为主的药物用作全身麻醉手术，被誉为世界外科麻醉史上的首创。中国外科医师曾用曼陀罗花等作为手术麻醉剂，取得可喜的效果。它不仅效果可靠，使用安全，而且有抗休克、抗感染的优越性。除曼陀罗花之外，具有麻醉作用的中药还有很多。由此可见，在东汉末出现麻醉药物是有可能的。

造船技术

中国的造船技术在汉代有很大的发展。1955年，在广州的一座东汉墓中，出土了一只长1. 8尺的陶制船模型，其船尾有一支舵。舵面呈不规则的四方形，舵杆用十字状结构固定，从船尾斜伸入船的后部。在舵杆的顶端有个洞孔，是用来安装舵把的。只要转动舵把就可以使舵面偏转，从而调节和控制航行的方向。由此可见，东汉时期中国的船舵装置已经开始出现了。在中国古籍中，舵又写作柁（duò）、柂（duò）和杝（duò）。东汉刘熙所著的《释名》一书中的“释船”篇说：“其尾曰柁，柁拖曳，在后见拖曳也，且言弼正船使顺流他戾也。”就是说，船尾后的装置叫作舵，舵即拖的意思，因为它是拖在船尾的缘故。舵能帮助船只不偏离航向，也能使船改变航向。

青瓷器出现

原始瓷从商代出现后，历经1000多年间的变化与发展，到东汉时期终于摆脱了原始瓷器在胎体和釉层的烧制工艺上都尚显粗糙的状态，烧制出成熟的青瓷器，这是中国陶瓷发展史上的一个重要里程碑。这种青瓷普遍采用了优质的矿物原料作为坯体，坯料加工更加细腻，同时在其表面施一层青色玻璃质釉。在高温烧结下，其胎骨的玻化程度高，且其他杂质较少，使得这种青瓷制品美观、坚硬，标志着中国陶瓷生产进入一个新的时代。

马王堆汉墓

1972 年在中国考古界有一个惊人的发现——湖南长沙马王堆汉墓。该墓地为西汉初期长沙国丞相利苍及其家属的墓葬。该墓葬的发掘，在中国史学界产生了巨大的影响，在世界上也引起了轰动。

首先令人惊异的是 1 号墓出土的女尸，时逾 2000 多年，该女尸形体完整，皮肤湿润，面容清晰可辨；部分关节可以活动，肌肉有弹性，手指脚趾纹路清晰。解剖发现，女尸各内脏器官完好，食道、胃及小肠内有甜瓜子 100 多粒，这在世界尸体保存记录中是十分罕见的，是防腐学上的奇迹。

马王堆共发掘三座汉墓，出土珍贵文物 3000 多件，绝大多数保存完好。其中 500 多件各类漆器，制作精美，纹饰华丽，光泽如新。墓葬中出土的各种织物，极大地丰富了中国汉初纺织技术的史料。1 号墓出土的织物，大部分放在几个竹笥（sì，装小物件的方形竹器）之中，除 15 件相当完整的单、夹棉袍及裙、袜、手套、香囊和巾、袱外，还有 46 卷单幅的绢、纱、绮、罗、锦和绣品。3 号墓出土的织物锦的花色较多，最令人惊叹的是素纱和绒圈锦。当时出土两件素纱禅衣，一件重 49 克，另一件重 48 克，都不足一两。且禅衣尺寸非常宽大，衣领到下摆，长 1.28 米，袖子展开，从左到右竟长达 1.9 米，真正轻若烟雾，薄如蝉翼，可谓巧夺天工。它们代表了西汉初期养蚕、缫丝、织造工艺的最高水平。用作衣物边缘装饰的绒圈锦，纹样具有立体效果。这种织锦是多色经丝和单色纬丝交织而成，织物矩形表面的图案部位，呈现有立体感的环状线圈。它的织造工艺须用两个张力不同的经轴夹起绒针，才能织成。它说明两千多年前中国已采用双经轴提花机，用提花束综来控制上万根经纱。而印花敷彩纱的发现，表明当时在印染工艺方面达到了很高的水平。提花机是古代中国人了不起的发明，在 11—12 世纪传到欧洲。

2 号墓出土的地形图，其绘制技术及其所标示的位置与现代地图大体近似，国内外专家对它的评价极高。

3 号墓还出土了多种帛书，其中《五星占》和《天文气象杂占》是中国现存最早的天文学专著。原书无书名，现在的书名是专家们根据书中内容所定。《五星占》出土时抄写在一块宽 48 厘米的整幅帛书，现存 146 行，约 8000 余字。全书由占文和表两部分组成，占文共存 76 行，其内容主要是根据五星（金星、木星、水星、火星和土星）运行的规律及其与其他星象的关系来占测凶吉。表的部分共存 70 行，主要是用图表的形式记录了从公元前 246 年到公元前 177 年共 70 年间木星、土星、金星的运行位置，并描述了这三颗行星在一个会合周期内的动态，列出了各星的晨出年表，并对晨出周期做了解释。推算出，金星会合周期为 584.4 日，比现代测值 583.92 日，只大了 0.48 日；给出的木星会合周期为 395.44 日，比今测值小 3.27 日；测得土星的会合周期为 377 日，比当今测值 378.09 日只小了约 1.09 日；算出土星的恒星周期为 30 年，比当今测值 29.46 年只大 0.54 年，其精确度令人惊讶。帛书中还谈到金星的会合周期“五出，为日八岁，而复与营室晨出东方”，也就是说，金星的 5 个会合周期刚好等于 8 年。法国一位著名天文学家在他的著作《大众天文学》里说，“8 年的周期已经算是相当准确的了，事实上金星的 5 个会合周期是 8 年减去 2 天 10 小时”。在当时没有精密天文仪器的情况下，能产生如此缜密的五大行星运行记载，是难以想象的，说明那时的西汉天文学家已经把行星动态的研究和位置推算有机联系起来了。

《天文气象杂占》抄写在一块长 150 厘米、宽 48 厘米的整幅帛上，出土时已残碎成大小不等的几十小片，后经过专家的细心整理，基本恢复了原貌。这幅帛书图文并茂，从上到下绘出 29 幅彗星图，图中科学地画出了彗核、彗发和彗尾，以及云、气、月掩星和恒星。图下写有一两行文字，其内容或是标出名称，或是解释图象，有的还有占文，共计有300余条。从总体内容来看，它应该是一种以星、彗、云、气等来占验吉凶的书籍。天文史学家经过考释研究后认为，这是迄今发现的世界上最古老的彗星形态图，可见当时中国先人对彗星已有所认识。

董仲舒与“大一统”

董仲舒，西汉时期著名的政治家、教育家，哲学家。公元前 134 年，汉武帝刘彻继位后下诏广征治国方略，要求各地推举贤良及有才学之士到朝廷参加对策。

此时，西汉盛行黄老之学（黄帝与老子学说的合称，是道家学说的渊源），推行无为而治，经济发展很快，出现了“文景之治”。但在景帝时代出现了吴楚七国之乱。统一的国家一时面临分裂的危险。景帝时期任博士的董仲舒认为，朝廷当下最重要的问题是要巩固统一的政权，防止分裂割据的局面出现。董仲舒从儒家经学中寻找到“大一统”的思想，提出了以文化思想体系为首要统一的“大一统”论。

汉武帝连续对董仲舒进行了三次策问，史称《举贤良对策》又称“天人三策”。

第一次策问，如何巩固皇权统治？董仲舒提出，以仁教礼乐为上，刑法杀罚为下。上之化下，下之从上。刑罚不中，则生邪气，不教而诛谓之虐。改制而复礼。

第二次策问，治理朝政的方法？董仲舒提出，明贤良、尊德道、君心正，正心以正朝廷，正朝廷以正百官，正百官以正万民，正万民以正四方；兴太学、置名师、举人才，任官称职，贤材辅佐，是以有司竭力尽知，务治其业而以赴功。

第三次策问，何为天人感应？董仲舒提出，天人相与，天者群物之祖。“国家将兴，必有祯祥；国家将亡，必有妖孽”。乃与天地流通而往来相应，故法天而立道。其进一步指出，今师异道，人异论，百家殊方，指意不同，法制数变，下不知所守。提出，诸不在六艺之科孔子之术者，皆绝其道，勿使并进。邪辟之说灭息，然后统纪可一，而法度可明，民知所从矣。

其主要建议是：明确天人感应，君权神授；推行儒学，抑黜百家；体制大一统，尊王攘夷；改革人才拔擢制度，反对任子訾（zī）选制（凡做 2000 石以上官吏的，任满 3 年，其同母兄弟或子 1 人，也可得到官职）。

董仲舒以儒家宗法思想为核心，掺以阴阳五行学说，形成了一个新的思想体系。他系统地提出了“天人感应”“大一统”的学说和“罢黜百家，推崇六经”的主张，符合当时皇权的政治需要，被汉武帝刘彻所吸纳，成为汉代官方的统治哲学。

董仲舒的“天人感应”和“大一统”思想，即策应了“君权神授”的皇权理念，又为皇权树立了“法天”“德政”“守道”“为政而宜于民”的标准，以限制皇权的个人私欲和至高无上的权力。皇权如不遵从这个标准，会面临种种“灾异”，还不知悔改，“天”就会使皇权失守，“不知命，无以为君子”。

他认为，只有人们的思想统一才能有国家的法度统一，百姓才有行为的准则，而“严刑峻法”不能维持和巩固皇权统治。他建议，用“仁德”代替“严刑”推行“礼义”；广施仁德政策，重视“教化”，以“德治”为主，“法治”为辅。因此，董仲舒强调要用孔子儒学思想统一天下思想。

自此，儒学成为中国封建社会正统思想，影响长达 2000 多年。

董仲舒度过了西汉王朝的极盛时期，公元前 104 年病故，享年约 75 岁。

《史记》与司马迁

在汉武帝时期，中国史学界发生一件具有历史意义的大事，诞生了中国历史上第一部纪传体通史《史记》。《史记》以规模宏大，记事翔实，内容丰富，修史严谨，体例完整，为后世众多正史史家所承袭，被列为“二十四史”（中国历史上各朝代撰写的 24 部史籍的总称）之首。

《史记》从上古传说中的黄帝开始，一直记述到汉武帝中，概括了3000多年的中国历史。全书包括 12 本纪（按年月时间记述王朝更替过程中帝王的言行政绩）；30 世家（记述世袭的王侯封国史迹和重要人物事迹）；70 列传（各类代表人物的生平事迹和少数民族的传记）；10 表（用表格来表述人物世系和重要史事）；8 书志（记载各类礼乐典章，人文杂论，天文历法；水利农事等），共 130 篇。

《史记》通过记叙人物活动，反映历史事件。以大量人物传记为中心内容，辅以记言、记事的有机结合。从体裁的形式上看，其是本纪、世家、列传、书志、表的综合，而本纪，基本上是编年体，兼述帝王本人事迹。《史记》把这些体裁配合起来，在一部史书里形成一个相辅相成的整体。既有多种体裁的混合，又有自己特殊的规例。把清晰的事件叙述与鲜活的人物描写有机地结合在一起，展示了一大批富有传奇性、悲剧性的人物，使全书具有强烈的历史立体感和悲剧气息。使《史记》不仅在史学上在文学上也对后世产生了深远的影响。中国近代著名文学家鲁迅赞誉《史记》“史家之绝唱，无韵之离骚”。

作者司马迁，字子长，出生于龙门（今陕西省韩城市，另说今山西省河津市）。曾受学于董仲舒等经学大家，又访游各地，了解民俗古迹，采集各类民间神话传说。司马迁 28 岁任太史令（掌天文历法和撰史）继承父业，被后人尊称为史迁、太史公等。

司马迁后因为败将辩解惹怒汉武帝而受宫刑，调任中书令，发奋完成《史记》这一巨著。

关于司马迁的生年，主要有两种说法。一种主张司马迁生于公元前 135 年，一种主张司马迁生于公元前 145 年。其卒年也有多种说法，一是认为司马迁死于汉武帝末期；还有一种认为司马迁完成《史记》之后便隐居山野，一直到汉昭帝年间善终。中国近代著名学者王国维经考证后断言“案史公卒年，绝不可考……然视为与武帝相终始，当无大误也”。

司马迁对天文学也有着杰出的贡献。他在《史记》中，对天文给予了特别的兴趣，在《史记》中以《天官书》专述，并在多篇本纪、表、传中记载了丰富的天文学资料，而且还写了《历书》和《天官书》，开创了中国史籍系统地记述天文学资料的体例，从而促进了中国历代天文学资料得以大量流传至今，成为人类珍贵的科技文化财富，追本穷源，司马迁的开山之功不可磨灭。

在先秦时期，古人们发现，在相对位置固定不变的繁星中，有 5 颗明亮的星在不断地运动，好像在空中漫步，今人谓之行星。这 5 颗行星，人们按其不同的特征给予特定的名称：填星（土星），岁星（木星），荧惑（火星），太白（金星），辰星（水星）。古人认为土星公转一周是 28 年，正好在 28 宿（星面区域）中的一个宿内运行，将之填满，因称填星；岁星的周期近于 12 年，即可纪年，因而称之；荧惑则因运行规律复杂，古人不能解，故名；太白星因其星色较白而明亮；辰星则因其距太阳最近，是5星中运动最快的行星。到了西汉，阴阳五行盛行，司马迁在《天官书》里提出新的观念“仰则观象于天，俯则法类于地，天则有日月，地则有阴阳，天有五星，地有五行，天则有列宿，地则有州域。”在阴阳五行理论的支配下，《天官书》第一次历史性地推出了金、木、水、火、土这 5 大行星的名称。

5 颗行星的运动在大多数情况下是按照由西向东的方向，称为顺行；但也时常会有从东向西运动的现象出现，而在方向变换时则会发生行星相对静止不动的情景。前者称为“逆行”，后者称为“留”。其实，行星的“顺行”“逆行”“留”都是我们在地球上的视觉错觉。由于逆行和留只占很短的时间，因此古人在观测时会认为这是一种反常，而这种“反常”现象也被占星学家们所利用。

司马迁在分析了历来的行星观测记录，经过自己不断的观测验证，他发现，在 5 个行星的运动中均有逆行现象，并有规律地出现。《天官书》中说道：“余观史记，考行事，百年之中，五星无出而不反逆行，反逆行，尝盛大而变色。”进而他对每个行星都建立了一份完整的“行星动态表”，表中描绘了每个行星在一个会合周期中的顺行、逆行和留各个阶段的运行时间和所行度数。尽管司马迁的“行星动态表精确度”还不高，但是他把逆行和留都归入到正常的、可计算的科学范畴里，脱离了灵异的窠臼。他还指出，行星在逆行时比顺行时要更加明亮。

刘向与中国目录学

刘向也是西汉时期有重要影响的文学家，被誉为中国目录学鼻祖。

刘向原名刘更生，字子政，是刘邦异母弟刘交的后代。汉成帝刘骜即位后，出任光禄大夫，改名为“向”，官至中垒校尉（负责京城防卫），世称刘中垒。刘向好书，对先秦时期（秦朝建立之前的历史时代）诸子百家的著作与学说尤感兴趣。

汉成帝刘骜在史籍记录中，虽以宠溺赵飞燕姐妹，荒于政事著称。但也曾“爱读经书，喜欢文辞，宽博谨慎”。刘骜继皇位后鉴于“秘府之书多有亡散残缺”，在汉武帝刘彻之后，又一次大规模地在全国范围内采集图书文献，又命刘向总领校勘，“每一书已，向辄条其篇目，撮其旨意，录而奏之”。这一时期的图书征集和编校文献活动，对后世的目录学、校雠（jiào chóu）学、藏书学有着十分深远的影响。最早的分类法和目录《别录》《七略》就在此间问世，开创了中国历史上最早的图书分类、编目工作的实践。

刘向在对先秦诸子的著作进行了系统研究整理后，认为其中皆有符合儒家经义的地方。例如其言:《管子》“书务富国安民，道约言要，可以晓合经义”，《列子书录》“道家者，秉要执本，清虚无为，及其治身接物，务崇不兢，合于六经”，《晏子叙录》“其书六篇，皆忠谏其君，文章可观，义理可法，皆合六经之义”等。

在“求遗书于天下”的背景下，朝廷收集到的各种书、经的藏本颇多，需要大量辨别、整理工作。有学者指出，刘向为朝野公认的博学大儒，借整理、校勘皇家藏书之机，在重要典籍的整理上自成体系，所拟订的篇次、篇数多与旧本不同，就连书名也时有重新拟就。历代学者中有不少人发现出一些问题，于是产生疑辨，时有指伪作之嫌。

《列子书录》（又名《列子新书目录》《列子叙录》），《列子》为道家的经典著作。

列子，姓列，名御寇，也作圄（yǔ）寇，今河南郑州人。战国前期道家代表人物，被尊奉为“冲虚真人”。

史家认为，列子的生活时代应该是在战国早、中期，晚于孔子而早于庄子。因为庄子书中常常虚构一些人物，故有人也怀疑列子也是虚构的。不过《战国策》《尸子》《吕氏春秋》等诸多文献中也都提及列子，所以也有史家认为列子应该实有其人。

《列子》其思想近于老庄，追求恬淡虚静的生活境界。内容多为民间传说、寓言故事、养生经验和神话等，包含着深刻的哲学思想和警世名言，也具有很高的文学价值。像“愚公移山”“纪昌学射”等寓言故事，透露出百折不挠的民族精神，对后世影响很大，在中国古代文学史上占有着重要地位。

刘向在奉诏整理诸子典籍时，将民间流传的《列子》20篇加以整理，补缺删重，订正讹误将其列为8篇，定名《列子新书目录》。8篇分为“天瑞”“黄帝”“周穆王”“仲尼”“汤问”“力命”“杨朱”“说符”。

现传本的《列子书录》是否为刘向所校定存有争议，有认为是后世伪作，也有肯定出自刘向之手。在唐、宋二朝均有人作《列子注》。唐玄宗曾诏封列子为冲虚真人，《列子书录》为《冲虚真经》，宋真宗又更名为《冲虚至德真经》。

《别录》是中国馆藏图书史第一部有书名的、有解题、有群书提要的综合性分类目录书，共20卷。刘向在校雠宫廷藏书的过程中，非常重视书的历往。在校定每种书时，都要写出该书的内容提要，校雠的原委，考订异同，辨别真伪，订正书名，评述学术源流，论述著作的时代背景，介绍作者生平，以及对该书的评价等，这些文字名叫“叙录”。刘向所写的各书叙录，后来被他的儿子刘歆（xīn）汇抄在一起，取名《别录》。刘向这种著录体例，遂成为各代目录学著作的楷模。《别录》著录图书 603 家，计 13219 卷，分为 6 大部类、38 种，历时 19 年而成。

《别录》的出现，说明了中国早在 2000 年前就有了比较完整而成型的目录学思想，在世界文化史上占有重要的地位。但遗憾的是《别录》未能完整地流传下来，它在唐代就已佚失，根据《汉书 · 艺文志》可见其梗概。

《战国策》又称《国策》，是刘向编撰的国别体史籍，也是一部散文集。主要记述了活跃于战国时期的纵横家们的策略主张和游说活动，展示了战国时代的历史特点、社会风貌和捭阖智变的谋略故事，是研究战国历史的重要典籍。原书作者不明，书名也不确定，可能非一人之作。成书时间，学者推断可能在秦统一以后。刘向进行整理编订后，删去其中明显荒诞不经的内容，按照国别，重新编排体例，定名为《战国策》。

编订后，全书共 33 卷，分为“西周”“东周”“秦”“楚”“齐”“赵”“魏”“韩”“燕”“宋”“卫”“中山”12 国的策论。所记史实从东周贞定王姬介十七年（公元前 452 年），到秦始皇三十一年（公元前 216 年），计 245 年。《战国策》文中大量使用寓言、比喻，语言生动，论据充实，无论是个人陈言或者双方辩驳，都具有很强的说服力。所以战国策也是一部优秀的散文集，对后世政论文的发展产生过相当的影响。《战国策》在宋代就已有不少缺失，后经历代多次修订。

刘歆的史学成就

刘歆，字子骏，后改名刘秀，为刘向第 3 子。刘歆少年时在父亲身边的耳濡目染下，遍通古今诗文经学。他的好学多才被汉成帝刘骜重视，授为黄门侍郎（皇帝侍臣），后随父整理校订宫藏书籍，并与大司马王莽交好。

为了在谋汉篡位中得到朝野支持，刘歆成为王莽拉拢的对象。刘歆很快迁官为中垒校尉，随后为羲和、京兆尹，封红休侯，成为“典儒林史卜之官”。这时刘歆推崇的古文经学，其主张颇有一些利于王莽的野心。因此，他大力支持刘歆推行古文经学，换取刘歆等人利用古文经学为其托古改制制造舆论，提供理论依据。

王莽代汉建立新朝后，拜刘歆为国师，封嘉新公，位列四辅（太师、太傅、国师、国将合称），成为王莽集团中的核心人物。但在新朝后期，二人走向对立面，刘歆与他人谋划劫持王莽发动政变，事泄后自杀。

史家公认的历史成就：

1. 汉景帝时期，有人在拆除孔子旧居时，于墙壁中发现许多书简，全用古篆文（一说蝌蚪文［一种古文字，甲骨文变体］）书写，有《尚书》及《论语》等儒家经典，称“古文经”或“壁经、孔壁经”。刘歆在校勘宫书时，发现这些古文经篇数不仅比今文经要多且文意要完整可信得多。如古文《尚书》较所传的今文《尚书》多出16篇；较所传的《仪礼》17篇多得《逸礼》39篇；还有今文家未曾见过的《周礼》(即《周官》)等。于是刘歆认为今文经由于历史之变已经残缺不全，今所流传多有穿凿附会之说，于是转而研究倡导古文经学，使古文经书为世人广泛得知，但也形成了经学史上的今古文经之争。

2. 刘歆第二个贡献是开辟了以文字和历史解经的新思路，指出“六经”是汉字造字的基本法则，为了突出古文经的寓意和蕴意，刘歆重视训诂（解释古书中的字、词、句的意义），主张6经之首当推《易经》，认为《易》经是由上古伏羲、中古周文王、下古孔子三位圣人之手完成，是为众经之原。

3. 刘歆打破了汉武帝以来今文经学对儒学的垄断，使古文经学登上了台面。今文经学派认为孔子是“圣人”“素王”“思想家”，从而注重阐发经文的“微言大义”，主张“通经致用”，将五经（《乐经》亡佚）学读顺序定为《诗经》《尚书》《仪礼》《周易》《春秋》，由浅入深，以董仲舒等为代表。而古文经学派推崇周公，拜孔子为“述而不作，信而好古”的先师，视孔子为史学大家、教育家，注重训诂，探讨经文本义，所以将五经顺序定为《周易》《尚书》《诗经》《仪礼》《春秋》，按时间顺序排列，以刘歆等为代表。

4. 刘歆在父亲刘向编纂的《别录》基础上进一步加工，完成了一部新的图书分类目录《七略》。《七略》计7卷，其《辑略》为全书的叙录，其余6卷，为《六艺略》《诸子略》《诗赋略》《兵书略》《术数略》《方技略》。《七略》“辨章学术，考镜源流”，对每种每类文章具加小序，阐明其学术源流、类别含义等。

刘向、刘歆父子经过20多年的辛勤，终于领衔完成了中国历史上第一次由朝廷组织的大规模图书整理编纂工作，成书收藏于未央宫北面的天禄阁和石渠阁，使之成为第一个国家图书馆，并为先秦古籍的流传做出了重大贡献。

5. 刘歆在天文、历法和数学中也有不俗的成就。其在担任天文官时，做了一项重要的天文工作，就是编制了《三统历谱》。

《三统历谱》是在太初历的基础上改编的，其中加入了许多新的内容，包括引入董仲舒天道循环的“三统说”思想。董仲舒认为，历史是按照赤黑白三统不断循环的。每一次的改朝换代，必须根据赤黑白三统，改正朔，易服色，制礼乐，从而自成一统，以应天命。在《三统历谱》中，刘歆还系统地叙述了太初历的内容，简略的天文学知识，并分析考证了前人记载的天文文献和天文记录。公元前7年汉成帝末年，《三统历》开始实施。

《三统历》在中国天文学史上，首次提出了岁星超辰的计算方法。岁星就是木星，木星大约12年绕太阳运行一次（周天）。中国古人就把一个周天分为12等分，认为木星每年运行一个等分，12年正好运行12等分，完成一个周天。但事实上，木星并不是12年绕太阳一周，而是11.8622年，这样就较12年要快一些。累积到86.08年（一说84.71年）后，木星的实际位置就比按12年一周天计算的位置超前一次，这就叫岁星超辰或“超次”。

中国古人在春秋时代就已经发现了岁星超辰的问题，但没有提出相应的超辰计算方法。刘歆分析了史书中关于岁星位置的记载，提出了岁星每144年超辰一次，数值虽然不准确，但却是中国历史上探索岁星超辰规律极为宝贵的一次尝试，为实现天文学从神学向科学的转变迈出了有益的一步。

“交食”即日食和月食（又称日蚀、月蚀）。司马迁在《史记》中，首次在中国天文史上系统地提出交食周期（日食和月食发生的时间）问题。他提出的数据是“月食始日，五月者六,六月者五,五月复六,六月者一，而五月者五，凡百一十三月（朔望月）而复始。”刘歆总结前人经验在《三统历》中确定交食周期为 135 个朔望月（月亮圆缺的一个周期）有 23 次（135 个朔望月是 3986.6 天，约等于 11 年少 31 天），史称:“三统周期”。在公元前 7 世纪左右，古巴比伦人（一说是迦勒底人）也发现了日月食规律，他们认为这个周期是 6585.32 天，相当于 18 年又 10.3 日或 11.3 日（视 18 年中有 5 个还是 4 个闰年而定）。这个数值后来传到了罗马帝国科学家喜帕恰斯、普林尼父子和托勒密手中，被习惯称为“沙罗周期”（“沙罗”，拉丁文中的原意是“重复”的意思）。

6. 另外，刘歆还与其父刘向合力收集校订先秦典籍《山海经》；又制作量器“新莽嘉量”；又测算出圆周率为 3.1547，后世称之为“刘歆率”。

《山海经》成书

先秦古籍《山海经》，人们一般认为是一部奇书、怪书，司马迁阅后曾言:“至余不敢言之也。”所以鲜有流传。直到汉成帝时,《山海经》经刘向、刘歆父子校勘整理，此书得以公之于众，影响其后。

由于《山海经》展示的是中国大地上古时代的面貌，记录的是中国上古时代人类的生活状况，勾勒出了中国上古时代的文明与文化状态，为后世提供了许多值得探索的信息。关于《山海经》一书的性质、内容、成书时间及作者的争论，2000 年来一直没有停息，众说纷纭是一个谜，成为学术界中千年未解的悬案。

随着近来西方人类学、民俗学及其他学科的传入，许多学者在研读《山海经》的时候，逐步将其纳为各种学科的综合类，运用不同学科的理论，分析归纳出各种成果。随着国际上有关学者的参与研究，有关《山海经》的探讨也随之进入了一个新的阶段，主要表现为：

1.《山海经》的研究，突破了原有的地域范围，从中国圈扩大到世界范围。

2. 转变了定《山海经》为图腾神话、志怪传说的旧识，而认定其中有一些为信史。

3. 与国际研究相接轨。

4. 大多数学者认为,《山海经》是一部早期有价值的地理著作，其中尤以《山经》地理价值最高。

据说有学者考证《山海经》后表示：对于那些早在 4000 年前就为白雪皑皑的峻峭山峰绘制地图的刚毅无畏的中国人，我们只有低头，顶礼膜拜。

也有史学家论断:《山海经》乃是以中国为中心，东及西太平洋，南至南海诸岛，西抵西南亚洲，北到西伯利亚的一本《古亚洲志》。记述了古亚洲的地理、博物、民族、宗教等丰富宝贵的史料。

度量衡体系与黄钟律

西汉末年，王莽掌持朝政，他以复古改制为名，命刘歆主导订制新的音律和度量衡（长度、体积、重量）标准。于是，新朝在刘歆“备数、和声、审度、嘉量、衡权”的理论基础上，制作、推广了一批新朝度量衡标准器具，其中以“新莽嘉量”最为著名，被世人称为度量衡制作的楷模。

“嘉”的本义是“善、美”，所谓“嘉量”是指量器达到善、美的程度。

据《汉书》记载，嘉量由五个量体组成，这 5 种量器巧妙地组合为一体，由青铜铸造。主体是大圆柱桶，桶下方有一隔层，隔层上方为斛（hú）量，下方为斗量；左侧小圆柱为升量；右侧也为小圆柱，中有隔层，其上为合（gě）量，其下为龠（yuè）量。每个单件量器上还刻有铭文，记载该量器的形制、规格、容积及同其他量的换算关系：二龠为一合，十合为一升，十升为一斗，十斗为一斛。

中国古人把乐律定为 5 声，即宫、商、角（jué）、徵（zhǐ）、羽，5 声之中还包含 12 律（阳律：黄钟、太簇、姑冼、蕤（ruí）宾、夷则、无射（yì）；阴律：大吕、夹钟、中吕、林钟、南吕、应钟）。古人用 12 个长度不同的律管，吹出 12 律不同的音高。12 律中的第一律为黄钟，律管 9 寸长，在汉代的尺度中，以黄钟律管的 9 寸长度，作为法定律尺，并以黄钟律管为准，建立了一套统一的长度体系、量器体系和权衡体系。

根据《汉书》记载，汉代的黄钟律管恰好可容 1200 粒黍（shǔ，黄米），所以刘歆所定龠的容积也是容纳 1200 粒黍。这样由龠到合、升、斗、斛，新朝度量衡体系与黄钟律建立起紧密的联系。

由于历朝战乱和改朝换代，流传下来的新莽嘉量难觅踪迹，直到清朝乾隆年间，在皇宫内府中发现了新莽嘉量实物。

在两汉时期，中国通过丝绸之路同中亚各国展开了多种经济和文化的交流。张骞等人除了从西域引进了胡瓜（黄瓜）、胡荽（sui，香菜）、胡麻、胡蒜（大蒜）、胡萝卜、石榴等物产外，也把中原的桃、李、杏、梨、姜、茶叶等物产以及饮食文化通过西域传播到了世界各地。

罗马帝国时期的医学成就

罗马帝国时期的医学在古希腊医学的影响下有了很大的提高。

塞尔苏斯（也译凯尔苏斯）是罗马帝国时期很有影响的医学作家。他出生于西班牙，后来去了罗马，当时罗马帝国刚刚建立不久。他所著的《医学》（也称为《医学大全》）是当时的医学经典著作之一，尽管他本人不是一位医生。塞尔苏斯在他的遗书中确定了炎症的 4 个基本特征，红、肿、痛、热。他指出各种疾病的治疗应分成三部分：饮食，药物和外科治疗。他首次提到心脏病及精神病，提到用结扎法来止住动脉出血，记载了扁桃体切除术和许多其他手术，还叙述了牙科学和如何使用牙镜，也谈到了白内障。有人认为塞尔苏斯是把希腊人的医学知识和医疗实践收集整理，摘要地介绍给罗马人，使他们分享到这些了不起的医学成就。

鲁弗斯是罗马帝国时期的解剖学家和医学家，其生活在图拉真时代，在埃及亚历山大里亚接受教育。他记述了肆虐罗马的大瘟疫，也留下了有关丹毒的记录。他还描述了皮肤癌，其中一些记录疑似黑色素瘤。他解剖猪和猴子等并做了详细记录，首次解析了视神经，明确描述了视神经和眼球的构造，对眼睛有清晰的认识。他还认识到运动神经和感觉神经都与大脑有联系；脉搏是心跳的体现。在他的论著中描绘了痛风、黄疸等疾病的症状，还谈到了止血法等。其代表作有《论人体各部位的命名》等。

索兰纳斯生于安纳托利亚半岛的以弗所，后在亚历山大里亚医学院学习，最终在罗马行医，与鲁弗斯为同一时代人。他主要以产科医学和妇科医学方面的贡献闻名。有人称他为妇科、产科、儿科、医学伦理学、皮肤外科学的创始人。索兰纳斯写有 20 多本专著，其中最著名的是《论妇女病》一书。该书不仅内容丰富，而且清晰易懂，富含科学性，毫无宗教迷信之说，被医史学家称之为早期妇产科和儿科学的经典著作。在其后 1500 年里，一直成为妇产学科的范本。他的新生儿评估标准直到 20 世纪 50 年代美国学者提出新标准后才被替代。

索兰纳斯还著有《论骨折》《论绷带包扎》《论急、慢性病》《胚胎学》《希波克拉底生命》等，据说后世对希波克拉底的了解，有赖于他的著述。

盖伦被认为是罗马帝国时期最著名、最有影响的，仅次于希波克拉底的医学大师和医界权威。盖伦也是医生，也是解剖学家，他一生致力于医疗实践和解剖研究，是进行实验生理学的开拓者。

盖伦也出生于安纳托利亚半岛，父亲是一个建筑师。盖伦年少时对农艺、建筑、天文、占星术和哲学感兴趣，但后来将自己的兴趣集中于医学。他早年跟随柏拉图学派的学者学习，17 岁时跟随一位精通解剖学的医生学习医学知识。20 岁时他成为当地神庙的一个祭司助手。公元 148 年左右盖伦外出求学。后在一家角斗士学校当了几年的医生，在这段时间里他取得了治疗创伤和外伤的经验。

在罗马帝国时期，人体解剖是被严格禁止的。因此，盖伦只能通过对动物的解剖实验，来获取生理学、病理学及医疗学方面的许多重要发现。他考察了心脏的作用，并且对脑和脊髓进行了研究，做出神经起源于脊髓的结论，并发现了交感神经。在循环系统方面，记述了心脏和脏室、瓣膜结构及卵圆孔和动脉导管。认识到人体有消化、呼吸和神经等系统，并对骨骼肌肉做了细致的观察，他用分段割的方法证实了脊髓各节段的功能，证实切断喉返神经可引起失音。他还对植物，动物和矿物的药用价值作了比较深入的研究，在他的药物学著作中记载了植物药 540 种，动物药物 180 种，矿物药物 100 种，在药物的研究上卓有成效。

盖伦还提出“三灵气”说，即“活力灵气”“自然灵气”“灵魂灵气”，以解释人体的生理机制。盖伦的学说被中世纪的西方奉为经典，直到 17 世纪血液循环理论的出现。

古罗马天文学成就

喜帕恰斯（还译希巴恰斯、希巴克斯、依巴谷、伊巴谷），古希腊，也是古罗马的天文学家，生活年代约在公元前 190 年至前 127 年。此时，古罗马共和国正逐步征服古希腊各城邦，并将他们纳入自己的势力范围。喜帕恰斯被称为“方位天文学之父”，公元前 134 年，他编制有 1025 颗恒星的星图，并且创立了星等的概念，还发现了岁差现象：回归年（以春分点为参考点，视太阳连续两次经过春分点的时间间隔，约为 365.2422 日），短于恒星年（地球绕太阳一周实际所需要的时间，约为 365.2564 天）。喜帕恰斯还创立三角学和球面三角学，测量出地球绕太阳一周所花的时间（恒星年），与正确值只相差 14 分钟；他算出一个朔望月周期为 29.53058 天，与现今算出的 29.53059 天十分接近。喜帕恰斯的著作没有流传下来，现在所知的关于他的研究成就，都是从天文学家托勒密的著作中得知的。在 1989 年 8 月，为了纪念他，欧洲空间局发射的一颗天体测量卫星被命名为喜帕恰斯卫星。

天文学方面，出身于埃及父母均为希腊人的天文学家托勒密，著有《天文学大成》（又名《至大论》）。该书总结了前人在400年间观测的成果，集古希腊和罗马帝国天文学之大成。此书共 13 卷，第一卷概述托勒密地心体系；第二卷记载了现存最古老的三角学，一个列有间隔半度，精度为五位数的弦值表以及有关解球面三角形的方法；第三卷论太阳运动和年的长度；第四卷论月球和月份；第五卷除继续论述第四卷的问题外，还论述了太阳和月球的距离并介绍如何制作星盘；第六卷论日月食和行星的冲合；第七、八两卷主要论述恒星，按喜帕恰斯星表列出 1025 颗恒星的黄道坐标和星等（衡量天体光度的量），还提及岁差和天球仪的制作；其余五卷详论第一卷概述的托勒密地心体系。在“日心说”提出之前，托勒密的心体系一直为人们所接受，流传了 1400 多年。

托勒密另一部重要著作《地理学指南》（8 卷）是古希腊有关数理、地理知识的总结，主要以参考亚历山大城图书馆的资料撰成。第一卷为一般理论概述，阐述了他的地理学体系；第二卷至第七卷列有欧、亚、非三大洲 8100 处地点位置的一览表，并采用喜帕恰斯所建立的纬度和经度网，把圆周分为 360 份，给每个地点都注明经纬度坐标；第 8 卷由 27 幅世界地图和 26 幅局部区域图组成，后世称为《托勒密地图》。

托勒密还著有《光学》五卷，其中第一卷讲述眼与光的关系；第二卷说明可见条件、双眼效应；第三卷讲平面镜与曲面镜的反射及太阳中午与早晚的视径大小等问题，第五卷试图找出折射定律，并描述了他的实验，讨论了大气折射现象等。

托勒密的《天文学大成》《地理学》《光学》这三部著作对欧洲的科学发展有着重大的影响。

在地理学方面，地理学家、历史学家斯特拉波著有《地理学》17 卷。内容涉及欧洲各地以及西亚和北非的自然地理与人文地理。他在书中探讨了环境对经济生活的影响以及对城市地理的研究，提出了地理学者首先应确定地理学的研究对象等一些观点，描述了大海、大陆和气候带等。在地理大发现以前，该书是西方最为详尽的地理著作，对西方地理学的发展有长期的影响。

老普林尼（与其养子小普林尼相区别）著有《自然史》37 卷，内容涉及天文、地理、生物、医学、农业、矿物等等。作者做过罗马帝国的将军和政府官员。《自然史》以老普林尼多年读书和见闻的笔记为基础写成，据说在写作过程中，老普林尼参考了146位罗马作家和327位其他地区作家的著作，从2000部书中摘引了大量的资料，他引用的主要作者就有100人。《自然史》的最大成就在于记叙了各种事物2万多项，摘录各种文献2000多种，使得当时许多珍贵的科学记录流传下来，是当时难得的百科全书式著作。

古罗马建筑

罗马斗兽场（也译作罗马大角斗场、罗马大竞技场等）是古罗马帝国专供奴隶主、贵族和平民观看斗兽或奴隶角斗的地方。罗马斗兽场是在公元72年，韦帕芗为庆祝征服耶路撒冷的胜利而修建的。原名“弗拉维奥露天剧场”，其地基原是尼禄皇宫中的一个小湖，至公元80年由提图斯完成，历时8年之久。

从外观上看，斗兽场呈正圆形；俯瞰时，是椭圆形。它的占地面积约2万平方米，围墙高57米，相当于现代19层楼房的高度，这座庞大的建筑可以容纳近9万人的观众。

斗兽场建筑为4层结构，外部墙面全由大理石包裹，场中间为角斗台，长86米，宽63米，也为椭圆形，相当于一个足球场那么大。角斗台下是地窖，关押猛兽和角斗士。角斗台周围的看台分为3个区，底层的第一区是皇帝、元老、贵族和大奴隶主的座席，第二层为罗马中低级官吏、骑士和富裕市民席，第三层则为一般平民席，再往上就是大阳台，一般观众只能在此处站着观看表演了。

斗兽场看台每层80个拱，形成三圈不同高度的环形券廊（即拱券支撑起来的走廊），最上层则是实墙。看台逐层向内、向下延展，形成阶梯式坡度。每层的80个拱形成了80个开口，最上面两层则有80个窗洞。观众们从第一层的80个拱门入口处进入斗兽场，沿着楼梯找到自己所在的区域，按照座位的编号就坐。斗兽场另设有160个进出口遍布于每一层的各级座位，便于快速疏解拥挤的人群（据说只需十分钟，9万人就可以被清空）。因斗兽场设计周到合理，因而进退场不会出现拥堵和混乱现象，这种大型娱乐场所的设计理念，今天依然在沿用。

斗兽场还建有输水道可以引水。公元248年，斗兽场就曾将水引入表演区，形成一个大水池，表演海战的场面，来庆祝罗马建成1000周年。从功能、规模、技术和艺术风格等各方面来看，罗马斗兽场无疑是古罗马建筑的优秀代表。1980年罗马斗兽场作为罗马历史中心的一部分，被联合国教科文组织作为文化遗产列入《世界遗产名录》。

有话说“条条大路通罗马”，此话有根据。古罗马人很早就意识到了后勤保障对于战争胜利的重要性，因此，帝国对于出征军队的后勤供应一直非常重视。古罗马人很早就对保障运输的重要条件——道路的建设，上升到了立法的层面。公元前5世纪颁发的《十二铜表法》中就规定了修建道路的规格，使用道路的规则，道路管理机构和人员的权责等。公元前120年左右颁布的《森普罗尼乌斯道路法》更是被视为世界上最早的公路法，该法规定了罗马大道每隔一段标准距离就要竖立一个里程碑，碑上还刻有到附近城市的距离以及其他内容。一个世纪后的《尤里乌斯城市法》规定了城内的道路使用规则，例如禁止除已婚妇女和官员外的其他人在城内使用车辆，商业车辆夜间只能在城市道路和距离城市一公里的范围内活动等。

公元前 312 年，第一条罗马军民两用大道“阿皮亚大道”（又称阿庇乌大道、亚平大道）动工，最初这条道路只连接了首都罗马和南部城市加普亚。随着罗马对意大利的征服，这条路一直向南延伸，最终于公元前 3 世纪中叶延伸至意大利半岛东南角，亚得里亚海滨港口布林迪西，全长约 660 千米，前后用时约 70 年，今天仍然在使用。

阿皮亚大道起到了沟通罗马与非洲北部和远东地区的作用。其总宽约 12 米，路中间硬面部分宽 3.7~4.9 米，供步兵通行；外侧为骑兵道，宽约 2.5 米。为适应大军骡马辎重行军的需要，路面用砂石铺筑四层。路面中间稍稍隆起，形成小弧形，这样下雨的时候水就不会聚集，而是流向路两旁的排水沟。路边有石砌保护，设有宽 3 米的双侧人行道，人车分行。阿皮亚大道为现代道路的雏形。

在公元前 3 世纪—2 世纪的 500 年间，罗马人共建设了 15 万千米（一说 40 万千米）的道路，有 29 条（一说 12 条）铺石大道从罗马发出。其中 8 万多千米，共计 375 条干道全部以石头铺成，形成了一个以罗马为中心的庞大路网。而在罗马人控制的主要城市中，干道穿城而过；不太重要的城镇，则由直线联系起来。路网覆盖了从不列颠至叙利亚，德国至埃及的罗马帝国每个角落。部分道路保留至今，许多路线成为现代道路的路线。有人评论说：“人类到了 19 世纪下半叶开始普及铁路，人类交通运输的速度才超过了罗马大道。”更有学者认为：汉尼拔大军纵横意大利 16 年之久，多次击败罗马军队，但是始终无法彻底打垮罗马人。究其原因，正是因为罗马人在意大利修建了四通八达的道路网，使得各同盟国和殖民城市能够源源不断地对罗马“输血”援助，最后赢得了战争。

在修建道路一事上，古罗马人的智慧和远见发挥到了极致。可以说，古罗马大道修建到哪里，古罗马的军队就在哪里，随之，古罗马文化就散播到哪里。

犹太人经典《塔木德》

由于国破家亡，犹太民族在政治上失去了独立地位。为了重新凝聚犹太民族精神，在犹太教内部，贤人拉比们对传统律法经典重新进行了诠释，从而形成口传律法集《塔木德》一书。由此促进了基督教与犹太教的分离，也使犹太教在圣殿被毁之后，其宗教要素以其他形式中得到保存和发扬。在共同信仰的旗帜下，犹太人以宗教维系民族，始终坚持了民族特性。他们因流离失所，生存地域不同，语言可能已不相通，生活方式或有所改变，唯共同的宗教信仰、宗教生活、感召着他们强烈的民族意识。

《塔木德》一书是犹太人继《希伯来圣经》（内容和旧约全书一致）之后最重要的一部典籍，被誉为犹太智慧羊皮卷，第二部《希伯来圣经》。

《塔木德》共 20 卷，内容庞杂，题材广泛，卷帙（zhì）浩繁。大到经典、律法、民俗、伦理、医学、商业，小至起居、衣食、洗浴、睡眠等无所不包。它以《旧约》的箴言为开端，接着是神话故事、诗歌、寓言及道德反省和历史回忆，内容鲜活生动，毫不教条刻板。

学者普遍认为，《塔木德》约成书于公元 2 世纪到 3 世纪。广义的《塔木德》包括：《密西拿》和《革马拉》。

《密西拿》可能是希伯来语音译，意为“重复”“通过重复学习或教导”。是《塔木德》的前半部和条文部分，其主要内容是犹太拉比和先哲们对《旧约圣经》的讲解和阐释，教导犹太人“可行什么”和“不可行什么”，共 6 卷 63 篇。《密西拿》为专辑的总称，但书中所列的每一个条文也可称作“密西拿”，以此事物为名称作“某某某的密西拿”。

由于艰难痛苦的流散生活，《密西拿》在犹太人实际生活中的应用，逐渐出现一些偏差与漏洞，它不能适用于不同地区的不同情况，需要做进一步的补充与修订。特别是处在巴比伦犹太人中心的拉比们，他们认为《密西拿》有其极大的局限性，它的许多解释只限于巴勒斯坦地区的传统，没有结合巴比伦地区的实际情况，也没有完全包括已有的律法条例和补充的口传法规。巴比伦的拉比们继续整理这些补充条例并加以全面的释义评注，于是又编成另外一部用阿拉米文字（也译亚兰文字，阿拉伯文字的前身）写成的律法释义汇编，称之为《革马拉》（意为“补全”）。所以《革马拉》实际上是《密西拿》的释义和补篇，也是对后者的评述和讨论。但也包含有与《密西拿》原文没有直接联系的文章。这些文章包括有：伦理格言、布道文稿、历史记述和神话故事等。

公元 4 世纪中叶，希伯来文的《密西拿》与阿拉米文的《革马拉》编合在一起，成为《巴勒斯坦塔木德》。到公元 5 世纪末，内容更加充实的《巴比伦塔木德》完成。两者加起来得诫律为 613 条，其中正诫 248 条，反诫 365 条。狭义的《塔木德》单指《革马拉》这一部分，一般意义上的《塔木德》则专指巴比伦《塔木德》。这一时期的犹太教也称为拉比犹太教。

《塔木德》凝聚了古代犹太学者对自己民族历史、民族文化、民族智慧的发掘和思考，是整个犹太民族历史生活的画卷，是世代犹太人坚韧的精神支柱，也是其他民族的人了解犹太文化，接触犹太智慧的一扇必经大门。到处流浪的犹太人，随身携带《塔木德》这本书，不畏艰辛、不畏苦难，孜孜不倦地追求自己的梦想。《塔木德》在世界上广泛流传，大约被译成 12 种文字。

犹太历史学家尤索弗斯

现代人对公元一世纪以前的犹太历史的了解，大都来自尤索弗斯（又译约瑟夫、约瑟福斯、德瑟福斯）的著作《犹太古代史》和《犹太战争》。尤索弗斯的一生极具传奇色彩。

尤索弗斯于公元 38 年出生在一个犹太祭司世家，其母亲属于马加比家族的后裔。尤索弗斯天资敏慧，自幼饱读犹太教经典。据说在 14 岁时曾被犹太大祭司问询法律问题，19 岁就成为犹太教法利赛派的重要人物，并被授权出使罗马。尤索弗斯 26 岁那年，耶路撒冷的罗马驻军逮捕了一批犹太僧侣押送到罗马，尤索弗斯自告奋勇前往罗马游说，使他们成功获得释放。在这次游说中，尤索弗斯结识了大量罗马权贵，并对罗马帝国的强盛有了很深刻的印象。对于犹太人反抗罗马统治的起义，尤索弗斯从心底里是坚决反对的。或是害怕失去权力，或是害怕被孤立、被攻击，他还是参加了犹太起义军，并被任命为加利利地区的长官。

在罗马人的镇压中，尤索弗斯与一些起义者被罗马士兵围困在一个山洞里，眼看突围无望，起义战士们决定自杀明志。方法是通过抽签选一个人出来杀掉其他的人，然后自杀。尤索弗斯抽到了这根签，他杀死其他几个人以后没有自杀，而是走出山洞向罗马人投降，并求见韦帕芗。尤索弗斯对韦帕芗说："尼禄来日无多了，而您和您的儿子将成为罗马皇帝，世界的主人。我是上帝的信使，特来向您通报这个消息。"韦帕芗一听吃惊不小，虽然他并不相信尤索弗斯，但也没有把尤索弗斯立刻送往罗马。第二年，尼禄被刺身亡，罗马发生内战，韦帕芗坐收渔利，成为罗马皇帝，应验了尤索弗斯的预言。尤索弗斯被释放，然后作为提图斯的高级顾问，全程参与了对耶路撒冷的围攻，并被派进城劝降起义者。

战后，尤索弗斯到了罗马，得到优待。他改了姓（韦帕芗的姓），并娶了一个埃及女人为妻，获得了罗马公民权。虽然尤索弗斯归化了罗马，但他没有忘掉犹太人的历史和信仰。竭尽后半生的精力撰写了《犹太古代史》（也称《犹太古典史》）和《犹太战争》这两部历史巨著，向罗马人介绍犹太宗教和文化，以图消除罗马人对犹太人的敌视。尤索弗斯的写作工作得到了韦帕芗的支持，当然书中也对韦帕芗进行了粉饰。尤索弗斯成为罗马帝国时代一位著名的历史学家，死后罗马人为他修建了一座雕像。

尤索弗斯是一个充满争议的人物。他出身犹太贵族，精通犹太经典，在大起义之初是一个坚定的爱国者；大起义失败后，尤索弗斯成为一个变节者、罗马公民和历史学家。尤索弗斯在他的著作中，对充满血泪的犹太人民表现出的复杂的心态。一方面他将这场浩劫归罪于狂热的激进派，另一方面也叹息犹太民众自身的不团结，争权夺利，阴谋和杀戮，阐明这个民族在当时是有问题的一个民族。显然，尤索弗斯并不认同当时犹太人的起义观念，在生与死的抉择中，他选择了生，背负变节者的骂名，却为犹太民族和世界文明留下了两部旷世巨著，为后人能够深入了解古代犹太文明做出了历史性贡献。

根据《旧约圣经》的记载，在犹太人近 4000 年的历史发展中，可以将犹太教的产生和早期发展划分为两个时期。第一个时期是摩西率领希伯来人建立统一国家的时期；第二个时期是"巴比伦之囚"和波斯人统治时期。前一个时期奠定了犹太教的宗旨和核心基础；后一个时期是犹太教的发展时期，在这个时期里，犹太教开始定型。

前期的核心人物是摩西。他以耶和华的名义，提出了"一个神"的主张，反映了犹太人宗教新观念的产生，摈弃了在游牧时代对图腾、氏族多种守护神的崇拜。这个时期，犹太教从酝酿到诞生，表现为 3 个方面：一是明确规定犹太教是一神教，耶和华成为希伯来人独一无二的真神；二是初步形成了犹太教的教规，确定信徒必须遵守十诫，规定了逾越节、安息日等宗教节日；三是形成了自己的组织，首领是祭司。总之，犹太教在摩西的努力下诞生了，这是犹太教发展的前期。后一个时期，犹太教发展成为一个有完整体系的教派。在宗教观念方面，逐渐又形成了新的宗教观念，具体表现在两个方面：一是耶和华的形象和地位大大提高了，由原来的民族神上升为世界神，宇宙神；二是增加了救世主"弥赛亚"的理念。这个理念带有强烈的现实性，即屡受外族欺压的犹太人，要依托强大贤明的君主来摆脱困境，而不是把复兴希望寄托在独一的神身上。

现在的《希伯来圣经》（又称《旧约全书》《旧约圣经》《塔纳赫》《玛加伯》《泰纳克》）原是犹太教主要经籍，原本共 24 卷，用希伯来文写成。《希伯来圣经》从犹太人出埃及开始写起，直到耶稣降生前大约 500 年止，前后经历约 1000 年。有学者认为该书是从巴比伦之囚时期开始起笔，直到公元前 1 世纪完成。最后在公元 100 年前后的一次犹太教宗教会议上，正式确立为犹太教的正经。全书是众多犹太祭司、先哲、文士、拉比的辛勤结晶。

《希伯来圣经》通常被分类为：

摩西五经（又称“律法书”、妥拉）。

根据犹太人传说，《创世记》《出埃及记》《利未记》《民数记》《申命记》这 5 卷书是上帝通过摩西所宣布的“律法”。在这 5 卷书中，有些部分详细记载了各项律法条文，也记述了犹太人关于世界和人类起源的认识，以及犹太民族早期的历史传说。这些内容，构成犹太教教义、教规的重要依据之一，它们成为犹太教经典中最重要的部分，同时也是公元前 6 世纪以前唯一的一部犹太人法律汇编，并作为犹太国家的法律规范。其主旨是：神的创造、人的尊严与堕落、神的救赎、神的拣选、神的立约、神的律法。

关于其作者，古代犹太教和基督教教会都传称为摩西所作，故有“摩西五经”之说。10 世纪以来，一些犹太拉比和基督教神父根据经文的考证，开始认为原著不可能全部出自摩西。近来各派学者大都同意 5 卷书是由不同时期（公元前 9 世纪中叶至前 6 世纪初）的数种文献资料混合编纂而成，有些文献出现得更晚。

先知书（又称“历史书”）。

“先知”是犹太教历史中一些特殊人物，他们接受神的启示，传达神的教诲。犹太教认为先知是神的代言人，他们知道过去的历史，也可以预示未来，借以劝告人们遵守同上帝的契约和律法。其中，摩西就是最伟大的先知。

先知书以著名的先知观点写成，一般分为前期和后期两部分。前期接续了摩西五经，记述了摩西死后，犹太人进入巴勒斯坦，到被新巴比伦王国征服，犹太人成为巴比伦之囚，最后返回耶路撒冷，概括了犹太民族自公元前 13 世纪至公元前 5 世纪，约 800 年的历史。后期汇集先知思想、言论和著述，反思历史。

有研究者（包括基督教）归纳“前先知书”为“历史书”；“后先知书”为“先知书”，又根据篇幅长短细分出“大先知书”和“小先知书”。

圣颂诗（又称“诗文篇”）。

从《希伯来圣经》中可以看出，犹太民族是一个善于诗歌的民族。在《希伯来圣经》中诗歌约占了四分之一的篇幅，犹太人和以后的基督徒从诗歌中得到许多信仰和精神上的力量。

《希伯来圣经》里的诗歌不像中国古代诗歌注重词句间的韵律表现，而是更突出词句间思想表达上的平衡关系，即“思想的旋律”，可称为“灵韵”或“意蕴”。有人研究认为，这种平衡关系运用对仗、对称结构中相似、相反、递进的手法形成灵韵，来表情达意。大体上分为三大类。

（1）同义对仗，即上下两行中的意思相同或相似。如圣颂诗中："上天述说神的荣耀，苍穹传扬他的法宝。"

（2）反义对仗，指相反意义的词、句在上下行中对应。如圣颂诗中："恶人拥有的角，我必砍断，义士的角必被高举。"

（3）类比对仗，上行比拟，下行则更加丰满，更加深入地描述。如圣颂诗中："众山怎样群绕耶路撒冷，耶和华也怎样庇护他的百姓，从今直到永远。"

曾有一位英国著名诗人翻译过圣颂诗中的 8 首诗，都押韵脚，两句一韵。当时他可能觉得有音律的诗才有美感吧。可是到了晚年，他的认识变了。他说："韵脚对于一首好诗的装点或真正修饰并没有必要，尤其是对于较长的诗作。"有人也提出，好诗是不能译的，"诗意——即翻译过程中失去的东西。"因为诗有音韵的限制，"灵韵"诗在译作过程中相应好一些。《希伯来圣经》中的圣颂诗重灵韵，概是为了在传播中译做它文，而不是作者原意。

希伯来语言和文字是世界上最古老的语言、文字之一。它属于闪米特语族的一个分支，没有元音字母，只有 22 个辅音字母，其文字从右往左书写，为犹太人的宗教语言。《希伯来圣经》即用希伯来文字和少量阿拉米文字写成。

约在公元前 200 年后，在巴勒斯坦和埃及亚历山大出现了一些用希伯来文、阿拉米文和希腊文写成的宗教经卷，这些经卷后在流散各地的犹太人中流传。《希伯来圣经》成书后，这些书卷被排斥在外。但流散各地的犹太人仍把它们与圣颂诗的书卷同等看待，照常使用，并被收入《希腊文旧约》（即希腊文《七十子译本》）之中。

《七十子译本》又称"七十子文本"或"七十贤士译本"，据说是由 72 位犹太学者应埃及法老之邀，在亚历山大城用当时流行的希腊文编译而成，为不熟悉希伯来文的亚历山大地区的犹太人使用。因此，亦称"亚历山大本"。

初期的基督徒接受希腊文《七十子译本》为圣经。后基督教分裂，天主教把这些经卷的大部分视为《旧约》的一部分。而基督教新教不接受这些书卷，称为《次经》。次经一词原意为隐藏，指隐藏而不公开的经卷，即指不包括在《希伯来圣经》正典中，但包括在希腊文《七十子译本》和拉丁文译本之内的书卷。这一时期还有若干不在《七十子译本》内的书卷，被称为《外传》，其希腊词义有"伪经"的意思。

基督教产生

公元前 100 年前后，犹太教发生了很大的变化，它分裂为几个教派，犹太教派之间的斗争和当时巴勒斯坦地区空前尖锐的阶级矛盾与民族矛盾密切相关，基督教就是在这种错综复杂的社会矛盾中产生的。

犹太教只是一个民族性的宗教，信仰人口并不多。但是，犹太教在宗教界具有很大的影响。

基督教原本只是犹太教的一个支派。在耶稣被钉死在十字架后，他的门徒保罗在巴勒斯坦地区继续宣扬耶稣的思想，但险获和耶稣同样的下场，只是由于保罗是罗马公民，所以未被处死而遣送回罗马。他因此得出一个结论：与其在犹太人中传道，不如在外民族中传道。于是，他在罗马帝国中的各民族中传道，将基督教变成了一个世界性的大宗教。

基督教发源于公元1世纪巴勒斯坦地区犹太人社会，其时中国正处在西汉覆亡东汉交替的时期，在这个时期，儒家学说不断受到汉朝统治阶级的推崇，道家学说在民间得到普及，佛教开始传入中国。

据说“基督”来自希腊语或拉丁语，意思是“受膏者”。古犹太人在君王加冕、封立大祭司时要给受封者头顶上涂抹膏油，弥赛亚也是受膏者之一。在《圣经》中，基督是耶稣的专用称谓。

基督教继承了犹太教耶和华上帝和救世主弥撒亚的概念，并将《希伯来圣经》作为基督教圣经的《旧约全书》。按照基督教经典的说法，基督教的创始人是耶稣，他30岁左右开始在巴勒斯坦地区传教。耶稣声称，他的来临不是要取代犹太人过去记载在《旧约圣经》的律法，而是要成全它，并传达上帝“爱你他与你同在”的福音。有研究者认为，耶稣思想的中心，在于“尽心、尽意、尽力爱上帝”及“爱人如己”两点。

耶稣出来传道，宣讲天国的福音，劝人悔改，转离恶行，并称是上帝之子，上帝的化身，在民众中得到极大的回应。这使得罗马帝国统治下的犹太教祭司阶层受到冲击，深感地位不保，欲把他除之而后快。后来由于门徒犹大的告密，罗马帝国驻犹太的总督将耶稣逮捕。耶稣受尽打骂侮辱，最后被钉在十字架上而死。依据门徒们的见证，耶稣死后第三天从石窟坟墓中复活了，他的坟墓空了。有500多人见证说，耶稣在此后的40天里多次现身在门徒们面前，后返回耶路撒冷，从那里升入天国。很多人认为，这就足以证明耶稣为上帝的化身是真实的。他的门徒们热心宣扬耶稣的教义，组成敬拜上帝的团体——基督教会。耶稣复活的这一天成为后世的复活节。教会又定了12月25日为耶稣的生日而成了圣诞节（耶稣出生的具体日期已不可考，便将原为罗马神话中太阳神阿波罗的生日定为耶稣的生日）。耶稣出生的那一年被后世定为公元纪年的元年，但因计算有误，有人考证耶稣实际出生的年份应为公元前6年或公元前4年。

部分史学家认为，耶稣传达的教义更加接近犹太教，而门徒保罗对基督教教义做了巨大的贡献，使得基督教不再局限于犹太人范围而成为一种世界宗教。

保罗（又名扫罗、保禄），于公元3年（一说是4年）出生在塔瑟斯（在今土耳其境内）。他虽然是罗马公民，但却有犹太血统。保罗少年时学过希伯来文，受过完备的犹太教育，年轻时他前往耶路撒冷。虽然保罗和耶稣都同时在耶路撒冷，但是很难说两个人是否见过面。

耶稣死后，早期的基督教徒因被视为异教徒而遭受迫害，保罗曾一度参加过这种迫害活动。一次，前往大马士革的途中，保罗睡意迷蒙之中感觉到耶稣在同他对话。从此他改变了宗教信仰，此次旅行成为他一生的转折点。这位曾一度是基督教的反对者，变为了基督教最强有力、最有影响力的支持者和传播者。

保罗就基督教的问题进行了深入的思索和总结，并为这个新的宗教广收信徒。他在传教活动中，漫游了安纳托利亚半岛、希腊、叙利亚和巴勒斯坦。保罗的传教对犹太人并不成功，并引起犹太人的仇视，几次遭到生命威胁。但保罗的传教对非犹太人却非常成功，人们常说他是“非犹太人的使徒”。在罗马帝国东部做了三次传教漫游后，保罗返回耶路撒冷。他在那里被逮捕，后被送往罗马接受审判，最终被处以死刑（很可能是在公元 64 年）。

保罗对基督教的影响是不可估量的。他的思想主要包括如下内容：耶稣不仅是一位伟大的人类先知，实际上还是一位神；耶稣由于我们的罪行而捐躯献身，他的受难挽救了我们的生命；我们不能仅仅遵守圣经上的训谕而得到解救，还要通过接受耶稣而得到解救；反过来说，如果一个人接受了耶稣，他的罪行就会得到宽恕。保罗还阐明了原罪说。

由于只遵守法规并不能得到解救，所以保罗坚持认为改信基督教的人没有必要接受犹太教的饮食限制，没有必要遵循“摩西律法”的礼拜仪式，甚至也没有必要行割礼（犹太男婴命名时把阴茎上的包皮割去时的礼仪）。早期的基督教领袖当中有几个人曾在这一点上与保罗发生了严重的分歧。

在《新约圣经》的 27 部书中，至少有 14 部被认为是保罗所作。即使有现代学者认为这 14 部书中还应有 4~5 部是他人所作，也可以看出，保罗是《新约圣经》最重要的作者之一。基督教由犹太教派转变成为一种世界宗教，保罗在其中所起的推动作用，要比其他人都大。

早期的基督徒多为下层民众，他们生活艰辛，对当时的社会现实不满，因而常常集合成一些小团体，一起祈祷，相互救济，寄希望于基督重现。基督教认为，无论是犹太人还是外族人，甚至全人类的罪恶，都可以通过耶稣的一次自愿、无私的牺牲而得到永远的赦免，只要人们信仰基督。

基督教强调人人平等，强调共济互助、患难相恤，上帝公正地对待一切民族；坚信救世主将再临人世，解救人类。为人们渴求摆脱世间苦难，获取精神慰藉，提供了新的指引。基督教对犹太教的这种进步，使其具有了新的世界观光芒。思想家、革命家恩格斯称其为“代表着宗教发展的崭新阶段，即行将成为人类精神史中最革命的因素之一的阶段”。这种新的“最革命的”因素，正好满足了当时大一统的罗马帝国的需求。也正是在罗马帝国认同的条件之下，基督教才得以迅速发展成为世界性宗教。

第四章　晨嗟

公元 3 世纪—6 世纪

一、国啊国

中国（1）——

◆公元 189 年，董卓控制了东汉朝廷，公元 192 年，董卓被部将所杀。地方各州郡势力在反董卓战争及后来的相互攻伐中逐渐壮大了实力，形成了地方军阀割据。出生在官宦世家的曹操经过多年的南征北战，控制了兖州、豫州、徐州等地，后来又在官渡之战中以少胜多，击败了河北最强大的军阀袁绍，最终控制了北方。

长沙太守孙坚在攻打襄阳时战死，其子孙策带领孙坚旧部于公元 196 年至 199 年间，在长江以东地区四处征战，最后独掌江东（长江下游江南一带）。孙策在一次狩猎中为刺客所杀，年仅 26 岁，其势力后被其二弟孙权所继承。

公元 208 年，曹操南征，寄身荆州的皇族后代刘备带兵被迫退守夏口。曹操对江东虎视眈眈。在刘备谋士诸葛亮与孙权谋臣鲁肃的共同推动下，孙刘结盟 。其后，孙刘联军大败曹军于赤壁（今湖北省赤壁市），曹操被迫退据北方。刘备乘势占据荆州五郡，后分别于公元 214 年和公元 219 年夺得益州（今四川）和汉中（今陕西秦岭以南），势力达到了极盛。

公元 220 年，曹操在洛阳病逝，其子曹丕（pī）继承父亲事业。当年 10 月，曹丕逼迫汉献帝禅位，定国号“魏”，建都洛阳，史称“曹魏”；公元 221 年，刘备为了延续汉朝、复兴汉室，于成都称帝，国号“汉”，史称“蜀汉”；孙权于公元 229 年在武昌（今湖北鄂城）称帝，国号“吴”，史称“东吴”。后东吴又迁都建业（今南京），自此三国鼎立形成。

刘备称帝后，因荆州被东吴袭取，率数十万大军讨伐孙权。于公元 222 年被孙权击败于夷陵（位于湖北宜昌），蜀汉实力大损。

公元 249 年，曹魏重臣司马懿发动政变，控制了曹魏大权。公元 251 年，司马懿去世，其长子司马师掌权。公元 255 年，司马师在征叛过程中病死，其弟司马昭代兄执掌国政。公元 263 年，司马昭分兵三路南征蜀汉，刘备之子，蜀汉后主刘禅投降，蜀汉灭亡。公元 265 年，司马昭中风猝死，其长子司马炎继掌曹魏权力。次年，司马炎逼迫魏元帝曹奂（huàn）退位禅让，自己即位，改国号为“晋”建立晋朝，史称：西晋。

公元 280 年，晋武帝司马炎大举伐吴，孙权之孙孙皓投降，东吴灭亡，三国时代结束。中国四大名著之一的《三国演义》，讲的就是这一时期的历史故事。

关于三国时代开始的时间，学者各有不同的见解，历史学家多注重三国鼎立的形成与过程。从公元 184 年东汉开始失去政权实体及群雄割据，最终形成了三国雏形至魏代汉为止，所以史学上往往将公元 184 年至公元 280 年的时间纳入三国时期加以讨论。

三国时期天文历法与数学

三国时期，中国的科技文化成就在前人的基础上又有了进一步的发展。

在天文历法方面，孙吴人陈卓以 28 宿（xiù）为基础，把战国时代各星图命名的恒星加以综合，去其重复，存其不同，绘成全天星图，构成一个相对完整的全天星官系统。陈卓的全天星官系统一直沿用到近代。他的这一标准一直是后世天文学者制作星图和浑象的重要依据，并得到了充分的肯定。

刘洪，东汉末三国初时期人，杰出的天文学家和数学家，被后世尊为“算圣”。

刘洪在前人成果的基础上，结合自己 20 余年的观测记录，制定出《乾象历》，该历在诸多方面实现了突破。他提高了回归年长度的精度，定为 365.2462 日，减小了朔望月（又称太阴月，为月相盈亏的周期）的长度，提高了历法的精度；掌握了月亮运行有缓有急的规律，在古代天文史上第一次提出月球运动不均匀性理论，在此基础上，刘洪进一步建立了计算近点月长度的公式，并明确给出了具体数值测出的近点月的长度为 27.55476 日，和现在的测值 27.55455 日相差甚微。刘洪还提出交食周期新的数值，使关于交食周期的研究达到一个新的阶段；建立了月亮运行轨道——白道的概念，阐明了一个新的天文概念，即黄道与白道的交点在恒星背景中自东向西退行，并且定出了黄白交点每日退行（退分）的具体度值；第一次明确提出“食限”的概念，并确定出数值，创立了具体计算任一时刻月亮距黄白交点的度距和太阳所在位置的方法；和蔡邕（yōng）一起，共同完成了 24 节气太阳所在位置、黄道去极度、日影长度、昼夜时间长度以及昏旦中星的天文数据表的测算编纂工作。

刘洪在《乾象历》中提出了一系列天文新概念、新数据、新表格、新计算方法，把中国古代对太阳、月亮运动以及交食等的研究推向一个崭新的阶段，作为中国古代历法体系趋向成熟而载入史册。刘洪约在公元 210 年去世，生前没有看到乾象历的正式颁行，乾象历于公元 232 年至 280 年正式在东吴推行。

珠算，是用算盘进行运算的工具。“珠算”这个名词，最早见于东汉魏人所著的《数术记遗》一书。书中说：“刘会稽，博学多闻，偏于数学……隶首注术，仍有多种，其一珠算。”书中所说的刘会稽就是刘洪，按其说法，算盘的发明功在刘洪。珠算的发明，使人类的计算能力产生了一次飞跃，算盘通过丝绸之路传到西亚和欧洲，而向东则传至朝鲜和日本。2013 年 12 月 4 日，联合国教科文组织正式将中国珠算列入人类非物质文化遗产名录。珠算盘被英国《独立报》评为“世界十大小发明”第一名，被《印度时报》列为“改变世界的 50 项发明”中的第一名。

曹魏于景初元年（公元 237 年）颁用《景初历》。杨伟的《景初历》较以前的历法提出了一些新的天文概念和数据，不少方面较其他历法更为精确。关于月亮运动的研究，《景初历》也取得了多项进展。杨伟提出计算交食亏起方位角和食分的方法，在日食的推算和预报量化道路上迈出了重要的一步。这一时期中国在天文历法上的贡献都具有划时代的意义。

汉末三国时期天文、历法的发展，也推动了数学的发展，涌现出一批杰出的数学家，取得了数学发展史上的标志性成果。其中以吴国的数学家赵爽的《周髀算经注》和刘徽的《九章算术注》最为著名。

《周髀算经》在数学的运用上有很多突出的成就，赵爽是第一个对《周髀算经》进行认真而全面研究的学者。他的突出贡献：一是用几何方法严格证明了勾股定理，他的方法已体现了割补原理的思想，这一方法比外国同类方法早约1000年；二是对“出入相补（又称以盈补虚）原理”的运用；三是在研究二次方程得出的结论，与“韦达方程”类似，但比韦达早了1300多年；四是中国最早主张用逻辑推理的方式来论证数学命题的人。

《九章算术》是中国古代最具代表性的数学经典著作，但文字失于简略，刘徽采用作注的形式，对《九章算术》的数学概念、具体方法和各类结论作了详尽的定义、论述和证明，使《九章算术》的内容更加缜密和完善。同时，提出很多《九章算术》中所没有的新方法、新思想、新理论，是中国最早主张用逻辑推理的方式来论证数学命题的人。并建立了十进分数理论；推广了齐同术理论；建立割圆术理论；创立了计算较复杂立体体积的“刘徽定理”；改进了线性方程组解法；完成重差术著作等。刘徽的《九章算术注》对中国古代数学体系的形成和发展影响极大，在世界数学史上占有突出的地位。

《海岛算经》也是刘徽的重要著述。书中讲述的都是利用标杆进行测量来解决各种测量数学的问题。其原为《九章算术注》第九卷勾股内容的延续和发展，名为《九章重差图》。唐人将此篇从《九章算术注》中分离出来，单独成书，取名为《海岛算经》。

《海岛算经》在唐代传入朝鲜、日本，19世纪传入西方。《海岛算经》的英译者和研究者一位美国数学家，在比较了西方测量学从古代希腊、古罗马直到文艺复兴时期的发展，认为希腊测量术，重点在测量器具的运用，而其数学水准远不如刘徽的《海岛算经》，直到文艺复兴时代，才勉强达到《海岛算经》水准。他的结论是：在测量数学领域，中国人的成就，超越西方世界约一千年。

在地理学上，魏晋官员裴秀提出的“制图六体”，成为平面地图绘制的6条原则，一直影响着中国传统的制图学（至清朝前期）。裴秀有“中国科学制图学之父”之誉，与古希腊的托勒密在古代地图学史上有着异曲同工之妙。

裴秀曾官至尚书令、司空。裴秀在总结前人制图的基础上提出“制图六体”，即从分率、准望、道里、高下、方邪、迂直6个方面绘制地图。即是今天地图绘制上的比例、方位、距离、地形、角度、曲直等原则。裴秀所绘《禹贡地域图》18篇是当时最为完备而详细的分区地图。裴秀的《地形方文图》是缩简的晋朝地图，流传达数百年。“制图六体”理论，为中国制图学奠定了科学的基础，对中国后世制图方法的影响是十分深远的。直到明末意大利传教士利玛窦所绘有经纬线的世界地图在中国传播以前，中国在地图绘制上，尽管存在着诸多缺陷，但是在方法上基本是遵循制图六体的。

建安文学

汉献帝刘协最后的年号为“建安”（公元196—220年），而建安时期是指建安至魏初的一段时间，这一时期在中国古代文学史上占有特殊的地位。

这一时期的中国文人，逐步摆脱了儒家思想的束缚，加上当时处于战乱动荡的年代，思想感情常常表现得更为慷慨激昂，作品本身的抒情性也更为突出，形成了这一时期文学作品内容充实、感情丰富的特点，后人们标其为“建安风骨”或“汉魏风骨”。

建安时期的作品真实地反映了现实的动乱和民众的苦难，抒发了诗人欲建功立业的理想和积极进取的精神。同时也流露出人生短暂、壮志难酬和凄苦经历的幽怨，具有鲜明的时代特征和个性特征。当时的文坛代表人物为“三曹”（曹操、曹丕、曹植）和“七子”（孔融、陈琳、王粲、徐干、阮瑀［yǔ］、应玚［yáng］、刘桢）及女诗人蔡琰（yǎn，蔡文姬）。他们继承了汉乐府民歌的现实主义传统，普遍采用五言形式，以风骨遒劲而著称，并具有慷慨悲凉的阳刚之气，形成了文学史上的独特风格，被后人尊为典范。

建安时期的文学作品，尤以诗歌最为突出，建安诗歌是从汉乐府和“古诗”的基础上发展起来的，这些作品表现了时代精神。“曹氏父子”是建安文坛的领军人物，曹操的诗文，深沉慷慨、气势雄浑；曹丕的《典论·论文》是现存最早的文学批评论文，其所创作的七言诗《燕歌行》是现存最古老、最完整的七言诗。《燕歌行》是一个乐府题目，这个曲调以往的典籍没有记载，据此说是曹丕所开创。 现存曹丕的《燕歌行》有两首，是写妇女的相思，如第二首：

别日何易会日难，山川悠远路漫漫。
郁陶思君未敢言，寄声浮云往不还。
涕零雨面毁容颜，谁能怀忧独不叹？
展诗清歌聊自宽，乐往哀来摧肺肝。
耿耿伏枕不能眠，披衣出户步东西，仰看星月观云间。
飞鸧（cāng）晨鸣声可怜，留连顾怀不能存。

曹丕与建安七子相处得极为欢洽。据说王粲死时，他率众文士送葬，墓前提议说：“王粲生前喜欢听驴叫，我们都叫一声送他。”于是，众人响应，墓前一片学驴叫声。

在“三曹”中，曹植的文学成就最高，后人评价他“骨气奇高，词彩华茂，情兼雅怨，体被文质，粲溢今古，卓尔不群”。 他的《洛神赋》被誉为千古名篇，作品采用浪漫主义的手法，展现出洛神绝世的淑美及新荷般的纯洁。通过梦幻境界，虚构了人神之间的真挚爱情，但终因“人神殊道”而惆怅分离，以此表达自己对理想的追求而归于破灭。

曹植的创作以公元 220 年（建安二十五年）为界，大致分为前后两个时期。此时，父亲曹操病逝洛阳，其兄曹丕继位并称帝，曹植时年 29 岁，从此人生和人生观发生巨大变化，这种变化明显地反映在他的诗文作品中。

曹植前期的诗歌主要歌颂自己的理想和抱负，抒发着激情和浪漫，对前途充满了憧憬；后期的作品则表达出由于现实和理想的矛盾，使得壮志难酬引起的郁愤和失落。他的诗歌既继承了汉乐府反映现实的笔调，又有《诗经》“哀而不伤”的庄雅，并蕴含着“温丽悲凉”的情仇。曹植的诗文多慷慨悲昂之气，艺术表现生动形象，辞藻隽丽，对仗工整，音韵流畅，形成了华美绚丽且雄健豪放的艺术特色，完成了乐府民歌向文人诗的转变。

《七步诗》是曹植流传最广的一首诗。这首诗用比兴的手法，浅显易懂，寓意明快。其中产生的故事，让此诗更加脍炙人口。据说曹丕做了皇帝以后，对才华横溢的弟弟曹植一直心怀忌惮。一次，他命曹植在七步之内作诗一首，以兄弟为题，诗中不许出现“兄弟”二字，如果做不到将有不测。但曹植坦然相对，诗句应声而出，令曹丕十分羞愧。故后人称之为《七步诗》。

《七步诗》流传有多种版本：

版本一

煮豆持作羹，漉（lù）菽（shū）以为汁。
其在釜下燃，豆在釜中泣。
本自同根生，相煎何太急?

版本二

煮豆持作羹，漉（过滤）豉（chǐ）以为汁。
其在釜下燃，豆在釜中泣。
本自同根生，相煎何太急?

版本三

煮豆燃豆萁，豆在釜中泣。
本是同根生，相煎何太急?

关于《七步诗》的真伪问题学界存在很多争议。有中国学者认为，以曹丕的睿智，不太可能在宫廷中做出这样的恶作剧，况且曹丕深知曹植的才情，要刁难他也不会让他去做诗。他们认为这首诗比喻恰当，形象生动，有乐府韵味，很可能是曹植的手笔，但创作时的戏剧场面，大约为文人的虚构，而版本三为后人伪作。

蔡琰（yǎn），字文姬。其父蔡邕是东汉末著名的文学家、书法家，且精通天文、地理和音律，与曹操亦师亦友。蔡文姬从小耳濡目染，自身又聪慧好学，得以得父真传，博学能文，又善诗赋和音律。据说文姬 9 岁时（也有 6 岁一说），父亲蔡邕夜间弹琴，突然断了一根琴弦。隔屋听琴的蔡文姬立即指出，断的是第二根弦。蔡邕惊讶，又故意弄断一根问她，她准确答出是第四根。

蔡文姬生活在一个战乱的时代，一生三嫁命运坎坷，她凄苦悲凉的经历，使她创作了诸多动人心魄的文学作品。

董卓死后，他的部将攻占了长安，并引来胡兵乘机掳掠中原，蔡文姬与众多汉族妇女成为战利品被强掳到南匈奴。此前，她的第一任丈夫不幸病逝。在以后的 12 年中，她被迫嫁给了南匈奴贵族（一说为左贤王），并为他生下了两个儿子。在异族异乡异俗的生活中，蔡文姬学会了吹奏“胡笳（jiā）”。

在这 12 年中，曹操也基本统一了北方，之后又迁都洛阳。曹操重视文化，喜交文化名士。当北方局势基本稳定后，他想到了老师、忘年挚友、文化大家蔡邕。当他得知蔡邕的女儿蔡文姬沦落在南匈奴时，便立即派出使者，携带黄金千两，白璧一双，把她赎了回来，而文姬的两个儿子不得不留在了南匈奴。文姬归汉后，用自己的不幸的经历写下了传世经典《胡笳十八拍》和《悲愤诗》。

《悲愤诗》有两首，一首为五言体，一首为骚体。一般公认，五言体《悲愤诗》的艺术成就远远超过骚体。甚至认为，曹植和杜甫的五言叙事诗都受到了蔡文姬的影响。

《悲愤诗》

汉季失权柄，董卓乱天常。志欲图篡弑，先害诸贤良。
逼迫迁旧邦，拥主以自强。海内兴义师，欲共讨不祥。
卓众来东下，金甲耀日光。平土人脆弱，来宾皆胡羌。
猎野围城邑，所向悉破亡。斩截无孑（jié，单独）遗，尸骸相撑拒。
马边悬男头，马后载妇女。长驱西入关，迥路险且阻。
还顾邈冥冥，肝脾为烂腐。所略有万计，不得令屯聚。
或有骨肉俱，欲言不敢语。失意几微间，辄言弊降虏。
要当以亭刃，我曹不活汝。岂敢惜性命，不堪其詈（lì，骂）骂。
或便加棰杖，毒痛参并下。旦则号泣行，夜则悲吟坐。
欲死不能得，欲生无一可。彼苍者何辜，乃遭此厄祸。
边荒与华异，人俗少义理。处所多霜雪，胡风春夏起。
翩翩吹我衣，肃肃入我耳。感时念父母，哀叹无穷已。
有客从外来，闻之常欢喜。迎问其消息，辄复非乡里。
邂逅徼（jiǎo，侥幸）时愿，骨肉来迎己。己的自解免，当复弃儿子。
天属缀人心，念别无会期。存亡永乖隔，不忍与之辞。
儿前抱我颈，问母欲何之。人言母当去，岂复有还时。
阿母常仁恻，今何更不慈。我尚未成人，奈何不顾思。
见此崩五内，恍惚生狂痴。号泣手抚摩，当发复回疑。
兼有同时辈，相送告离别。慕我独得归，哀叫声摧裂。
马为立踟蹰（chí chú），车为不转辙。观者皆嘘唏，行路亦呜咽。
去去割情恋，遄（chuán，急速）征日遐迈。悠悠三千里，何时复交会。
念我出腹子，胸臆为摧败。既至家人尽，又复无中外。
城廓为山林，庭宇生荆艾。白骨不知谁，纵横莫覆盖。
出门无人声，豺狼号且吠。茕茕对孤景，怛（dá，忧伤）咤糜肝肺。
登高远眺望，魂神忽飞逝。奄（yǎn，气息微弱）若寿命尽，旁人相宽大。
为复强视息，虽生何聊赖。托命于新人，竭心自勖励。
流离成鄙贱，常恐复捐废。人生几何时，怀忧终年岁。

骚体《悲愤诗》，对被掠入胡地和别子归汉的经历描述得比较简略，中间大篇幅辅以自然风景，用以渲染背井离乡的苦痛遭遇，入胡的路途艰辛和别子归乡的惨痛心境。在对景物和人情的描绘中，蔡文姬感叹人生的苦难与无助，全诗38句。

《胡笳十八拍》是古乐府琴曲歌辞，一章为一拍，共18章，故得此名。此歌原载于宋朝的《乐府诗集》和《楚辞后语》，反映的主题是“文姬归汉”的故事。

《胡笳十八拍》的艺术价值很高，被中国史学家郭沫若誉之为“是一首自屈原《离骚》以来最值得欣赏的长篇抒情诗”，为中国著名十大古曲之一。全曲由诗18段，谱成歌曲18首。据郭沫若考证说，突厥语称“首”为“拍”，18拍即18首之意。又因该曲是有感于胡笳之声而作，所以名为《胡笳十八拍》或《胡笳鸣》（胡笳是一种草原民族吹奏乐器，秦汉时期的胡笳是用芦苇叶做成）。《胡笳十八拍》分两大层次，前一层主要倾诉作者身在胡地时对中原故乡的思恋；后一层则抒发出作者惜别幼子的苦痛与悲怨。

《胡笳十八拍》原是琴歌，但魏晋以后逐渐演变成为两种不同的器乐曲，称《大胡笳鸣》和《小胡笳鸣》。

有史家考证，蔡文姬掳后所居之地是西河美稷（今内蒙古自治区准格尔旗一带）。据史籍载，蔡文姬著有《蔡文姬集》一卷，今已失传。传世作品仅存《悲愤诗》二首和《胡笳十八拍》。但学界对这三个作品是否为蔡文姬所著，甚至其人是否真实存在，一直有争论。

第一个提出作品质疑的是北宋文豪苏轼，随后中国著名历史学家范文澜和郭沫若等也对《悲愤诗》表示怀疑，而认为《胡笳十八拍》的作者非蔡文姬的人更多，主要论据有：

情景描写不合地理环境和历史事实；不见正式著录、论述和征引，疑为唐代人伪作；从语言结构、音律、对偶及修辞词句上看，作品具有和东汉诗不同的特征，有些词句更似唐诗。

那么《悲愤诗》和《胡笳十八拍》为何人所作这个问题，学术界至今仍未给世人一个确切的答案。

关于对蔡文姬本人的质疑：

（1）《三国志》是一部记载魏、蜀、吴三国历史的纪传体断代史，此书全面记叙了自东汉末至晋初近百年间中国由分裂走向统一的历史过程。其中，《魏书》30卷，《蜀书》15卷，《吴书》20卷，共65卷。

作者陈寿，今四川省南充市人。晋初时期著名史学家。公元280年，在晋朝结束了中原分裂局面后，陈寿历经十年的艰辛，完成了史学巨著《三国志》。《三国志》尊魏为正统，以魏、蜀、吴三国各自成书，如实地记录了三国各自为政，互不统属，相互征伐的对立局势。它与《史记》《汉书》《后汉书》并称“前四史”（指“二十四史”——中国古代各朝撰写的24部史书的总称）。陈寿叙事简略，史料很少重复，记事翔实。在史料的取舍上也十分严谨，为历代史学家所重视。然而，在《三国志》中包括东晋学者详尽的注文，都没有记载建安第一才女蔡文姬的任何信息。质疑者认为，如果蔡文姬是真实的存在，或者说陈寿听闻过这么一个人，不可能遗落不记。

（2）再看《后汉书》。《后汉书》也是“二十四史”之一，也是一部记载东汉时期历史的纪传体断代史，由南北朝时期南朝人范晔编撰。全书主要记述了上起东汉立国，下至曹魏代汉，共 195 年的史事。此时，建安七子中除孔融被曹操所杀、阮瑀早逝外，剩下的五人竟然全部死于建安 22 年（公元 217 年）北方发生的一次疫病。

《后汉书》结构严谨，编排有序。全书综合当时流传的 7 部后汉史料，简明周详，叙事生动。北宋时，有人把晋朝《续汉书》8 志部分与之归并，成《后汉书》。

专家发现，在《后汉书·蔡邕传》中，没有反映蔡文姬这个女儿存在的痕迹。但蔡邕在一份自辩书中提到“与（羊）陟姻家”。后来蔡邕被构陷，“亡命江海，远迹吴会。往来依太山羊氏，积十二年”。蔡邕与太山羊氏的关系，《三国志》也曾引用《后汉纪》中：“邕恐，乃亡命海滨，往来依太山羊氏，积十年。”相互印证，说明蔡邕有个女儿是嫁给了太山羊氏。太山羊氏是山东泰山郡（今泰安市）的世家大族，其族人自东汉安帝刘祜（hù）起至魏晋南北朝一直活跃于朝堂政治及军事舞台。

在中国历史上流传一则典故后为成语。说是东汉末年，天下大乱、盗贼蜂起，当时的南阳太守被盗贼所杀，朝廷便派羊续去做南阳太守。羊续上任不久，衙门里的府丞听说羊续爱吃鱼，便捉了条当地的特色鱼送到羊续的住处。羊续开始拒收，推让再三，怕这位府丞难堪，只好收下。当府丞走后，羊续便将这条大鱼挂在屋外的柱子上，历尽风吹日晒成为鱼干。数日后，这位府丞再次送来大鱼。羊续指着柱子上悬挂的鱼干说：“你上次送的鱼已成鱼干，请你一起都拿回去吧，以后不要再给我送什么礼物。”由是，羊续的清廉传遍南阳郡。而“羊续悬鱼”“羊续悬枯”“挂府丞鱼”等，成为后人比喻为官清廉、拒绝贿赂的典故和成语被广为传颂。

史载羊续有三子，其中二子羊衜（dào）（根据史籍，同时期还应有另一个羊衜，为河南南阳人，官至孙吴桂阳太守），曾官至曹魏上党郡太守。羊衜的原配夫人为建安七子中孔融的女儿，其早逝，后续娶蔡邕的女儿，并育有两子一女。蔡邕这个女儿被清朝乾隆年间的《新泰县志》里称为蔡贞姬。

但是，蔡文姬的事迹首见于范晔《后汉书·列女传·董祀妻传》，其记载曹操赎回蔡文姬的动机时说“曹操素与邕善，痛其无嗣”。但“与陟姻家”的蔡贞姬显然是蔡文姬的姐妹，同时有各种史料指：蔡邕有一个儿子，并非“无嗣”。

羊衜和蔡贞姬的两子一女，除老大早逝外，女儿羊徽瑜嫁入皇家（司马师的继妻），被尊奉为景皇后和弘训太后，去世时谥号景献皇后。母凭女贵，蔡贞姬后被追封济阳县君。少子羊祜（hù）封征南大将军、南城侯，其功成名就成晋初名将。

据《晋书·羊祜传》载：“（羊）祜当讨吴贼功，将晋爵土，乞以赐舅子蔡袭。诏封袭关内侯，邑三百户。”羊祜是蔡邕的外孙，这段话说明蔡邕应有一个孙子叫蔡袭，羊祜让爵与他。而《晋书》是中国的《二十四史》之一，唐代房玄龄、褚遂良、许敬宗等人合著，其问世后“言晋史者，皆弃其旧本，竞从新撰”，其言可信度较高。但也有人指出，蔡邕的从孙（亲兄弟的孙子）也符合羊祜“舅子”之称。

无论如何历史指向蔡文姬不会是蔡邕的独女。而蔡文姬和她的《悲愤诗》《胡笳十八拍》都已深深地融入中华民族历史文化之中，她（它）们情灵相合无法分离。

建安文学和产生它的建安时代，在中国文学史上有着特殊的重要地位。在这个时代里，诗歌、辞赋以及散文都取得了长足的发展。尤其是诗歌，兴起了中国文学史上第一次文人诗的高潮，从此奠定了文人诗的主导地位，为中国文学艺术的发展产生了极其深远的影响，为后续的唐诗宋词给予了启迪和养分。中国近代文学家、思想家鲁迅先生赞誉：建安是文学的自觉时代，从这个时候起，人们开始认识到文学有它自身的价值和独立的地位。

◆东汉初年，匈奴大量进入长城以南。公元 46 年前后，匈奴国内发生严重的自然灾害，人畜因饥疫死亡大半，而贵族上层因争权夺利发生分裂。公元 48 年，匈奴八部族人拥立日逐王比为单于，与蒲奴单于分庭抗礼，匈奴分裂为两部。后日逐王比率 4 万多人南下归附东汉称为南匈奴，被安置在汉朝的河套地区（贺兰山以东、吕梁山以西、阴山以南、长城以北之地），而留居漠北（中国北方沙漠、戈壁以北的广大地区，现分属于今俄罗斯、蒙古国、中国、哈萨克斯坦等）的匈奴人则称为北匈奴。

公元 119 年，北匈奴攻陷伊吾（位于新疆维吾尔自治区东北部、天山北麓东段）。为了对付西域的北匈奴，东汉朝廷任命班勇（班超之子）为西域长史，屯兵柳中（今新疆维吾尔自治区鄯善西南鲁克沁）。班勇于公元 124 年和 126 年两次击败北匈奴，西域的局势开始稳定。公元 137 年东汉军击毙北匈奴呼衍王，公元 151 年，东汉军再次击败北匈奴新的呼衍王，新呼衍王被迫率北匈奴向西退却。

锡尔河是中亚的内陆河，流经今天的乌兹别克斯坦、塔吉克斯坦、哈萨克斯坦等国注入咸海。在汉时，这里是康居国。北匈奴在西域遭到汉朝的反击，已无法立足，大约在公元 160 年，北匈奴的一部分开始了西迁，来到了锡尔河流域的康居国。

归附于汉朝的南匈奴人，因东汉多次打败北匈奴，南匈奴接纳了大量的北匈奴降众，势力大增。但部族成分复杂，难以驾驭控制，造成内部不稳时有叛乱，多位南匈奴单于被杀，并侵入内地袭掠。为此，东汉王朝对南匈奴的监管愈加严厉，东汉中期以后一再发生南匈奴单于被东汉官员拘捕、更换、逼死甚至杀害。

东汉末年，随着黄巾起义、董卓专权，南匈奴参与了中原混战。公元 216 年，曹操拘留呼厨泉单于，并将南匈奴分成 5 部，即左、右、南、北、中，分别安置在陕西、山西、河北一带。各部首领名帅（后改称都尉），以汉人为司马加以监督，匈奴单于王朝由此终结。

东汉末年以来，周边各民族纷纷涌入汉境。其中以匈奴人人数最多，史称“关中人口百余万，戎狄居半，匈汉杂居”。

东亚——

◆据高丽史籍《三国史记》记载，一天，北扶余国王解夫娄在湖边的一块大石头下，捡到一个浑身金色长相像青蛙的婴儿。解夫娄觉是异象，给孩子取名金蛙，立为王子。公元前 48 年，解夫娄去世，金蛙继位。金蛙王后来娶河伯的女儿柳花为妻，生下朱蒙。

关于朱蒙，也有许多神话传说。如，柳花“为夫余王闭于室中，为日所照，引身避之，日影又逐，继而有孕”。后柳花生一大卵“大如五升”，金蛙王厌恶大卵，先后把它丢给狗和猪，狗猪不吃；又把它扔在路上，“牛马避之”；抛在荒野，群鸟又以羽毛呵护；夫余王派人用刀割“不能破”。金蛙王无奈，只好把这个神奇物还给了柳花。柳花将肉蛋裹好，放在热炕上，几天后一个英俊的小男孩破壳而出。孩子刚刚满月，竟能说话、走路，7 岁便能自作弓矢，百发百中。据说古扶余人称神弓手为“朱蒙”，于是人们就叫这孩子为朱蒙。金蛙王有 7 个儿子，但朱蒙的本事最高。有一天，金蛙王带着所有王子上山打猎，其他王子只打到一只鹿，而朱蒙一个人就打了十多只鹿和狍子。王子们心生嫉恨，便把朱蒙绑在一棵大树上，想让山里的野兽吃掉他。朱蒙用尽全力，将大树连根拔起，背着大树回家了。金蛙王知道其他王子们想害朱蒙，就派他去和奴隶们一起牧马。

朱蒙心里委屈，来到马场后挑选了一匹最好的骏马。他让这匹马一天天瘦下去，再把驾车用的马喂得体壮膘肥。金蛙王不知其中的奥秘，便把最瘦的骏马赏给了朱蒙。朱蒙立刻给骏马加草添料，精心饲养，使骏马很快身体健硕，奔腾如飞。

朱蒙想远离凶狠的王子们，便将此事秉告母亲。柳花劝朱蒙赶快出逃，到遥远的地方去施展他的才华。于是，朱蒙拜过母亲，跨上骏马，带上乌伊等三个朋友，直奔南疆而去。朱蒙一行跑了很远，突然眼前有一条大江拦住了他们的去路。朱蒙指苍天喊道：“我是天帝的孙子、河伯神的外孙，祈祷天帝江神，救我一命。”说完，用鞭子猛击江水，霎时就有数不尽的鱼鳖虾蟹浮出水面，背对背地从南到北架起了一座浮桥，让朱蒙一行渡过。待金蛙王的追兵赶来时鱼鳖虾蟹尽散，只得望江兴叹。有人考察，朱蒙所渡之江，即今流经吉林和辽宁两省的浑江。

过江后不久，朱蒙 4 人遇见了穿戴不同的 3 个人，一人穿麻衣，一人穿衲（nà）衣，一人穿水藻衣（可能代表当地不同经济业态的三个部落，麻衣者应以农耕为主，衲衣者应以狩猎为主，水藻衣者应以渔业为主）。朱蒙得此三人，非常高兴，分别赐姓克氏、仲室氏、少室氏。并说“我方承景命，欲启之基，而遇此三贤，岂非天赐乎！”于是根据 3 人特长，“各任以事”。朱蒙又率领大家行至卒本川（今本溪市桓仁下古城子村），见此地“土壤肥美，山河险固”，于是结庐而居，称高句丽（也作高句骊），并以高为姓氏。

关于朱蒙建国之地，《魏书》等史籍作纥（hé）升骨城：“朱蒙至纥升骨城，遂居焉，号曰高句丽。”关于纥升骨城，有学者认为即今桓仁五女山城，它与卒本城（桓仁下古城子）都是高句丽早期城址。

朱蒙去世后，由其长子高类利（又名高孺留）继位。

高句丽琉璃明王高类利是在扶余出生长大，后来与母亲一同前往高句丽投奔朱蒙，并被立为太子。在公元前 19 年继任为高句丽的第二任君主，约在公元 18 年去世，谥号琉璃明王。

有关琉璃明王及高句丽各代国君的记载，主要见于 9 世纪高丽史籍《三国史记》。而中国的《三国志 · 魏书》有关这段时期的记载与之差异较大，而后来的北朝魏书又追述了高句丽开国的神话传说。

高类利被封为太子时，朱蒙与王妃召西奴已育有两子，分别是温祚和沸流，由于类利立为太子，两人感觉地位和生命不保，于是南逃，后来温祚另建了百济国。

召西奴（也作昭西奴），是当地族长的女儿。有关她及她的儿子的身世有两种说法，皆收录于《三国史记》里。

其中一种说法是，当朱蒙在卒本立足后，因为当地族长无子，所以把次女召西奴嫁与朱蒙，让朱蒙继承了他的权位。根据现今史家的说法，召西奴是组成高句丽国最初基础的五个部落之一桂娄部首领之女。朱蒙在召西奴的帮助下建立了高句丽，而百济的两位开国君主高沸流和高温祚是他们的儿子。

公元前 3 年，继位后的琉璃明王将国都从卒本迁到国内城（位于吉林省集安市）。王莽建立新潮后，将归汉的各异族部落王尽改为侯，匈奴、西域、西南夷随后相继反叛。公元 12 年，王莽强行将高句丽人编入辽西郡去进击匈奴，引起高句丽士卒不满，竞相脱逃。王莽怪罪于高句丽明王，改高句丽为“下句丽”，又名乐鲜。并派将领诱杀了琉璃明王，高句丽遂脱离新莽王朝独立，进而袭取了玄菟郡的高句丽县。

《三国史记》认为，被诱斩的是高句丽部将而不是琉璃明王，与中国的两汉书，南北史所载不同。

有史学家认为，当时可能有两个以高句丽名义存在的政权。一是玄菟郡内的高句丽政权，后被王莽新朝降为高句丽侯；另一个地处汉辖州郡县之外，其称高句丽王。被新潮将领诱杀了的是玄菟郡内的高句丽侯。

相传琉璃明王妃雉（zhì）姬与禾姬争宠，雉姬受禾姬之辱愤而出走。琉璃明王追之不及，有感而发作《黄鸟歌》，流传至今：

翩翩黄鸟，雌雄相依。
念我之独，谁其与归？

高沸流和高温祚，离开高句丽后便与追随者一直往南迁徙。据《三国史记》记载，沸流认为临海而居为宜，不听随从建议，于弥邹忽建国。现代史家对弥邹忽地确实地点有争议，一般认为位于仁川（首尔附近，汉江出海口），现代考证则认为可能在忠清南道的牙山。

温祚则听从了追随者的建议，于汉江岸边的慰礼城（现在的首尔）建城，因最初有十名大臣辅佐他，所以国号为“十济”。

弥邹忽的环境不适合农业生产，令沸流族的人十分沮丧，反观慰礼城温祚族的人却生活欣荣。于是，高沸流因当初的武断而羞愧自杀。沸流族人则迁移到慰礼城，温祚接纳了他们，将国号改为“百济”。据《三国史记》记载，温祚在位期间常与北方的靺鞨（mò hé）和东方的乐浪郡交战，因此将国都慰礼城迁往汉水之南，并于公元 10 年左右吞并了当地的马韩国。

不论传说的故事正确与否，以此推论：卒本扶余（即高句丽）和南扶余（即百济）二者可能系出同源。

大武神王高无恤（也称大解朱留王、大解宋留王），是高句丽第三代王，朱蒙的孙子。高无恤在琉璃明王逝世后，于公元 18 年继位。有关大武神王的事迹也是见于《三国史记》。

高武恤是一位很有作为的君主。在他还是王子时，就曾于公元 13 年带兵击败了进犯的东扶余人。之后，在他为政的 26 年间，不断以武功开拓四方。在与东汉、东扶余扩张吞食的拼斗中，大武神王做出了一个历史性的选择，避开强大的东汉，将高句丽拓展的重心转向毗邻的、相对较弱的朝鲜半岛北部。

公元 22 年，大武神王杀东扶余王，而未灭其国。公元 28 年，东汉辽东郡太守发兵讨伐高句丽。高无恤退入国都附近的丸都山城（今吉林省集安县山城子）据守。汉军围困了三个月，高句丽人粮食将尽，大武神王急中生智，以犒军为名，派人送酒肉鱼给辽东太守。太守以为城中粮草充足，只好退兵，高句丽躲过了第一次几乎亡国的厄运。

据《三国史记》记载，公元 37 年大武神王向鸭绿江南的乐浪郡发动进攻，一度占据。7 年后，汉光武帝刘秀派兵收复了乐浪，阻止了高句丽的扩张，并划定朝鲜半岛上的萨水（今清川江）以南地区归东汉直辖，以北属高句丽统领。随后，大武神王逐渐将势力扩大到鸭绿江南岸，这一有远见的举措开创了日后高句丽进一步发展的新局面。

朝鲜半岛民间流传着这样一个凄婉的传说，并不断被改编成为戏剧和电视剧。说是古乐浪国有一个神奇的自鸣鼓，每当有外族人来袭，自鸣鼓都会发出隆隆的巨响，百里以外都能听到，国人便会拿起武器，从四面八方赶来击退侵略者。因为自鸣鼓的存在，乐浪国一直屹立不败。大武神王想占据乐浪国，他有一个名叫好童的儿子英俊帅气，了解到父亲的心思，便主动要求带人去探寻虚实。

一日，好童一行人正在河边休息的时候，浩浩荡荡地来了一支数百人的队伍，来人是乐浪国王崔理和他的大臣们。原来，好童王子进入乐浪国境时，乐浪王知晓了他的到来，此时专程来迎候。乐浪王有自己的打算，眼下高句丽势力强盛，四处攻取，如果能与其结有王室姻缘，或能保境安民。迎回王宫，乐浪王为好童王子开了一个盛大的欢迎宴会。在席中，乐浪王将美丽可爱的女儿乐浪公主介绍给了好童王子。两个青春少年一见倾心，互相仰慕，坠入爱河。乐浪王也乐见其成。不久，乐浪公主与好童王子举行了盛大的婚礼。

婚后，乐浪公主相信爱情，听信了好童王子的诺言，在好童王子的诱骗下，私下毁掉了自鸣鼓。几天后，高句丽大军突然出现在乐浪都城下，把乐浪都城围了个水泄不通。乐浪王感到非常奇怪，为什么自鸣鼓没有报警呢？经过查询，知道是乐浪公主毁掉了自鸣鼓后，乐浪王气急败坏一剑刺向乐浪公主，最后被迫出降。接收了乐浪国后，好童王子冲进了乐浪宫殿，可是乐浪公主已经气绝身亡，好童王子怀抱公主的尸体痛不欲生。为了爱情而背叛祖国的乐浪公主和玩弄阴谋的好童王子就此阴阳两隔。深爱公主的好童王子痛感悲切和懊悔，半年后，选择了结束自己的生命（一说于第二年郁郁而终）。

不过，正史中却从未有过关于这位“好童王子”的任何记载，此事在学术界尚有争议，《三国史记·高句丽本纪》中的乐浪国纪事有很重的传说成分。然而韩国学者在《汉四郡的乐浪郡和平壤的乐浪》一文中则认为，汉代的乐浪郡在今辽河的西部，位于今平壤的乐浪是乐浪国，而不是乐浪郡。高句丽在东汉光武帝时，攻占了乐浪国之地，“置于辽河以西的乐浪郡管辖之下”。并认为“事实上存在着汉四郡之乐浪郡、崔理的乐浪国、后汉光武帝建军置之乐浪等三个不同的乐浪”。中外史学界多不取其说，但也有少数人支持：崔理的乐浪国应是在西汉末东汉初，由乐浪郡汉朝地方官崔理趁乐浪郡混乱之机而在“岭东七县”地区建立的割据政权，而不是像韩国学者所说是由辽河之西抗拒汉武帝“侵略势力”而东迁的“古朝鲜人”建立的国家，崔氏割据政权存在时间很短。

高句丽太祖王高宫时期，高句丽继续扩张。公元 56 年以后，高句丽先后吞并了位于朝鲜半岛东北部的东沃沮和东濊的一部分。与此同时，高句丽对东汉的乐浪郡，玄菟郡和辽东多次发动攻势，意图彻底摆脱东汉的控制。公元 118 年，高句丽联合濊貊攻打玄菟郡华丽城。公元 121 年，太祖王“攻玄菟、辽东二郡，焚其城郭，杀获二千余人”。同年冬，太祖王联合马韩、濊貊共万余人攻玄菟郡，但是，由于扶余对汉军的援助，高句丽的攻击没能取得成功。公元 146 年，太祖王袭扰乐浪郡，杀带方县令，掠太守妻子。高句丽的扩张行动导致了与汉朝玄菟、乐浪二郡的直接武力冲突，东汉的军事反击迫使高句丽迁都到丸都城（现吉林省集安市西面的丸都山上）。

高宫是高句丽第六代君主，为琉璃明王之孙。太祖王在位时期是高句丽历史发展的重要阶段。他除了将高句丽分散的各部落实现统一外，还与东汉政权进行过多次军事较量，屡犯辽东，显示了高句丽逐渐强大的军事实力。然而，相对于之前四代君主的短寿，太祖王长达 93 年的统治时间及 120 岁的高龄，有日本学者怀疑在太祖王之前还应有君王没有被记载入史。

汉献帝时，控制辽东的辽东太守公孙度攻打高句丽。公元 197 年，公孙度之子公孙康大破高句丽军，攻陷高句丽都城丸都城。公孙度据有辽东后对中原的曹魏政权一直时顺时叛，保持着半独立的状态。公孙度死后，其长子公孙康继位。公孙康于公元 204 年将乐浪郡以南部分划分为带方郡，确立了对朝鲜半岛南部的影响。公孙康不久归顺于曹操，被任命为左将军、襄平侯，带方郡亦被追认为东汉的郡。

东汉灭亡后，公孙康之子公孙渊继为辽东太守，因公孙渊激怒了曹魏，高句丽趁势协助曹魏攻打辽东郡。曹魏攻下辽东后，高句丽东川王欲取代公孙氏称霸辽东，几次派兵袭取辽东郡西安平县等地。公元 244 年，曹魏出兵反击，派毋（wú）丘俭东征。公元 246 年，毋丘俭带领魏军东出玄菟郡，向高句丽进击。高句丽东川王亲自率领步骑 2 万余人迎敌于梁口（今吉林省通化市江口村）。两军对搏，东川王被击败，率败军撤逃，据守坚固的丸都城。毋丘俭围城后，采用避实击虚，正面佯攻，西北偷袭的战法，攻破了丸都山城，东川王逃出。

不久，毋丘俭再征高句丽，东川王奔买沟（今朝鲜咸镜北道会宁）。毋丘俭派玄菟太守王颀（qí）紧追东川王，过沃沮千余里刻石纪功而还（1904 年毋丘俭刻石纪功碑在吉林省集安被发现），东川王在逃亡中抑郁而死。

毋丘俭东征，是中原王朝对东北地区有史以来最远的一次征讨，曹魏势力远至今俄罗斯滨海地区，原属高句丽统辖的朝鲜半岛岭东濊貊地区，也归入了乐浪、带方二郡，高句丽几遭灭顶之灾。以后 40 余年，高句丽不敢再向辽东入寇，并频频向魏、晋纳表称臣，过了一段太平的日子。摧毁了丸都城，高句丽东川王逃到沃沮。70 年后，高句丽重建了丸都城，美川王还都丸都城并开始袭击辽东、乐浪和玄菟。随着高句丽对辽东半岛的挺进，公元313年，高句丽美川王吞并了原汉四郡的最后一郡——乐浪郡。

美川王高乙弗（又作忧弗、瀀 yōu 弗）是高句丽第 15 代君王。他又被称作好壤王、好穰王，曾为躲避伯父烽上王的谋害逃出王宫，在鸭绿江上做工贩盐。公元 300 年 9 月，国相发动政变废黜了烽上王，拥立高乙弗继承了王位。

公元 302 年 9 月，美川王高乙弗乘西晋内乱，率 3 万军队侵入玄菟郡，俘获兵民 8000 多人迁至平壤；公元 311 年 8 月，又袭取辽东郡西安平城；两年后，又挥师入侵乐浪郡；公元 314 年，高句丽侵入带方郡，次年攻克玄菟城。至此，高句丽从中国东北地区进入并控制了朝鲜半岛北部大部分地区，开始与百济和新罗处于激烈的军事对抗之中，史学界称之为朝鲜半岛历史上的“三国时代”。

公元 320 年，美川王再侵辽东，前燕将其击败。10 年后，美川王向后赵石勒朝贡，企图借助后赵力量抑制鲜卑势力。高乙弗在位 32 年，公元 331 年去世。

东南亚——

◆扶南，又作夫南、跋南，意为“山”，是古代中南半岛上的一个古老王国。其强盛时疆域大致相当于今天柬埔寨全部以及老挝南部、越南南部和泰国东南部一带，同时在周边地区拥有一些属国，其中较著名的是真腊。扶南是历史上第一个出现在中国古代史籍上的东南亚国家。

据中国史料记载分析，公元100年前，扶南国是处于母系社会末期。由于记载不甚详细，早期王朝的统治者（即女王）的姓名大多未能流传下来，但有一个女王名叫柳叶的故事，十分传神。

据史料载，扶南国之南有激国［一说为横趺（fū）国的转讹，在爪哇岛东南部，一说在南印度］，其国有一青年名叫混填（传其为婆罗门贵族），在一天夜里梦见天神赐他神弓。清晨，混填来到庙中神树下，果然得到一把神弓。随即混填按照梦中神的旨意，乘船赴扶南。扶南国女王柳叶见混填船到，立刻派出战船阻挡。混填举神弓力射柳叶船，箭穿船身射中柳叶侍从。柳叶花容失色，知其有神助，遂带国人投降混填。混填成为扶南国第一任男国王，纳柳叶为妻，建立柬埔寨历史上的第一个王朝——混氏王朝。混填生有 7 子，7 子长大后各封为邑王，治理国内 7 邑。其中一位邑王盘况，起兵将 6 位邑王陆续消灭，他的子孙分治各邑。

盘况死，立子盘盘继位为扶南王，将国事委托大将范蔓（又称范师蔓）打理。盘盘死后，范蔓自立称王，号扶南大王。范蔓有雄才大略，征服邻近各国，又建造大船远征马来半岛的各国。他在位期间，扶南已有文字，专家考证为印度南部的文字。后范蔓病危时，其外甥范旃（zhān）诱杀太子，篡位自立。

混氏失国，族人陆续迁徙到交趾地区和中国西南部地区继续生息繁衍，按汉俗称混氏，并逐渐融入汉族和当地其他少数民族，如今混姓主要分布在广西及云南地区。

公元 225 年，扶南国王范旃遣使来到三国时期的吴国。使者取海路历时一年余到印度恒河口，再取陆路，历时 4 年到达东吴。公元 243 年，范旃又遣使来吴，献乐人及特产。孙权专门在皇宫附近造了一座“扶南乐署”，请他们将扶南优美的歌舞传教给东吴的宫女。同时孙权也遣使节到扶南访问。

范蔓死时，有幼儿名范长被藏匿于民间。范长二十岁时结交壮士袭杀范旃复仇，但后来范旃大将范寻又杀范长而自立为王。

扶南人把来自印度的文化同本国的文化相结合，形成了扶南文化。扶南的佛教、婆罗门教、文字等均源于印度，但至迟在 6 世纪才形成自己的文字——古高棉文。

◆占族是生活在东南亚地区的一个民族，主要分布于柬埔寨东部、越南中南部，在泰国、老挝、马来西亚等国也有占人分布。占族历史悠久，曾经创造了灿烂的文明。1909 年，在越南广义省德浦区的沙黄发现了古代人类文化遗址，经研究，这一文化遗址所生活的人类即为今日占族人的祖先。该文化的时间在公元前 1000—200 年，被称为沙黄文化。

在沙黄文化遗址，出土了大量的斧、剑、矛、镰、刀等铁器，这些铁器受到了越南北部东山铜器文化的影响。在沙黄文化的遗址中，考古学家们发现了不少玻璃、宝石、玛瑙、汉代铜镜等非当地的物品。而在泰国中部、中国台湾兰屿和菲律宾的巴拉望地区也曾出土过同时代沙黄文化的铁制耳环，证明了汉代交州地区当时海上贸易已经十分发达。

公元前 111 年，西汉汉武帝出兵灭南越国，为对南越旧地实施有效的行政管治，汉朝设立“交趾刺史”（后来又改为交州），统辖九个郡，地域横跨中国广东、广西、海南及越南的北、中部地区。越南的北、中部被设立三个郡，即交趾郡（在今河内一带）、九真郡（今清化省、乂（yì）安省一带）、日南郡（今广平省、广南省一带），各郡内又管辖若干县份。

公元 137 年，日南郡的象林县功曹的儿子占族人区连（也有的史料记作释利摩罗）率领占族数千人起义，攻打象林县，杀死县令，随后占据了日南郡的大部分地区，建林邑国。东汉交趾刺史闻讯率兵一万余人前往讨伐，因士兵厌战发生哗变，因此失败。东汉顺帝刘保欲再发荆、扬、兖、豫 4 州共 4 万人马前往镇压，被大臣劝止，林邑国遂立。

东汉末年，全国出现州郡军阀割据的局面，交趾太守士燮（xiè）亦长期控制交州全境，九真、合浦、南海等郡均由士氏兄弟掌握。后东吴势力崛起，士燮于公元 211 年投附东吴，名义上由孙吴辖制。公元 226 年士燮死后，孙权打算削弱士氏家族对交州的影响力，遭到士燮之子士徽等人的反抗，东吴设计诱杀了士徽兄弟，夺得交州控制权。

公元 248 年，交趾、九真发生民变，当地民众起义反吴。据史籍载，起义领袖为女性名叫赵妪（yǔ）（又称赵贞娘），善乘象作战。其与兄带领起义军多次打败吴军，并杀死交州刺史。东吴派兵讨伐，最终平定起义，赵妪自尽。但东吴最终于公元 280 年被西晋所灭，交州遂归西晋王朝统治。

由于西临扶南，新兴的林邑国从扶南国中吸取了大量的印度文化元素。诸如婆罗门教信仰以及种姓制度等，婆罗门教成为了林邑的国教。在文化上，林邑国形成了富有占族特色的婆罗门教文化。

公元 269 年，林邑王范熊联合扶南，兴兵侵犯东吴疆界，占领了西卷县。到了范文称王之时，林邑国再度对外扩张，先后攻灭了大岐界、小岐界、式仆、徐狼、屈都、干鲁、扶单等邻近的小国。

中国（2）——

◆西晋是中国又一短暂统一的王朝。晋武帝司马炎于公元266年正式取代曹魏，国号为“晋”，定都洛阳，史称：西晋。西晋国祚仅51年，如果从灭吴开始算起，则仅立国37年。

在西晋建立前，曹魏已先于公元263年灭了蜀汉。西晋代魏后，于公元280年灭亡孙吴，结束了三国鼎立的分裂局面，中国重新统一。

三国时期，魏国曹爽当政的时候，有人指出若不分封宗室诸王，政权可能转入异姓之手，曹爽不听。然而，司马氏家族果然夺取了曹氏魏国的政权，这事在司马氏家族中很有影响。因此，西晋建国初期，公元265年，晋武帝司马炎恢复了汉初的分封制，封27个同姓藩王，以郡为国。并且不断扩大宗室诸王的权力。诸王可自行选用国中文武官员，收取封国的租税，统领军队。如此一来，多位藩王掌握了封国的军政大权。司马炎完成了分封宗室诸王的政治规划后，自认为稳固了司马氏的统治，其实反而种下了祸根。不久便发生了长达16年的“八王之乱”，其中八王全部都是西晋皇室宗亲。

司马炎临终立次子司马衷继皇帝位，是为晋惠帝，并命岳父杨骏辅政。司马衷的皇后贾南风夙有野心，与楚王司马玮（wěi）合谋杀杨骏及其亲党，以辈分较高的汝南王司马亮辅政。不久，贾皇后又用连环计唆使司马玮杀了司马亮，然后又以专杀之罪杀了司马玮，这样王朝实际权力就落到了皇后贾南风的手中。

贾南风，小名旹（shí），是西晋的开国元勋贾充的三女儿。贾充曾参与淮南平叛、弑杀魏帝曹髦和灭亡东吴等奠定西晋立国的重大历史行动，后主持了修订《泰始律》，因此，深得司马氏家族的信任。

《泰始律》又称“张杜律”“晋律”。是司马炎在泰始三年（公元267年）推动完成并于次年颁布实施，故此得名。又经两位律学家张斐、杜预作注释，律文与注文合在一起，具有同等的法律效力，因而又名《张杜律》。

《泰始律》在汉律、魏律的基础上又有新的发展。主要成就在于：把魏律中的“刑名”分为“刑名”“法例”两篇冠于律首；精简律令章句，以“刑宽禁简”著称，再度改革刑制，使刑罚相对宽缓；增加律注，与法典本文合为一体，为法典的适用提供了统一的标准。并第一次将五服制罪即“服制”作为定罪量刑的原则（五服指的是五种丧服，在中国古代社会，以丧服来表示亲属之间血缘关系的远近以及尊卑关系）。从此，确立了后世的法定亲属等级制度。本来的五服指的是五种孝服，后来，五服也指代五辈人，有“五服之内为亲”的说法，即高祖、曾祖、祖父、父、自己，凡是血缘关系在这五代之内的都是亲戚。五服之后则没有了亲缘关系，也可以通婚。一般情况下，有婚丧嫁娶之事，都是五服之内的人参加。

其实，贾充一开始是想把小女儿嫁给太子司马衷。由于小女儿年龄小，个子太矮，临时决定由贾南风代替妹妹出嫁。史籍载，贾南风“貌丑而性妒”。

公元299年，贾南风废黜了非己生的太子司马遹（yù），并于次年将他杀害。此举激化了皇室内部矛盾。统领禁军的赵王司马伦发动政变，杀死皇后贾南风，随后又废黜了惠帝，自即帝位。司马伦的篡位引起了宗室诸王的普遍反对，政变开始演变为内战。

在外任都督的齐王司马冏（jiǒng）（时镇许昌）、成都王司马颖（时镇邺城）、河间王司马颙（yóng）（时镇关中）共同起兵讨伐赵王司马伦，拥惠帝复位。随后三王又互相厮杀，长沙王司马乂（yì）、东海王司马越也卷入了战争，史称：八王之乱。

公元305年，东海王司马越在山东起兵，西向进攻关中，次年攻入长安。河间王司马颙和成都王司马颖败走，最后相继被杀，司马越迎惠帝还洛阳。公元307年1月，晋惠帝司马衷暴毙，史家疑被司马越毒死。朝臣迎司马衷之弟、司马炎第25子豫章王司马炽继位，是为晋怀帝。但朝政由东海王司马越把持，八王之乱至此结束。

八王之乱致使西晋经济遭受严重破坏。同时，司马氏皇室统治力量也受到致命打击，西晋积压已久的社会阶级矛盾、民族矛盾便迅速爆发。

罗马帝国——

◆始于安敦尼王朝后期的罗马帝国社会危机，在公元3世纪达到空前的规模。在这一时期，罗马外患四起，内乱不已，经济停滞。在帝国上层，罗马皇帝更迭频繁，统治阶层内部斗争激烈，行省分裂活动盛行；在帝国底层，奴隶和隶农反抗贵族压迫的起义遍及各地。

佩蒂纳克斯（又译珀蒂纳克斯）是一名被释放奴隶的儿子。他担任过教师，约在公元160年进入罗马军队，在驻防叙利亚的军队中担任军官，并参加了对安息的战争。约在公元165年被调往不列颠，升为第六军团的保民官。此后他在默西亚行省带领一支500人的辅助骑兵队，受到当时的皇帝马可·奥勒留的赏识。随即在公元170年成为达基亚行省（或译达契亚、达西亚，今罗马尼亚地区）以及默西亚行省（位于今塞尔维亚和保加利亚境内）的最高长官。此后出任驻扎在潘诺尼亚的第一军团的指挥官，在打击日耳曼人的战役中立有大功。由于马可·奥勒留赏识佩蒂纳克斯的才干，以及佩蒂纳克斯的军事功劳，他于公元171年左右成为元老院成员，并于公元175年被授予特别执政官的职务。

公元180年，马可·奥勒留的儿子康茂德继位。不久，佩蒂纳克斯被迫辞职引退，回到他的家乡。公元185年，佩蒂纳克斯重返政坛，成为不列颠总督，通过平定当地士兵的暴动获得了良好的声誉，不久便担任罗马城市的执政官。公元192年年底，康茂德被刺杀，佩蒂纳克斯成为新皇帝，结束了安敦尼王朝。

由于佩蒂纳克斯是被禁卫军扶持上去的，因此有人质疑佩蒂纳克斯在这个阴谋中的所在？但对于这个推测，史学家们意见不一。

佩蒂纳克斯的统治基础极为不稳。虽然佩蒂纳克斯受到罗马市民的支持，但他缺乏属于自己的军事势力，而是完全依赖禁卫军和驻守都城的士兵。当佩蒂纳克斯想整肃军纪时，被叛乱的禁卫军士兵杀死，在位仅3个月。这些叛乱士兵毫无约束，也没有准备好推举谁来继任皇位，为了获得好处，士兵们决定拍卖皇位。在自己妻子和女儿的怂恿下，56岁的元老尤利安努斯来到军营的城堡下，同佩蒂纳克斯的岳父展开了皇位竞争。岳父先生先答应给每位士兵5000第纳尔，而尤利安努斯急于取得皇位，一下子开价6250第纳尔，军营门立刻打开，士兵们拥立尤利安努斯为皇帝，并且要求他不得伤害岳父先生，以示拍卖的公正。

罗马皇帝的帝位第一次被士兵进行拍卖，使得帝国各地军队纷纷起事。出生于北非的塞维鲁指挥着驻扎在潘诺尼亚（今天的匈牙利、罗马尼亚、塞尔维亚、捷克、斯洛伐克及奥地利的部分地区）的军团，以替佩蒂纳克斯复仇的名义挺进意大利。而意大利各地的民众不太拥护尤利安努斯，所以未经抵抗，塞维鲁就抵达了罗马。就在尤利安努斯组织禁卫军想进行反抗之时，塞维鲁向禁卫军承诺，只要交出尤利安努斯和谋害佩蒂纳克斯的罪犯，就可以免于流血冲突。结果禁卫军马上接受了条件，抓住了大部分参与谋害佩蒂纳克斯的凶手，并且宣布尤利安努斯退位，然后将其斩首，尤利安努斯在位仅 66 天。

塞维鲁是骑士的儿子，约在公元 173 年进入元老院，公元 190 年成为执政官。公元 192 年担任上潘诺尼亚总督和驻多瑙河的司令官。由于康茂德和继位者佩蒂纳克斯相继被杀，他的部队拥立他为皇帝。他从多瑙河军团中选出 15000 人的精锐重新组成禁卫军。从公元 194 年起，塞维鲁先后打败叙利亚、不列颠等反对势力。公元 197 年，又率兵击退安息人对两河流域的入侵，两年后把美索不达米亚并入了罗马帝国的版图。

塞维鲁结束了纷乱的内战，建立了塞维鲁王朝。他是军人，习惯了独断专行，不把元老院放在眼里，他将元老一个个撤换，以没有文化的骑士代替他们。塞维鲁的统治基础是军队，因此大规模扩军，其中大多还是外族人。他尽一切手段笼络士兵，给士兵发高饷。在稳定政权后，塞维鲁进行了广泛的司法改革，将皇权提高到至高无上的地步。当时有法学家称，塞维鲁不受一切法律约束，是罗马人的主宰，帝国是他的财产。公元 208 年，塞维鲁出兵不列颠，没有取得实质性胜利。公元 211 年他病死于约克（英格兰东北部）。临终时对两个儿子的遗言是:“愿你们兄弟和睦相处，让士兵们都发财，不要管其他人。”

塞维鲁死后，两个儿子卡拉卡拉和盖塔同时即位，共治帝国。但是，老大卡拉卡拉想成为独裁者，不到一年，他就杀了弟弟盖塔。同时还杀了盖塔的好友和支持者以及盖塔的妻子和岳父。并让元老院立法通过一项除忆诅咒，消除盖塔的功绩记录。卡拉卡拉继续塞维鲁优待军队的政策，为了增加收入和扩大税源，卡拉卡拉在公元 212 年颁布了卡拉卡拉敕令，授予帝国境内所有自由民以罗马公民的身份。他还下令降低了罗马硬币 25% 的含银量，以支付军队的开销。卡拉卡拉执政期间在罗马修建了一个巨大的浴场，是当时世界上最大的公共浴场，史称：卡拉浴场。

卡拉浴场长 375 米，宽 363 米，可容纳近 2000 人同时沐浴。浴场于公元 216 年对外开放，里面设有游泳池、桑拿池和冷水池。周围布满了珍奇的植物、精致的雕刻和巧夺天工的镶嵌图案。除了温度各异、用途不同的浴室之外，浴场内还设有图书馆、健身房、花园和会议室，全都配有精美的壁画作为装饰。从如今残存的马赛克镶拼地板、直径 30 米的浴池、高达 30 米的墙壁，可以想象当时规模宏大、贵客云集的场面。如今的罗马式浴场都是以它为原型，其遗址如今是意大利的一个旅游胜地。

当亚历山大港的居民听到卡拉卡拉宣称是在自卫过程中失手杀死了盖塔时，他们编了一个讽刺剧来嘲笑这个事件和卡拉卡拉的其他恶行。公元 215 年，卡拉卡拉造访亚历山大港，在人们组织起来迎接皇帝的到来时，卡拉卡拉突然处死了领头人物，并下令杀死所有能够携带武器的少年，并让他的军队烧杀掠夺了整个城市。

公元 217 年，卡拉卡拉出征安息。其间，禁卫军长官马克利努斯（又译玛克里努斯）截获了一封密信，信中指责马克利努斯有可能要谋逆。为了保住自己的性命，马克利努斯指使他人将卡拉卡拉刺杀。接着，马克利努斯自立为帝，并安排年仅 9 岁的儿子为共治皇帝。

此时，在中国赤壁之战已经结束，曹魏、东吴、蜀汉三国鼎立形态已基本形成。

马克利努斯来自罗马帝国北非的努米底亚行省。就此，关于马克利努斯的身世有两种说法。一种说法是，他的父亲是毛里塔尼亚的解放黑奴。马克利努斯起初也被卖为奴隶，一度成为角斗士，用酬劳获得自由。做过邮差，又自学法律成为当时的罗马公民，后加入罗马军团，随侍在皇帝卡拉卡拉身边。另一种说法是，他的家族属于罗马的骑士阶层，有柏柏尔人（主要分布于西北非洲，属于地中海型白种人）的血统，从小就接受过良好的教育。成年后，马克利努斯成为一名优秀的律师，并获得了时任皇帝塞维鲁的赏识，从此步入政坛。

马克利努斯继位后在明显不利的条款下结束了与安息的战争，又缩减军费，导致军队不满。公元 218 年，塞维鲁的妻妹朱丽娅・米萨（或译尤利亚・玛伊莎）煽动了一场叛乱，立年仅 14 岁的外孙埃尔巴伽路斯（又译埃拉伽巴路斯）为帝。由于马克利努斯率领的平叛士兵临阵倒戈，导致平叛失败。马克利努斯和他的儿子被杀，在位仅仅一年。

但是，年轻的小皇帝很快就显示出一意孤行、为所欲为的秉性。他崇拜东方的太阳神，与元老院不和，生活荒淫且不听忠告。因此，朱丽娅・米萨决定改立另一外孙亚历山大・塞维鲁为帝。她迫使埃尔巴伽路斯收亚历山大为养子，并在公元 221 年被立为太子。埃拉伽巴路斯意识到了亚历山大的巨大威胁，因此多次试图谋杀亚历山大。亚历山大的母亲莫米娅与埃尔巴伽路斯的母亲之间也进行着明争暗斗。最后，朱丽娅・米萨于公元 222 年指使禁卫军杀死了埃尔巴伽路斯和抱着他的母亲，14 岁的亚历山大成为皇帝。由此，罗马帝国开启了女人当政的时代。

一开始朱丽娅・米萨和莫米娅共同执政，同时还挑选了一个由 16 名有名望的元老组成的顾问团，这样皇帝就修复了和元老院的关系。朱丽娅・米萨于公元 224 年逝世，此后莫米娅独自掌权。她让亚历山大享受非常好的教育，但是不让他参与任何政事。莫米娅继续与元老院保持着良好关系，同时取消埃尔巴伽路斯所做出的不受欢迎的政令。基督教在埃尔巴伽路斯统治时期已经不再受限制，亚历山大和莫米娅容纳了基督教。

公元 225 年，亚历山大结婚了。莫米娅为儿子精心选择了一个家族有声望，但是没有政治权利的贵族女儿为妻。但是，他们的婚姻没有持续多久。公元 227 年，莫米娅强迫两人离婚，原因是莫米娅与亲家之间发生了冲突，亲家公试图唆使禁卫军叛乱，被莫米娅处死，前儿媳被流放到了非洲，此时亚历山大还没有后嗣。

波斯地区曾是安息国的一个附属。但是到了公元 220 年，阿尔达希尔一世战胜了安息的最后几位国王，建立了波斯的萨珊王朝。

阿尔达希尔出生于伊朗南部的法尔斯省的显赫家庭。他的祖父是当地一座著名神庙的祭司，父亲是安息一个城邦的管理者。在起兵之前，阿尔达希尔担任安息在法尔斯的总督。

公元 230 年左右，建立了萨珊王朝的阿尔达希尔一世派出一支军队侵入罗马的美索不达米亚行省，使罗马控制的叙利亚和卡帕多细亚（土耳其中部）同时受到威胁。

莫米娅和亚历山大进行反击。公元 232 年，罗马兵分 3 路出击。罗马的目标是波斯帝国的中心泰西封。北军从亚美尼亚进军，他们获得了当地安息势力的支持；亚历山大・塞维鲁随中军从巴尔米拉（位于叙利亚大马士革东北）向哈特拉（位于伊拉克北部摩苏尔西南）进军；南军沿幼发拉底河挺进。从流传下来的文献来看，莫米娅和亚历山大似乎未能完美地协调好 3 路军队的共同作战。敌我双方都蒙受了巨大的损失，也都丧失了持续进攻的能力。

总的来说罗马的目的达到了，波斯的进攻势头被击退，帝国没有丧失土地，但双方也没有达成和平条约。公元 233 年，莫米娅和亚历山大在罗马举行了凯旋仪式。但是，两年之后萨珊王朝又开始在两河流域发动对罗马的进攻。

由于波斯战争的进行，罗马被迫将莱茵河和多瑙河防线上的军团调出。公元 233 年和公元 234 年，日耳曼人借机对罗马领地进行劫掠，并摧毁了部分防御设施。日耳曼人的行动对罗马造成了巨大的威胁，由于缺乏可信任的将领，莫米娅和亚历山大不得不再次亲征。

由于莫米娅为了克服罗马的经济危机减少了全国的税收，同时拨给军队的特别费用也被消减，这引起了军队的巨大不满。皇帝亲征对日耳曼人的作战没有取得巨大进展，莫米娅试图通过收买日耳曼人换取和平，这个举措使得被取消特殊费用的军人对皇帝心生悲观，这对母子没有让他们忠诚的理由。因此，他们物色出一位色雷斯人——马克西明为皇帝。

马克西明（又译马克西米努斯或马克西穆斯）出身于色雷斯行省，父亲是从事畜牧的哥特人，母亲是阿兰人。因此，他是罗马帝国第一位外族出身的皇帝。

马克西明的出人头地有些戏剧性。据说皇帝塞维鲁一次远征归来，在色雷斯停留下来举行军人运动会，以庆贺他小儿子的生日。这时一个看热闹的色雷斯牧人，恳请皇帝允许他参加摔跤比赛。塞维鲁正在兴头上，乐见趣事。他从军营中选出最强健的士兵和他交手，不料牧人竟然一口气摔倒了 16 个对手。牧人的善搏赢得了奖赏，同时获准参加了军队。第二天这个年轻的色雷斯牧人和士兵一起舞蹈欢庆。他发现自己正引起皇帝的注意，便立即跑到一匹马旁，牵着马一起跑，他跑了很长时间毫无倦色。“色雷斯人，”塞维鲁惊奇地问，“你长跑之后还能跟人摔跤吗？”“我非常愿意试试。”色雷斯青年毫无难色。接着，他一口气摔翻了 7 个军营中来挑战的士兵。塞维鲁在惊叹中奖励他一个金项圈，并指派他加入了皇帝的骑兵卫队，这个色雷斯青年就是马克西明。

马克西明在卡拉卡拉统治时期，已经升为百人队队长，在亚历山大母子称制后，他被指派担任第 4 军团的司令官，士兵们似乎喜欢这个体力超群的色雷斯人。亚历山大未能找到忠于他的军队，没有人愿为他的懦弱和他嗜权的母亲去战斗。马克西明很利索，于公元 235 年 3 月下令将莫米娅和亚历山大处死，塞维鲁王朝就此完结。

马克西明的即位，立刻遭到帝国各地的反对，他本人尚在多瑙河时，元老院宣布只承认在非洲起事的戈尔迪安父子（也译哥狄安）为共治皇帝。

戈尔迪安，骑士出身，受过良好教育，能文能武，担任过不列颠总督，后出任帝国执政官，卸任后担任过罗马市政官。以这样的经历，使老戈尔迪安无论在罗马，还是在行省，都有雄厚的势力和广泛的人脉。其子小戈尔迪安同样少年得志，出任过帝国财务官和执政官。

但很快，戈尔迪安父子的军队被马克西明的拥护者挫败，小戈尔迪安阵亡，老戈尔迪安上吊自尽了，而马克西明也率军直逼罗马。元老院随即拥立富有军事才能的普皮恩努斯和德高望重的巴尔比努斯为共治皇帝抵抗马克西明。由普皮恩努斯负责统率军队，由巴尔比努斯负责罗马的内政，而这一年，巴尔比努斯已经 74 岁了，其子戈尔迪安二世也出任过财务官和执政官。

普皮恩努斯在意大利采用坚壁清野的战术，马克西明的军队围攻阿奎莱亚（位于意大利东北部）不下，公元 238 年，军队发生哗变，马克西明被杀，军队随即宣布反正。但此后元老院和军队的矛盾激化，普皮恩努斯和巴尔比努斯有意压制军队，结果禁卫军直接翻脸，杀死了普皮恩努斯和巴尔比努斯，元老院只好与军方妥协。公元 238 年，13 岁的戈尔迪安三世登基为帝，但他受到军队节制。至此，马克西明之乱终于画上了句号。

戈尔迪安三世是老戈尔迪安的孙子，这位少年君主年纪虽小，却富有主见。在他执政的 6 年里，罗马没有发生大的事变，而且面对波斯帝国的不断挑衅，戈尔迪安三世勇敢地予以反击。公元 241 年，戈尔迪安三世披挂亲征，罗马军队很快就将对手赶出了两河流域北部地区。公元 244 年，当戈尔迪安三世正准备率军向波斯首都泰西封进军时，在一场战役中阵亡（一说是被几名士兵闯入帐篷中杀害），他的禁卫军长官马尔库斯·菲利普在士兵的支持下称帝，并且很快得到元老院确认。

菲利普是阿拉伯人，其早年生活经历历史上无记载，据说他出生在叙利亚，曾以偷盗为生。公元 243 年，当上了戈尔迪安三世的禁卫军长官。

菲利普当上了皇帝，大喜之后，接踵而来的是烦恼。各省总督多有不服，而且日耳曼人的侵袭也是日益频繁，内忧外患，形势十分严峻。此时正是罗马城建立 1000 周年的纪念日。菲利普想通过举行一场盛大的庆典来凝聚民心，赢得支持。庆典举行得很顺利，场面也空前盛大。但节日刚过，在西班牙的梅西亚军团就发动了叛乱。菲利普决心镇压，他派出关系密切的罗马城市长官德西乌斯（也译迪西乌斯、德基乌斯、德斯乌斯）前去执行这个任务。德西乌斯不负众望叛乱很快平息了，但意想不到的是，平叛军队发生了哗变，他们拥戴德西乌斯为新的皇帝，反对阿拉伯人菲利普。据一些史学家认为，起初德西乌斯并不愿意反叛，但起事的官兵表示：任何不同他们站在一起的人都将被杀，不管是将军还是士兵。德西乌斯无奈，只好接受了他们的请求，下令军队集结，向意大利进军。

德西乌斯是梅西亚人，曾长期担任当地的行政长官，短暂做过下日耳曼行省和梅西亚行省的长官。公元 235 年到 238 年，担任塔拉哥那行省的长官。公元 249 年，德西乌斯的军队进入意大利，在与菲利普统帅的军队决战中，菲利普战败被杀，元老院拥护了胜利者。

德西乌斯登上皇位不久，哥特人随即入侵罗马帝国的达西亚行省（约今天的罗马尼亚）和上下默西亚行省（位于今塞尔维亚和保加利亚），这是哥特人第一次出现在历史舞台上。

德西乌斯成为皇帝后，他必须出兵打击哥特人的入侵。但在公元251年6月，阿伯里图斯（今保加利亚拉兹格勒）战役中，哥特人击败了罗马军队，德西乌斯和他的儿子都在战斗中阵亡，于是军队扶持随军的加卢斯（也译高卢斯）为皇帝。但是罗马城的贵族和市民对德西乌斯存有好感，便立了他的小儿子为帝。但很快这个小儿子因感染瘟疫去世了，元老院又提不出合适的人选，便承认了军队拥立的加卢斯，紧接着加卢斯率军进入了罗马。

加卢斯上台后，立其子沃鲁西安努斯为"共治"皇帝。但加卢斯即位后，罗马帝国接连遭到哥特人、波斯人的侵袭，而他对此却无有效应对之策。最后，这位皇帝竟然决定用缴纳贡金的方式换取和平，这严重伤害了罗马人的尊严，尤其是那些浴血沙场的军人感到十分的失望和愤怒。受到这种情绪的影响，在梅西亚和潘诺尼亚统兵的将军埃米利安努斯拍案而起，他率领军队打败了哥特人，将他们赶过了多瑙河。又利用罗马人对加卢斯政策的不满，截取贡金赏赐士兵。埃米利安努斯的做法收到了效果，梅西亚军团拥立埃米利安努斯为皇帝，同时向罗马进军。加卢斯率军迎战，但在行军途中士兵发动叛乱，暗杀了加卢斯和其子沃鲁西安努斯。元老院接纳埃米利安努斯进入罗马，但他坐皇位不到4个月，统治高卢和日耳曼的瓦勒瑞安努斯（通常译作瓦勒良）便率军逼近了罗马，在战争中埃米利安努斯败亡。瓦勒良进入罗马城，元老院随即又承认了瓦勒良为罗马皇帝。

瓦勒良出身于贵族家族，公元238年，他在戈尔迪安父子任内成为首席元老。公元251年，他获选为监察官，并就任多瑙河军区的长官。次年底，成功率军击退哥特人的南下攻势。瓦勒良原本是想起兵支援加卢斯，但兵马未动加卢斯已因士兵背叛而身亡。瓦勒良坚定信心继续挥兵与埃米利安努斯交锋时，埃米利安努斯的士兵大量投诚使其战败被杀，53岁的瓦勒良坐上了皇位。

瓦勒良登基后，便将他的长子加里恩努斯（也译伽利埃努斯）立为共治皇帝。让加里恩努斯负责帝国西方事务，对付日耳曼人；而他本人则专心于东方事务，对付波斯人。这就开了罗马帝国分为东西两部分的先河。

瓦勒良承续了德西乌斯时代对基督教徒的迫害行动。在当时的罗马帝国，基督教已经初具规模，基督徒为了信仰而拒绝担任罗马公职并逃避兵役。这些行为对罗马帝国的发展无疑形成了威胁，加上内战、外族入侵、瘟疫流行，使得民间倾向于将这些天灾人祸怪罪于基督徒亵渎罗马诸神的结果。公元257年，瓦勒良颁布敕令，要求全体国民必须强制性向罗马诸神祭献，特别指出禁止基督徒进行集会，同时宣布没收教堂、墓地等教会财产，逮捕并放逐神职人员。次年，再次颁布敕令，规定各种处罚细则，要求将拒绝献祭的基督徒一律斩首。然而这些措施在后来因瓦勒良东征失败而终止。

此时，萨珊波斯的沙普尔一世已经攻取了罗马帝国的东方附属国亚美尼亚，后入侵叙利亚，令罗马的东方边境不得安宁。公元260年年初，瓦勒良率领约7万大军东征，收复了叙利亚和安提阿（即安条克，位于今土耳其南部）。

根据波斯方面的记载，瓦勒良最后东征失败被俘。现代学者大多认为，瓦勒良受俘可能不是由于战败，而是波斯方面的用计欺骗所致。但无论如何，罗马皇帝瓦勒良变成波斯王沙普尔的阶下囚。在4世纪基督教会的记载中，描述了瓦勒良受俘后的遭遇：每当沙普尔要乘马外出时，便命令瓦勒良趴在地上，沙普尔踩着他的脊背上马。瓦勒良以俘囚的身份不久之后病逝在波斯（一说是吞金而亡）。

瓦勒良兵败被俘时，帝国莱茵河军区的两位军团长官正为战胜日耳曼人所缴获得的战利品分配问题而起了争执，最后争执演变成了双方之间的武力冲突。波斯图穆斯的军团成功击败了另一派势力，下令处死对方多名军官。然而波斯图穆斯猛然发现，已遭处决的名单中，居然有共治皇帝加里恩努斯的长子。为怕报复，波斯图穆斯只好将错就错，选择了脱离罗马帝国，成立了独立政权“高卢王国”，在科隆自立为王。加里恩努斯无力通过军事手段击败波斯图穆斯，因此，只能默认此一政权的存在。

公元260年，加里恩努斯无力直接管控东方，便任命巴尔米拉（又译帕尔米拉，在叙利亚中部）人欧德纳托斯为“东方司令”。欧德纳托斯（也译奥登纳图斯）知恩图报，忠心地为加里恩努斯平叛东方各路割据群雄，努力抵抗入侵安纳托利亚半岛的外族。公元267年，欧德纳托斯在庆祝击败哥特人的宴会上遭到外甥的刺杀。

巴尔米拉因是沙漠商道的重要据点而兴盛。欧德纳托斯遇刺身亡后，其妻奇诺比亚（也译芝诺比亚）独揽大权。她摈弃先夫的政策，以独立王国之实切断了与罗马帝国的宗主关系。同时趁罗马帝国混乱而虚弱不堪时，吞并了叙利亚，夺取了罗马的谷仓——埃及，一时称雄东方。

加里恩努斯执政时期，各地掌握军团的长官纷纷凭借着军队势力而割据独立。在《罗马皇帝传》（成书于4世纪左右）一书中，列出了这个时期30位拥军独立的军阀。

在罗马帝国的传统中，政界与军队有着密不可分的关系。在一般情况下，要成为统率军团的长官，必须拥有元老院议员的资格；而政界人士通常也会担任军职增加资历。加里恩努斯掌权后公布了一项法案，将元老院体系与军队体系完全分离，将军人全部解除其他职务，成为职业军人，军政互不相关各有其自身的升迁体系。该法案经元老院通过而完成立法。

后世史家对此法案多有评议，有人认为这是罗马人逐渐丧失勇武精神的表现，只好将帝国的安保交予外族和士兵。但另一派的观点认为，三世纪的罗马帝国，由于内战、外族不断的入侵，人口大量衰减，除了军官的需求相当庞大，更需要一支更加专业化的军队。再加上当时罗马社会风气的转变，元老议员入伍服役的意愿不高。因此，这项法案在当时便顺利通过了。

公元268年9月，加里恩努斯的骑兵总司令奥勒良发动政变，将加里恩努斯逼进城内。而皇帝身边的士兵也随机叛变，加里恩努斯在城内被杀，克劳狄·哥德克斯以军人身份继任为皇帝，史称：克劳狄二世。

克劳狄二世的身世背景不是很清晰。有说他出生于潘诺尼亚行省，还可能有部分外族血统。他身材高大强壮，以武艺高强而闻名，很快就因军功受到上级赏识而屡次升迁，到德西乌斯统治时期，他已经升职为军事护民官。公元268年9月，他指挥罗马军队在纳伊苏斯（在今塞尔维亚）战役中彻底击溃了哥特人，而享有声誉。加里恩努斯死后，谋反的军官推选克劳狄为皇帝，当克劳狄到达罗马后，他的皇位被元老院承认。虽然缺乏证据，但人们还是怀疑是克劳狄二世谋杀了加里恩努斯。不过克劳狄二世在返回罗马之后，要求元老院善待加里恩努斯的家人和支持者。

哥特人由于在纳伊苏斯战役中大伤元气，被迫退到多瑙河的另一侧。之后，另一支日耳曼人部落阿拉曼人也被克劳狄二世打败。这样外族入侵的威胁暂时解除了，克劳狄二世也因此获得了哥特库斯（哥特人的征服者）的称号。克劳狄二世终于可以转过身来对付那些帝国的分裂者。他的第一个目标是独立了近 10 年的高卢帝国，这个割据政权已经占据了罗马帝国在不列颠、高卢和伊比利亚半岛等地的部分省份。经过一系列交战，克劳狄二世成功地收复了西班牙和高卢的一部分。公元 269 年年末，克劳狄二世正准备讨伐入侵潘诺尼亚的汪达尔人，但尚未出师便在次年年初死于瘟疫。

虽然克劳狄二世的统治时间不到两年，但却在罗马帝国历史上留有重要意义：他开辟了伊利里亚王朝。所谓伊利里亚王朝，是指公元 268 年至公元 284 年，罗马帝国的 7 任皇帝均出身于伊利里亚地区（达尔马提亚行省和潘诺尼亚行省，大致相当于今天斯洛文尼亚、克罗地亚和波黑部分地区）。正是在这些出身于伊利里亚行省的军人皇帝的领导下，罗马帝国从严重的三世纪危机中逐渐恢复过来。克劳狄二世后来被罗马元老院宣布为神。

在克劳狄二世死后，他的兄弟昆蒂卢斯继承了皇位，然而很快就被骑兵统帅奥勒良（也译奥列良努斯、奥勒里安努斯）推翻。

奥勒良可能出生于罗马帝国的达西亚行省或潘诺尼亚行省。据说他的父亲从军团退休之后，给一个元老院议员做佃户，而他的母亲可能是一个神殿的女巫。总之，奥勒良并非出自于高贵的家庭。奥勒良很早便投身于军旅，他在军队中的能力得到皇帝瓦勒良的肯定，并逐渐受到提携。瓦勒良兵败被俘时，奥勒良正驻守于拜占庭（今土耳其伊斯坦布尔）。克劳狄二世死后，元老院拥立克劳狄的弟弟继位，但军队不同意，拥立时任骑兵总司令的奥勒良为新皇帝，元老院只能予以追认。事后，无法忍受这种耻辱的克劳狄弟弟自杀了。

奥勒良成为罗马皇帝后，首先着手稳定罗马在欧洲的局势。公元 271 年，罗马帝国击败入侵的汪达尔人。而后，罗马军团进入波河流域，以一败两胜的战绩击退了占领了皮亚琴察（在意大利北部）等城市的阿拉曼人（又译阿勒曼尼人，与汪达尔人同是日耳曼人的一支部落）。因此，奥勒良受到元老院赠予的“日耳曼征服者”的称号。

达西亚行省是公元 106 年由图拉真建立的。由于罗马帝国无法在此地维持足够的兵力对抗哥特人，为了缩短战线，奥勒良在公元 271 年与歌特人签订和平条约，罗马军队撤出达西亚地区，退至多瑙河南岸。奥勒良从默西亚、达尔马提亚与色雷斯三个行省中分出一些区域并加以合并，建立了一个新的达西亚行省。

罗马强盛时凯撒曾拆除了罗马城的城墙，以利都市的发展。到了奥勒良的时代，面临帝国中央的衰落，时有军阀的反叛和外族入侵的情况发生，罗马城不能不加以设防。公元 271 年，奥勒良宣布兴建新的城墙，并在 6 年后完工，使罗马城又回到有城墙的都市。该城墙环绕 7 座山丘，用砖和混凝土构成，共长 19 千米，平均高度 6 米、厚 3.5 米。该城墙有 18 座城门，城门上则各立有防卫塔。以后城墙不断加固加高，到了公元 6 世纪，城墙高度达到 16 米，拥有 383 个塔楼、7020 个垛口以及 2066 个对外窗口，行成通畅而坚固的防御体系。

奥勒良在解决了外族人入侵问题之后，于公元 271 年夏末，率军东征巴尔米拉。奥勒良先是致书奇诺比亚，承诺她及家族、财富的安全，要求奇诺比亚开城投降，但遭到奇诺比亚的断然拒绝，于是两军开战。

奥勒良率领罗马大军连续击败巴尔米拉的重骑兵，奇诺比亚的儿子也被杀死。公元 272 年，罗马军队攻破都城。就在城破之前，奇诺比亚带着重臣打算逃往波斯，但被罗马士兵捕获。奇诺比亚被押往罗马，在奥勒良的凯旋仪式中，奇诺比亚戴着黄金锁链被拖行在战俘队伍中。巴尔米拉人不久再叛，被奥勒良再度攻陷都城，并放纵士兵摧毁了这座城市。

公元 273 年，奥勒良挟着征服巴尔米拉的声威，带着军队沿着多瑙河转向西方，准备彻底解决高卢王国。当时高卢王国的统治者出生于元老贵族世家，思想倾向于罗马帝国的统一。因此，在双方军队对峙之前，国王进入了奥勒良的军营中密谈。隔日，高卢王国向罗马帝国投降。原已分裂的帝国疆域，经过奥勒良的不懈征伐再度统一。因此，奥勒良受赠“世界光复者”的称号。

公元 275 年的春天，奥勒良再度整军出发远征波斯的萨珊王朝。4 月，当军队驻扎在色雷斯时，一位秘书官因过失受到奥勒良的严厉训斥。秘书官恐惧受到进一步惩罚，有性命之虞，于是便伪造了一封奥勒良的秘密命令，上面开列了即将处决的多位军官的名字，包括秘书官自己。秘书官将这封命令书带给这些军官看，使得这些军官惊惧不已，决定铤而走险。在秘书官的引导下，几位军官趁夜潜入奥勒良的寝室杀死了奥勒良。事发不久，这些军官得知了真相，秘书官被懊悔的军官们处以分尸极刑，执行暗杀的军官也自杀了。由于奥勒良没有子嗣，军队在自责之余，将推举皇帝的权力交给了元老院。延宕 5 个月后，克劳狄·塔西佗被选为罗马帝国的继任皇帝，这也是元老院最后一次推举皇帝。奥勒良虽然在位期间只有短暂的 4 年零 9 个月，但他以卓越的军功完成了罗马帝国的统一，死后被元老院封神。

塔西佗死于卡帕多细亚（位于安纳托利亚半岛东南部），在位不到一年。一说他是因热病而死，一说他是被军队所害。随后，他担任禁卫军长官的同母异父的弟弟，被帝国西部地区的军队拥戴为新皇帝，但没有得到元老院的获准。同时，东部地区的军队拥立普罗布斯为帝。于是，帝国再次发生内战。普罗布斯富有战争经验，他避免同塔西佗的弟弟直接决战，而是以小胜积大胜，渐渐地普罗布斯取得了优势。公元 276 年 7 月，塔西佗的弟弟被自己的军队背叛，在塔尔苏斯（今土耳其南部）被杀害。取胜之后，普罗布斯顺理成章成为罗马帝国的皇帝，并且得到了元老院的批准。

普罗布斯在位时间也不长，仅五年，但战功显赫。他在公元 277 年将入侵的日耳曼人驱逐，光复了高卢；又击退了法兰克人和汪达尔人，使罗马军队重新出现在了易北河。兴奋的元老院议员们开始讨论是否要将日耳曼地区纳为帝国新的行省。马不停蹄，在公元 280 年至 281 年间，普罗布斯毫不犹豫平定了帝国西部和东部的数场叛乱，证明了自己的意志。

不久，普罗布斯开始管束军队，在不作战时，他安排军人去开垦土地，栽种灌溉。这种辛苦无利的劳作，招来了习惯于闲散游乐的士兵们的不满。结果在公元 282 年夏天，激起兵变，普罗布斯在兵变中被杀死。军队迅速推举禁卫军统领卡鲁斯继承皇位，同时元老院也承认了卡鲁斯。

史学界有一种说法，普罗布斯是在卡鲁斯称帝之后被叛乱的士兵杀死的。作为禁卫军统领的卡鲁斯，当时正统率着一支在潘诺尼亚行省和诺里库姆（范围大概在今天的奥地利与捷克的部分地区）行省抗击日耳曼人的大军。一般认为，卡鲁斯知道军队普遍对普罗布斯不满，因此拥有军权后敢于自立为帝。正是士兵们的厌恶情绪，当普罗布斯准备反击卡鲁斯时，发起叛乱把他杀了。另有一种说法是，卡鲁斯开始不愿称帝，而且获知麾下士兵有强行拥立自己为帝的企图，赶紧向普罗布斯做了通报，希望把自己召回罗马，但普罗布斯没有同意。无论哪种说法都指向卡鲁斯称帝应在先，普罗布斯被杀于其后。

卡鲁斯受过良好的教育，继位时已经 60 岁，两个儿子卡里努斯和努梅里安均已成年。卡鲁斯继位后，把自己的两个儿子提升为"凯撒"，他让卡里努斯统治帝国的西部，而努梅里安和自己一起率领军队东征波斯萨珊王朝。东征刚开始时一切顺利，卡鲁斯的军队横扫美索不达米亚。但是，在公元 283 年 12 月的一天，卡鲁斯突然死亡，原因不明。一说是得了不治之症；一种传说是遭遇了雷击。卡鲁斯死后，帝位由他的两个儿子继承，努梅里安马上率领军队，退出了波斯战场。

努梅里安是卡鲁斯的小儿子，与哥哥卡里努斯为共治皇帝。公元 284 年 3 月，努梅里安在叙利亚生病，禁卫军长官认为他眼睛发炎，需要待在封闭的大马车中。随后，努梅里安被发现死于马车中，当时年仅 30 岁。对于他的死，有人认为是谋杀，也有人认为是自然死亡，众说纷纭。

卡里努斯得知父亲死亡的消息后就迅速回到罗马。从历史记载上看，回到罗马的卡里努斯出手阔绰，举办盛大的赛会活动等。但是不久，传来他兄弟努梅里安去世以及东部的军队拥立戴克里先为皇帝的消息。于是他又率军向东进发，他平定了潘诺尼亚的一场叛乱后，在梅西亚多瑙河畔（今塞尔维亚首都贝尔格莱德附近）遭遇戴克里先的军队。根据一些史书记载，卡里努斯的军团规模大于戴克里先的军团，所以战役打响后，戴克里先的军队差点溃败。但是，卡里努斯军队中有位军官，因卡里努斯曾勾引他的妻子，从而借机杀死了卡里努斯。结果，卡里努斯的军队向戴克里先宣誓效忠。但还有一种说法则是，战役中戴克里先的军队获得了优势，促使卡里努斯的部队倒戈。公元284年，戴克里先成为罗马帝国的统治者。

从公元 235 年亚历山大·塞维鲁被叛军所杀开始，罗马帝国陷入了长达 50 年的内战，这段时间史称"3 世纪危机"。奥勒良上台之后，罗马帝国开始了消除内乱，恢复统一的过程，而这一过程的完成，罗马帝国开始进入新一时期的发展阶段，这个阶段从戴克里先的上台为标志。

有史家认为，罗马帝国爆发 3 世纪危机的根本原因，在于生产力和生产关系之间的尖锐矛盾，在于罗马的奴隶制度已经走到穷途末路，从而引发各类矛盾的激化，导致了全面危机。

罗马帝国初期，农业生产工具有了很大的提高，出现了带轮的犁、割容器、起重装置、排水机等先进农具，劳动生产率得到极大提高。但是，腐朽的奴隶制度成为生产力进一步发展的障碍。奴隶是主人的财产，没有自己的生产资料，得不到基本的劳动保障，不仅缺乏劳动积极性，也阻碍先进的生产工具和先进的生产技术的使用。他们往往虐待牲畜、破坏生产工具。奴隶主对奴隶的残暴压迫和剥削，造成奴隶的大量死亡，并且激起奴隶的逃亡和反抗，给奴隶制经济以沉重的打击。加之帝国后期无力继续对外扩张，奴隶来源减少，奴隶价格日益高企，使用奴隶劳动已经无利可图，从而导致奴隶制经济日趋衰落。

由于长期依靠战争掠夺和对各行省的经济压榨，罗马没有形成自己的庞大经济基础。因此，意大利缺乏像埃及和希腊那样像样的手工业中心。由于奴隶劳动生产率低下和行省手工业产品竞争的冲击，到了3世纪意大利城市手工业难以为继，每况愈下。农业、手工业的衰退导致意大利城市没落和商业萧条，进而加剧了危机的进程。

到了第3世纪，帝国宫廷、官僚体系、军队也随之膨胀到前所未有的程度。为了维持这套庞大的国家机构的正常运转，帝国政府必须支出巨大的经费。尤其是公共庆典的挥霍无度，据统计，一世纪时罗马全年的节日为66天，2世纪时增加到123天，3世纪时则增至175天。在节日里，演出奴隶角斗、斗兽、戏剧和骑战等，所有开支皆由国库支出。为此，帝国政府不得不采取竭泽而渔的政策，把缴足税收的责任强加在各地城市库里亚的头上。如果一个城市的税收不能完成，这个地方库里亚的成员就要担负补足的责任。在过去，富有的公民把成为库里亚成员看作是政治地位和社会荣誉，现在则把它视为可怕的负担，宁可弃位而去。此外，政府还常常采用发行劣质货币应付紧蹙的开支。3世纪初，金币含金量减少了百分之十七，安敦尼银币含银量仅百分之五十。3世纪中叶，银币用铜铸造，外包一层银，含银量只有百分之五，甚至百分之二。劣质货币的发行必然造成通货膨胀，更影响了货币的流通。在这种情况下，罗马帝国的城市经济必然走上普遍衰败的道路。

3世纪指公元200年至299年这百年时期。在这个时期，中国的东汉王朝和罗马帝国分别由盛入衰，具体特征是为外部游牧民族的侵入以及内部政治体制的腐朽。在中国表现为东汉末年的军阀割据、三国分立；在罗马则表现为皇帝的频繁更迭，从公元235年至284年，罗马先后出现过24个皇帝，但只有一位是病死的，帝国陷入严重的动荡之中。学界认为这与世界范围内的游牧民族迁徙紧密相关，并在很大程度上改变了中国、罗马甚至波斯的社会构成与国际环境，为未来两个世纪世界范围的变革埋下了种子。同时，佛教与基督教分别在中国与罗马帝国地区得到了传播，对世界未来的走向产生了深远的影响。

3世纪末，中国与罗马基本恢复了社会秩序。在中国，西晋结束了魏、蜀、吴三国分立的时代；在罗马，戴克里先获得统治权，使罗马走出了“3世纪危机”。

戴克里先的父亲，据说是伊利里亚一个被释放的奴隶。戴克里先以卑微的出身参加了军队，并崛起于行伍之中。到公元284年，已晋升到皇帝努梅里安的卫队长之职。戴克里先原名为狄奥克莱斯，在成为罗马帝国皇帝后，改名为戴克里先。戴克里先继位后，对内镇压高卢和阿非利加的起义，对外战胜萨珊波斯，制止了波斯帝国对叙利亚和巴勒斯坦地区的进犯，并打退了日耳曼人横渡多瑙河与莱茵河的企图，使其无法侵入罗马帝国本土，暂时巩固了边疆。戴克里先的这些耀眼武功，使其皇权得到加强，进而借机神化自己。他仿效波斯君主，要求臣下晋见时行跪拜之礼，并将元老院剩余的权力剥夺得一干二净，完全成了荣誉的摆设。

屋大维开创了罗马帝国，虽然学界称其及其后统治者为罗马皇帝，但实际上，当时他们的称号是“元首”。直到戴克里先执政时，才将“元首”称号改为“君主”称号，正式确立了权力不受任何限制的君主制统治，罗马帝国也正式进入“君主制”统治的时代。为了挽救罗马帝国的危机，挽救没落的奴隶制度，戴克里先进行了一系列的改革。

戴克里先确信，帝国领土广阔，要确保帝国的安稳个人的能力是不够的。据此，他将帝国划分成两个基本部分：东部和西部。他让朋友、战友马克西米安主管帝国西部，驻意大利北部的米兰；他本人则主管帝国东部，坐镇安纳托利亚半岛西部的尼科美底亚（今土耳其的伊兹米特），二人均称奥古斯都。两位共治者又各任命一位副职，称为凯撒，分别治理部分地区。这样帝国被划为四个部分，形成了四帝共治的局面。戴克里先规定，副职为正职的养子和女婿，正职在位 20 年，须让位给副职。

改革后原有的辖区较大的行省被划小，行省总数由 40 多个增到 100 个，分别归属 12 个行政区。各行省中，军权和行政权分开，地方总督不任军职。罗马作为特别行政区仍然是帝国首都，但已不再是皇帝驻地。军队分为边防军团和机动军团，人数大增，军队中外族人成分不断增加。戴克里先还统一税制，取消某些免税特权，将人头税和土地税合一，作为财政的主要收入，每 5 年调查一次。为保证税源，戴克里先颁布法律，不许农民自由迁徙以及手工业者、商人等不得改行，甚至规定必须子承父业。

公元 301 年，为稳定币值，戴克里先确定了新的铸币所含金、银的标准。同年，颁布物价敕令，对主要商品价格和劳动报酬做了规定。戴克里先的改革措施，使面临严重危机的罗马帝国获得暂时的稳定。

在公元 303 年，罗马帝国开始最后且最大的一次对基督教徒的迫害。戴克里先在统治前期，并不急于迫害基督徒，然而在其统治后期，却对基督教进行严酷打击。其在公元 303 年和公元 304 年先后颁布了 4 道敕令，禁止举行礼拜，清除军队和官员中的教徒，没收教会财产，拆毁教堂，焚烧经书，逮捕神职人员，基督徒要么放弃信仰，要么被处死。这次迫害使得埃及亚历山大教区的教堂将戴克里先即位的公元 284 年，视为新的纪元。

相传有一个石匠叫马力诺，居住在今南斯拉夫达尔马提亚群岛的阿尔贝岛上，靠采集石块为生。由于他宣传基督教受到罗马当局的迫害，为了免遭不幸，他驾船离开故乡，跨越亚得里亚海，来到蒂塔诺山（意大利半岛东部），继续依靠采石为生，向异教徒宣传基督教，给各种避难的人们提供各类帮助，被人们奉为圣徒。随着逃到这里的人越来越多，逐渐形成一个群体。后来，这个群体宣告成立共和国。人们为了纪念马力诺，将这个国家定名为“圣马力诺共和国”，并把马力诺最早定居下来，后来形成的城市定为新国家的首都，命名为“圣马力诺市”。

由于戴克里先残酷迫害基督教徒，所以得到一个绰号“黑色的十字”。

公元 305 年时，55 岁的戴克里先因一场大病差点死去，便选择了退休，居住在濒海的索罗那（今克罗地亚地斯普利特）附近的行宫里潜心打理着花园。成为唯一自愿放弃帝位与权力的罗马皇帝。公元 312 年 5 月，戴克里先去世，终年 62 岁。

二、民族啊民族

中国——

西晋时期有大量游牧部落内迁。东汉以来，大量游牧民族因各种方式迁入关内，到西晋时关中和凉州一带的外族人口已占当地人口的一半。由于迁入人口相当多，与关中一带汉人相差不远，后形成武装割据势力，为西晋亡国和五胡十六国埋下了伏笔。

西晋末年的少数民族势力大体可以分为 3 类：第一类是匈奴贵族，他们虽然失去了秦汉时期称霸草原的雄风，却依然不失染指中原的野心；羌（qiāng）、羯（jié）、氐（dī）属于第二类，自东汉始，羌人在汉族贵族、官僚的压迫歧视下曾三度叛乱，叛乱后的羌人又出于复仇心理屠杀汉人，遭到官军的镇压；羯族原是匈奴控制的西域民族，随匈奴人来到中原后由于生活贫困，很多羯人沦为汉族贵族、地主的隶农（介于自由民与奴隶之间的劳动者）；而氐人多是“八王之乱”中与汉人一起逃亡的流民；第三类是鲜卑人，后来称雄中国北方的慕容氏、拓跋氏都是支持西晋王朝的，其首领相继被封为大都督和代公，是西晋王朝的盟友。

对西晋首先发难的是氐族人李特发动的巴蜀流民起义和羯、羌的小规模反抗。公元 301 年，李特率流民起义军打败西晋军，进占广汉，自封益州牧。不久李特战死，其子李雄继为首领攻下成都。公元 306 年，李雄在益州（今四川）称帝，国号“成”。李雄在位 30 年，刑政宽和，战事稀少，百姓安居。公元 338 年，李雄的侄子李寿自立为帝，改国号为“汉”。统治区域有今四川和云南、贵州的一部分。公元 347 年为东晋桓温所灭，史称：成汉。

自东汉以来南匈奴基本上是中原王朝的附属部落，到了魏武帝曹操执政时，将匈奴的呼厨泉单于留居邺城，派右贤王去卑返回南匈奴将南匈奴分为五部，每部设汉人司马掌握实权，匈奴基本上划入了中央朝廷辖下。而此时的匈奴贵族也开始学习汉人的经史子集，在朝廷中效力。

刘渊是匈奴冒顿单于的后代，本姓挛鞮（luán dī，或栾提、虚连题）。按匈奴习俗，贵者皆从母姓，因汉高祖刘邦嫁公主给冒顿单于并约为兄弟，其后人从而改姓刘。刘渊是南匈奴单于挛鞮于（或于夫罗）之孙，匈奴左贤王刘豹之子，刘渊在父亲死后接管其部属。

刘渊自幼聪明好学，曾跟随上党儒生学习，并在成都王司马颖手下供职。他的儿子刘聪也精通汉学，能熟背《孙子兵法》。匈奴贵族虽然在西晋少数民族中算是待遇不错的，但寄人篱下的生活毕竟不符合“天之骄子”们（匈奴人自称为“天之骄子”）驰骋天下的习性，他们时刻等待着时机要征服中原。终于，机会来了。“八王之乱”中，并州刺史司联合鲜卑贵族进攻司马颖驻守的邺城，刘渊献计说要回匈奴召集骑兵抗衡鲜卑人，司马颖欣然同意并拜刘渊为北单于、参丞相事，刘渊得以回到匈奴部落。

公元 304 年，刘渊返回匈奴控制下的左国城（今山西省离石县），与匈奴权贵密谋起兵。刘渊的叔祖父（祖父之弟）发表了起兵宣言：“昔我先人与汉约为兄弟，忧泰同之。自汉以来魏晋代兴，我单于虽有虚号，无复寸土之业，自诸王侯，亦同编户。今司马氏骨肉相残，四海鼎沸，兴邦复业此其时也。左贤王元海（刘渊的字）资器绝人，英武超世，天若不恢崇单于，终不虚生此人也。”

当时，并州（辖太原、上党、雁门等七郡）境内的汉人大多因避战祸而迁徙南下，胡汉势力对比发生重大变化，而并州的官吏们还在热心内战。于是，刘渊自称汉王，击败并州兵马，招降山东起义军，形成了胡汉民众共同反晋的态势。公元 308 年，刘渊自称大汉皇帝，建都平阳（今山西省临汾西北）。他派四子大将军刘聪率石勒、刘曜（yào）等率汉军进攻洛阳，西晋军顽强抵抗，汉军败走。

公元 310 年，刘渊病死，刘聪杀太子自立。公元 310 年刘聪派其族弟刘曜领兵攻克洛阳，俘晋怀帝。随后刘曜纵兵烧杀抢掠，屠杀西晋汉族官民 3 万余人，洛阳被焚毁，晋朝汉族官民被迫大量南逃，史称：“永嘉南渡”（永嘉是晋怀帝司马炽的年号）。

晋怀帝司马炽被俘后，西晋在关中的官员又拥立秦王司马邺为帝，立都长安。公元 316 年，刘曜又带兵围攻长安，司马邺出降，西晋王朝灭亡。至此，西晋成为中国历史上第一个被少数民族攻灭的汉族统治王朝。

公元 318 年，刘曜夺取汉政权，自立为帝，改国号为“赵”，史称前赵，建都长安。建国后实行胡汉分治，迁徙氐、羌等民族数十万人于长安，保持其部落编制，并在汉人统治区内恢复儒学。统治区域有今河北、山西、河南、陕西的一部分。公元 329 年，被后赵石勒所灭。

西晋灭亡以后次年，公元 317 年，琅琊王司马睿（ruì）在南渡过长江的中原氏族与江南氏族的拥护下称帝，国号仍为晋，国都建康（今江苏省南京市），故史家称之为“东晋”。

公元 319 年，羯族人、奴隶石勒建赵国，自称赵王，史称：后赵。公元 329 年石勒出兵灭前赵，两年后称帝，建都襄国（今河北邢台西南），后又迁都邺城，成为历史上第一个奴隶出身的皇帝。后赵极盛时疆域有今河北、山西、陕西、河南、山东及江苏、安徽、甘肃、辽宁的一部分。石勒在青年时因穷困被卖为奴，后领胡人起事归顺刘渊，曾会同刘曜攻破洛阳。在公元 312 年以后，石勒以襄国为基地，发展成为今河北、山东地区的割据势力。在公元 318 年，他率军攻破平阳，次年脱离前赵自立。公元 333 年石勒病死，其侄石虎夺位。

石虎（字季龙）生性残忍暴虐，但作战勇猛，在战争中“降城陷垒，坑斩士女，鲜有遗类”。《晋书》记其“荒酒淫色，骄恣无道”，常出入大臣之家，淫其妻妾。他还要求宫内的美人梳洗打扮，然后割下她们的头颅，洗掉血污，放在盘子里供人观赏。石虎称帝后广造宫苑，大举征伐。史籍载，其掠征役民近40万人，兵丁50万人（凡每户男丁有4征2，有5征3），仅船夫就有17万人。并强选20岁以下，13岁以上美女3万人充置后宫，其中有夫之妇9千余人。杀人之夫或妇女自杀者3000余人，官吏及贵族们乘机抢夺民女万余人。一时百姓“流叛略尽”，满目荒野，社会矛盾、民族矛盾日益尖锐。

石虎死，后赵王室随即陷入内乱。公元350年，汉人冉闵乘政局混乱，起兵灭后赵，建国“魏”，史称：冉魏。冉闵原是后赵战将，河南内黄县人，祖上世代为汉将。其父12岁时被石勒俘获，成为石虎的养子。在史籍中，冉闵“善谋策，勇力绝人”。在一次后赵与前燕的大战中，后赵10万大军溃败，唯独冉闵所率3千军独全。此战后，冉闵成名，被石虎所倚重。

在建立魏国的过程中，冉闵利用当时汉人对胡人欺压的不满，一次次挑起汉人与胡人之间血腥的争斗，他颁布了三道历史上著名的“杀胡令”：第一道令“宣令内外六夷，敢称兵仗者斩之”。意思是，有敢拿兵器的胡人必杀之。面对汹涌的胡人逃难局面，冉闵马上颁布了第二道令，“与官同心者留，不同者各任所之”。此令似乎想做个解释，挽留胡族人才。但“赵人百里内悉入城，胡、羯去者填门”。汉人进胡人出，冉闵明白胡人不愿为其所用。于是冉闵颁布了第三道令，“赵人斩一胡首送凤阳门者，文官进位三等，武官悉拜牙门（偏将、副将）。”明确表示，汉人杀一个胡人，凭人头加官晋爵。

冉闵鼓励杀戮，国内血光冲天，一日之中，死人数万。冉闵亲自带兵在邺城周围屠杀羯人20多万。于是，数百万胡人在汉人的复仇争杀中死于非命，汉人死伤亦不计其数。冉闵还向东晋政权致书联合抗胡，但因东晋王朝内部矛盾没有实现。由于民族仇杀和连绵的战争，伴随而来的大饥荒，使先前被迁到北方内地的胡汉各族民众数百万人被迫各还故土。在还乡路上，胡汉各族因互相杀掠、饥疫死亡者甚众。史载：人肉以相食，十者仅能存二三。冉魏因此人口锐减，生产停滞，人尽物绝，贼盗蜂起，强邻侵略，领土逐失。于公元352年，终为前燕所灭，在历史上仅存3年。冉魏被灭时众多大臣相继自杀，从秦、汉、三国、西晋以来，从没有因为亡国而成群自杀的大臣，因亡国而臣属自杀是从冉闵的魏国开始。这也说明，当时汉族与少数民族之间的斗争极端惨烈。

鲜卑族是中国北方游牧民族，兴起于大兴安岭山脉，据认为是商代东胡族的一支。秦汉时从大兴安岭一带南迁至西拉木伦河流域，曾归附东汉。北匈奴西迁后尽占其故地，留在漠北的匈奴十多万户均被鲜卑纳入，势力逐渐强盛。

关于“鲜卑”最早的记载可以追溯到西周初期。《国语·晋语》说，周成王姬诵平息武庚的叛乱后，亲自来到岐阳（今陕西省岐山县东北），大会天下诸侯和四夷酋长，鲜卑也被邀请出席。然而在当时中原人心目中，鲜卑和楚都是属于华夏族之外的蛮夷，所以不能上台参与会盟，只能替大会守护拜祭山川与神灵的火堆。

慕容氏是鲜卑族主要部落之一，以部落名称为氏。该族原居住在辽河流域，西晋灭亡得以发展。在公元337年，该部首领慕容皝（huàng）称燕王，建国“燕”，史称前燕，以龙城（今辽宁省朝阳）为国都。前燕招抚中原地区的汉族流民，组织屯田垦荒。中原地区的大量难民逃到这里，并带来了生产技术，促进了当地的社会经济发展。慕容皝汉化较深，崇尚儒学，喜好读书，52岁时病逝。

慕容氏灭冉魏后，迁都于蓟（今北京市西南）。5年后，又迁往邺城。迁都后，王室贵族们不思进取，生活奢靡，政治日趋腐朽。公元369年，前燕贵族内部又发生了激烈斗争，慕容皝的第五子慕容垂投降前秦苻坚。前秦以慕容垂为先锋，率步骑3万人进攻前燕，攻占洛阳。次年，又以6万之众大败前燕军40余万人，后攻下邺城，前燕灭亡 。

公元333年，后赵迁徙氐、羌十万余户于关东，以氐族酋长苻洪为都督，率氐族百姓迁居枋头（fāng tóu，位于河南省汲县）。后赵内乱后，苻洪附东晋，接受东晋官爵。公元350年，冉闵诛胡羯，此时苻洪拥兵十余万众，自称大都督、大单于、三秦王，欲率兵进关中，但尚未成行，苻洪后被后赵降将毒死。其子苻健领兵自枋头西入潼关，氐人纷纷响应，遂攻占长安。苻健于公元351年建国，国号“秦”，史称：前秦。次年苻健称帝，建都长安。公元355年苻健死，其子苻生继位。苻生暴虐成性，公元357年堂兄苻坚杀苻生自立。

苻坚即位后的十几年里，减刑免租，偃甲息民，重用名臣良将，使前秦国内相对安定，社会经济逐渐恢复，史誉“关陇清晏，百姓丰乐”。苻坚认为自己不足称帝，即位伊始自降帝号为天王，称“大秦天王”。

为了巩固政权，清明朝政，苻坚全力支持朝臣打击豪强贵族的措施，接连诛杀了20多个不法的豪族贵戚，其中还有皇太后（苻健皇后）的弟弟。于是，都城内外震肃，富豪贵戚无不低头守法，社会秩序大为好转。

为了解决关中地区少雨易旱的问题，苻坚下令征调贵族及富豪僮仆3万人，修建泾水（又名泾河，在陕西省中部）渠，用以灌溉农田，改良地力，使百姓深受其惠。苻坚还躬身耕作，他的皇后亲历养蚕，以示劝课农桑。并曾降低官俸，免除徭役，以补农灾。由于苻坚重视农业，勉励工商“旅行者取给予途，工商贸贩于道”，使前秦国力日益强盛。

苻坚崇尚汉族文化，喜好儒家经典。为了扭转氐族贵族迷信武力，轻视文化的落后观念，苻坚广修学馆，延揽饱学之士执教，并强制公卿以下的子孙入学读书。史籍载，苻坚听说某官吏80岁的母亲宋老夫人有学问，懂周礼，身体尚健，耳聪目明。于是，苻坚就在宋老夫人的家里，设立了一个学堂，教授120名学生，并称呼老夫人为宣文君。苻坚还送了10名丫环去服侍她，以表敬重。据认为宣文君是中国历史上第一个女博士。

苻坚时常去太学（朝廷最高学府）考察，挑选优秀学子到朝廷各级机构任职。同时规定：俸禄百石以上的官吏，必须“学通一经，才成一艺”，否则一律罢官为民。由于苻坚的强力倡导，并同官职的升迁相结合，促进了儒家文化在前秦的传播，也促进了前秦胡人贵族及官员对汉文化的了解，提高了前秦统治阶层胡汉文化的融合以及民族间的文化交流。

为了加强对各降服民族的控制，苻坚多次将北方胡族移民关中，并将各族部落分地而置，其君臣、将帅授予高官统领旧部。同时，又分各氐族部落到各地监控镇守要冲。这种做法可能适合前秦中央政府羁縻桀骜不驯的胡族，求得异族支持。但削弱了氐族对关中的控制，使京师空虚。故有臣叹道“远徙种人留鲜卑，一旦缓急当语谁”。

苻坚素有“混一六合，以济苍生”之志。随着前秦国力日渐强盛，苻坚开始了统一黄河流域的征战：公元 370 年灭前燕；公元 371 年并仇池（今甘肃省成县西北）氐族；公元 378 年取东晋的梁、益二州；公元 376 年灭前凉及代国（据今内蒙古自治区中部和山西省北部）；公元 382 年苻坚派军进驻西域。至此，前秦统一了整个北方，与东晋形成南北对峙的局面。苻坚自恃强盛，不断对东晋发动进攻。公元 379 年，前秦攻占了东晋战略重镇襄阳，苻坚遂决定全力进攻东晋，统一中国。

与国内外强势帝王不同，苻坚在统一战争的过程中，从未进行过血腥的屠城，还对征服国王室人员劝学封爵“变夷从夏”，确立了“黎元应抚、夷狄应和”“混六合为一家，视夷狄为赤子”的各民族平等的政策。

公元 383 年，前秦发动淝水之战，结果东晋以 8 万之兵勇克 80 余万前秦大军，是中国历史上著名的以弱胜强的战例。此战留下了“风声鹤唳”“草木皆兵”“投鞭断流”等著名成语。前秦大败后，苻坚被部下姚苌（cháng）所杀。随之，前秦征服的丁零、鲜卑、匈奴、羌等各族贵族纷纷起兵反秦，前秦崩溃，中国北部再度陷于分裂。

关于氐人的起源，主要有两种说法：一说氐、羌同源而异流；另一说氐、羌虽自古关系密切，然而从来都是两个不同的民族。

第一种说法认为，在殷商和西周时期，氐族尚未从羌族中分化出来，在先秦史籍中往往氐羌连用或并称。如《诗经》中有“昔有成汤，自彼氐羌，莫敢不来享，莫敢不来王”，《竹书纪年》中有“氐羌来宾”“王师克鬼方，氐羌来宾”等记载。有研究者提出，氐族最终形成单一的民族，是由于有些羌人部落从高原迁于河谷，由游牧转向农耕，并在与周围汉族日益频繁的接触中，受汉族先进经济与文化的影响，使其语言、经济、文化发生变化所致。

第二种说法认为，氐、羌是既有密切联系，又有重大区别的两个民族，境地相邻，同属西戎。但从羌、氐的居住分布、经济生产、生活习俗等方面看，两者差异很大，氐有自己独特的语言与羌不同。那么氐族先人究竟来自何方呢？

有人根据曹魏史籍《魏略·西戎传》中称，氐先人为甘肃天水郡地区的戎族，戎族历史可追溯到春秋时期。《史记》载，公元前 361 年秦孝公征西戎，并斩西戎獂（huán）王，獂王疑是氐王。也有人认为，氐族与古老的三苗（传说中尧舜禹时代的古部落）有渊源关系。由于华夏族向东、向南的扩张，三苗不得不向西、向北迁徙，“迁三苗于三危（古对青藏高原的称呼），以变西戎”。其中一支沿汉水向西北迁徙，迁徙到渭水上游和岷山以北的地区，亦即后来氐族的原始居留中心。综上所述，氐族始见于春秋战国时期的史籍中；其来源可能与三苗及西戎有关；由于与羌族相邻，又杂居共处，文化中有合有别。汉魏后，氐族已形成农耕民族，而且是一支较强大的民族，广泛分布在今四川、甘肃、青海等省的交界处。其部落因地而异，分有巴氐、白马氐、清水氐、略阳氐、临渭氐、沮水氐、隃麋（shù mí）氐等。又以服色而名之为青氐、白氐、蚺（rán）氐（一说即赤氐）等。

从西汉至三国，氐人经历了两次较大的迁徙。第一次是在汉武帝刘彻开辟西南置武都郡，氐人受到排挤，一部分移至河西禄福，一部分迁至关中水、陇山之间。第二次迁徙发生在东汉末，氐人介于曹魏和蜀汉之间，成为两股势力极力争取利用的对象。氐族乘机崛起，在武都地区形成4股势力：一是兴国氐人，居兴国城（今甘肃省秦安县东北）；二是百顷氐人，居仇池山（今甘肃省西和县西南，一说成县西北）；三是下辨（或作下辩，今甘肃省成县西，时称武街城）氐人7部落；四是河池（今甘肃省徽县西银杏镇）附近氐人。在魏蜀争战中，这4股势力一部分被曹操所灭，一部分被曹操迁入陕地和甘肃的天水、南安，还有一部分徙居蜀汉。

因而，至魏晋，氐人除原在武都、阴平二郡外，又在关中、陇右一些郡县形成与汉人及其他各族交错杂处的聚居区，其中最著名的苻氐、吕氐，其先人都是从武都迁来的。16国时，氐人又多次迁往关东、河北等地，其分布地区日益扩大，强盛时人口近百万。

淝水之战后，氐族逐渐融合于周边民族之中。

八王之乱后，西晋凉州刺史张轨采取守土保境、讲文修武的政策。他一方面讨伐叛乱，击败当时在凉州作乱的河西鲜卑；另一方面消灭横行乡里的盗寇，很快安定了凉州局面。使河西地区经济复苏，商贸日渐欣荣。于是，中原难民大量涌入河西地区。

张轨出身凉州士族，为西汉赵景王之后。在乱局中，他安身西土，审时度势地实施一系列行之有效的措施，包括团结河西士族；打击鲜卑、西羌和匈奴贵族反叛势力；减轻赋税徭役等，受到了当地汉族百姓的欢迎。同时，为躲避中原战争，关东和关中地区有很多豪门望族、高儒雅绅、工匠技师、佛道名僧、商贾百姓流入凉州，使凉州人口大幅增加，传播了中原的生产技术和经验，促进了凉州的社会经济文化的强劲发展。张轨于是在姑臧（zāng，今甘肃省武威市）西北置武兴郡、晋兴郡（今青海省民和县一带）、晋昌郡以安流民，使凉州成为“士族北上”的最大聚居地。

张轨利用“中州人士”纷至沓来的有利条件，兴办学校，积极鼓励私人讲学，欲“文治兴邦”“一化齐俗”。而来到凉州的知识分子恰恰带来了中原不同地域的学术流派，带动了凉州本土文化的融合发展，也保存了中原的传统文化和学说，使河西文化繁荣起来，成为当时西北地区汉文化的中心。史称“凉州虽地处戎域，然自张代以来，号有华风”。

张轨以晋忠臣自居，接受晋朝廷封号，向危急中的西晋、东晋政权不断运去马匹、粮食等物资，派遣使者朝贡，并派精兵支援京师，解救洛阳、长安之围。这些举措得到了汉族人的拥护，有效抵御了前赵的进攻。

公元314年5月，张轨病殁，是年60岁。张轨死后，其子张寔（shí）继任凉州刺史，封西平郡公。后称凉王，史称：前凉。公元320年，张寔为部下所刺杀，张寔的弟弟张茂继位。张茂死后无子，由侄子张骏继位。

张骏，史家评“幼而奇伟”“十岁能属文，卓越不羁”。在位期间，由于推行了一整套正确的治国策略，又勤于政事，适时扩张，使前凉的政治、经济、军事等都达到了前所未有的高度。其中著名的“姑臧七城”也就是在此时矗立起来，耀于后世。

张骏以“拟于王者，而微异其名”的王都标准和河西特点修筑姑臧城，它改变了中国传统的宫南市北的王都建筑布局，创造了一反旧制的宫北市南的新格局，对后世的王都建设产生了重大影响。后来的北魏王朝营造洛阳新都时，就参照了姑臧城的模式，建造了洛阳格局；而洛阳格局又影响到东魏都城邺城和唐朝都城长安的建造。总言之，今天我们看到的古代都城格局，其源头可追溯到前凉修筑的姑臧城。正是从这个意义上，一些史学家和建筑学家都把姑臧城称作是中国王都的鼻祖。1986 年，武威市被列为国家历史文化名城。

张骏执政时期，前赵正与后赵争夺中原，无暇西顾。于是前凉乘机向西发展，经营西域。公元 336 年，前凉出兵打击吐鲁番地区的叛乱，张骏在高昌故城设立高昌郡，这是中原王朝在西域地区实行郡县制的开始。对于发展西域与中原地区的经济文化交流，产生了积极的作用。不久，张骏又伐龟兹、鄯善，并遣将征服了于阗、焉耆。当时的前凉政权“士马强盛”占有今甘肃、内蒙西部、宁夏西部、青海及新疆大部分地域，史载“南愈河湟（青海省东部），东至秦陇（今陕西、甘肃），西包葱岭（帕米尔高原），北暨居延（居延遗址，分布在内蒙古自治区额济纳旗和甘肃省酒泉市金塔县）”。分置凉、沙、河三州。是当时中国北方地区除后赵之外最大的一个割据政权，也是北方唯一的汉族政权，

公元 353 年，张骏的庶子张祚夺取政权自立凉王，次年称帝。但张祚为政不明，众叛亲离，激起内乱，使国势大衰。公元 376 年，前秦出兵攻伐，前凉灭亡，共 76 年。

后凉为氐族吕光所建。前秦天王苻坚在淝水之战前派吕光率兵 7 万、铁骑 5 千，进军西域。吕光攻破焉耆、龟兹，使西域 30 余国归附。淝水之战后，前秦瓦解。公元 385 年，吕光用 2 万余头骆驼载大量珍宝、文物和名僧东归。前秦凉州刺史用兵 5 万拒于酒泉，吕光破敌入据姑臧，自称凉州刺史。次年，吕光自称凉州牧、酒泉公，立都姑臧。公元 396 年自称天王，国号“大凉”，史称：后凉。

后凉立国不久，境内各族便纷纷割据，建立政权。后凉与各族政权频繁交战，平叛不息，国势渐弱。吕光死后，诸子争位，互相杀伐，无暇理政，全国陷于饥荒，百姓流离失所。至灭亡前夕，国域除姑臧而外，仅存昌松（今甘肃省武威南）、番禾（今甘肃省永昌）二郡之地。王朝于公元 403 年请降于后秦，后凉遂亡。

“代”是十六国时期鲜卑拓跋氏在初期建立的政权。建都盛乐（今内蒙古自治区和林格尔北），强盛时南抵雁门，北至大漠，有今内蒙古和山西、河北北部，历时约 39 年。

鲜卑拓跋部，原来居住于今黑龙江、嫩江流域大兴安岭附近，过着游牧生活。东汉以前，北匈奴被打败西迁后，拓跋部进入原来北匈奴驻地，即漠北地区。自酋长拓跋力微时代起，游牧于云中一带（今内蒙古自治区托克托县东北），魏晋时期处于由部落联盟到建立国家的转变阶段。公元 258 年，拓跋力微率众部落徙居盛乐。

拓跋力微死后，属部离散。经过内乱，公元 295 年其子禄官接任大酋长地位，仿照匈奴旧制，将拓跋部落分为中、东、西 3 部，自领东部。公元 307 年禄官死，其侄拓跋猗（yī）卢总领三部，有 40 余万人马。并州刺史为了利用拓跋势力对抗前赵，于公元 310 年请求西晋朝廷封拓跋猗卢为代公，公元 315 年进封为代王。此后，拓跋部日趋强大，号称骑士

百万。公元 338 年，宗室贵族什翼犍（jiān）即代王位，设置百官，分掌众职，制定法律，正式建立代国，并开始从事定居的农业生产。公元 376 年，前秦苻坚进攻代国，什翼犍兵败被其子所杀，代国灭亡。

淝水之战后，慕容垂被前秦苻坚派往邺城。当时镇守邺城的是苻坚庶长子苻丕。其时，丁零族人在河北起兵，苻丕派慕容垂领兵镇压，慕容垂乘机脱离前秦控制。于公元 384 年，在莱阳自称大将军、大都督、燕王，随后带兵围邺。这时，东晋北伐军已深入河南、山东，并正开始北渡黄河，苻丕向晋军求救。但东晋军被慕容垂击败，苻丕从邺城撤往晋阳，慕容垂占领整个河北地区后，于公元 386 年自称皇帝，定都中山（今河北省定州市），史称：后燕。

前秦苻坚灭前燕后，尽徙鲜卑 4 万多户入关中。苻坚淝水兵败，政权陷于瓦解。公元 384 年，前燕皇帝慕容暐（wěi）之弟慕容泓起兵反秦，自称“济北王”，史称：西燕。

之后，慕容暐另一个弟弟慕容冲也起兵反秦，兵败后归于慕容泓，慕容泓兵势大振。后因慕容泓执法苛暴，谋臣杀慕容泓，于公元 384 年拥立慕容冲为皇太弟。次年，慕容冲率军取长安。鲜卑贵族都想回关东，不愿留在关中，继而发生内乱慕容冲被杀，随即鲜卑族男女老少 30 余万（一说 40 余万）人离长安东去。

在东去途中，西燕宫室内斗不断，慕容永被推为大将军、大单于、河东王。慕容永属前燕皇室旁支，他的祖父是前燕开国君王慕容皝的叔叔。前燕为前秦所灭后，前燕贵族被迁至长安，多数慕容宗室被苻坚厚待，但慕容永家中贫困，故与妻子在长安城内贩鞋为生。

慕容永率领鲜卑部众继续东进，占领长子（zhǎng zi，今山西省长子县）后，决定定都于此。随后决定放弃归附于后燕的念头，公元 386 年 10 月称帝，西燕政权稳定下来。

西燕在慕容永统治期间疆域最大，北达新兴（今山西省忻州），南抵轵（zhǐ）关（今河南省济源），东依太行山，西至黄河边，计有上党、太原、武乡（位于山西省长治市）、建兴（今山西省晋城）、西河（今山西省离石）、新兴、平阳（今山西省临汾）和河东（今山西省运城）8 郡，人口 76000 余户。

慕容永与后燕慕容垂本是堂兄弟，为了争夺在鲜卑族的号令地位，双方产生法统之争，并大打出手。慕容垂在巩固了自己的后方之后，于公元 393 年冬，向西燕大举进攻。次年八月，攻克长子杀慕容永，灭西燕。后燕的统治范围由此达到河北、山东、山西和河南、辽宁的一部分。

汉人冯跋，字文起，长乐信都（今河北省衡水市冀州区）人。为后燕禁卫军将领。公元 407 年，冯跋兄弟等拥立慕容垂的四子慕容宝的养子慕容云为大燕天王。慕容云即高云，高句丽人。高云封冯跋为侍中、大将军、武邑公，执掌军政大事。公元 409 年十月，高云被叛臣所杀，冯跋又杀叛臣自立，称“燕天王”，立都龙城（今辽宁朝阳），史称：北燕。

冯跋之父曾任西燕将领。冯跋在位期间，能留心政事，革除后燕苛政，简省赋役，奖励农耕，惩治贪腐，社会较为安定。冯跋又建立太学，选派士族子弟入学读书，培养统治人才，推行胡、汉分治政策。公元 430 年九月，冯跋病重，其弟冯弘起兵发动宫变，杀其儿子等一百余人自立。公元 436 年，北魏大军攻龙城。冯弘在高句丽军保护下率龙城百姓东渡辽水，奔高句丽。北魏军入占龙城，北燕亡。

后燕慕容垂之子慕容宝在位时，叔父慕容德镇守邺城。公元 397 年，北魏进攻后燕，破中山，后燕被分割成二部分。在魏军压力下，慕容德弃邺城南下。次年，迁 4 万余户至滑台（今河南省滑县东），自称燕王，史称：南燕。

公元 399 年，北魏攻占滑台，慕容德遂率众攻取青、兖二州，入据广固（今山东青州西北），改称皇帝。南燕建国之初，鲜卑贵族即与汉族士大夫合作，共同统治。慕容德下诏承认汉族旧士族特权，又建立学官，选公卿以下及二品士族子弟入太学，本地大族势力得以保存。由于鲜卑贵族和汉族大姓竞相荫庇人口，形成“百室合户”“千丁共籍”的局面，严重影响了国家的赋役征发。慕容德下令查检户口，查出黑户 5.8 万户。慕容德还广治铁冶，置盐官，以增加国库收入。公元 405 年，慕容德死，慕容德无子，立兄之子慕容超继位。但慕容超好游乐围猎，不纳忠言，委政佞臣，又诛杀功臣，赋役繁重，百姓困苦。慕容超嫌宫廷乐师不够，欲向东晋掠取。于是轻启边衅，出兵东晋，攻陷宿豫（位于江苏省宿迁市），抓其官吏，掠走百姓，其中遴选 2500 人，交给太乐去教习歌舞。

为抗击南燕，公元 409 年，东晋将领刘裕率师北伐，于次年攻下广固，慕容超被俘，后被斩首，时年 27 岁，南燕亡。慕容超成为五胡十六国时期出身鲜卑慕容部的最后一位帝王。

西晋时，羌族部落的一支从甘肃迁徙到陕西千阳一带居住，后赵时又被强徙至关东，后到河北。公元 333 年，其部族领袖姚襄欲率众返还关中，与前秦军战于三原，兵败被杀。姚襄之弟姚苌（cháng）率众降于前秦，为苻坚将领，累建战功，官至龙骧（xiāng，腾跃之意）将军，封益都候。“龙骧将军”本是苻坚做过的武职，他当了皇帝后这个封号就不再使用了，然而授给了姚苌，充分体现了苻坚对姚苌的信任以及期望。

淝水战败，苻坚退回长安不久，鲜卑贵族慕容泓起兵反秦。姚苌参与讨泓战败，逃奔渭北，得羌人及西州豪族的支持，也起兵反秦。公元 384 年，姚苌自称大将军、大单于、万年秦王，史称：后秦。

姚苌立国后，渭北羌胡 10 万余户归附，势力发展很快，于次年兴兵擒杀苻坚。及至鲜卑 30 万众离关中东归，姚苌于公元 386 年入据长安称帝。后秦盛时控制今陕西、甘肃、宁夏及山西、河南的一部分。公元 393 年，姚苌病死，太子姚兴继立。

姚兴在位 22 年，勤恳于政，治国安民。他即位不久就下令释放因战乱而自卖为奴婢的平民，使很多人获得自由。姚兴重视发展经济，兴修水利，关心农事。提倡佛教和儒学，广建寺院，邀请龟兹（qiū cí）高僧来长安讲学译经，支持法显赴印度等国取经访问，遂使长安成为当时全国的佛教中心，仅长安一地的僧人就有 5000 多人。同时，姚兴重视文化教育事业，兴办学校，当时在长安求学的学生有万人之多。并设律学（司法学校），招收各郡县官吏就学，学业优秀者派任狱讼官。提倡吏治廉政，招贤纳才，严惩贪官。由于实行了这些政治、经济、文教等方面的有效措施，遂使关中经济得到了快速的恢复和发展，也促使羌族文化与汉族文化的交流融合。

姚兴首灭前秦，并乘西燕败亡取得河东（今山西省西南部）。随后又相继攻占东晋的洛阳，征服西秦，攻灭后凉。公元 416 年姚兴病死，太子姚泓继位。后秦开始宗室骨肉相残，朝政混乱。公元 417 年，东晋出兵进取潼关，攻占长安，姚泓兵败出降，后秦亡。

鲜卑乞伏氏在汉魏时已自漠北南出大阴山，迁居陇西（甘肃省东南部）。前秦苻坚在位时，乞伏鲜卑酋长乞伏司繁被任命为镇西将军，镇勇士川（今甘肃省榆中县大营川）。后司繁死，其子国仁代其职。淝水之战后，时任前秦镇西将军的乞伏国仁乘后秦姚苌与前秦苻坚混战之机，以平叔父叛乱为名，率师占踞陇西，聚众 10 余万人。公元 385 年，国仁自称大将军、大单于，领秦、河二州牧，筑勇士城为都，史称：西秦。

公元 388 年国仁死，弟乞伏乾归继位，迁都金城（今甘肃省兰州）。公元 394 年，乾归改称秦王，并于公元 400 年又迁都苑川（今甘肃省榆中东北）。同年败于姚兴，遂降附后秦，为其属国。公元 412 年乾归死，其子乞伏炽磐继位，再迁都袍罕（今甘肃省临夏），并攻灭南凉。公元 428 年，炽磐死，其次子乞伏暮末（也称乞伏慕末）继位。暮末滥刑好杀，民多叛亡。公元 430 年，暮末欲归附北魏，但途中遭夏国赫连定阻击，故退保南安（今甘肃省陇西东南）。次年，夏军围攻南安，暮末出降，西秦遂亡。

汉魏时期，鲜卑族拓跋氏的一支从塞北迁到河西（甘肃省西北部及内蒙古自治区西部），被称为河西鲜卑。该族在河西居住约两个世纪，除从事畜牧业外，兼事农业耕种，部众渐盛。古籍中有作“秃发”即“拓跋”的异译（一说秃发鲜卑为拓跋鲜卑的一支）。至拓跋乌孤统领时期，该部初附于后凉，后与后凉决裂，于公元 397 年，自称大将军、大单于、西平王，次年改称武威王，史称：南凉。

公元 399 年，乌孤迁都于乐都（今青海省乐都县）。后乌孤因酒后坠马而死，弟利鹿孤继立，迁都西平（今青海省西宁）。次年利鹿孤死，弟傉（nù）檀继位。南凉为与邻国争夺河西走廊控制权而穷兵黩武，不断与周边诸国作战，借以掳掠人口和财富，并将被征服地区的各族民众强制迁徙到其统治中心和军事要镇。后夏国出兵侵犯南凉北边，杀掠人畜，傉檀追击败归，南凉受到致命打击。傉檀又率 5 万骑兵攻打北凉，大败而回，于公元 410 年迁还乐都。北凉既得姑臧，又数次进围乐都，南凉农牧业生产无法正常进行，连年不收，饥情严重。公元 414 年，傉檀铤而走险，率 7000 骑兵西掠吐谷浑（tū yù hún）乙弗部，西秦乘机袭取乐都。傉檀被迫降于西秦，南凉亡。

公元 397 年，后凉进攻西秦战败，吕光杀死从征的部下沮渠罗仇兄弟，罗仇侄沮渠蒙逊以会葬为名，与诸部结盟起兵反抗后凉，并与从兄男成推后凉建康太守段业为凉州牧、建康公。公元 399 年，段业入据张掖，自称凉王，史称：北凉。

公元 401 年，段业杀男成，沮渠蒙逊以此起兵，攻破张掖，杀段业，自称大都督、大将军、凉州牧、张掖公。沮渠蒙逊部是匈奴族的一支。建国后，沮渠蒙逊屡次出兵击败南凉，并多次围攻姑臧城。公元 410 年，南凉王拓跋傉檀被迫放弃姑臧，退回乐都。随即蒙逊迁都姑臧，称河西王。公元 421 年蒙逊灭西凉，取得酒泉、敦煌，据有河西走廊。国盛时占有今甘肃西部及青海、宁夏、新疆各一部。公元 433 年蒙逊死，子沮渠牧犍继位。公元 439 年，北魏大军围攻姑臧，沮渠牧犍出降，北凉遂亡。

史载沮渠蒙逊虽为匈奴，却博览史书，还颇晓天文，“雄杰有英略，滑稽善权变”。北凉时期蒙逊父子联合汉族大姓势力，以郡县方式设政，征发赋役。又大兴佛教，译经造像。还与江南刘裕互通使节，使河西与江南的文化交流得以继续保持。北魏灭北凉，将凉州民众3万余户迁至平城（今山西省大同一带），其中一批东迁的学者，对北魏的文化有重大影响。

李暠（hào），汉族人。家族世为陇西豪门大族，据说西汉名将李广是他的先祖。

公元397年，段业称凉州牧时，以李暠为敦煌太守。公元400年，李暠自称大都督、大将军、凉公。派兵攻下玉门以西，控制了西域，史称：西凉。

李暠建国后，以“诸事草创，仓帑（tǎng，国库）未盈，故息兵按甲，务农养士”为立国方略，积极纳谏，执法宽简，鼓励农商。其广召背井离乡的流民返回田园，并给这些返回家乡的百姓以优惠待遇和资助，很快就有胡汉各族逃民23000多户迁回敦煌。随后，又实施“寓兵于农”的措施，将大批军队开到玉门关、阳关等地屯田。因此，敦煌地区因战乱而被破坏的经济，得以恢复和重建。为了统一河西地区，李暠出兵凉州，西征玉门，均取得成功。

作为开国君主，李暠能重才纳谏，重儒兴学。在他统治时期，西凉境内汇集当时众多文人名流，一时群英齐集敦煌，在学术上做出了突出的成就，继续发展以敦煌为中心的“五凉文化”（前凉、后凉、南凉、北凉和西凉）。

李暠一生“通涉经史，尤善文义”，著有文章《靖恭堂颂》《述志赋》《槐树赋》《大酒容赋》等。但除《述志赋》外，其他作品的都没有流传下来。

公元405年，李暠迁都酒泉，此时南凉拓跋傉檀占有姑臧，北凉沮渠蒙逊雄踞张掖，对西凉虎视眈眈，不断袭掠。李暠被迫与他们通和立盟，安抚境内，勉强自保。李暠两度遣使到健康，臣奉东晋王朝，自以齐桓公、晋文公自喻。但江南与凉州悬隔千里，难以呼应。西凉盛时占有今甘肃西部酒泉、敦煌一带，西抵新疆葱岭。公元417年李暠死，4年后西凉为北凉所灭。

谯（qiáo）纵是四川南充人，也出身世家大族，初为东晋安西府参军。公元405年，受益州刺史毛璩（qú）派遣，谯纵等人领氐族士兵东下征讨桓玄。氐兵多不愿离乡征战，谯纵谨慎随和有声望，于是众人要推他为首领反叛，谯纵初不肯接受，投水欲自杀，被救起后又向大家叩头拒绝，然而兵变氐兵仍逼其就范。谯纵遂领兵攻占涪（fú）城（今四川涪陵），自称梁、秦二州刺史。谯纵遣弟谯明子在绵竹设伏兵大败益州平叛军，刺史毛璩被叛军杀死后，谯纵自称“成都王”，史称：西蜀。

谯纵向后秦称臣，后秦封谯纵为大都督、相国、蜀王。公元413年，东晋名将刘裕出兵2万伐西蜀，大败谯纵军，攻入成都，谯纵自缢，西蜀亡。

赫连勃勃本匈奴铁弗部人，与前赵开国皇帝刘渊同族，原也姓刘，名刘勃勃。其父曾被前秦皇帝苻坚任为西单于，统领河西诸部族。前秦瓦解后，公元391年，铁弗部受到北魏的攻击，其父被杀。刘勃勃此后一直从属后秦，任安北将军、五原公，镇朔方（今陕西省延安）。公元407年，刘勃勃脱离后秦，自称大夏天王，大单于，国号“夏”，改姓赫连。中国古代以“夏”为国号的政权颇多，因此史家又称五胡十六国时期的夏国为赫连夏，或胡夏。

东晋将领刘裕灭掉后秦后，自回江南，留在长安的守兵力量薄弱，加上又发生内讧，赫连勃勃乘机袭取了长安，作为南都。公元418年，赫连勃勃在灞上（今陕西省蓝田）即皇帝位，留儿子赫连昌镇守长安，然后自还统万（今陕西省靖边县）。

赫连勃勃天性不仁，施政暴虐。他实行胡汉分治，且发汉胡百姓10万筑都城，“蒸土筑城，锥入一寸，即杀作者而并筑之”。“又造五兵之器，……射甲不入，即斩弓人；如其入也，便斩铠匠。”因此，虐杀工匠数千人。他每征一地，往往不吝屠城和坑杀战俘。曾多次向西攻南凉，向南攻后秦，俘掠大量人口牲畜。胡夏的统治是通过军事征服，因此政局很不稳定。至其子赫连昌时，因被北魏所逼，南走上邦（今甘肃省天水）。公元428年，魏攻陷上邦，俘赫连昌。其弟赫连定逃奔平凉（今甘肃平凉西北），自称：夏皇帝。公元431年，赫连定在袭击北凉时，被吐谷浑所俘，夏亡。

“八王之乱”使晋朝原本就衰弱的统治进一步恶化，同时已迁至内地的少数民族，为抗拒晋王朝的腐败、欺压和歧视，及本民族的利益也纷纷起兵建立政权。从公元304年匈奴刘渊称汉王，至公元439年北凉降魏止的135年间，史称“五胡十六国时期”。五胡为匈奴、鲜卑、羯、氐、羌；十六国为前赵（匈奴）、后赵（羯）、前燕（鲜卑）、前凉（汉）、前秦（氐）、后秦（羌）、后燕（鲜卑）、西秦（鲜卑）、后凉（氐）、南凉（鲜卑）、西凉（汉）、北凉（匈奴）、南燕（鲜卑）、北燕（汉）、夏（匈奴）、成汉（氐）共16国。此外，还有代国、冉魏、西燕、吐谷浑等都在十六国之外，实为二十国，和东晋汉族政权长期对峙。

◆淝水之战后前秦瓦解，什翼犍之孙15岁的拓跋珪（guī，又称拓跋开、拓跋什翼圭、拓跋翼圭）于公元386年乘机复建代国，后改国号为“魏”，史称“北魏”（也称后魏、拓跋魏、元魏）。公元398年，北魏迁都平城（今山西大同），拓跋珪称帝——北魏道武帝。

北魏于公元493年起定都洛阳。拓跋珪频繁发动战争，逐步占有今山西、河北大部分地区。为了加强北魏的封建化建设，拓跋珪听从谋臣的建议，对建立在血缘关系基础上的各部落进行改革，重新按居住地组织编制，使各个民族都成为北魏的编民，“离散诸部，分土定居”增强了北魏的中央集权。公元399年，拓跋珪又仿汉制置五经博士，开太学。并命郡县大索书籍，汇集平城。公元404年，拓跋珪又效仿曹魏九品中正制设王、公、侯、伯四等爵，并其他官品五等，品级自第五到第九。后又以8国姓族难分，故“八国置大师、小师，州郡亦各置师，以辨宗党，举才行，如魏、晋中正之职”。显然，大师、小师是北魏特点的官吏管理和选拔制度。

鲜卑拓跋部在立国之前曾分有8个部落，由纥骨氏、普氏、拔拔氏、达奚氏、伊娄氏、丘敦氏、俟（sì）亥氏等，加上拓跋部就组成了“鲜卑八国”。有人认为，拓跋珪在北魏建国初始阶段便推行以上制度，有效地消除或缓解了拓跋珪因采取中央集权统治而与各部落宗室贵族集团之间的利益冲突；以重新明确部落贵族们的爵位、荣誉和承袭，换取氏族贵族和将领们的拥护和支持。

北魏时期，由于君位传承引发的动乱十分频繁，当时北魏尚未确立一套完整的帝位传承的法理之规，储君的策立和登基往往有赖于母后和母族的强大，可谓“母强子立”。

北魏建国前，拓跋鲜卑还处在氏族公社解体时期，女人地位比较重要，也没有众多礼教的束缚。加之族内男人多在前方征战，族内事务多由地位较高的女人处置，又没有相应的制度制约，所以导致贵妇经常通过干涉决策权力来把握部落内部。

鲜卑族中贺兰氏、独孤氏、慕容氏等部落与拓跋部既为联盟，又世代为婚，成为影响拓跋部权位传承中举足轻重的力量。拓跋首领的妻族或母族往往试图通过这种影响力来把控拓跋部。其中，拓跋珪的即位，即依赖于母后及舅族贺兰氏的干预和支持。而“外戚干政”这一传统，已经成为北魏由部落联盟向国家政权转轨的负担。为了改变这种局面，拓跋珪在后燕的帮助下，用战争手段击破并离散母族贺兰部、妻族独孤部、祖母族慕容部等大部落，一统代北地区（今河北省蔚县以西，山西外长城以南，原平、五台山东北一带地区）。

巩固中央集权后，拓跋珪劝课农耕，开立屯田，复兴了北魏的经济基础，加速了拓跋鲜卑封建化的进程，为日后北魏王朝的强盛打下了坚实的基础。执政后期，为进一步防止出现母后干政的局面，效汉武帝立太子杀钩弋夫人的故事，采取“子贵母死”的措施：哪个皇子被立为太子，其生母必须被赐死。这项残忍的制度对北魏的政治影响极深。

有研究者认为，北魏在建国与巩固统治的过程中，尤其是拓跋珪在推进他的改革措施中，日益感到母亲和妻子背后势力是对自己权力的最大威胁和阻碍。他的成长过程，一切受制于母亲，他很担心类似的事情还会在自己的子孙身上重演。

经过考虑之后，拓跋珪决定防患于未然，先杀死长子拓跋嗣的母亲、来自独孤部的刘贵人。但当他向太子解释“子贵母死”的道理时，一向孝顺的拓跋嗣却难以理解，整夜痛哭不止。拓跋珪发起怒来，要把拓跋嗣叫进宫中加以训斥，太子身边的人认为凶多吉少，劝太子先躲一下，待皇帝气消的时候再去见他。于是，拓跋嗣慌忙逃避。

长子失踪，拓跋珪只好考虑立次子拓跋绍为太子，其生母也来自贺兰部，是贺太后的妹妹，拓跋珪的亲姨妈。拓跋珪年轻的时候在贺兰部落见到她，瞬时被她的美丽所吸引。此时的鲜卑人在婚姻上还没有辈分的禁忌，拓跋珪便杀死了她的丈夫，娶了她。拓跋珪很宠爱贺妃，但为了实施自己定下的“子贵母死”的制度，又必须把她杀死，他实在于心不忍，只好先把她关了起来。被囚禁的贺妃不甘心坐以待毙，她托人带信给儿子，让他来救自己。于是，16 岁的拓跋绍铤而走险带着侍卫深夜闯宫，并冲进拓跋珪居住的天安殿。拓跋珪从睡梦中惊醒，还没来得及拿起武器，就在混乱中被杀死。此时是公元 409 年秋，拓跋珪年仅 39 岁。

拓跋珪死后，拓跋嗣趁机回朝，在叔父的扶助下推翻拓跋绍登上帝位。拓跋嗣即位后，立即将拓跋绍母子赐死，尊奉拓跋珪为太祖道武皇帝。

拓跋嗣继承了父亲的事业，他内修庶政，选贤任能，促使北魏继续向前稳定发展。拓跋嗣在位的 14 年里，北伐柔然，南征东晋，辟地 300 多里。虽然年仅 32 岁时病逝，但在北魏开国历史中占据着承先启后的重要地位。拓跋嗣之后其长子拓跋焘即位，时年也是 16 岁，即著名的北魏太武帝。

史籍载，拓跋焘出生时“体貌瑰异”，祖父拓跋珪十分惊奇，宣称“成吾业者，必此子也”。在拓跋嗣生病时，少年拓跋焘总管朝中事务，多谋善断，应付裕如。其继位后，素怀“廓定四表，混一戎华”之志，亲自领军征战。先后攻灭胡夏、北燕、北凉，征伐山胡，降伏鄯善、龟兹、粟特等西域诸国，驱逐吐谷浑，统一了中国北方。又北逐柔然，南击刘宋。旌旗所向，概不畏服，被对手称之“英图武略，事驾前古”。

拓跋焘重用汉臣，改革官制，整肃吏治，缓解了北魏官民之间的紧张关系。又提倡礼教，崇尚儒学，推进了鲜卑族吸纳汉文化的进程。他根据北魏民族众多，坚持实行不改变各族民众传统生产、生活方式和风俗习惯的政策。既重视汉族人农业生产，也重视少数民族的畜牧射猎习惯。通过发展农牧业生产，征收租调（租为田租，调为役调），接受朝贡及战争掠夺等手段来增强国力。

拓跋焘采纳“广田积谷”的建议，下令“悉除田禁，以赋百姓”，并削减在上谷（今河北省怀来县）的皇家园林面积的一半改作民田。随之又推行有牛户和无牛户换工耕田的做法，使“垦田大为增辟”，北魏农业随着耕田数量扩大而得到发展。公元 426 年，拓跋焘下诏令众多的官府杂营户（手工业作坊）隶属郡县，增加纳税人户。

史载拓跋焘“性清俭率素，服御饮膳，取给而已，不好珍丽，食不二味，所幸昭仪、贵人，衣不兼彩”。不尚后宫华丽，把减少奢靡当作固本励志的重要措施。

当时汉文一字多义的现象非常多，很容易在阅读时产生歧义。为此，拓跋焘下令创建了一千多个新字。并下诏：“今制定文字，把世间所要用的字式，颁布远近，永为楷式样本。”推行楷书文字，奠定了书法中魏碑体的基础。

拓跋跬尚佛，统治期间开始在北魏大规模的建寺立庙，征召高僧，以便“巡民教化”“敷导民俗”以缓和当时尖锐的民族矛盾。到了拓跋焘时期，北魏佛教势力发展迅猛，佛教徒人口庞大，致使北魏在军事征战中日益感到兵源的匮乏。另外，佛教进入北魏后掺杂了一些谶纬学说，出现一些神秘理论，妨害到了皇权力。加之，拓跋焘所宠信的汉臣深信道教，在汉臣的贬低下，拓跋焘渐渐疏远了佛教。在公元 438 年，拓跋焘诏令 50 岁以下的僧徒尽皆还俗，以从征役。到公元 444 年，拓跋焘开始禁佛，规定王公以下至庶人，有私养僧徒在家者，限日遣送官府，不得藏匿，违者一门诛杀。公元 445 年，卢水胡（匈奴的一支）人盖吴发动反魏的起义，拓跋焘在镇压起义的同时，发现长安一寺院内藏有武器、财物及暗行淫乱的密室。拓跋焘怀疑僧侣与反魏势力相勾结，于是下诏灭佛，诛杀长安僧徒、焚毁佛经佛像，禁止佛教的传播，致北方地区的佛教传播一时陷于衰落。

此时，在蒙古草原上继匈奴、鲜卑之后又崛起一个新的部落制游牧民族，史称：柔然（亦称蠕蠕、芮芮、茹茹、蝚蠕等）。据说“蠕蠕”是拓跋焘对柔然人的蔑称，形容他们像虫子。

柔然曾役属于鲜卑拓跋部，后从河套向西扩展到今内蒙古额济纳旗一带。代国灭亡后，柔然曾一度依附于铁弗匈奴部。北魏建国初期，拓跋氏与后秦、后燕、西秦以及南燕、南凉等政权一决高下，无暇北顾。因而给了柔然极好的发展机会，使其尽据鄂尔浑河（是蒙古国最长的河流）、土拉河（也称图拉河，是蒙古国中北部的一条河流）一带水草丰茂的地区，族力益振。接着柔然人袭破蒙古西北部的匈奴余部，尽收其众。一时势力所及：东起大兴安岭，南临大漠；西占准噶尔盆地，北至今贝加尔湖，“尽有匈奴故庭，威服西域”。

公元 402 年，为了适应军事征战的需要，柔然贵族建立可汗王庭，使柔然迅速由部落联盟进入早期的奴隶制阶段，后人称之为柔然汗国，形成一支威震草原的强大国家力量。

北魏迁都平城不久，柔然的崛起成为北魏进取中原的后顾之忧。而北魏的强盛又是柔然南进的阻碍。为了集中力量对付北魏，柔然和后秦、北燕等结成抗魏联盟，并绕道数千里出使南朝。

柔然汗王采取远交近攻的策略，不断对北魏北境进行袭扰和掠夺；北魏则针锋相对大举北伐，以解除北边威胁，掠夺财富。据记载，北魏在建国后的 80 来年中，柔然南略和北魏北击均达 20 余次。仅拓跋焘在位的 29 年里，就连续 13 次向柔然发起攻势。据认为，中国著名的花木兰从军的故事，应该就发生在这一时期。

故事说的是，由于柔然人的不断南下侵扰，北魏朝廷规定，每户需出一名男子从军卫国。但是花木兰的父亲年事已高且体弱多病，无法上阵杀敌，家中的弟弟又年龄幼小。所以，木兰决心放下织机替父从军。她隐瞒性别，备好鞍马，毅然“万里赴戎机，关山度若飞”开始长达十几年的征战生涯。当花木兰完成使命凯旋后，皇帝因为她的功劳很大，赦免其欺君之罪，并欲授她官职。然而，木兰因惦念家中老幼诚恳拒绝了，求得皇帝让她返回家乡。

除了举兵进击，北魏为防御柔然及其他北方草原强族兴兵南下，还修筑了两道长城。北长城，东起赤城（位于河北省张家口），西至五原（位于内蒙古自治区乌拉特前旗），延袤 2000 余里。南长城（又名畿上塞围），从北京延庆区南的居庸关向西南，经河北蔚（yù）县和涞源之间的黑石岭（古飞狐陉），入山西灵邱县，经平型关、北楼关、雁门关、宁武关、偏头关而到达山西河曲县。

筑城修关的同时，拓跋焘置戍兵、设军镇。北魏在都城平城以北的边境线建立了 6 个军镇防御体系拱卫京都平城，这 6 个军镇是：沃野、怀朔、武川、抚冥、柔玄、怀荒，基本就是从内蒙古南部向东到达山西北部，再到河北北部。

公元 429 年，拓跋焘率军分东西两路最后一次进攻柔然，柔然大败。“于是国落四散，窜伏山谷，畜产布野，无人收视”。拓跋焘率军追至土拉河，然后“分军搜讨，东至瀚海，西接张掖水（今甘肃弱水），北度燕然山（指蒙古国杭爱山），东西五千余里，南北三千里”“凡所俘虏及获畜产车庐，弥漫山泽，盖数百万”。时柔然所控高车族也乘机反叛“高车杀蠕蠕种类，归降者三十余万落”。自此，柔然元气大伤。

拓跋焘晚年宠信奸佞，脾气暴躁，轻启诛戮，又常常在杀完人后追悔莫及。由于严刑苛政朝政一度混乱。后在宦官的煽动下，逼死了太子，自己也被宦官弑杀。拓跋焘死时45岁，在位29年，谥号太武。

北魏经过拓跋珪、拓跋嗣、拓跋焘三代人60多年的经营，国势已经非常强盛，到公元439年统一了北方，中国进入了历史上的南北朝时期。

拓跋部进入中原后，在一段时间内对中原地区的经济、文化造成了严重的破坏，给汉族人民带来了深重的灾难。拓跋部作为统治民族，在中原吸取了先进的生产技术和文化后，在激烈的民族存亡的争战中，其部分上层贵族意识到整体提高本民族文化素质的迫切性和必要性。于是，鲜卑人在拓跋珪、拓跋嗣、拓跋焘三代人的极力推动下，在生产方式、生活方式、宗教信仰、文化素养及其社会性质迅速发生了变化，并深刻影响着后继统治者。

太武帝拓跋焘死后，北魏又历经文成帝拓跋濬（jùn，也称浚）、献文帝拓跋弘、孝文帝拓跋宏三朝，他们延续前朝基本政策，继续实施改革。

这时，历史将北魏一个女人——冯太后（后为太皇太后）——推向历史舞台。

冯太后，出身于北燕皇族，祖父是北燕末代皇帝冯弘。其名字史记不详（一说称冯锦或冯有），约出生于公元441年。此时，北魏灭亡北燕已有5年多的时间，基本完成了中国北方的统一，与南朝形成了对峙之势。

冯氏出生后不久，已成北魏官员的父亲，因受一桩朝廷大案的株连被拓跋焘下令诛杀。冯氏因为年幼又是女孩，就被没入宫中，成了皇宫婢女。好在冯氏在宫中得到了姑妈冯昭仪的多方照应。

公元452年，年仅12岁的拓跋濬（jùn）少年老成，登基不久就诛杀了发动叛乱害死拓跋焘的宦官。在冯昭仪的努力下，拓跋濬选中冯氏做了贵人。这一年，冯氏只有11岁。

拓跋濬继位时，鲜卑贵族与汉族平民的矛盾十分突出，虽然拓跋濬多次下诏制止鲜卑贵族的腐败和欺压行为，但是诏令难以有效实行。

拓跋濬冷静地处置各路叛乱后，于公元458年亲率10万大军进攻柔然，柔然别部统帅投降，可汗北逃。此战后，北魏来自外部的威胁大为减小，于是对外战争减少，社会逐渐稳定下来。拓跋濬开始着手整治官僚体系，置内外候官，负责监察朝廷内外官员的行为，对于违犯禁令的官员，则严加惩治。对民则降低税赋和劳役，放松管制，按照节令鼓励农商，减少死刑，实施怀柔统治，让社会矛盾得到了一时缓解。

拓跋濬继位伊始，便下令恢复佛教活动，并于次年下令在都市西郊建造云冈石窟，并通过云冈石窟的建造，支持佛教文化的发展。有学者认为，拓跋濬想通过宗教的力量，淡化胡人与汉人的分歧与对立，让不同民族的人面对共同的信仰，这种做法对恢复社会秩序、消除权力争夺应有相应的作用。儒家文化总归是汉人的文化，对鲜卑人而言是被征服民族的文化，有排斥性；而佛教是外传文化，它宣扬的理念反对战争和杀戮，通过信仰和修行可以缓解现实的痛苦和绝望，是底层各族民众所共同希望的。所以，拓跋濬一改祖父拓跋焘的灭佛政策，鼓励佛教发展，同时在朝政中起用汉族文人担任要职，推进儒家文化。

公元465年，拓跋濬病逝，时年25岁，谥号文成。拓跋濬育有7个儿子，一个女儿。

由于不足两岁的拓跋弘立为太子，生母按“子贵母死”之制被赐死，于是皇后冯氏便在后宫担负起拓跋弘的养育之责，其悉心照料使拓跋弘能够顺利成长。

拓跋弘登基时年仅 12 岁，冯太后 24 岁。后少帝幼，给有野心的权臣创造了条件。他们擅杀大臣，图谋篡位。拓跋弘无奈，只好在冯太后面前痛哭。冯太后临危不惧，等待时机，在众多朝廷大臣们的支持下，一举扼杀权臣的谋叛，以非凡的胆识，稳定了北魏动荡的政局。受到支持的冯太后从幕后走向前台，开始临朝听政，亲自处理所有的军国政务。拓跋弘长大后，因为不满太后干预朝政，双方矛盾越来越深。不久，拓跋弘因为厌恶太后淫乱后宫，便借故诛杀了她最中意的男宠。冯太后恼羞成怒，衔恨异常。为求自保，在公元471年，18 岁的拓跋弘心灰意冷，被迫禅位于 5 岁的儿子拓跋宏，自己做了理政的太上皇帝，其也是中国历史上最年轻的太上皇帝。次年，柔然来犯。拓跋弘以太上皇帝的身份，御驾亲征，大败柔然，领兵追至大漠。拓跋弘不懈政务，又率师征伐，引起了冯太后的疑虑。为了防止拓跋弘的东山再起，也为了控制住已有的权力，在公元 476 年夏的一天，冯太后将 26 岁的拓跋弘拘禁，最后毒杀。拓跋弘谥号献文，史籍评价其：勤于为治，赏罚严明，慎择牧守（州郡的长官），进廉退贪。

拓跋弘死后，北魏政局又动荡起来，朝纲不振，民怨沸腾。此时冯太后被尊为太皇太后，成为北魏的权力核心，面临着新的挑战。

她首先捕杀政敌和贪赃枉法者，表彰和赏赐为官清正廉洁者，树立了朝廷整顿吏治的良好形象和决心。又安抚嘉奖拓跋弘身边的忠义之士，大大化解了朝堂内外潜在的不安定因素。为了充分施展自己的政治抱负，冯太后还注意培养扶植一些贤能之士做亲信，组成一个效忠她的官宦集团。在这个官宦集团中，有鲜卑贵族，也有汉族名士，有朝廷大臣，也有内廷宦官，而其中不少人又是她的宠幸之臣。接下来，在冯太后的主导下，北魏进行了大范围的改革，史称：太和改制。“太和”为拓跋宏继位年号。

1. 推进班俸制

鲜卑人是从游牧部落联盟发展壮大而成为统治农耕民族的国家，其官僚制度特别，建国后的近 90 年间官员无俸（薪金），依赖旧制——班赏（颁赐，分赏）制。

在鲜卑人的征服战争中，班赏制无疑起到极大的促进作用。即大功大赏，小功小赏，抢掠归己。每次征战后，将领和士兵都可获得班赏数量不小的战利品。因此，将士们能不畏生死，英勇奋战，班赏更成为一种战场制度。随着北魏统一北方，大的战争越来越少。将士和官员得不到班赏，为生计便开始自谋财路。因此，有的贪污纳贿，有的敲诈勒索，有的买官卖官，经商则是北魏官场最公开、最普遍的现象。在推行俸禄制改革前，北魏众多官员亦官亦商，他们利用职权或压价购进，高价卖出；或越境贩运，异地销售；或上下串通，违禁走私；或偷税漏税，坐地分赃；或开矿冶铁，把控盐业。牟利手段之奇，可谓无所不能，使北魏朝政日益腐化，社会矛盾与日俱增，非北魏统治核心所愿。

公元 484 年，拓跋宏在冯太皇太后的支持下颁诏实行“班俸制”以“罢诸商人，以简人事”，规定在原来的户调之外，每户增调帛三匹、谷二斛九斗，作为朝廷官俸的来源，不得自筹。内外官吏，以品级高低确定俸禄等级。并规定如有在俸禄之外贪赃满绢一匹者，即处死刑。为了贯彻这项新政，朝廷派使者分巡各地，专查违规者。拓跋弘的干舅舅（母亲的结拜兄长），时任刺史，因继续收受贿赂，被令在家自尽。据载，地方官员因贪腐被处死 40 余人，一时官场震惧。这项改革必然引起部分鲜卑贵族的强烈反对，有人提出要求断俸继续执行旧制。太皇太后有意组织群臣讨论。有大臣严词道："今给其俸，则清者足以息其滥窃，贪者足以感而劝善。若不班禄，则贪者肆其奸情，清者不能自保。难易之验，灼然可知，如何一朝便欲去俸？"于是，太皇太后就势下诏依从所议，严格实行班禄。

2. 实施均田制

在班俸制推行后不久，鉴于建国前期，大量人口迁徙流离，田地荒芜，山林萧索，朝廷赋税收入受到严重影响。为了促进农业经济，保证赋税来源，北魏王朝又颁行均田制。其主要内容为：

先立户口，确定务农人数，然后按照务农人数授给田地。授田分为露田（种谷物）和桑田（种林木），土地为朝廷所有。

①凡 15 岁以上的男子，每人授给露田 40 亩，女子 20 亩。露田都是荒地，因考虑休耕轮作，故授田时一般按休耕周期加一或两倍，也称“倍田”。所授露田不准买卖，年老或身死后要还田给朝廷。

②拥有奴婢和耕牛的人，可以额外获得土地。奴婢同主人一样授田，人数不限，土地归主人。丁牛（4 岁以上）每头授露田 30 亩，一户限 4 头。奴婢和牛的授田随奴婢和牛的有无而还田给官府。

③初次受田，男子每人可另授桑田 20 亩，限 3 年内种上规定的树木。桑田可作为农者的世业田，不必还给朝廷，还可传与后代，但限制买卖。在不宜种桑，可产麻的地区，男子每人另授麻田 10 亩，女子 5 亩，奴婢同样授田，按露田法规执行。

④新定居的农户还可分到宅田，每 3 口一亩，奴婢 5 口一亩，宅田也属世业田，可传承。

⑤桑田为世业田，允许买卖其一部分。原有桑田已超过应授亩数“无受无还”；达到应授亩额，不准再受；超过应授亩额的部分，可以卖出；不足应授亩额，可以买足。

⑥户有老小及残疾者没有授田的，11 岁以上者受丁男一半之田；70 岁以上者，不用还田；寡妇守节，虽免税役亦授妇田。

⑦地狭的地方，居户可以向空荒地区迁徙受田；地广的地方，居户不许无故迁徙，可向官府申请借种授田以外的土地。因犯罪流徙或无人守业的土地，收归朝廷所有，作均田授受之用。

⑧各级地方官吏按照官职高低授给不同数额的公田（职田），离职时移交给后任官员。

均田制使无地和少地的农民得到一定的土地，有利于防止土地和农民流入私人手中，抑制土地兼并及缓和社会矛盾，保障了北魏社会经济的恢复和发展。

3. 执行三长制

有学者认为，三长制是为配合均田制而实行的。

北魏初建政权时，各地未南逃的地主、富豪多筑堡垒自守，聚族人共居自卫，拥有很多的依附农及一定的武装力量。依附农没有户籍，他们是主人的私产，也只为主人提供劳务。拓跋焘统一北方后，一时无暇改变这一现状，于是视他们为宗主，承认这些宗主的既有利益为合法，以督护地方，防范寇盗，形成宗主督护制。宗主督护制对于维护朝廷基层秩序起到一定作用。但是，由于这些宗主们为了私利趁机隐瞒所控人口，逃避赋税徭役，严重干扰了北魏朝廷的赋税收入和徭役征发。到了拓跋宏时期，有大臣上书实行“三长制”来取代“宗主督护制”，以加强朝廷对人口的控制，杜绝隐匿人口。太皇太后采纳了此议，三长制得以推行。

三长制规定：五家为邻，设一邻长；五邻为里，设一里长；五里为党，设一党长，三长直属州郡。

三长制无疑助力均田制的推进。三长的职责是检查、确定户口，征收租调，征发兵役与徭役。实行三长制，原荫附于贵族、地主、宗主的荫户、依附农将成为朝廷的编户，因而必将形成朝廷与贵族、地主、宗主争夺人口和劳动力，引发与“宗主督护制”的利益冲突，故而在朝廷中引起激烈的争论。最后，太皇太后冯氏从北魏中央集权长远发展考虑，最终支持三长制的强力实施。但在实行的过程中，三长还是从大族富豪中产生，他们不仅本人可以享受免予征戍的特权，而且亲属中也有 1 至 3 人可以享有同样的待遇。但较之宗主督护制，三长制毕竟是一种变革。实行后，朝廷直接控制的自耕农民大量增加，朝廷赋税收入也相应增加，农民赋税负担有所减轻。北魏后期社会经济明显地恢复和发展，当与此制有密切关系。

北魏的三长制后来也成为北齐及隋、唐朝时期乡里组织的基础，影响深彻。

太皇太后冯氏于公元 490 年秋去世，享年 49 岁，谥号文明。史称：文明太后或文明太皇太后。在冯氏执掌北魏权力 20 余年里，她恩威并用，承前启后，辅佐北魏 3 代帝王，为北魏王朝的发展，做出了重要贡献。她大胆地推动许多改革措施，这些措施吸取借鉴了汉族的政治制度，促进了鲜卑族的文化进步和北魏王朝的繁荣强大，为以后拓跋宏的改革打下了基础。史籍评价其：太后性聪察，知书计，晓政事，被服俭素，膳羞减于故事什七八；而猜忍多权数。

冯太后死后，23 岁的拓跋宏开始亲政。他亲政后的第一件大事，就是把都城从平城迁到洛阳。公元 493 年，拓跋宏以南伐名义，率 30 万大军南下。到了洛阳城后，正好碰到秋雨连绵，道路泥泞，行军越发困难。但是，拓跋宏仍旧戴盔披甲骑马出城，声言要继续南下，群臣跪在马前劝阻。他利用群臣不愿南伐的心理，顺势宣布定都洛阳。

洛阳地处中原腹地，曾是多个汉族王朝的都城。迁都洛阳，对于已经在平城生活了近百年的鲜卑人来说，使他们进一步脱离部落旧俗，加速封建化进程。对于和南朝争夺中原正统地位的少数民族政权——北魏来说，具有特殊的意义。同时，迁都洛阳，更有利于拓跋宏挥师南下，实现统一中国的雄心。迁都洛阳后，拓跋宏摆脱了平城旧俗势力的羁绊，以切割本民族文化为代价，开始进一步大刀阔斧地汉化改制。

其一，下诏明令鲜卑人禁着族服，改穿汉人服装；在朝堂上禁说鲜卑语，改说汉语；规定鲜卑贵族在洛阳死后，不得归葬平城；改鲜卑姓为汉姓。其二，移植曹魏两晋时期的门阀制度，鲜卑贵族门第化，按门第阀阅取仕，提倡鲜卑贵族与汉族士族通婚。其三，改革官制，官分九品，每品又分正品和从品，四品以下各品又各分上、下阶，共三十阶；从品为其首创。

在大举改制中，拓跋宏将皇族改为元姓，自己改名为元宏，带头娶汉族大臣的女儿做皇妃，将自己的女儿嫁给汉族人为妻。拓跋宏的改制必然遭到一部分拓跋贵族的强烈反对。公元 496 年，太子企图逃回平城发动叛乱，被拓跋宏处死。同年冬，有贵族在平城发动兵变，拓跋宏迅速平定叛乱，保证了改制的继续进行。

拓跋宏的改制措施无疑促进了民族融合，使北方少数民族在语言、服饰、风俗习惯和生产生活上与汉族逐渐趋同，也使中原汉族文化汲取北方少数民族文化养分得到丰富和发展，为北方经济的恢复发展做出了贡献，也促进北方少数民族部落加快封建化进程。但是拓跋宏的改制却忽略了北方六镇军事集团的重要性。迁都洛阳和实行门阀制度后，六镇军人的政治地位和待遇大为降低，“居京者得上品通官，在镇者便为清途所隔”。后来，北方六镇甚至成了朝廷发配罪犯的地方，致使六镇这一重要的军事势力被排除在朝廷政治力量之外，为以后的六镇兵变埋下了隐患。

公元 499 年初春，拓跋宏抱病率军征南，后病逝于南征途中。享年 33 岁，谥号孝文，庙号高祖。史籍评价拓跋宏：“高祖以文德革天下”“中国之道不坠，孝文之力也！”

此时的北魏，经过几代人一系列改革后，生产得到恢复，自耕农民显著增加，全国户数达到 500 余万户，比西晋统一三国时增加了一倍多。农业，手工业都有显著的进步，商业也逐渐活跃起来，与朝鲜半岛诸国、日本、中、西亚地区以及地中海沿岸诸国，都有商业往来，洛阳已成为当时国际性的商业大都市。

然而，因改革而强盛的北魏王朝，在孝文帝拓跋宏死后仅 30 余年便迅速地分崩离析，走向灭亡了。这不得不引起学者们对孝文帝改革（尤其是他的汉化措施）的作用与意义进行深层次的探究，并形成不同的看法，持否定意见者不乏其人。其主要观点是：

（1）孝文帝改革思想的主线是尊儒崇经，赞赏汉人的礼乐制度，是“迂腐的儒化”“消极的汉化”，学来的主要是汉文化的糟粕、汉人的繁缛迂腐。

（2）孝文帝的汉化改革，丢弃了鲜卑民族的长处——勇武质朴，削弱了拓跋鲜卑的民族精神，加速了拓跋鲜卑族的衰亡，这也是北魏后期不能成为军事强国的重要因素。

（3）孝文帝推行的是不加扬弃的全盘汉化，尤其是推定族姓，移植门阀士族制度，这使尚无文化积淀的鲜卑拓跋贵族迅速腐化，严重消蚀了北魏统治者的锐气与活力，激化了社会矛盾与冲突，导致北魏政治昏暗，迅速由盛转衰，归于灭亡。

（4）孝文帝对军事改革浅浮，奠定六镇的反叛。

（5）孝文帝的汉化改革，不适合北魏王朝的国情和族情，是北魏政治危机的开端，鲜卑拓跋的革命性完全被儒佛道文化中的虚腐性所取代，其教训值得深思。

孝文帝拓跋宏之后，北魏又接续宣武帝元恪和孝明帝元诩二朝。

元恪是拓跋宏次子，即位后取消了“子贵母死”的制度。他扩建都城洛阳，拒绝拓跋贵族遗老返归故里的建议，巩固了孝文帝的改革。并在公元500年，对南朝发动了一系列战争，占领了扬州、荆州、益州等地，疆域向南拓展，国势盛极一时。

元恪喜好佛法，常在宫中亲自讲经论佛，召僧坐禅，辩明义旨。宫内僧人将这些活动记录在册，撰写了《内起居》。元恪的崇佛活动，使得下面的官员、百姓上行下效更加笃信佛教。据载，宣武帝元恪统治的16年间，北魏各州郡的僧尼寺庙，共有13727所，僧徒更是不计其数。在位后期，外戚高氏专权，朝政日趋黑暗，国力逐渐衰弱。公元515年，宣武帝元恪患病去世，终年33岁。

孝明帝元诩（xǔ），是元恪的次子，也是宣武帝元恪唯一幸存的儿子，即位时6岁。其生母胡充华（又称胡仙真、胡承华）以皇太后身份垂帘听政，实际掌握了北魏朝政权力。

胡氏出身于关西望族安定胡氏，其姑为尼，深谙佛经义理。元恪即位初年，被召入宫讲佛。其间举荐胡氏姿容秀丽、明慧有学识，深深打动了元恪，于是元恪下诏胡氏进宫，封其为世妇（宫中女官），随侍左右，后受宠怀孕。

按宫廷规定，为防止外戚干政，立太子时必杀其母。因而皇后、嫔妃无人愿生，堕胎现象屡见不鲜，一时皇嗣寥寥。但胡氏表示为延皇家血脉，宁愿一死也要为元恪生下一子。后分娩时果得皇子，元恪甚喜立即升其为嫔“进为充华嫔（低等位的嫔）”，史称：胡充华。

元诩被立为太子时，宣武帝元恪深念胡充华献身之情，同时也为皇统大计，果断废止了“子贵母死”这一陋规。然而，元诩即位后，胡充华成为胡太后，开始擅权乱政。

胡太后信佛、崇佛。临朝后，她大兴佛事，把北魏尚佛之风推向极端。在胡太后临朝执政的13年时间里，北魏佛教从朝堂到民众，从艺术到内涵都得到迅速发展和丰富，佛教日益深入到社会的下层，逐渐成为各民族、各阶层的普遍信仰。上至皇亲贵族，下到普通百姓出家为僧侣的日渐增多。朝廷和大族富户耗费巨资广建寺院，开凿石窟（洛阳龙门石窟的营建在这一时期进入高潮），其建筑规模之宏大，数量之众，实为历代之最。据史籍载：“自中国之有佛法，未之有也。略而计之，僧尼大众二百万矣，其寺三万有余。”而且“空地表刹，未立塔宇，不在其数。”仅洛阳一地，寺院竟有1376所，洛阳民宅被寺院占去三分之一。鉴于崇佛、事佛造成北魏大量财富及人力流失，众大臣多次上疏谏诤，然胡太后依然如故。

胡太后又极挥霍铺张，享乐淫欲。高兴之余，常常赏赐亲信大量财物。一次，她带随从百余人游乐，兴奋之余，传令就近打开绢库，命随行的王公、大臣、嫔妃、公主们倾力攫取“少者不减百馀匹”，有贵族大臣因负绢过重而“颠仆于地”伤腰、损足。胡太后又数设斋会，施僧财物动以万计。

上行下效，宫中豪奢无度，流风所及，贵族富豪亦竞奢夸富。史载，高阳王有男仆6000人，伎女500人，一餐花费数万钱；河间王与其比富，用银槽喂马，餐宴用西域所产的玛瑙碗、水晶盅、赤玉壶。此外，胡太后年华尚轻私生活荒淫无节制，不仅与容貌俊朗的王公大臣私通，又私蓄男宠欢淫无度。

由此而来，北魏国库渐虚，朝纲日朽，为应付朝政运转，朝廷不得不减削百官俸禄，并强迫预征 6 年赋税。

公元 523 年年初，柔然发生饥荒，求魏援救。此时，六镇边地也经历着天灾人祸，未能满足柔然的要求，于是柔然人武装入境剽掠。

北魏建国时，其主要依靠的军队是以鲜卑拓跋人为主的部落军，将士地位高，奖赏优渥，作战勇猛。迁都洛阳后，部落军发生了分化，随孝文帝迁入河南的部分成为为羽林军、虎贲（bēn）军，将领与朝臣士族同列；相反戍守边陲的六镇将士虽曾为“国之肺腑”，但在都城权贵的排挤下，逐步降落为镇户、府户（该户世代服兵役），身份低下，引起六镇军民的普遍不满。由于柔然经过北魏几次重重打击陷于衰落，孝文帝南迁后重心向南，不再重视北境边防。于是，六镇边官多“底滞凡才，出为镇将”“政事怠倦，纲纪不举，州镇守宰（地方主官），多非其人”。这些边官出身低微，又缺乏升迁机会，便把精力用于盘剥百姓和底层士兵身上，于是官兵之间、兵民之间的矛盾就更加激化了。

公元 523 年（一说公元 524 年）怀荒镇兵民因柔然侵劫而生计艰难，向镇守宰请求赈济，遭到拒绝，兵民不平怒杀守宰发动起义。随之，其他 5 镇也反。北魏朝廷虽多次进兵镇压，但未见成效，最后不得不请求柔然出兵 10 万，双方合力才将这次罕见的多民族起义镇压下去。

为了防止再次生变，北魏王朝将被俘的六镇军民 20 万人分置于河北冀州［今河北衡水、定州、瀛州（今河北河间）］三地。哪知当年河北遇上大旱，灾民无着，爆发河北起义，进而引发了更加复杂的关陇起义。

公元 528 年，孝明帝元诩对胡太后日益专权忍无可忍，乃密令镇守晋阳的胡将尔朱荣［也称尔硃（zhū）荣］率兵南下进兵洛阳，以逼迫胡太后交权。不料消息泄漏，胡太后竟与亲信将元诩毒死（时年 19 岁，谥号孝明），又宣布由年仅 3 岁的临洮（táo）王之子继位。消息传出，朝野震惊，尔朱荣乘机以为孝明帝报仇为由，率军从晋阳南下攻陷洛阳。胡太后见大势已去，便削发为尼，遁入佛寺。同年，尔朱荣为绝后患，将胡太后和其所立幼皇沉入黄河溺死，又纵兵围杀王公大臣 2000 多人，将洛阳的汉化鲜卑贵族和出仕北魏的汉族世家大族消灭殆尽，最终也改变了北魏王朝的历史走向。因事件发生在河南河阴县（今河南省荥阳市），故史称：河阴之变。

据传，胡太后有很高的文学修养，在宋人编著的《乐府诗集》中记有其所作《杨白花》一诗。“乐（yuè）府”最早设立于汉武帝时期，是宫廷掌管音乐的机构，南北朝也设有乐府机构。其具体职责是收集整理民间音乐、改编与创作宫廷音乐，并在宫廷进行歌舞演唱及演奏等。乐府歌词和音乐来源有两种：一部分是宫廷大臣和名士的专门创作；一部分是民间传颂和收集。后来，人们将乐府机构采集、创作的诗篇称为乐府、乐府诗、乐府歌辞。于是，乐府便由官府名称变成诗体名称。

古史籍《南史》《梁书》异口同声认为《乐府诗集》中《杨白花》一诗是胡太后所作。并提出：杨白花（一说杨白华），北魏武将，其武艺出众，相貌俊伟。其时临朝称制的胡太后，欲与之发生私情。杨白花惧祸，逃奔南朝，改名杨华。“胡太后追思之不能已，为作

《杨白华》歌辞，使宫人昼夜连臂蹋（tà，同踏）足歌之，辞甚凄惋”。

中国现代文学书籍《中国文艺词典》把胡太后列为中国古代女诗人，《杨白花》这首诗在中国文学史上常作为北魏的代表作品加以介绍。

《杨白花》

阳春二三月，杨柳齐作花。
春风一夜入闺闼（tà，小门），杨花飘荡落南家。
含情出户脚无力，拾得杨花泪沾臆。
秋去春还双燕子，原衔杨花入窠里。

杀死胡太后后，尔朱荣拥立孝庄帝元子攸。元子攸是献文帝拓跋弘之孙，之前被封为长乐王。

尔朱荣是契胡人，一说契胡族即鲜卑化的羯人。尔朱荣祖辈勇为魏将，北魏建国后家族被分封在山西忻县的秀荣郡世为酋长，爵为梁郡公。至孝明帝元诩时，由尔朱荣袭爵。

尔朱荣在北魏改朝换代后，开始大兴征伐。他首先平定河北，然后击破南朝的侵略，镇压关陇（关中和甘肃东部一带地区）基本统一了北方。而此时他与孝庄帝元子攸的矛盾也日益尖锐，北魏朝政均由尔朱荣在晋阳控制，元子攸内外受困。

尔朱荣的长女本是元诩嫔，但尔朱荣却强迫元子攸娶她为后。尔朱皇后常与元子攸不睦，并对人言：“皇上本是我父所立，如果我父亲自己做皇帝的话，何至于此。”为了彻底解除威胁，掌握实际权力，元子攸决定除掉尔朱荣。公元 530 年，元子攸以尔朱皇后生下太子为由，在皇宫内设下伏兵，将尔朱荣及随从 30 余人全部诛杀。尔朱荣死时年仅 37 岁，其政誉不佳，却以非凡的军事才能载入史籍。

尔朱荣被杀后，元子攸立即遭到尔朱荣的手下将领和亲族的反击。契胡兵攻城略地，仅用 3 个月时间便攻陷洛阳城。元子攸走投无路被俘，后被缢死，年仅 24 岁，在位 3 年，谥号孝庄，庙号敬宗。尔朱荣和元子攸的相继被杀，使曾经辉煌的北魏王朝走到了尽头。尔朱荣死后，强大的尔朱氏家族未能产生一位新的领袖，因而在这一时期，这一家族手握兵权的几个人物都各据一方，成为军阀。

公元 531 年年初，尔朱氏势力集团拥立拓跋弘之孙广陵王元恭即位，是为节闵帝。

原尔朱荣部将高欢趁乱在冀州信都起兵，击败尔朱氏势力，攻占洛阳。高欢废元恭立平阳王元修，是为孝武帝（或出帝）。

高欢，小名贺六浑，原籍渤海蓨（tiao）县（今河北省景县），因祖父犯法，遣居六镇中的怀朔镇，成为鲜卑化汉人。高欢早年参加六镇起义军，后降尔朱荣，并收编六镇余部，镇压流民起义，任晋州刺史。高欢在公元 531 年年中起兵攻打尔朱氏，翌年攻入洛阳，推翻尔朱氏统治，拥立孝武帝元修。于公元 533 年年初，消灭尔朱氏残余势力，以大丞相身份控制北魏朝政。

元修即位后纳高欢的长女为皇后，又与三个堂姊妹交好，将她们都封为公主（实同嫔妃）。公元 534 年，因不满高欢依武专权与高欢决裂。当高欢率兵从晋阳南下时，元修急忙带领一部分朝臣，及孝文帝元宏之孙元宝炬进入关中投奔宇文泰。

宇文泰，字黑獭（tǎ，一作黑泰），先祖源出于南匈奴，后融入鲜卑族，为宇文部。六镇起义时，宇文泰随父加入起义军。起义被尔朱荣镇压后，宇文泰成为其麾下部将。尔朱氏被高欢败亡后，宇文泰领兵入据关陇。公元 534 年，元修为避高欢压迫西奔长安，投靠宇文泰。宇文泰获得巨大政治资本，立娶元修的妹妹为妻，同时宇文泰被授为大将军、雍州刺史兼尚书令。

元修西迁后，高欢回洛阳立孝文帝曾孙、清河王 11 岁世子（嫡长子）元善见为帝。从此，北魏分裂为东、西两部分，史称：东魏和西魏。

高欢建立东魏后，决定迁都邺城。迁都时，高欢将洛阳城内 40 万户居民迁徙邺城，并大拆洛阳宫殿，将所拆下的精美建筑材料运往邺城，致使繁华的洛阳帝都，化作一片废墟。

东魏建立后，元修失去了价值，宇文泰随之毒杀了元修，立元宝炬为帝，都长安，建立西魏。此后，宇文泰专制西魏朝政 22 年。期间，对内协和各方势力，澄清朝纲，创立府兵制（府兵平时为耕种的农民，战时从军打仗），扩大兵源。采用鲜卑 8 部制，设立 8 柱国（8 位柱国大将军）。对外立足关陇，争战东魏，蚕食南朝梁。在其亲临指挥的众多战事，皆是以寡胜众的军史典范，奠定了后世北周一统天下的基础。

高欢喜居晋阳，遥控东魏政局，专制东魏朝政 15 年。其重视农业，关心民生，先后沟通了卫水、漳水，开通了天平渠（又称万金渠），用以灌溉农田，以促丰收。还曾治理黄河水患，多次出巡四方，了解吏治。高欢深知鲜卑士兵与汉人之间的矛盾，曾试图调和胡汉之间的关系，但不似宇文泰成功。

稳固政权后，高欢恃地广兵强的战略优势，欲兴统一之业。但在与西魏的连年征伐中，东魏胜少败多。公元 543 年，高欢领兵 10 万至黄河北岸与西魏军作战，先胜后败，最后率数骑逃回。公元 546 年，高欢再次率军围攻西魏玉壁（今山西省运城市稷山县）城，苦攻 50 余天，将士伤亡病死近半，终未克，被迫撤军，“死者七万人，聚为一冢”。遂忧愤成疾，次年病逝于晋阳，时年 52 岁。

在史籍中记，东魏败军在返回晋阳后，高欢为了重振军心，带病强自设宴面会群臣。他命敕勒（也称丁零）族将领作唱名传后世的《敕勒歌》，边听边和，哀感流涕。

《敕勒歌》

敕勒川，阴山下。
天似穹庐，笼盖四野。
天苍苍，野茫茫，
风吹草低见牛羊。

高欢去世后，其长子即位，后被刺杀，次子高洋继位。公元 550 年，高洋废黜元善见，建立齐国，史称：北齐。

高欢死后，其部将手握重兵的河南大将军侯景，携河南 13 州之地投于西魏。宇文泰接受了侯景的归附，同时又对机谋善变的侯景十分警惕，分派队军陆续接收侯景所控的地区，并示意其交出军队，入朝长安。其时，在侯景叛变后，东魏也出动大军进逼，于是，侯景转而投归南朝梁。

公元 551 年，元宝炬驾崩，太子元钦继位。一些元氏宗室想从宇文泰手中夺回权力，阴谋发动政变，事泄后反被宇文泰剿灭。元钦对这些宗室之死深感同情，对宇文泰十分痛恨，密谋行诛，被宇文泰获悉后废杀。公元 554 年，宇文泰立元钦弟齐王拓跋廓为帝，并重新恢复皇室旧姓拓跋。此后，西魏皇帝空有其名。

公元 556 年，宇文泰北巡，不久染疾，于同年 11 月卒，时年 50 岁。是月，其子宇文觉嗣其位。次年，宇文觉称帝，改国号周，史称：北周。

由于北齐是在东魏的基础上建立起来的，所以国力较为强大，高洋在位期间，又进行了一系列改革，同时挥师在东北驱契丹立马渤海；在西北屡破柔然；用兵突厥迫其朝贡；又击败山胡（又称稽胡、步落稽，源自南匈奴）令其慑服；南取淮南，势力一直延伸到长江边，这时北齐的国力达到鼎盛。

但高洋执政后期以功业骄矜，纵欲酗酒，残暴滥杀。史籍载，高洋困于佛、道二教的发展，便想抑除一教。他把两教中的学者集中在一起，让他们在朝堂上互相辩诘，结果道论失利，于是高洋敕令道士剃发为僧。有人不服从，高洋索性杀了 4 个道人，举国惊惧，于是北齐境内道士灭迹。

高洋还派人制造大铁锅、大铡刀、大石碓（duì）、长锯之类刑具，摆在宫廷里，每遇喝醉了酒，就动手杀人，以此取乐。被他杀掉的人大多下令肢解，投入火里或水里。朝官只好选了一些死罪囚犯，扮作仪仗，叫作“供御囚”，高洋一想杀人，就抓出来应命，如果 3 个月没被杀掉，就加以宽释。

有一次，高洋的母亲娄太后因为高洋酗酒闹事，怒斥道：“如此雄才父竟生出如此不肖儿！”高洋笑回：“要马上把这老太太嫁给胡人了。”娄太后怒不可遏，再无言笑。高洋想逗母亲乐，自己爬到床底下，使力把床顶起来，结果把坐在床上的太后摔了下来，太后受伤。酒醒之后，高洋羞忏痛悔。命人点燃柴堆，自己要跳进去自惩。太后惊恐之际，紧忙过来拉住儿子，强笑说：“知你喝醉了，我不当真。”高洋于是又让人在地上铺席，命人对他行杖刑，并对执杖人说：“杖不出血，我就杀了你。”娄太后上前又抱住儿子不让打，高洋誓此为戒，最后在脚上击打了 50 下。高洋下决心戒酒，但仅过 10 日，又嗜酒如初了。

公元 559 年，高洋忽问大臣：“汉光武帝为什么能实现中兴大业呢？”一大臣答说：“这是因为刘姓皇族不灭。”高洋深以为然，想起北齐是代魏而立，但北魏的元姓皇族还大量存在，这是一群复辟的隐患。于是，高洋下令将元氏宗室全部杀灭，前后共杀 721 人，甚至连婴儿也没有放过，尸体全都扔进漳河。

在进击北方强敌柔然、突厥、契丹的同时，为了加强北部边防和防御西部的北周，高洋先后在北部和西部多次修筑长城。公元 555 年，高洋发兵民 180 万筑长城，自幽州夏口西（有北京昌平居庸关南口和延庆四海镇海字口二说）至恒州（今山西省大同）900 余里。后又将这段长城向东、西分别进行了增筑，“先是自西河总秦戍（今山西省大同西北、内蒙古自治区清水河县界）筑长城，东至于海（山海关附近的渤海），前后所筑东西凡三千余里，六十里一戍”。北齐所筑长城规模之大，稍次于秦长城和汉长城。

高洋还动用民工匠人30余万扩建宫殿，又依兴赏赐臣下，毫无节度，这样北齐内府仓帑基本耗光。于是高洋下令减少文武百官的俸禄，把省、州、郡、县、镇、戍的职官相应予以合并，消减对军队的供给，想用这种办法来节省费用。

公元559年，高洋最终饮酒过度而暴毙，年仅34岁。高洋之后，高洋的同母兄弟高演、高湛相继即位，但他们均无中兴之才，又不失擅杀奢淫之性。他们在位期间，大肆杀戮元姓皇室和汉族官员，使得北齐王朝丧失了鲜卑族与汉族人的支持。至高湛次子继位仅一年，公元577年北齐被北周灭亡。

宇文觉是元宝炬的女婿。宇文泰死后，侄子宇文护掌握了西魏权力。宇文护先逼西魏恭帝拓跋廓把皇位禅让给宇文觉，建立北周。后知宇文觉对其专擅不满，公元560年又逼宇文觉退位，立17岁的宇文邕为帝，并将宇文觉杀害，时年仅16岁。

宇文邕，字祢罗突，宇文泰第四子。史籍言其“幼而孝敬，聪敏有器质。”史家评：高拱深视，弥历岁年。宇文泰喜叹：“成吾志者，必此儿也。”公元572年，宇文邕力诛宇文护，夺回权力。

北周建立在西魏的基础上，它的实力弱于北齐。宇文邕亲政后，厉行节俭，厌奢杜费。史载其，不着绫罗“常服布袍，寝布被，后宫不过十余人”。一次，宇文邕巡游道会苑，因见上善殿修建壮丽，便下令焚毁。太子曾获得两只白鹿，以祥瑞之兆献给宇文邕，但其不以为然，告太子，国事“在德不在瑞”。

宇文邕掌权后对佛教和道教实施打击，经过当时儒、佛、道三家代表人物多次的当廷辩驳，宇文邕断然提出了朝廷的主张，其强令沙门、道士还俗；佛经、佛像、佛塔俱毁；寺院财产，簿录入官。使寺院占有的大量人口、田地还归朝廷编户，纳税服役。使北周国力大大增强，起到了“民役稍希，租调年增，兵师日盛。东平齐国，西定妖戎，国安民乐”的作用。

禁佛政策严重损害了僧人的利益，一名僧人质问宇文邕：地狱里面不分贵贱，陛下灭佛，不怕下地狱吗？宇文邕听后勃然回道：“但令百姓得乐，朕亦不辞地狱诸苦。”

宇文邕的禁佛道措施明显不同于其祖上禁佛。第一，这次禁佛道，是经过多次辩论之后作出的，各方都有思想准备。第二，没有血腥性，他不屠杀僧侣，显示其很高的原则性：只禁文化和其弘扬的形式，不灭人。第三，这次禁佛道没有捣毁寺、观，而是将寺、观赐给王公、大臣。第四，宇文邕下诏建立通道观，在还俗僧侣道士中选出名流为通道观学士，以政府官员的身份到通道观进行学术工作，职责是研究儒佛道三教的哲理汇通，使“圣哲微言，先贤典训，金科玉篆，秘赜（同‘迹’）玄文，所以济养黎元（指百姓），扶成教义者，并宜弘阐，一以贯之。”目的就是促成三教的互相渗透与融合，建立以儒家为北周文化之本，辅以道、佛的二教理论结合的新的封建思想体系。通道观的学士有120人。

北魏佛教的兴盛，是与北魏时期朝廷政权的有力支持分不开的，而北魏佛教的特点之一就是具有强烈的朝廷政治色彩。北魏崇佛之始，朝廷建立起各级僧官机构，任命各级僧官，通过各级僧官直接控制全国的佛教信徒。北魏管理僧务的机构，初名“监福曹”，后改称“昭玄寺（又称昭玄曹）”，昭玄寺“备有官属，以断僧务”。此外，各州、镇、郡同时设有各级僧官。这些中央到地方的各级僧官和僧务机构，组成了一个遍及全国完整的北魏僧官系统。而这个僧官系统的建立和完善，表明了北魏佛教具有国教的地位和政教合一的机制。而政教合一，把佛教发展推向了汉化的高潮，也将印度佛教文化与中原文化结合在一起，并为隋唐佛教盛世奠定了基础。

通过宇文邕的治理，使北周实力逐渐超过了北齐而强盛起来。在此期间，宇文邕释放奴婢，整顿吏治，勤政利民，严惩隐瞒田地、户口的贵族、地主、宗主缓和了阶级矛盾；又兴修水利，拓垦农田，促农业增收，物产丰裕；军事上，吸收广大汉族农民充当府兵，扩大了府兵队伍；又与突厥和亲，与南朝通好，外交策略十分成功。而北齐则是“朝廷昏乱，政由群小”“官由财进，狱以贿成，竞为奸谄（chǎn），蠹（dù）政害民”。

公元 575 年，见北齐日朽，宇文邕力排众议，决定亲自统军伐齐。周军进入北齐境内，严明军纪，禁止砍伐林木、毁踏庄稼，犯者皆斩。由于秋毫无犯，颇得民心，但是宇文邕身体有恙，被迫还师。次年，宇文邕又率大军伐齐，攻取平阳（今山西省临汾），攻克晋阳。公元 577 年，北周大军攻入邺城，灭北齐，从此拥有了黄河流域和长江上游。

次年，宇文邕在亲征突厥的途中病倒，年中，宇文邕病情加重，在回洛阳后病逝，时年 36 岁，皇太子宇文赟（yūn）继位。宇文邕死后的谥号为武，庙号高祖。

宇文赟（yūn）继位后，同时立 5 位皇后，为历史仅有。其纵情酒色，嬉乐无度，健康恶化，二年后病逝，时年 22 岁。从此，北周的军政大权落入了外戚杨坚的手中。公元 581 年杨坚废继帝自立，改国号“隋”，北周亡。

三、政与权

中国——

◆东晋统治的区域大部分在长江以东，古称江左（古时在地理上以东为左）。因此，江左有时也特指东晋。东晋王朝是司马氏南渡重建，故不得不倚重南北豪门世族及当地方镇（地方武装）的支持以稳定统治。当时晋元帝司马睿倚重山东名门琅玡王氏，任王导为丞相，其从兄为大将军一政一军主导朝政，其王氏子弟皆位居要职，以致时有“王与马，共天下”之说。王导从兄有野心，于公元 322 年发兵叛乱，攻陷京城。司马睿忧愤而死，时年 47 岁。长子司马绍继位。当时王导的从兄欲篡位，但不久病危。司马绍顺势平叛。由于王导未附从兄，还积极参与平叛，所以仍受到朝廷重用。

据史家估算，东晋初期，北方逃到江南的人有90多万，占当时北方人口的八分之一。

面对汹涌而至的北方人，南方各地士族尤其是那些强宗大族，拥有武装的方镇，严拒北方士族侵犯他们的利益，甚至拒绝相互通婚，双方矛盾日烈。

为调和矛盾，根据南方地区地广人稀的特点，司马睿在王导的倡议下推出“侨寄法”，在南方士族势力较弱的地区，设立侨州、侨郡、侨县，安置北方逃来的士族和民众。侨州多至6州，侨郡侨县为数更是众多。据史籍《宋书》记载，长江下游一带的南方，就有33个侨郡，75个侨县；并按北方原籍郡县名称设置郡县府衙，安置南渡的文武官员，保持西晋原有的一套政治机构。这种措施形式上可以护卫京师，流亡士族维持原有的籍贯，凭借势力在寄居地依然可以创立新业，继续驭役其部属和当地贫民。所以，侨寄法虽然建立了紊乱的行政系统，但对东晋政权说来，却是安置逃亡士族、流徙百姓、开发边困地区、缓和南北士族间矛盾的重要措施。

东晋王朝虽然偏安于江南，但在一些有志之士的建议下采取以攻为守的策略多次进行北伐。其中来自河北范阳大族的祖逖（tì）是史家公认在东晋北伐中最有才能、最为杰出的人物。

中原大乱时，祖逖率众南投晋元帝司马睿。他主张率兵北伐，司马睿心中犹豫，仅给他奋威将军、豫州刺史的名号，又拨付千人的粮草和3000匹布，叫他自己去募兵、选造兵器。祖逖少有报国大志，他曾与好友一同就寝，半夜听到鸡鸣，祖逖将好友唤醒道：“此非恶声！”于是两人起身舞剑。这就是成语“闻鸡起舞”的由来。

祖逖率部曲渡江北上，在淮阴铸造兵器，募兵得2000余人。祖逖军纪律严明，作战勇猛得到民众的拥护，屡次击败石勒军，收复黄河以南全部的土地，与石勒隔河相持。

司马睿给祖逖镇西将军的称号，但似乎不情愿看到祖逖的声誉鹊起。公元321年，祖逖准备渡黄河再击石勒，收复河北。但司马睿却派一位文臣名士做征西将军，都督（官名）司、兖、豫、并、雍、冀六州诸军事，并亲临军营慰劳。而且祖逖已收复的州，也划归其统辖，显示出是对祖逖的不信任。当时丞相王导的从兄正和司马睿暗中对抗，内乱势必爆发，祖逖感到前途无望，在忧伤中去世。

祖逖之后，有权势的士族多举师北伐以增加门户威望，其中以桓温的三次北伐最为著名。他曾经收复洛阳，进入关中，进兵河北，但都未能够巩固北伐成果。

桓温是晋明帝司马绍的女婿，公元335年，出任琅琊郡太守，参与北伐。公元343年秋，桓温升任徐州刺史，并都督青、徐、兖三州诸军事。二年后，再以出色的政治军事才干升任安西将军、荆州刺史，都督荆、司、雍、益、梁、宁六州诸军事，掌握了长江上游的兵权。

桓温出镇荆州后，巴蜀的成汉政权，正内外动乱，国势益衰。谋士建议桓温率精兵1万轻军速进，直攻成都，必能成功；北方的后赵集团暂不敢趁机进犯，不足为虑。桓温赞同，遂决定伐蜀，以建立功业。

公元346年秋后，桓温上疏朝廷，请求伐蜀，但未等朝廷回复，便派出前锋2000人西进，自己率大军万余兵指成都。公元347年春初，桓温三战三胜，击败成汉军，进逼成都城下。成汉末帝李势集结所有兵力与东晋军决战。当时战况激烈，东晋军前锋初失利，敌军如蝗的箭矢直接射到了桓温的马前，诸将惊惧，意欲退兵。而东晋军中鼓吏却在这时误击前进鼓，众将率兵乘势奋战，终于反败为胜，大败成汉军。桓温趁胜攻入成都，李势败走 90 里，最终决定投降，成汉政权至此灭亡。

定蜀之战使得桓温声名大振，又辖有 8 州之地，朝廷忌惮不已，担心他日后难以控制。果不其然，桓温自行招募士卒、制配军械，逐渐形成半独立状态，渐露不臣之心。东晋朝廷对他已不能随意征调，但求羁縻而已。

公元 354 年年初，桓温率军北伐前秦。指挥 4 万大军自江陵出发，由水路趋向武关（今陕西省丹凤东南），与梁州刺史合击秦军。东晋军历经数次血战，击败前秦军顺利进入关中。后桓温领军转战至灞上（今陕西省西安东），附近郡县纷纷投靠。桓温进入关中时，正值麦收时节，他打算就地收麦，以解决军粮供给。前秦开国皇帝苻健闻听东晋军收粮，猜到恒温军中粮草不足，随即坚壁清野，使得东晋军粮秣不继，被迫撤返江陵，还将关中 3000 多户百姓一同迁走。前秦军随后趁势掩击，东晋军大败。

两年后，桓温自江陵再次出兵北伐。他上疏朝廷，请求徐、豫二州同时出兵，以配合作战。至夏末，桓温收复洛阳，又迁 3000 多家百姓至长江、汉水一带。

东晋初，朝廷推行侨寄法，以安置南渡流民。当时南渡流民的户籍称为白籍（以白纸书写），不算正式户籍（正式户籍为黄籍，用黄纸书写），也不用负担国家的税役，由此世族大户大量荫庇流民，侵占山湖和良田发展私利。这样导致东晋地方行政区划极其混乱，当地州郡官员难以统治和管理。至此，东晋王朝在经济上税役损失严重；政治上，当地和南渡的豪族利用流民顺势发展自己的部曲，横霸一方，官吏莫能制，削弱了地方抵御外患的能力。

侨寄法的弊端日益显现，促使东晋王朝在王导病死后积极寻找解决办法，推出土断法。

土断法就是裁并侨郡县，整顿户籍，令北方流民就所居地作为稳定居民，与南方土著享有同等待遇。该措施有利于行政统一，流民按实际居住地编定户籍向朝廷纳租税，服徭役，不再依附士族，在一定程度上削弱了一些豪门大族的实力，极大提高了东晋王朝的经济与军事实力。公元 364 年，桓温受命主持土断，史称：庚戌土断。

“庚戌土断”东晋有了成果，桓温重举北伐。公元 369 年春，桓温率军 5 万，联合江州刺史、豫州刺史一同北伐前燕。当时正逢大旱，水道不通，桓温便让人在钜野（今山东省巨野县北）开凿水路三百里，使船只能进入黄河。至夏，前燕 8 万大军前来抵抗东晋军，两军对峙于枋头。桓温命打通石门水道，但因前燕的顽强抵抗，东晋军始终无法开通石门，最终东晋军军粮耗尽。桓温无奈，焚毁战船，退军而去。前燕 8000 骑兵趁势追赶，与东晋战于襄邑［今河南省睢（suī）县］。桓温大败，死伤 3 万多人。

桓温兵败后，将战败之罪委于将领。朝廷不敢追究桓温的兵败之责，还命人带着酒肉犒劳桓温。桓温久怀异志，觊觎控制朝政。但因第 3 次北伐失败，声威大减。属下有人建议桓温废立皇帝，以重立威权，桓温赞同。

公元 371 年冬，桓温带兵入朝，他称皇帝司马奕因阳痿不能生育，却纵容宠臣与后宫嫔妃私通，所生三子皆冒充皇子，逼太后下诏废司马奕为东海王。而后，桓温亲率百官迎立司马昱（yù）入朝为帝，是为东晋简文帝。

桓温擅行废立，不仅令朝中百官震惊，自己也心中难安。司马昱继位不久，便进封桓温为丞相，留其在京师辅政。桓温辞让不受，率军返回姑孰（今安徽省马鞍山市当涂县）。后来，司马昱又派人多次征召桓温，请其入朝辅政，并增食邑万户，桓温再次推辞。

公元 372 年夏，简文帝司马昱病重，急召桓温回朝，并在一昼夜内连发四道诏书。桓温仍推辞不肯入朝，司马昱只得传下遗诏，让桓温摄政。但在朝臣力争下，将遗诏中的“摄政”改为“辅政”，这让桓温大失所望。

司马昱死后，群臣惧于桓温之威，不敢拥立太子，建议请桓温决定。但有大臣站出来极力反对，太子司马曜（yào）方才得以继位，是为东晋孝武帝。后来，孝武帝司马曜命谢安诏桓温入朝辅政，桓温既不接受，也不入朝。次年，桓温因病逝于姑孰，享年 62 岁。

桓温死后两个月，谢安升任尚书仆射（yè），总领吏部事务，加后将军参与朝政。

谢安，字安石，今河南省太康县人，谢氏也为南渡大族。谢安多才多艺，善书法，通音律；性情雅儒，处事公明，素有才名。因对朝廷政治的厌倦，谢安辞官来到会稽东山隐居，与友人游山玩水、吟诗作赋、饮酒奕棋好不快活。朝廷多次召谢安入仕，他总是辞谢不出。随着桓温势力日隆及对晋室的不尊；以及前秦兵锋的不断南扩。朝中士大夫们疾呼：“安石不肯出，将如苍生何？”恰在这时，其四弟北伐失败坐罪被废，为家族、为国运虑，时年 41 岁的谢安入朝为官，从而引出“东山再起”的典故。

据史载，公元 373 年，桓温曾带兵入京，言朝见孝武帝司马曜，皇帝命谢安带着战战兢兢的朝臣们去拜迎。当时京城内人心惶惶，传闻桓温此次来朝欲谋晋室，兼屠朝臣。谢安不以为然，慷慨直言“晋祚存亡，在此一行。”他见到桓温面不改色，从容就座。他对桓温说：“谢安闻诸侯有道，守卫在国家四方，明公何用在壁后安置武士呢！”桓温见谢安坦荡，遂撤去兵甲与之畅谈良久，不久领兵回姑孰。

公元 376 年，年仅 14 岁的孝武帝司马曜亲政，擢谢安为中书监、录尚书事，统揽朝政。谢安参照王导力求大族间势力平衡的做法，使东晋王朝再现和睦氛围。

公元 383 年，统一北方的前秦政权欲一统天下，倾全国之力发动了南征东晋的战争。于是爆发了影响历史的“淝水之战”。

淝水（位于今安徽省寿县的东南方）之战前夕，谢安以侍中（权位高于中书监）、征讨大都督的身份执掌东晋的政治、军事权力。

面对着来势汹汹的前秦大军，谢安显示出高超的识人能力。他举贤不避亲仇，在详细分析当前的形势后，派自己的弟弟谢石为大都督，派自己的侄子谢玄为前锋都督，儿子谢琰（yǎn）为辅国将军，与桓温族人桓伊率领 8 万“北府兵”劲旅赶到江北，抵御前秦 87 万常胜之师的进攻。同时，令桓温的弟弟桓冲为荆州刺史，领 10 万之众防御荆襄地区并威胁秦境。又任命皇后的父亲，五兵尚书（相当于国防部长），来自大族太原王氏的王蕴都督江南诸军事，兼徐州刺史。

“北府兵”是谢安为内抗大族势力，外御前秦南下而组建的新军。在谢安的力促下，公元377年朝廷拜谢玄为建武将军、兖州刺史，监江北诸军事，先镇广陵（位于今江苏省扬州市），后加领徐州刺史，改镇京口（位于今江苏省镇江市）。

谢玄早年为桓温的部将，桓温评谢玄：“谢掾（yuàn，官署属员）年四十，必拥旄（máo）杖节（将帅兵权或使节的象征）。”当时广陵和京口聚居着大量逃避战乱的流民，谢玄到任后，广募流民中顽强劲勇之人建立起一支军队，加以训练。当时京口又称“北府”，故而这支新军得名“北府兵”。

不久，谢安收到了一个坏消息，前秦的先锋队伍已经攻下了寿阳（今安徽省淮南市寿县）。

一日，前秦天王苻坚登上寿阳城，遥见对岸晋兵布阵严整，八公山草木之间似显刀光剑戟，疑为晋兵，顾谓手下：“此亦勍（qíng，强）敌，何谓弱也！”面有憷色。始出“草木皆兵”的成语。

于是，苻坚觉得促使晋将投降，不战而屈其之兵是上策，他派一名东晋降将去做说客。但派去的降将尽泄秦军虚实，并建议东晋速战速决。于是，谢玄向秦将建议，秦军若想与晋军对决，请稍许后退，容晋军渡江决战。多数秦将认为，秦强晋弱阻晋于淝水畔伺机而战比较稳健，但苻坚欲采取“半渡而击”的战术，一步至晋军于死地。不过，苻坚没有想到，前秦大军在后退的时候，由于将士们没有思想准备，组织调动无序致使20余万大军很快乱了阵脚，不停地向后退。谢玄看到时机成熟，便率领8000北府兵劲骑，快速渡过淝水，向前秦军队发起猛烈的攻击。这时东晋当年迫降官兵趁机在乱军中大声喊道：“秦军已败！”使得前秦退兵更丧斗志拼命地四散逃去。淝水之战以东晋的全面胜利而告终。

据说谢安得到淝水之战胜报时正与宾客下围棋，他将胜报看过后搁置一旁，毫无喜色。等棋局结束，客问何报，方徐徐答道：“小儿辈遂已破贼。”

淝水之战使谢安、谢玄、谢石等人名声大振，留名青史；东晋乘胜北伐，收回黄河以南的乡土；孝武帝司马曜借此机会收回权力，成为了东晋唯一掌握皇权的皇帝。而战败的前秦使本已经统一的中原，再次陷入四分五裂的局面，而苻坚也在两年后被叛将杀死。淝水之战也成为以少胜多的著名战例，载入中国军事史，对后世兵家的战争观念和决战策略有着深远的影响。

有研究者总结了双方得失的因由。

东晋取胜的原因：

1. 孝武帝司马曜足够的放权。

谢氏一门广揽军权，没有司马曜的信任和支持是不可能的。有古人评价司马曜是“推贤任才”，并能平抑门阀恩怨，使东晋统治集团内部，在大战前达到空前的团结。

2. 谢安等将相的意志坚决，临危不乱的态度起到了稳定朝局，鼓舞军心的作用。

古籍载，当时前秦大军连破晋师，东晋朝野震恐。谢玄心中不安向谢安寻计，谢安只回“朝廷另有对策”。谢玄请人再问，谢安却带人来到自己的乡间别墅，当亲朋好友的面，邀谢玄下起围棋，并以别墅为赌。平时，谢安下不过谢玄，但在这天，谢玄心中不宁，就输给了谢安。于是，谢安起身对他的外甥羊昙说："此墅给你了。"后"安遂游涉，至夜乃还，指授将帅，各当其任"。"围棋赌墅"随着淝水之战的胜利成为一段佳话。

3. 用人得当，北府兵训练有素，战斗力强悍。

谢安足智多谋，但走上朝堂后，其最大的弱点是没有可依赖的家族军事力量的支撑。以军权谋求家族利益和权力地位，本是东晋门阀政治的特点之一。虽然桓冲上任荆州刺史前将扬州的军权让给了谢安，桓氏与谢氏互相协作，摒弃前嫌，出现了"君臣戮力"的局面。但谢安深知现行世兵制（世代当兵的制度，又称军户制或士家制）军队的腐败不堪，根本对付不了前秦的久战之兵。没有自属军事力量的支持，谢安就无法与各大门阀维持一定的平衡，更不能对抗前秦的军事压力。司马曜也看清了这一点，他欣然同意谢安谢玄组建、练就北府军。而慨然谢氏一门的出将入相，不予掣肘，也成为孝武帝司马曜一生的亮点。据说当时桓冲对谢安派遣谢玄等人前线为将不认可，指摘谢安"今大敌垂至，方游谈不暇，遣诸不经事少年拒之。"认为此战必败。然而，事实证明了谢安的知人善任。

4. 指挥正确，善捕战机。

及时捕捉战机，是淝水之战东晋军胜利的最后关键因素。谢氏起初认为前秦军力强大，打算以逸待劳，坚守不战，待敌疲惫再伺机反攻。在得到前秦军实际情报后，立即改变了作战方针，决定转守为攻，主动出击。在前秦 80 余万大军尚未完全集结之时，诱其做出错误决策，然后趁机攻击，至前秦军溃败。

前秦失败的原因：

1. 前秦征晋时机不当。

淝水之战是苻坚在统一北方八年之后进行的。当时，前秦上下欲求修养，士兵征战士气不高，开疆拓土缺乏共识。多数大臣建议苻坚实行"厉兵积粟，以待暴主"的政策，继续恢复、发展北方经济；使前秦形式上统一，但结构上并不紧密的军事联合体式的统治政权得到深刻改变，方远征无虑。同时，众臣指出，东晋虽弱，但"未闻丧德，君臣和睦，上下同心。谢安、桓冲，江表伟才，可谓晋有人焉……未可图也"。然而，由于前期的所向无敌，使苻坚更相信自己的意志。

2. 用人不当，赏罚失明。

可能本族中缺少良才，或为统治需要，苻坚在统一北方的过程中，招降纳叛，重用投降的各族贵族分子，忠奸并蓄，最后死于他所宠信的羌族降将手中。据此，历代史家有评，"夫有功不赏，有罪不诛……秦王坚每得反者辄（zhé）宥（yòu，饶恕）之，使其臣狃（niǔ，惯于）于为逆，行险徼（jiǎo，同侥）幸，力屈被擒，犹不忧死，乱何自而息哉！""数战则民疲，数胜则主骄，以骄主御疲民，未有不亡者也，秦王坚似之矣。""苻坚好功，而不能忍，智大而不见机。"

3. 战前失策，临战失据。

战前缺乏周密的战略部署，战时又犯了一系列指挥上的错误，这也是前秦在淝水之战中迅速败溃的重要因素。当时苻坚不顾群臣劝阻，只是依据自己“有劲卒百万，文武如林，鼓行而摧遗晋，若商风之陨秋箨（tuò，竹笋上的皮）。”的兵力，认为征服东晋可行，而贸然出征。当其前锋军5万人马（一说2万余人）被东晋北府兵全歼于洛涧（今安徽淮南市以东的一条小河）后，前秦为之震动，士气大挫。后苻坚又在寿阳城楼望八公山上“草木皆兵”，于是，苻坚心理失衡由轻敌变惧敌，导致指挥失误。

谢氏家族为东晋的存续立下了大功，功高则震主，谢氏家族及其所带领的北府军成为晋孝武帝司马曜心中难安的隐忧。他重用同母弟司马道子，利用对谢氏不满的人物，合力排斥谢安，朝廷上下内外的和睦状态开始消失。

淝水之战后，谢安乘前秦崩溃，令谢玄等诸将率军北伐。公元384年，东晋收复徐、兖、青、司、豫、梁六州，将领土划至黄河以南；公元385年，东晋军进入河北名都邺城。这次北伐是东晋最大的一次拓疆辟土，超过祖逖、桓温的成就。但掌权的司马道子忌讳谢氏功高势大，以北伐时间过久，命令谢玄部署了守将之后，停止了北伐行动。

由于帝室与谢氏之间疑心渐重，矛盾愈深，朝政日显危机，令正直的朝臣们忧心忡忡。一次，司马曜与桓伊宴饮，请谢安陪坐。司马曜请桓伊吹笛，桓伊顺从，拿起笛子吹奏了一曲。然后放下笛子说：“臣弹筝不及吹笛，但也足以丝竹相和，引曲高歌。请许臣抚筝唱之，并请一人来吹笛。”司马曜兴致很高，便命内宫歌妓吹笛伴奏。桓伊唱完，又说：“宫妓与臣必不调合，臣有一仆，善与臣配，望准请。”司马曜欣然准之。随后，桓伊家仆吹奏笛子，桓伊便抚筝而歌曹植的《怨歌行》：“为君既不易，为臣良独难。忠信事不显，乃有见疑患……今日乐相乐，别后莫相忘。”歌声委婉动情，表达出臣子受到皇帝的猜忌，忧伤郁闷之情，这与当时谢安的处境非常相似。谢安感慨万千，不禁泪湿衣襟，他起身坐到桓伊身旁，用手梳理桓伊的胡须道：“使君于此不凡！”司马曜则面有愧色。

桓伊也是东晋时期著名将领，富有才略，曾任都督豫州诸军事、豫州刺史、迁西中郎将等职，在淝水之战中起到了举足轻重的作用。他与桓温一族属于不同的分支。桓伊不仅智勇有才略，并善于吹笛。史籍说其“善音乐，尽一时之妙，为江左第一”。有“笛圣”之誉。相传民乐《梅花三弄》源自桓伊所做的一首笛曲，后来改编为古琴曲。

面对司马曜重振皇权的企图，谢安没有与之相抗，而是选择退让。他离开朝政中枢、出镇广陵。于是，东晋的门阀政治出现了转折。随着桓冲、谢玄、谢石等人的相继离世，士族门阀人才迅速凋零，无力维护门阀政治。而桓冲去世的意义，有学者解读是：“如果桓冲不死，桓、谢矛盾在淝水大捷之后终将爆发而为大乱，因而桓冲令誉也就难得保持。桓冲死，保全了令誉，也使桓、谢矛盾暂得缓和，所以说此死贤于让扬（扬州）。”

公元385年秋，谢安病逝于建康，享年66岁。谢安死后，东晋朝廷又开始了动荡不安，无力北顾，淮北、河南的疆土相继失陷。

公元396年，司马曜在宫中与张贵人一起欢饮。可能是喝高了，皇帝对张贵人开起玩笑，称：“你色不如前，又无子，与贵人名位不符，明日就废了你，另找美人相替。”张贵人听后妒火中烧，而酒醉中的司马曜毫无察觉，玩笑越开越大，张贵人遂起杀心。她招来心腹宫女，用被子将睡梦中的司马曜活活捂死。

司马曜的意外被弑，令执掌相权的司马道子父子欣喜不已。当时司马道子恃有皇太妃的宠爱，与司马曜争权，形成皇相之间的朋党相争，朝政浑浊不清。皇太子司马德宗即位后，司马道子以皇叔之尊辅政。史载晋安帝司马德宗愚笨，不擅言语。据《晋书》记，他甚至连季节都无法分辨，因此东晋皇权控制力大大下降。

公元 398 年，外戚王恭联络藩镇二次起兵反司马道子集团，后失败被杀。藩镇推桓温的儿子江州刺史桓玄为盟主，形成割据势力。

此时五斗米道教主孙恩有感东晋国祚将倾，乘民心骚动，聚集百余人，伺机起事。五斗米道也称天师道、正一道，是道教中创立最早的一派。因入道者须出五斗米，故以此为名（也有一说是拜五方星斗及信奉道教经典《五斗经》）。孙恩祖上曾是八王之乱时赵王司马伦的谋士，世奉五斗米道。后其叔父继任五斗米道教主，并为司马道子幕僚，但获罪遭司马道子诛杀。

公元 399 年，孙恩从海岛登陆率众袭破上虞县，又破会稽郡，部属骤增数万人。

孙恩攻打会稽郡时，守城官为书圣王羲之的次子王凝之。王羲之一族也信奉五斗米道，王凝之更是深信不疑，尤受其害。面对强敌进犯，王凝之不听从手下和夫人谢道韫的进言，不做积极备战，自信“吾已请大道，许鬼兵相助，贼自破矣。”然而城破后与 4 子一同遇害。

谢道韫，字令姜，是谢安的侄女，谢玄的姐姐，长于诗文。在其很小的时候常住在谢安的家里。有一次适逢雪天，谢安想考考身边的孩子们，指着窗外飘落的雪花问：“白雪纷纷何所似？”有侄儿立即答道：“撒盐空中差可拟。”而谢道韫想想说：“未若柳絮因风起。”谢安大喜。之后，谢道韫以富有才情而名满江南。“咏絮之才”也成为人们赞美有文华的女性常用的成语。古籍《三字经》有：“蔡文姬，能辨琴；谢道韫，能咏吟。”将谢道韫与蔡文姬并誉。

当孙恩大军冲进会稽城时，谢道韫眼见丈夫和儿女被杀的情景，义愤填膺带着家中女眷奋起反抗，但终因寡不敌众被俘，此时她还抱着只有 3 岁的外孙。她见孙恩有杀气，便厉声道：“事在王门，何关他族？必其如此，宁先见杀！”孙恩久闻谢道韫才名，今日又见她一身凛然之气，非但没有杀她和她的外孙，还派人将她们送回。

见孙恩势大，随之吴郡、吴兴郡、义兴郡、临海郡、永嘉郡、东阳郡及新安郡百姓亦随之起事，攻杀东晋官吏响应孙恩，不到十天，孙恩聚众数十万人。会稽是王氏、谢氏等北方士族聚居的名郡，吴郡、吴兴郡是南方士族的重要聚居地，这三郡史称三吴之地，是东晋经济文化最发达的地区。当地民众因常受士族门阀的欺凌和压迫，阶级矛盾深刻。孙恩利用民众的积怨，对豪门士族大兴杀伐。当时郡县官员和士族大户不是被杀就是弃职逃亡，使 20 多万民众随孙恩迁至海岛。孙恩于是据守会稽，自号征东将军，手下部众称“长生人”。

公元 399 年冬，东晋王朝派兵前往镇压孙恩之乱，此举把落魄的刘裕推上了王朝兴替的历史舞台。

刘裕生于京口，字德舆，小名寄奴。祖上是彭城郡（今江苏省徐州市）人，自幼家贫，母亲在他出生后患病去世，父亲一度想抛弃他，最终刘裕喝姨母的奶水长大。由于家境过于贫寒，青年刘裕靠种地、打鱼和卖草鞋为生，也曾因赌博搞得身无分文，遭到乡邻的轻鄙。不过，相识不久的王导之孙王谧（mì）却对刘裕颇为赏识，他鼓励刘裕："卿当为一代英雄。"于是，刘裕加入北府军很快升任司马。

公元 401 年春，孙恩第 4 次率军登陆，突袭海盐（位于今浙江省嘉兴市），刘裕所部兵力不足千人，与孙恩交战，被刘裕苦战击退。孙恩于是转攻沪渎垒（位于今上海市），垒破后，守将被杀。又从海路进至京口，欲攻取京师建康，刘裕领兵追孙恩至丹徒（今镇江南部），以少胜多，迫孙恩登船撤逃。不过孙恩自恃人众，不久就重整旗鼓再攻建康，朝廷兵屡战不利。不过此时朝廷援军纷至，孙恩乘虚袭击建康的计划失败，于是北击郁州［今江苏连云港附近的云台山（花果山）］地区，在郁州击破官军。但刘裕及其他援军赶到，几场战事下来孙恩大败，实力锐减，于是沿海南走。南撤期间刘裕紧追不舍，在沪渎再次击败孙恩，孙恩于是在浃江口（jiá，今浙江甬江）退入海中。

公元 402 年春，桓玄举兵消灭司马道子父子的势力，掌握朝政。司马道子被毒杀，死时年仅 39 岁。孙恩乘朝廷内乱再度领兵登陆，但在进攻临海郡时被官军击败。至此，起义军死亡殆尽，仅余数千人。刘裕率水军不懈追讨，孙恩深知势败难宥，于是投海自尽，他的数百名信徒皆随之而死。孙恩死后，其妹夫卢循率领余众继续与朝廷周旋，直到公元 411 年才被彻底镇压。

五斗米道的起义，参加的民众有数十万人，历时 13 年，纵横江南，沉重地打击了江南世家豪族势力，摧毁了东晋王朝的门阀政治基础，尤其是劲旅北府兵被寒士所掌控，加速了东晋王朝的灭亡。自此，士族失权，门阀衰落，寒士兴起。

有史家认为，孙恩卢循民变开"中原海寇之始"，为后世海盗活动提供了借鉴。

在平叛孙恩卢循起义的几年中，刘裕屡为先锋，每战败敌，其军事才干得到显露。他不仅披坚执锐，且指挥有方，富有谋略，善于以少胜多。当时各路军阀暴掠，涂炭百姓，独有刘裕治军严明，秋毫无犯，受到民众的拥护。有古诗曾念其"斜阳草树，寻常巷陌，人道寄奴曾住。想当年，金戈铁马，气吞万里如虎"。

孙恩起事，牵制、耗损了朝廷兵力，造成京师防守空虚，这给盘踞荆州、虎视三吴、素有野心的桓玄以可乘之机。桓温死时，他最小的儿子桓玄时年 5 岁，自幼为桓温所喜爱。桓温去世，遗命其弟桓冲继统其军队，并接任扬州刺史；幼年的桓玄承其爵南郡公。桓玄成年后，善文博艺，对自己的才华和门第颇为自负，总认为自己是能成大业的英雄豪杰。然而由于其父桓温晚年有篡位的迹象，所以东晋王朝对他深怀戒心而不敢重用。年近 30，桓玄才得出任义兴（今江苏宜兴）太守，颇感不得志，曾叹"父为九州伯，儿为五湖长！"于是弃官回其封地南郡（今湖北江陵）。途中桓玄去建康拜见执政的司马道子，司马道子却借着酒劲，当着众人的面问道："桓温晚年想反，你们怎么看？"桓玄吓得跪地不起，从此深恨司马道子。

公元 401 年，孙恩军循海路进攻京口，逼近建康。桓玄声称勤王起兵，实际是想扩张自己的势力。于是，司马道子父子在孙恩撤军后命桓玄退兵。不过，此时桓玄纵横捭阖已经平定了荆、雍二州藩镇，向朝廷要求委任他为江州、荆州刺史。朝廷发诏书，命桓玄都督荆、司、雍、秦、梁、益、宁七州军事，任荆州刺史。桓玄不满，定要江州刺史。朝廷当时陷于孙恩之乱无奈，只好遂其所请。桓玄大为得意，广布亲信，扩充兵马，朝廷已不在其眼中。

公元 402 年，孙恩势衰，司马道子父子欲平桓玄。桓玄留兄守卫江陵，自己率兵东下迎敌。桓玄在姑熟一举击败司马氏的朝廷军，并夺取了历阳（今安徽省和县）。不久，北府军也顺势倒向桓玄。桓玄进军到新亭（位于今南京市雨花台区），司马氏的朝廷军不战而溃，桓玄轻松进驻建康城，司马道子父子被杀。

公元 403 年冬，桓玄逼晋安帝司马德宗禅让，后降其为平固王，迁至寻阳（今江西省九江市）。桓玄灭东晋后改国号为“楚”，史称：桓楚。桓玄夺位后，毫无进取，不思理政，游猎玩乐，尽享帝王豪奢。他让桓氏子弟担当内外要职，诛杀北府军异己；兴修宫殿，建造可容纳 30 人的大乘舆供其游乐，需 200 人抬，甚至一日要多次出游。百姓因而困苦疲惫，民心思变。

此时刘裕已平孙恩，他联合东晋遗将举兵讨伐桓玄。公元404年初联军举事，先占京口，后下广陵，兵锋直指建康。桓玄畏于刘裕兵勇，屯兵 2 万于覆舟山（现称九华山，位于南京市玄武区），并请一众会道术的人作法以鼓军心，对抗刘裕。不过刘裕进至覆舟山时故设疑兵，又乘风施以火攻，最终击溃桓玄守军。

刘裕军攻入建康，桓玄挟持司马德宗逃到寻阳，得到江州刺史补充的物资及军队，后转至江陵。桓玄在江陵置署，且大建水军，不足一个月就已拥兵 2 万。不过桓玄怕势衰号令难行，就行酷刑示威，故致众叛亲离。不久联军再攻江陵，桓玄带领心腹百余人离城出逃，想奔汉中，在船上被人斩杀。据说桓玄临死前喝问：“是何人，敢杀天子！”凶手言：“我在杀天子的盗贼！”桓玄死时 36 岁，做皇帝不到半年。

桓玄在位时，曾下令简牍（材质为竹木片）书文改为用纸。自造纸术发展以来，纸张虽然在民间不断推广使用，但朝廷政令仍采用简牍。桓玄为此下诏：“古无纸，故用简，非主于敬也。今诸用简者，皆以黄纸代之。”从此以后，纸张才完全代替了简牍和简策（一说策为竹制，牍为木制），成为朝廷公文的载体。

刘裕灭桓氏后，为巩固权位需建立更大的功业。为此，刘裕进行北伐，同时也为净灭割据势力而进行统一战争。公元 410 年，刘裕攻灭南燕，收复青州（地处山东半岛中部，今青州市）。卢循统率五斗米道残部乘刘裕北伐之际，向建康进攻；刘裕领兵回击，消灭卢循，收复广州。公元 412 年，刘裕攻占江陵；次年据成都，灭后蜀；公元 415 年，再破襄阳。至此，东晋在刘裕的势力下实现统一。公元 416 年，刘裕军分 5 路，水陆并进伐后秦。沿途收复滑台（今河南省滑县）、许昌、洛阳等重镇。逾年破长安，灭后秦。但一年后，大夏皇帝赫连勃勃攻取长安，夺关中之地。

刘裕北伐，对东晋来说意义是巨大的，关中虽失，但从潼关东至青州，却成为东晋的疆土。后来北魏的南侵，多在这些土地上进行，使长江流域免遭兵乱。

公元 413 年，刘裕下令整顿户籍，禁止兼并，厉行土断法，史称：义熙土断（因在司马德宗义熙年进行）。桓温当年曾废“侨寄法”，实行“土断法”，受到南逃士族的强烈反对，没有实施到底。刘裕出身寒门，深知门阀政治的腐朽黑暗。掌权后，坚决废除侨郡县，实行土断，铲除以往门阀政治掌控朝政的基础。他对藐视朝令的豪门大户果断惩诛，铁腕整顿官场，打压不作为的士族官吏，大量起用寒士。通过施行土断法，提升了赋役，增加了仓廪。

刘裕的“义熙土断”，桓温的“庚戌土断”是东晋两次影响较大的土断改革，而“义熙土断”改革更加彻底，为刘裕之后的称帝之路奠定了基础。

刘裕在确立了自己的功业和威权后，于公元420年废杀东晋末帝司马德文自立，改国号为“宋”，史称：南朝宋（又称刘宋），是为宋武帝，东晋至此灭亡。公元439年，北魏统一北方后，中国进入南北朝时期。

东晋是典型的世族门阀、豪门大族完全主导中央王朝的政权。其开国之始即用“镇之以静，群情自安”的方法，以势力大族相互牵制来稳定晋皇室南渡后的统治，平抑统治阶层与广大民众之间的矛盾。九品中正制也成为门阀大族世袭、迁进和垄断仕途的依据，从而确立了“举贤不出世族，用法不及权贵”的统治方针，导致了“贵仕素资，皆由门庆，平流进取，坐至公卿”的现象，寒士平民除了从戎则无入仕之门。

刘裕建立宋王朝后，吸取东晋教训，一方面改革军政，重要州郡由众皇子坐镇，特别是荆州和江州两镇，所统甲兵占全国军队的半数，皆由皇子统领。至此，建康朝廷不再受大族重镇的威胁。另一方面，刘宋朝官多选自寒门，没有势力，忠心向上，极具进取；高门大族者，只给名位没有权力，剥夺了士族利益。南朝宋中央集权度和经济实力大为增强，能与强盛的北魏一较高下。

公元422年，做皇帝才2年的宋武帝刘裕病逝，享年60岁。刘裕死后，其17岁的长子即位。但两年后，少帝被辅政大臣们以“嬉戏失德”“岂可复嗣守洪业”而遭到废弑，立刘裕的第3子刘义隆为新帝，是为南朝宋文帝。宋文帝刘义隆继续深入实施刘裕的治国方略，整顿吏治，压制门阀，重用寒门庶族，出现了“寒人掌机要”的统治格局。经济上重农商，促垦荒，推行多项减轻农民负担的政策。执政前期，战争较少，经济发展迅速，南朝宋开创了晋王朝南渡以来，江南最为强盛的历史时期，史称：元嘉（刘义隆执政年号）之治。这一时期，江南地区的农业、手工业都有了长足的发展，促进了商业和城市的兴盛。物力的逐渐富饶，王朝的逐步稳定，使南朝宋在文化和科学上涌现了一批影响深远的大家。其间，陶渊明的田园诗首开建安之后新的诗歌风貌，并影响了南朝一代诗风。

陶渊明，字元亮，又名潜，私谥（亲属朋友给予的谥号）“靖节”，世称靖节先生、浔阳柴桑人。

东晋末，陶渊明曾为桓玄部属。后因母亲亡故回浔阳居丧，3年守孝期满，出任刘裕的参军。公元405年，陶渊明最后一次出仕，为彭泽（位于江西省九江）令，在职共80多天。后出于对当时官场风气的不满，陶渊明作《归去来兮辞》，慨言“富贵非吾愿，帝乡不可期。怀良辰以孤往，或植杖而耘耔（zǐ，给稼苗培土）。登东皋以舒啸，临清流而赋诗”。挂印辞官，开启了他后半生归隐田园的生活。

陶渊明长于诗赋，是中国历史上第一位田园诗诗人。善以白描及写意的手法去描绘自然景色及田园生活的情趣，意境清新高远又富含理义。其作品多表达出对东晋官场与门阀社会的厌乏，突出洁身自好，不愿屈身逢迎权贵的心志。但也流露“世与我而相违，复驾言兮焉求？”“奚惆怅而独悲？”乐安天命消极无争的思想情绪。

有学者指出，在陶渊明的作品中既能看到老庄虚静无为的思想，但又没有道家清谈求仙的异想；既能看到佛家空观慈悲的精神，又不带玄奥的迷信色彩，所以后人评价他的诗：“一语天然万古新，豪华落尽见真纯。”

《归园田居》

种豆南山下，草盛豆苗稀。
晨兴理荒秽，带月荷锄归。
道狭草木长，夕露沾我衣。
衣沾不足惜，但使愿无违。

谢灵运，名公义，字灵运，小名客儿，以此，人常称谢客。其祖父是名将谢玄，母亲是东晋大书法家王羲之的外孙女。

少年的谢灵运继承了祖父的爵位，被封为康乐县公，从而衣食无虑。谢灵运从小便爱读书，且赋性灵慧，博闻强识，工诗善文。史籍言他“文章之美，江左莫逮”。意思是，谢灵运写的文章，江南无人能及。据说其自我评价“天下才共一石，曹子建独得八斗，我得一斗，自古及今共用一斗”。

谢灵运依靠着祖父辈留下的丰富家财和深厚的朝政人资，生活“性奢豪”，性情“为性褊激，多愆（qiān，过失）礼度”。他喜好游山攀岭、纵情山水，称“夫衣食人生之所资，山水性分之所适”。但凡游山，谢灵运必带众多仆僮和部属不畏险阻探寻高峻幽深之处。为了便于走山路，他发明了一种前后齿可装卸的木屐（jī），人称“灵运屐”。由于谢灵运性格的放荡不羁，不论是赋闲在宅还是位居朝官，当他想去看山时必会大兴劳役，逢山开路，遇水搭桥，对地方多有侵扰。

据载，有一次他游山兴发，带着数百名随从，从始宁南山［位于浙江省嵊（shèng）州市］开始，一路伐木开道直至临海（位于浙江省台州市，据认为有130里长）。临海太守闻讯大惊，以为山贼来了，最后才知道，原来是谢灵运在爬山赏景。

宋文帝刘义隆很赏识谢灵运的才学，将他的文章和书法称为“二宝”，并将他召到京师任秘书监（掌管朝廷藏书与书文编校），并主持编写《晋书》。但谢灵运似乎对编书无意，最终没有写成。谢灵运的清高和任性，促使其在朝廷内外树敌众多，遭到多次弹劾，但刘义隆不加理会。

谢灵运的官场不适，促使其更加放情于山水，成为一代山水诗的开拓者。谢灵运把大自然的景色化入诗中，使山水云天，花鸟林园成为独立的审美对象，并承载他的满腹经纶。其诗语言绮丽精美，风韵深厚，富有玄经释理。其诗的风格结构有人归为纪游式，但又留有玄言诗（用诗词来表达对玄理的领悟）的痕迹。有学者统计，在其现存的近百首诗中，有38

首是较为完整的山水诗。山水诗在后世的勃然而兴，谢灵运功不可没。

谢灵运不仅擅诗赋，且对佛学也有很高的造诣，是当时占有重要地位的佛学家。编有梵汉字典《十四音训叙》，用汉字将梵文注音，这样梵汉对照，对信佛人读经容易了许多。谢灵运还创作了大量的具有佛禅意蕴的诗赋文章如《无量寿佛颂》《石壁立招提精舍》《和范光禄祇洹像赞》《谢康乐维摩经十譬赞》，以及《佛影铭》等。而且谢灵运还与其他高僧一起改译和新编《大般（bō）涅槃经》被称《南本涅槃经》，又注解了《金刚经》。在《金刚经注》中，谢灵运对“如来”一词有自己的认识：“诸法性空，理无乖异，谓之为如。会如解故，名如来。”他对于中国佛学的发展也有重要的理论贡献，著有《与诸道人辨宗论》《答慧琳二法师书》《答僧维问》《辨宗论》等多篇辩论文，尤其是《辨宗论》，是对后世佛教理论很有影响的一次争鸣。对于以后的唐宋禅学、宋明理学，都有着极大的引导意义。

谢灵运对儒学、佛学有很深的造诣，但并不影响他对道家理论的喜爱。

谢家世代信奉道教，其祖辈谢安谢玄等都曾与五斗米道人士来往频繁。谢灵运幼时送养在道教大师的会馆处，15岁方还，所以小名为客儿。谢灵运生活在玄学（一种哲学思潮，是将儒学、老庄思想和《周易》加以研究和释说）昌盛的时代，自幼便深受道学和儒学思想的滋养，在其放浪形骸的人生中，离不开“入仕以儒，出世以道”中国士大夫的传统影子。

谢灵运在他所作的《山居赋》《罗浮山赋》《衡山诗》等作品中，反映出了他的道学浸润。在谢灵运的认识中，释儒二学皆有长短，唯有调和后的择取，释儒二学才能助化玄学达到理想的境界。其童年学道、青年研儒、中年习佛的经历，更使谢灵运在调和释儒道三学中游刃有余。最后融会贯通，吸其精华，相互鉴借，成为难以逾越的时代文化巨匠。

谢灵运的诗词藻华丽，追求描摹景物，而其三段式结构（叙事—写景—感受）和明暗双线（明景物—暗情志）的手法，在写景模式与形式技巧方面都对后世诗人的诗歌创作有着挈领示范作用。谢灵运的山水诗追求骈（pián，并列的）偶对仗，这一特点直接影响了稍后的齐梁文学，促进了永明体（新体诗）的出现，为山水诗走向格律化起了奠基作用，最终山水诗在唐朝达到繁荣，出现了山水田园诗派。

谢灵运是文化大家，却是政治上的失败者。不知是理“玄”太甚，或是三学难择，谢灵运终生不识时务，在“隐与仕”的矛盾中无从施展抱负，又不解安身立命之理。

公元426年，宋文帝刘义隆权力巩固，再召谢灵运入京。朝廷令来后，谢灵运不想入仕，再次称病请辞，回到了始宁。5年后，刘义隆又封他为临川（今江西省抚州市）内史，还加了俸禄。他在临川不服地方管理放纵自我，惹恼有关衙门派人捉拿，谢灵运竟然举兵抵抗，他写诗道：“韩亡子房奋，秦帝鲁连耻，本自江海人，忠义感君子。”刘义隆惜才，又念及其祖上的功劳，免其一死，流放广州。但被参奏参与谋反活动，终被处死，时年49岁。

新中国的创建者毛泽东在谢灵运诗作中批注道：“此人一辈子矛盾着。想做大官而不能，‘进德智所拙’也。做林下封君，又不愿意。一辈子生活在这个矛盾之中。晚节造反，矛盾达于极点。”

明代有人辑录谢灵运诗文作《谢康公集》2卷，被收入《汉魏六朝百三家集》。

《登江中孤屿》
江南倦历览，江北旷周旋。
怀新道转迥，寻异景不延。
乱流趋正绝，孤屿媚中川。
云日相晖映，空水共澄鲜。
表灵物莫赏，蕴真谁为传。
想象昆山姿，缅邈区中缘。
始信安期术，得尽养生年。

《世说新语》《后汉书》《三国志注》等史籍也诞生在这一时期，对后世影响深远。

《世说新语》（又称《世说》《世说新书》）是南朝宋时的言谈、轶事的笔记体短篇小说集，也是南北朝时期“笔记小说”的代表作。在学界，基本上认为是由刘义庆组织文士所编写。

刘义庆是刘裕的侄子，袭封临川王。刘义隆因担心自己重蹈少帝被弑的悲剧，便杀戮了一些功臣和宗室成员。在这种形势下，富有才华的刘义庆不得不行事谨慎小心，以免遭祸。后以“太白星犯右执法（星名），义庆惧有灾祸，乞求外镇”借故离开京城，远离是非之地。外镇后的刘义庆仍然心有余悸。于是恬淡寡欲，爱好文史，曾经担任过秘书监，博览过皇家库藏典籍的刘义庆，便招聚饱学之士寄情文史，在 38 岁时开始指导编纂《世说新语》，此书刚刚撰成，刘义庆就因病回到京城，不久便英年早逝，时年 41 岁。

《世说新语》原为 8 卷，今留存 3 卷，分德行、言语、政事、文学、方正、雅量、识鉴、赏誉等 36 门类。其内容主要是记叙东汉后期到晋宋间一些名人名士的言行与逸事，书中所载均是历史上的真实人物，包括帝王、将相，隐士、僧侣等。但他们的言论或故事有一部分出于传闻，或采自于前人的记录。反映了当时士人贵族的思想风尚，和上层社会的生活面貌。此外，《世说新语》对人物的描写重在人物的特点上，通过其独特的言谈举止，写出了独特人物的独特性格，使之气韵生动，活灵活现。并通过对照、比喻、夸张、描绘等巧妙的文学手法，使之传留下许多脍炙人口的佳句成语，像拾人牙慧、一往情深、卿卿我我等，使全书增添了许多艺术光彩。书中的故事，很多成为后世戏曲小说的素材，或被后世专家学者引用的典故，在中国文学史上具有重要地位。中国近代文学大师鲁迅先生曾把《世说新语》的艺术特色概括为“记言则玄远冷隽，记行则高简瑰奇”，为一部名士的教科书。对后来中国小说的发展影响巨大。

《世说新语》虽被流传下来，但近代学者根据在日本发现的唐朝写本残卷的考证，认为今传本是经后人删改，与原貌已有很大的出入。

《后汉书》是一部记载东汉时期历史的纪传体断代史，由南朝宋时期人范晔编撰，在中国古代 24 部正史中与《史记》《汉书》《三国志》合称“前 4 史”。

范晔，字蔚宗，今河南省南阳市淅川县人。范晔出身名门大族，并富有家学传统。曾祖父曾为东晋安北将军、徐兖二州刺史、武兴县侯。其“博学多通，善谈名理”，撰有《尚书大事》20卷，《祭典》3卷，以及医书《范汪方》（又称《范东阳方》《范东阳杂药方》）105卷（一说170卷），围棋著作《棋九品序录》和《棋品》5卷等，表明在当时，围棋已有独立的评级规则。祖父历任临淮太守、豫章太守、中书侍郎、获封阳遂县侯，为东晋儒学大家。著有《春秋谷梁传集解》12卷，是今存最早的《谷梁传》（也称作《谷梁春秋》《春秋谷梁传》为儒家经典，与《左传》《公羊传》同为解说《春秋》的三传之一）注解，被收入《十三经注疏》，是继承汉魏以来研究儒学发展的重要著作。父初仕东晋，始任太学博士、谢安的参军，后为天门太守、中书侍郎、袭封阳遂乡侯。在参与镇压卢循起义中，因预先派出千余士兵，打开粮仓供给军粮，得到刘裕的信任。刘宋王朝建立后，先后拜侍中、左光禄大夫（正二品）、国子祭酒，著有《古今善言》24卷，及其他文集等多种著述。

受家学渊源的影响，范晔从小勤奋好读，广涉经史，笔有文章，长于隶书、解音律，而有美誉。但由于范晔是妾生的庶子，在家族地位不高，其出生后，就被过继给了伯父。据说范晔生于厕所，因额头被墙砖碰破，遂得小名"砖"。有宋籍载"永嘉以来，嫡待庶如奴，妻遇妾若卑"。嫡庶名分之别是汉晋以来士族官宦之家不可逾越的陈规，因而也决定了这些家族子女们的社会身份与地位。据说范晔早年常被嫡母所生的哥哥妒骂，在家族中抬不起头。从而养成为人傲岸不羁，不肯曲意逢迎的性格。他的琵琶弹得极好，并能作曲。宋文帝刘义隆闻说很想欣赏一下，时常加以暗示。但范晔故作不知，始终不肯为皇帝弹奏。一次刘义隆宴请大臣，命范晔道："我想唱歌，请卿伴琴。"范晔只得奉旨弹琴，可皇帝歌一唱完，范晔琴声立停，不肯多弹一曲。

公元420年，刘裕代晋称帝，范晔应诏出仕，成为刘裕第4子刘义康的部属。公元432年冬，时为扬州刺史彭城王刘义康的母亲去世。刘义康把僚属们召集到府内帮助料理丧事，范晔也去了。对于刘义康母亲的死，范晔悲伤不起来，在临葬前一天的夜晚，范晔兄弟俩邀了一位朋友躲在屋里喝起酒来。酒酣之际，范晔竟推开窗子，倾听挽歌助酒。这件事传出后，刘义康异常恼怒，就把范晔打发到宣城（今安徽省宣城）当太守去了。

显然，范晔兄弟的行为于情于理不妥，必在士族阶层遭到耻笑。这件事对范晔打击极大，使他的自尊心受到重创，他似乎正逐步验证嫡出哥哥的厌言："此儿进利，终破门户。"

在宣城的任上，范晔开始与他人合作从事后汉史的编纂工作，企望以成一家之言来重拾自尊，排解郁闷。于是，范晔博采众议，斟酌取舍，自成体例，写出了《后汉书》纪传90篇，"欲因事就卷内发论，以正一代得失"，这一年，他35岁。

《后汉书》在记事上，囊括了东汉195年的历史。范晔原计划全书写成10纪、10志、80列传。但其10志，范晔委托他人代写，后范晔以谋反罪被杀，志稿便为避祸随之散佚。至北宋时，有人将晋人的《续汉书》中的8志30卷与之合刊，成完整的《后汉书》传世。

《后汉书》继承了前代的纪传体制，但在编写上又有所创新。在人物类传方面，凭着对历史的剖析与现实的理解，结合东汉社会的特点，他创编了前代史籍中所没有的《党锢》《宦者》《文苑》《独行》《逸民》《方术》《列女》7种新的传类，而后6种传类为后世大多数纪传体史书所承袭。

为列女著书，最早始于西汉时期，据传是文学家刘向。范晔在其启发下写就《列女传》，这在正史中是第一次出现。他在传中直言："余但搜次才行尤高秀者，不必专在一操而已。"在《列女传》所罗列的 17 位有代表性的女性中，有重品行而轻富贵的桓少君、博学勤政的班昭、断机劝夫的乐羊子妻和著名才女蔡文姬等，不拘于儒家标准的界限。

范晔还在序与论中，打破朝代的分界，尽量地把某一历史现象的发生、发展及其结果描述清晰，力图有所归纳。这种从历史发展角度论述古今变异，总结事物发展历程的史学研究方法给后人以启示。例如，在《党锢列传》序中，范晔详细地论述了从春秋到汉末士风的变迁：战国时期重计策、奉说客，因而诱导人们巧辩钓利；汉武帝推行"罢黜百家，独尊儒术"，引发了党同伐异的局面；到桓、灵二帝，主昏政谬，宦官当权，则造成清议的流行。他认为，"夫上好则下必甚，矫枉故直必过，其理然矣"。表明范晔看到了某些历史现象向矛盾的对立面发展，他用"理"来概括说明。范晔后因谋划拥立刘义康即位，事败被杀，时年 48 岁。

刘义隆在位的 30 年间，是南朝宋最为繁荣的一段时间。有了"元嘉之治"的成果，刘义隆谋划收复黄河以南的土地。公元430年，乘北魏忙与柔然交战，黄河以南兵力减少之机，刘义隆调兵遣将北伐。在此之前，刘义隆先命人出使北魏，告知北魏太武帝拓跋焘：此次出兵只为收复黄河以南失地，不关河北。北魏于是收兵河北，以避锋芒。宋兵相继占领滑台、洛阳、虎牢等地，一度收复了河南北部。然而到了冬季，北魏腾出手大举南下，宋所得之地复失。第一次元嘉北伐结束，南朝宋兴兵无功，双方恢复战前疆界。

20 年后，公元 450 年夏，刘义隆再发大军，分水陆三路第二次北伐（也称瓜步之战），魏太武帝也发兵号称百万渡黄河应战。于是，两个全盛的王朝爆发了决定南北朝历史走向的全面战争。

战争中，宋军由于东路军攻滑台不克，被魏军击灭，造成宋军先胜后败全线动摇。拓跋焘率军乘势大举南侵，沿途多行暴力，使南朝宋江北的南兖、徐、兖、豫、青、冀六州遭受重创，大军甚至推进到刘宋都城建康对岸的瓜步山（今江苏省六合县东南），实现了拓跋焘饮马长江的夙愿。此战之后，北魏和刘宋的对峙态势发生转变，刘宋逐渐由主动进攻变成了被动防守，后期更是陷入内斗，北强南弱之势由是形成。

后世大多数学者普遍认为，刘义隆倾全国之力在时机并不成熟，准备尚不充分之际，贸然发动第二次北伐，又识人不慧，在调兵遣将上产生重大失误，遭致败局，并引起北魏大规模反攻和报复，导致了"元嘉之治"的衰落。北宋史籍《资治通鉴》中评"自是邑里萧条，元嘉之政衰矣"。

公元 452 年，刘义隆得知北魏发生政变，魏太武帝被宦官所杀，遂发动第三次北伐，意血前耻，其时离第二次失败的北伐相隔不到两年。按照刘义隆的部署，此次北伐还是兵分 3 路。但是，东路再次出现问题，被北魏军击败。东路的败退，其他二路也只好退却，北伐再次无功而返。第三次北伐结束后不到半年，刘义隆也死于一场政变。

公元 453 年，刘义隆在赐死其弟刘义康后，又发现了太子刘劭（shào）在女巫的唆使下，以巫蛊之术诅咒自己，伤心之余欲废太子。但由于迟迟确定不了新太子人选，被刘劭率东宫卫兵，抢先一步，闯入宫中杀害，刘劭当日称帝。

刘劭篡位后重用自己的东宫心腹，大肆清除和诛杀不愿归附自己的大臣和宗亲。激起刘劭的三弟时任江州刺史刘骏的反抗。刘骏曾统军平定雍州（位于湖北省襄阳）地区少数民族叛乱，参与元嘉北伐屡有建树，颇得军民推戴。刘骏从江州起兵，各方军镇纷纷举兵响应。仅月余，刘骏军击溃刘劭军直抵建康。刘骏登位称帝，史称：孝武皇帝。刘骏斩杀刘劭及帮凶，恢复元嘉年号。刘骏在位 12 年，却先后发生 3 起宗室叛乱。其病逝后，长子继位仅一年半的时间，又被其叔湘东王刘彧谋杀，死时 17 岁。宋明帝刘彧（yù）即位时亦不平静，江州长史与雍州刺史等同时拥立刘骏第三子刘子勋（时年 11 岁）在寻阳（位于江西九江市）登基为帝，年号“义嘉”。

刘子勋登基后，获得各地宗王、方镇的支持，谴责刘彧篡位自立，使得刘彧政权一时陷于孤立。更严重的是，各方镇势力集兵 10 余万讨伐建康，史称：义嘉之难（因刘宋各地大都使用年号义嘉）。

当时刘彧的弟弟们都在建康，支持兄长即位；刘骏的儿子们多处王朝地方，支持刘子勋，刘宋王朝形成文帝系与孝武帝系两方内斗的局面。“义嘉之难”历时 8 个多月，刘彧力破 10 万叛军，诛杀刘子勋及刘骏所有儿子，从而坐稳帝位。

但刘宋王朝这场骨肉相残的决战，因刘彧后续政策的失误，导致大批镇将投降了北魏献文帝拓跋宏。由此丢失了 5 个州 40 多个郡近 200 个县，双方开始沿淮河对峙，南北方的实力对比发生了根本性转折。据此，有部分学者认为，刘劭之乱及之后的“义嘉之难”，标志着经刘裕和刘义隆两代人的努力才构造的士族、庶族、宗室互相制衡以及中军（朝廷主力军）与外军（地方军）互相牵制的平衡体系被彻底打破。

刘彧后期疯狂杀戮不利于太子掌权的皇亲宗室、功臣名将，结果造成“素族（非皇室王族）当权，近习（亲信）秉政”，朝政完全由异姓所掌控，宗室近亲均被排斥在权力中枢之外，为刘宋立国 50 年后的江山易姓，创造了条件。武将萧道成借机崛起，最后篡宋建齐。

萧道成是将门之后，传是西汉名相萧何 24 世孙，才智过人。13 岁时随父从军，15 岁时刘义隆派其领兵去沔水（汉水）北部一带平叛。两年后，奉命率师伐魏，勇达丘檻山（今祁连山一带）。

孝武帝刘骏时期，萧道成被任为“武烈将军（七品上）、建康令、北中郎中兵参军”。

“义嘉之难”时宋明帝刘彧加萧道成为“辅国将军（三品）”，率军前往平叛。萧道成一天之间大破敌军 12 座堡垒，并分军平定诸县，晋陵太守被逼弃城逃走，东方诸郡遂平。随后萧道成又在淮阴击败义嘉叛军，被封西阳县侯。随着战事进展，萧道成的军事才能屡屡显现，为刘彧所倚重。命其任南兖州刺史，镇守广陵，后加督兖、青、冀三州。

由于萧道成在军中日久，有传说萧道成有异相。刘彧据此暗生疑心，想剥夺其兵权，因此把萧道成任命为“黄门侍郎，领越骑校尉”，萧道成心惧而不敢拜受，加之北魏增兵边境，刘彧只好让他留守原任。

公元 472 年，在位 6 年年仅 34 岁的刘彧病逝，其 10 岁的长子刘昱（yù）即位。刘彧逝前遗诏萧道成为右卫将军，领卫尉（守卫皇宫），入朝辅政。

江州刺史、桂阳王刘休范为刘义隆第 18 子，刘彧的异母弟。刘彧在统治晚期诛灭宗室时，其因才能太过浅庸幸免于难。但刘彧死后，开始对皇位有觊觎之心，在寻阳举兵 2 万余以“清君侧”之名谋叛，数天之内便沿着长江直取建康城外，声势震惊朝野内外。萧道成率禁军紧急防守，双方战于新亭。激战中，萧道成用诈降之计将刘休范及其二子斩杀，从而大破江州叛军，建康转危为安。有史家评，刘休范的反叛是皇亲宗室对刘宋天下将失的一次挽救行动，而其叛乱的失败，标志着刘宋的堕亡已回天乏术。“桂阳王休范诛后，王室微弱。”无论在朝廷还是在地方，刘氏宗室对刘宋王朝的政治影响已是微乎其微了。

公元 477 年，14 岁的刘昱因顽劣无德被萧道成所收买的卫士所刺杀。萧道成拥立刘彧第 3 子刘準（一说刘彧无性功能，实为刘休范之子）继位，以相国、齐公之名独揽朝政。并用 2 年时间，分别翦除了忠于刘宋的朝廷命官、皇室后裔和地方割据势力。公元 479 年，在萧道成授意下刘準禅位，萧道成即位。改国号“齐”，史称：南齐、萧齐或南朝齐。南朝宋就此灭亡。为了巩固已获政权，萧道成的手段不输刘彧，登基后“杀宋宗室阴安公燮（刘彧第六子）等，无少长皆死”。刘準死时年 13 岁，哭谓：“愿后身世世勿复生天王家。”

萧道成借鉴刘宋灭亡的教训，禁止将帅招募部曲，限制将帅护卫人数；下诏，两宫及诸王，一律不许营建庄园别墅，霸占山林湖泊，与民争利；整顿户籍，安抚流民；减免一些赋役；“修建儒学，精选儒官”招揽人才。一度朝政严明，上下安业。

萧道成性清俭，恶奢靡，并身体力行。史载，其严控皇宫金银珠宝的用度，减少各种华丽装饰，“后宫器物栏槛以铜为饰者，皆改用铁；内殿施黄纱帐，宫人著紫皮履，华盖除金花瓜，用铁回钉”。要求民间禁奢亦同“不得以金银为箔，马乘具不得金银度，不得织成绣裙，道路不得著锦履，不得用红色为幡盖衣服，不得剪彩帛为杂花，不得以绫作杂服饰，不得作鹿行锦及局脚柽（chēng）柏床、牙箱笼杂物、彩帛作屏鄣、锦缘荐席，不得私作器仗，不得以七宝饰乐器又诸杂漆物，不得以金银为花兽，不得辄铸金铜为像。皆须墨敕，凡十七条。”放言：“使我治天下十年，当使黄金与土同价。”

萧道成有文才、擅长草隶书，是中国历史上著名的书法家。萧道成开国后，在位仅 4 年，就于公元 482 年因病去世了，享年 56 岁，谥号为“高”，史称：齐高帝。萧道成临终前，嘱托太子萧赜（zé）：“宋氏若非骨肉相残，他族岂得乘其弊！汝深诫之！”

萧赜即位，是为齐武帝。齐武帝在位期间，基本延续父亲的政策。关心民生，下令兴学，不喜游宴、靡费之事，提倡节俭；并与北魏通和，边境战事较少。南齐二代清明的统治使江南社会暂时安定，经济有了一定的复兴，有“永明之治”之称。据史籍载，萧赜曾由于全国各地粮食和帛的价格太贱，恐伤农情，就从国库中拿出 5000 万钱和各州州库的存款用来购买粮食。公元 493 年，齐武帝萧赜去世，享年 54 岁。萧赜晚年的时候太子病死。萧赜死后，太子的长子被立为皇太孙即位。然而其在位不到 1 年即被萧道成之侄萧鸾推翻。在同一年，萧鸾再废其所扶立的太子次子，自继皇帝之位，史称：齐明帝。

萧鸾（luán）少年丧父，由三叔萧道成抚养成人。萧赜登基后谨守父训，临终时任命萧鸾为侍中、尚书令、右卫将军，辅佐皇太孙继位。萧鸾力掌朝政，连覆二帝。因其出身于皇室旁系，继位后，屠杀宗室，萧道成与萧赜的子孙几乎都被其诛灭。

萧鸾虽忌宗室，手段狠辣。但为政清明，史称有高帝、武帝之范。继位后继续推进清俭之风，诏“车府乘舆（yú，车）有金银饰校者，皆剔除。”放弃萧赜所建造的新林苑，把土地还民；同时废除萧赜太子建立的太子东田，并将其售卖。萧鸾在位只有5年时间，公元498年病逝，时年47岁，谥号“明”，庙号高宗。

史评：高宗傍起，宗国之庆；慕名俭德，垂文法令；兢兢小心，察察吏政。

萧鸾死后将帝位传位给了二儿子萧宝卷。萧宝卷少时口吃，又不喜读书。萧鸾担心儿子心机不够，威势不足。临死之时，告诫萧宝卷“作事不可在人后”，要果于决绝，以免重蹈前朝覆辙。萧宝卷将此言铭记在心。

后人有道：“南朝皇帝大多奢侈腐靡，萧宝卷尤甚。”他做皇帝不理政务，却常常游乐在外，不分昼夜。又“入富室取物，无不荡尽”，路见者必杀。致地方府吏百倍小心，每见他出宫立即传呼驱离百姓，使道无行人，铺存屋空，一时“工商莫不废业”。

萧宝卷痴情宠妃潘玉儿（也称潘玉奴）。据说潘玉儿出身平民，后为高官乐伎，机缘巧合被萧宝卷纳入后宫。为取悦潘玉儿，萧宝卷为她修建了3座奢华宫殿；并在宫苑中置市嬉戏“至尊屠肉，潘妃酤酒”；甚至屈尊降贵做仆从，其所为在帝王中罕见。有宗亲大臣好言劝谏，他怀恨在心大行诛戮，连杀二位表叔和6位顾命大臣。史家评其“亡德横流”“恶不胜纪”。

萧宝卷只做了3年多的皇帝。公元501年末，雍州刺史萧衍起兵攻入健康，萧宝卷被诛，时年19岁，被贬“东昏侯”。萧宝卷的宠妃潘玉儿则被萧衍送给了功臣，不从后自缢身亡（一说派人缢死）。

萧衍的父亲是齐高帝的族弟，萧宝卷在诛杀宗亲和大臣时，将萧衍的兄长也杀掉了，萧衍一怒之下决定反叛。萧衍秣马厉兵，集甲士万余人，马千余匹，船三千艘，准备和萧宝卷决战。为了强化声势，他联合了南康王萧宝融一起举兵。萧宝融为萧鸾第8子，为成义举，以奉太后旨意在江陵即帝位。公元501年年底，萧衍以征东将军的名义，率军打入建康城夺取政权。次年年初，晋位梁王、相国、都督中外诸军事，总摄一切政务。萧衍进入建康后，便将萧宝融接入建康。不久便以萧宝融名义杀掉萧鸾后裔及宗亲。随之逼迫萧宝融禅位，改国号“梁”，史称：南梁、萧梁、南朝梁。南齐历时23年，就此灭亡。萧衍即位后没有容下萧宝融，他派人命萧宝融吞金，萧宝融坦然道：“我死不须金，有醇酒足矣。”于是，在酒醉中被杀，时年15岁。

萧衍为政初期，勤于政务，不敢懈怠，“四更竟，即敕把烛看事，执笔触寒，手为皴（cūn，皮肤受冻裂开）裂。”。为了表示纳谏之诚，开辟政议申诉渠道，下令在公车府（古代信访接待机构）门前设立两个函（匣子），一个是谤木函，一个是肺石函。如果是百姓，想要给朝廷提出批评或者伸冤，可以往谤木函里投书；如果是功臣和有才学之人，没有受到应有的赏赐、提擢和重用，可以往肺石函里投信。

萧衍的节俭可与萧道成、萧赜一比。史书记其“身衣布衣，木绵皂帐，一冠三载，一被二年”，吃饭也是“日止一食，膳无鲜腴，惟豆羹粝（lì，糙米）食而已”。非国事祭祀，不饮酒，不赏舞乐。萧衍可谓满腹经纶，他的文化造诣在中国历代皇帝中所罕见。萧衍的儒学修养很高，对经学颇有研究，写有《周易讲疏》《春秋答问》《孔子正言》等著述200多卷；又主导制成《五礼仪注》。南齐萧赜执政期间曾开撰《五礼仪注》，但历10年其书未成。萧衍开国后续修《五礼仪注》，于公元524年方始告成，南梁王朝遵诏施行。《五礼仪注》共1176卷、8019条。

早在西周时期，中国传统礼仪文化就已形成，其礼法、礼仪制度在《周礼》一书中作了详细的记载和解释，并得到儒家学派的积极推崇，延续了几千年。《周礼》将“礼”划分为5类，称为“五礼”：吉礼、嘉礼、宾礼、军礼、凶礼。

吉礼：位五礼之首，是对天神、地祇、宗庙、先祖的祭祀典礼。

嘉礼：是社会交往、亲友往来、家族伦理的礼仪。主要内容有，饮食之礼；婚冠之礼；宾射（射箭）之礼；飨（xiǎng）燕（宴会）之礼；脤膰（shèn fán 祭肉）之礼；贺庆之礼。

宾礼：是接待宾客之礼，如皇帝朝见官员、邦国间的外交人员往来活动等。

军礼：有关军事活动的礼仪，像演操、出征誓师、凯旋回朝等。军队的车马、旌旗、军容军阵、检阅等均要按一定的仪式进行。

凶礼：是哀悯吊唁忧患之礼。冠以丧礼哀死亡；荒（灾荒）礼哀凶札（灾疫）；吊礼哀祸灾；以禬（guì，福祭）礼哀围败（聚合财物接济他人之衰）；以恤礼哀寇乱。

“五礼”的推动又加强了“乐”的发展。“礼乐”结合一起，相辅相成，即形成了中华民族传统文化的重要组成部分，又促成中华民族礼仪之邦的美誉。在儒家文化中，礼乐的兴衰又是国泰民安的标志。古人认为“礼所以经国家，定社稷，利人民；乐所以移风易俗，荡人之邪，存人之正性”。

萧衍不仅推行五礼，还推动乐的发展和改革，以配合他的礼制。其乐制变革主要体现在以下几个方面：

（1）依据儒家经典以“雅”为名，将以前的礼仪用乐整合为12部，定名《十二雅》，建立了较为完善的雅乐体系。

（2）在总结前人依弦定律与依管定律的基础上，萧衍创制准音器4具，名为“通”，作为正音依据；又制12笛与12律相应，每律各配编钟、编磬丰富了器乐的表现能力，并提出“84调”理论。

（3）配合制定的五礼，新定礼乐用于特殊的礼仪活动，改变仪式用乐曲，并将歌词也重新修改。

（4）萧衍还对宗教音乐进行引入与改造，佛教音乐经其创改首次进入宫廷雅乐体系中；还改造道教音乐用于五礼。

乐制变革扩大了礼乐使用范围，增加了礼乐应用场合。新定礼乐部分曲调得以保留，但歌词则多进行了新的创作，以适应新王朝的统治需要。由于萧梁君臣致力于创作礼乐新歌词，促进了礼乐歌词和乐府诗创作的兴盛。据有人统计，在北宋的《乐府诗集》中，籍录了萧梁时期乐府诗歌多达 618 首。南梁乐府诗的繁荣，引领了南梁诗歌语言、形式的变化，对南梁文学的发展有很大的影响，形成南梁诗歌音律精巧、修辞绮丽的特征。其中，又以七言歌诗居多，促成七言诗创作的兴起。

《东飞伯劳歌》

萧衍

东飞伯劳（一种雀）西飞燕，黄姑织女时相见。
谁家女儿对门居，开颜发艳照里闾（lǘ，里巷的门）。
南窗北牖（yǒu，窗户）挂明光，罗帷绮箔脂粉香。
女儿年几十五六，窈窕无双颜如玉。
三春已暮花从风，空留可怜与谁同？

萧衍还修史，主持编撰了《通史》600 卷，从开天辟地写到他这一朝，可惜早早失传了。他又倾注大量精力研究佛学，著有数百卷佛学著作；对道教学说，他也颇有研究。他把儒家的“礼”、道家的“无”和佛教的“因果报应”揉合在一起，创立了“三教同源说”，在中国古代思想史上占有很重要的地位。他还是个大诗人，现存诗歌 80 多首，按其内容、题材可大致分为 4 类：言情诗、谈禅悟道诗、宴游赠答诗、咏物诗，多属佳作。

萧衍称帝后，为了“明慎用刑，深戒疑枉，成功致治，罔不由兹”令制定新法。在齐武帝萧赜时删定，但未实施的旧律基础上，修成《梁律》20 卷、《令》30 卷、《科》30 卷，颁诏执行。

萧衍精于绘画和书法，尤擅画花鸟与走兽。著有多本书法专著，像《观钟繇（yáo，一说读 yóu）书法十二意》《草书状》《古今书人优劣评》等都是历代书法理论典籍中的推崇之作，对书法的技巧，对王羲之、王献之书法艺术特点和成就，都提出了独特的看法。

萧衍对文化的看重，也使得王朝上下充满了文化气息。于是，萧梁一朝涌现出了一大批有重大成就的文学大家和诗人。比如，《宋书》的作者沈约，《南齐书》的作者萧子显，《文心雕龙》的作者刘勰（xié），《诗品》的作者钟嵘。以及文学名士——到溉、到洽兄弟、庾（yǔ）信、刘昭、陶弘景等，还包括萧衍的 3 个儿子，萧统、萧纲和萧绎（yì，他的妻子徐妃就是著名的“徐娘半老”典故里面的那个徐娘）。

萧衍的几个儿子多有文才，其中以萧统、萧纲和萧绎为代表，倡导了中国文学史上著名的宫体文学，形成一种风尚。宫体文学以宫体诗歌为代表，以描写贵族生活、宫廷情怨为主要内容。形式上追求辞藻华丽，情调流于浮泛，诗风比较柔靡。后世文者，多指其为“亡国之音”。宫体诗在形式上趋近格律化。有学者统计，宫体诗中符合律诗格律的约占百分之四十左右，说明宫体诗对后来律诗的形成与发展，起着极大的推动作用。

萧衍崇佛之后，不近女色，不吃荤食，精心研究佛教理论。这使他疏于朝政，用人也出现了问题，造成朝纲弛紊。老年的萧衍刚愎自用，乱建佛寺，不听劝谏。公元 520 年，这一年被史学家们视为南梁发展的分水岭。从这年开始，萧衍多次脱下皇袍，换上袈裟离宫出家。公元 527 年，他第一次前往同泰寺出家，3 日后返回，大赦天下，改年号大通；公元 529 年，其第 2 次至同泰寺，举行“四部无遮大会”讲解《涅槃经》，并由群臣捐钱一亿，请求赎回“皇帝菩萨”；公元 546 年，萧衍第 3 次出家，这次群臣用两亿钱将其赎回；公元 547 年，萧衍又第 4 次出家，在同泰寺住了 37 天，朝廷出资一亿钱赎回。上行下效，朝中人形容：“都下佛寺五百余所，穷极宏丽。僧尼十余万，资产丰沃”。

在萧梁时期，北魏分裂为高欢控制的东魏和宇文泰控制的西魏，两个政权间战争不断，与南朝梁势成鼎立。北方魏国的分裂，对南方的威胁减弱，这本是南朝梁发展的大好时机，但萧衍晚年昏聩，纵容奸佞，拒纳忠议。至公元 548 年，投降梁朝的原东魏将领侯景反叛，率兵围攻健康。

侯景是羯族人，随六镇起义趁势崛起。初投尔朱荣，任定州刺史。后来，归顺东魏权臣高欢，拜吏部尚书、河南尹。公元 547 年，投于南梁为大将军，都督河南南北诸军事、封河南王。不久，东魏向南梁提出和解，侯景感到不安。在萧衍与东魏谈判过程中，侯景假冒东魏丞相给萧衍写了一封信，提出以侯景交换战争中被俘的萧衍之侄，萧衍接受。侯景大怒，于是举兵叛变，史称：侯景之乱（又称“太清之难”）。

萧衍在“侯景之乱”中被饿死。其在位时间长达 48 年，享年 86 岁，谥号武皇帝。成为南朝帝王中，在位时间最长，寿命最长的皇帝。

侯景控制健康城后立萧衍第 3 子萧纲即位，但 2 年后的公元 551 年，侯景又将萧纲废杀，同年又再立再废新帝，最后以禅让之名自己登基，改国号为“汉”。

一个叛将篡夺国祚，激起萧氏宗亲领兵将领的割据反抗。公元 552 年初，萧纲的异母弟湘东王、荆州刺史萧绎从浔阳出兵，对侯景发动全面反攻。西江督护、高要太守陈霸先从广东始兴起兵响应萧绎。公元 552 年春，二军联手攻破建康，侯景欲扬帆出逃，被部下杀死。其有 5 子也被东魏烹杀。

侯景死后，萧绎即帝位于江陵。萧绎即帝位之前，萧绎异母弟益州刺史、武陵王萧纪已称帝于益州。萧纪出兵讨伐侯景，得知侯景已灭，就转为讨伐萧绎。萧绎派兵迎战，同时请求西魏出兵相助，西魏趁机袭取益州。公元 554 年，西魏以 5 万兵马进攻江陵，萧绎兵败被杀，后尊为元帝。

萧绎死后的第二年夏末，陈霸先迎立萧绎第 9 子为帝。但仅容其在位 2 年，陈霸先便迫其禅让，改国号为“陈”，南梁灭亡。陈霸先没有放过这个退位的末帝，末帝随后被杀，年 16 岁，谥为敬皇帝。

有学者叹论：萧梁的灭亡，与其说是亡于他人，不如说是亡于自家宗族更准确一些。梁武帝萧衍共有 8 个儿子，均腹有诗书。侯景之乱初始，除去在京城建康当太子的萧纲外，还有 3 个儿子在世，并手握兵权。老六萧纶坐镇郢（yǐng）州（今湖北省武昌）；老七萧绎坐拥荆州；老八萧纪据守蜀地益州。然而，这 3 个皇子没有齐力驱兵平叛，反而利用手中的兵力相互攻伐，或投敌国引兵入境，坐视父皇和太子被侯景囚杀而无动于衷。可见饱读诗书与满怀忠义不可混为一谈，此理在萧氏一门中极为明显。

萧氏宗亲的立场选择，更是促进了萧梁王朝的土崩瓦解。临贺王萧正德是萧衍的侄子，也曾是萧衍的养子。因对萧衍立长子萧统为太子心怀不满，而与侯景密切勾结约为内应。由于有萧正德的帮持，侯景很快攻下建康城，并扶立萧正德登基为帝。但侯景考虑到他的品行不可靠，又将其废弃杀死。

贞阳侯萧渊明也是萧衍的侄子，在一次征战中被东魏俘虏。得知梁元帝萧绎被西魏所杀后，北齐（原东魏）帝高洋武装送还萧渊明回故土，拥立为梁朝皇帝。陈霸先掌权后，向北齐称臣，改立新帝。陈霸先想将萧渊明送还北齐，但萧渊明毒疮发作，不久病故 。

萧勃是萧衍堂弟的儿子。侯景之乱爆发后，广州刺史响应侯景，被时任西江督护（负责岭南地区的统治）的陈霸先率军攻灭。陈霸先迎皇室宗亲萧勃占据广州，萧勃趁机割据广州，欲阻陈霸先勤王讨逆。陈霸先克侯景自为丞相，总揽朝政，引起萧勃不满。公元557年，萧勃起兵进迫建康。陈霸先遣兵迎击，萧勃兵败被杀。

另外，太子萧统有5个儿子，其中3个应在侯景之乱前离世，老二萧誉和老三萧詧（chá），在萧梁王朝末期的历史留下了故事。

萧誉在侯景之乱爆发时，任南中郎将、湘州（今湖北省红安县西北至河南省新县）刺史、河东郡王，叛军进逼建康时，萧誉率兵救援，到达青草湖（在今湖南省岳阳市）时，皇宫陷落，萧誉接侯景矫诏回师，继续镇守湘州。

萧绎想节制萧誉，萧誉说：“我们都是王爷，凭什么统领我。”萧誉没有依从。萧绎大怒，出兵讨伐萧誉，结果兵败，长子溺水而亡。萧绎不死心，再次举兵包围长沙城。公元550年，萧誉城破后被杀。

二哥被杀，使岳阳王萧詧与梁元帝萧绎彻底决裂。乱局之中，萧詧早有自立门户的决心，知道萧绎不会就此罢手，为了对抗萧绎的强势，萧詧归顺了西魏，请西魏帮助，西魏丞相宇文泰大喜过望。很快，萧绎率大军进攻襄阳，讨伐萧詧。没想到，迎战他的竟然是西魏大军。惊惶之中，萧绎不仅没有拿下襄阳，还丢失了汉水以东地区，损失惨重。后来萧绎忍痛将儿子送到西魏当人质，才换来了暂时的安宁。之后，萧绎才出兵击侯景，西魏则扶植萧詧在襄阳为“梁王”。

公元554年，萧詧联合西魏大军一同攻打江陵。萧绎兵败投降，被萧詧处死。第二年萧詧称帝，国号延续为“梁”，史称：西梁或后梁。

攻克江陵后，西魏军队将城内劫掠一空，百姓也被驱赶到了长安，留给萧詧的只是一座空城。同时，萧詧原有的襄阳之地也被西魏占据，实际控制的地盘只剩下江陵和荆州，后又袭取湘州的长沙、武陵、南平等郡。公元562年，萧詧抑郁而终，时年44岁。

公元535年，强大的北魏分裂为东魏与西魏，与南朝梁形成三国鼎立之态，史学家们将这一时期的中国历史称为南北朝末期的“后三国时代”。侯景之乱使后三国的格局发生了根本性变化，加剧了南弱北强的态势，东魏与西魏成为变乱的最终受益者。尤其是西魏，国力得到最充分的发展：公元550年，西魏攻占汉水以东地区；公元552年，取剑阁（今四川省广元市）北部；公元 553 年，尽获巴蜀之地；公元 554 年控江陵，得襄阳，其疆域扩充一倍以上，极大地拉近了南北统一的时间。

中国历史上将王朝名取为帝姓者，仅南朝陈一家。陈霸先出身寒门，家境贫弱，成年后在健康做了油库吏。由于自小练就一身武艺，且处事明达果断，得到吴兴（今浙江省湖州市）太守的赏识。在其调任广州刺史时，陈霸先随任参军。不久，陈霸先建立军功被任命为西江督护、高要（位于广东省肇庆市）郡守。

公元 541 年年底，俚人（疑是现代黎族的源流之一）李贲（bēn）因不满出身宗室贵族的交州刺史的暴虐统治，在交州率众举事，交州刺史逃亡到广州。由于萧衍的失察和护短，继而激发平叛军的哗变，攻击广州。关建时刻，陈霸先率领 3000 精兵营救广州，平定兵变。梁武帝萧衍大喜，颁下诏书：授陈霸先为直阁将军，封新安子爵。并派画师将陈霸先的容貌画下来送他观看。

公元 545 年，陈霸先升任交州司马，领武平（今越南永安市）太守，随交州刺史讨伐李贲。陈霸先率平叛大军屡败李贲，公元 547 年，李贲被迫逃入一洞中被斩杀。陈霸先再接再厉又败其余部。梁武帝加封陈霸先振远将军、西江督护、高要太守、督七郡诸军事。

陈霸先以数千人起兵勤王建康，一路过关斩将。2 年后，率甲士 3 万人，2000 艘舟舰，出现在建康城下，联合萧绎兵致侯景被诛，叛乱终平。陈霸先从一个油库小吏到立国之君，其传奇离不开他的审时度势、善捕机遇、英勇果敢和知人善任。

陈霸先在位 3 年，其间勤而自律，朝政清明。一面为政宽和恢复农商经济，一面征伐北齐收复淮南失地，政权逐渐稳固。史家对陈霸先评价甚高，“恭俭勤劳，志度弘远，江左诸帝，号为最贤”。“从来人君得国者，无如陈武帝之正者。”“陈霸先本人堪称南朝的第一英主。”

陈霸先于公元 559 年病逝，享年 57 岁，谥号“武”皇帝。

南朝陈或称南陈是中国南北朝时期的南朝最后一个朝代。陈霸先之后又经 4 帝，存 32 年，其间有过短暂的“天嘉之治”。南陈的疆域在南朝诸国中为最小，被局限在长江以南，宜昌以东、交趾以北的地区，大体上同东汉末三国时期的吴国差不多。

专家认为，五胡十六国至南北朝时期是改变中国历史走向的重要阶段。在这段时间里，中国政治发生大分裂，民族实现大融合，文化形成大交流，经济出现大转移，奠定了后来隋唐政治、文化、经济大灿烂的基础。

有学者认为西汉末年，中国户籍人口中不到 1/4 的人口居住在长江流域。那时的江南之地人口稀少，土地荒芜，经济文化落后。五胡十六国时期，北方人口的大量南渡，使得南方人口膨胀，从而促使南方的经济水平，人文水平，科技水平，都获得快速的发展，也为南方的开发提供了很大的基础。

应该说五胡十六国之间的相互攻伐和民族仇怨，带来了经济发展的停滞和人类生灵涂炭的灾难。但由于外族对中原地区的统治而形成的黄河流域民族大迁徙却是中国历史上史无前例的。当十六国逐一灭亡之后，由于草原故乡被柔然等新兴民族占据，而且已经适应中原文化与生活，所以这些民族绝大部分没有退返草原，而是留在中原与汉族合为一体，被汉族所同化，最终与汉族成为同一民族，也成为汉民族发展过程中一个重要历史阶段。在南朝方面，中原汉人在南渡后，也和当地汉人、百越诸族及南方其他各民族发生过往构建认同。并在南方建立了东晋及其后宋齐梁陈 4 个朝代，使中原文化得以延续，加速了交融进程。民族融合的过程直到北周、隋朝方逐渐完成。

越南——

◆林邑国（即占婆）自东汉时期便与中国历朝交往密切，双方既互通使节，又时起冲突。在西晋时期，林邑王范逸于公元 284 年遣使到洛阳访问。到了公元 4 世纪中期，林邑国在国王范文治理下日益强大，开始对日南郡不断发起攻击。

范文原为林邑国一位地方将军的奴隶。相传他有一次牧牛于山中，在山涧中获鲤鱼二尾，化而为铁，范文用以铸刀。刀铸成后，范文向一块石头祷告称：“若斫石破者，文当王此国。”用刀砍石，石头果然像枯草一样被砍碎。从此以后，范文开始心存野心。

范文经常被将军派往林邑国都做生意，在此期间范文帮助国王范逸建造宫殿、制造兵车器械，因此得到范逸的宠信，封为将军。范文趁机在范逸面前说王子们的坏话，挑拨他们父子关系。诸王子为了避祸，纷纷逃亡。公元 336 年，范逸病死。范文以归国即位为诱饵，将王子们骗回国中，全部毒杀。随后范文登上王位，将范逸的妻妾全部据为己有。

公元 348 年，范文率军攻陷日南郡，太守以下 5000 余人被杀，并遣使交州刺史，傲然要求以日南郡横山（横山以北为九真郡，以南为日南郡）作为其与东晋的界线，刺史愤然。从此，日南郡成为两国互相征伐的地带，烽火不断。

公元 407 年，林邑再攻日南；公元 413 年，进攻九真。林邑与东晋交战不断的结果，古籍《晋书》有所评论：“至义熙中（公元 405—418 年），每岁又来寇日南、九真、九德等诸郡，杀伤甚众，交州遂致虚弱，而林邑亦用疲弊。”其后，林邑发生内乱，到公元 420 年，南朝刘宋出兵万人南征林邑，林邑请降。

公元 421 年，林邑王范阳迈遣使到刘宋入贡，并获得宋武帝册封。范阳迈死后其子范咄继位。因其仰慕父亲生前的威名，则改称父名亦叫范阳迈。公元 433 年，范阳迈二世遣使刘宋，要求“领交州”，宋帝不许。范阳迈二世因此衔恨，虽继续遣使入贡，但也常派兵入侵交州。公元 446 年，不烦其扰的宋文帝刘义隆派兵攻打林邑，范阳迈二世出逃。经此一战令林邑元气大伤，其后一段时间，林邑国没有再起兵进犯交州，与中国南朝宋、齐、梁等王朝的关系趋于平和。

到了南朝的后期，林邑国最终完全蚕食了日南郡。而交州治下的越南中、北部地区，则常为交战区域。

公元 541 年，交州人德州监李贲不满刺史为政的暴虐，率众起义，占据交州城龙编（今越南河内东）。公元 544 年年初，李贲自称“南越帝”，国号“万春”，定都龙编。建立越南历史上第一个真正的独立政权，据史籍解“万春”有“春望社稷至万世”的意思。越南史称李贲为“李南帝”，政权为“前李朝”。

公元 545 年冬，南梁派陈霸先为司马，率兵攻击李贲，林邑国也趁势遣兵从腹背袭击万春。李贲迎战失败，率 2 万人退至屈獠（lǎo，僚）族人（今越南永福省）地区，设置营寨，大造船舰，阻挡在典澈湖（今越南永福省沼泽地带）中。

所谓“獠”是中国古籍对在中国百越地区部分少数民族的贬称，现在都把“獠”写作“僚”。僚常和俚并称“俚僚”或“僚俚”等。俚僚人发展复杂，是百越地区（今江苏、上海、浙江、福建、广东、广西、海南以及越南北部、湖南、江西与安徽部分区域）及岭南地区（广西东部至广东东部和湖南、江西五省区交界处）各民族的先民。

当时僚人的分布区域很广，包括牂牁（zāng kē，今贵州省黔东南自治州黄平县）、兴古（今云南省文山州和红河州南部）、郁林（今广西壮族自治区桂林、南宁地区）、苍梧（当今广西壮族自治区桂林西北及广东西部）、交州（今越南北部）等郡。

陈霸先借助夜里江水猛涨而注入湖中之机抢先进攻，李贲军措手不及兵溃，李贲躲入僚人洞中被斩杀（一说病逝）。

李贲逝后，李贲的兄长李天宝率残部撤到九真郡地区继续抵抗南朝梁，曾领军进攻德州（在今越南中部），随后又北上包围爱州（今越南清化省，中北沿海地区）；但都被陈霸先率军冷静击败。李天宝退守到爱州的上游地区，自称“桃郎王”，又改国号为“野能”。李贲部下将领赵光复此时率军据守在龙编，抵御梁军。于龙编自立为“赵越王”或称“夜泽王”。

侯景之乱爆发后，陈霸先率军北上，无暇顾及交州，交州及邻近地区兵力空虚，赵越王赵光复趁势击破南梁军。李天宝于公元 555 年病死，其国由亲信将领李佛子统领，移都峰州（今越南永富省白鹤县），史称“后李南帝”。

李佛子、赵光复两势力互不相容，开战火并。公元 557 年，后李南帝李佛子领兵与赵越王赵光复多次交战，不分胜负，双方力竭，遂签订和约，定下互不攻伐。疑李佛子使用美男计，使双方结为亲家，李佛子以儿子李雅郎与赵光复的女儿赵杲（gǎo）娘成婚，入赘赵家。公元 571 年，李佛子出兵与儿子李雅郎里应外合，偷袭赵光复营寨。赵光复兵败出逃，在李佛子追兵追击下，被迫投河自尽，交州赵氏政权灭亡，越南人追称他为“明道开基圣烈神武皇帝”。李佛子吞并了赵光复势力后，占据了万春国全部领地。

罗马帝国——

◆马克西米安出身于伊利里亚行省的一个农民家庭，可能不识字，但善于总结积累。三世纪危机期间，他在奥勒良、普罗布斯和卡鲁斯手下担任军职。他能够得到戴克里先的信任，多表现在坚定的服从。他凭借着勇敢、刚毅和经验，能够担负最艰巨的军事行动。在这期间，他曾与戴克里先共事。考虑到帝国疆域过于广阔，叛乱和侵略时常发生，戴克里先选择了马克西米安这样一位既对他忠诚又富有战争经验的将领来与他分忧，成为共治皇帝。戴克里先与马克西米安早前结有深厚的友谊，且互相了解。他相信马克西米既能替他分担繁重的军政事务，又不会威胁到他的统治地位。

公元 292 年，戴克里先和马克西米安选择了两位将军：加列里乌斯和君士坦提乌斯，分别收养为养子，并加“凯撒”称号，四个人各统领一支帝国军队。戴克里先直接控制色雷斯、埃及和亚洲；加列里乌斯主要负责管理伊利里亚和多瑙河边界，定都于夕米南（位于今南斯拉夫境内贝尔格莱德附近）；马克西米安直接控制意大利和非洲，定都于米底奥兰努姆（今米兰）；君士坦提乌斯统治高卢、不列颠和西班牙，首都设在奥古斯塔特列维罗拉姆（即今德国特里尔）。为了巩固正副皇帝之间的关系，君士坦提乌斯与马克西米安的一个女儿结婚，并生下了六名子女。

随着罗马帝国新的结构、法规的建立和健全，其社会秩序逐步稳定，边境地区也暂时消除了外敌的威胁。公元305年，戴克里先决定退位。按照他原来的设想实现政权的平稳过渡，他说服了马克西米安同他一起退休。

由于戴克里先和马克西米安的同时逊位，因此原先的两位凯撒：君士坦提乌斯与加列里乌斯，便分别成为帝国西部和帝国东部的皇帝。东帝国皇帝加列里乌斯（又译伽勒里乌斯）让其外甥马克西明努斯担任副帝，并指派其部属塞维鲁斯为西帝国的凯撒。健康不佳的君士坦提乌斯，在登基为奥古斯都15个月后就去世了。公元306年，他的儿子君士坦丁（君士坦丁一世）就在约克（位于英国英格兰）被父亲的军团拥立为皇帝。加列里乌斯勉强接受了这个现实，但只同意君士坦丁做副帝凯撒，坚持让塞维鲁斯做奥古斯都。马克西米安的儿子马克森提乌斯愤愤不平揭竿而起，占据了意大利，并击退了前来平叛的塞维鲁斯的军队。

为了让自己更加合法化，马克森提乌斯邀请父亲马克西米安复出作为他的共治者。马克西米安欣然接受，他先给戴克里先写了一封信，信中解释了帝国的形势是如何危急，而形势要求他立即采取行动。未及收到戴克里先的回信，马克西米安便匆匆启程。当他抵达时，兴师问罪的塞维鲁斯已战败逃到了拉文纳（意大利北部）。马克西米安赶到拉文纳，在承诺会给生路后塞维鲁斯投降了。塞维鲁斯被带回罗马，囚禁一段时间后被处决。有的史籍则认为塞维鲁斯是被迫割脉自杀的。

公元307年，加列里乌斯出兵意大利继续讨伐马克森提乌斯，但未能成功。第二年，他任命李锡尼接替死去的塞维鲁斯的位置，成为西帝国的奥古斯都。同时任命另一部将马克西明·代亚（又译马克西米安·达扎）为副帝凯撒。

李锡尼出生在一个农民家庭，后追随加列里乌斯，在对抗波斯的战争中受到加列里乌斯的赏识。与此同时，马克森提乌斯在禁卫军的支持下，将妨碍自己独立执政的父亲赶下了台，自称为奥古斯都。马克西米安拒绝放弃皇位，逃往高卢，求助于自己的女婿君士坦丁。

公元308年，戴克里先出面仲裁，相互争斗的各方暂时得到调解，马克西米安再次退位，仍住在君士坦丁的宫廷中。

公元310年，君士坦丁率军远征法兰克人（日耳曼族部落的一支）。马克西米安趁君士坦丁不在之时，企图发起政变夺取权力。君士坦丁闻讯立即率军返回，在马赛将自己的岳父马克西米安擒获，马克西米安被迫自杀。

虽然李锡尼接过了塞维鲁的虚位，但他并没有进攻马克森提乌斯，相反他发动了对萨尔马提亚人（今俄罗斯南部的部落联盟）的战争，并取得了几次胜利。公元311年加列里乌斯死去，这时李锡尼不仅是西部名义上的奥古斯都，同时也掌握着大片东部土地，他与马克西明·代亚达成协议，以赫勒斯滂海峡（位于土耳其西北部）与博斯普鲁斯海峡（又称伊斯坦布尔海峡，把土耳其分隔成亚洲和欧洲两部分）为界，李锡尼占有帝国东部的欧洲部分，马克西明·代亚则占有亚洲部分。

公元312年，君士坦丁联合李锡尼攻击马克森提乌斯。他率军越过阿尔卑斯山，进入意大利。在罗马郊外的米尔维安（也译穆尔维）桥的决战中击败了马克森提乌斯，马克森提乌斯落水而死。次年3月，李锡尼与君士坦丁在梅迪奥拉努姆（今米兰）会晤，李锡尼迎娶了君士坦丁的同父异母妹妹，双方结成新的同盟，同时还联合颁布了米兰敕令，宣布停止对基督教的迫害，基督教的地位从此合法化。《米兰敕令》中规定了星期天是国民的祈祷日，不工作，这就是星期天休息日的来历。据说君士坦丁改变对基督教的态度是因为在米尔维安桥决战前夜做了个梦，梦见空中闪耀着十字架样的火光，上帝要他把象征基督教的十字画在士兵的盾牌上，如此，他的军队将获得上帝的保护。从此，基督教的地位得到重大提升。

这时，代亚与李锡尼决裂，李锡尼在安纳托利亚半岛战胜了代亚，代亚最后死在了塔尔苏斯（土耳其南部）。作为胜利者，李锡尼成为东部唯一的奥古斯都，君士坦丁则是西部的奥古斯都，两人瓜分了罗马帝国。

平静了仅一年，公元314年，新的内战又起。起因是君士坦丁怀疑时任元老院议员的另一个妹夫暗通李锡尼。双方首次对决，李锡尼战败。他退至伊利里亚的西米乌姆（或译西尔米乌姆，位于今天塞尔维亚），重组军队，推出负责伊利里亚防务的将领瓦伦斯为共治皇帝。公元316年，李锡尼再次作战失利，可能缘于姻亲关系，双方达成和解。李锡尼保住了自己的皇位，作为条件，他处死了瓦伦斯，并放弃了部分领土。这次的和平持续了5年的时间。在这期间，李锡尼一方面继续对萨尔马提亚人（斯基泰人部族的一支）用兵，另一方面发布了一些限制基督教的法令。他禁止各城的主教相互通信；禁止教徒集会；把传教的范围限定在城市以外；对不信罗马传统神的官员予以撤职等。公元321年，君士坦丁说服了一些曾在自己国土上肆虐的外族人，越过多瑙河去劫掠李锡尼的领地。这激怒了李锡尼，他宣称对方破坏了他们之间的和平协议，于是战端重启。

公元324年，李锡尼的17万大军在阿德里安堡（今土耳其埃迪尔内）战败，随后李锡尼的舰队又在赫勒斯滂海峡被君士坦丁的儿子克里斯普斯摧毁，最终在与君士坦丁展开的决战中惨遭失败。李锡尼被迫宣布退位，向君士坦丁投降，君士坦丁成为罗马帝国唯一的君主。

在妹妹的求情下，君士坦丁暂时放过了李锡尼。李锡尼尚能保有自己的住宅和财产，过着软禁的生活。但是在公元325年，君士坦丁以阴谋叛变和私通蛮族的罪名将李锡尼绞死，一同处死的还有李锡尼的儿子，君士坦丁的外甥。

此后君士坦丁大力在帝国境内推动基督教的发展，公元325年他组织了第一次尼西亚（今土耳其伊兹尼克）宗教会议，史称：第一次尼西亚公会议。

当时基督教已分裂成几大派系，其中正统教会主张圣父、圣子、圣灵三位一体说，而以埃及亚历山大里亚主教阿里乌斯（又译阿利乌、亚流）为代表的一派则否认三位一体，认为只有圣父才是永恒的，这一派同时还主张教徒安于清贫。为使教会统一教义和组织，君士坦丁在尼西亚城召集了各地主教大会，这是基督教历史上第一次宗派大集结。

据说会议是按罗马元老院的组织形式进行，君士坦丁多次作为旁观者出席会议，并恭敬地坐在主教们的身后。会议主要是解决教会中耶稣与天父关系理解上的分歧：耶稣是否与天父同质还是类似。有一方认为耶稣与天父同质，另有一方则认为耶稣与天父类似。会议的决议否定了耶稣次于天父的观点，坚持了三位一体说为正统。《尼西亚信经》在君士坦丁施加的压力下通过，定为正统的教义标准，否定教义者被定为异端。会议同时制定了 20 条教会法规，扩大正统派主教的权力，并对帝国全境教会具有强制性的约束力。

会议中，出席者在逾越节（即今复活节）的日期上达成了一致意见，独立于《圣经》中的希伯来历。君士坦丁当时邀请了所有的 1800 名教会的主教（有 1000 名在东方，800 名在西方），但最后只有 300 名左右的主教与会。与会者的旅行和膳食是免费的，每个主教许可带两个教士和三个执事，所以与会总人数可能超过 1500 人。

第一次尼西亚公会议对基督教具有重大的历史性意义，因为这是第一次基督徒以代表集会的形式取得共同的意见，为今后基督教赢得罗马帝国国教的地位打下了基础，对其后天主教的发展有着巨大影响。

有美国网站将尼西亚会议评为改变人类历史十大事件之一，其描述是“由君士坦丁来召集和主持会议，标志着皇权对教会有了一定程度的控制。而《尼西亚信经》的产生，为后来的一些尼西亚大会开创了制定信仰声明和正经的先例，为教义的正统性和为整个天主教国家的合一提供了指导纲领”。此后，君士坦丁颁布法令赐予基督教以诸多特权，如教会有权接收遗产和捐赠，教会神职人员豁免赋税和徭役等，在他统治时期，信奉基督教成了晋升国家高级职位的一个捷径。他本人还建造了多座知名教堂，如耶路撒冷圣墓教堂等。

经君士坦丁时代之后，基督教的地位在西方已不可动摇。至公元 392 年成为罗马帝国的国教，基督教开始了在西方文化史上的辉煌时代。美国有学者这样感慨：“自此以往，就我们现今所知的基督教而言，创立者已不再是公元 1 世纪的耶稣基督，而是公元 4 世纪的君士坦丁大帝。”

但是《尼西亚信经》当时并没有获得完全的承认，君士坦丁流放了两位不肯签署《尼西亚信经》的主教，还有两位主教虽然签署了《尼西亚信经》但拒绝谴责反对派。据说君士坦丁临终的时候接受的是最主要的反对派阿里乌斯教派的洗礼。看来他是希望利用教会的精神力量，来帮助其稳定帝国统治，同时他也成为了罗马帝国第一位信仰基督教的皇帝。

权力巩固后，君士坦丁进行了一系列改革。为了更便于统治，从政治上摆脱罗马旧势力的牵制，公元 330 年，君士坦丁将帝国首都从罗马迁到了拜占庭（今土耳其伊斯坦布尔），并将该地改名为新罗马（一般称呼为君士坦丁堡）。迁都后，君士坦丁大规模扩建了拜占庭，使拜占庭成为当时世界上最大的城市之一。君士坦丁统一罗马帝国后，废弃了四帝共治制，分封他的子侄统治各地。他将禁卫军统领由军职改为地方行政官员，在全国设立了 4 名禁卫军统领，分别为：东部统领、伊利里亚统领、高卢统领、意大利统领。理论上全国各地除罗马及拜占庭外均分属此 4 名统领管辖。并改用皇帝直接控制的宫廷卫队来代替宫廷禁卫军。同时进一步神化皇帝本人，自屋大维时代开始不断强化和神化的皇权，到了君士坦丁时代达到了顶峰。

为了改变罗马帝国的奴隶制危机，君士坦丁两度重申了主人有处死奴隶之权，宣布贫民出卖子女为合法，加重对逃亡奴隶及其指使者的刑罚。颁布了禁止租种土地的佃农离开租种土地的法令，把佃农及其后代变成了农奴，终生依附在主人的土地上。逃亡的农奴将被戴上镣铐送归主人，并禁止农奴与自由民和其他主人的农奴结婚。农奴没有自己的土地，不能出卖农具和收获物，也无权控告主人。同样，其他各业劳动者也被固定于所属行业。手工业会团成为封闭性组织，它必须为所属成员担负的税款、食物供应和徭役负责。这些法令和类似的法律为奠定欧洲中世纪整个的社会结构基础起到了关键作用，对西方后世的影响很大。

君士坦丁一世用他的智慧和个性奠定了欧洲古典文明后期的基石，但他也是一个极具争议性的人物。有古罗马基督教作家、史学家赞颂：他是上帝挑选来造福人类的人。也有人指责君士坦丁贪婪，满脑子都是野心和追求权力的欲望，是一个“为了自己利益，不惜牺牲他人性命的人”。

同众多君主一样，为了维护权力君士坦丁对身边的亲人毫不手软。福斯塔（又译法乌斯塔）是君士坦丁娶的第二位妻子，她是马克西米安的女儿，福斯塔为君士坦丁生了三个儿子。克里斯普斯是君士坦丁与第一任妻子所生的儿子，被君士坦丁指定为副帝。公元326年，福斯塔指控克里斯普斯企图性侵她，君士坦丁闻知大怒，下令逮捕长子克里斯普斯并立即处决。君士坦丁的母亲海伦娜告诉儿子，这可能是福斯塔为了清除克里斯普斯，以便为自己的三个儿子将来继承皇位而设计的阴谋。于是不久，皇宫里就传出了福斯塔与一位马厩奴隶通奸的谣言，很快福斯塔被锁在高温蒸汽浴室内闷死了。最后，君士坦丁还是任命了福斯塔所生的三个儿子为凯撒：君士坦丁二世统治西班牙高卢和不列颠；君士坦提乌斯二世统治亚洲和埃及；君士坦斯统治意大利和北非。

公元 337 年，君士坦丁临终前接受了基督教洗礼，以一个基督徒的面目死去，西方史家尊称其为大帝。此时中国，已进入混乱的五胡十六国时代。

公元 337 年，君士坦丁一世过世，他的三个儿子同时继位，瓜分了帝国。而其他多位旁支亲属，都被君士坦提乌斯二世所杀害。公元 340 年，君士坦丁二世和君士坦斯之间发生冲突，君士坦丁二世率军侵入意大利，结果兵败被杀。而次年，君士坦斯也被部下举叛所弑。君士坦提乌斯二世乘机为弟复仇平叛，弑君者兵败自杀，君士坦提乌斯二世成为帝国唯一的奥古斯都，罗马帝国暂时恢复了统一。

公元 355 年，君士坦提乌斯二世任命自己的堂弟尤利安（也译朱利安）为西部的凯撒。

尤利安的父亲与皇帝君士坦丁大帝是同父异母的兄弟。君士坦提乌斯二世将异母旁支宗室几乎屠杀殆尽。使君士坦丁王朝的同族男性中只剩下君士坦提乌斯二世、君士坦斯、君士坦丁二世、尤利安以及尤利安的异母兄长加卢斯。而君士坦斯、君士坦丁二世在领土争战中，相继被杀，面对幸存的堂弟尤利安和加卢斯，君士坦提乌斯心存芥蒂，因此将二人流放，并让他们接受严格的阿里乌派基督教教育。

公元 351 年，尤利安来到安纳托利亚投入新柏拉图学派的学习，主要接受杨布里科斯（又译扬布里柯）为代表的叙利亚学派的哲学教育。

新柏拉图学派或称普罗提诺学派是公元 3—6 世纪流行于古罗马的唯心主义哲学流派。4 世纪以后，这个学派形成许多新的支派，其中就有以杨布里科斯为代表的叙利亚学派。

这个学派在理论上以柏拉图哲学为基础，吸取了毕达哥拉斯学派、亚里士多德派、斯多阿学派和东方宗教哲学的部分内容，具有浓厚的宗教神秘主义成分。他们提出“太一说”“流溢说”“灵魂解脱说”。认为“太一”即神，是宇宙之本源，从中流溢出“奴斯”（理性），又从理性流溢出灵魂，再由灵魂流溢出物质世界。人生的目的是要返回“太一”，为此人的灵魂须从肉体中超脱，在“忘我”“出神”状态中与“太一”神合为一体。该派公开主张有神论，甚至提倡多神论和法术，因而和主张一神论的基督教会有矛盾，但该派学说又为基督教教父哲学所吸取。

新柏拉图学派在整理、编纂、翻译、注释柏拉图、亚里士多德等希腊哲学家的著作方面以及在撰写哲学家传记方面做出了贡献。该派是古希腊罗马哲学史上最后一个有影响的学派，并直接影响到了文艺复兴时期的哲学观念。

尤利安的兄长加卢斯在公元 351 年被君士坦提乌斯二世封为“凯撒”，负责管理帝国的东方。但在公元 354 年，加卢斯以统治残暴之名被处决，尤利安同时下狱。然而不久，罗马帝国的东方受到波斯的威胁，两河流域落入波斯人的势力范围，君士坦提乌斯二世极需要一个有同族血缘关系的人帮助。公元 355 年，他封尤利安为“凯撒”管理帝国西方事务，并将妹妹海伦娜嫁给了尤利安。

之后的数年里，尤利安在高卢地区抗击日耳曼人的侵扰，收复了阿格丽匹娜（今日的科隆），击败了强大的阿拉曼人。公元 358 年，尤利安率军征服下莱茵河地区的法兰克人，并将他们驱赶至托克桑德利亚（今比利时东北部）。在高卢执政期间，尤利安减轻了当地税赋，尚有口碑。

公元 360 年 2 月，君士坦提乌斯二世以东方战事不利为由，命令尤利安将麾下的高卢部队送往东方战场。尤利安深恐自己将重蹈兄长加卢斯的下场：先抽离他身边的军队，再将他捕杀。此时，高卢官兵也不愿前往陌生的东方打仗，军队哗变，他们在巴黎拥立尤利安为皇帝，与君士坦提乌斯二世正式决裂。同年 6 月，尤利安率军进入意大利，双方的内战即将展开。但此时君士坦提乌斯二世突然患病离世，遗命中，他只能承认尤利安为皇位的继承人。

尤利安登基后，立即减少宫廷的排场以及娱乐开支，私人生活奉行节俭。妻子海伦娜因难产过世后，尤利安便过着单身的生活。公元 4 世纪之前的罗马男人皆习惯剃须，但尤利安喜欢穿着希腊式长袍，打扮成古典学者的蓄胡模样，为此他还特意写了一篇文章《厌胡者》。为了改善国家经济状况，尤利安进行了财税制度改革。从平民阶层中大力选拔人才，充实到地区和地方宗社为基础的议会“库里亚”，为帝国的中间阶层注入新生力量。在司法层面，为了增加贫民的上诉通道，尤利安授权行省长官任命“代理法官”处理较小的案件。此外，尤利安在完善邮政，改进军队的管理和训练方面也做出了一些努力。

尤利安即位后，一改君士坦丁大帝的宗教政策，摈弃基督教在罗马帝国的独尊地位，开始打压基督教。在当时，基督教教派繁多，一派得势即宣布其他派别为异端，缺乏宽容。数次尼西亚会议上总是充斥着各教派的争吵、倾轧以及随之而来的相互迫害。尤利安甚至把罗马基督教中的对立派别全部招来，饶有兴致地看着他们辩论教义。尤利安早年虽受过基督教的熏陶，但在他执政期间，却致力于恢复古希腊哲学和古罗马的多神宗教。他下令剥夺教会的财产以重建古代神庙，大力扶持多神教与传统罗马信仰。不过，尤利安的宗教改革，在上层、在知识界不乏同情者，但却缺少社会认同的基础。当时基督教在罗马帝国内传播已有两百多年的历史，从下层民众到各阶层官吏甚至宫廷中信仰者众多，其中更累积了许多神学学者的思想精华，毕竟时代已经变了。经过 3 世纪的血腥内战之后，经济基础受到严重打击的罗马帝国，正在沦落。在这样的时代背景下，基于神话传说的多神教已经不能适应在现实中挣扎、希望摆脱苦难的民众精神需要。尤利安试图恢复多神教的努力响应者寥寥，他陷入了四面楚歌的境地，被基督教历史称为“背教者”。即使如此，他对官员下令，对教会的措施“不要造成任何牺牲者”。因此，在他的统治下没有一个人因为与他的见解不同而被处死，他也成为罗马帝国最后一位多神信仰的皇帝。

尤利安即位后做的第二件大事是东征波斯。罗马帝国与波斯之间争夺西亚领土与亚美尼亚宗主权的战争，数百年来从未间断。公元 363 年，尤利安决定承续前任皇帝的事业，亲自率领大军出征。尤利安动员了 9 万人到安提阿（位于今土耳其南部，亦称安条克）集结，同时调集了上千只战舰。罗马大军首先进抵波斯的安纳塔城下，当地人开城投降，尤利安将城内民众全部迁移到叙利亚，接着罗马军队继续向前推进。5 月，尤利安攻下了亚述行省（今伊拉克）的第二大城佩里萨波（或称安巴），在洗劫了大量财宝之后，将无法带走的财物烧毁或投入河中。很快罗马大军兵锋直指泰西封南郊，在经过 12 小时的激烈恶战之后，波斯人弃城而逃，罗马远征军至此只花了 50 来天，便进抵泰西封城下。波斯王萨普尔派使者求和，但遭到尤利安的傲慢拒绝。

不过，罗马军队缺少围攻大城的能力，萨普尔的主力仍然留在城内避开决战。而罗马北方分遣部队，则由于两个将领的争执，以及亚美尼亚国王的阳奉阴违的态度，迟迟无法与到达城下的尤利安会合。尤利安力排众议，决定离开美索不达米亚地区，向波斯的内陆行省挺进，以避免受到牵制并期待扩大战果，寻求决战。6 月 3 日，尤利安下令放火烧毁自己的运输船舰，破釜沉舟。有的史学家认为这是尤利安犯下的严重错误，断绝了自己的补给线与退路。但另一派则认为这是无奈之举，因尤利安已决定挥师波斯内陆，船舰无法跟随大军移动，与其抛弃后留给敌人，不如自行销毁。无论如何，这件事造成了严重的后果。

罗马军队进入内陆后，波斯人采取坚壁清野的战术作为应对。沿途的城市全遭破坏，无人无粮，罗马人“就食于敌，以战养战”的计划无法实现。大军缺乏补给，又遭迷路，找不到敌军主力决战，士气普遍低迷。尤利安无奈，只好寻求带着军队撤回到罗马帝国的边界行省。在撤军的过程中，波斯精锐骑兵紧紧追击。公元 363 年 6 月，罗马远征军与追击的波斯军队在萨迈拉（今伊拉克中北部）附近的马兰加遭遇，这是一场大规模的决战，双方参战兵力超过 10 万。波斯军队以骑兵和战象攻击罗马军营，双方激战数个小时未能分出胜负，眼看战场陷入僵局，尤利安决定亲自出阵。他不及披挂甲胄就策马冲到前线，结果罗马军团士气大振，冲开了波斯军数重防御。但尤利安本人也立即遭到了敌军的集中攻击。在混战中，他被一支标枪射穿肝部，陷入昏迷（有一种说法是，该标枪来自于罗马军自己，推测可能是对尤利安不满的基督徒士兵所为）。而在尤利安落马之际，罗马军队竟然成功地冲出了重围。

此役基本打成平局，双方伤亡都极为惨重。萨珊波斯元气大伤，已经无法围歼罗马远征军。而尤利安则因抢救无效，在当天夜间去世，时年 32 岁，在位一年零八个月，没有子嗣。尤利安指任部将约维安继位，嘱托其秘不发丧，趁波斯军尚未整补之际立刻撤退（一说由禁卫军统领拥戴其继任帝位），君士坦丁王朝结束。

约维安（又译卓维安、朱维安）是一个基督教徒，出生于辛吉杜努姆（今天的贝尔格莱德），他的父亲曾经做过君士坦提乌斯二世的卫士长。约维安即位后率军加速撤退，在连续遭受波斯军截击的情况下，约维安试图从底格里斯河西渡未果，全军再度被波斯军包围。无奈，为了将疲惫不堪的军队带回帝国，约维安向波斯方面提出议和。在劣势情况下，约维安只得接受苛刻的议和条件，将五个东部边境省份割让给波斯，其中包括美索不达米亚的 3 个要塞；同时宣告罗马势力退出亚美尼亚。此次远征的惨败宣告了罗马帝国在中东地区霸权的结束，此后罗马帝国再没有能组织起如此规模的战役。

作为基督徒，约维安撤到安提阿后，重新确立了基督教的正统地位，并下令焚毁异教徒的图书馆，君士坦丁时代的拉伯兰旗（挂在十字架上，标有希腊字母的基督符号 XP，有“以基督之名战无不胜”的意思）也重新成为军队的标志。约维安本想将君士坦丁堡作为自己的首都，然而，在仅仅做了 8 个月皇帝之后，约维安突然被发现死于帐篷之中，据说死因是食用毒蘑菇中毒或用炭火取暖导致的一氧化碳中毒。约维安统治的 8 个月被史家称为“非王朝时期”。

约维安死后，瓦伦提尼安一世和瓦伦斯（又译法伦斯）兄弟一道被推举为罗马帝国的皇帝。即位之后，瓦伦提尼安和瓦伦斯平分了罗马帝国，瓦伦提尼安一世选择了西部；瓦伦斯则统治东部，并以君士坦丁堡为都。

瓦伦提尼安兄弟是将门之后。公元 363 年参加了尤利安对波斯人的远征。即位之后，兄弟两人协议，实施宗教宽容。公元 365 年瓦伦提尼安在巴黎安营，指挥作战，二年后宣布其子为共治皇帝。在位期间，瓦伦提尼安几乎一直率领着军团驻扎在高卢北部和雷提亚地区（今瑞士和奥地利南部）。公元365年，瓦伦提尼安击败了阿拉曼人对高卢和下日耳曼的入侵，并将其国王绞死。公元 368 年，瓦伦提尼安亲自率领军团横跨莱茵河，对日耳曼人的领地进行了一次报复性打击。之后，瓦伦提尼安在高卢的边界上修筑一系列的防御工事，试图保护行省的安全。公元 370 年，瓦伦提尼安又派兵挫败了几次盎格鲁人的海上侵略行动，并将所有俘获的盎格鲁人全部处决。公元 374 年，夸迪人（又译夸地人，日耳曼人中的一支）入侵罗马帝国西部，瓦伦提尼安率军迎战，但因血管爆裂死于军中。虽然瓦伦提尼安一世在抗击外敌入侵方面多有建树，但终因其性格暴躁和处事严酷而留有恶名。

作为瓦伦提尼安一世的弟弟，瓦伦斯直到公元 360 年左右方才加入罗马军队，同其兄长一道在帝国东部边境服役。瓦伦斯即位后，随即发动了针对波斯萨珊王朝的战争。但是，在他出兵不久，尤利安的一位亲戚却在君士坦丁堡发动了叛乱。瓦伦斯一时无法赶回，派回君士坦丁堡的征讨军又被叛将劝降，且哥哥瓦伦提尼安也拒绝提供援助，导致瓦伦斯一度考虑退位，甚至自杀。但是到了公元 366 年，局势发生变化，在来自埃及等地的援军帮助下，瓦伦斯扭转了局势，平息了叛乱并擒杀了叛将。公元 369 年，在罗马帝国的军事压力下，哥特人与罗马签订了和约。在暂时解决哥特人的威胁后，瓦伦斯重启与波斯之间的战争，由于在东部受到贵霜帝国的牵制，波斯于公元 371 年向瓦伦斯求和。

瓦伦斯在巩固了帝国东部的统治后，立即驱逐了阿里乌斯教派的主教，重新确认了《尼西亚信经》的权威地位。之后，瓦伦斯数次渡过多瑙河征讨哥特人，但未获全胜。

从公元 375 年开始，散居在罗马帝国境外的以日耳曼人为主的诸游牧民族部落大举强行移居罗马帝国境内。民族大迁徙的深层原因是日耳曼人的原始公社制解体，部落贵族、军事首领渴望向外掠夺新的土地和财富，部落人口的自然增长对土地和自然资源也形成了强烈需求。为了发展畜牧和农业经济，日耳曼人不得不向外地迁徙。罗马奴隶制的危机和帝国的衰落，则无力彻底抵御这些外族人的入侵。而直接推动这次民族大迁徙的导火线是公元 375 年向西发展的匈奴人（是否属于匈奴人有异议）对日耳曼民族的一支东哥特人的侵略。公元 376 年春，日耳曼民族的另一支西哥特人也遭到匈奴人的攻击。

由于受到匈奴人的入侵，西哥特人开始大举迁入罗马帝国。其首领遣使拜见瓦伦斯，声称其率领的 20 万哥特人希望能从北方达西亚越过多瑙河，移居巴尔干半岛一带。瓦伦斯接受了哥特人的请求，希望能用哥特人来充实其军队。但是很快事态失去了控制，大量哥特人源源不断地迁入多瑙河流域，其中包括一些匈奴人和阿兰人，而罗马帝国在此地区的兵力又十分薄弱，无法对其加以有效地控制。当地一些罗马官员和士兵开始虐待哥特移民时，哥特人在公元 376 年发起了规模浩大的暴动，瓦伦斯被迫御驾亲征。

公元378年8月，求战心切的瓦伦斯率领6万大军在亚德里亚堡（今土耳其埃迪尔内）与西哥特人展开了一场决战。结果他率领的罗马帝国大军被西哥特人彻底击败，伤亡超过 4 万人。战后关于瓦伦斯本人的下落颇有争议，一说他在战斗中死于乱刀之下；一说他负伤后，在几个侍卫的保护下逃出了战场，躲进了一间农舍里。由于农舍是石头所建，颇为坚固，于是哥特人纵火焚烧，除一名卫士跳窗逃生外，其余全部葬身火海。总之，瓦伦斯肯定是殒命沙场。此役后，西哥特人继续冲击意大利，进一步动摇着罗马帝国的统治根基。

亚德里亚堡战役是罗马帝国后期最重要的决定性会战，它深刻地影响了世界历史进程，此役后，罗马帝国的大门被外族打开。瓦伦斯因此被称为“真正的罗马帝国最后一位皇帝”。意即瓦伦斯死后的罗马帝国已经不是真正的罗马帝国了。

此时中国处在五胡十六国的中后期，淝水之战即将爆发。

格拉提安是瓦伦提尼安一世的长子，8 岁被父亲立为共治者。瓦伦提尼安一世去世时，格拉提安时年 16 岁，在高卢即位。但是，属下将军们拒绝完全拥戴他，而是宣称其同父异母的弟弟瓦伦提尼安二世（当时年仅 4 岁）是他的共治者（由其母摄政）。格拉提安被迫接受了这一事实，将意大利、北非和伊利里亚（今斯洛文尼亚、克罗地亚和波黑部分地区）西部交给瓦伦提尼安二世统治，自己保留了高卢、西班牙和不列颠。

公元 376 年，帝国东部爆发了哥特人的大规模动乱，格拉提安准备去援助东部，但是高卢发生了阿拉曼人的入侵，格拉提安虽然成功地击败了阿拉曼人，但却因此延误了援助东部的时间，导致了瓦伦斯的战败阵亡。格拉提安为了能够平定哥特人的侵掠，第二年他提任了极具才干的狄奥多西为帝国东部的统治者。

狄奥多西（又译为提奥多西、狄奥西亚或杜多思），出生于今西班牙塞哥维亚的基督教家庭，早年随父从军。至公元 374 年，狄奥多西已成为独据一方的军事长官。但其后不久，父亲被逮捕并于公元 375 年初遭处决，狄奥多西本人则因军事失利被皇帝瓦伦提尼安一世革除指挥权返回了出生地。然而祸兮福所倚，仅仅过了三年，急需将才的格拉提安就把狄奥多西提拔到共治皇帝的位置。

公元 383 年，驻守不列颠的将领马格努斯·马克西穆斯（也译尤格尼乌斯）发动叛乱，并率军侵入高卢。当时驻守在巴黎的格拉提安遭到军队的背叛，在逃往里昂的路上，被马克西穆斯手下的将领捕杀。格拉提安死后，瓦伦提尼安二世和马克西穆斯达成妥协，东部皇帝狄奥多西也承认了马克西穆斯的皇帝地位。但是，马克西穆斯依然在公元 387 年派兵入侵意大利，瓦伦提尼安二世母子被迫逃亡，流亡到狄奥多西的帐下。于是，狄奥多西顺势宣布娶瓦伦提尼安一世的女儿为妻，并以拥戴瓦伦提尼安二世复位为名，出兵击败并处死了马克西穆斯，总算为格拉提安报了仇，并在名义上恢复了瓦伦提尼安二世的皇帝地位。此后，瓦伦提尼安二世被安置在远离意大利本土的高卢小镇维也纳，权力完全被效忠于狄奥多西的将领所控制，瓦伦提尼安二世对此十分不满。公元 392 年，他宣布该将领被撤职。但是，该将领置之不理，双方矛盾激化。其后不久，瓦伦提尼安二世被发现吊死在寓所，该将领宣布是自杀。瓦伦提尼安二世死后，狄奥多西成为全罗马帝国唯一的皇帝，也是最后一位短暂统一的罗马帝国的君主。

坐稳皇位后，在公元 393 年狄奥多西宣布正式确定了尼西亚派基督教为罗马帝国国教。并开始清洗国内的异教势力，保存有大量古希腊著作的埃及亚历山大图书馆便在此期间遭到了毁灭性的焚毁。同时认为奥运会有违基督教教旨，是异教徒活动，宣布废止古奥运会活动。

公元 395 年，狄奥多西去世。去世前他把帝国按照戴克里先的分法分给了自己的两个儿子。东部分给长子阿卡狄乌斯（又译阿卡狄奥斯、阿尔卡狄乌斯），西部分给了年仅九岁的霍诺留（又译霍诺留斯、赫诺琉斯）。东部以君士坦丁堡为首都，史称：东罗马帝国；西部以梅蒂奥拉努（今米兰）为首都，史称：西罗马帝国。尽管此前罗马帝国曾多次出现分治局面，但最终都能由一个皇帝在实际或名义上恢复其统一。自从阿卡狄乌斯兄弟登基以后，罗马帝国再也没有在实际和名义上统一过。

阿卡狄乌斯在位期间潜心研习基督教，听任权臣弄权，被两任宠臣所掌控。作为皇帝，其对内的政治以及对外关系的软弱作风，对后来的东罗马帝国有着极大的消极影响。有西方史学家认为，他的即位标志着东罗马帝国历史的开始，罗马帝国开始了永久分治。

由于年幼即位，霍诺留统治初期，西罗马帝国的军政大权完全托付于大将军斯提利科（又译斯底里哥）。斯提利科的父亲原是汪达尔族（日耳曼民族的一支）的一个酋长（一说是罗马雇佣兵的队长）其母应是罗马人。斯提利科从少年时代就以军人为职业，他的才能很快就在战场上显现出来。公元 383 年，斯提利科已成长为帝国出众的骑兵军官，并作为罗马帝国的特使，前往波斯成功地缔结了一项重要的条约。由于他出色地完成了使命并且维护了帝国的荣誉，皇帝狄奥多西将自己的侄女也是继女嫁给了他。狄奥多西临终前委托斯提利科照顾他的两个儿子，辅助朝政。从史料记载来看，狄奥多西的这一委托并没有用正式诏令来宣布，也没有给斯提利科任何特殊的职衔。但斯提利科宣称他有权在西部的奥古斯都霍诺留和东部的奥古斯都阿卡狄乌斯未成年的时期担任帝国东西两部分的摄政。然而，实际上斯提利科只能控制住帝国西部，东部的实权掌握在东罗马禁卫军长官、高卢人鲁菲努斯手中。

斯提利科和鲁菲努斯作为外族人能够成为帝国政治生活中掌握实权的要员，这是罗马帝国走向衰亡特有的现象。从公元 3 世纪开始，罗马帝国一直经历着政治、经济和军事的全面崩溃过程。帝国军队外族化是这一时期的重要标志之一。当时，帝国统治阶层企图用强硬手段使得 3 世纪以来日益加深的社会危机缓和下来，如镇压国内的奴隶和隶农起义，抵抗外族入侵等。尽可能地保持国家政局的稳定，从而维护贵族及大奴隶主的利益。但是，要全面做到这些，仅仅依靠帝国本身的力量已经不行了。战争的频繁、城市的衰落、社会的两极分化、自由平民趋于减少和隶农制度的流行，使得帝国内合格的兵员越来越少。因此，罗马统治者被迫越来越多地在军队中雇用外族人。外族士兵不仅粗犷勇敢，而且他们与帝国内被压迫者没有直接关系，利益诉求多于政治诉求，因而在政治上更为可靠。至 4 世纪末，罗马军队中帝国出生的罗马士兵已经不及四分之一，许多外族人担任高级军官。斯提利科正是在这种特殊条件下，凭借他的军事才能登上了罗马帝国的政治舞台。

斯提利科的才能、声望以及他的军事成就，引起了鲁菲努斯的嫉妒。由于鲁菲努斯控制了阿卡狄乌斯，掌握了东罗马的实际权力，因而他同斯提利科的对立和争执，也就导致了罗马帝国的最后分裂，这一分裂不能不对帝国的政治形势产生严重的后果。

当斯提利科于公元 395 年成功击退了莱茵河地区的日耳曼人的入侵后，以阿拉里克（又译亚拉里克）为首的西哥特人对东罗马帝国发动了进攻，西哥特人在未遭到任何有力抵抗的情况下横扫马其顿和希腊。当时，位于亚得里亚海东北面的伊利里亚地区，是兵家必争之地。斯提利克借口抵抗哥特人，率军前往东罗马，并宣布要重新指挥东罗马军队，企图借此机会夺得伊利里亚地区。

斯提利科一度击败阿拉里克，并打算扩大战果。但这时他接到了阿卡狄乌斯把东罗马军队调回君士坦丁堡的命令，他明白这是鲁菲努斯在捣鬼。斯提利科表面上没有表示异议，派一位哥特人率领的东罗马军队于公元 395 年 11 月底回到了君士坦丁堡。但就在举行欢迎仪式的时候，有人杀死了鲁菲奴斯。但很快东罗马帝国的权力又落到宦官优特洛皮乌斯手中，斯提利科并未达到夺回东罗马军权和收复全部伊利里亚地区的目的。

阿卡狄乌斯及其宠臣们怀着恐惧和嫉妒的心情关注着斯提利科取得的功名，君士坦丁堡元老院还发布一项法令，宣布斯提利科为东罗马的敌人，没收了他在东罗马行省中的庞大财产，斯提利科与东罗马宫廷关系日益恶化。这时，东罗马无力抵抗阿拉里克，为了安抚他并把他的攻势引向西方，经过秘密谈判后，东罗马皇帝阿卡狄乌斯宣布阿拉里克为伊吕库姆（亦译伊吕里库姆，即伊利里亚）总督。尽管东罗马宫廷授予阿拉里克的是一个虚衔，但足以让阿拉里克在政治上取得了对抗斯提利科的借口。

与此同时，斯提利科成功地在镇压了非洲的叛乱。以往东西罗马每次分裂时，非洲五个行省均属于西罗马的管辖范围。在庆祝非洲战争胜利的同时，斯提利科的一个女儿嫁给了西罗马皇帝霍诺留。公元 400 年，斯提利科成为西罗马的执政官，这使他具有了更大的权威。

罗马军队和帝国政治日益外族人化所产生出来的问题，不能不在罗马帝国统治阶级上层反映出来，东西罗马元老院在帝国末期逐步形成了罗马派和外族派的斗争，他们的主要分歧在于是否要利用外族人作为军事同盟者。在这两派的争权夺利的斗争中，他们各自支持自己的代表人物，斯提利科显然是外族派的代表人物。

公元 401 年，从东罗马宫廷那里得到伊吕库姆总督称号的阿拉里克带领西哥特人西进，大军进入意大利，抢掠了它的东北部，并直接威胁西罗马首都米兰。惊恐万状的宫臣们劝霍诺留逃亡高卢，斯提利科反对采取这一行动，因为这等于把意大利让给了西哥特人。但罗马军团已没有力量保卫意大利，斯提利科不得不将驻防于莱茵河边界、高卢甚至不列颠边墙的军队火速调回。此外，斯提利科还组织了一支人数众多的由阿兰人、匈奴人、汪达尔人和哥特人组成的雇佣军队。公元 402 年，斯提利科击溃了阿拉里克的步兵，俘虏了他的妻子。但阿拉里克的绝大部分骑兵没有受到损失。不久，筋疲力尽的斯提利科和阿拉里克订立了和约。西罗马政府宣布阿拉里克为伊吕里库姆总督，阿拉里克则答应放弃为东罗马帝国服务，并于公元 403 年撤出意大利，占据了伊利里亚。

公元 406 年，一支由东哥特人为首的联合了阿兰人、凯尔特人、斯拉夫人及其他日耳曼民族的迁徙队伍约有 40 万人，出其不意地渡过多瑙河向意大利迁徙，西罗马帝国顿时陷入一片混乱之中，惊慌地霍诺留退到了拉文纳。意大利的防卫完全交给了斯提利科，斯提利科无奈再次放弃了北方大部分行省，召回边防军，用各种办法招纳逃亡士兵归队，并给所有愿意加入军队的奴隶以自由。另外，斯提利科还得到了住在莱茵河地区的约 3 万人的外族军队的帮助。这样七拼八凑，斯提利科总算纠合了共计 7 万人左右的以外族人为主要成分的军队。利用这支军队，斯提利科击败了 40 万日耳曼民族迁徙大军并进行了大屠杀，有 6 万名妇女和儿童被贩卖为奴。他为此在罗马建了一座凯旋门，以显示自己的胜利。

好景不长，第二年驻防在不列颠边墙的军队发生叛变，一个名叫君士坦提乌斯的军官被部下拥立为帝，史称：君士坦提乌斯三世。叛乱者把整个高卢和西班牙北部都纳入了自己的控制范围，不久又进军到诺里库姆行省（在今天的奥地利与捷克的部分地区）。斯提利科被迫向阿拉里克求援，并答应给后者 4000 镑黄金以取得他的军事援助。

这时，霍诺留的皇后（也是斯提利科的一个女儿）已经去世，斯提利科于公元 408 年又将他的另一个女儿嫁给皇帝霍诺留。但是，这次联姻并没有缓和临近他的政治危机。他的亲近外族的政策，特别是他与阿拉里克的和约，受到了元老院的抨击，他的声望迅速下降。在西罗马宫廷中，一场罗马派反对外族派（主要是针对斯提利科）的阴谋正在形成。有关斯提利科想把自己的儿子扶上皇位的谣言在宫廷内外弥漫，军队里发生了反对斯提利科的兵变，这次兵变虽然被斯提利科秘密镇压下去了，但霍诺留仍然怀疑斯提利科想篡位。

公元 408 年，东罗马宫廷发生了变化，东罗马皇帝阿卡狄乌斯去世，当时他的独子狄奥多西二世年仅 7 岁。阿卡狄乌斯去世前出人意料地和萨珊王朝国王叶兹德格德签署了一份遗嘱，让波斯国王行使对东罗马帝国的监督权；对内则任命权贵和皇家卫队统领联合摄政，这样狄奥多西二世安然度过危险的童年时期和统治初期。同年，斯提利科被解职回到拉文纳，在那里他被处死，他的儿子不久也被杀害。随即西罗马军中掀起反外族化浪潮，这一举动引起了原在斯提利科麾下的 3 万非基督徒外族士兵的外逃，他们全部投奔到阿拉里克那里。同时霍诺留拒绝承认斯提利科答应给阿拉里克的黄金。

霍诺留自毁长城的举动给西哥特人带来了机会，阿拉里克以斯提利科的同盟者和朋友的姿态重新突入意大利，毫无阻拦地横行于意大利南北各地。公元 410 年 8 月 24 日，阿拉里克率军第三次围攻罗马城，城内奴隶在半夜打开城门，于是罗马城 800 年后，第二次被外族人攻破。西哥特人占领并洗劫了整个罗马城，6 天后，为了占领西西里和北非，阿拉里克离开罗马率兵南下攻掠，但不久在中途病死。阿拉里克死后，他的妹夫阿道法斯（一说是弟弟或妻弟，又译阿陶尔夫）继任首领。阿道法斯改变策略，与西罗马帝国结盟，并娶霍诺留得同父异母的妹妹为妻。此后，西哥特人不再占领意大利而转战高卢、西班牙。霍诺留得以保全对意大利本土的统治，但西罗马帝国已急剧衰败下去。

君士坦提乌斯三世在公元 417 年戏剧性地娶了狄奥多西的女儿、霍诺留的妹妹为妻。这个妹妹是霍诺留花高价从西哥特人手中赎回的，她先嫁给阿道法斯，但阿道法斯被刺身亡。于是，在公元 421 年君士坦提乌斯三世成为西罗马帝国的共治者，但仅 7 个月便在拉文纳病死。随后，霍诺留也在公元 423 年死于水肿病。

顺理成章，君士坦提乌斯三世的儿子瓦伦丁尼安（又译瓦伦提尼安）成为西罗马帝国的皇帝，西罗马政局平稳了 30 年。

公元 48 年，在东汉的不断打击下匈奴分裂出两部分，一部分归附了汉朝，他们被称为南匈奴，一部分是北匈奴。

南匈奴与东汉联合夹击北匈奴，先后败其于漠北和阿尔泰山，迫使其西迁。到了公元 3 世纪末，有史学家提出假说，就是这个几乎消失了的北匈奴，经过生息和发展突然在公元 350 年左右进入了欧洲，随后开始了他们的征服战争。

第一个被灭亡的是称为阿兰的突厥人王国。公元 350 年，阿兰国王倾全国之兵与匈奴军战于顿河沿岸，遭惨败，阿兰王被杀。阿兰余部最终臣服于匈奴，匈奴在西方史书第一次出现即伴随着阿兰国的灭亡。

位于黑海北岸由日耳曼人所建立的东哥特王国与阿兰国接壤。随即公元 375 年，匈奴联同被征服的阿兰人，组成联军进入东哥特领土，曾被东哥特人征服的部落乘机造反，内乱使东哥特人屡战屡败，终于投降。匈奴人再接再厉大败西哥特军，西哥特人被迫渡过多瑙河逃入罗马帝国境内，并于公元 378 年大败罗马皇帝瓦伦斯，由此动摇了罗马帝国的根基。匈奴人继续征伐北方的诸日耳曼部落，并夺取了匈牙利平原。

公元 400 年，匈奴人再次攻入色雷斯（今保加利亚南部），以后对色雷斯连年侵扰夺掠。公元 431 年，东罗马帝国不得已，答应每年向匈奴交纳贡税。公元 435 年左右，匈奴首领阿提拉杀死了自己的兄长（一说战死）而大权独揽。他对南俄罗斯和波斯帝国发动了一系列的突袭，又逼使东罗马缴纳更多的贡税，并且不断插手西罗马帝国的外交事务。东罗马因无法满足年年高企的贡税，阿提拉以此为借口于公元441年向东罗马开战，大肆洗劫巴尔干半岛，次年被东罗马阻截于色雷斯地区，被迫后撤。公元 443 年，匈奴人攻到东罗马首都君士坦丁堡城外，东罗马不得已签城下之盟，与阿提拉订立和约。公元 448 年至 450 年，匈奴帝国的势力到了极盛的地步：东起咸海，西至大西洋海岸；南起多瑙河，北至波罗的海。

公元 375 年，东哥特部落联盟被匈奴人击溃后，随匈奴人向西推进，居住在潘诺尼亚。继哥特人之后涌入罗马帝国的是日耳曼民族的苏维汇人（也称苏维比人或苏威皮人）、汪达尔人和非日耳曼民族的阿兰人。公元 406 年年底，他们越过莱茵河，经高卢于公元 409 年秋进入西班牙。西哥特人侵入西班牙后，苏维汇人被迫退居伊比利亚半岛西北角建立了苏维汇王国。汪达尔人和阿兰人则于公元 429 年渡海进入北非，公元 439 年攻陷迦太基（今突尼斯），建立汪达尔—阿兰王国，并建立海军，不停地从海上袭击罗马帝国。随后，汪达尔人又征服西西里西部、科西嘉岛、撒丁岛和巴利阿利群岛。公元 455 年，攻陷罗马城，纵兵焚掠 14 天，全城文物毁坏殆尽，毁灭文化的“汪达尔主义”由此而得名。此次劫后余生的罗马城只剩下 7000 余人，当时仅当了两个半月的篡位皇帝被杀。

公元 415 年，西哥特人在西班牙定居。公元 418 年年末，以西罗马帝国同盟者身份定居于阿奎丹。并以土鲁斯（位于法国西南部加龙河畔）为中心，建立了第一个日耳曼王国。

紧接着越过莱茵河涌入罗马帝国的是日耳曼民族的勃艮（gèn）第人和法兰克人。他们在公元 451 年，曾协助罗马人和西哥特人击退匈奴人的进犯。约在公元 457 年，勃艮第人在高卢东南部建立勃艮第王国，定都里昂。继勃艮第人、法兰克人之后，日耳曼人中的盎格鲁—撒克逊和裘特各部落横渡北海进入不列颠。在击败了当地人的抵抗后，占据该岛的东部和南部，建立了许多小王国。至此，西罗马帝国在日耳曼人纷纷涌入和奴隶、隶农起义的联合打击下，已名存实亡。

公元450年，西罗马皇帝瓦伦丁尼安的妹妹和自己的管家私通，奸情被她的哥哥发现后，管家被处死，并把妹妹许配给了一个罗马官员。这引起了公主妹妹的反抗，她不愿意接受皇帝哥哥的包办婚姻。于是，公主妹妹不可思议地请求当时欧洲最有权势的匈奴王阿提拉提供帮助，并以身相许。这样，阿提拉找到了一个借口，他要求瓦伦丁尼安三世把妹妹嫁给他，同时继承公主的领地。瓦伦丁尼安三世拒绝了阿提拉的求婚，并把妹妹流放。

同年，执政长达 42 年的东罗马皇帝狄奥多西二世因堕马而丧生，继承其位的是其姐夫马尔西安。马尔西安果断地停止了向阿提拉的纳贡。东罗马和西罗马态度的同时转强，使阿提拉下定了打击罗马的决心。有史学家认为，阿提拉此举的最终目的，可能是为了把他的帝国跨越高卢扩展至大西洋海岸。而东西罗马面对强大的匈奴铁骑不得不一起合作，共抗强敌，沙隆之战（也称特鲁瓦之战）爆发了。

阿提拉联合东哥特人及其他日耳曼人组成约 50 万人的联军，分兵 3 路向巴黎、奥尔良进军。西罗马帝国闻讯则联合西哥特人、勃艮第人、法兰克人和阿兰人也组成了 50 万 ~60 万人的联军，双方军队在高卢境内的沙隆城附近相遇。公元 451 年 6 月，双方 100 万人的大决战在今天法国的沙隆地区展开（关于双方交战的兵力数量，史学界一直存有争议）。

此次会战，双方损失惨重（有些史书估计伤亡 15 万 ~30 万人），其中西哥特国王战死，阿提拉战败。匈奴人退到莱茵河以东，但没伤元气。随后，在公元 452 年阿提拉率领余部侵入意大利北部，西罗马皇帝瓦伦丁尼安逃离罗马。在这关键时刻，罗马主教利奥带使团亲自去见阿提拉，劝说他放过罗马。阿提拉居然被说动了，他接受了议和条款撤军而去。这个富有传奇色彩的事件使罗马教廷威信大增，中世纪罗马教权在欧洲的统治地位跃升概由此而起。

沙隆之战被史学界认定为欧洲历史上具有决定性意义的重要战役之一，它成功阻止了匈奴人对西欧的侵略，挽救了基督教世界。公元 453 年，阿提拉在迎娶日耳曼少女的第二天被发现死于鼻腔血管破裂（一说是被少女刺杀）。阿提拉死后，他的儿子无法驾驭庞大的帝国，仅仅一年后东哥特人和其他日耳曼民族就纷纷反叛，匈奴帝国崩溃，在历史的长河中消逝。匈奴人促成了欧洲历史的巨变，使文化落后的日耳曼人大踏步地跨入历史舞台，催就罗马帝国时代的加速落幕。

公元 476 年 9 月，日耳曼人奥多亚塞（又译奥多亚克或鄂多亚克）率军废黜了只有 6 岁的西罗马皇帝罗慕路斯・奥古斯图卢斯（也译罗慕卢斯・奥古斯都路斯、罗慕路・奥古斯都路斯），宣称效忠东罗马帝国皇帝，并将西罗马帝国的国徽转让给了东罗马帝国，西罗马帝国由此灭亡。

尽管后来罗慕路斯・奥古斯图卢斯的父亲推翻的前任皇帝，在公元480年曾短暂地称帝，但史学界普遍认为罗慕路斯・奥古斯图卢斯的被废黜是西罗马帝国灭亡的标志，抑或是罗马帝国灭亡的标志，因为东罗马帝国或称拜占庭帝国和原先的罗马帝国已经很不相同了，它的主流文化更趋于希腊化。西罗马帝国的灭亡，标志着奴隶制在西欧的溃灭，西欧历史从此揭开了新的一页——西欧封建社会的开始。此时，中国进入南北朝时期。

西亚——

◆安息帝国（即帕提亚）到了 3 世纪初已经非常衰弱。公元 224 年，阿尔达希尔扩张地方势力而和安息王朝发生战争。历经两年，推翻了安息帝国，于公元 226 年建立萨珊王朝（也称萨桑王朝、波斯第二帝国），首都泰西封，自称“众王之王”。

阿尔达希尔（又译阿达希尔）出生于伊朗南部法尔斯省的一个显赫家族。他的祖父萨珊是祆（xiān）教的祭司，父亲是伊斯塔赫尔城的统治者。在举兵起事之前，阿尔达希尔曾是安息帝国最后一代国王阿尔达班五世的法尔斯总督。阿尔达希尔得到法尔斯省地方贵族与宗教领袖的支持，宣布法尔斯地区独立并起兵讨伐阿尔达班五世。于公元 224 年，在今天伊朗的胡齐斯坦省击败并杀死了阿尔达班五世。萨珊王朝因阿尔达希尔的祖父而命名，以祆教为国教。

阿尔达希尔统一了波斯地区后不断进行扩张战争，将呼罗珊（又译霍拉桑，包括今伊朗、阿富汗、塔吉克斯坦、土库曼斯坦和乌兹别克斯坦的各一部分地区）、锡斯坦（在阿富汗与伊朗之间）、米底和部分亚美尼亚并入波斯。鼎盛时期的领土包括当今伊朗、阿富汗、伊拉克、叙利亚、高加索地区、中亚西南部、土耳其部分地区、阿拉伯半岛海岸部分地区、波斯湾地区、巴基斯坦西南部，控制范围甚至延伸到印度。

萨珊王朝国王被称为“大王”或“众王之王”，国王之下设有御前会议，由宗室成员、高级祭司和大贵族组成。御前会议之下是中央行政机构，中央行政机构的最高主官类似于中国的丞相（称为哈扎尔帕特；也称为大弗拉马塔尔）。中央行政机构之下设行政、税收、国库等各类官吏。军队的主力是由阿扎特（自由民）组成的重装骑兵，步兵仅起辅助作用。萨珊帝国把祆教提高到国教地位，并设立最高祭司以执掌祆教大权。法庭由祭司管理，最高法官称为“摸胡坛”（根据南北朝《魏书》），即祆教的祭司穆贝德或大穆贝德。阿尔达希尔分赠祆教祭司、军事贵族大量土地，并给予祭司征税的权利。

萨珊王朝和安息一样分为许多属国、行省和地区。行省的数目和规模在不同时期也不相同。各行省总督由国王任命。在名义上，总督听命于朝廷，但实际上有些行省由地方贵族任总督，有一定的独立性。为此，朝廷常派一些王室成员担任重要行省的总督。

萨珊王朝前期还是一个奴隶制国家，但封建制关系已有显现和发展。到了公元 5 世纪末和 6 世纪初，奴隶制终于为封建制所代替。

在社会经济方面，萨珊王朝初期农业、畜牧业因政局比较稳定和对水利灌溉工程的重视而有所提升。手工业方面，以毛织品最为著名，并广销欧亚。此外，金属加工、武器制造等都达到相当高的水平，特别是以精美的金银制品著称于世。在农业、手工业发展的基础上，商业和城市建设也较前朝成效显著。在对外贸易方面，萨珊波斯与中国、印度、罗马都有频繁的交往。萨珊王朝利用在“丝绸之路”上的枢纽地位，控制中国与罗马之间的贸易，从中获取利益。

在萨珊王朝前期，奴隶制关系仍占有重要地位。奴隶主阶级主要由贵族、军官、祭司和官吏构成，他们占据国家的统治地位。不过，萨珊王朝时期已流行部分释放奴隶的规则。这些部分释放的奴隶实际上已和农奴没有多大区别。从萨珊法典《判决千条书》可以看出，当时已流行部分释放奴隶的办法。奴隶被部分释放，他们的劳动所得的十分之一、六分之一或四分之一可以自己自由支配，他们可以保留部分产品、某些财产及订立契约的权利。在两河流域下游，奴隶主把奴隶固定在土地上并将其变为佃农的过程已经开始，并在出卖土地时连同奴隶一起出卖。因此，固定在土地上的奴隶和自由民的区别正在逐步消失。美索不达米亚当时是萨珊王朝的属地，那里的农民分为自由农民和依附农民，分别称为“加布拉”和“巴哈拉”，这些现象极似封建依附关系的萌芽。

萨珊王朝国王经常将大量的土地赏赐贵族、有功将领、近臣和祭司，并使他们享有免税特权，这些赐地渐渐变成私有地。村社形式依然存在，不过村社成员、手工业者和普通商人是国家的纳税阶层，他们要向国家缴纳人头税和土地税。此外，还要交给祭司宗教费用。由于赋税沉重，这些人纷纷逃往享有免税特权的高官贵族和大祭司门下以求荫庇，逐渐沦为农奴，村社形式逐渐遭到破坏。

萨珊王朝时期城市得到较大的发展，这在两河流域中下游尤为突出。两河流域中下游，不仅农业、手工业比较发达，而且是交通和商业流通的要道。因此，萨珊王朝前期在这里建立了不少城市，较大的城市有十几座。在这些城市中有集中的织布业、染布业、玻璃业、丝织业、制毡业、陶瓷业、酿酒业、榨油业等手工业，有的城市还以某种产品负有盛名。首都泰西封是萨珊王朝的工商业中心。

根据有限的史料证明，当时萨珊王朝城市已存在商行。商行有一套规章制度。例如，丝织业，特别是锦缎制造业，生丝必须由中国进口。此外还有关于银器制品、化妆的芳香品和调味的香料等的规定，萨珊王朝十分注意保护这些行业。

祆教成为萨珊帝国的国教后，为支持萨珊王朝，祆教祭司编出新的教义，指出只有萨珊家族才能承受光明神的能量，成为统治天下的地王。同时，祆教又改编其经典《阿维斯陀》，加上新的注释。阿尔达希尔曾对其子说，“国王的宝座是祭坛的支柱，祭坛又是国王宝座的支柱”。因此，祆教祭司势力日益膨胀。他们利用各地寺庙监视民众，利用祭祀和其他宗教仪式搜刮钱财，并用种种借口指责普通教徒违背教规、渎神，以勒索罚款。这样，就激起了民众对祆教祭司阶层的强烈不满，因而形成了反祆教思潮。

关于祆教的起源争论较多。根据现有经典《圣特·阿维斯陀》，以及发掘的文物与文献中专家考证，祆教大概源于公元前1100年左右，肯定早于阿契美尼德王朝时期。

琐罗亚斯特（又译查拉图斯特拉），约生活在公元前628—前551年。他出身于米底王国的一个贵族家庭，20岁时弃家隐居，30岁时受到启示，开始改革传统的多神教，创立了琐罗亚斯特教（祆教）。但受到传统教祭司的迫害，直到42岁时，大夏的宰相娶他的女儿为妻，将他引荐给国王，祆教才在大夏（今乌兹别克斯坦东南部、塔吉克斯坦和阿富汗北部）得以迅速传播。77岁时，在一次战争中，琐罗亚斯特在神庙里被杀。另有说法认为，琐罗亚斯特的生存年代要更早，祆教也并非他首创，他是集大成者。

在琐罗亚斯特创建的祆教里，阿胡拉·马兹达（又名欧尔米兹德、欧马兹特或奥尔穆兹德）成为唯一的、最高的主神——光明神。公元前522年，大流士一世执政后，为了统治的需要，独尊阿胡拉·马兹达（意为“智慧之主”），压制各部落的氏族神。

公元前4世纪，希腊亚历山大大帝征服波斯后，波斯进入希腊化时期，祆教受到沉重的打击，但到了公元元年前后又重新活跃起来。在波斯万神殿中出现了希腊和波斯的混合神祇。阿胡拉·马兹达成了太阳神、月神等的伙伴。

公元3世纪，萨珊王朝建立后，袄教重新兴盛，并取得了国教的地位。萨珊诸王都兼教主，自称阿胡拉·马兹达的祭司长、灵魂的救世主等。通过搜集、整理散佚的经传，编纂了《阿维斯陀》，使该教有了具体、明确的教义。公元5世纪前后，该教一部分教徒进行了一场社会和宗教改革，并在波斯和阿塞拜疆等地掀起了大规模的、持续不断地起义。萨珊王朝通过哄骗与高压的政策，起义被镇压。公元7世纪，萨珊王朝亡于穆斯林。在穆斯林统治者的压迫下，部分袄教徒通过西域（新疆）进入中国内地。

袄教的经典，最初是由祭司们口传心授，后来逐渐形成文字，名为《圣特·阿维斯陀》（或称《阿维斯塔》），是研究袄教的主要书据。“阿维斯陀”为光明、知识之意；“圣特”则为注释之意。在《圣特·阿维斯陀》一书中，圣特用的是钵罗婆语（又称为帕拉维语、巴列维语、钵罗钵语）写成，即古波斯语。而其文字有专家考证源于阿拉米字母。

阿拉米字母又译作亚兰字母或亚拉姆字母。亚兰语曾经用过两种文字来书写，即阿拉米字母和迦南字母，而这两种文字都有共同的源头。阿拉米字母通行于今叙利亚以东的西亚地区，与迦南字母的传播方向不同。迦南字母最后演变成为腓尼基文字（此说现在有争议）。而腓尼基字母又演化成现在的希伯来字母、阿拉伯字母、希腊字母、拉丁字母等。

阿拉米字母主要用来书写亚兰语。现存的阿拉米字母碑文都产生在公元前9世纪到前7世纪，专家认为大约在公元前8世纪开始与腓尼基字母分化，直到公元前4世纪波斯帝国瓦解后，开始分化成西亚地区的各类文字。

钵罗婆语分为安息钵罗婆语（又称北巴列维语）和萨珊钵罗婆语（又称南巴列维语），两种语言大同小异。安息钵罗婆语有25个字母，一个字母代表数个不同的音素；萨珊钵罗婆语多存留于宗教、历史、文学著作当中。中国新疆出土的不少摩尼教经文著作残片（现存于德国）是用安息钵罗婆语写成的。安息时期的钵罗婆文著作还有袄教经典和法典，后来在萨珊时期经过整理编成了《阿维斯陀》，在《阿维斯陀》中，已经有了萌芽状态的诗歌。安息时期的文学作品没有传世，有专家认为10世纪前后的波斯诗人费尔多西创作的长篇史诗《列王纪》的第三部分，可能采用了安息时期的民歌。

在中国唐朝以前的经典、史籍中，也可找到有关袄教的记载。但一般史学家认为，波斯于公元516年通南梁，公元518年通北魏，这两国皆信奉袄教。因此，袄教传入汉族地区的时间当在公元516—519年，至唐称为“火袄”，以此表示它是外国的天神。该教传入中国后曾受到北魏、北齐、北周、南梁等朝廷的支持。北周的皇帝曾亲自“拜胡天”“从事夷俗”。从北魏开始，北齐、北周相继在鸿胪寺中设置火袄教的祀官。唐朝在东西两京都建立袄祠，东京有两所，西京有4所。在这些祠庙中“商胡祈福，烹猪羊，琵琶鼓笛，酣歌醉舞”极一时之盛。另外，唐朝祠部还设有管理火袄教的萨宝府，主持祭祀。萨宝府官员分四品至七品不等，由波斯人或西域地区少数民族的信徒担任。公元845年，唐武宗李炎在禁传佛教和其他外来宗教的同时，火袄教也受到排斥，景教（基督教传入中国的一个派别）、摩尼教和袄教的许多祠庙都被拆毁，僧侣被勒令还俗。以后袄教经五代、两宋在中国犹有残存，民间仍有奉祀火神的习俗。南宋以后，很少见诸中国典籍。以后，在中国内地基本绝迹。

在萨珊王朝前期，曾出现过宣传无神论的“光阴派”。光阴派否定祆教所宣扬的神的存在，认为世界上一切物质和事物，都是光阴的各种表现的场所。它还认为除了物质，没有任何实在的东西。没有神的奖赐和惩罚；没有天堂和地狱；没有不死的精神。光阴派这些朴素的唯物主义思想，在当时有过一定的影响。因此，它遭到了祆教祭司们的坚决反对和压迫。

与反祆教的光阴派同时存在的另一支力量是摩尼教。摩尼教不仅在萨珊朝波斯有过相当大的影响，而且曾传播到中亚、中国、印度与罗马等不少国家。摩尼教的创始人摩尼生活在公元216—276年，出生于巴比伦的马迪努村。他的父母都是波斯人，父亲是安息的王公。据记载，摩尼精通天文，善于绘画，深晓幻术，熟知各种宗教的教义。相传他在25岁时创立摩尼教，自称是最后的“先知”。

摩尼教教义是吸收祆教、基督教和佛教等思想而形成的，即所谓二宗三际论。摩尼教思想基础和祆教一样，都是二元论思想，把世界看成是光明与黑暗“二宗”的斗争场所。光明与黑暗的斗争要经过三个阶段或时代（三际）。所谓“三际”，即在没有天地之时为初际，这一时代只有光明与黑暗两界并存，不相干扰；中际为黑暗侵入光明的时代，光明与黑暗两种势力反复斗争；后际是光明与黑暗经过反复斗争后永远分离，恢复到并存状态的时代。

摩尼教强调人的灵魂是光明原质，但被束缚在不洁的肉体里。因此，人类必须抛弃物质享受，恢复圣洁本性。为此，教徒应不杀生、不食肉、不婚嫁、无私产，以求死后直接进入天堂。摩尼教表面上虽与祆教的二元论相似，但实际上更为极端。

摩尼的传教活动主要是在萨波尔一世统治时期，萨波尔一世曾一度支持摩尼传教活动，但当他发觉摩尼教将危及他的统治地位时，便下令放逐了摩尼。摩尼曾到过小亚、中亚和印度，相传他还到过中国的西藏和其他地方。公元273年，摩尼回到波斯。3年后，摩尼被捕入狱，死于狱中。摩尼死后，摩尼教在波斯仍有一定的影响。同时，一部分教徒到了叙利亚、埃及、迦太基，汪达尔人后来也受到传播。公元4世纪末，摩尼教传入西班牙，另一部分教徒到了中亚，后来摩尼教成为回纥（hé）人的国教。公元694年，摩尼教传入中国，被称为明教、摩尼教、明尊教等，在长安、洛阳、太原、荆州等地均建有摩尼教寺，后来中国的多次农民起义都曾利用过摩尼教。

公元4世纪至5世纪中叶，贵族统治阶级压迫的加强和连年战争的破坏，使萨珊王朝内部的阶级斗争和民族矛盾激化，村社农民以逃亡来反抗交税和祆教的剥削。当时萨珊波斯的基督教徒，大多处于社会底层。他们以反抗迫害、拒绝当兵和抗缴捐税等方式，对萨珊王朝统治者进行了一系列斗争。亚美尼亚人则为争取独立和反抗祆教，在公元481年至483年举行了起义。随后在公元491年，又爆发了大规模的马资达克起义。

据说起义领袖马资达克（也译马兹达克）是祆教祭司或大祭司，曾在泰西封宣传自己的思想和主张，形成了一个流派。马资达克派的观点受到摩尼教的影响，但马资达克以改变现实的积极态度代替摩尼教浓厚的消极情绪。他宣扬黑暗占优势是偶然的，而光明取得胜利是必然的。这一思想起着鼓舞被压迫者为争取公平世界而斗争的作用。马资达克反对贫富不均，主张人人平等并恢复原始公社制度。他认为，有钱有势的人，不比生而为乞丐的穷人更高贵。主张穷人为经，富人为纬；世界应当大同，奢华的生活不应鼓励，而为罪过。据此，马资达克提出：神为所有人准备了同样的生活，谁也不应该比别人多得，不平等产生暴力。因此，必须把富人所占有的物质财富和女人拿来分给穷人，以恢复原始的平等。财产、妇女同水、火、牧场一样都应该公有。马自达克的号召得到了底层民众的积极响应，起义运动如火如荼。

公元 491 年，起义者发动了大规模的进攻，在泰西封捣毁了不少朝廷官员、贵族、奴隶主的粮仓，又占领了很多贵族、奴隶主的土地和庄园，杀死了大批贵族和奴隶主，把他们的财产分给穷人。在很短的时间内，起义便波及萨珊王朝数省。浩大的起义声势，使国王卡瓦德（也译喀瓦德）一世大为震惊，十分恐慌。为了利用起义军的力量抑制反对自己的奴隶主贵族势力，保全自己，卡瓦德接受并赞成马资达克的主张，由此引起了奴隶主贵族势力的强烈不满。他们联合起来反对卡瓦德，于公元 498 年发动政变，将卡瓦德一世囚禁，并另立其弟贾马斯普为王。为了缓和社会矛盾，贾马斯普为政较为宽缓。一面继续支持袄教，一面减少各类税项。公元 501 年，卡瓦德一世在亲信和自己的王后帮助下设法逃离囚禁之地，到嚈哒（yàn dā）人那里寻求援助。公元 503 年，在嚈哒人的协助下，卡瓦德率领大军重返泰西封，贾马斯普逊位，卡瓦德一世重新掌权。此时，中国正处在南北朝中期。

重新执政后，卡瓦德立即与贵族妥协，大肆镇压起义运动，迫害起义者。公元 529 年，卡瓦德假称举行袄教祭司首领与马资达克派首领之间的宗教辩论会，诱骗马资达克和其他起义首领到泰西封参与会议，结果马资达克和其他首领同时遇害。随后，至少有 8 万名起义者惨遭屠杀，规模宏大的起义运动遭到了残酷的镇压。此后关于贾马斯普的下落不详，但许多人相信他受到了卡瓦德的优待。

马资达克起义是以宗教名义掩盖下广泛的民众运动，是波斯历史上奴隶制瓦解封建制确立时期的重大事件，具有重要的历史意义。它扫荡了萨珊王朝已经腐朽的奴隶制残余，沉重打击了贵族势力，客观上为萨珊王朝确立新的封建制度扫清了道路。

萨珊王朝继承了安息与罗马帝国对抗的策略，在亚美尼亚、安纳托利亚、叙利亚边境与罗马帝国及后来的拜占庭帝国展开了持续的争夺。公元 231 年，阿尔达希尔一世致书罗马皇帝塞维鲁，要求罗马势力退出东方。由此，长达 400 年的罗马波斯战争正式开始。

公元 232 年，萨珊王朝同罗马帝国开战，打败了罗马军队，迫使罗马签署和约，萨珊王朝获得了亚美尼亚。阿尔达希尔一世之子沙普尔一世公元 239 年继承王位，随后萨珊大军攻取叙利亚。公元 260 年，萨珊大败罗马军队，并俘虏罗马帝国皇帝瓦勒良。至今在帕赛波利斯（位于伊朗）附近仍留存着纪念这次胜利的摩崖石刻，它以巨幅浮雕表现瓦勒良跪着向沙普尔一世求饶的情景。以后，罗马帝国皇帝戴克里先、君士坦丁等都曾率军远征波斯，但未能取得决定性战果。

公元 286 年，罗马鼓动亚美尼亚人起义，萨珊人丧失底格里斯河以西的地盘。公元 359 年，沙普尔二世再次发动对罗马的战争，军队攻入叙利亚。沙普尔二世应该是那个时代杰出的政治家和军事家之一。据传说，他是个遗腹子，他的父亲前国王霍尔木兹二世在一次围猎中被阿拉伯人杀害，他在未出生的时候便被加冕，王冠被置于他母亲的肚皮上。沙普尔二世继位后采取了一系列积极的内外政策，使萨珊帝国迎来了第一个黄金时代（某些史学家定位）。沙普尔二世经多次战争收复了先辈丧失的萨珊西部、东部边境的许多地区。他与衰落的贵霜作战，最终使其臣服，并使之成为以后对外战争的盟友。其东北边境线推进到中国新疆塔里木盆地南缘，新疆的喀什一度成为萨珊帝国最东北角的城市。

公元 337 年，沙普尔二世在全国范围内严禁基督教信仰，并以罗马干涉萨珊宗教政策为借口，向虚弱的罗马帝国发动战争。公元 341 年，沙普尔二世与亚美尼亚人缔结盟约，试图使亚美尼亚人成为他反对罗马的帮手。公元346年，沙普尔二世亲率大军征伐美索不达米亚，在公元 348 年大败罗马皇帝君士坦提乌斯二世的军队，但未能全面收获两河流域。沙普尔二世遂与罗马人议和，此战使萨珊赢取了不少的土地。就在胜利不断迎向萨珊人的时候，罗马新皇帝尤利安一时给沙普尔二世带来了巨大的威胁。尤利安不仅击败了萨珊军队，还强渡底格里斯河，逼近泰西封。但罗马军队终因力竭而退，尤利安在突围时重伤而亡。尤利安死后，罗马在军事形势不利的情况下，屈辱地与萨珊王朝订立了 30 年合约，把攻占底格里斯河以西的 5 个行省全部归还萨珊，还割让了美索不达米亚的三个要塞，同时宣告罗马帝国势力退出亚美尼亚。沙普尔二世以最终的胜利者的身份与罗马实现和平，他随即挥师征服亚美尼亚，并进攻南高加索地区（含今天的格鲁吉亚、阿塞拜疆与亚美尼亚）。

公元 375 年以后，罗马帝国忙于应付哥特人等日耳曼外族的入侵而无暇东顾，萨珊也因抵御匈奴人的侵扰无力继续向罗马帝国挑战。公元 487 年，萨珊国王卡瓦德一世指挥由萨珊人、匈奴人和阿拉伯人组成的联军从东罗马（拜占庭）帝国手中夺走了上美索不达米亚（即亚述，今巴格达以北）和亚美尼亚。

卡瓦德一世第二次掌权被一些史学家称为是萨珊帝国的第二个黄金时代。卡瓦德一世重新执政后，在嚈哒人的支持下向罗马人发动了新的攻势。公元 502 年，萨珊联军攻陷阿米达城（今土耳其迪亚巴克尔），后又击败拜占庭军队的反扑。公元 505 年，双方媾和，拜占庭帝国出以重金购回阿米达城，双方维持原有边界，得和平 20 年。

公元 527 年，拜占庭帝国皇帝查士丁尼一世继位。为重振罗马帝国昔日的辉煌，查士丁尼对内实施改革，加强中央集权，对外积极扩张。在以后的 100 多年里，拜占庭帝国与萨珊波斯之间先后进行了 5 次大规模的争霸战争。

第一次战争（公元 528—531 年）。

萨珊波斯先发制人，4 万大军向拜占庭帝国发动进攻，在首次战役中击败拜占廷军队，直扑两河流域上的战略重镇德拉城。但在随后的德拉城战役中，萨珊大军溃败。但在次年，击退了拜占廷军队的进攻。后双方媾和，拜占庭撤回德拉城驻军，向萨珊支付赔款。

第二次战争（公元 540—545 年）。

萨珊王朝库斯鲁一世率大军从首都泰西封出发，对拜占庭帝国发动突然袭击，直捣叙利亚的安条克，经过激烈厮杀，安条克被攻陷。接着，乘拜占庭内讧之机，萨珊军队进占亚美尼亚，并全歼前来抗击的3万拜占庭大军。次年，库斯鲁再次率军亲征两河流域，但未获显著战果而撤。公元545年，双方因鼠疫暴发，缔结了5年停战协定，查士丁尼再次支付赎金2000磅黄金（一说5000磅），收回被萨珊占领的全部领土。

第三次战争（公元549—562年）。

公元547年，库斯鲁一世率8万大军攻破拜占庭的庇特拉要塞。公元549年，查士丁尼一世派大军反攻庇特拉要塞，经过3年断断续续的攻战，拜占庭军队夺回庇特拉要塞，萨珊军伤亡惨重。此战之后，双方在高加索山麓又进行了6年的拉锯战，拜占庭先赢后输。后在法息斯河口一役，拜占庭军队背水一战，向轻敌冒进的萨珊军队发起反攻，歼敌1万余人，大获全胜。公元562年双方再次媾和，尽管萨珊在这次战争中没占到上风，但在停战协议上却得了不少便宜，拜占庭每年须向萨珊支付黄金1.8万磅，有效期50年。库斯鲁与查士丁尼这对双雄的较量到此为止。

库斯鲁（又译霍斯劳、库思老或科斯洛埃斯、科斯洛厄斯），他另外的称呼是“阿努细尔旺”，即高贵的灵魂。据说他的母亲是一名农家女，按说他是庶出无缘继承王位的。但精明强干的库斯鲁在其父卡瓦德一世统治末期，积极参与对马资达克教徒的镇压行动，从而获得了祆教祭司阶层和卡瓦德一世本人的认可和信赖。他在即位后毫不手软地将那些怀有异心的兄弟们一一处决。

尽管库斯鲁一世曾指挥镇压了马资达克起义，但在他即位后，马资达克起义所产生的某些社会变革，被确认为合法制度。例如，出身低微的人也可以担任公职，从而培养起一批贵族外完全忠于国王本人的亲信力量；同时完善税制改革；组建起一支由国家提供武器装备的职业军队。可以确认，马资达克起义影响了库斯鲁一世的许多政策。在这些政策的引导下，萨珊波斯完成了由半奴隶制向封建制国家的转化。

第四次战争（公元571—591年）。

公元571年，拜占庭帝国皇帝查士丁二世停止向萨珊波斯支付年金，并加强了高加索地区的防卫。库斯鲁一世以对方毁约为名率军进攻德拉城，经5个月的厮杀后破城而入，萨珊军烧杀抢掠，查斯丁二世只得同意恢复纳贡，以换取两河流域的5年和平。库斯鲁一世索得黄金4万磅后，萨珊波斯撤军。

公元576年，库斯鲁一世进行了最后一次亲征，劫掠了安纳托利亚的部分地区。但是，他们在马拉蒂亚（土耳其东部城市）附近惨败，从幼发拉底河撤退。拜占庭军队乘胜反攻萨珊王朝领土，甚至渡过了里海。库斯鲁一度求和，但萨珊军队于次年与亚美尼亚打了一场胜仗，使他改变了主意，亚美尼亚再度被萨珊王朝控制。

接续库斯鲁一世王位的是其子霍尔密兹德（又译贺尔米斯达）四世。

公元589年，也就在隋文帝杨坚结束南北朝局面，统一中国的时候，霍尔密兹德四世因故羞辱并罢免了将军白赫兰·楚宾（又译巴赫拉姆·楚宾）。楚宾气闷不已，遂在公元589年发动叛乱，霍尔密兹德四世被推翻，由他的儿子库斯鲁二世即位。据说库斯鲁二世即位后将父亲处死（一说被楚宾处死）。不过，楚宾不甘心，不认可。他击败了库斯鲁二世，率军攻占了首都泰西封，自立为王，称巴赫拉姆六世。库斯鲁二世逃亡到死敌拜占庭帝国，以割让亚美尼亚的大部分和伊比利亚的一半为代价，请求拜占庭皇帝莫里斯一世帮助他推翻楚宾，实现复辟。为了巩固双方的关系，库斯鲁二世迎娶了莫里斯的女儿为妻。公元 591 年，库斯鲁二世在拜占庭的援助下，击败了楚宾的军队，回国重登王位，楚宾在逃亡中被杀。

第五次战争（公元 603—631 年）。

公元 602 年，莫里斯一世被谋杀，拜占庭王朝发生了内乱。库斯鲁二世乘机以恩人被杀为由，于公元 606 年亲率大军西征，战争再起。萨珊大军经过 9 个月的奋战攻陷了德拉城。之后，萨珊西征大军兵分两路，并联合阿瓦尔人和斯拉夫人威胁君士坦丁堡。这时，拜占庭内战方酣，萨珊大军一路攻下叙利亚，再下安条克；公元 613 年攻破耶路撒冷城，并把该城洗劫一空；3 年后，又侵入埃及，攻陷亚历山大港，至公元 619 年征服了整个埃及。同时，另一支大军出征安纳托利亚半岛，直抵博斯普鲁斯海峡，再次威胁君士坦丁堡。至此，萨珊波斯版图扩张至极点。公元 617 年，萨珊联合其他外族共同进攻君士坦丁堡。

库斯鲁二世的领土扩张政策实现了巨大成功，人生荣耀达到极点。但他的连番征战耗尽了萨珊王朝的资源及国力。为了充实国库，库斯鲁二世开始向国民课以重税，王朝上下怨声载道。罗马皇帝希拉克略见机不可失，倾全国之力组成一支军队实施反击。

公元 620 年，萨珊在海上的攻势受挫后，与拜占庭王朝达成休战协定。利用休战之机，拜占庭做好了各种准备，并争取到可萨人及西突厥人的支持。公元 622 年，希拉克略亲率大军避开正面决战，乘舰船出其不意地在安纳托利亚半岛登陆。随后，拜占庭军队大败萨珊军，乘胜收复失地，至公元 625 年，希拉克略平定了安纳托利亚半岛西部。次年，在萨珊的支持下，斯拉夫人及阿瓦尔人围攻君士坦丁堡，而萨珊军队在试图横渡博斯普鲁斯海峡时受到拜占庭舰队的阻截，围攻以失败告终。后希拉克略指挥拜占庭军队在冬季入侵两河流域，在尼尼微战役中击败萨珊军，库斯鲁二世被迫逃出巴格达，拜占庭军队沿底格里斯河继续扫荡萨珊败军。

萨珊军队的不断挫败，王朝最富庶的地区遭到蹂躏，使库斯鲁二世的威望受损，波斯贵族们对他的支持开始下降。公元 628 年，库斯鲁二世的儿子卡瓦德二世发动政变，库斯鲁二世死于狱中。卡瓦德二世为了巩固自己的王位，又杀死了所有的兄弟，据说有 17 人之多。

卡瓦德二世上台以后，放弃了王朝历代所侵占的拜占庭土地、释放战俘、归还抢自耶路撒冷的“真十字架（钉死耶稣基督的十字架）”。至此，萨珊波斯血战几代，一无所获，双方战争告一段落。希拉克略举行了盛大的庆祝仪式，将“真十字架”重新安放在耶路撒冷。卡瓦德二世即位不到一年便暴病去世，由此引发了内战，王国持续衰弱，王朝权力落入军方手中。

萨珊王朝与拜占庭帝国的战争历经 400 年，战争的结果又恢复到双方的战前状态。战争严重消耗了双方的国力和民力，拜占庭帝国的军事力量由此大大削弱，以致后来无力抵御外族和阿拉伯人的入侵，为它的最终衰亡埋下了隐患。萨珊波斯更是元气大伤，国基动摇，20 年后被阿拉伯帝国灭亡。

萨珊王朝时期被认为是波斯最重要且最具影响的历史时期，它创建了古波斯文化的最高成就，又继承和保持了两河流域的文化传统，同时也受到罗马、拜占庭文化的影响。萨珊王朝的文化影响远远超出了它的历史边界，遍及西欧、非洲、中国及印度，对欧洲及亚洲中世纪文化艺术的成形起着显著的作用。萨珊王朝时期的丝绸、刺绣、锦缎、花缎、壁毯、顶篷、帐篷及地毯以制作精巧、技术精湛而著称，在世界各地大受欢迎。此时，萨珊王朝建筑普遍流行拱顶结构的房屋，半球形的穹顶以内角拱或突角拱支撑盖在方形的房屋上。其间，中国丝绸纺织技术通过丝绸之路被引入和传播。

南北朝时期，中国和萨珊帝国间的友好往来比较频繁。《魏书》记载，波斯使臣到中国有数十次之多，给北魏皇帝带来的各种礼品，有珍宝和训象等。1970 年，在甘肃张掖大佛寺出土了六枚波斯萨珊王朝的银币。

萨珊王朝时期，拜占庭教会一度迫害异教徒，致使很多希腊名医逃亡到了萨珊波斯。这些景教徒在犹太教徒的帮助下，在贡迪沙普尔城（今伊朗西南部，又译军迪沙普尔）建立了世界历史上早期的医科学院和大型医院。印度、波斯、叙利亚及希腊的医学知识在这里交融，这些医科学院和医院后来成为阿拉伯医学学派的摇篮，该校使用的教材，被文艺复兴时期意大利的医科学校广泛采用。

萨珊王朝末代国王伊嗣俟（yī sì sì）三世（又称耶兹底格德三世、叶兹德尔德三世等）是库斯鲁二世之孙，在阿拉伯人的强大攻势下，伊嗣俟三世曾向中国唐朝要求提供军事援助，但被当时的唐朝皇帝唐太宗拒绝。在阿拉伯军队的紧逼下，伊嗣俟三世最终于公元 651 年在中亚的木鹿城（位于土库曼斯坦的巴伊拉姆阿里城附近）的一座磨坊内被杀害。伊嗣俟三世的儿子卑路斯王子为求复国于公元 661 年再次遣使向唐朝求援，这次唐高宗有所策应，派遣部将在波斯疾陵城（今阿富汗西南部的扎兰季）设波斯都督府，任命卑路斯为都督，隶属安西大都护府。公元 662 年，唐又册封卑路斯为波斯王。

公元 674 年，复国无果的卑路斯被迫流亡唐朝首都长安，唐高宗授予他右武卫将军。

公元 677 年，卑路斯在长安去世。公元 679 年，唐高宗派官员护送卑路斯的儿子泥涅师返回波斯。但走到碎叶（今吉尔吉斯斯坦的托克马克）后，唐朝官员忙着立碑纪念平定西突厥凯旋，把这位波斯王子放在了吐火罗（阿富汗北部地区）。泥涅师在吐火罗苦撑坚持20年，终是复国无望。便于公元 708 年返回长安，被授予左威卫将军，最终病死于中国。

东亚——

◆西晋灭亡，东晋建立不久。公元 342 年，五胡十六国中的前燕国发动了对高句丽的战争。前燕军重创高句丽军队，掳走高句丽百姓5万多人，又发掘故国原王的父亲美川王之墓，掳走美川王的尸体和故国原王的生母周氏，并将高句丽历代积累下来的财富全部搜刮一空，最后一把火烧了高句丽王宫，并将丸都城再次焚毁。

公元 344 年，故国原王派其弟到前燕称臣纳贡。前燕归还美川王的尸体，依然扣留故国原王的生母周氏，此时高句丽元气大伤，再没有反抗前燕的能力。前燕入主中原后，和高句丽和解，才归还故国原王的生母周氏，并封故国原王为“征东大将军、营州刺史、乐浪公、高句丽王”。

公元371年，高句丽故国原王被百济近肖古王在战场上用箭射死后，太子小兽林王继位。小兽林王，名丘夫，算来是高句丽第17任君主。故国原王在位时间长达41年，高丘夫的太子生活长达16年。史载高丘夫“身长大，有雄略”，其被册封为太子的重要原因概是雄略超于众王子。小兽林王在位时间不长，前后一共13年。在这期间，小兽林王对高句丽的文化教育、政治制度进行了全面的改革。正是由于他在思想、文化、教育以及政治制度上推行了一系列不同以往的措施，才使得高句丽完成中期的崛起，为好太王时代的全盛到来奠定了基础。

从其当政的特点来看，可以分成前期的对内改革阶段（公元371—375年）；中期的频繁对外征伐阶段（公元375—377年）；以及后期的因灾守成阶段（公元377—384年）。

小兽林王的父亲故国原王是高句丽史上唯一死于战场的君主。作为一国之君，被宿敌射杀，不仅是国家之仇，对于其继位子孙，更是家族之恨。然而，小兽林王并没有急于向百济寻仇。他在继位的第二年便积极地与前秦王朝联系，采取一系列措施稳定西北部边境及国内因常年对外用兵而凋敝的经济生产。此时的前秦国势强盛，就在小兽林王即位的前一年，灭亡了高句丽的西部宿敌——前燕慕容氏王朝。面对这样一个强大势力，小兽林王审时度势全力与前秦建立密切的朝贡关系。

与高句丽选择的外交战略伙伴不同，百济此时积极靠拢的是中原的东晋王朝。为了应对高句丽可能的征伐，百济在故国原王死后的第二个月，便遣使向东晋朝贡。显然，这是与高句丽结交前秦出于同样的政治目的，就是希望找到强有力的中原王朝做外部支援，争取更有利的外部环境。于是，便形成了高句丽积极结交北部前秦，百济积极靠拢南部东晋的对峙局面。面对父王常年用兵，民生困苦的局面，小兽林王暂缓搁置了对百济的报复打击，而是力图在创造外部良好环境的同时，积极对内实施改革，使高句丽在经济、文化、政治制度等方面发生了巨大的变革。其采取的措施：

（1）在信仰文化方面引进佛教，开启了重要的思想与信仰变革。据高丽史籍《三国史记》载：“秦王苻坚遣使及浮屠顺道，送佛像经文，王遣使回谢，以贡方物，立太学，教育子弟。三年（公元373年），始颁律令。四年（公元374年），僧阿道来。五年春二月，始创肖门寺，以置顺道。又创伊弗兰寺，以置阿道，此海东佛法之始。”尽管佛教作为一种宗教信仰，在小兽林王正式引入高句丽之前，民间已有所传导。而小兽林王从前秦引入的佛像、经文，以及此后奉迎高僧、兴建佛寺，则是从国家层面，由朝廷推动的宗教普及。故史家有“海东（指朝鲜半岛）佛法之始”一说。此时，无论是中原内地，还是朝鲜半岛，都处于分裂状态，战争频繁，民众备受战乱荼毒，急需心理上的慰藉与精神寄托。作为王朝的统治者，此时也需要引用一种普遍接受的宗教理论的支持和思想意识的控制，用以维护和巩固其统治地位。在中原政权崇佛极盛之际，小兽林王也看到了佛教利于国家统治和民众教化的作用，对缓解阶级矛盾，凝聚民众思想，起到了很好的作用。于是率先在半岛地区引入佛教，以巩固和强化其统治。此后，百济和新罗亦纷纷效法，使佛教在朝鲜半岛得到了迅速推广。

（2）设立太学。小兽林王在引入佛教的同时，还效法中原首设太学于高句丽，以儒家学说教授贵族子弟。正是由于小兽林王的政治视野，才使儒学以高句丽为开端，迅速在朝鲜半岛开散传播，被新罗和百济效仿和学习。这一时期汉字在高句丽成为通用文字，各种中国书籍输入高句丽。此后，经过千百年半岛人民的融合交流，朝鲜半岛形成具有自己特色的儒学文化传统。

（3）颁布律令。《三国史记》载，小兽林王即位第3年就“始颁律令”。虽文献中未言明律令的详文，但应该是高句丽第一部成文法。据此有学者认为，此应为高句丽国家司法体制建立的开始。该律令的颁布完全剥夺了部落首领的司法权和军权，进一步巩固了朝廷王权，是强化中央集权观念的重要手段。在中国古籍《旧唐书·高丽传》中人们能见到小兽林王律令的影子，“其法，有谋反叛者，则集众持火炬竞烧灼之，燋（zhuó）烂备体，然后斩首，家悉籍没；守城降敌，临阵败北，杀人行劫者，斩；盗物者，十倍酬赃；杀牛马者，没身为奴婢”。且“大体用法严峻，少有犯者”。

肯定地说，小兽林王执政初期的改革措施意义重大、影响深远，对东亚地区宗教、文化以及政治制度等方面的促动十分巨大。因此，在史学界其政治口碑和历史地位极高，与广开疆土的大武神王一武一文并称大、小“朱留王（溢美词，概有虎王之意）”。

经过4年左右的隐忍变革和休养生息，高句丽的国力有了极大地恢复和发展。于是，小兽林王奋启复仇之战。史载：小兽林王五年（公元375年），秋七月，攻百济水谷城；六年（公元376年），冬11月，侵百济北鄙；七年（公元377年），冬11月，南伐百济。从战争的结果来看，在小兽林王第一次出征百济的战事中，便攻克了百济北部重镇水谷城，近肖古王遣军欲夺回失城，但因国内遭受灾荒而不果，随后于同年冬天离世。应该说小兽林王首次出兵便达到了雪国耻、报家恨的战略目标。但是，为了惩戒百济，力求高句丽在半岛的优势，小兽林王在此后又2次出兵百济，后因半岛遭受严重灾情而停止。

公元1877年，中国清政府在今辽宁东部地区设置怀仁县（今桓仁县），一位新任官吏喜爱金石之学，在调查耕地、户口、筹划机构设置事宜时常四处寻访古迹。一日，当他行至鸭绿江边时，一个隐没于草丛中的石柱引起了他的注意。当他除去石柱上的青苔仔细端详时，意外地发现这是一通镌有汉字的石碑，这便是著名的《好太王碑》。

好太王碑碑身为方柱形，高6.39米，幅宽不等，底部宽1.34~1.97米，顶部宽1.00~1.60米，第三面最宽处达2米。四面用隶书环刻汉字，共1775字。此碑系高句丽第20代王长寿王为他的父亲好太王所立，碑文涉及高句丽建国传说，好太王功绩及高句丽与当时东北、朝鲜半岛与日本列岛之间的关系，为中外学者所珍视。

好太王高谈德，又称广开土王、永乐太王，中国古籍中称其为高句丽王安。是小兽林王之弟，高句丽第19代国王。高谈德生于公元374年，18岁时即位，39岁时薨。

在好太王碑碑文中，称他雄伟有奇才，“恩泽洽于皇天，威武振被四海”，是高句丽各王中作为比较突出的人物。根据好太王碑记载，好太王“凡所攻破，城六十四，村一千四百”。并在新罗与百济、伽倻和倭的战争中将新罗变为高句丽的保护国。好太王在打败了百济之后，把主要力量转移到了中国辽东（辽河以东地区）。公元 400 年，好太王一反臣服后燕的方针，与后燕慕容氏进行了殊死的较量，经过反复厮杀，到公元 404 年最终将中国辽东半岛据为己有。

在好太王时期，高句丽在朝鲜半岛的疆域已达到半岛面积的二分之一，控制了从辽东半岛到朝鲜半岛北部的广大地区，拉开了在朝鲜半岛上的争霸战。

在同一时间里，朝鲜半岛对岸的日本列岛尚未实现统一，实力较强的大和国，结盟百济，开始插足半岛利益，不断侵袭新罗。倭济联盟与高句丽的南下伐济战略因此产生了巨大的冲突，由此展开了高句丽助新罗抵御倭济联盟的系列战争。

这一场 4 国的争霸战争，从好太王碑中的记载看，大体可分为前后两个阶段：

第一阶段，公元 391 年 7 月，好太王挥兵南下连克百济十余座城池，重启高句丽与百济间的战争；同年 10 月，好太王再陷百济重镇关弥城，此战使高句丽掌握了战争的主动权。公元 394 年 8 月，高句丽与百济战于浿（pèi）水（今清川江，一说大同江），百济再败。经此战，高句丽彻底占据半岛汉江以北地区，为迁都平壤创造了条件。公元 396 年，好太王率水军再克百济“五十八城，村七百。将残主弟并大臣十人，旋师还都”。几场大战下来，百济受到重创，阿莘（xīn）王（亦作：阿华王、阿芳王，百济第 17 代王）被迫立誓为好太王之奴，好太王又将阿莘王之弟及大臣 10 人掳至高句丽。自此，高句丽确定了在朝鲜半岛上的绝对优势。

从中韩日三国的历史史料及金石碑刻来看，公元 400 年之前的高句丽和百济的战争中，尚未出现倭人或倭兵。在这一阶段，来自日本列岛的势力主要侵袭对象是距离它较近的新罗。虽然倭人利用高句丽与百济的战争冲突，对百济施以政治影响，但尚未直接出兵介入战争。

到了第二阶段，以公元 400 年为界，高句丽与倭人的战争拉开了帷幕。这年，倭人利用高句丽与百济间连年交战的时机，加紧了对新罗的侵略“倭人满其（新罗）国境，溃破城池，以奴客为民”。新罗奈勿王迫于压力，不得已向高句丽求援。好太王抓住时机扩张势力，派军救援新罗，以此为开端，开始了倭人与高句丽的直接军事对抗。公元 400 年，好太王发兵 5 万驰援新罗，倭军不敌，被高句丽军围追到阿罗伽倻（今韩国咸安郡）后投降。公元 404 年，倭军侵入带方界，好太王亲征致“倭寇溃败，斩杀无数”。公元 407 年，为了惩罚百济私下通倭，好太王再次派军南下，力战百济与倭兵联军，给予对手沉重的打击。在这一阶段，倭人直接介入朝鲜半岛的军事争端，但在好太王的几次打击下，接连受挫，未能在朝鲜半岛立足。

好太王与倭的战争在学界有一些争议的话题。

好太王征战时期，日本列岛正处于古坟时代（又称大和时代，大体为公元 250—592 年），这一时期日本列岛并未统一，小国林立，大和朝廷正处在统一兼并的阶段。由大陆和半岛迁徙的“渡来人”带来了先进的文化和生产技术，大和王朝实力迅速提升。然而，日本列岛资源有限，人口也比较匮乏。所以，当岛内的兼并战争并不顺利时，有实力的大和国必然想到的是先到岛外去掠夺物资和人口，以满足岛内战争的需要，而最佳目标便是距离最近且国力稍弱的新罗。历史上倭人一直就未间断对新罗地侵掠，自新罗建国起便有倭人来犯的记述，尤其是3世纪后期，倭人频繁侵入新罗，虽大都被击退，但亦时有“虏人一千而去”及“倭兵攻陷沙道城”的记载。能掳千人并攻陷城池，乃非一般散寇海盗的能力所及，一定是有实力的国家或大部落所为。

“倭”字在好太王碑中出现频率很高，证明“倭”在朝鲜半岛地争战中，已成为与高句丽一争高下的主要对象之一。那么，碑文中“倭”的实体究竟何指？学界具有代表性的观点，可分成五种：第一种，主张“倭”是统一后的大和王朝受天皇指派的军队，此观点以部分日本学者为代表；第二种，“倭”是杀人越货的海盗，有个别朝鲜学者和中国学者持这样的主张；第三种，由日本学者和中国学者提出，“倭”是指北九州的倭王朝；第四种，有中国学者指出，“倭”是来自日本列岛向朝鲜半岛的迁徙者；第五种，主张“倭”就是倭国的军队，但并不一定属于“统一后的大和朝廷”或是一个独立的地方政权，这个观点由中国学者提出。

公元413年，好太王去世。好太王22年的南征北战与用心经营，迫使百济和新罗臣服，确立了高句丽在东北亚的强国地位。其势力范围，北部包括今中国东北的大部分，东部最远触及到今俄罗斯滨海边疆区南部，在朝鲜半岛的面积达到四分之三，成为幅员辽阔的国家。

高句丽第20代国王是长寿王，名叫高琏，也称高巨琏，是好太王的长子。高琏为王的第3年，为铭记父王开疆拓土的功业，树立了“好太王碑”。公元427年，长寿王将都城从国内城迁至平壤城（即今朝鲜平壤市东北的大圣山城和安鹤宫城）。迁都平壤后，高句丽加强了对百济和新罗的监控，也标志着高句丽将其扩张的主要方向从中国辽河以东地区转移至朝鲜半岛，以避免与强大的北魏发生直接冲突。

位于辽宁的后燕最终灭亡于公元407年，其汉人将领冯跋、冯弘取代后燕建立起北燕。与逐步统一中国北方的北魏势力相比，北燕难以抗衡，于是北燕积极寻求与高句丽的结盟。后燕灭亡时，高句丽乘机占据了辽西。

公元436年年初，北魏大举进攻北燕，北燕虽有高句丽出兵助战，但仍不能挽回败局。便焚毁宫城，东迁高句丽。冯弘到了高句丽，不肯屈尊，命人捧着诏书去向长寿王高琏宣读，长寿王心中不满，不准他进城，让他居住在平郭（今辽宁省营口熊岳镇），不久又将他迁居北丰（今辽宁省瓦房店），还将侍卫撤走，又将其太子和侍臣扣作人质。

此时，中国大陆进入南北朝分裂时期，南部是刘宋王朝天下。冯弘在高句丽觉得委屈，便有归刘宋之意。于是冯弘派其子冯业带300人出使南朝宋，请求宋文帝允许其全家移居宋都建康。宋文帝刘义隆应允，随即派使者去高句丽要迎回冯弘。长寿王欲阻冯弘不要南下，冯弘不听。高琏一怒之下，干脆派兵赶到北丰，杀死冯弘及其子孙十多人，回告宋文帝说，冯弘已经得急病而死。冯弘死后，高琏又追谥他为昭成帝，并乘机兼并北燕一部分遗民。而冯业被南朝宋封为怀化侯，授罗州（位于今广东省化州）刺史，居新会。被后世冯氏奉为岭南开族始祖，长寿王杀了冯弘，宋文帝十分恼怒。次年，由于长寿王想集中精力攻打百济和新罗，于是派人送800匹骏马给南朝宋，双方和解。公元459年，长寿王又向南朝宋贡献弓箭和金银。长寿王收留冯弘，使得北魏和高句丽的关系十分紧张。但由于北魏忙于对付刘宋和柔然也不得已继续与高句丽维持友好关系。后冯弘被杀，北魏与高句丽关系开始缓和。

百济在好太王时期受到沉重打击，但心有不甘，一直想重新崛起。公元469年，百济第21代国王盖卤王（亦作近盖娄王）认为百济的军事实力已经得到恢复，率军突袭高句丽，夺回被高句丽侵占的青木岭（今开城附近）。公元472年，盖卤王派信使到北魏，痛陈由于高句丽的频频阻扰使百济无法与北魏正常交往，朝贡受阻，提议双方联合会攻高句丽。但当时北魏与南朝宋的战事正酣，无意与风头正劲的高句丽爆发大规模战事，仅仅派出使者前往调查情况，并斥责高句丽。为了瓦解百济，据说长寿王派了一名和尚到百济宣扬佛教。这个和尚以其精湛的棋艺得到了盖卤王的宠幸，盖卤王几乎每天都要与他下棋。在这个和尚的游说下，盖卤王花巨资广建佛教寺庙，使百济国库得到耗费。公元475年，长寿王从陆海两个方向攻打百济。盖卤王无从招架，忙派其子前往新罗求救，新罗王遣1万人前来支援，但为时已晚，百济首都慰礼城被高句丽军攻陷，王宫被焚。盖卤王出逃后被杀死，百济被迫迁都到熊津。此次战争高句丽拿下了朝鲜半岛具有战略意义的汉江流域。百济丧失这一地区后，也就基本上失去了在朝鲜半岛上的争雄地位。

到长寿王末年时，高句丽人口和疆域空前扩大，据《魏书·高句丽列传》载，其“民户三倍于前魏时，其地东西二千里，南北一千余里”。即东临日本海，西滨黄海，南到汉江流域，北抵辽河为界。此时的高句丽声震中原，开始与中原王朝分庭抗礼。

长寿王在位70余年，年近百岁，死后，其孙文咨王继位。文咨王高罗云，又称文咨明王，中国史籍称他为“高云”。其父先于长寿王而去，高罗云被以大孙的身份和地位长期生长在王宫中，长寿王死后继承了王位。由此可见，高罗云在长寿王期间，备受祖父的喜爱和信赖。

在高句丽各王中，被誉为“明王”者只有两位，除文咨明王外，只有第二代王琉璃明王。可见，文咨明王高罗云在高句丽史上是可以与开国前三王之一的琉璃明王相比拟的人物。

长寿王时期，北魏完成了对中国北方黄河流域的统一。面对西北接壤的强大中原王朝，长寿王确立了对其保持恭顺的朝贡关系，并接受北魏的册封。与此同时，又保持着与南朝政权的朝贡关系，接受南朝的册封。这种南北两面朝贡、两面接受册封的政策，无疑使高句丽在外交上更加灵活，减少后顾之忧，以便投入更多的精力和军力用于对付半岛南部的攻势。

文咨明王继位后，沿袭并秉承着祖父长寿王的北和南战的国策，继续朝贡中原王朝，而且仍旧是南北朝贡，接受南北册封。其在位期间，入北魏朝贡31次，频繁之时曾一年3次遣使朝贡北魏，取得了北魏的支持。其中，北魏赐封两次，公元519年去世时被策赠“车骑大将军”“领护东夷校尉、辽东郡开国公、高句丽王”。另外，还朝贡萧梁两次，被萧齐册封两次。

文咨明王不仅使高句丽在中原南北朝的对峙中独善其身，稳定了迁都平壤后的政治、外交环境，为高句丽能专注在朝鲜半岛的南下扩张，创造了有利条件。高句丽的南进战略，加剧了高句丽对半岛南部地区的军事压力。使相对弱小的新罗感觉到了沉重的危机感，让新罗的外交态度在高句丽和百济之间产生了微妙的变化。

公元475年，长寿王从陆海两路攻打百济时，新罗王慈悲麻立干毅然出兵救援，虽然此次出兵未能影响战局，但新罗转而与百济结盟的态度已经明朗化。与以往军事惩处不同，此次高句丽采取的是安抚手段。韩国发现的高句丽碑中，记述了时为王大孙的高罗云代表长寿王向新罗王及其他诸小国之王赏赐衣服、用物，普施恩惠的史实。然而很快，公元481年3月，高句丽与靺鞨的联军侵入新罗北边，连取7城。但新罗与百济合兵，一举击败了高句丽的侵袭。此役，新罗与高句丽彻底断绝了宗主关系，与百济确立了盟友关系。

文咨王高罗云在得到北魏王朝的肯定和支持之后，从即位的第三年开始，就着手解决新罗问题，意图以军事打击来彻底击溃新罗的反叛意志，令其重新归顺高句丽。于是以后的三年里连年用兵。在与新罗的头三次战事中，因为新罗和百济的相互配合，高句丽遭到失败，没有达到预期目的。直至公元497年，高句丽攻取新罗牛山城后，文咨明王的武力胁迫政策最终收到成效。在以后长达半个世纪的时间里，新罗再未敢插手高句丽对百济的军事行动，也没有直接与高句丽发生军事对抗。

在这个时期，当政的新罗第21代王照知麻立干正处于内外交困的局面（照知麻立干，又译炤知麻立干，公元479年即位）。首先，新罗陷于北面高句丽的军事侵略，和倭人持续犯边的困扰。照知麻立干在位期间，倭人三次犯境。其中在公元500年，还被倭人攻陷了重镇长峰镇。在战祸的同时，新罗数次遭受天灾，分别于在公元480年遇旱灾；公元482年和483年遭两次水灾；公元484年又遇冰雹；公元492年再遭旱灾；公元494年、496年再遭水灾；次年先旱灾又蝗灾。照知麻立干在位22年，遭遇大的天灾达11次，平均每两年一次，这样频繁严重的灾情导致了国力的衰困和统治的不稳定，这也是新罗不得已重新委身高句丽，不敢与高句丽发生直接冲突的一个重要因素。

文咨明王用军事手段迫使新罗再次屈服，其最终的目标仍是打击半岛西南部的劲敌百济。经过文咨明王20余年的文韬武略，高句丽确立了对百济的绝对军事优势。

公元519年，文咨明王病故，在位27年，其子高兴安继位，是为安藏王。安藏王时期，高句丽王室内部斗争加剧，朝政不稳。公元531年，安藏王被刺身亡，其弟安原王高宝延继位。从此高句丽国势开始走下坡路，结束了好太王几代人开创的盛世局面。5世纪后期，高句丽国号突然改称“高丽”，高句丽出土文物“延嘉七年铭金铜如来立像”“中原高句丽碑”均称本国为“高丽国”，其君主也被中原王朝皇帝册封为“高丽王”。

高句丽改称高丽的具体时间和原因，学界也有不同说法。有中国学者认为高句丽改用“高丽”是在南朝梁时期，梁武帝册封高兴安为“宁东将军高丽王”时将国名改为“高丽”。另有学者据《魏书·冯文通传》记载，认为公元435年以前高句丽已称高丽，为高句丽的简称。迟至5世纪末，高句丽人也使用“高丽”简称了。高丽简称出现后，与高句丽全称交替出现于史籍百多年，隋唐时期完全取代了全称。

但是，高句丽灭亡200多年后朝鲜半岛出现的王氏高丽政权并非高句丽继承国。因为两个政权立国时间悬殊且历史发展渊源不同、统辖区域不同、辖境内民族构成不同，王氏高丽的王族也并非高氏高丽的后裔。

◆百济在古尔王统治时期，巩固了国家的制度。据日本史书记载，公元249年，百济向东扩展到洛东江上游与新罗、伽倻（jiā yē）相邻。

据朝鲜半岛古籍《三国遗事》记载，公元42年，6个大卵从天而降。卵破后，爬出了6个男婴。12天后，6个男婴长大成人，其中一个叫金首露，成了金官伽倻（又称驾洛国）的国王；另外5人分别建立了大伽倻、星山伽倻、阿罗伽倻、古宁伽倻和小伽倻。

一般认为伽倻是3世纪末期由弁韩部落发展起来以金官伽倻为中心的6个部落联盟。然而事实上，伽倻联盟是最少10个小国的集合体，位于朝鲜半岛南部洛东江流域。在中国史籍《三国志·魏志·东夷传》中收录的弁韩小国共有12国。但在3世纪，伽倻联盟曾出现有浦上8国起兵反对金官伽倻垄断海上贸易的事件。

学界一般认为，由于海上贸易的争执，引起了众多伽倻小国对金官伽倻的不满。当时金官伽倻可能主导了伽倻联盟的海上贸易，为了反对金官伽倻对海上贸易的垄断，数个伽倻小国组成了反对金官伽倻的联盟，也就是所谓的浦上8国。

金官伽倻不敌浦上8国联军，向新罗求救。为了确保内陆进出的安全，新罗攻击8国中的安罗国。公元212年，浦上8国一起向新罗边境发起侵袭。公元215年，浦上8国以骨浦国为首的联合舰队向蔚（yù）山一带攻击。不过这一系列的战事大多以浦上8国的失败而告终，但金官伽倻也在战争中元气大伤。

约在公元391年至公元412年期间，伽倻联盟在高句丽的压力下瓦解，有部分小国附属倭人，而新罗则于公元562年吞并了伽倻的剩余小国，部分伽倻遗民逃到了日本半岛。据说，现在的韩国有600万金海金氏和金海许氏为古代伽倻国的遗民，他们认同金官伽倻国王金首露为自己的始祖。

在朝鲜半岛和中国吉林省延边朝鲜族自治州流行一种弹拨弦乐器，朝鲜语称嘎呀高，也叫伽倻琴、朝鲜筝，据《三国史记》记载："伽倻国嘉实王制十二弦琴。以象十二月之律。乃命于勒制其曲。""伽倻琴亦法中国乐部筝而为之。伽倻琴，虽与筝制度小异，而大概似之。"也就是说流传了近2000年历史的伽倻琴，是由伽倻国嘉实（亦称嘉悉）王吸取中国古筝制琴经验而做成。其形制与筝差不多，也是一弦一柱。伽倻琴到新罗以后得到发展，为以后的朝鲜半岛宫廷乐奠定了地位。到了8世纪左右（或更早些时间），伽倻琴从新罗国传到日本，所以日本人把伽倻琴称为新罗琴。

伽倻经济主要以农业、渔业、炼铁和贸易为主。伽倻与弁韩都以铁器闻名，伽倻向百济、中国和日本半岛输出大量的铁制兵器和农具，并与百济和倭人保持着良好的通商关系。

◆大概是在公元234年至公元286年，为百济的第8位国王古尔王在位时期。他是第4位国王盖娄王的次子和第5位国王肖古王的弟弟（一说是舅舅）。自第6位国王仇首王去世后，仇首王的长子沙伴王继位，但后被古尔废黜。学者普遍认为，古尔王完成百济中央集权，为国家的形成打下了基础。

在登上王位之后，古尔王就建立了一个中央军事部门，以平定外族侵掠和某些部落的叛乱。据《三国史记》记载，在公元260年时，古尔王建立了一个由6位大臣构成的中央政府，设定了16个官阶和礼仪。在公元262年，古尔王又制定了惩戒贪污的规章制度，要贪污的官员向政府缴纳3倍于赃款的罚金。在古尔王的强力统治下，百济控制了汉江流域，巩固了在朝鲜半岛西南部马韩地区的统治地位，还屡次举兵讨伐新罗。

百济在中国的三国时期，对北方大国曹魏并不友好。当魏军平叛公孙渊，将势力渗透至汉江流域时，古尔王北征乐浪郡和带方郡。根据《三国志》和《三国史记》载，公元246年，百济攻打带方郡，带方太守被杀。公元313年，高句丽南征，带方郡受到孤立被百济吞并。后来乐浪郡、带方郡成为高句丽与百济不断争夺的场所。在日本古籍《日本书纪》中记载，百济在公元367年第一次向日本半岛派出了外交使团。

公元346年至公元375年是百济的近肖古王时期。

在近肖古王之前，百济的王位一直在第5任国王肖古王和第8任国王古尔王的后裔之间交替接任。近肖古王扶余句在百济第12任国王契王去世后继位。他掌权后，强化王权，采取多种措施削弱了百济贵族制约势力，成功结束了这种轮回，将王位传给了自己的子孙。

近肖古王对外采取与新罗结盟，与中国中原王朝结好，与高句丽对抗的战略。在公元369年前后，吞并了马韩残存部落与带方郡（朝鲜半岛中西部），并将洛东河以西的伽倻联盟收为臣属，将半岛西南端的荣山江流域归入势力范围。公元371年，近肖古王领军3万将高句丽军队驱至大同江，并占领平壤城，致使高句丽故国原王战死。百济的扩张政策，使其北界达水谷城（今朝鲜黄海北道新溪郡），领土面积为史上最阔。意气勃发的近肖古王将都城移至汉山（今首尔）。百济通过持续的对外战争，强化了国内王权，压制了部族势力，奠定了百济王位父子相传的基础。

近肖古王文武兼治，倡导百济文化发展。百济拿下带方郡后，许多中国学者被邀请到百济宫中，百济通过这些学者的宣导和与东晋的贸易往来中吸收中国文化。近肖古王在位期间还命儒官用汉文撰写了百济首部史籍《书记》，不过此书没有流传下来。

近肖古王时期，百济与日本半岛的倭人保持着紧密关系，并得到了倭人的军事支持。也是在这个时期，大量的倭人贵族和学者来到百济进行商品贸易和文化交流，有部分韩国学者认为，日本奈良就是以百济词语“王国”命名的城市。

公元375年，近肖古王去世，长子扶余须继位，是为近仇首王。

近仇首王胆略过人，公元371年，作为太子的扶余须率3万劲旅大胜高句丽军，占领平壤和水谷城，并在后来的攻城战中射死了高句丽故国原王，俘虏5000名高句丽士兵。

继位后的近仇首王继续近肖古王的对外政策，与北方邻国高句丽保持着对立状态，并于公元 377 年占据平壤。

在日本古代汉文史籍《日本书纪》里记载，近仇首王曾派百济汉学家阿直岐、王仁带着中国典籍《论语》和《千字文》出访日本。也有说法认为这是后世学者混淆了近仇首王和后来的阿莘（shēn）王。

阿直岐，按日本古籍《古事记》与《日本书纪》记载，他是百济近肖古王派往日本的使者，他也是后来日本半岛百济系神社的主神。《古事记》说，百济送应神天皇马两匹还有刀和镜。阿直岐懂养马与汉文，天皇请他教太子读书，后又向天皇推荐了博士王仁。因此，阿直岐被视为第一位把汉字带去日本的人。

《古事记》载："又科赐百济国：若有贤人者贡上。故受命以贡上人，名和迩吉师。即《论语》十卷、《千字文》一卷并十一卷，付是人即贡进。"《日本书纪》载，"春二月，王仁来之。则太子菟道稚郎子师之，习诸典籍于王仁，莫不通达。故所谓王仁者，是书首等之始祖也"。其中"诸典籍"虽所指不明，但应该包含《古事记》所载的《论语》十卷和《千字文》一卷。

王仁是《日本书纪》上的称呼，《古事记》则写成和迩吉师。和迩吉师应是王仁名字的日语读音，应为同一人。有人考证，他的祖父为中国出身的百济渡来人。

据考证，今传《千字文》成书于南朝梁武帝时代，晚于王仁赴日时期，故此段记载一直受到学者的怀疑。有人指出《古事记》所载《千字文》，或只是一般的习字书籍，而讹传为《千字文》。而且《三国史记》与《三国遗事》之中，并未发现王仁或与王仁相似人物的记述。有一种说法是，当时的多名归化学者的事迹在《日本书纪》及《古事记》编写时被归到同一人身上，如百济汉人王辰尔。

王辰尔是从百济移居到日本的外来移民。据说，公元 572 年的一天，敏达天皇将高句丽使节所带来的国书交给大臣苏我马子，令其派人解读。这份国书是用墨书写在乌鸦羽毛上的，所以 3 天过去了，朝廷中却无一人能够解读。正当王公大臣们焦虑不堪时，一个名叫王辰尔的书记官用水蒸气对着羽毛，使羽毛上的墨迹浮现，再誊写到绸缎上，成功解读了国书之谜，敏达天皇对王辰尔的机智博学大加赞赏。这是流传日本的"乌羽之表"的故事。据说，王辰尔后被赐姓"船史"，日本船史氏一族可能为其后裔。不过有日本学者指出，"乌羽之表"的故事恐怕并非史实，不可能有把国书写在乌鸦羽毛上之类的事情。他认为王辰尔通晓汉典，当时日本朝廷对半岛和中国大陆的外交文牒主要依赖通晓汉文典籍的官吏。在韩国，王仁被视作传递文化给日本的使者，是日本上层贵族接受并以汉字作为正式文字的开端。

近仇首王在位 10 年后，于公元 384 去世，后由其长子枕流王继承百济王位。

枕流王在位极为短暂，公元 384 年即位，次年去世。即位初，枕流王派出使节从海上向东晋进贡，东晋帝司马曜册封枕流王为带方郡王，但是册封到达百济时，枕流王已经去世了。东晋还派遣僧侣去百济传扬佛教，枕流王不久接受佛教，并在第二年建设庙宇。因此，他也是第一位接受佛教的百济王。

枕流王驾崩，其弟继位，即辰斯王。据《三国史记》记载，枕流王死后，其长子阿莘王因过于年幼，故由叔父辰斯王继位。而《日本书纪》中记载，辰斯王是用武力夺取的王位。

辰斯王继续实施与高句丽的对立政策，意图扩增北部疆土，建功立威。在公元 386 年，辰斯王从冬比忽城（今朝鲜开城）强征 15 岁以上男子从戎戍边，又派遣军队攻打高句丽据有的都坤城，虏获 200 余人。然后，公元 392 年，高句丽的广开土王亲率大军反击百济，拿下 10 座城池，兵临百济国都慰礼城下。百济政局开始动荡，是年，辰斯王离世。

据《日本书纪》记载，辰斯王对应神天皇傲慢失礼，应神天皇遣使责问，阿莘王的支持者遂杀辰斯王，拥立阿莘王。《日本书记》中认为，倭使臣也参与了百济的这次宫廷政变。在好太王碑中，也有同年倭人渡海作战的叙述。但在《三国史记》中，辰斯王是在慰礼城附近狩猎时受伤去世的。

在《三国史记》记载中，阿莘王即位初，正值高句丽军在百济攻城略地之时。阿莘王以其舅父为将，命其收复失地，但多遭败绩。无奈，阿莘王于公元 397 年将太子扶余映（又称扶余腆）送往倭国为人质，欲联合倭人对抗高句丽的用兵，并征伐新罗。然而这项企图多未奏效，且百济人苦于兵役和战乱纷纷逃往新罗。根据高句丽好太王碑文内容，公元 396 年，好太王迫使阿莘王立誓为奴，其弟及大臣 10 名被虏至高句丽为质。

公元 405 年 9 月阿莘王死时，太子扶余映正为倭人人质，当时由阿莘王的弟弟训解摄政，以待太子就国。太子还没回国，阿莘王的幼弟碟礼就杀死了训解，自立为王。倭王派兵护送扶余映回国，至国界，有人来告："愿太子无轻入。"扶余映便停留在一海岛等待。不久，碟礼被杀，扶余映即位为腆（tiǎn）支王（又称直支王或真支王）。公元 416 年，东晋王朝册封腆支王为"镇东将军、百济王"等封号。

百济至圣王时已至 26 代，别称圣明王或明王。《三国史记》评价他"智识英迈，能断事"。公元 523 年，圣王扶余明秾（也称扶余明）的父亲武宁王病逝，高句丽趁丧发兵攻百济，兵至泿水，圣王遣兵一万人将其击退。次年，圣王接受南朝梁武帝"持节都督、百济诸军事、绥东将军、百济王"的封号。梁武帝又遣博士、工匠、画师赴百济。此后，圣王通过朝贡贸易获得了大量赐品，同时与扶南国、倭人等积极开展海上贸易。

公元 538 年，圣王移都泗沘（sì bǐ）扶余郡（位于韩国忠清南道境内的锦江流域），并重新巩固了王权。从那时起，圣王改国号为南扶余（将扶余国视为他们的发源地）。

圣王也是一位佛教信徒，在位期间保护佛教，并建立了大通寺。根据《日本书纪》记载，圣王曾于公元 552 年，向钦明天皇赠送一个佛像，被认为是佛教传入日本列岛之始。而日本大族大内氏自称是百济圣王的第三子琳圣太子的后代（传说天皇赐琳圣太子多多良姓和大内地区的领地。此后，其中有一系成为大内氏的祖先）。

圣王一直意图联合中国的南朝梁共同抗击高句丽，但没有成功。也曾一度与新罗交好，但公元 553 年，新罗背信弃义攻占了百济的东北地区，设立新州。从此以后，百济与新罗的关系恶化。圣王次年亲自率军征讨新罗，但在狗川（今韩国忠清北道沃川郡）中新罗军的埋伏，被乱兵杀死。也有一说是被新罗兵擒住，后被处死。

圣王死后，其子扶余昌（《三国遗事》作扶余高）继位，成为威德王。威德王即位之初，高句丽趁机攻打百济的熊川城，但被百济奋起击退。

威德王在位期间，因为圣王的战死和汉江流域的丢失，对新罗持敌视态度。分别于公元561年和公元577年两次袭击新罗西部边界地带，但均被新罗所败。

威德王与中国南北朝各朝廷都有友好往来的记录。隋朝建立后，威德王于公元581年遣使进贡，隋文帝封之为“上开府、仪同三司、带方郡公”。威德王的儿子阿佐太子，曾于公元597年到日本，为圣德太子绘制了日本历史上第一幅肖像画《唐本御影》。不过画中人物是否为圣德太子史学界尚有争议。公元598年，威德王听说中国隋朝出兵进攻高句丽，立即表示愿意协助隋朝作战，同年12月威德王病逝。

此时，有众多百济王族和贵族与日本皇族通婚，据日本史籍《续日本纪》记载，桓武天皇的母亲高野新笠是百济25代王武宁王的嫡系子孙，而明仁天皇是桓武天皇的后代。日本第125代天皇明仁也承认这个事实。

进入7世纪，随着新罗的势力在朝鲜半岛南部和中部的增长，百济开始衰落。

◆在东汉末年，新罗发展成朝鲜半岛西南的一个城邦国家，对其周边的辰韩部落的影响也不断扩大。到了3世纪，中国的三国时期。新罗成为辰韩最强大的城邦。有4000多户，在辰韩各部落中只有它独立于马韩统治。公元250年左右，在新罗西边，百济取替了马韩形成了一个中央集权的国家；在新罗西南，伽倻取代了弁韩；新罗控制辰韩及部分弁韩组成新罗国。

新罗建国初期，先后被朴氏、石氏（又叫昔氏）和金氏三大家族轮流统治。公元356年，金氏家族的奈勿尼师今（也称奈勿麻立干）继位后，开始建立世袭王权制结束了新罗三大家族轮流掌权的局面。奈勿泥师今是中国典籍记载的第一位新罗君王。

在奈勿泥师今晚年，新罗常常遭受倭人的袭掠。公元364年，倭人大举进犯新罗，奈勿泥师今情急之下命造稻草人数千伪装成新罗士兵列阵吐含山（位于今韩国庆州）下，同时埋伏勇士1000余人。倭军自恃兵多不防，被新罗伏兵大败。

公元377年，新罗与中国的东晋、前秦以及高句丽分别示好，以求强邻相容。

由于新罗西有百济，南有倭人的威胁，新罗最初与高句丽结盟。不过当高句丽迁都到平壤并开始南扩后，在公元427年，新罗被迫和百济结盟。公元502年新罗与北魏通使，公元503年始定国号为新罗，之前曾经用过“鸡林”“斯罗”等国号。

法兴王在位时期，新罗已羽毛渐丰露出硬刺。新罗以佛教为国教，在伽倻与新罗的战争中，新罗吞掉了伽倻，使疆土到达洛东江；而且利用高句丽的内乱，蚕食了不少高句丽的领土。真兴王在位时期，新罗建立起了强大的军队。新罗帮百济将高句丽从汉江流域赶走后，公元553年又将这一战略要地从百济手里夺回，结束了与百济120年的盟友关系。

新罗对百济的攻击使百济成为朝鲜半岛的最弱者。新罗由于得到了富饶的汉江流域，给其日后统一朝鲜半岛奠定了良好的基础。相反，高句丽却因为丢失汉江流域而国力大减。另外，新罗获得汉江流域后，疆域西界毗邻黄海，使其可以和中国王朝直接贸易和建立关系，并从中国王朝学到先进的文化与技术。新罗与中国王朝的直接沟通与联盟，最终使得在7世纪中叶能够请来唐军赴半岛作战，给高句丽带来了灾难性的后果。

◆据史料记载，公元238年，日本邪马台国国王卑弥呼派遣使者朝见中国三国时期的曹魏帝曹叡（ruì，通“睿”），曹叡赐刻有“亲魏倭王”的紫绶金印一枚。后卑弥呼去世，邪马台国拥立了一名男子为国王，国中立刻引起骚乱，死于战乱者近千人。最后经过各方协商，再度拥立卑弥呼家族的一名女子为女王，该女子虽然只有13岁，但是随着她的登基，内乱逐渐平息。公元326年，邪马台国再度派遣使者来到中国。此时中国西晋灭亡，东晋建立，正在经历五胡十六国的动荡时期。再往后，邪马台国就从中国的史书中失去了踪影。

公元5世纪，日本再次出现在中国的历史视野之中。根据中国南北朝时期的刘宋政权的史籍《宋书・倭国传》记载，从公元413年至公元502年，日本曾有5个王朝向刘宋王朝朝贡，请求封号。中国记载这5个王的称谓是赞、珍、济、兴、武，合称“倭五王”。

对于史书所记载的“倭五王”，究竟属于日本历史上的哪几个朝代，日本史学界曾经做过认真地研究和考证。比较一致的意见是：“倭五王”的在位时间当在5世纪初年至末叶。而这段时间，根据后来成书的日本史籍记载的皇室系统，则是履中天皇、反正天皇、允恭天皇、安康天皇和雄略天皇的统治时期。对照日本天皇系统，现在多肯定允恭天皇就是倭王济、安康天皇就是倭王兴、雄略天皇就是倭王武，至于倭王（赞）和倭王珍（也称“弥”）相当于哪位天皇，还存在着争议。他们朝贡的目的，据认为多是为了对抗咄咄逼人的高句丽，希图控制新罗和百济，扩大日本在朝鲜半岛的影响力。

在4世纪后期，在日本本州中西部逐渐兴起了大和国。经过长期的扩张，大和国“东征毛人五十五国，西服众夷六十六国，渡平海北九十五国”，大约到5世纪，大和国逐渐统一了日本列岛上的大部分地区，基本结束了列岛上部落邦国林立的状态。在征服各邦国之后，大和国的大王只把少数归服国纳入其直接统治之下，或者是赏给王族贵族，而多数情况下则是采取间接统治的方式，即在对方表示归服后，允许其邦国原有内部体制不变，原来的首领仍驻守自己的领地，只需向大和国缴纳租税，大和国大王则通过这些地方豪强对各自领地的统治而间接地统治全国。这种间接统治的方式使得被征服国保留了相对的独立性，同时也成为邪马台时期的政治协商制在新的历史条件下得以延续。

与邪马台时期相比，大和政权的内部结构发生了显著变化。一方面，宗教权威仍占有重要地位；另一方面，亲族血缘关系对于王位的传承开始发挥越来越大的作用。王位继承人的产生虽然仍需通过氏族部落协商推荐，但是推举的范围和标准已经由邪马台国时期的各个部落首领，演变为只有在大王亲族内进行推举。

大和国家形成初期，以大王为首（后称天皇），由大族葛城臣氏、平群臣氏、苏我臣氏、大伴连氏、物部连氏等联合组成统治机构。在联合体内，这些大族代表分别掌管国家的祭祀、军事、外交、财政等，在朝廷内有较大的权力。他们以各自的实力为后盾，凡重大事件均需由这些强势氏族协商决定，大王的绝对统治王权尚未形成。大和国在地方上又分设国（国造为执政官）、县（县主为执政官）、村（稻置和村主为执政官）。在设立的国和县中，这些地方执政官又分别由地方大族掌控。国家的经济基础是大王的直辖领地（屯仓及田庄）和部民制。

在氏姓大族及大王的领地、田庄和屯仓中，从事农业和手工业生产的生产者叫部民。部民制以专业不同的部民编成不同的部，各部的主官（伴造）多半由依附大族、大王地位较低的部族人充任。在生产领域内，所谓的“部”分为农业的田部和手工业的伴部（品部），伴部又分为土师部（陶工）、织锦部、锻冶部等。由于土地属于王室的“屯仓”，又有领主贵族所有的“田庄”，所以部民有公部民，也有私部民，公部民归属朝廷。大多数部民可建立家庭，有一定数量的生产工具，每户从朝廷或领主那里领取一定数量的土地，定期、定量向王室或领主服劳役和贡纳产品。部民没有迁徙自由，部民与其耕作的土地及所属部不可分离，但主人可任意转让。这种部民的地位，从氏族制残余来看，类似中国西周井田制下的奴隶，从可任意转让来看，又似西罗马晚期的隶农。由大陆进入日本半岛的移民称“归化民”，按其所掌握的专门技术被分配在各种部中，移民的首领往往是该部的领导者。

这个时期在日本也称为“古坟时代”，因为当时贵族阶层大量修建巨大的穴式坟墓而得名。此时代一般指从公元 250 年到公元 538 年这段时间的历史，也正是中国西晋王朝开始至南北朝时期。这个时期因躲避战乱有大量来自中国和朝鲜等地的人移居日本，使亚洲的大陆文化影响着日本本土。中国大陆和朝鲜半岛的物产、手工艺品和生产技术大量进入日本，影响着日本列岛经济文化的发展。

进入 5 世纪，大和国原始的所有制关系开始崩溃，原有部族内部矛盾冲突加剧。从 5 世纪中期起，畿内（指都城管辖的地区）大部族间的内战开始激化。公元 412 年，允恭大王继位。其在位 42 年，主要依靠大和地区的平群氏、葛城氏等强势氏族的支持。允恭死后，其子穴穗王子废黜了太子，登基为大王，即安康大王。然而不到 3 年，安康即被刺身亡。其弟在大伴氏、物部氏等豪族的支持下，打击葛城氏势力及其支持的王族成员，先后杀死了对其登位构成直接或间接威胁的其他王子，于公元 457 年登上王位，是为雄略大王。在《日本书纪》中的名字叫做大泊濑幼武（亦称大泊濑幼武尊）。学界一般认为，自雄略大王起，天皇家族的历史由神话时代进入了信史时代。

大王在近亲内部传续的最大风险就是血统的断绝。5 世纪末，当时在位的武烈大王死后，没有留下子嗣，近亲中也没有找到合适的继位人选。在这种情况下，以大伴氏为首的强势氏族没有趁此机会结束王族世袭的传统，而是决定从居住在大和国以外的大王远亲中寻找王位继承人。他们选定了住在近江（日本滋贺县）地方的一位王族远亲，据说是应神大王的五世孙，将他迎立为新王，称继体大王。应神大王与武烈大王相隔近 200 年，而且在世代相传中产生出众多王族分支，武烈大王只是诸多分支中一支的后裔。因此，从血缘关系上论，继体大王与他所继承的武烈大王之间的血统缺乏亲密性。因此，继体大王的继位难以顺风顺水。尽管得到强势氏族的支持，但反对派的阻挠使他不得不采取逐步推进的方式。在赶赴都城即位的过程中，他不慌不忙，时不时停下来观察朝廷形势，一边就地处理政务。经过了近 20 年时间，才最终到达都城，即位称王。

继体大王执政时期，发生了大规模的地方豪强叛乱。公元 527 年，筑紫国（现福冈县）的国造（地方主官）磐井起兵，磐井凭借其地处与朝鲜半岛联系的要冲之地，与新罗遥相呼应，拥兵据守，坚持了一年零三个月后才最终被镇压下去。

继体大王继位之后，迎娶了先王武烈大王的妹妹为妻，从而实现了王统之间的血缘衔接。他们的儿子钦明大王即位后，为了确立父王所开创王朝的正统性，编制了《王统谱》。所谓《王统谱》就是以血缘关系为纽带，把历代大王连成一系，以证明历代大王之间都是有血缘关系的亲族，他们形成的血统是世代相传。王位的传承是这一血统延续的自然结果，因而它只能在王族内部进行，不容许其他血统的人染指。

钦明死后的 20 年间，其 4 个子女敏达、用明、崇峻、推古相继登位为王。到 6 世纪末 7 世纪初推古女王时期，开始出现“天皇”这一称谓。推古对《王统谱》做了进一步的加工，确立了皇统的源头。其以推古九年即公元 601 年为基准，往上推 1260 年，即公元前 660 年，以这一年作为日本第一代天皇的即位之年。这样皇统谱上又增加了 9 代天皇，第一代为神武；接下来是绥靖、安宁、懿德、孝昭、孝安、孝灵、孝元、开化，他们均被认定为父子之间的传承。

《皇统谱》的最大特点在于它的编制理念。它以皇统的连续为目的，以血统的不断为依托，皇统与血统二者互为关联，相辅相成。若皇统中断，就通过血统接上；血统中断，就通过旁系支援直系，远亲替代近亲，必要时甚至采取模拟血缘关系的做法以确保血统的连续性。

《皇统谱》的建立是日本皇权发展进程中的一个里程碑。它通过对皇位传承史全面系统的追溯和梳理，千方百计把天皇传承固化在皇族内部，使之成为皇族专有的特权。把皇位血缘继承固定化、规范化、制度化，成为日本天皇制的基点，使之世代相传，延续至今，奠定了天皇家族传承的唯一性。

在日本学界一直认为朝鲜半岛上的高句丽语同日语有着内在的联系、或者说同属一个语系——扶余语系。而现在韩日学者又发现百济语言也同日语有着某种关系，他们趋向于把这 3 种语言看成是同一个语系。在这种假设的前提下，大和族很可能是从扶余国而来。而扶余人的语言随着地域的分隔，慢慢演变成为高句丽语、百济语及古代的日语。

美国印第安纳大学的欧亚研究学学者白桂思认为，现时的日语仍然能够看到古代扶余语的痕迹。他尝试通过约 140 个高句丽词语来重新构建高句丽语的发音。他发现，高句丽语在文法构词方面与日语相似。他在《日本·高句丽语系的民族和早期中国》一文中，阐述了有关高句丽人和日本人之间关系的语言学证据。根据这些证据，他提出古代日本人和高句丽人的共同源地可能是在面向渤海的中国辽西地区。之后，这个族群的一支向东越海到达日本，而过了几百年后另一支则向东北迁徙，形成了高句丽人。只有这样才可能解释高句丽语和古代日本语难以撇清的关系。因此，扶余语、高句丽语和日语远古时代很可能属于同源。不过这一不寻常的观点，一方面被国际上一部分语言学家所接受，另一方面遭到了诸多质疑，一些学者认为其对古高句丽语言的处理和分析方法是错误的。

四、祖先的灵光

石窟艺术

在十六国和南北朝期间，由于统治者都推崇佛教，故而有许多寺庙及石窟造像流传于世。其中敦煌千佛洞、云冈石窟、龙门石窟、麦积山石窟都成为中国雕塑艺术宝库中的瑰宝。这个时期最突出的佛教建筑类型是佛寺、佛塔和石窟、石像。佛教活动的兴盛及统治者的倾力支持，使当时的石窟佛像艺术、佛寺壁画艺术都有了巨大的发展，融汇了印度、中亚一带的佛教雕刻、绘画艺术思想，将汉代比较朴直的风格，变得更为成熟和灵动。

敦煌莫高窟和麦积山石窟，都是在五胡十六国时期建造的 。麦积山石窟始建于后秦时期，位于今甘肃省天水市，荟集着后秦、西秦、北魏、北周、隋、唐、五代、宋、元、明、清等十几个朝代的塑像 7200 余身，壁画 1300 多平方米，分布在 194 个洞窟中，享有“东方雕塑陈列馆”的美誉；敦煌莫高窟则建于前秦时期，是世界上现存规模最大、内容最丰富的佛教艺术宝库，以精美的壁画和塑像闻名于世。敦煌地处甘肃、青海、新疆三省区的交会处，是当时中国内地与西域各国交流的枢纽，丝绸之路要冲，使得早期的莫高窟包含河西文化及西域艺术的风格。其中属于十六国时期的洞窟有 275 个，绘有《本生经》（古印度一部佛教寓言故事集）等佛教故事画。这些绘画以晕染的方式凸显出人体特征，并以细线勾勒，画风豪放生动，是当时壁画的典型风格。

龙门石窟和云冈石窟均始凿于北魏年间。龙门石窟位于河南省洛阳市，而云冈石窟位于山西省大同市。

据称，“昙曜五窟”，是云冈石窟的最早期工程，由北魏名僧昙曜（tán yào）主持。5 个石窟的中央都雕刻了巨大的如来佛像，象征北魏立国早期的 5 个皇帝：第 20 窟是云冈石窟的代表作，北魏道武帝拓跋珪；19 窟明元帝拓跋嗣；18 窟太武帝拓跋焘；17 窟景穆帝拓跋晃；16 窟文成帝拓跋濬。不过，5 窟具体排列代表的是北魏哪一位皇帝，学界尚有争议。

南梁萧衍当皇帝的时候，中国佛教的戒律开始变得严格。据说，早期的佛教徒是可以吃肉的，吃的是“三净肉”。所谓“三净肉”是指没看见、没听见、不是特意为自己宰杀的肉。但是从萧衍开始，禁止信徒吃肉，且吃素也有规定，有“五荤”禁吃。“荤”在古代指的是带有刺激性气味的蔬菜，“五荤”（也称五辛）的说法不一，但基本都含有蒜、葱和韭菜。

书法艺术

三国时期，隶书开始演变出楷书，楷书成为书法艺术的又一主体。楷书又名正书、真书。《辞海》释其为“形体方正，笔画平直，可作楷模”。由三国时期魏国重臣钟繇（yóu，一说读 yáo）所创。西晋以后，南北分裂，书法亦分为南北两派。北派书体，质古方严，朴拙险峻，带有汉隶遗风，多存于北朝文字刻石，史称：魏碑。魏碑艺术对后世楷书体的形成和发展具有重大影响。

与此同时，在楷书的基础上又发展出了行书。行书是介于楷书和草书之间的一种字体，是为了弥补楷书的书写速度太慢和草书的不易辨认而产生的。“行”有“行走”之意，因此它没有草书那样“存字之梗概，损隶之规矩”，也不似楷书那样端正，实质上它是楷书的草化或草书的楷化。楷法多于草法者叫“行楷”，草法多于楷法者叫“行草”。行书至东晋王羲之、王献之父子的手中，才使之兴盛起来。

王羲之出身于东晋望族，他的孙女（王献之的女儿）是晋安帝司马德宗的皇后，堂伯父是东晋权臣王导。王羲之自幼聪敏勤奋，他将行书的实用性和艺术性完美地融汇在一起，从而创立了誉满千古的南派行书艺术，被后人誉为书圣。自此，汉字字体发展基本定型，从而揭开了中国书法艺术发展史新的一页。

六朝四大家

今天的南京又称“六朝古都”，六朝一般是指中国历史上三国至隋朝的江南六个朝代。即东吴、东晋、南朝宋、南朝齐、南朝梁、南朝陈这六个朝代。由于西晋末，中原士族大量“衣冠南渡”，使六朝在文化上上承秦汉，下启隋唐，创造了极为辉煌的“六朝文化”，使长江流域在科技、文化、艺术等各方面达到了空前的繁荣。其中，享誉中外的“六朝四大家”，在中国绘画史中就占据着重要地位。

四大家中除了有“佛画之祖”之称的曹不兴是三国时期东吴人以外，其余为东晋顾恺之、南朝宋陆探微、南朝梁张僧繇（yóu，一说读 yáo）。

曹不兴（亦称曹弗兴），是今浙江湖州人，以擅长画动物及人物著称。传说，一次曹不兴为孙权画屏风。在画一篮杨梅时，不慎在画中滴落一滴墨，于是他便顺手将墨点绘成一只苍蝇。孙权来看画好的屏风时，以为画面上真落下了一只苍蝇，便举起手想去轰，手下忙告诉他，苍蝇是画上去的。这就是著名的“落墨为蝇”的故事。当时，东吴有个著名僧人是西域康居国人，他从印度带来佛教画本及印度绘画技法。曹不兴受其影响，对佛教艺术产生兴趣，临摹多种佛像，加以西画技法巧绘出佛画，轰动京城。后来被称为“佛画之祖”。可惜的是，曹不兴的画作没有流传下来。

顾恺之，字长康，小名虎头。顾恺之博学多艺，长诗赋、书法，尤善绘画。精于人像、佛像、动物、山水等。时人论其为三绝：画绝、才绝和痴绝（不同流俗）。

顾恺之作画强调神韵。《世说新语》记其有的人物画画了几年不画上眼睛，有人奇怪问他何故，他说：身体四肢的美丑，与神韵无关，而人像的传神写照，就在于这眼睛上。从而在他的画论中提出了“传神写照”，作为评画的第一标准。而如何能做到传神呢，顾恺之又提出了“迁想妙得”这一艺术创作的重要过程，只有将“迁想”这个构思活动，做到“神仪在心”才能“而手称其目”。故而唐代有艺评家论“南朝三大家”：象人之美，张僧繇得其肉，陆探微得其骨，顾恺之得其神。除了人物画，顾恺之其他题材画作后人也是赞不绝口：“意存笔先，画尽意在，所以全神气也。”“笔迹周密，紧劲连绵如春蚕吐丝。”谢安感叹“顾长康画，有苍生来所无”。

顾恺之不仅有无与伦比的绘画创作，在绘画理论上也有史无前例的成就。今存有其《魏晋胜流画赞》《论画》《画云台山记》3 篇画论，为中国传统绘画的发展传递了方向。

顾恺之曾为桓温参军，二人有深厚的友谊。据说，桓温死后，顾恺之前往他的墓地哀悼，作诗道：“山崩溟海竭，鱼鸟将何依！”以寄托哀思。并描述自己的悲恸状是：“声如震雷破山，泪如倾河注海。”

在《世说新语》中有多个关于顾恺之的故事，并成为今天的成语。

布帆无恙：比喻旅途平安。

一次，顾恺之休假回家路过荆州，特地去拜访好友。好友热情款待并建议他乘船回老家破冢，同时借给他一块布帆。顾恺之行船到破冢遇到大风，船被吹到岸边。走回家后，他给好友写信：“地名破冢，真破冢而出，行人安稳，布帆无恙。”

渐入佳境：比喻兴趣逐渐浓厚、事业逐渐发展、境况日益好转。

顾恺之吃甘蔗，先从蔗梢吃起。有人不解，问他原因，他释疑：“渐入佳境。”

根据记载，顾恺之的作品有 70 多件。可惜，顾恺之作品真迹没有流传下来，现在传世的只有《女史箴图》《洛神赋图》《斫（zhuó）琴图》《列女仁智图》等摹本了。《女史箴图》有两个绢本：一本藏故宫博物院，但画质较差，专家认为是南宋摹本；另一本画质较好，更能展现顾恺之画风原貌，专家认为可能为唐人摹本。但被入侵中国的八国联军掠走，收藏于英国伦敦大英博物馆。

陆探微，据认为是宋明帝刘彧时期的宫廷画师。在中国画史上，他是借鉴草书技巧行画的第一人。他通过对草书连贯一气的行笔特点，与绘画意境相结合，巧妙运笔创作出前所未有的“一笔画”法，透出“秀骨清像”的风格。后人有将他的画风与顾恺之并誉为“顾陆”。

同样，陆探微的画作，今天也是难觅踪迹。我们只能从其他朝代画家、文人的评价中看到他的风采。有南齐人在其著名绘画品评专著《古画品录》（又称《古今画品》《画》）中给予陆探微绘画极高的赞誉，称其画：“穷理尽性，事绝言象。包前孕后，古今独立，非复激扬所能称赞。”唐人在《历代名画记》中载陆探微有画达 70 余件，题材广泛，从佛像、人物画至飞禽走兽，无一不精。并称“陆公参灵酌妙，动与神会，笔迹劲利，如刀锥焉。秀骨清像，似觉生动”。

张僧繇，南朝梁武帝萧衍时期人，担任过吴兴太守等职。长于写真，喜画佛像、龙、鹰、花卉、山水等卷轴画和壁画。萧衍好佛，凡宫廷修建佛寺多命他画壁，成语“画龙点睛”的故事即出自于有关他的传说。

说是张僧繇给京城安乐寺墙壁上画了四条龙，但均不点眼睛。观者好奇，张僧繇担心道：“点之即飞去。”人们不信，认为是妄言。于是，在人们的一再要求下，张僧繇给二条白龙画上了眼睛。须臾，电闪雷鸣，二白龙破壁而飞。

《历代名画记》载，张僧繇人物画近似素描“笔才一二，像已应焉”其“一点一画，别是一巧”，在点曳斫拂中，如“钩戟利剑森森然”。改变了顾恺之、陆探微连绵循环之势。又因着笔不多，点划时见缺落，而形象具备，有意到笔不到之妙，与唐人吴道子并称“疏体”，以区别于顾陆的“密体”。据认为，张僧繇还怀有一技，用“退晕法”画出“凸凹花”，画面富有立体感，可能接受了古印度的绘画技法。其所绘佛像，独具风格，自成样式，被称为“张家样”。

由此可见，至南北朝时代，中国绘画技法已趋成熟，而风格则开始离开古朴阶段而走向丰富与多样化。而张僧繇与顾恺之、陆探微、唐代画圣吴道子又被称为中国“画家四祖”。

“永明声律论”

随着文学创作的繁荣，伴随之文学批评在南朝时代也得到充分的发展。文笔之辨反映了当时文学创作对承上启下的认识和要求，“永明声律论”的产生，就充分反映出这一时期文潮的特点和历史贡献。

“永明”是南朝齐武帝萧赜的年号，“永明声律论”的主要倡导者是沈约。沈约历仕刘宋、萧齐、萧梁三朝，是萧梁的开国功臣，著有《四声谱》一书，倡导声律理论。他认为历代诗文佳作颇兴，但在声律应用上不够规范，“皆暗与理合，匪由思至。”沈约提出了具体的声律理论、写作法则及其原理，也就是四声法则。四声：指平、上、去、入四声。因《四声谱》已失佚，其具体调值已无从查考，专家推断：平声可能是一个平调，上声是一个升调，去声是一个降调，入声是一个促调（其声短促，一发即收）。其中还有“八病”之说：

即平头、上尾、蜂腰、鹤膝、大韵、小韵、旁纽、正纽。

有学者认为，“八病”之说恐非沈约始创，是后人根据沈约的理论整理延伸出来的。同时，“永明声律论”的产生，深受梵文佛经的影响，也是魏晋南北朝以来文章骈俪化，诗歌渐脱乐府，进入自觉创作阶段的时代产物。其强调利用汉字声、韵、调的搭配关系形成的一套新的诗文创作规则。从而出现依此规则创作的诗文——“永明体”。

永明体诗又称新体诗，其特征是：

①讲求声律，用韵已相当严谨，诗的格律很多已接近唐诗。

②诗的篇幅已大大缩短，以五言四句、五言八句为主，少量有一些是五言十句的。

③讲求骈偶、对仗，律句已大量出现，追求流转圆美，平俗易懂的诗风。

④讲求首尾的完整性，追求诗的意境，写景抒情有机地融为一体。

永明体诗的出现，标志着中国古典诗歌的一次进步，产生了新的美学标准，为当时的诗坛注入了新的风尚，为后来律诗的成熟及唐诗的繁荣奠定了基础。

永明声律论和永明新体诗产生后，南朝文坛对此褒贬不一，当时两个文学评论大家对它们的态度也不一致。《文心雕龙》的作者刘勰（xié）表示赞许，而写《诗品》的钟嵘则表示反对。赞同声肯定声律论在中国诗歌史中的历史意义，推动了汉语音韵学的进步；反对声认为声律论束缚了诗歌的创作，过于注重于形式的工整。双方见仁见智，各执一词。

《文心雕龙》

刘勰的《文心雕龙》是中国古典文学理论批评史上一部结构严密、论述全面、体系完整的文学理论著作。全书 10 卷，50 篇（原分上、下部，各 25 篇）。

全书以儒家美学思想为基础，兼采道家认知，认为“道”是文学的本源，圣贤的言行是文人学习的楷模，“经书”中的风骨则是文章的典范。书中提出了“思理为妙，神与物游”的创作观，重视艺术构思中的想象问题。刘勰还把作家个性的形成，归结为才、气、学、习 4 个方面。他说：“才有庸俊，气有刚柔，学有浅深，习有雅郑。”其中，才和气是先天禀赋，因人不同而各异；学和习为后天养成，是和作家的努力及所生活的环境影响紧密相连。

《文心雕龙》还系统论述了文学创作中的形式与内在、承续与创新的关系，对文学包含的艺术本质及其特征有清晰的认识，全面地讨论了南朝文学创作中面临的问题，开探讨文学形象思维的先河。

刘勰，字彦和，今山东省莒县人。史载刘勰很早就成为孤儿，因为家里贫穷而没有娶妻生子，和寺庙里的高僧住在一起。刘勰人苦志强，发奋学习。十多年后，他对寺庙里的经文都很精通，并分门别类地整理了这些经文，抄录下来，还为经文写了序言。刘勰所撰《文心雕龙》受到沈约的赏识，入朝为官领步兵校尉兼任太子萧统的通事舍人。晚年，他奉萧衍之命，又重返定林寺撰经，不久出家，后逝于定林寺，一说享年 55 岁，一说享年 73 岁。

《诗品》

钟嵘的《诗品》(或《诗评》) 是中国古代第一部比较系统的诗论专著，以汉魏六朝的五言诗及其作者为论述对象，探寻了五言诗的发展过程，并对五言诗的艺术标准、作家的流派及成就，提出了许多自己的见解。它出现在《文心雕龙》之后，对后世诗歌的品评有很大的影响，清代学者有称《诗品》为“百代诗话之祖”。

《诗品》对汉魏至齐梁间的 122 位诗人评风格，溯流派，定品第。不过，历代诗学家对《诗品》中所作出的溯源析流、诗人的品第有着不同的看法，分歧很大。

《诗品》对“诗兴大发”的产生，提出了“气之动物，物之感人，故摇荡性情，行诸舞咏。”之解。意思是：外界使事物发生变化，事物的变化被人感悟，促使人们去思想、去激动，表现为歌舞吟咏。即文学灵感和文学作品来源于作者受到外物变化所激发的情感表达，有学者名之为“物感说”。钟嵘的“气之动物”的物感说与刘勰的“神与物游”的创作观，有着异曲同工之妙，有着中国古典哲学传统。

钟嵘是今河南许昌人，在南齐末和南梁初为官。约逝于公元 518 年，享年 50 岁左右。

《水经注》

此外，南北朝时期涌现出一批杰出的科学家、科技专著和科技成就。

《水经》是中国第一部记述中国水文地理的专著，成书年代和著者历史上说法无定论。《水经》原著仅记述了137条主要河流的水道情况，1万多字，记载简朴，缺乏系统性。后经北魏人郦（lì）道元做注，使成书《水经注》在原书基础上扩展撰成，记载河流水道1252条，达30余万字，共40卷。

《水经注》以河流为主线，详细地记述了河流流经区域的地理情况，包括自然气候、地理物产、人文习俗、历史文化、神话故事等，被誉为中国古代最全面、最详细的综合性地理著作。其叙述的地域范围，基本上以西汉王朝的疆域作为主要撰写对象外，还涉及当时不少域外地区，包括古印度的恒河、印度河和孟加拉湾的水文地理，中南半岛和朝鲜半岛若干地区。其所记述的时间上起先秦时期，下至南北朝时代，上下1000多年，内容丰富，迄今仍是研究中国古代地理变迁、气候变化的重要著作。中国一位现代著名历史地理学家，曾利用《水经注》提供的信息，复原了北京周围古代水利工程，研究了毛乌素沙漠的历史变化。更精彩的是，作者文笔清丽，语辞隽永，对展示的自然面貌进行了绘声绘色的描述，使读者印象时刻难以释卷。所以它在中国文学史上亦占有重要的地位。

郦道元，字善长，河北涿州人。父亲是北魏王朝的青州刺史，幼时常随父访查水道和山川风物，好学博览，后入仕为官，袭封永宁伯爵。

孝文帝拓跋宏迁都洛阳后，任命郦道元为尚书郎（在皇帝身边处理政务）。宣武帝元恪时期，郦道元被外放地方官，以为政严猛著称。孝明帝元诩当政，他被授河南尹，负责京都洛阳的治安，后又因其执法严正，不使豪强和皇族嚣狂，因此遭权贵忌恨，讥为“酷吏”。

公元527年，雍州刺史欲叛，元诩派郦道元前往安抚并探明虚实。顾虑到郦道元的刚正可能对自己不利，雍州刺史派兵在临潼将郦道元一行人围困，断绝饮水。最后，叛兵将郦道元及同行的两个弟弟和两个儿子同时杀害。

《齐民要术》

《齐民要术》是北魏杰出农学家贾思勰所著的一部综合性农书，也是中国现存的最完整的农书，在世界农学史上占有重要的地位。

书中正文分成10卷，92篇。书中援引古籍、杂著近100多处，记载的农谚有30多条，使两汉农书《氾胜之书》《四民月令》等一些佚失著作的部分内容得以保存下来。全书介绍了多种粮食作物、菜蔬作物和果树的栽培方法；各种经济林木的特性和栽种方法；不同地区野生植物的特点和利用（有专家认为该书的第10卷可以说是现存最早的南方植物志）；家畜、家禽、鱼、蚕的饲养和疾病的防治；以及农、畜产品的食品加工、酿造［包括制曲、酿酒、制酱、作醋、煮饧（xíng，糖稀）］以及食品保存的详实工艺；以至文具、日用品的生产加工等，几乎对当时所有的农业生产、畜牧活动都作了比较详细的论述。在果树和林材方面，它总结了播种、扦插、压条、分株、嫁接等多种繁育方法。该书对大家畜的外形鉴定、禽畜的选种、育种和饲养管理，也都有重要的描叙，并记载了兽医处方 48 例，涉及外科、内科、传染病、寄生虫等方面的治疗方法，有些至今仍在沿用。英国进化论的奠基人达尔文曾认为，他的人工选择思想的形成曾经受到中国古代的一部百科全书的影响。达尔文指出，人工培育动植物品种进化的关键是人工选择。他讲述了中国金鱼人工选择的过程和原理，并且再次阐明中国人运用同样的原理对所期望的植物和果树进行人工选择。据专家分析，对达尔文产生影响的古籍就是《齐民要术》。

《齐民要术》是一部有很高科学价值的“农业百科全书”，它内容极其丰富，初步建立了中国古代农业科学体系，反映了当时中国北方农业生产技术水平，其中有许多技术现在还在应用，形成传统工艺。

贾思勰是山东青州（一说寿光）人，应该出生在一个相对富裕的乡绅或地主家庭，其祖上重视农业生产和研究，对贾思勰的一生有很大的影响。成年以后，贾思勰一度为官，曾经做过高阳郡（今属山东省临淄，但有争议）太守等官职，到过山东、河北、河南等地。每到一地，他都认真考察和研究当地的农业生产技术，从而获得了不少当时农业生产方面的知识。

贾思勰生卒年月不可考，约在北魏永熙二年（公元 533 年）至东魏武定二年（公元 544 年）间回到家乡，并写成农业科学巨作《齐民要术》。

造纸业在南北朝时期有了新的发展，压光和染色是这一时期造纸技术的新成就。当时纸的名目很多，其中用藤皮造的藤角纸是一种质地优良的纸张，造纸业的发展对当时文化的发展起到了积极的促进作用。

葛洪《肘后备急方》

葛洪，东晋道学家、医药学家，今江苏句容市人。先后编有《抱朴子》（内外篇）、《金匮（guì）药方》及《肘后备急方》等著作。其中《抱朴子内篇》是道教重要的炼丹经典，具体地描述了炼制金银丹药过程中的化学知识，也介绍了许多物质的性质和物质在炼制中的相关变化。他将《金匮药方》缩编为《肘后备急方》，类似今天的急救手册，在当时十分实用。《肘后备急方》也是最早记载结核病、天花、疟疾的书籍。葛洪精晓医学和药物学，主张道士兼修医术。他在其所撰的《肘后备急方》中，保存了不少中国早期医学经验，记载了许多民间治病的常用方剂，为研究魏晋南北朝医学的重要史料。该书关于天花病的记载，以及关于天花的危险性、传染性地描述，是世界医学史上现存最早的文献资料。对结核性传染病的认识，结核病的主要症状，“死后复传及旁人”的特性，也比国外早一千多年。

2015 年，中国中医科学院药学家屠呦呦借助《肘后备急方》，发现抗疟药物“青蒿素”而获得诺贝尔生理学或医学奖。

1971 年 10 月，经过无数次失败，屠呦呦在葛洪的《肘后备急方》中找到了关于青蒿抗疟的记载：“青蒿一握，以水二升渍，绞取汁，尽服之。”在此启发下，屠呦呦的研究小组获得的青蒿提取物——“青蒿素”，抗疟疗效达到 90% 以上，挽救了无数人的生命。随着中国科学人员的研究深入，青蒿素的其他作用也多被发现和应用，如抗肿瘤、治疗肺动脉高压、抗糖尿病、胚胎毒性、抗真菌、免疫调节等等。

祖冲之与圆周率

祖冲之为南朝宋人，祖上大多熟悉天文历算，所以祖冲之从小对天文和数学有兴趣。祖冲之吸取前人经验，把圆周率数值准确地推算到小数点后第 7 位，他的数学论文集《缀术》是当时数学领域的最高成就。祖冲之算出 π 的数值在 3.1415926 和 3.1415927 之间，这一纪录直到 15 世纪才由阿拉伯数学家卡西打破。祖冲之还给出 π 的两个分数形式：22/7（约率）和 355/113（密率），其中密率精确到小数第 7 位，在西方直到 16 世纪才由荷兰数学家重新发现。祖冲之还和儿子祖暅（xuǎn）一起解决了球体积的计算问题，得到正确的球体积公式，称为“祖氏定理”，这个公式一直到今天还被人们广泛采用。祖冲之还给出了他所测定的交点月长度 27.212223 日，这是一个极为精确的数值，与现代精确值 27.21222 日相比，仅差十万分之一日。交点月是指月亮从黄道（太阳运行的轨道）与白道（月亮运行的轨道）的一个交点出发，在经过另一个交点后再回到起点所用的时间。

岁差是一种天文学现象，这也就引起了地球上 24 节气位置的变动，约有 20 分钟的差别。岁差现象最早由古罗马天文学家喜帕恰斯发现，后东晋天文学家，浙江慈溪人虞喜在公元 330 年也发现了岁差现象并进行了测定。公元 463 年，祖冲之将“岁差”概念编制进《大明历》（也称“甲子元历”），使历法有了更科学的基础。

祖冲之在《大明历》里提出了在 391 年中插入 144 个闰月的新闰周（闰月的周期），从而得出《大明历》一个回归年是 365.2428 日，与现代测的回归年长度 365.2422 日相差无几，也就是说一年相差不到 50 秒，这是非常精确的数据。

据记载，在机械制造上祖冲之也颇有创造。他曾造出铜铸指南车、利用水力磨面的水推磨、能日行百里的千里船和计时仪器漏壶等。为纪念这位伟大的古代科学家，1967 年，国际天文学家联合会把月球上的一座环形山命名为“祖冲之环形山”，将小行星 1888 命名为“祖冲之星”。

《夏侯阳算经》

《夏侯阳算经》一般认为是北魏人夏侯阳所著，成书于公元 450 年前后，其生平不详。

该书保存了大量的数学史料；概述了筹算的乘除法则和分数法则，给出了“法除”“步除”“约除”及开平方开立方的运算方法，还推广了十进小数的应用，同时是最早提出补数除法的著作。由于例题结合实际，对普及数学知识和计算技能起一定的作用。但原书已佚失，其曾传入日本，可惜也已失传。现传最好版本为明代影宋抄本，现藏北京故宫博物院。

北魏末年，张子信避兵乱而隐居海岛，用圆仪测天 30 年。大约在公元 565 年前后，他发现关于太阳运动不均匀性、五星运动不均匀性和月亮视差对日食的影响的现象，并且提出计算方法，在中国古代天文学史上留下浓墨重彩的一笔。

历史的催化剂——马镫

骑兵是冷兵器时代的战争主角，不过，在马镫发明之前骑马还不是一件让人向往、愉悦的事。因为马镫是骑马时放脚的装置，没有它，当马飞奔或腾越时，骑士们只能用双腿夹紧马肚，同时用手抓紧马缰绳才能避免摔下马来。因此，当时的骑兵主要是依靠机动性进行打击的轻骑兵，欧洲有少量使用长矛金属铠甲的重骑兵。在中国秦始皇兵马俑中出土了许多与真马大小相似的陶马，马身上马具齐备，但就是没有发现马镫。

马镫虽然很小，结构简单，作用却很大。它为骑手在马上找到了一个支点，使骑士和战马很好地结合在一起，把人和马的力量相融合，发挥出最大的效能，使骑兵更加具备冲击力和近身肉搏的能力。据史学家考证，马镫最早是由中国游牧民族发明的，但准确的时间目前史学界尚无定论。据出土的西汉时期古墓壁画上就已出现了马镫，推测匈奴人可能为最早使用马镫的民族。

1977 年在中国内蒙古呼和浩特市一座北魏中期的墓葬中，出土了一个北魏陶马俑，在马俑腹部有一对马镫。1965 年，考古人员在中国辽宁省北票县北燕贵族墓中，出土了一对鎏金木芯直柄包铜皮的马镫。这对马镫长 24. 5 厘米，宽 16. 8 厘米，是目前世界上现存年代最早的马镫实物。马镫的产生和使用，标志着骑乘用马具的完备，在军事装备发展史上具有里程碑的意义。有美国历史学家提出：“只有极少数的发明像马镫这样简单，对历史却产生如此催化剂的作用。”英国著名学者李约瑟把马镫对欧洲历史的神奇作用一句话做了概括：“就像火药在最后阶段帮助摧毁了欧洲封建制度一样，中国的马镫在最初阶段帮助了欧洲封建制度的建立。”因此，马镫在被中国北方的游牧民族发明后，便在欧亚大陆上迅速流传，使骑兵的地位大大提高，也使世界古代战争史大为改观。

◆贵霜帝国至公元 3 世纪已分裂为若干个小公国。这时西亚的萨珊波斯兴起，开始向中亚、阿富汗和印度扩张，贵霜的势力日益削弱。至公元 4 世纪，中国进入“八王之乱”到五胡十六国的激烈动荡时期；东印度的笈多帝国崛起，再次统一北印度。

室利·笈多家族是恒河上游一个小国君主，其逐渐强盛制服附近小国后，自称“大王（摩诃罗阇）”。当时室利·笈多之孙，旃陀罗·笈多一世（与孔雀王朝的旃陀罗·笈多不是同一家族，时间相隔 600 多年）掌权时，势力更加发展。约在公元 308 年，旃陀罗·笈多娶当地部族离车公主为妻，离车族占有华氏城（今印度比哈尔邦巴特那）及附近地区，旃陀罗·笈多因婚姻关系接手离车族，令笈多家族势力大增。公元 320 年，旃陀罗·笈多一世正式建立笈多王朝，定都吠舍离（今巴塞尔城）。旃陀罗·笈多一世，在位 16 年为崛起的王国奠定了强势的基础，统治了今北方邦、西孟加拉邦和比哈尔邦的大部分。

旃陀罗·笈多一世之子海护王（又称沙摩陀罗·笈多）继位后继续对外扩张，征服恒河上游地区及印度河流域东部地区，然后东进，威服恒河下游，最后兴师南下，进抵奥里萨及德干高原东部，迫南印度大国帕拉瓦王国臣服并纳贡，势力直抵苏门答腊及爪哇。海护王文武兼修，被称为“卡维罗阇（shé）”，即诗人国王。

海护王之子超日王也称旃陀罗·笈多二世（一般认为是传说中的“毗讫罗摩阿迭多”）即位后将笈多王朝推向极盛。公元388年起，超日王先后并吞马尔瓦（印度中北部高原）、古吉拉特（位于印度最西部）及卡提阿瓦半岛（印度西端）；灭亡西萨特拉普王国（在印度中西部）；势力达到阿拉伯海沿岸，控制了北印度东西海岸的城市及港口，除印度半岛南部及西南部外，领域囊括印度大部分地区。首都后迁至华氏城，并在马尔瓦建立行宫，版图与孔雀王朝时期大致相当，被史家认为是印度的黄金时代。

据说超日王的脱颖而出颇有传奇色彩，年轻时并非是父亲所立王储，而是他的长兄继位。但这位国王在与西萨特拉普王国交战时失败，被围困在一座山间堡垒中，最后在饥寒交迫之下不得不以献出自己美丽的王妃为条件让敌军撤围。被激怒的笈多王妃，向正在军中参战的王弟旃陀罗·笈多二世求助。超日王用计带领数百名勇士，化妆成女人前往敌营，而英俊的超日王则装扮成王妃，借机将西萨特拉普国王刺杀。他的壮举赢得了臣民的拥护，也促成了自己日后的篡位夺权。美丽的王后后来嫁给了智勇双全的超日王，还为他生下了王储鸠摩罗·笈多一世。

在超日王时期，65岁的中国东晋高僧法显经西域求学印度，历时14年，收集了大批梵文经典，著有《佛国记》亦称《历游天竺记传》，同时有印度僧人也在此时来到中国。

超日王大力提倡文化艺术，礼待学者。在宫中有9位当时的著名学者伴其左右，号为王宫“九宝”。其中，剧作家和诗人迦梨陀娑和天文学家伐罗诃密希罗，其后享誉世界。

迦梨陀娑

迦梨陀娑（意思是“迦梨女神的奴仆”）是印度伟大的诗人和剧作家。关于他的生平事迹，流行有两种说法。一种说他是婆罗门孤儿，由一个牧人抚养长大，后与一位公主成婚。在公主的引导下，他去迦梨女神庙祈祷，从而获得迦梨女神的恩赐，成为著名诗人。另一种说法是迦梨陀娑晚年访问锡兰（今斯里兰卡），和斯里兰卡国王结为挚友，斯里兰卡国王好诗文，二人常在一起切磋诗艺。有一天，国王去妓院消遣，突然看到一只蜜蜂落在一朵莲花上，于是诗兴大发，便随手在墙壁上题了两句诗。题罢他对在场的妓女说：“如果有人能完美地续上后两句，愿赏以重金。”第二天，迦梨陀娑也来到了这所妓院。看到了墙壁上国王未写完的诗句后，便毫不犹豫地在下面续补了两句。那个妓女看到后，她为了骗取国王的赏金，就残忍地把迦梨陀娑杀害了。国王很快查明了真相，严厉惩罚了妓女，并为迦梨陀娑举行了隆重的火葬，自己也投身火中随诗友而去。

据考证，印度现存公认的迦梨陀娑的作品有7部：抒情短诗集《时令之环》，抒情长诗《云使》，叙事诗《鸠摩罗出世》和《罗怙世系》，剧本《摩罗维迦与火友王》《优哩婆湿》《沙恭达罗》。

而流传最为广泛，并为迦梨陀娑赢得世界声誉的是用梵语写成的7幕剧《沙恭达罗》。

剧情描写：一天，英俊的国王豆扇陀外出打猎，因追逐一只小鹿而进入一片茂密的树林中，正巧遇到在树林中浇花的沙恭达罗。沙恭达罗是天神的女儿，被在林中修行的干婆收养。豆扇陀与沙恭达罗一见钟情，在林中互表爱意，私下成了亲。几天后，豆扇陀要回王宫处理国事。临别时，他将一枚戒指作为信物交给沙恭达罗，表示沙恭达罗和他的国家一样重要，回宫后，安排一下会派人来接她。

分别后，沙恭达罗相思心切，无意中怠慢了仙人达罗婆娑。仙人大怒，诅咒国王将丧失记忆，直到见到信物时方能相认，而沙恭达罗的信物必将丢失。

日后，沙恭达罗怀上了身孕，她兴高采烈进宫寻夫。但由于遭到仙人的诅咒，沙恭达罗将戒指失落在了河中。而豆扇陀也完全忘却了林中相遇的往事，拒绝接纳沙恭达罗，指责沙恭达罗说谎话玷污了他的名声。沙恭达罗求告无门，在万分悲痛中被她的母亲救到了天上。

不久，一位渔夫捉到了一条红色的鲤鱼，发现鱼肚子里有一枚刻有国王名字的戒指。渔夫把戒指献给了国王。国王看到戒指后，立刻恢复了记忆，回想起他和沙恭达罗曾经的爱情，和发过的誓言，后悔赶走了沙恭达罗。他请画师画了一幅沙恭达罗的画像，整天面对画像长久凝望，以泪洗面，疏离朝政。

天神同情豆扇陀的不幸，邀请他到天国。在天国里，豆扇陀找到了沙恭达罗和他的儿子，一家人幸福地团圆了。他们的儿子就是印度民族的祖先，也是印度传说中最早的一个国王。

《沙恭达罗》版本很多。被大量译成各种印度方言。在公元 1789 年英国一位梵文学者率先将《沙恭达罗》译成英文出版，并称颂迦梨陀娑为“印度的莎士比亚”。在中国，自 20 世纪 20 年代起，出现过多种《沙恭达罗》译本，但都是根据英译本或法译本转译的。1956 年，中国学者首次依据梵文原著翻译出版《沙恭达罗》，并先后两次将《沙恭达罗》搬上舞台。1956 年，世界和平理事会将迦梨陀娑列为世界十大文化名人之一。

旃陀罗笈多二世的宗教政策也是兼容并蓄。虽然他本人是一个虔诚的耆那教徒，但并不反对佛教、印度教的传播。他曾委任一些佛教徒担任宫廷顾问，还慷慨捐资修建佛教寺院。

据认为，现代广泛应用于各行各业的阿拉伯数字，很可能就是在旃陀罗笈多二世时期被发明出来的。后来通过阿拉伯人，传播到世界各地，才被名为阿拉伯数字。印度的天文学也在这个时期，得到了进一步发展。

伐罗诃密希罗［又称彘（zhì）日］

伐罗诃密希罗是笈多王朝旃陀罗·笈多二世王宫中的一位天文学家、数学家。伐罗诃密希罗的重要成就是编著了《五大历数全书汇编》（又译作《五手册论》《五悉昙多论》《五部悉昙多汇编》等），该书汇编了印度当时应用着的 5 种历书，即《太阳手册》（又称《苏利亚历数书》）、《毗坦摩诃手册》、《婆西沙手册》、《普利沙手册》、《罗马伽手册》，其中后 4 种已经失佚。

该书总结了当时印度天文学主要成就以及历法学的全部精华，全面介绍了在此之前印度的各种历法。书中阐述了希腊天文学，引入了一些新的天文概念。还介绍了太阳、月球和地球直径的演算方法；探讨了行星的运行、位置、会合，日月食的性质；星座、日、月的升降；宇宙的起源；测量仪器与计时方法等，该书对印度后世历法影响极大。但书中尊奉地心说，认为地球是不动的，季节是由于太阳绕地运转而形成的。而且当时的印度历法大都是使用恒星年而不是回归年（恒星年与回归年的参照物不同），这个特点一直保持到近代。

伐罗诃密希罗还是当地著名的星相学者，据说编有《星宿幸运交合时的征伐》一书，论证国王出征前时的各种预兆。

旃陀罗·笈多二世的文韬武略，让他在印度历史中独树一帜，并影响着印度历史。

超日王之子鸠摩罗·笈多一世在位期间，正是中国的南北朝时期。笈多王朝国内外矛盾爆发，纳马达河（亦称纳巴达河）流域的一个部族叛乱，太子塞建陀·笈多率军镇压，几乎被击败。战争期间，鸠摩罗·笈多一世逝世，塞建陀·笈多继位并再次出兵成功镇压了叛乱。未几，嚈哒（yàn dā）人强势来侵。

根据中国史书记载，嚈哒人原来居住在中国的长城以北，称滑国。是汉代大月氏人的后裔，西方史学家称之为"白匈奴"。

塞建陀·笈多死后，国内分化及国外入侵更盛。当时嚈哒人消灭了印度河上游残余的贵霜势力，嚈哒国王头罗曼（也作多罗摩那，拖拉曼那）挥兵侵入印度，印度地方统治者反与嚈哒人结盟，嚈哒人在公元 500 年前后进占朱木拿河（一般指亚穆纳河）及恒河流域。公元 517 年，头罗曼在出征回朝途中死去，其子摩醯（xī）逻矩罗［也作密希拉古拉、摩酰（xiān）逻矩罗］继位，再侵印度，导致了笈多王朝统治的瓦解。笈多王朝的地方长官纷纷割据称王，印度再次分裂成多个小国。

嚈哒后在公元 558—567 年间，在萨珊波斯和当时北亚新兴的游牧部族突厥的联合夹击下灭亡，领土被瓜分。

笈多王朝时期，印度奴隶制度正走到尽头并被封建制度所取代。古代印度的一部论述治国安邦策略的著作《政事论》（也译作《利论》，梵语意为国王利益）中，已提及不要把自由民变为奴隶的要求。并制定释放奴隶的条件，包括释放能够交回赎金的奴隶，建立以出租土地让他人耕种，征收一部分收成取代奴隶制度等。

东晋赴印度求经的高僧法显在《佛国记》中透露印度封建系统，指明国王、长者及居士皆拥有大量的土地，而他们又把土地及动产捐予寺院僧侣，从而产生宗教地主。值得注意的是，法显提到依附土地上的民户皆随土地转移，这有别于一般奴隶，从一定意义上来说具有封建因素。另有自由农民，他们耕种土地，缴纳租税，行动自由。

在政治制度方面，笈多王朝实行中央集权制，最高统治者是大王，皇亲贵族及婆罗门高僧做重臣及王室顾问。全国分若干省，省下设县，省总督多由大王任命王子或其他亲属出任，县级地方官由总督任命及管辖。

超日王与鸠摩罗·笈多一世皆重视水利灌溉和水利工程建设，推进铁农具的使用。此时谷物种植包括大麦、小麦、水稻、黍米、豆类、芝麻等。经济作物包括棉花、大麻、甘蔗、亚麻、生姜，另有蔬果培植。家畜业包括黄牛、水牛、骆驼、驴、绵羊及山羊，并且把著名的棉花种植引入其他邻近国家。

笈多王朝的手工业同样发达，包括棉织、丝织、毛织、金属制造、珠宝首饰、采矿冶金等，造船业极盛，以产多桨帆船著名。贸易交换多为贵族所用的奢侈品，与亚欧非多国有来往。超日王专注向西扩展，这与争夺西方出海口及控制西北商路有直接关系。

建筑方面以阿旃陀石窟及爱罗拉石窟为经典。前者位于今马哈拉施特拉邦奥藩加巴德县，开凿于瓦古尔纳河谷的花岗岩壁上，共 29 个洞窟，于公元前 1 世纪至 650 年间建成。当中有 4 座佛殿及 25 座僧房，充分表现印度风格。石门依地势建造，上有飞檐雕楣，下有石柱林立，有各类壁雕，多采自佛教传说，却富有生活气息。爱罗拉石窟距奥藩加巴德县 16 公里，建于 3 世纪，完成于公元 1300 年，包括佛教、印度教及耆那教 3 种宗教庙宇，香火不断。

笈多王朝时印度教兴起，大乘佛教盛行，宗教可自由发展。大乘佛教中心那兰陀寺由鸠摩罗·笈多一世修建，其后成为笈多王朝的文化学术中心。印度史诗《罗摩衍那》《摩诃婆罗多》也是在这一时期编成。

史诗《摩诃婆罗多》和《罗摩衍那》是古代印度对世界文学的重大贡献，两大史诗集中反映了古代印度的社会生活和文学成就。两大史诗对亚洲各国，特别是对东南亚地区有较大影响。

《摩诃婆罗多》又译《玛哈帕拉达》，意为“伟大的婆罗多族的故事”。成书时间约从公元前 4 世纪至 4 世纪，历时 800 年。它长期以口传和抄本的形式创作和传诵，并不断被新作者扩充内容，层层累积而成。抄本所使用的材料主要是桦树皮和贝叶（贝叶棕的叶片，经特殊的工艺处理而成）。现存的本子是在一部史诗的基础上编订而成，其中不但有长篇英雄史诗，而且有大量的传说故事作为插话，还有宗教哲学及法典性论述，因此篇幅很长，有“20 万行长诗”之称。

关于史诗的主要作者，印度传统的说法是毗耶娑（印度吠檀多学派创始人）。据传毗耶娑是渔家女贞信婚前的私生子。贞信后来嫁给福身王，生下儿子奇武，奇武婚后不久死去，留下两个遗孀。福身王面临断绝后嗣的危险。于是，贞信找来在森林中修炼苦行的毗耶娑，让他代替奇武传宗接代，生下了儿子持国、般度和维杜罗。此后，毗耶娑仍然隐居森林。目睹了持国的百子和般度的 5 子两族之间斗争的全过程。在般度族 5 兄弟升天后，创作了这部史诗。但对毗耶娑的传说已无可考证。

《摩诃婆罗多》用梵文写成，采用对话体，共有 10 万颂（每颂为 1 节双行诗体），现代精校本则为 8 万多颂。全诗分作 18 篇，最后附有一部《诃利世系》，有时作为第 19 篇，其实是另一部独立著作。全诗以列国纷争时代的印度社会为背景，叙述婆罗多族两支后裔俱卢族和般度族争夺王位继承权的斗争。

其基本内容是：在一个春暖花开的日子，天上 8 位神仙兄弟，带着他们美丽的妻子们下到人间游玩。他们来到一片绿油油的草坡上，不远处一只漂亮的母牛带着小牛犊正在吃草。

母牛锦缎般的皮毛和柔美的神态吸引了其中一位女仙，她要求丈夫把母牛带走，她的丈夫知道这是极裕仙人的母牛，劝她放弃这个想法，但她执意不从。最后，在众兄弟的帮助下，他们终于偷走了母牛和牛犊。

极裕仙人是位很有法力的大仙。他回来后发现母牛不见了，运用法力很快就知道了谁是偷牛的人。他发出诅咒：8位神仙兄弟都将降到人间做凡人。8位兄弟非常后悔，他们一起向大仙请求宽恕。大仙在他们的恳求下，把诅咒减轻了：7位兄弟都必须到人间走一遭，但偷牛的主谋将留在人世间。

8位兄弟又一起去求恒河女神做他们的母亲，并商量好，恒河女神生下前7个孩子都扔入恒河中，让他们洗去罪过，重新复活为神。恒河女神被他们的诚意感动了，答应了他们的请求，化作美貌的女子来到人间。她娇美的容颜和婀娜的身姿，得到了国王福身的爱情。

女神和福身王在结婚前订下了一个协议，福身王不许问她的来历，不得干涉她的行为，热恋中的福身王答应了。他们成亲后，生活幸福美满，王后每年都为福身王生下一个俊美的王子，但令福身王震惊和不解的是，王后每次都将小王子扔入恒河中，然后笑容满面地回到他的身边。但因婚前有约，福身王也只好默默忍受。这样持续了7年，第8年王后生下第八个王子的时候，福身王忍无可忍，要制止王后怪诞的行为。恒河女神向丈夫讲明原委，带走了小王子。小王子在仙人那里，学习各种知识，练就了各种本领，长大后回到福身王身边，成为英武、博学、善良的太子。

福身王失去爱妻后，一直闷闷不乐，也没有再娶。有一次，他在河边遇到一位容貌异常美丽的渔家姑娘，他动心了，要求姑娘嫁给他。但姑娘的父亲提出了条件：要让女儿生下的儿子继承王位。福身王已将恒河女神的儿子立为太子，无法允诺，他又郁郁寡欢了。太子知道原因后，向渔夫发誓他会放弃太子的地位，并一辈子不结婚，这样来保证渔家女的后代稳坐王位。渔家姑娘终于和福身王结婚了，他们生下了两个儿子，但只有奇武长大成婚，并育有两个儿子，一个叫持国，一个叫般度。持国是个瞎子，因而由般度继承王位。持国生有百子，长子难敌；般度生有5子，长子坚战。这便是婆罗多族的两支后裔，前者被称作俱卢族，后者被称作般度族。不久，般度死去，由持国摄政。坚战成年后，理应继承父亲般度的王位。但难敌不答应，企图霸占王位，纠纷从此开始。

持国百子和般度5子从小就不和，长大后又开始争夺王位。难敌为了独占王国，经常想谋杀坚战兄弟。一次，他建造了一座涂满树胶的紫胶宫，让坚战5兄弟去住，当他们一住进去的时候，就派人去放火。树胶房子很容易着火，很快房子就烧得精光。幸好有人提前报信，坚战兄弟从事先挖好的地道里跑走了。

坚战5兄弟们逃出了森林。般遮罗国王的女儿黑公主举行招亲大典，5兄弟中的一人，力开大铁弓一箭射中了远处活动的鱼眼睛，他可以娶美丽的黑公主为妻了。但遵从母亲的旨意，5兄弟共同娶了这位公主。从此，般遮罗国王的女儿成为般度族5兄弟的共同妻子。

般遮罗国力强大，有了这样的支持，坚战5兄弟又回国了。持国分给他们一半的国土，但都是荒凉的土地。般度族在分给他们的国土上建都天帝城，族业兴隆。难敌心生妒忌，也不想让5兄弟和他分享国家。于是他想出了一个主意。他让5兄弟和他玩掷骰子的游戏，条件是输了的一方必须流放12年，还要在第13年过隐匿的生活，如被发现就要再增加12年的流放。5兄弟无奈答应了，结果输了，他们只好到森林中去过流放的生活。第13年时，他们乔装打扮，在摩差国毗罗吒王宫廷里充当仆役。第14年，他们派使者回国要求归还他们的一半国土。难敌拒绝了坚战5兄弟的要求，双方终于爆发战争。难敌和坚战都联络了许多国家做他们的支持者，当时印度半岛上的国家几乎都参加了这场大战——俱卢大战。般度族赢得了多门城黑天（大神毗湿奴的化身）的帮助。

这场大战进行了18天，俱卢族全军覆灭，难敌的99个兄弟都被杀死，只有难敌一人逃亡。他躲进一个湖里，用一根芦管呼吸，但被坚战5兄弟发现。5兄弟用语言羞辱他，逼得难敌从湖中冒起来和他们决斗。难敌寡不敌众，最后被杀死。

俱卢族剩下的三位勇士决心复仇。他们夜袭了坚战5兄弟的军营，把酣睡中的战士都杀死了。幸好5兄弟当时不在，得以逃生。坚战回国做了国王，面对如此悲惨的结局，想到家族间的残杀给国家带来了那么严重的灾难，心里感到很愧疚。坚战统治了36年后，把国家交给了孙子，带着四个弟弟和黑公主到喜马拉雅山修行去了，最后他们都升入了天堂。

以上是《摩诃婆罗多》史诗的中心故事，约只占全诗篇幅的一半。围绕着中心故事，穿插进大量神话和寓言故事，及大量宗教、哲学、政治和伦理等理论性插文。最有名的是宗教哲学长诗《薄伽梵歌》，长期被印度教奉为圣典。正是由于这种包罗万象的特点，《摩诃婆罗多》可以说是一部以英雄史诗为核心的、百科全书式的作品。印度现代学者认为《摩诃婆罗多》是整个印度民族的史诗，是“印度的灵魂”。

《罗摩衍那》意思为“罗摩的历险经历”，它的成书年代在公元前4世纪—2世纪。全书也是诗体，用梵文写成，诗律几乎都是输洛迦（意译为颂，又称安努斯塔布体），即每节2行，每行16个音节。全文共分为7章，24000颂。

《罗摩衍那》的作者传说是跋弥，或称伐尔弥吉、瓦尔米基，意译：蚁垤（dié）。对此学者虽有意见分歧，但统观全书，尽管写成的年代不同，新老成分并有，但基础部分文体大致是统一的。因此很可能有一个作者对全书进行过加工，这个作者可能就是蚁垤。

蚁垤生卒年代不详。按照传说，他原出身婆罗门家庭，因被遗弃，被迫以偷盗抢劫为生。

有一天，他在森林里遇见了那罗达（五百罗汉中的第389尊罗汉），便上前拦住他，让他把身上所有的东西都交出来。那罗达对他说：“你这样抢劫和伤害无辜的人将使自己走上下地狱的路。”蚁垤辩解说：“我这样做是为了养活我的家人，这是我的职责。”那罗达回应说：“你能肯定你的家人愿意与你分担你所犯的罪责吗？回去问问他们。我在这里等你。”蚁垤想了想便把那罗达绑在一棵树下独自回到家里。他问父母，是否愿意分担他为了养活他们而犯下的罪恶。他的父母表示拒绝，并说从来没有让他去做强盗。蚁垤又用同样的问题去问他的妻子，妻子也表示拒绝分担他的罪恶。蚁垤感到很是失望和伤心。他回到森林里，解开了捆绑那罗达的绳子。他猜到那罗达不是凡人，因此恳请那罗达给他指一条救赎之路，为了赎罪，他愿意承受惩罚。于是，那罗达叫他坐在一棵树下，告诉他不论发生什么事都不要离开，只是念神名“罗摩，罗摩……”罗摩是《罗摩衍那》中的一个神名。

蚁垤羞愧地说“我不配念神名。”

那罗达说:“好吧，那就念摩罗，摩罗……”

“摩罗”，佛经中原指欲界的魔王波旬。蚁垤同意了，作为强盗，伤害了那么人，他愿意以死赎罪。于是，蚁垤沉下心在那个地方坐了好多年，不停地念“摩罗摩罗摩罗……”

也不知过了多少年，乃至蚂蚁在蚁垤身上筑巢生息，人变成了蚁丘，他也没有移动过位置，人们因此称他为蚁垤。直到有一天，蚁垤在树林中看见一个猎人射杀了一只雄麻鹬（yù），相伴的雌麻鹬因悲愤而惨叫不止。面对此情此景，得到禅悟的蚁垤突然脱口而出合辙押韵的话语，被人称为输洛迦的颂体诗就此诞生，蚁垤正是用这种诗体创作了《罗摩衍那》。

《罗摩衍那》写成以后只是口头流传，最初无定本。大家公认在全书7篇之中，第一篇和第七篇应该晚成，第二篇至第六篇是全书较原始的部分。因此，这部24000颂的史诗绝不会成于一时。全书7篇按顺序是:《童年篇》《阿逾陀篇》《森林篇》《猴国篇》《美妙篇》《战斗篇》《后篇》。其主要内容是：阿逾陀城十车王有3个王后，生有4个儿子，长子是英俊的罗摩。密提罗国王有个美丽的女儿名叫悉多，国王放言：谁能拉开他家祖传的神弓，便能娶悉多为妻。罗摩前去挑战，不仅拉开了弓，而且把弓都拉断了，从而娶到了悉多。

十车王年迈，想立罗摩为太子，继承王位。但他的二王后受老侍女怂恿，利用十车王从前曾许诺赐给她两个恩惠的机会，要挟国王，提出：一要流放罗摩十四年，二要立自己生的儿子婆罗多为太子。十车王很吃惊，但为了信守诺言，也只得同意。罗摩为使父王不失信义，甘愿流放。悉多为了夫妻爱情，罗摩的弟弟罗什曼那为了兄弟手足之情，也都愿跟随罗摩一同流放。他们3人离开都城不久，十车王即抑郁而死。当时，婆罗多不了解内情，被召回举行父葬和继承王位。当他得知真相后去森林寻找罗摩，让他继位。但罗摩坚辞不肯，一定要等流放期满后再回去，婆罗多只得带回罗摩的鞋子供在王座上，表示自己仅是代为摄政。

罗摩3人在森林中历尽艰险。楞伽岛十首魔王罗波那劫走了悉多，罗摩与猴国结盟，在神猴哈奴曼及猴群的相助下，终于战胜魔王，救回悉多。但罗摩怀疑悉多的贞操，使她投火自明。火神在熊熊烈火中托出悉多，证明了她的贞洁，夫妻团圆。流放期满，罗摩回国登基为王，阿逾陀城出现太平盛世。但波折又起，罗摩听到民间又传悉多不算贞女，为了不违民意，忍痛把怀孕在身的悉多遗弃在恒河岸边。悉多得到蚁垤仙人的救护，住在净修林里，生下一对孪生子。蚁垤仙人作了长诗《罗摩衍那》，并教会两个孩子诵唱。罗摩举行马祭，蚁垤让两个孩子当场诵唱这部长诗，罗摩明白这两个孩子就是自己的儿子。于是，蚁垤把悉多带来，为她的贞节辩护，但罗摩仍认为无法取信于民。悉多无奈，向大地母亲呼救，说如果自己贞洁无瑕，请大地收容她。大地顿时裂开，悉多纵身跃入。最后罗摩兄弟都升入天国，复化为毗湿奴神。

《罗摩衍那》与《摩诃婆罗多》一样，主要采用简单易记得输洛迦体，风格简明晓畅，但已出现讲究修辞和人物刻画的倾向。因而，印度传统上将《摩诃婆罗多》称为“历史传说”，而将《罗摩衍那》称为“最初的诗”，并将传说中的作者蚁垤称为“最初的诗人”。

《罗摩衍那》的成书年代正处在印度由奴隶社会过渡到封建社会的时期。随着封建制日益取得优势，罗摩的形象也日益被神化。在一般认为属于原始部分的第二至第六篇中，罗摩基本上是个人英雄形象，而在属于晚出部分的第一和第七篇中，罗摩被写成大神毗湿奴的化身。从此，罗摩成了印度教崇拜的主要偶像之一。

《罗摩衍那》和《摩诃婆罗多》对印度文学、宗教的发展起到相当大的作用，许多古典梵语戏剧和叙事诗都取材于它们。印度中古方言文学兴起后，各地都有《罗摩衍那》和《摩诃婆罗多》的方言译本或改写本，它们也从很早开始就流传到亚洲各国。中国文学作品中的《西游记》也受到它们的影响，《西游记》中的孙悟空的形象，有人认为取自哈奴曼。西方有学者认为《罗摩衍那》影射的是农业技术从印度北方传向南方的过程，因为“悉多”的原意是田地里的垄沟，象征农业技术。

笈多王朝时期希腊天文学传入印度，天文学开始有所发展。王朝后期出现了印度著名的数学及天文学家阿耶波多（又译阿利耶毗陀、阿里亚哈塔、阿耶波多一世）。公元 499 年，阿耶波多著有《 阿耶波多文集》，全书分为 4 部分，由 118 行诗组成。此书曾长期失传，至公元 1864 年，印度学者始获抄本。

阿耶波多在书中有类似中国古代计算上元积年的方法。他计算了日月 5 星以及黄白道的升交点和降交点的运动，讨论了日月 5 星的最迟点及其迟速运动，有推算日月食的方法，并认定地球自转、月球反射光。阿耶波多算出圆周率 π 的近似值为 3.1416，并得出结论 π 是无穷尽的。应当说阿耶波多与祖冲之代表了当时世界数学的最高成就，他们得出的圆周率值都比希腊人精确，领先世界千余年。随后，印度的数学家们又将圆周率的值计算到小数点后 9 位。

阿耶波多用几何方法算得正弦表，给出三角形的面积定义，在三角学史上占有重要地位。在代数方面，阿耶波多给出了有关整数平方和立方求和的公式。1976 年，为纪念阿耶波多诞生 1500 周年，印度发射了以阿耶波多命名的第一颗人造卫星。

◆古罗马人在广泛吸收各民族优秀文化成果，特别是古希腊人的卓越文化成就的基础上，根据本国社会、经济、政治发展的需要，创造了自己独特的古罗马文化。拉丁文字母成为许多民族创造文字的基础，从拉丁语中派生出葡萄牙语、西班牙语、法语、意大利语、罗马尼亚语等近代语言。富有特色的罗马法及其法学，对世界各国产生了深远的影响。迄今仍然存世的许多罗马时代的大型建筑，其恢宏壮观和结构巧妙令人叹赞。在罗马帝国时期产生和发展起来的基督教，给整个人类特别是欧洲文化的发展打上了至为深刻的烙印。历史学家为了区分古代的罗马帝国与中世纪东罗马帝国的不同引入了拜占庭帝国这个概念，将东罗马帝国称为拜占庭帝国。